KB218364

초창기 예배당

설립자대표 계원식 장로

설립자대표 계원식 장로 가족

최초 함석지붕 예배당

군산노회 제1회 총회 기념(군산 개복동교회에서) 1939. 10. 5
　　　동련교회 백남규 장로　　　　　 (상단 우에서 2번째)
　　　황등교회 설립자 계원식 장로　 (둘째단 우에서 8번째)
　　　황등교회 초대 안수집사 김용출 장로 (하단 우에서 5번째)
　　　황등교회 제2대 이재봉 목사　　 (하단 좌에서 5번째)
　　　황등교회 제3대 계승일 목사　　 (둘째단 우에서 5번째)

i

창립10주년 기념 계원식 장로 근속 10주년

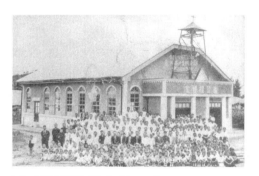

황등교회 창립8주년 기념 전교인(1936년)

안수집사임직식 1939년

주일학교 교사양성소를 마치고

관현악단과 주일학교

황등교회 전경

황등중학교 전경

성일고등학교 전경

성탄절 연합예배(2015.12.25)

이웃사랑나눔회 이사회와 임원단(2015.8.19)

한국컨티넨탈싱어즈와 함께 파워 찬양(2016.2.3)

제 1회 기성 계원식 기념 화해문예제전 시상식(2016.6.12)

제3회 다문화어울림행복콘서트(2016.6.26)

황등교회 그 뿌리와 **기독교** 역사 정립

사랑의 종, 그 언저리에서 길을 묻다

황등교회 그 뿌리와 기독교 역사 정립

사랑의 종, 그 언저리에서 길을 묻다

초 판 인 쇄	2016년 09월 30일
초 판 발 행	2016년 10월 13일
서 술 자	한 승 진
감 수 자	김 재 두
발 행 인	윤 석 현
발 행 처	도서출판 박문사
책 임 편 집	최 인 노
등 록 번 호	제2009-11호
우 편 주 소	서울시 도봉구 우이천로 353 성주빌딩 3층
대 표 전 화	02) 992 / 3253
전 송	02) 991 / 1285
홈 페 이 지	http://jnc.jncbms.co.kr
전 자 우 편	bakmunsa@hanmail.net

ⓒ 한승진, 2016. Printed in KOREA

ISBN 979-11-87425-13-7   93230   정가 48,000원

서술 한승진
감수 김재두

사랑의 종,
그 언저리에서
길을 묻다

/ 황등교회 그 뿌리와 기독교 역사 정립 /

박문사

헌정사

네게서 날 자들이 오래 황폐된 곳들을 다시 세울 것이며 너는 역대의 파괴된 기초를 쌓으리니 너를 일컬어 무너진 데를 보수하는 자라 할 것이며 길을 수축하여 거할 곳이 되게 하는 자라 하리라

(이사야 58장 12절)

이 글은 바랄 수 없는 중에 바라고 볼 수 없는 것을 보는 믿음으로 1921년 10월 13일 황등 기성의원에서 4일 기도회로 시작하여 하나님의 사랑·이웃 사랑으로 새로운 교회를 꿈꾸며 함께 한 황등교회의 선구자들과 그들의 설립정신을 계승하여 올곧은 믿음, 새로운 소망, 사랑의 실천으로 황등교회를 지켜오고 아름답게 가꿔온 황등교회 모든 가족에게 바친다.

추천사

역사는 국가와 민족, 기관과 개인의 삶을 끌어안고 새로운 시대를 향해 흘러갑니다. 이런 역사의 흐름에 의미를 부여하고, 창조자의 섭리를 알게 하고, 바른 삶의 방향을 제시하는 역할을 하는 사람을 역사학자요, 저술가라고 감히 말하고 싶습니다. 이런 의미에서 '황등교회의 종 이야기'를 펼치면서 황등교회 역사에 묻어나는 믿음의 사람들을 소개하고 그들의 발자취를 되새겨보게 한 한승진 목사의 의도는 담임목사인 저에게는 선배 신앙인들의 믿음을 따라 교회를 인도해야 한다는 부담감과 또 한편 새시대를 향한 도전의 길잡이가 되는 것 같습니다.

이 책은 한승진 목사가 말한 대로 황등교회라는 특정 교회의 역사와 사람들의 이야기가 아닙니다. 일제강점기와 6·25전쟁의 소용돌이 속에서 몸부림치면서 살아온 우리의 이야기입니다. 일제식민통치 아래에서 우리 민족이 당한 고통은 이루 말할 수 없었습니다. 여기엔 교회도 마찬가지였습니다. 교회는 감시의 대상이었고, 수탈의 대상이었습니다. 이를 거부할 때 교회의 존립마저 위태로운 상황이었습니다. 민족상잔의 비극인 6·25

전쟁은 소중한 사람의 목숨마저 하찮게 여기는 참혹한 현실이었습니다. 이 일로 황등지역에서 17명이 집단학살을 당하는 참극이 벌어졌고, 황등교회는 4명이 순교를 당하기도 하였습니다. 이런 현실 속에서 살아간 이들에 대한 이야기는 오늘 우리에게 중요한 역사적 교훈을 전해줍니다.

역사는 반복된다는 말이 있습니다. 잘 아는 바와 같이 오늘 우리의 현실은 한일관계가 꼬일 대로 꼬여 있는 상황입니다. 아직도 일본은 일제강점기에 대한 제대로 된 사과가 없고, 독도에 대한 소유권을 주장하고 있습니다. 그런데 오늘 우리의 다음세대들은 일제강점기의 역사를 제대로 알지 못하는 현실입니다. 또한 민족의 비극인 6·25전쟁은 끝난 것이 아닌 휴전상태입니다. 언제 다시 전쟁이 재개될지 모르는 현실입니다. 북한 정권은 끊임없이 살상무기를 개발하면서 한반도의 평화를 위협하고 있습니다. 그로 인해 남북 간의 대화와 화해는 기대하기 어려운 실정입니다. 이런 시기에 우리는 어떤 역사의식을 갖고 살아야 할까요? 이 시대를 살아가는 우리는 무엇을 해야 할까요? 또한 이 시대에 우리 교회와 기독교신앙인은 어떻게 해야 할까요?

이 책을 통해 알 수 있듯이 교회는 교회를 둘러싸고 있는 지역사회와 시대를 외면할 수 없습니다. 우리 시대의 교회는 교회가 속한 지역과 민족의 현실을 부둥켜안고 기도하면서 교회가 감당할 사명을 고민하면서 지역과 사회를 섬겨야합니다. 우리는 다시는 나라를 잃는 설움이 없도록, 전쟁이 다시는 이 땅에 일어나지 않도록 사랑과 용서와 화해를 실현해 나가는 운동을 펼쳐 나가야합니다. 이를 위한 정신적 근거를 마련하는 일이 역사를 기억하고 되새기는 일입니다. 그러기에 이 책은 우리 황등교회의 설립정신을 되새기고, 우리 교회가 감당할 사명을 깨닫게 하는 지침서입니다. 또한 한국교회와 한국인 모두가 되새겨볼 역사적 교훈입니다.

아무쪼록 그 동안 집필했던 책들을 통해 펼쳐 왔던 한승진 목사의 아름다운 삶의 이야기들처럼 『사랑의 종, 그 언저리에서 길을 묻다』에서 펼쳐지는 이야기들이 책을 읽는 사람들에게 민족의 아픔 속에서 교회가 어떻게 역사를 이어왔고, 그 속에서 기독교신앙을 정립해나갔는지를 이해하게 되기를 소망합니다. 또한 견디기 어려운 참혹한 현실 속에서 올곧은 믿음을 지켜 나간 이들을 본받아 이 땅의 많은 사람들에게 믿음의 대를 이어갈 수 있는 기록물로 남겨지기를 기도하며 추천사로 갈음합니다.

황등교회 담임목사

정 동 운

지난날을 돌아보며

어느새 황등교회 창립 90주년이 다가온다. 나는 모태신앙으로 황등교회 두 번째 성전을 건축할 무렵 황등교회 근처에서 출생하였다. 교회에서 봉사하는 아버지를 따라 교회에 와서 많이 놀았고, 유년주일학교를 다녔다. 나는 허덕화 목사, 계원식 장로, 조길동 장로, 김판옥 장로, 이명호 집사, 임익주 선생의 도움으로 대학을 졸업할 수 있었다. 이 분들의 은혜를 잊을 수가 없다. 1956년 황등중학원이 개원할 때부터 군대생활을 빼고 줄곧 황등교회가 세운 교육기관에서 41년 7개월을 교사, 교감, 교장으로 봉직하였다. 또한 나는 아버지(김창무 장로)에 이어 2대째 황등교회 장로이다. 나는 황등교회에서 나고 자란 황등교회 사람이다. 오랜 세월이 흘러, 노년이 되어 황등교회 역사를 되돌아보면서 글을 쓰게 되니 광음여류光陰如流*라는 말이 사실인 것 같다.

모세의 역사적인 고별설교로 알려진 신명기는 모세오경의 마지막 책으

---

* 세월은 흐르는 물과 같다는 뜻으로, 한번 가면 되돌아오지 않음을 비유적으로 이르는 말.

로 창세기부터 민수기에 이르는 말씀을 정리하면서 기록한 책이다. 신명기의 한 구절이다. "옛날을 기억하라 역대의 연대를 생각하라 네 아버지에게 물으라 그가 네게 설명할 것이요 네 어른들에게 물으라 그들이 네게 말하리로다."* 황등교회가 곧 창립 90주년을 맞이하면서 세대의 연수를 생각해보니, 그간에 선진先進들이 이루어 놓은 위엄威嚴의 위대함을 새삼 되새겨보면서 황등교회의 역대 목사와 장로들을 생각해본다.

황등교회 설립자 대표인 계원식 장로는 황등교회 설립 당시 최고 학부인 경성의학전문학교(서울대학교 의과대학 전신) 출신으로 명망이 높은 사람이었음에도 말과 행함이 진실과 온유와 겸손이었던 사람이었다. 계원식 장로의 교회사랑과 이웃사랑은 성경 그대로였다. 계원식 장로는 학식과 덕망과 재력에 비해 이렇다 할 직함이나 지위를 갖지 않았다. 계원식 장로는 자리욕심이 없었다. 그저 묵묵히 자신의 일에 충실하면서 교회를 섬기는 일에 몰두하였다. 계원식 장로는 사람을 학력과 재산과 나이로 차별하지 않고 누구를 만나든지 존중하면서 겸손히 대하였다. 또한 기성의원을 그저 돈을 벌기 위한 의료업으로 운영한 것이 아니라 전도의 터전으로 운영하였다. 기성의원에는 언제나 전도지가 있었고, 치료하기 전에 꼭 기도하고 치료하는 의사였다. 이런 계원식의 신앙과 삶으로 인해 황등교회는 든든히 설 수 있었다. 계원식은 훌륭한 아버지로서 믿음과 생활의 모범을 보여준 사람이기도 하였다.

장남 계일승 목사는 미남美男에, 인성은 물론 신앙적으로 귀감이 되는 사람이었다. 내가 유년주일학교 때 그에게 들은 '다윗과 요나단 이야기'는 지금도 기억이 생생하다. 계일승 목사는 매사에 적극적이고 열정적인 사람으로 황등교회의 자랑이었다. 계일승 목사는 황등교회에서 집사 직

* 신명기 32장 7절.

분을 감당하다가 목회자의 뜻을 두고 신학을 공부해서 목사가 된 사람이다. 계일승 목사는 일제의 탄압 속에서 교회를 섬긴 사람으로 말할 수 없는 고통 속에서도 교회를 지키는 일에 힘썼다. 해방 후에는 황등교회를 섬기는 일에 머물지 않고 새로운 나라를 만들어가는 일을 위해 힘썼다. 미군정시대에는 탁월한 영어소통능력으로 미군정당국이 우리의 현실을 이해하도록 하는 일에 힘썼다. 이 때 계일승 목사의 도움으로 일본인 후다바가 남기고 간 창고 등을 불하받기도 하였다. 1950년 6·25 전쟁으로 그의 아내 안인호 집사를 잃은 아픔을 겪었지만 이를 믿음으로 극복하면서 장로회신학대 학장으로 재직하면서 명실상부한 신학대학으로 발전시켰다. 계일승 목사는 '사랑의 종'이 황등교회에 전해지도록 주선한 사람이다.

차남 계이승 장로는 동경음악학교를 졸업하였다. 그가 부르는 노래는 곱고 아름다웠고, 기악솜씨도 훌륭했다. 계이승은 주일학교 예배 시작 전에 부른 '황등유년주일학교 교가'를 만들었고, 황등교회 찬양대를 만들어 지휘했다. 반주는 계이승의 아내 김봉도가 했다. 계이승의 지도로 황등교회 찬양대는 가창력이나 하모니 면에서 정말로 훌륭하고 뛰어나, 익산 지역에 소문이 자자했다. 지역 행사에도 특별출연으로 초청도 많이 받았다. 전국새마을노래경연대회에 익산지역 대표로 출전한 적도 있었다. 계이승은 관악대도 만들었다. 관악대도 찬양대 못지않게 유명하였다. 예배 시간에 찬양대와 협주를 하였고, 전도대회와 유명인사 환영회에도 수없이 출연하여 선망과 존경의 대상이 되기도 하였다. 이렇듯 황등교회는 초창기부터 계원식 일가로부터 영향을 받아 교회의 틀을 갖춰나갈 수 있었다.

우리는 계원식 일가의 섬김과 봉사를 잊지 말고, 이를 이어받아 더욱 교회를 사랑하고 교회를 섬겨야한다. 황등교회를 섬긴 역대 담임목회자들은 교회를 지켜나가고 교인들을 섬기는 일에 헌신한 귀한 주님의 종들이었다. 담임목회자들을 도와 교회를 섬긴 시무장로들로 계원식, 오일봉, 변영수, 계이승, 김창무, 박경양, 임동혁, 김판옥, 동상순, 조길동, 최종옥, 박인석, 옥판석, 전백년, 봉기성, 이상윤, 김용준, 김영기, 최기섭, 노상열은 결코 잊을 수 없다. 이들은 자신의 가정보다 교회를 사랑하고 섬기는 일에 매우 부지런한 사람들이었다. 교회 초창기부터 집사, 청년회, 장로로 봉직하면서 헌신적으로 교회 성장과 발전을 위하여 봉사하고 충성을 다하였다. 이들은 일제강점기의 온갖 박해에도 '오직 믿음으로, 오직 황등교회' 정신으로 심방과 전도로 교회를 섬기는 일에 힘썼다.

이들의 헌신에 힘입어 황등교회는 일제강점기에도 성장속도가 빨랐다. 황등교회는 일취월장日就月將하여 창립 8년만인 1936년 3월 15일에 교인 수가 336명에 이르자 교회를 새로 건축하기로 결의하였다. 7월 15일 10시에 황등에서 제일가는 건물로 56평을 신축하여 새성전 입당식을 감격 속에서 드렸다. 또한 황등교회는 주일학생과 청년들의 수가 많고, 이들의 역량이 남다른 교회였다. 1950년대부터 1970년대에는 500여명의 어린이들이 소리 높여서 힘차게 노래 부르면 황등 일대가 진동할 정도였고, 청년들의 교회 사랑과 지역사회 활동과 학교설립 활동은 놀라운 성과를 이룩해냈다. 이처럼 담임목회자와 장로들의 헌신 그리고 어린이들과 청년들이 열정적인 모습이 바로 황등교회의 저력底力이었다.

그러나 황등교회 초창기 시대는 지금과 같은 시대가 아닌 일제강점기의 식민통치 기간으로 말할 수 없는 고난의 연속이었다. 일본제국주의자들은 총과 칼로 한국인들을 위협하며 형언할 수 없는 박해를 가하였다. 말은 일본말, 글은 일본글, 성씨는 개명하여 일본식으로 바꾸도록 강요하였다. 학교에서 어린학생들이 일본말을 쓰도록 강요하였다. 이를 어기고 우리말을 썼다간 처벌을 받아야만하였다. 또한 궁성요배宮城遙拜, 일본국가日本國歌 부르기, 황국신민皇國臣民의 맹세를 외우도록 강요하였다.

중·일전쟁이후 온갖 행패를 다부리며 양곡을 공출이라는 명목으로 강제로 수탈해 갔다. 식량이 없어 굶주리면, 쑥밭을 만들어 뜯어먹으라고 강요했고, 돼지감자(뚱단지)를 심어 식량으로 먹으라고 억압했다. 소나무를 모조리 베어서 테레빈유로 빼갔고, 노력봉사라는 명목으로 동원하기 일쑤였다. 노력봉사에는 어린 국민학교(초등학교의 당시 이름) 학생들에게도 짐이 지워졌다. 노력동원으로 솔공이 따기(송진추출), 산에 가야 찾을 수 있는 풀인 마초를 베어 말려서 내기(말 먹이풀), 아주까리(피마자), 목화나무 껍질 벗기기, 산에서 나는 싸리나무껍질 벗기기 등으로 주어진 양을 채워서 학교에 내도록 강요받았다. 이런 현실이다 보니 어린 학생들이 학교에서 돌아오면 놀 시간이 없었고, 일하는 것이 숙제였다. 어른들도 학생들과 놀아줄 몸과 마음의 여유가 없었다. 겨울에는 베짚으로 가마니 짜기, 새끼 꼬기 등으로 일정 양을 만들어 공출해야만하였다. 의무를 다하지 못하면 불이익으로 양곡 배급, 생활용품 배급 등을 주지 않았다.

일제는 전쟁에 패색敗色이 드리우자 더욱 더 악랄하게 한국인을 들볶았다. 여기엔 개인은 물론이고, 교회도 예외가 아니었다. 교회에서 예배 드릴 숫자를 제한했고, 교회를 강제로 통합시키기도 하였다. 전쟁 물자를 마련하려고 교회의 종을 비롯해서 놋쇠·쇠붙이 등을 강제로 공출해 갔고, 전투기와 군함 제조를 위한 성금 등을 강요하였다. 이런 어려운 시기에 신앙을 지키고, 교회를 지킨다는 것은 순교에 못지않은 어려운 일이었고, 기적에 가까운 일이었다. 황등교회 목사와 장로들은 나라 잃은 설움에 이리 찢기고 저리 찢기는 고통 속에서도 교회를 지켜야한다는 일념으로 버텨냈다. 부디 이런 믿음의 선진들이 겪은 고통과 그 속에서 신앙을 지켜나가면서 교회를 지킨 믿음의 선진들을 기억하고 이를 이어갔으면 좋겠다.

하나님은 일제의 강압에서 신음하는 우리민족을 불쌍히 여기사 해방의 기쁨을 허락해주셨다. 온 백성이 환호했다. 춤을 추고, 노래했다. 황등교회는 계일승 목사를 중심으로 당회원과 제직과 온 교인들이 하나가 되어 전도에 힘썼고, 성경공부 등 신앙수련에 힘을 기울여 나갔다. 다음세대를 위하여 유아원(현재 황등교회어린이집)과 중등교육기관(현재 황등중학교와 성일고등학교)을 설립할 계획도 세워 나갔다. 당시 열혈熱血청년들은 계일승 목사의 도움으로 일본인 세라가 사용하던 가옥을 불하받아 청년회관으로 사용하면서, 계일승 목사로부터 영어도 배웠다. 그러면서 계일승 목사의 도움으로 이엽사二葉社 창고 60평도 불하받았다. 이곳은 앞으로 중학교를 설립해서 교실로 사용할 계획이었다. 교회는 부흥성장을 거듭하여 1946년에는 24평을 더 증축하였다. 이렇게 해서 교회는 새로운 희망의 나래를 펼쳐나갔다. 이런 교회의 발전의 결과 교육기관을 설립할 수 있었다.

보다 더 좋은 것을 추구하는 마음은 인간생활에 있어서 교육의 힘으로 촉발되고 발전할 수 있다. 교육을 받지 않고는 인간이 인간다운 구실을 충분히 발휘할 수 없다는 것은 부인할 수 없는 사실이다. 칸트가 "교육의 배후에는 인간의 본성을 완성하는 본질적인 비결이 숨어있다"고 말한 것은 이러한 뜻이라고 생각한다.

익산시(옛, 솜리)는 교통의 요지이다. 전라선과 군산선과 목포선과 대전선 등 기차가 통하는 곳이다. 이처럼 사통팔달 통하다보니 인재들이 모여 들기에 좋았다. 그러다보니 자연스럽게 교육기관들이 생겨났고, 활성화되었다. 대부분 농촌지역에서는 제대로 공부를 할 수가 없었다. 그나마도 초등교육은 가능하나, 중등이상 교육기관이 없다보니 주로 익산 시내에 있는 상급학교로 기차로 통학을 하였다. 그나마 이것이 가능한 이들은 소수의 부유한 계층의 자녀들이었다. 그러나 기차로 통학하는 학생들은 매우 힘들었다. 1950년 6·25전쟁 직후 통학기차는 화물차량을 객차로 개조한 것으로 학생 수가 많아 불편을 감수해야만 하였다. 콩나물 시루와 같이 많은 학생들이 타고 매달리다시피 하면서 통학하다 보니 사고도 많았다.

배움을 갈망하는 아이들이 황등지역에도 많았다. 국민학교를 졸업하고 더 배워서 꿈을 실현하고 싶어도 지역에 중등교육기관이 없다보니 배움을, 꿈을 포기할 수밖에 없었다. 그렇다고 시내권으로 통학하면서 진학하자니 경제적인 부담이 크다보니 가난한 가정환경으로 상급학교로 진학할 수 없었다. 지금 생각해보면 참으로 애절하고 안타까운 일이었다.

만일 황등지역에 중학교가 설립된다면……. 이는 황등면민 뿐만 아니라 주변의 면민들도 한결같은 소망이었다. 그러나 경제적 여유가 없던 서민들은 마음은 있었지만 이를 실현하기에는 매우 어려운 일이었다. 이런 시대적·지역적 현실에 황등교회 열혈청년들이 학교를 설립하기로 마음먹었다. 이것은 불가능에 가까운 일이었다. 당시 학교를 설립하는데 앞장선 이들은 대부분 일제강점기 시대에 보통학교(국민학교의 이전 이름)를 겨우 나온 학력이었고, 특출한 재력가도 없었다. 그저 배움의 중요성을 깨닫고는 '한번 해보자'는 마음 하나로 의기투합意氣投合하여 학교설립을 꿈꾸면서 진행해나갔다. 여기에 담임목사를 비롯한 장로들과 교인들이 뜻을 같이해나갔다. 그 결과 오늘의 학교법인 황등기독학원 산하 황등중학교와 성일고등학교가 설립될 수 있었다. 두 학교는 믿음의 반석 위에 굳게 세워진 하나님의 학교요, 황등교회의 학교이다. 그 어떤 특정인이 주인일 수 없다. 이것이 학교설립 역사에 분명하게 드러나는 사실이다.

황등교회 역사를 맨 처음 쓴 사람은 김수진 목사이다. 그는 목사이자 문필가이면서 교회역사학자이다. 그는 교회역사의 중요성을 잘 알기에 착실히 준비한 끝에 1989년 12월에 역사적인 『황등교회 60년사』를 편찬·발간했다. 요즘에 『황등교회 60년사』를 탐독하면서 느끼는 것이 많다. 그는 일일이 타자로 쳐서, 두툼하게 책으로 만들어냈다. 당시에도 대단하다고 느꼈지만, 요즘같이 컴퓨터로 마음대로 쓰고 지우고 수정하고 인쇄하는 편리한 시대와 비교해서 생각하면 얼마나 수고가 많았는지 생각할수록 고맙고, 감탄사가 절로 나온다. 자료수집 또한 얼마나 힘이 들었는가 싶다. 그 당시 보탬이 되지 못한 것이 지금 와서 생각하니 죄스럽기 그지없다. 그의 소탈한 성격과 특유의 너털웃음은 모든 교인들의 마음에 지금도 박혀 있다. 1993년 9월 김수진 목사는 황등교회에서 많은 업적을 남기고, 한일신학대학교 석좌교수로 자리를 옮겼다.

그로부터 오랜 세월이 흐른 지금, 황등교회가 설립한 황등중학교 교목인 한승진 목사가 황등교회의 초창기 역사를 새롭게 정리하는 작업을 하였다. 한승진 목사는 대단한 목사요, 교사요, 문필가요, 정의로운 사회인이며 자비와 긍휼을 베푸는 실천가이다. 그는 남들이 하기 어려운 일들을 학교에서, 교회에서, 솔선하여 연구하고 계획하며 실천한다. 그러면서 그는 저술가로서 그동안 20여 권의 책을 썼고, 여러 기관지와 신문에도 칼럼을 쓰고 있다.

이번에 펴내는 『사랑의 종, 그 언저리에서 길을 묻다』의 종鐘은 황등교회 종탑鐘塔에 달려있는 종을 말한다. 새벽마다 여명黎明을 알리고, 새벽을 깨워 기도회를 알리는 종이다. 그리스도의 사랑과 복된 소식을 종소리에 실어서 가정마다 온누리에 날마다 전해주고 있다. 이 책을 펴내는 한승진 목사는 수많은 사람과 직·간접으로 만나 자료를 수집하고, 통신수단을 이용하는 것을 보았다. 한 권의 책을 펴내는 것이 얼마나 힘든 것인지 알았다. 황등교회 창립 90주년을 바라보는 즈음해서 이 책이 다음 세대들에게 조금이나마 참고가 되어 주기를 바라는 마음이다.

황등교회는 믿음의 뿌리가 굳건한 역사와 전통을 지닌 교회이다. 역사를 통해 믿음의 선진들을 기억하고, 기념하고 그 정신을 본받는 일은 중요하다. 김수진 목사와 한승진 목사를 이어, 「황등교회 90년사」나 「100년사」 그리고 「황등기독학교 역사」를 집필하는 일이 이어졌으면 하는 바람을 가져본다. 초창기의 교회건축, 농촌교회임에도 중·고등학교 설립, 어린이 집 설립, 신협 창립 등의 위엄을 달성한 선배 목사와 장로들과 교인들의 끊임없는 기도와 헌금과 노력봉사 등이 얼마나 위대한가를 기억하고, 이 유업遺業을 더욱 훌륭하게 유지·발전시키기를 간절한 마음으로 소망한다.

2016년 10월 13일
늘 황등인임을 자랑스럽게 생각하는
황등교회 원로장로 **김 재 두**

사랑의 종 이야기를 펼치면서

서술자* 한 승 진

　역사서를 쓴다는 것은 두렵고 떨리고 전문적인 작업이고, 시일이 많이 소요되는 대작업이기에 꺼려지는 일이다. 서술자는 기독교윤리와 윤리교육을 전공하여 학위논문을 썼고, 학술지 논문과 다양한 분야의 수필과 칼럼과 신문기사문을 써봤지만 역사서는 써본 적이 없다. 전공도 아니다. 더욱이 엄밀히 말하면 황등교회 출신도 아니다. 황등교회에 출석·봉사한 것이 2001년 3월 1일 이후이니 황등교회 역사와 학교 역사를 알기엔 기간도 짧다. 더욱이 초창기 역사는 알지도 못한다. 또한 교회보다는 학교가 주된 일터이다 보니 교회 역사는 잘 모른다. 그렇다고 학교 역사를 잘 아는 것도 아니다.

　더욱이 서술자는 대한예수교장로회(통합) 교단의 목사 양성기관에서

* 저자는 창작한 것을 말하는 것이니 저자라고 볼 수 없고, 집필자라고 말하기에도 역량이 부족하기에 적절하지 않은 듯해서 그냥 '서술자'라는 표현을 임의로 썼다.

공부한 목사가 아니라, 한신대학교 신학대학원을 졸업한 한국기독교장로회(기장) 목사로서 황등교회에서는 교단 소속목사가 아니기에 직제를 정확히 말하자면 협동목사 신분이라고 할 수 있다. 그러다보니 서술자가 속한 한국기독교장로회 교단의 체제는 조금 알지만, 대한예수교장로회(통합) 교단의 체제는 잘 모른다.

그런데 2016년 4월 어느 날엔가 대한예수교장로회(통합) 총회역사전문위원들이 황등교회를 방문하고, 황등교회 역사와 학교역사가 소중하니 총회역사유적으로 지정받도록 해보자고 제안을 하면서 한 가지 요청을 하였다. 이들이 자료심사를 통해 황등교회를 대한예수교장로회(통합)총회 인정 역사유적지로 선정되도록 하기 위해서는 먼저 소논문형식으로 교회와 학교 역사를 작성해서 4월말까지 제출해달라는 것이었다. 정동운 담임목사의 뜻에 따라 이 작업이 서술자에게 주어졌다. 지난 1989년에 출판된 김수진의 『황등교회 60년사』와 김항안 목사가 쓴 월간 《목회》에 기고한 황등교회 이야기를 정리해서 제출해보라는 정도로 부여된 일이었다. 서술자로서는 한창 바쁜 나날을 보내는 처지였으나 간략히 부담 없이 해보라는 것에 그렇게 하기로 하였다. 그런데 가만히 생각해보니 이 작업은 그렇게 수월한 일이 아니라는 생각이 들었다.

사실 서술자는 역사공부를 참 좋아한다. 역사교육학과에 편입학해서 공부할 생각도 있었다. 그러나 역사교육전공으로는 과목의 특성상 교목과 교사로 임용되기가 어려울 것 같아서 주요과목인 국어교육으로 비교적 많은 인원을 뽑는 학과에 편입학해서 졸업하였고, 그로 인해 지금의 학교에 임용되어 재직 중에 있다. 역사교육학과를 택하지 않은 이유는 상대적으로 임용의 불리함도 있었지만 역사공부가 쉽지 않음을 알기에 그렇기도 한 것이었다.

그저 조용히 혼자 취미삼아 역사를 공부하는 것은 좋아하지만, 이것이 공식화되거나 역사서를 쓴다는 것은 생각조차 해본 적이 없다. 역사를 전공하지 않았지만 역사가 얼마나 중요하고, 역사서를 쓴다는 것이 얼마나 어렵고 힘들고 중요하고 신중해야하는지는 어렴풋이 알고 있다. 그런 서술자에게 역사정리 작업이 맡겨졌다. 정중히 사양하려고 했으나 서술자가 안하면 그 누군가에게 주어질 일이었다. 그러니 그 누군가에게 이 어려운 일을 떠넘기는 꼴이 되니 안 한다고 하기에도 마음이 불편하였다.

   이렇게 해서 이 작업을 해야만 하는 상황이었지만 억지로 해야 만하는 작업이다 보니 마음이 불편해서 그런지 작업을 어떻게 진행해야할지 막막할 뿐이었다. 사양치 못한 자신을 질책도 하면서 어영부영 시간만 보냈다. 사실 학교나 교회나 집에서 할 일이 많았고, 나름대로 신문과 방송에 연재하는 글의 부담도 만만치 않았고, 이를 모아 단행본 내는 작업도 있었다. 더욱이 학교에서 교육청과 교육부와 국가보훈처와 인권교육센터 등의 공모사업 계획서를 내는 일까지 겹친 상황이었다. 하고 싶지는 않고, 해본 적도 없는데, 안 할 수도 없고, 잘 할 자신도 없으니 그야말로 진퇴양난進退兩難이었다. 누군가에게 부탁한다고 될 일도 아니었고, 한다고 했으니 안 한다고도 못하는 처지였다.

   그런데 다행히 걱정한 것과는 달리 급한 일들이 수월하게 마무리되었고, 그저 혹시나 하고 낸 공모전 계획서들이 연이어 선정되기에 이르렀다. 이럴 때마다 속으로 '역사정리 작업이 매우 의미 있는 일인데 이 일을 하게 되니 하나님이 복을 주시는구나' 하는 생각이 들었고, '내게 어려운 작업이니 남에게도 어려울 것이니, 내가 하면 남이 어려움을 피할 수 있으니 좋은 일을 하는 것 같다.'는 생각도 하였다. 서술자는 황등교회 출신이 아니고, 초창기 선구자들과 연관이 없는 사람이기에 비교적 객관적인 입장에서 글을 전개할 수도 있겠다는 생각도 들었다. 이런 생각이 드니 갑자기 열심히 해보고 싶어졌다. '처음부터 잘하는 일은 없다. 하면서 배우고, 부족함은 부지런함으로 채우리라' 마음먹었다. 곧바로 관련 책과 자료들을 수집하기 시작하였다.

총회역사전문위원들의 심사결과에 따라 9월 총회 자료에 교회와 학교의 역사가 기록으로 남게 되면, 교회와 학교의 위상도 드높이는 것이라고 하니, 나름대로 사명감을 가지고 열심히 작업해보았다. 하면서 어려운 작업임을 수도 없이 실감하곤 하였지만 하나하나 알아가는 재미도 있었다. 서술자에게 주어진 시간이 많지 않았고, 자료가 부족한 상황이라 급한 대로 최선을 다해 작업해보는 정도로 이 일은 마무리되었다. 그런데 하면서 자꾸만 욕심이 났다. 이 일로만 끝내기엔 소중한 이야기들이 쏟아져 나왔다. 서술자의 역량으로 이를 다 담아내지 못하였지만 엉성한 성과물이나마 이를 드러내고 싶었다.

이 글을 서술하면서 황등교회는 엄청난 역사의 보고寶庫를 지닌 교회로, 그저 그런 교회가 아니었다. 이런 것들이 그동안 주의 깊게 다뤄지지 않았음이 아쉬웠다. 그러기에 이 글은 그냥 어느 농촌 교회의 옛 이야기가 아니다. 이 교회의 역사에는 한국교회 역사는 물론 한국근현대사와 한국기독교학교 역사를 이해하는 하나의 열쇠가 담겨 있었다. 그러기에 총회역사전문위원들이 자청해서 이를 역사유적으로 지정되도록 권면하고 나선 것이다. 더 늦기 전에 황등교회 역사서를 집필할 전문가를 위촉하고, 심의와 검토를 위한 위원과 증언證言 위원들이 위촉되었으면 하는 바람을 가져본다.

이 글을 서술하다보니 아주 먼 옛날 어렵고 힘든 현실과 삶의 자리에서 험한 세파에 이리저리 흔들리기는 하였지만 '흔들리면서 피는 꽃'처럼 믿음에 굳게 서려고 부단히도 애를 쓴 이들의 삶의 흔적들을 느낄 수 있었다. 문득 '나라면 그 때 그 시절에 어떠했을까', '이들이 오늘 나라면 어떠했을까' 하는 생각을 해보곤 하였다. 만난 적도 없고, 알지도 못하는 이들을 책으로, 자료로, 증언으로 만나다보니 마치 오래전부터 알았던 것처럼, 정情도 든 것 같다.

아주 가끔은 이들이 자신들의 이야기를 잘 좀 써달라고 속삭이는 것 같기도 하였다. 글을 마치고 나니 이들의 흔적이 곳곳에 배어 있는 듯해서 황등교회가 더 좋아졌다. 황등교회당이나 '사랑의 종'이나 학교를 매일 보다시피 하지만 이 글을 쓰면서 예전 모습 그대로인데 다르게 보이곤 하였다.

이 글을 마친 지금, 더 그렇다. 기성의원箕城醫院*이나 처음 예배당을 사진이나 증언을 통해 복원하거나 모형으로 만들어 두는 것도 좋겠다는 생각도 해보았다. 그리고 이 글의 기초자료로 매일 끼고 다니다시피 한 김수진의 『황등교회 60년사』를 보면서 그의 공헌은 아무리 강조해도 지나치지 않다는 생각을 해보았다. 그 당시 컴퓨터 사양은 지금과는 비교도 안 되고 인터넷도 안 되고 자료도 불충분한 상황에서 이 일을 해냈다는 게 놀라웠다. 이 자리를 통해, 김수진 목사님에게 깊은 감사의 말씀을 올린다. 또한 다행히 더 늦기 전에 당시를 기억하는 이로 팔순을 넘어 구순에 가까운 연로함에도 또렷한 기억과 열정과 친절로 증언 요청에 기꺼이 응해주신 황등교회 김재두 원로장로님에게도 머리 숙여 깊이 감사를 올린다.

장로님은 일제강점기와 해방, 6·25전쟁과 4·19혁명, 5·16군사정변 등 이루 헤아릴 수 없는 한국근현대사를 온 몸으로 감내하시면서 오늘의 황등교회와 황등중학교와 성일고등학교를 일구신 분이시다. 그러니 장로님의 삶이야말로 우리 시대의 살아있는 역사서이다. 욕심 같아서는 장로님

---

* 계원식에게 '기성'은 매우 중요한 의미이다. 계원식이 출생한 고향이 평안남도 평양 교외에 있는 기성(箕城)이라는 마을이었다. 계원식은 자신이 출생한 고향을 잊지 않으려 한 것인지 경성의전을 졸업하면서 고향의 이름인 기성의원으로 하였고 황등에 와서도 기성의원을 재개하였다. 계원식의 출생지 이름이 기성임은 김수진이 쓴 『자랑스러운 순교자』(기전여자대학, 1981), 177쪽에 분명하게 나온다.

을 매일 만나서 구술口述을 담아낸다면 좋겠다는 생각도 해보았다. 이 작업은 개인 김재두의 생애만이 아니라 김재두가 감내한 한국근현대사를 관통하는 맥脈을 찾을 수 있고, 황등교회 역사와 황등기독학교 역사의 맥을 찾아낼 수 있는 보고寶庫일 것이다. 그러나 서술자의 게으름과 여건이 이를 허락지 않으니 아쉽기만 하다.

문득 황등교회 어르신들의 생애를 경청敬聽하면, 서술자와 같은 젊은 세대가 인생경륜도 얻을 수 있으니 좋겠다는 생각을 해보았다. 이번 글 작업을 위해 자주 뵙다 보니 이 글을 위한 것만이 아니라 여러 모로 경륜을 배울 수 있어서 좋았다. 서술자는 못하지만 젊은 세대들이 어르신들을 만나 살아온 이야기를 경청하고, 이를 녹음하고 메모해서 글로 형상화한다면 좋겠다는 생각을 해보았다. 언젠가 이런 방식을 구상하는 전북교육청의 장학사님의 이야기를 접하였다. 이 장학사님의 기획은 청소년들이 자기 동네 어르신들을 만나 '자서전 써드리기 프로젝트'를 한다면 세대통합의 효과가 있을 것 같다는 것이었다. 이런 일을 우리 학교나 교회에서도 하면 좋을 것 같다. 이 일은 청소년과 어르신의 만남이 가능하게 되니 서로에게 유익이 될 것도 같다. 사실 서술자부터 이를 실천하지 못하니 말할 자격은 없지만 유익한 일일 것 같다.

다시 한 번 이 글을 서술함에 기초자료로 삼은 김수진 목사님의 『황등교회 60년사』와 그 외 저서와 신문기고 글들이 없었다면, 그리고 이 글을 시작하면서 끝까지 지루하고 복잡한 일임에도 증언을 마다하지 않으시고 감수監修로 노고를 아끼지 않으신 김재두 원로장로님이 계시지 않으셨으면 이 글은 시작도 할 수 없었음을 밝힌다. 김수진 목사님은 글로, 김재두 장로님은 말로 큰 힘이 되어 주셨다. 그러니 황등교회 담임목사로서 바쁜 상황에서도 사명감으로 『황등교회 60년사』를 집필한 김수진 목사님의 노고와, 이 글을 같이 쓰다시피 하면서 증언으로 동참해주신 김재두 장로님의 공로가 이 글을 있게 한 것이다. 서술자는 그저 엉성한 글재주로 이를 이리저리 엮어나간 작업밖에 한 것이 없다. 이 글이 어눌하고 서툰 것이 많음은 전적으로 서술자의 역량부족이다. 더 준비할 것을, 더 공부할 것을, 더 찾아볼 것을 하는 아쉬움의 결과이다. 그러니 이 글을 내놓기가 부끄럽다. 그러나 이 정도라도 내놓음은 다음을 기약하면서 그것의 작은 디딤돌이나마 되었으면 하는 바람으로 부끄럽지만 이 글을 내 놓는다.

서술자는 전문역사학자가 아니고, 자료도 미비한 상황에서 문학적인 상상력을 발휘할 수 있음이 좋았다. 정확치 않지만 시대적 상황과 기록의 행간을 생각하다보니 서술자의 문학적 상상력이 유용하게 활용되었다. 서술자는 문학적 상상력이야말로 우리네 삶을 풍성하게 한다고 확신한다. 음식 맛을 더하는 조미료처럼 문학적인 상상력을 서툰 대로 펼쳐보았다. 서술자가 문학적인 상상력을 곁들인 부분으로 인해 사실과 의견이 뒤섞인 표현들이 있다. 이런 부분은 역사서를 서술하는 것으로는 부적합한 서술임을 잘 안다. 그러기에 이 글은 객관적인 사료史料에 입각한 역사서의 자격이 없을지 모른다. 그러나 자료 부족으로 자료와 자료의 차이를 메울 상상력이 필요하였다.

이런 이유로 이 글의 제목에 '역사'라고 하지 않았음을 밝힌다. 사실 이 글은 역사서로 하려다가 삼천포로 빠진 측면이 많다. 그러니 역사서라고 보기는 어렵고, 그렇다고 이야기 본연의 글을 목적으로 한 것이 아니다 보니 이야기서도 아니다. 그러나 이 둘이 날줄과 씨줄처럼 어우러지는 것도 의미 있는 일이라고 생각한다. 서툰 대로 이 글을 마무리하고 세상에 내놓으려니 너무도 부끄럽다. 그래도 작은 농촌의 중학교에 몸담는 서생書生이 이 정도라도 해낸 것을 감안해서 봐주기를 바란다. 이 글에서 인용하는 성경구절은 직접인용이 아닌 경우는 현재 황등교회가 사용하는 개역개정판 성경으로 할 것을 밝힌다.

새삼 이 글이 제대로 된 역사서로는 미흡하기에 역사서라고 할 수는 없지만 그나마 이 정도의 작업만 하는데도 애를 먹었다. 그러고 나니 역사서를 쓰고 작업한다는 것이 얼마나 지난至難한 일이고 힘든 일인지 알게 되었다. 역사서 작업을 수행하는 이들에 대한 존경의 마음을 가져본다.

증언으로 애써주신 계일승 목사의 7년 계혜순 집사님과 황등교회 채응묵 집사님, 이영자 권사님, 조춘식 장로님, 이의선 집사님, 김신중 목사님, 변의진 장로님, 한동수 장로님, 강영춘 장로님에게도 감사드린다. 또한 이 글이 시작되도록 격려와 협조를 아끼지 않으신 정동운 담임목사님, 교회역사의 중요성을 일깨워주시고 협조해주신 제석교회 정경호 담임목사님, 자료수집으로 도움을 주신 황등교회 역사정리보존부 윤성한 집사님, 황등중학교 행정실 강재석 부장님, 황등신흥교회 양명기 담임목사님, 흰돌교회 정은조 담임목사님, 전북기독교역사연구회 회장 정복량 전성교회 원로목사님과 총무 박세홍 가은교회 담임목사님, 연세대학교 연합신학대학원 김동환 교수님과 한일장신대 신학부장 최영현 교수님과 부산장신대 신학과 조한상 교수님에게도 깊은 감사를 드린다.

또한 서툰 초고草稿임에도 꼼꼼하게 교정을 해주시고 자료의 실증사례를 검토하게 해주신 김순자 권사님과 예리한 관찰력으로 글의 모호한 부분을 다듬어주신 김민경 집사님과 문장의 엉성한 흐름과 오탈자를 성심껏 찾아내 주신 이경희 집사님에게도 감사드린다. 또한 번거롭고 힘든 워드 작업임에도 마다하지 않고 수고해주신 성일고등학교 행정실 장수현 선생님과 이 글의 시작부터 마침까지 방대한 양의 자료와 알아보기도 힘든 손글씨 원고를 군소리 하나 없이 친절과 성실로 함께해주신 황등중학교 김도현 교무실무사님에게도 감사를 드린다. 끝으로 이 글을 작업하느라 가족에게 소홀할 수밖에 없었기에 미안함과 늘 사랑으로 힘이 되어주는 사랑하는 아내 이희순과 사랑, 겨레, 가람, 벼리에게도 고마움을 전한다. 이 글은 10월 13일 빛을 보게 되었다. 이 날은 황등교회 창립기념일은 아니다. 그러나 서술자는 이 날이 더 중요한 날이라고 생각한다. 1921년 10월 13일 황등, 기성의원에서 계원식 장로가 동련교회의 허락을 받아 4일기도회(목요일)를 시작한 날로 황등교회라는 믿음의 공동체가 처음 시작된 날이다.

2016년 10월 13일
황등교회 사랑의 종을 보면서
한승진

차례

1

끊임없이 계속 써야할
황등교회사

황둔교회 그 뿌리와 기독교 역사 정립

사랑의 종, 그 언저리에서 길을 묻다

끊임없이 계속 써야할
황등교회사

계일승桂一勝[1]은 황등교회 설립자 대표인 계원식桂元植(1888년 9월 9일~1970년 2월 27일)의 장남長男으로 누구보다 황등교회 역사를 잘 알았다. 계일승은 황등교회 제 3대 담임목사를 역임하고, 미국 컬럼비아신학교에서 한국장로교회사로 신학석사학위를 취득하고, 유니온신학교[2]에서

---

1 계일승은 황등교회 역사에서 여러 가지 기록을 갖고 있는 인물이다. 계일승은 설립자 대표 계원식의 장남이요, 황등교회 순교자 안인호의 남편이다. 1933년 황등교회 집사가 되었고, 황등교회 최초의 대학생이었고, 유학생이었고, 목사였고, 박사였고, 교수였다. 또한 황등교회 3대 담임목사이기도 하였다. 계일승은 황등기독학교와도 관련이 깊다. 해방 후 미군정에서 영향력 있는 목사로서 일본인이 두고 간 후다바샤 창고와 일본인 세랑의 집을 불하받도록 힘썼다. 이 시설들이 오늘의 황등중학교의 출발지가 되었다. 계일승은 장로회신학대 교수와 학장으로 서울에서 살았지만 죽음에 이르러 자신의 아버지 계원식이 묻힌 황등교회 묘지에 묻히길 원해 그렇게 하였다. 계일승의 출생은 평양이었고, 자란 곳은 황등이었다. 황등교회의 상징인 '사랑의 종'의 설명서에는 계일승의 주선으로 이 종이 황등교회에 전해졌음이 기록되어 있다.
2 Union-PSCE(Union Theological Seminary and Presbyterian School of Christian Education) 미국 동남부 버지니아 주의 수도인 리치몬드에 위치하고 있다. 학교 이름이 긴 이유는 유니온 신학교와 장로교기독교교육대학원이 한 학교로 1997년에 합쳐졌기 때문이다. 유니온신학교가 창립된 것은 1812년으로, 지난 2세기 동안 미국장로교의 인재들을 양성하는 신학교로 성장하였다. 넓이가 56에이크인데 학생 수로 볼 때 꽤 큰 규

한국교회사로 신학박사학위를 취득하고 평생을 장로회신학대학교에서 역사신학교수와 학장을 지낸 사람이다. 그러니 계일승은 황등교회 역사서를 쓸 적임자라고 생각할 수 있으나 계일승은 황등교회 역사서를 쓰지 않았다. 계일승은 이미 석사와 박사논문으로 두 번의 교회사를 쓴 사람이었지만 황등교회사는 쓰지 못하였다. 그 이유는 바쁜 교수직과 학장으로 인해 황등교회 역사서를 집필할 시간적 여유를 가질 수 없었기 때문이었다. 계일승이 아니라도 누구든 황등교회 역사서를 집필해서 과거를 통한 오늘을 돌아보고 내일을 준비하는 뿌리 깊은 역사의식으로 황등교회가 활성화될 수 있도록 해주면 좋으련만, 오랜 세월 마음만 있지 누구하나 자신 있게 나설 수는 없었다. 이 일은 의욕과 열심만으로, 재정이 풍족하다고 되는 일이 아니었다.

모이며 넓은 잔디밭과 나무들에 둘러싸인 경관과 여기저기 뛰어다니는 하얀 다람쥐, 여유 있는 주차 공간 등은 캠퍼스 생활을 즐길 수 있는 모든 조건을 갖추고 있다. 장학제도는 '필요한 만큼 지급한다'는 원칙을 정해 놓고 있는데, 대부분의 경우 모든 등록금(7,100$)을 장학금으로 지급하며 학생들의 필요를 고려해서 다양한 장학혜택을 주고 있다. 이 학교 동문들과 많은 지역교회들의 후원을 받아 재정이 넉넉한 학교로서 학생들에게 학비는 전혀 받지 않고 오히려 사실상 매년 학생 1인당 약 2만불을 투자하고 있다. 그래서 입학하면 학교의 여러 가지 재정적 배려를 받을 수 있다. 이 학교는 NCC 총무를 역임했던 남궁 혁이 한국인로서는 최초로 명예신학박사학위를 받았으며, 계일승을 비롯해서 아세아연합신학대 총장을 역임한 한철하, 장로회신학대 역사신학교수 김인수, 한일장신대 오덕호 총장, 영남신학대 역사신학교수 김영도와 기독교윤리학 교수 신기형, 장로회신학대 예배와 설교학교수 김운용과 장로회신학대 고용수 전 총장과 기독교교육학 사미자, 미국 예일대학 성경신학교수 신정균를 비롯한 2백 40여 명의 한국인 졸업생을 배출한 학교이다. 또한 이 학교를 졸업한 70여 가정의 미국인들이 선교사로 한국 땅을 밟는 등 한국교회가 많은 선교의 빚을 지고 있는 학교이다. 계일승은 이 학교에서 1950년 신학박사학위(Th.D)를 취득하였다. 계일승이 학위를 받을 당시는 신학박사였고, 지금은 철학박사(Ph.D)를 수여하고 있다. 계일승의 영어 이름은 'il Seung, Kay'이다. 논문 제목은 "*Christianity in Korea*"(한국의 기독교 정신)으로 한국교회사를 주제로 한 논문으로 우리나라 초기 선교사들과 초기 우리나라 한국인들을 균형 있게 서술한 한국교회사를 다룬 논문으로 번역서가 나오면 좋겠다는 바람을 가져본다. 흔히 유니온신학교하면 뉴욕에 있는 비교적 진보적이고 자유로운 학풍인 유니온신학교(Union Seminary)를 떠올리는데 이 학교는 미국 장로회가 세운 학교로 우리나라 장로회신학대나 한일장신대 등과 교류하고 있다.

그러던 차에 황등교회에 큰 복이 주어졌다. 제 11대 담임목사로 부임한 김수진은 이 일을 이뤄낼 적임자였다. 김수진은 한국교회사학에 길이 빛날 한국교회사학자로 평가받는 인물이었다. 김수진이 황등교회 담임목사가 되어 황등교회 역사서를 집필한 것은 황등교회로서는 큰 복이었다. 그러나 빛이 있으면 그에 못지않은 그림자도 있기 마련이듯이 김수진이 직면한 입장으로 인해 역사서의 한계도 있을 수밖에 없었다. 김수진은 전업專業 교회사학자가 아닌, 설교와 심방과 행정과 특강 등으로 바쁜 현실을 감내해야만 하는 비교적 중대형교회의 담임목사직을 수행해야하는 상황이었다.

더욱이 김수진은 담임목사 재임중, 아세아연합신학연구원과 미국 풀러신학교 공동목회학박사학위과정D.Min을 진행 중에 있었다. 이 과정의 수업을 받으려면 서울 충정로 아세아연합신학연구원까지 가서 강의를 수강해야했고, 과목별 과제물을 작성해야만하였다. 김수진이 학위논문을 마치고 졸업한 시기는 1987년 8월이었다. 김수진은 학위논문을 마치고 얼마 지나지 않아, 1989년 12월 27일에 『황등교회 60년사』를 출판했으니 김수진의 열정에 감탄이 절로 나온다. 역사서 집필은 지난持難한 작업일 수밖에 없기에, 담임목회를 하면서 자료수집과 증언을 꾸준히 진행한 성과였을 것이다. 실제로 김수진은 매일 새벽기도회를 마치면 자신의 집무실에서 이 일에 매달렸다고 하고, 오랜 세월 교인들을 만날 때마다 녹음을 하고 메모를 하면서 꾸준히 자료 수집에 매진하였다고 밝혔다.

그나마 사료史料가 많으면 이를 정리해나가면 좋으련만 오랜 세월이 지나다보니 사료가 너무도 빈약했다. 거기다가 한국교회사학자가 적은 때이기에 여기저기 강연이나 강의요청도 받고, 그와 관련된 글도 기고해야만 하였다. 더욱이 자신이 담임하는 교회의 역사를 집필하다보니 당시 생존하는 교인들과 그들의 후손들과 같이 얼굴을 맞대는 처지이기에 소신껏 집필하기도 어려웠고, 인간적인 친분으로 인한 집필자의 주관적인 견

해를 배제하기도 어려웠다. 김수진은 이런 어려움 속에서 『황등교회 60년
사』를 완성해냈다.

서술자는 김수진이 시무한 십여 년의 기간(1983년 10월 1일~1993년 9
월 1일)을 알지 못하지만 언젠가 어느 신학대학 도서관에서 우연히 김수
진이 쓴 목회학박사학위논문[3]을 본 기억이 있다. 이 글을 보면서 평신도
조직과 역할이 활성화되도록 지도력을 발휘한 김수진의 역량과 황등교회
교인들의 역량에 감탄했던 기억이 지금도 생생하다.[4] 이 논문은 《목회》에
요약되어 있었고, 이를 본 기억도 난다.[5]

서술자가 보기에 김수진이 담임목사로 시무한 기간의 최고의 업적은

---

3 김수진, "평신도 운동이 한국교회 성장에 미친 영향에 대한 연구-교회사적 측면에서",
《아세아연합신학대와 미국 풀러신학교 공동목회학박사학위논문》(1987년 8월); 이
논문의 영어 제목은 (A) Study of Lay Movement and Its Influence on the Growth of
Korean Churches: From a Historical Point of View이다. 목회학박사학위논문은 엄밀
히 말하면 학술학위논문이 아니다. 목사가 자신의 목회를 점검하면서 자신의 목회방향
을 정립해보게 하는 현장을 중시하는 과정이다. 김수진은 이 논문에서 자신의 전공으
로 교회사적 측면을 염두에 두면서 평신도들이 역량을 발휘하도록 하는 교육을 중시하
고 조직을 활성화하는 방안을 제시하고 있다. 서술자는 황등교회 초창기가 계원식을
비롯한 당시 선구자들이 주도해나갔기에 자생적 교회 전통으로 평신도들의 역량이 역
동적으로 발휘되는 교회라고 본다. 김수진은 이 전통의 연장선에서 담임 목사로서 목
회를 하고 이를 자신의 목회학박사학위 주제로 삼았기에 이 논문은 황등교회 60년의
역사뿐만 아니라 이 책이 집필될 당시와 그 이후의 황등교회 모습의 근거를 살펴볼 귀
중한 자료이다. 현재 전북 완주 소재, 한일장신대학교 도서관에도 소장되어 있으니 어
렵지 않게 살펴볼 수 있다. 사실 이 논문의 내용은 『황등교회 60년사』의 '제8부 1장 황
등교회 성장과 김수진 목사의 사역 편'(359-374쪽)과 겹치는 부분이 많으니 함께 보면
이해하는데 어렵지 않을 것이다. 김수진이 자신이 담임목사로 있는 황등교회의 목회로
목회학박사논문의 주제로 삼은 것이 '평신도 운동을 통한 한국교회 성장의 한국교회사
적 측면'이었다. 그 이유는 김수진이 집필한 『황등교회 60년사』(황등교회 60년사 발간
위원회, 1989)에 면면히 나오는 것처럼 담임목회자의 지도력도 중요하지만 이에 협력
하는 교인들의 열정과 역량이 중요하게 작용하였다.
4 서술자가 이 자료를 밝힘은 김수진이 담임하던 시절의 황등교회의 모습과 교회조직을
알 수 있는 귀한 사료가 될 수 있다는 생각에서이다.
5 김수진, "평신도 운동이 한국교회 성장에 미친 영향에 대한 연구" 상편, 《목회》(135권,
1987년 11월), 225-322쪽 참조; 김수진, "평신도 운동이 한국교회 성장에 미친 영향에
대한 연구" 하편, 《목회》(136권, 1987년 12월), 263-344쪽 참조.

목회성공사례로 제시한 목회학박사학위논문 내용이 아니라, 『황등교회 60년사』인 것 같다. 안타까움은 김수진이 쓴 이 책이 나온 지 어언 30여년이 흘렀건만 이를 수정·보완하면서 추가할 역사서가 나오지 못하고 있다는 사실이다. 이는 워낙 김수진이 쓴 책이 탁월해서 다음 사람이 엄두도 못 내서 그런 건지, 아직 준비하는 기간인지는 모르겠지만 이 작업은 반드시 있어야한다고 본다.

김수진의 『황등교회 60년사』는 성경[6]처럼 만고불변萬古不變의 완전무결完全無缺하고 정확무오正確無誤한 책이 아니다. 이 책이 출간된 지 30여년의 세월이 흘렀다. 이미 상술한 바와 같이 이 책은 탁월하다. 그러나 김수진이 부족해서가 아니라 김수진의 입장에 따른 한계와 아쉬움을 수정·보완할 필요가 있다. 이는 사람이 하는 일이기에, 그것도 단 한 사람이 현실적인 한계를 무릅쓰고 한 작업이었기에 수정·보완할 내용은 있을 수밖에 없다. 역사서는 끊임없이 다시 써야하는 미완성의 작품이다. 왜냐하면 역사적 의미는 새롭게 갈망하는 후손들의 열의와 열망으로 새로운 의미로 재창조되기 때문이다.

30여년이 지난 오늘의 시점에서 보면, 김수진이 미처 보지 못하거나 찾지 못한 자료들이 드러나고 증언들이 나오기에 수정·보완할 거리들이 있다. 그러니 〈수정판〉이랄까, 〈개정판〉이 나와야한다. 더욱이 30여년이 지났으니 이 책 이후의 역사가 보태져야하니 황등교회 역사서는 다시 써야한다.

서술자가 재직하는 중·고등학교에서 보면, 역사 교과서가 대략 4년 주기로 개정판이 나오는 것 같다. 역사는 변한다. 아니 정확히 말하면 역사서는 변한다. 지난 시절의 역사적 사실이 변하는 것이 아니지만, 새롭게

---

6 이 글에서는 성경이라고 지칭해서 글을 서술해나갈 것이다. 그러나 직접인용의 경우는 그대로 성서라고 할 것이다.

역사적 증거들이 발견되면 그동안 알고 있던 내용들의 수정이 불가피하고 역사서 집필에서 누락된 것들도 추가하기 마련이다.

그러나 역사서를 쓴다는 것은 결코 쉬운 일이 아니다. 김수진은 황등교회 담임목사로 부임하자 곧바로 황등교회의 기록들을 정리하기 시작했다. 그래서 1984년에 교회내의 부서 중 새로 '자료수집위원회'를 조직하고 이 때부터 교인들에게 황등교회 역사에 대한 관심을 갖게 하면서 차곡차곡 역사서 집필을 준비하고 진행해 나갔다. 당시 김수진을 뒷받침하는 발간위원장으로 노고를 아끼지 않은 봉기성은 『황등교회 60년사』 발간의 준비와 진행이 얼마나 중요한 작업인지와 이를 집필한 김수진의 노고가 얼마나 컸는지를 밝히면서 김수진의 공로를 극찬하였다. 그러니 『황등교회 60년사』는 김수진 혼자만의 생각과 노고로 완성된 것이 아니다. 자료수집과 집필을 위해 시간을 배려한 당회와 교인들 그리고 자료수집에 협조한 교인들과 교회의 재정적 뒷받침으로 완성된 것이다.

한편 황등교회의 뿌리를 찾고 역사의식을 넣어주기 위해서 1984년 10월 14일에는 황등교회 창립자 중 대표적으로 활동했던 계원식 장로 기념 선교대회를 개최하면서 실질적으로 전 교인들이 황등교회의 뿌리를 찾는 일에 참여하고 관심을 갖게 되었다. 그리고 김수진 목사는 모임이 있을 때마다 황등교회의 역사에 대해 듣기를 원했으며, 새로운 사실이라도 발견되면 늘 메모를 해 놓았다. 때로는 황등교회를 거쳐 갔던 교역자들의 후손을 찾아 나서기도 하였다. 그래서 여름휴가라도 실시하게 되면 카메라와 녹음기 그리고 기록해둘 노트를 챙겨 들고 진주로 청주로 서울로 수없이 다니면서 면담 기록을 남기었고, 때로는 당회원들과 계일승 목사님 댁을 방문해서 황등교회 초창기의 역사를 듣기도 하였다. 이러한 상황 속에서 60년사의 윤곽이 드러나면서 황등교회 당회는 1987 연말 당회에서 정식으로 '황등교회 60주년 기념

준비위원회'를 구성하고 그 중에서 기념사업으로 '황등교회 60년사 발간위원회'가 발족하였다. 이미 김수진 목사는 앞에서 언급한 대로 황등교회 역사를 정리하고 있었으며, 발간위원회가 발족되자 그때부터 원고를 쓰기 시작하였다.[7]

서술자는 교회사학을 전공하지도 않았고, 자료가 부족한 상황이고, 시간도 부족한 상황에서 이 글을 준비하고 서술하였다. 이런 서술자가 보기에 역사서술의 방향과 정확한 자료를 근거로 한 기록이라고 보기엔 아쉬운 점을 찾아볼 수 있었고, 실수로 인한 오탈자誤脫字와 오기자誤記字도 여러 곳에서 발견할 수 있었다. 그러니 이 작업을 중간에 포기하고 싶은 마음이 여러 번 들었으나 그나마 이번에 이 작업이라도 해 두는 것이 차후에 개정판이랄까 수정판이랄까 황등교회사 작업을 하는데 조금이나마 참고가 될 것 같은 사명감에 작업을 이어갔다. 그나마 이 작업을 위해 초창기 역사를 기억하는 김재두를 비롯한 몇 사람의 중요한 증언과 황등교회가 태동胎動한 동련교회의 역사서인『예수꾼의 뚝심-동련교회 90주년사』와 기타 신문과 인쇄물과 출판 자료와 인터넷 자료를 찾아 대조하면서 근거를 밝혀나갈 수 있었던 것은 다행한 일이었다. 또한『황등교회 60년사』가 완성되고 나서 5년이 지난 시점에 당시 젊은 세대가 앞장서서 당시를 기억하는 이의 증언을 녹화해놓았다. 이 자료가 지금도『황등교회 카페』,「황등교회역사」에 탑재되어 있다. 이번에 이 작업을 하면서 이 자료도 요긴하게 살펴볼 수 있었다.

서두에서 밝힌 대로 서술자가 여러모로 부적합한 사람이고, 시간과 자료와 여건의 한계가 있었기에 서술자의 소견小見을 참고로 하여 교회를 대

---

7 황등교회 60년사 발간위원회 위원장 장로 봉기성, "발간사", 김수진,『황등교회 60년사』, 20-21쪽.

표하는 당회에서 이를 심도 있게 논의하여 교회설립 90주년 혹은 100년에 직면해서 역사편찬위원회를 발족하거나 역사편찬준비위원회를 발족하는 것이 좋겠다는 생각을 해본다. 당장 역사서 집필에 착수하기 어렵다면 준비위원회라도 발족해서 초창기 교회역사를 수집하고, 그 당시를 기억하는 생존자들이 살아생전에 증언을 충분히 받아둬야한다. 이번 작업을 하면서 안타까움을 느낀 적이 한 두 번이 아니었다. 서술자가 2001년 황등교회에 출석하기 시작해서 오랜 세월 뵐 수 있었던 김영기, 노상열, 봉기성과 같은 이들이 수년 전에 별세하고 말았다. 이들의 증언은 그 어떤 역사서보다 가치가 있는 살아있는 역사서였건만 이들의 생전에 충분한 증언을 받지 못하였다. 시일이 지나면 이 일은 하고 싶어도 자료를 찾기가 어렵고 생존자들의 사망으로 할 수가 없게 되고 만다. 기록으로 남기는 역사는 과거를 거울삼아 오늘을 지혜롭게 살고 미래를 예측할 수 있게 해주는 자료인 동시에 다음 세대에게는 소중한 자산資産이 될 수 있다. 그래서 기록물의 보관과 관리는 중요하다. 다행히 황등교회는 역사서를 처음 내야하는 것이 아니다. 김수진에 의해 『황등교회 60년사』가 나왔으니 그것을 수정·보완하고, 이 책 이후의 30여년을 보태는 것이니 처음 역사서를 편찬하는 다른 교회에 비해서는 훨씬 수월한 입장이다.

역사서는 돈이 있거나 권력 등의 힘이 있다고 되는 게 아니다. 역사에 대한 열정과 관심이 어우러져야만 가능한 작업이다. 동련교회의 『예수꾼의 뚝심-동련교회 90년사』는 오랜 준비와 거액의 재정을 들여 전문교회사학자[8]에게 의뢰해서 집필자가 2년여 시간을 들여 완성한 것은 주목해 볼 일이다.

---

8 연규홍, 한신대 신학과 역사신학 분야로 박사학위를 취득하고 현재 한신대 신학과 역사신학교수 겸 신학대학원 원장으로 재직 중이다.

고인 되신 최문환 목사님이 담임하신 1970년대 초에 교회사에 대한 거론이 있었으나 재정문제 등 여러 가지 사정으로 엄두도 내지 못하다가 1980년대 중반에 정옥균 목사님이 담임으로 부임하면서 적극적으로 논의되어 1987 년도부터는 약간의 역사편찬 경비를 예산에 반영하게 되었습니다. 그리하여 1988년도에는 교회사편찬위원회를 구성하고 집필은 정옥균 목사님이 맡기로 하여 교회 창립 90주년 기념일(1990.10.1.)에 발간, 선 뵈일 것을 목표로 본격적인 활동이 시작되었습니다. 그 후 정옥균 목사님은 자료 수집에 안간힘을 다하였으나 담임목사로서의 애로와 한계를 고려하지 않을 수 없었습니다. 교회 창립 초창기를 알아볼 수 있는 기록으로 남은 주요 자료는 앞 뒤 부분이 훼손된 당회록 제 1권과 계동학교[9] 졸업장 및 바랠 대로 바랜 흑백사진 몇 장뿐이었으니 90년을 지나는 동안의 여러 사실을 발굴하기란 심히 어려운 일이었습니다. 제1남신도회가 몇 차례 걸쳐 주관한 사진 전시회를 갖고서야 몇 장의 사진도 구할 수 있었습니다. 정 목사님은 목회하면서 틈틈이 시간을 할애하여 서울, 광주, 전주, 군산으로 동분서주하면서 노회록 등 자료를 구하고 관련 인사를 접견하느라 바빴습니다. 그러던 중 1990년 4월에 갑자기 전주 금암교회로 자리를 옮기게 되어 우리 교회는 좌절하지 않을 수 없게 되었습니다. 그러나 하나님께서는 우리 교회를 돌보시어서 교회사를 전공하시는 연규홍 목사님을 소개받게 되어 새 힘을 얻게 되고 교회사 편찬위원회도 개편(위원장 고석조, 총무 전영식)되어 편찬사업을 계속하였습니다. 약 한 달간의 공간을 두고 담임목사(김상곤 목사님)님도 부임하게

---

9 김수진은 『황등교회 60년사』 전반에서 계동학교를 '개동학교'로 쓰고 있다. 이 글에서는 설립과 운영을 한 동련교회의 입장을 그대로 따라 '계동학교'로 지칭하고자 한다. 이런 이유는 연규홍, 『예수꾼의 뚝심-동련교회 90년사』(동련교회역사편찬위원회, 1992)에 보면, 일제가 계동학교를 폄하하려고 한 표현이 '개동학교'라고 하는 측면도 있어 한글표현인 개동학교는 개동학교를 연상시켜 설립과 운영을 했던 동련교회의 입장을 따라 '계동학교'로 통일해서 사용할 것이다. 연규홍, 위의 책, 42쪽.

하고 교회사 편찬경비도 증액배정(900만원)되었습니다. 중략…교회사를 쓴다는 것은 교회당 하나를 새로 건축한다는 심정으로 온 교회가 동원되어야한다며 전교인들(출타중인 동문 포함)에게 설문지를 주어 교회사 기술에 동참케하였고, 당회를 비롯 모든 속회별 또는 속회장들을 상대로 수없이 회합을 갖고 역사 사실에 대한 청취와 앞으로의 교회 설계에 대한 의견을 나누기도 하였다.[10]

같은 교단산하 노회소속 교회이고 같은 농촌교회로 규모면에서 일정부분 비슷한 대장교회 의『대장교회 100년사』도 오랜 준비기간을 거쳐, 전문교회사학자[11]에게 맡겨 13년 만에 완성된 작업이었음은 시사하는 바가크다.

1991년 2월 당회에서 교회사에 관심을 갖고 90년사를 발간키로 결의하고자료 수집위원을 임명하였습니다. 이 때부터 자료수집을 착수하였는데 불행하게도 1954년 이전의 당회록을 신사참배 문제로 왜정의 경찰에게 압수(1938년) 당하고 회수하지 못했으며 6·25전쟁을 전후하여 교회 기록문서가분실되어 자료를 확보하기가 매우 난감하였습니다. 그러나 하나님의 은혜로 전주 서문교회 김대전 장로님을 통하여 조선예수교 장로회사기, 전라노회록, 전라북대리회록, 전북노회록을 입수하게 되었습니다. 여기에 기록된우리교회의 내용을 찾아내는 기쁨은 참으로 컸습니다. 그렇지만 성전건축을 추진하는 등으로 준비가 부족하여 90년사를 출간하지 못한 것은 아쉬운점이었습니다. 우리가 교회 100년사를 편찬하기 위하여 재도전한 것은 지

10 동련교회역사편찬위원장 고석조, "간행에 즈음하여", 연규홍, 위의 책, 1-2쪽.
11 차종순, 계명대학에서 역사신학으로 신학박사를 취득하고 호남신학대에서 평생을 역사신학을 가르친 학자로 총장을 역임하였고, 지금은 명예총장 겸 역사신학 교수이다.

난 1999년말 당회에서입니다. 그 후 당회에서는 교회 창립 100주년 때에는 반드시 100년사가 발간되어야 한다는 뜻의 일치를 이루어 호남신학대학교 차종순 교수를 집필자로 선정하였습니다. 당회에서는 우리교회의 설립 뿌리를 찾기 위하여 미국 남장로회 선교부[12] 자료 보관소(노스케롤라이나주 몬트리트시)에 차종순 교수를 파송하여 맥쿠첸 선교사의 선교보고서 등 자료를 수집하였습니다. 아쉽게도 우리가 찾는 자료는 기록에 남겨져 있지 않았습니다. 미흡한 것은 후대들이 150년사, 200년사를 편찬하면서 보완해 주기를 바랄뿐입니다… 100년사를 위하여 증언해 주신 송현상, 신현욱 목사님, 이관희, 서 승 장로님, 도부선 권사님, 김성철 전 의원님께 감사를 드립니다. 교회의 역사를 펴내고자 뜻을 모으고 작업에 착수한 지 13년여 만에 대장교회 100년사를 펴낼 수 있게 된 것을 무한 감사하며 하나님께 영광을 돌립니다.[13]

역사는 이미 지나가버렸고, 그 어디에도 현존하지 않는다. 그러므로 역사가는 현재의 시점에서 자신의 경험과 지식, 그리고 제한된 유물들과 기록들을 근거로 하여 과거를 구성해 볼 수 있을 뿐이다. 따라서 우리가 알고 있는 역사는 사실로서의 역사가 아니라, 역사가들이 파악한 주관적인 역사이다. 카는 "역사란 현재와 과거의 대화다"라고 했다. '현재'와 '과거'는 대등한 대상으로서 '와'로 연결되는 자연스러운 대화 상대다. 다시 말해서 역사는 '현재 역사가'와 '과거 사실'의 대화다. '현재'와 '과거'가 대

---

12 선교사들은 조선에 들어와서 선교지 분쟁을 피하기 위해 교파별, 교단별로 지역을 나누어 선교하였다. 미국 북장로교는 수도권과 경상도와 평안도를 맡았고, 미국남장로교는 전라도와 제주도를 맡았다. 이에 대해서는 문귀원, "한국장로교회 성장에 관한 역사적 고찰(1885년~1945년)", (한일장신대학교 한일신학대학원 석사학위논문, 2005), 38-46쪽 참조.
13 대장교회 100년사 발간위원회 위원장 서이원 장로, "발간사", 차종순, 『대장교회 100년사』(대장교회 100년사 발간위원회, 2004), 36-37쪽.

등한 대화자이듯 '역사가'와 '사실'도 '와'로 연결할 수 있는 자연스런 대화 상대자다.[14]

대화란 둘 이상의 상대자가 이야기를 주고받는 것이다. 그것은 한쪽만 말하고 다른 한쪽은 듣기만 하는 것이 아니다. 또한 각각 말만 하는 것도 아니다. 서로 한 차례씩 의견발표를 하는 것은 일방적인 선언이지 대화가 아니다. 대화는 서로 말하고 듣고 교감하면서 영향을 서로 주고받는 지속적인 상호작용이다.

그러나 여기서 중요한 것은 대화의 시작과 주도가 현재 역사가에게 있다는 사실이다. 과거 사실은 스스로 말하는 것이 아니라 역사가가 허락할 때에만 이야기한다. 결국 역사가는 자신이 선택한 사실과 대화를 한 것이다. 그러므로 역사란 역사가와 그의 사실 사이의 지속적인 상호작용이며, 현재와 과거 사이의 끊임없는 대화다.

역사는 오늘의 사회와 어제의 사회 사이의 대화다. 대화가 역사가가 속한 현재 사회와 사실을 낳은 과거 사회 사이에 이루어진다는 것을 말한다. 카는 개인과 사회를 분리할 수 없고, 아무리 위대한 개인이라도 역사 안에 있으며 '역사가'도 '사실'도 그 당시의 사회적 산물이라고 주장한다. 모든 개인은 시대와 사회라는 큰 틀 속의 일원이다. 역사가가 살고 있는 현재 사회가 위치한 지점이 과거에 대한 시각에 결정적인 영향을 미치며, 현재 사회의 문제에 대한 통찰이 과거에 대한 역사가의 시야를 조명한다. 역사가는 자신이 속한 사회를 반영하는 사회적 산물이다. 마찬가지로 역사가가 연구할 과거 사실도 과거 사회의 산물이다. 모든 개인이 그 사회의 산물이므로 그들에 의해 벌어지는 사실들 역시 그 사회의 제 관계에 의해 이

---

14 E. H. 카아, 『역사란 무엇인가』, 김택현 옮김(까치, 2007)에서 카아가 강조한 말로 이 책 전반에 흐르는 명언으로 유명하다. 이 책은 서울대를 비롯한 대부분의 대학에서 필독서로 선정된 명저(名著)이다.

루어지는 사회적 산물이다. 따라서 역사가는 다수의 문제가 된 사실, 사회적 힘의 작용에 의한 사실을 선택한다. 그러므로 '현재와 과거의 대화'인 역사란 '현재'를 낳은 '현재 사회'와 '과거' 사실을 낳은 '과거 사회' 사이의 대화다.

역사란 무엇인가? 역사란 과거에 있었던 사실을 어떠한 사물에 인간이 기록한 것이다. 역사서는 집필한 사람의 주관이 나타날 수 있으며 똑같은 사건을 주제로 집필자마다 서로의 생각이나 느낌과 의견이 다를 수 있다. 그렇다면 왜 역사를 배워야 하는가? 에드워드 카의 말처럼 '역사란 현재와 과거의 끊임없는 대화'라고도 할 수 있다.

역사에 대한 참여는 새로운 시작을 의미한다. 왜냐하면 역사는 과거와 현재에 머무르지 않고, 항상 새로운 시작을 추구하고 있기 때문이다. 역사가 이룩되어 온 바에 머무른다면, 역사는 정체해버리듯이, 우리도 역시 이룩한 바를 향유만 하고 있거나 기존 체제의 압박과 그 구조를 탓하기만 하고 있다면 기존 체제의 기계적 부속물로 전락하고 만다. 그러므로 우리는 역사의 새로운 시작에 항상 함께 참여해야 한다. 그러므로 역사적 의미는 자신이 역사진행에 얼마나, 어떻게 참여하면서 항상 새로이 시작하느냐에 달려 있다.

이 새로운 시작이 항상 일정한 방향으로 결정되어 있는 것은 아니다. 역사진행은 때로는 보수적·진보적 방향을, 때로는 자본주의적·사회주의적 방향을, 또는 체제수호적·체제변혁적인 방법을 필요로 한다. 그러므로 어느 한쪽에 과도하게 치우치지 않는 중용中庸이 필요하다. 그렇다고 해서 그러한 방향들의 중간에 서는 것이 가장 바람직한 태도라고 볼 수는 없다. 중간이라는 것, 평균치에 선다는 것은 역사를 정체시킬 수 있으며, 퇴보마저 초래할 수 있다. 그러므로 반드시 여러 방향들을 종합하되, 그 위에서 현재가 추진시켜야만 할 방향을 세우고서, 그 실현에 매진해야만 한다.

이러한 방향을 세운다는 것은 물론 쉬운 일은 아니다. 그러나 우리가 우리의 현재를 진지하게 인식하고 있다면, 결코 어려운 일이 아니다. 왜냐하면 현재는 그 자체 속에 과거를 내포하고 있으므로, 현재인식은 현재와 과거와 미래가 어떠한 관계에 서 있는가를 파악할 수 있기 때문이다. 따라서 현재인식은 극대화되고 있는 모순과, 그것의 극복방향을 알 수 있게 만들어준다. 그러므로 우리는 정확한 현재 인식 위에 미래를 위한 방향을 의식하면서 항상 새로이 시작되고 있는 역사진행에 함께 참여해야한다. 그러면 우리는 역사를 함께 만들어나가는 역사적 인간이 될 것이다.

우리 공동체의 모든 희로애락喜怒哀樂이 모두 역사서에 담겨있다. 온고지신溫故知新이라는 말이 있듯이 옛것을 알면 새로운 것을 예측할 수 있다. 과거를 알아야 현재도 있고 미래도 있다. 이것이 역사를 배우고, 알아야 하는 이유이다. 다음은 교회의 역사서 작업의 중요성을 잘 드러낸 글들이다.

> 교회사가 주는 의미는 대장교회가 걸어온 신앙의 선배들의 발자취를 더듬으면서 이것이 현재를 사는 우리들에게 교훈과 힘이 되고 후진들에게 역사의 유산이 되어 신앙의 아름다운 역사가 계속해서 이어지고, 지역사회를 복음화 시키며 미국 선교사들에게 진 복음의 빚을 갚는 것이라고 봅니다.[15]

> 역사가 소중한 이유 가운데 하나는 현재의 우리들로 하여금 「나는 누구이고 또 무엇을 어떻게 행하여야 하는가」라고 자문토록 하여 더 가치 있는 행동을 이루어 낸다는 점이라고 생각합니다. 즉 역사는 현재의 자신을 비추어 보는 거울의 기능을 가지고 있으며 다시 미래의 길잡이가 된다는 사실입니다.[16]

15 서이원, "발간사", 차종순, 『대장교회 100년사』, 37쪽.
16 이병곤, "전성교회 50년사를 내면서", 『전주전성교회 50년사』(2000년 4월 20일), 47쪽.

2

역사서술의 방향과
토대 놓기

황등교회 그 뿌리와 기독교 역사 정립
사랑의 종, 그 언저리에서 길을 묻다

역사서술의 방향과
토대 놓기

●
사관정립의 방향모색

서술자가 하는 작업이 대한예수교장로회(통합) 총회 역사 자료로 남기는 작업을 위한 기초 작업이라고 하니, 신중히 보다 정확히 해야 한다는 생각에 부담이 컸다. 이에 한 문장이라도 조심스럽게 쓰려고 하고, 가능한 한 근거를 제시하려고 자료를 찾고 또 찾다보니 양파껍질 벗기듯 계속 양이 늘어났다. "역사는 기록이 생명이다"는 말이 있다. "기록이 없으면 역사가 없다"고 할 정도이다. 그런데 기록이 너무도 빈약한 실정이다 보니 부득이 기록이 없거나 모호한 경우, 당시 생존자들의 증언을 받을 수밖에 없었다. 그러나 이런 경우, 연로年老한 이들의 수십 년 전의 일이다보니 이들도 정확한 기억을 자신하지 못하거나 한 사람의 기억에 의존해서 역사를 서술한다는 것이 객관적인가에 대한 우려도 있었다. 가능한 한 당대의 기록과 당대 사람들의 증언이 일치되면 좋으련만 자료도 없고, 너무도 오랜 세월이 흘러 당대를 기억해서 증언할 사람도 적었다.

　김수진도 자료가 빈약해서 애를 먹은 흔적들이 보인다. 그러다보니 그도 당시 상황을 기억하는 사람의 증언을 바탕으로 한 내용들이 많다. 그러나 한 사람의 기억이고 증언자의 주관적 판단과 입장이 전면 배제될 수는 없기에 실증實證적인 기록물보다는 신뢰도와 타당도가 떨어질 수밖에 없다. 이는 증언자의 개인적인 견해로 왜곡된 증언이 있을 수 있고, 집필자의 주관적인 의도가 들어간 내용들이 있기 때문이다. 그러니 실증적인 기록이 중요하다. 그러나 부득이 실증적인 사료가 부족하거나 부재인 경우, 부득이 증언이 중요하다. 이럴 경우, 가능한 한 다수의 증언을 받아서 일치하는 내용이면 유용하다. 또한 증언자의 선별도 중요하고, 증언의 사실 여부를 확인하고 검증하기 위해서 녹음이나 녹화를 해서 집필자가 임의로 첨삭하거나 재구성하지 않게 하는 것이 좋다.

　이번 작업을 하면서 역사를 추적하는 작업이 제대로 이뤄지기를 기대보는 마음 간절했다. 사실 역사서는 집필도 시일이 오래 걸리고 힘든 작업이지만 그에 못지않게 역사적인 자료史料를 찾아내고 증언을 녹음하거나 녹화하는 작업이 더 중요하고 더 오래 걸린다.

　또한 과거의 기록 못지않게 현재 우리에게 어떤 의미가 있는지도 중요하다. 그래야 현재 오늘 우리의 모습에 역사적 근거와 전통계승이라는 의미가 더해져, 교인들의 성장 동력을 추동推動할 수 있고, 사역使役의 설득력을 얻을 수 있고, 교인들의 교회 사랑과 호응을 얻어, 교회의 정체성과 위상도 높이는 작업이 가능하다.

　역사서를 서술함에 방향이랄까 기준이 있다. 이를 흔히 사관史觀이라고 한다. 역사를 가리켜 '과거와 현재의 대화'라고 말한다. 그러나 과거란 글자 그대로 이미 지나간 일이며, 지금은 사라져 없으니, 대화할 수가 없다. 우리가 대할 수 있는 것은 지난날의 발자취를 담아낸 사료뿐인데, 그것은 스스로 말하지 않는다. 그것에 말을 걸고, 질문을 하고, 답을 알고자 하는 사실들과 그 연관을 끌어내야 한다. 그러기에 우리는 일련의 질문을 마련하지 않고는 과거의 탐구에 나설 수 없다. 그리고 그 질문은 당연히 역사를 해석한 집필자의 성과를 바탕으로 해서 마련되어야 한다. 이미 밝혀진 것과 질문이 답으로서 예상하는 것이 함께 하나의 작업가설을 구성하게 된다. 그 가설을 검증하는 작업과 함께 역사 연구가 시작된다.

역사란 궁극적으로는 시대와 사회의 변화를 추적하고, 그 원인을 규명하는 고도의 사유방식이 어우러진 학문이다. 이런 사유과정을 하는 동안, 변화의 패턴pattern을 나름대로 알아차리기도 한다. 다시 말해서, 역사서의 해석을 통해서 어떤 요인이나 요인들이 어떻게 작용해서 변화를 가져오는가 하는 방식을 나름대로 알아차리는 것이다. 그러한 '정형'이나 '방식'을 정식화한 것이 곧 사관이다.[17]

. .
사관정립의 토대 놓기

다음의 글은 오늘날 고등학교 교과서에 실린 글이다. 서술자의 대학(성공회대) 은사이신 고 신영복 선생의 글이다.

---

17 사관이라는 말은 우리에게 본래 있었던 한자어가 아니다. 이 낱말은 서양말의 번역어로 우리말로 된 용어이다. 역사연구의 목적은 말할 것도 없이 과거의 진실을 규명하는 데 있으며, 무릇 가설이란 그러기 위한 한낱 수단에 지나지 않는다. 검증하는 과정에서 그대로 들어맞지 않는다는 것이 드러날 때는, 주저 없이 알맞게 보완하거나 수정해야 한다. 들어맞지 않는 사실을 묵살하거나 왜곡하려 든다면, 진실을 압살하는 '프로크루스테스의 침대'가 되고 말 것이기 때문이다.

나와 같이 징역살이를 한 노인 목수 한 분이 있었습니다. 언젠가 그 노인이 내게 무얼 설명하면서 땅바닥에 집을 그렸습니다. 그 그림에서 내가 받은 충격은 잊을 수 없습니다. 집을 그리는 순서가 판이하였기 때문입니다. 지붕부터 그리는 우리들의 순서와는 거꾸로였습니다. 먼저 주춧돌을 그린 다음, 기둥, 도리, 들보, 서까래, 지붕의 순서로 그렸습니다. 그가 집을 그리는 순서는 집을 짓는 순서였습니다. 일하는 사람의 그림이었습니다. 세상에서 지붕부터 지을 수 있는 집은 없습니다. 그럼에도 불구하고 지붕부터 그려 온 나의 무심함이 부끄러웠습니다. 나의 서가가 한꺼번에 무너지는 낭패감이었습니다. 나는 지금도 책을 읽다가 '건축'이라는 단어를 만나면 한동안 그 노인의 얼굴을 상기합니다. 지붕을 맨 나중에 그렸습니다. 그가 집을 그리는 순서는 집을 짓는 순서였습니다. 일하는 사람의 그림이었습니다.[18]

그렇다. 역사를 바르게 이해하기 위한 자세는 주체적이고 경험적이고 지역적 상황적 토대에서 출발해야한다. 역사는 사실이냐 아니냐가 중요하지만 그보다 더 중요한 것은 오늘을 살아가는 우리에게 어떤 의미와 가치가 있느냐라는 것이다. 그런 의미에서 삶의 정황(독일어: Sitz im Leben)이라는 말이 중요하다. 이 말은 성경비평학에서 쓰는 개념이다. 독일어에서 유래한 것으로 '삶의 자리'라는 뜻이다. 간단히 말해서, 이 개념은 어떤 상황에서 특정한 성경 구절이 기록되었는지를 묘사하고, 성경의 "양식 genres"이라고 불린다. 삶의 정황Sitz im Leben의 간단한 예시는, 편지, 애가哀歌, 비유, 시, 그리고 노래들의 구체적인 유형을 포함한다. 그러나 삶의 정황을 논하려면, 우리는 많은 사항들을 고려해야 한다. 예를 들어, 누가 그 구절을 말했는지, 그들이 삶에서 맡고 있었던 역할은 무엇인지, 그들의 청

---

18 신영복, "목수의 집 그림", 『고등학교 2학년 좋은책 신사고 문학』(신사고, 2014), 48쪽.

중은 어떠한 특징을 지니고 있었는지를 비롯한 여러 사항들이 있다. 왜냐하면 만약 특정 구절이 갖고 있던 원래의 맥락을 제거할 경우에, 그 구절이 지녔던 원래의 의미를 자주 상실하게 되기 때문이다.

이 용어는 독일의 개신교 신학자인 헤르만 궁켈에게서 비롯되었다. 오늘날 이 용어는 신학적 연구 밖의 다른 영역에서도 사용되며, 특정한 텍스트의 사회학적인 상황을 규명하려는 관점을 지닐 때 필요한 개념이다. 언어학에서 삶의 정황은 어용론語用論에 의해 결정된다. 예를 들어, "무궁화, 꽃이, 피었습니다…"처럼 아이들이 놀이를 할 때 다 같이 박자를 세는 것이 담고 있는 삶의 정황을 생각해 볼 수 있다. 아이들이 노래를 부를 때, 우리는 그들이 놀고 있는 것을 안다. 그러나 이 맥락을 알지 못한다면, 그 박자 내지는 구절은 단지 무궁화 꽃 한 송이가 피었다는 의미로 여겨질 수 있다.

서술자는 이 글을 전개함에 있어, 황등 땅에 전해진 '사랑의 종', 우리나라 땅에 전해진 기독교, 황등에 이주해온 계원식에게 초점을 두지 않고 이것을 담아내고 품고 함께한 토대로서 시대상황과 삶의 자리와 구체적인 삶을 살았던 이들의 이야기가 중요하다고 본다. 이들 중에는 이름도 없고 빛도 없는 경우도 있으나 이들이야말로 역사의 주역이요, 실체이다. 이에 대해서는 이 글에 면면히 흐르는 맥脈이다. 서술자의 역량 부족과 자료 부족으로 이 부분이 깊게 드러나지 않기는 하지만 이런 서술방향은 분명하게 드러내려 하였음을 밝힌다.

서술자의 경우 아들들을 입양하게 된 축복을 누릴 때, 아들들을 맞이한 날이나 출생신고한 날을 생일로 하지 않았다. 서술자 부부와 무관하지만 생부모에게서 출생한 그 날을 아들들의 출생일로 하였고 그 날을 매년 생일로 축하해주고 있다. 따지고 보면 서술자의 아들들은 생부모에게서 태어난 날이 있고 서술자 가정에 온 날이 있다. 서술자 가정에 온 날이 중요하지만 더 중요한 날은 처음 출생한 바로 그 날이다. 이런 점에서 황등교회 설립일은 1928년 7월 1일 노회 승인 창립예배일이 아니라, 황등 기성의원塞城醫院[19]에서 기도처로 시작한 1921년 10월 13일이라고 생각한다. 황등중학교 연혁도 처음 시작이 정규학교로 인가받아 개교한 1961년 4월 3일이 아니라 학교의 뿌리로 황등 땅에 최초로 중등교육기관으로 시작한 황등고등공민학교가 시작한 1950년 4월 5일이라고 생각한다.

또한 황등교회와 황등기독학교의 역사를 통해 얻은 결론은 특정인이 주인이 아니라는 사실이었다. 필요에 따라 더 공헌한 사람이 있다 보니 특정인의 실명이 드러나는 것은 사실이나 특정인만이 아닌 불특정 다수의 참여가 분명 기록으로 남아있었다. 물론 이들의 실명이 다 드러나지 않는 아쉬움이 컸지만 분명 이들의 피와 땀과 눈물과 헌신이 있었다. 이를 밝힘은 차후에라도 특정인이 주인행세를 하려함을 막기 위한 것이다. 오늘 우리는 교회나 학교나 특정인이 주인이 된 경우와 되려고 하는 경우를 많이 보고 있다. 이는 자칫 진정한 주인인 하나님을 가리는 치명적인 죄악이다. 두렵고 떨리는 자세로 오직 하나님이 주인이심을 분명히 하고, 그저 우리는 무익한 종으로서 맡겨진 소임을 다할 뿐임을 고백하는 자세가 중요하다.

하나님의 명령(말씀)을 행하는 것은 하나님의 자녀된 사람으로서 당연한 일이다.[20] 마땅한 일을 행한 후에 주인이 종에게 사례하지 않는다고 원망할 수 없듯이, 우리는 하나님의 말씀에 순종한 후 그에 대한 아무런 축복이 없다할지라도, 원망하거나 낙심해서는 안 되는 것이다. 선을 행하는

---

19 황등, 기성의원 자리는 황등과 동련을 이어주는 지하차도와 고가도로가 설치되면서 그 흔적을 찾아보기 어렵게 되었다. 그러나 기성의원은 없어지지 않았다. 지금도 황등교회를 통해 기성의원에서 시작한 기도운동은 오늘도 이어지고 있다.

20 너는 이 율법의 모든 말씀을 그 돌들 위에 분명하고 정확하게 기록할지니라, 모세와 레위 제사장들이 온 이스라엘에게 말하여 이르되 이스라엘아 잠잠하여 들으라 오늘 네가 네 하나님 여호와의 백성이 되었으니, 그런즉 네 하나님 여호와의 말씀을 청종하여 내가 오늘 네게 명령하는 그 명령과 규례를 행할지니라(신명기 27장 8절-10절); 일의 결국을 다 들었으니 하나님을 경외하고 그의 명령들을 지킬지어다 이것이 모든 사람의 본분이니라(전도서 12장 13절).

것은 마땅한 일이요, 선을 행하되 낙심하지 않으면 때가 되면 거두게 되는 것이다.[21] 순종한 후에 아무런 복이 없다고 원망하고 중단하는 사람은 이 땅의 복을 바라보는 사람이다. 진정으로 천국의 소망을 두고 믿음의 결국 영혼구원을 받기 위해 살아가는 사람은 말씀에 순종한 후 이 땅에서 아무런 복이 없다할지라도 원망하지 않고 인내함으로 순종한다. 마치 구약성경에 나오는 사드락과 메삭과 아벳느고가 그리 아니하실 찌라도 원망하지 않고 순종한 것처럼 말이다. 하박국 선지자가 비록 무화과 나무가 무성하지 못하며 포도나무에 열매가 없으며 감람나무가 소출이 없으며 밭에 식물이 없으며 우리에 양이 없으며 외양간에 소가 없을 찌라도 여호와를 인하여 즐거워하며, 구원의 하나님을 인하여 기뻐할 수 있는 것과 같다. 이 땅의 복이 아닌 영생의 복을 받기 위해 기뻐하며 하나님 말씀에 순종하는 것이다. 이것이 무익한 종의 자세이다. "명한 대로 하였다고 종에게 감사하겠느냐, 이와 같이 너희도 명령 받은 것을 다 행한 후에 이르기를 우리는 무익한 종이라 우리가 하여야 할 일을 한 것뿐이라 할지니라"[22]

• • •
사관 적용의 방향 설정

　이 글의 전제는 황등교회와 황등기독학원이 외국선교사나 특정 전도인이나 소수의 엘리트가 설립한 것이 아닌, 황등이라는 구체적인 삶의 자리에서 황등교회 교인들의 자주적인 열망으로 자생적으로 설립과 운영을

---

21 우리가 선을 행하되 낙심하지 말지니 포기하지 아니하면 때가 이르매 거두리라(갈라디아서 6장 9절).
22 누가복음 17장 9절-10절.

해나갔다는 것이다. 이런 모델로 서술자는 우리나라 자생적 교회의 시초로 알려진 소래교회를 주목하고 싶다. 소래교회는 1883년 5월 16일 황해도 장연군 대구면 솔래리에 세워진 최초의 개신교회이다. 이는 한국 최초의 장로교 선교사로 기록되는 언더우드가 이 땅에 들어오기 2년 전의 일이었다. 이 교회는 1896년 증축되어 16칸 기와집 예배당으로 발전한다. 이 교회는 선교사나 특정 전도인이 설립한 것이 아니라 서상륜徐相崙이 동생 경조景祚와 함께 고향에 세웠다. 중국에서 인삼장사를 하던 서상륜이 1879년 중국에서 세례를 받고 로스 목사를 도와 성경 번역에 착수하여 1883년 최초의 성경 마가복음을 발간한다.[23]

일제강점기 소래교회는 개신교의 영향력이 강한 서북지방에서 규모는 작지만 지도적인 위치에 있는 교회였다. 해방 후 북한에 공산정권이 들어선 후 교회 신자들이 대거 남한으로 내려오면서 문을 닫은 것을 지난 1988년 총신대학교 구내에 복원했다. 북한 땅에 있던 약 3,200개의 교회 중에서 유독 소래교회만 남한에서 복원된 것은 이것이 자생적으로 만들어진 우리나라의 첫번째 개신교 공동체이기 때문이다.

소래교회는 건립과 운영을 자급자족하였고, 건축양식도 기와집의 전통적 가옥이었다. 후에 선교사들이 이 교회를 방문하여 한국인 주도의 교회 생활과 학교교육 등을 관찰하기도 하였다. 1888년 인도의 대기근 때에는 68달러의 막대한 구제금을 보낸 일도 있다. 1895년 동학도들이 몰려와 교회가 위험하기도 하였지만, 캐나다의 선교사 매켄지Mckenzie, W. J.와 한국 교인들의 복음증거로 1만여 동학도와 우호적 관계가 맺어져 이 지방의 난을 모면하게 할 수 있었다. 실제로 1896년 언더우드Underwood, H. G.가 이곳에 왔을 때 동학군의 지휘관급 2명이 언더우드로부터 세례를 받았다.

23 이에 대해서는 김수진의 다음의 논문을 참고해 볼 수 있다. 김수진, "평신도를 위한 한국교회 인물사 6-서상륜 형제" 《신앙세계》(197권, 1984년 12월), 70-73쪽 참조.

이 교회는 처음으로 한국인들 손에 의하여 세워지고, 최초로 장로 장립, 동학과의 해후 등이 이루어진 역사적 교회로서, 김명선金鳴善·노천명盧天命·김필례金弼禮·양주동梁柱東 등이 이곳 출신이다.

또한 특정 사람이 아닌 하나님만이 주인으로, 특정한 사람이 영광을 얻는 것을 지양한다. 이 글의 편의상 계원식과 계일승과 황등교회 지도자 등의 특정인이 주목을 끄는 것은 사실이나 분명히 밝힐 것은 이들 또한 우리와 같은 성정性情을 지닌 불완전한 하나님의 백성일 뿐이다. 그러므로 이글에서 이들을 언급하는 이유는 이들로 인해 영광 받으실 하나님을 높이는 것에 이들이 도구로서 그 사명을 감당한 것으로 볼 뿐이다. 그러므로 이들을 존경하고 숭고한 정신을 이어받아야한다는 확신은 갖지만 그렇다고 이들을 우상화偶像化하거나 이들을 지나치게 추앙하려는 의도는 없다. 이는 달을 가리키는 손가락을 보고는 달이 너무나 멀다고 가까운 손가락을 보려는 것처럼, 달을 봐야하는데 달이 너무 멀다고 달빛을 받은 우물을 보는 어리석음을 드러내지 않겠다는 뜻이다. 이런 이유로 계원식을 황등교회 설립자가 아니라 설립자 대표로 그의 위상을 하나님의 섭리사관[24]으로 정립해나갈 것이다.

성경은 특정인이 아니라 하나님이 주인이심을, 역사의 주체이심을 분명히 한다. "내 백성이 애굽에서 괴로움 받음을 내가 확실히 보고 그 탄식하는 소리를 듣고 그들을 구원하려고 내려왔노니 이제 내가 너를 애굽으로 보내리라 하시니라"[25] 이 말씀대로 모세가 민족을 구원한 것이 아니라 하나님이 하셨다. 모세는 하나님의 선한 종으로서 그 역할을 수행한 것이

---

24 이것은 계일승의 역사신학적 입장이다. 이 입장이야말로 계원식도 원하는 바이고, 오늘날 황등교회와 그 외 계원식이 설립과 운영에 공헌한 여러 교회와 황등기독학교가 지향할 바른 자세라고 본다. 이는 모든 한국교회와 기독교단체도 마찬가지라고 본다.
25 사도행전 7장 34절.

다. 기독교신앙인은 그 어떤 공로가 있어도 자신의 공로를 드러낼 수 없고 그래서도 안 된다. 그저 주어진 길을 최선을 다해서 걸어갈 뿐이고 이렇게 고백해야한다. "이와 같이 너희도 명령 받은 것을 다 행한 후에 이르기를 우리는 무익한 종이라 우리가 하여야 할 일을 한 것뿐이라 할지니라"[26]

계원식은 한국근현대사의 암울한 시기인 일제 강점기를 살아가면서 굽히지 않은 의연함으로 독립자금을 제공하고 창씨개명을 하지 않은 의연함이 돋보이지만 어쩔 수 없었던 시절이었다고는 하지만 교회의 대표로서 일제가 벌이는 전쟁 물자 동원에 협력하라는 강요에 거부하지 못하고 순응한 것도 사실이다. 계원식의 아들이요, 황등교회 담임목사를 역임한 계일승도 친일 지주를 비난하는 연극으로 고초를 당하기도 하였고, 적극적인 친일을 하지 않아 일제에 의해 이리중앙교회 담임목사직에서 쫓겨나기도 하였고, 오늘날의 장로회신학대의 토대를 구축한 공헌이 지대하지만, 일제강점기에서 친일을 할 수밖에 없었음은 부인할 수 없는 사실이다.[27] 서술자는 그렇다고 이들을 폄하하려는 것이 아니다. 그러기에 하나

---

26 누가복음 17장 10절.
27 서술자가 보기에 계원식 못지않게 계일승도 위대한 사람이라고 본다. 다만 이 글의 초점이 사랑의 종'을 중심으로 이야기를 펼치면서 연관된 황등교회 뿌리를 찾아 떠나는 여행이다 보니 계일승에게 초점을 맞출 수는 없었다. 계일승에 대한 부분은 차후 계일승의 학위논문을 번역하면서 거기에 계일승의 생애를 덧붙여 보완하는 작업을 진행할 생각을 갖고 있다. 계일승의 생애는 한국교회사와 한국근현대사의 굴곡이 고스란히 짚어진 삶이었다. 국운(國運)이 쇠잔할 때 출생해서 계일승의 조부 계택선이 풍족한 삶이 보장되던 서양약품사업을 접고, 목사가 되어 만주 선교여행 중, 과로로 별세하였고, 부친인 계원식이 최고의 의사로서 편안하게 잘 살 수 있었는데 독립자금을 제공한 것으로 인해 일본 경찰의 감시대상이 되어 가족이 모두 위험에 직면하고 말았다. 결국 가족은 정든 고향을 떠나 군산에 머물다가 낯선 농촌마을인 황등에 이주하면서 계일승도 황등에 오게 되었다. 계일승에게 황등은 계일승이 나고 자란 평양에 비해 한참 뒤떨어진 전근대적인 모습인 농촌이었다. 계일승은 다양한 지역에서 학업을 이어가야만 하는 아픔도 겪었다. 계일승은 평양에서 보통학교를 졸업한 이후 전주, 일본, 중국, 평양, 미국으로 떠돌아다니는 학업을 이어가야만하였다. 덕분에 계일승은 우리말은 물론 일본어, 중국어, 영어에 능통한 사람이었지만 계일승의 학업은 식민지 상황에서 치열하게 실력을 쌓아가려는 투혼의 삶이기도 하였다. 계일승은 연경대학 공과대 피혁과를 졸업하고

님만이 완전하시고, 그 어떤 인간도 하나님과 같이 될 수 없음을 밝히려는 것이다.

이처럼 거창한 입장을 밝혔으나 이 글의 지면과 서술자의 역량이 부족하여 이를 다 드러내지는 못했다. 또한 위에서 밝힌 입장으로 인해 특정인의 업적과 공로를 제대로 표현치 못함은 널리 양해를 구하고자 한다. 차후 가칭假稱 '역사편찬위원회'에서 본격적으로 집필을 시행한다면 많은 사료를 찾아내고, 증언을 통해 미진한 부분들을 분명하게 서술해 나가면서 서술자가 밝힌 입장도 참고해주기를 바란다.

는 황등에서 포목장사를 하면서 황등교회에서 집사로 봉사하다가 늦은 나이에 평양장로회신학교에 진학해서 이리중앙교회 담임전도사가 되었다. 계일승은 이리중앙교회와 황등교회에서 교회를 지키기 위해서 일제의 강압에 의해 일제에 협력하는 길을 걸을 수밖에 없었다. 어쩌면 계일승의 마음은 '차라리 신학을 하지 않고 아버지 곁에서 포목장사를 하고 있었으면 교회를 책임지는 목사로서 짊어질 십자가는 지지 않았을 텐데' 하는 마음이었을 지도 모를 정도로 힘들었다. 그러나 계일승의 불행은 1945년 8월 15일 해방이 된 이후에도 이어지고 말았다. 아니 더욱 견디기 힘든 비극의 연속이었다. 1950년 6·25 전쟁은 결코 잊을 수 없는 사건이다. 어렵게 미국 유학을 간 사이에, 아내 안인호가 그 당시 인민위원회로부터 기독교신앙인이요, 목사의 아내인 이유도 크지만 미군정에서 전북도지사 자문위원도 하고 미국유학을 간 계일승 자신으로 인해 '친미파 아내'라는 이유로 순교하였다. 그리고 자신의 후임으로 황등교회를 섬긴 이재규 목사는 자신과 같은 동향사람이었고 신학교 후배였다. 또한 자신과 같이 황등교회에서 친일 지주를 비난한 연극을 해서 이리경찰서에서 옥고를 치룬 변영수는 절친한 사이였다. 그리고 계일승의 집안과 친분이 두터워 동생 계이승 부부를 찾으러 갔던 백계순도 순교로 추정되는 행방불명이 되고 말았다. 계일승은 6·25전쟁 중, 일본에서 일본 맥아더 사령부에서 영어를 못해서 어려움을 겪는 사람들을 돕기도 하였다. 그로부터 그 당시 드문 박사학위소지자로서 배운 사람의 책무를 다하려고 장로회신학교에 역사신학 교수로 부임하였다. 그런 계일승은 또 한 번의 전쟁을 감내해야만 하였다. 계일승은 9.28 서울 수복후 우상숭배의 본거지인 '조선신궁'이 있던 남산에서 장로회신학교 교수로 있다가 지금의 총신대와 장신대로 갈라질 때 장로회신학교를 책임지게 되었다. 계일승은 미국 등의 원조와 한국교회 지도자들의 협력으로 장로회신학교를 정규신학대학을 인가받게 하였다. 그러느라고 계일승은 역사신학자로서 연구와 교육을 제대로 수행할 수 없었다. 계일승은 단 한권의 저서를 남기지 못하였다. 이렇다 할 연구 실적을 드러내지도 못하였다. 계일승의 연구실적은 초창기 교수시절 쓴 몇 편만이 있을 뿐이다. 계일승은 정직한 학자였다. 자신의 신학석사와 신학박사학위논문을 이른바 논문 쪼개기 방식이나 번역해서 연구 실적을 드러내지도 않았고, 제자들의 논문을 가로채거나 연구 실적에 끼워 넣기를 하지도 않았다.

역사는 초창기初創期[28] 혹은 요람기搖籃期[29]나 태동기胎動期[30]부터 서술해야 역사적 의미와 위상이 커지기에 가능한 대로 초창기를 강조하고자한다. 또한 총회역사 전문위원들의 요청이 교회와 학교의 초창기 역사이기에 여기에 초점을 맞춰 서술해나갈 것이다.

서술자는 교회설립일과 설립자에 대한 논의를 조심스럽게 황등교회 역사편찬위원회에 건의하고 싶다. 사실 아직 이런 조직이나 기구가 없다. 그러나 이를 책임지고 맡아서 하는 기구가 있다면 그래서 이 기구가 역사서를 집필해나간다면 이 기구에 건의하고 싶다. 아직은 이 기구가 없으니 건의를 받아줄 것이 없다면 교회의 최고의결기구인 당회가 건의를 받아 논의해나갈 기구로 보인다.

설립일과 설립자는 황등교회의 역사와 정체성의 의미이기에 중요하다. 이에 대해서는 객관적인 사례와 자료로 글을 전개해 나가려 한다. 계원식이 단독으로 '교회 설립자'이거나 '교회 개척자'가 아니라, '중심 설립자'이거나 '설립자 대표'로 함이 타당하다고 본다. 서술자의 이런 자세가 자칫 계원식의 위상과 그의 공헌에 흠집을 내는 것은 아닌지 그의 후손과 그를 존경하는 이들에게 작게라도 마음 상하게 하는 것은 아닌지 주저되었지만 곰곰이 생각하고 또 생각하면서 역사를 추적한 결과 신앙의 양심으

---

28 초창기는 어떤 일을 처음으로 시작하는 시기라는 말이다. 서술자는 황등교회가 동련교회 당회의 허락을 얻어 황등 기성의원에서 기도처로 모이기 시작한 때를 초창기라고 명명(命名)한다.

29 요람기는 요람에 들어 있던 어린 시절이라는 말이다. 이 말은 아주 어린 시절을 뜻하는 말로 간난 아기 때를 말한다. 그러니 이 시기는 부모나 어른의 도움 없이는 아무 것도 할 수 없는 시기이다. 그러니 초창기보다 미진한 시기를 말하고, 어머니 뱃속을 지칭하는 태동기(胎動期)보다는 앞서는 시기를 말한다. 『연동교회 100년사』를 보면 교회설립 이전을 '요람기'라고 해서 교회설립 이전 7년을 자신들의 역사로 삼고 있다. 『연동교회 홈페이지』, 「교회역사」(2016년 4월 8일 12시 18분 검색).
http://www.ydpc.org/bbs/board.php?bo_table=com01_1

30 태동기는 어머니 뱃속에서 태아가 움직이는 시기를 말한다. 그렇다면 움직임은 있으나 보이지 않는 시기로 초창기나 요람기보다 미진한 시기를 지칭한다.

로도 이렇게 보는 것이 맞는다는 결론에 이르렀다. 어쩌면 깊은 신앙적 경륜과 고매한 인품을 지닌 계원식이라면 오히려 이런 서술자의 자세가 맞다고 할 것 같다. 분명 서술자의 입장이 계원식이 수행한 교회 설립의 공헌을 손상하거나 폄하하는 것이 아니라 오히려 그의 참된 모습과 그의 입장과 바람을 분명하게 하는 작업이라고 본다. 서술자로서는 조심스러운 입장이라 김재두에게 이 입장을 전하면서 이 글을 전개할 것을 밝히니 적극 찬동해 주었다. 김재두의 호응과 찬동은 서술자에게 큰 격려와 확신이 되었기에, 이 자리를 빌어 깊은 감사의 말을 전한다.

황등교회 발자취를 추적해본 결과 황등교회 설립은 학벌 좋고 신앙 좋은 외지인外地人 단 한 사람의 일이 아니었다. 외지인을 받아들여 뜻을 같이한 기존의 '황등시장터 선구자先驅者'[31] 교인들과 연합되어 설립한 것으로 보는 게 타당하다고 본다. 황등교회의 뿌리인 동련교회는 1901년 시작되었다. 그러니 계원식이 황등에 기성의원[32]을 개원해서 기도처를 시작하

---

31 서술자는 계원식에 비해서는 학력과 사회적 지위나 교회의 직분이 낮고, 분명한 실명(實名)이 나오지 않는 경우도 있지만 역사의 주체로서 이름도 빛도 없지만 역량을 유감 없이 발휘한 이들의 생동감 넘치는 숨결을 곳곳에서 발견할 수 있었다. 이런 이유로 서술자는 '선구자'라는 표현을 자신 있게 사용할 것이다. 선구자는 어떤 일이나 사상에 있어 그 시대의 다른 사람보다 앞선 사람을 말한다.

32 기성의원의 한자표기는 황등교회 이영자 권사가 기성의원에서 조수 겸 남자간호사로 재직했던 김신중과 통화로 이를 알려주었다. 기성의원의 한자는 기(箕)와 성(城)이다. 이영자와 통화(2016년 4월 10일 오후 9시 20분~25분 통화); 계원식(桂元植)의 이름에서 원(元)은 "으뜸, 근원"을 뜻하고, 식(植)은 "심다, 뿌리를 땅에 묻다, 일정한 곳에 근거를 두게 하다"를 뜻한다. 그러니 원식이란 말의 뜻은 "근원적인 것을 땅에 심는다."의 의미로 "가장 중요하고 근본적인 것을 굳게 지켜나간다"는 의미이다. 계원식의 이름 뜻풀이와 기성(箕城)이라는 말은 일맥상통한다. 기(箕)는 "대나무"라는 뜻이고, 성(城)은 "성, 나라, 도읍"을 뜻한다. 그러니 기성이라는 말의 뜻은 "대나무 지역."이라는 의미가 된다. 계원식이 제2의 예루살렘이라 불리던 평양에 기성의원을 개원하고, 황등을 보고는 자신의 고향 평양을 떠올리면서 황등을 평양처럼 만들고 싶다는 열망을 가진 듯하다. 그런 생각으로 자신의 고향마을 이름으로 경성의전을 졸업하고 처음 개업한 기성의원 이름 그대로를 황등에서도 재개한 것으로 보인다. 기성의원은 '대나무가 마디를 만들어가면서 자라듯 복음의 씨앗(근원)이 자라게 하는 터전'이라는 의미로 유추해볼 수 있다. 이는 서술자의 한자 뜻풀이로 정확치는 않다.

기 20년 전부터 동련교회에서 보기엔 '황등시장터 지역(구역)의 동련교회 교인들'이 있었다. 이들은 누구보다 신앙적으로 열정적이었다. 그러니 이들은 계원식을 통해, 맨 처음 기독교신앙을 갖게 된 비신자들이 아니었다. 이미 이들은 기독교신앙인이었다.

이런 경우를 심하게 빗대어 말하자면 콜럼버스가 신대륙을 발견했다는 표현이 잘못된 것과 같다. 콜럼버스가 새로운 땅에 발을 들여놓았을 때 이미 그 땅엔 선주민(원주민)들이 살고 있었다. 발견이라는 말은 아무도 모르는 곳을 처음 찾아냈을 때 쓰는 말이니 부적합한 말이다. 그럼에도 서구 사회에서 콜럼버스가 신대륙을 발견했다고 한 것은 서구 사회가 보기엔 선주민들이 미개해서 자신들과 같은 인간이라고 보기 어렵다는 생각에서이다. 동물보단 낫지만 그저 말할 줄 아는 동물보다 조금 나은 존재로 인간은 아니거나 부족한 인간이다. 그러니 서구 사회에서는 이들의 주인 됨을 부정하고 이들을 자기들의 방식으로 몰아내고 개조해나갔다. 이런 생각이 '제국주의'[33]에 입각한 세계관이다. 이런 생각의 영향으로 역사를 소수의 엘리트가 주도하는 것으로 보는 견해들이 있다. 이런 견해의 영향으

---

33 19세기 100여 년 동안 특히 서구인들은 아시아, 아프리카 등 세계로 그 영향력을 넓혀 갔다. 특히 미국, 오스트레일리아, 뉴질랜드 등지로의 이민의 행진이 지속되면서 신대륙과 유럽 본국과의 교역량은 증대되었으며 산업혁명은 이러한 변화를 가속화시켰다. 그러나 유럽의 경제적 팽창은 순수한 경제력에 의하여 성취된 것은 아니었다. 유럽인들은 그들의 경제 진출을 거부하는 아시아, 아프리카인들의 저항을 제압하기 위하여 군사력에 의존하는, 즉 강제적 방법을 사용하였다. 따라서 저항과 강압이라는 대립이 제국주의의 유혈사태를 초래하였다. 한편 이러한 대립은 유입인과 현지인과의 사이에서만 있는 것은 아니었다. 유럽인들 사이에서도 산업화가 각국으로 확산되어감에 따라서 선진 산업 국가와 후발 산업 국가 사이에 아시아, 아프리카 등지의 식민지 쟁탈전이 벌어졌다. 원료공급지와 제품 시장의 확보를 위하여 유럽인들이 벌였던 다툼이 곧 제국주의이다. 더구나 제국주의는 민족 국가들 간의 민족 경쟁이라는 성격을 지니고 있었으므로 한 민족이 다른 민족을 제압하거나 제압당하는 결과를 초래하였고 따라서 각 민족은 경쟁에서의 승리를 위하여 수단과 방법을 가리지 않았다. 그리하여 이성의 신뢰, 자유와 진보, 인간의 존엄이라는 구호가 장식하는 동안 잔학과 착취, 무자비한 살육과 강탈이 유럽인들의 내면에 자리 잡게 되었다. 그러나 유럽인들은 이중적인 모순으로 생각되는 이러한 행동에 대하여 아무런 죄책감을 가지고 있지 않았다.

로 황등교회 설립을 계원식 단독자로 부각시키는 것이라면 이는 죄악이다. 성경은 합력해서 선을 이루는 협력적인 역사관을 드러낸다. 성경의 기록은 특정 영웅이 역사를 주도하는 것이 아님을 분명히 한다. 분명 계원식의 공로가 지대하지만 계원식 이외에도 공로자들이 있었다. 이를 입증하는 기록이 황등교회의 뿌리인『예수꾼의 뚝심-동련교회 90년사』에 나온다.

1900년 장로교선교사공의회가 채택한 네비우스 선교정책[34]에 따라 자국인 지도자들을 가르치기 위해 성서학원을 군산의 영명학교 내에 설치하였다. 그리고 교인들을 모집하여 교육시켰다. 이 때 동련교회 교인들은 동련에서

34 당시 한국에는 기독교를 주체적으로 수용하려는 청년들이 있는 중에 선교사들이 의료 활동과 교육 사업을 통해서 보여준 삶의 모습을 통해 왕실에서도 선교사들에게 대해 호의적인 분위기가 만들어졌다. 이런 토대 위에 선교사들이 선택했던 선교전략이 네비우스 선교정책이었다. 선교사들은 기독교선교를 진행해나갈 때, 그 나라의 역사와 문화와 풍습 등을 잘 알아서 적절한 방법을 찾는 것이 중요하다. 1890년 6월 당시 국내에 들어온 선교사들은 중국 산동에서 수십 년간 풍부한 선교의 경험을 쌓은 네비우스 목사를 서울에 초청해서 약 2주일간 선교방법에 대해 진지한 토의를 계속한 끝에 자급자치의 교회 운영과 조직적인 성경공부를 근간으로 하는 10개조의 선교 정책을 결정하였다. 이것이 이른바 네비우스 선교정책이다. il Seung, Kay, *"Christianity in Korea"*, 'The Nevius Plan'(Union Seminary, Th.,D, 1950), pp.112-115 참조; 1893년 제1회 선교사 공의회에서 결정된 10개조는 다음과 같다. 1. 노동자계급에 우선 전도할 것. 2. 가정주부 개종을 중요시할 것. 3. 지방도시에 소학교를 설립하여 기독교교육을 실시할 것. 4. 한국인 교역자 양성에 중점을 둘 것. 5. 성경번역에 힘쓸 것. 6. 모든 종교서적은 한글로 출판할 것 7. 자급·자치하는 교회를 만들 것 8. 신자는 누구나 전도자가 되게 할 것. 9. 의료선교사는 그리스도의 사랑으로 치료하여 환자를 감화시킬 것 10. 지방 환자의 경우 왕진의 기회를 만들어 그리스도의 사랑을 체험하게 할 것. 김양선,『한국기독교사연구』(기독교교문사, 1971), 73쪽; 곽안련은 네비우스선교 정책의 핵심은 미국 청교도 신앙에서 핵심적인 요소라고 할 수 있는 성경을 강조한 것이라고 말하였다. Charles A. Clark, *The Nevius Plan for Mission Work in Lorea*(Christian Literature Society, Seoul, 1937), pp.19-21 참조; 연규홍은 네비우스 정책을 이렇게 요약하였다. "궁극적으로 '독립하고 자립하며 진취적인 토착교회' 설립이 목적이었다. 이를 우리나라에 온 선교사들이 적용하였다. 그 정신은 3자 원칙이다. 자급(自給), 자치(自治), 자전(自傳)이다." 연규홍, 위의 책, 196쪽 참조; 변창욱은 네비우스 선교정책을 한마디로 요약해서 "자립정신"이라고 말하였다. 변창욱은 조선의 교회는 선교사의 도움에 의존하지 않고 자기 힘으로 예배당을 세웠음을 강조하였다. 변창욱, "한국교회 자립 선교전통과 비자립적 선교 형태",《선교와 신학》(2011, 제27집), 247-253쪽 참조.

그곳까지 60여 리가 넘는 길을 걸어 다니며 1주 혹은 몇 주씩 하는 성서교육과 학습을 받고 돌아왔다. 그리고 그것을 그대로 설교나 주일학교의 교육 등을 통해 전달하는 전달교육으로 교인들의 성서지식의 수준과 교양을 높여 나갔다.[35]

위의 구절에서 1900년 초 당시 동련교회 교인들은 군산 영명학교까지 무려 60여 리가 넘는 길을 걸어 다니며 1주 혹은 몇 주씩 성경교육과 학습을 받았다. 이렇게 배운 이들 중에 황등시장터 교인도 있었을 것이고, 이런 교육을 받은 이들이 가르친 주일학교에서 배운 당시 황등시장터 주일학교 학생들도 있었다.[36] 또한 이들 선구자들은 신앙생활만이 아니라 지역을 살리고 지역과 함께하는 일에도 열심이었다.

어린이들을 위한 교육의 기본 환경이나 교육적 배려조차 없던 그 궁핍한 시절, 재미난 성서 이야기나 노래, 그리고 북과 나팔 등 악기에 맞추어 하는 율동 등은 어린아이들의 관심과 기대를 불러 모을 수 있는 좋은 요소들이었다. 일찍부터 계동학교를 통해 민족교육을 해 온 동련교회는 이곳의 학생들을 중심으로 더욱 주일학교 운동을 구심력 있게 활발히 펼쳐 나갈 수 있었다. 동련 근방의 어린이들치고 동련교회의 주일학교를 다니지 않는 아이들이 드물 정도로 주일학교는 성황을 이루었다. 그것은 이러한 시골구석에서는 동련교회만이 유일한 어린이들의 놀이와 배움의 마당이 되었기 때문이기도 하였다. 주일학교의 교사로 일한 교회의 젊은 집사들과 청년들은 아이들에게 성서의 이야기와 더불어, 한국 역사를 가르치고 나라사랑을 불어넣었다.

---

35 연규홍, 위의 책, 69쪽.
36 이렇게 초기 동련교회 주일학교에서 배운 사람 중에는 봉기성도 있다. 김수진, "152편, 열심히 트럼펫을 불렀던 봉기성 장로"《한국장로신문》(2012년 11월 3일).

그래서 처음에는 기독교가 외래 종교란 선입견 때문에 자녀들이 교회에 가는 것을 금지한 부모들조차 자신들의 오해를 깨닫고 교회에 출석하는 계기가 되기도 하였다.[37]

음주, 흡연, 도박 이 모든 것을 근절해야 되겠다 해서 그때는 나이 드신 분들이 아니라 제가 기억하기에는 청년층에서 그런 운동을 많이 했어요. 황등장하면 이 근방에서 매우 큰 장이었습니다. 청년들은 사람들이 더 많은 오후시간을 이용해서 전도지를 뿌리고 우리나라가 잘 살 수 있는 일은 도박 않고금주하고 금연하는 일밖에는 없다면서 금주가를 부르고 노방 전도를 했습니다.[38]

위의 기록에 나오는 동련교회의 주일학교에서 교사로 혹은 학생으로 참여한 이들 중에는 황등시장터 교인들도 있었을 것이다. 이들의 후예들은 1950년 한국전쟁 이후 폐교될 위기[39]에 직면한 황등고등공민학교를 살려보려고 장소를 제공하고 이 학교를 재건해나갔다. 이에 대한 자세한 내용은 황등기독학교 설립역사에서 자세히 다루기로 한다.

셋째, 술, 담배, 축첩, 노름 등 고질적인 이곳 동리와 교인들의 악습을 고치기 위해 교회는 1921년부터 시작된 기독면려회운동[40]에 같이 보조를 맞추

---

37 연규홍, 위의 책, 46~47쪽.
38 노영재 장로 증언, 연규홍, 위의 책, 242쪽.
39 이는 마치 평양에서 독립자금을 보낸 혐의로 죽을 수도 있는 계원식과 미국 리스퍽 제일교회에서 종을 교체하려고 하면서 그동안 쓰던 종의 버려질 운명을 연상시킨다.
40 기독면려회는 청년들의 신앙지도를 위한 기도회·전도회 개최는 물론 각종 강습회·강연회·토론회를 개최하고 노동야학·부인야학도 설립하는 등 계몽운동과 문맹퇴치, 금주·단연을 통한 절제운동에도 노력하였다. 동련교회는 1921에 기독면려회가 시작되어 청년들이 사회계몽운동을 펼친 것 같다. 이 기독면려회 활동은 황등시장터에서 펼친 금주와 금연운동으로 이어졌다. 그렇다면 분명 황등시장터 교인들이 이 운동에 참

어 금주가 등을 가르치며 사회 계몽운동을 벌이기도 하였다. 초기 우리교회의 '축첩'에 대한 처벌 규정은 그 후 "이교도나 불신자와 결혼"해도 처벌하는 엄격한 신앙규범으로 확대되기도 하였다. 그래서 1925년 제 30회 당회에서는 아래와 같이 불신자와 결혼하게 한 책임을 물어 아버지와 딸을 함께 책벌한 기록이 남아있다. "본 교회 내 김OO은 입교한 딸이 불신자와 결혼하였음으로 김OO은 일 년간 책벌하기로 하고 그 출가한 딸은 완전한 교인의 신앙을 나타낼 때까지 책벌하여 두기로 가결하다."[41] 동련교인들은 이처럼 내적인 신앙생활의 강화와 더불어 밖으로 생활개선과 사회계몽에도 적극성을 드러냈다. 믿음 있고 의식 있던 젊은 교회 청년들은 이 동네의 노름을 막기 위해 때로 노름하는 사람들의 이름을 써서 방을 붙이기도 하고 노름판을 덮쳐 그들을 깨우치는 등 활발하게 교회 주변 동리들의 폐습과 악습들을 일소해 나갔다.[42]

일제는 자기 나라 안의 청소년을 보호하기 위해 법으로 금주와 금연을 하도록 하였다. 그런데 일제는 한국 청소년에게는 술과 담배를 권유하고 있었다. 한국의 농촌은 농한기만 되면 술과 담배와 화투놀이로 피폐해 가기만 하였기에 길선주 목사는 부흥회를 인도할 때마다 금주와 금연을 외쳤다. 이 일로 일본 경찰로부터 추궁을 당하기도 할 정도였다.[43] 면려회가 펼친 금주와 금연 운동은 식민지 상황에서 자포자기 하지 말고, 바른 정신으로 살아가게 하려는 의식개혁 운동이었다. 위의 구절을 주목해 볼 이유는 동련교회의 사회계몽운동을 황등시장터 교인들도 체험했을 것이다. 이

여했을 것이다. 이들은 계원식과 함께 기성의원에서 목요기도회를 하면서 주일학교교육을 하고 함께 황등시장터를 계몽하는데 힘쓴 선구자들이었다.
41 『동련교회 당회록 1권』(30회)을 연규홍, 위의 책, 67쪽에서 재인용.
42 연규홍, 위의 책, 67쪽.
43 길진경, 『영계 길선주(靈溪吉善宙)』(종로서적, 1980), 311쪽.

를 뒷받침하는 내용을 김수진의 『황등교회 60년사』에서 찾아 볼 수 있다.

의식 있는 교인이나 지식인들은 이러한 삶 속에서 자신을 자각하면서, 살 수 있는 길은 오직 복음으로 일깨우는 일밖에 없다고 판단하면서 황등시장터를 복음화하고자 외치고 나섰다. 바로 복음은 황등시장터에 확산되어 가고 있었다. 그래서 계원식 장로를 비롯해서 많은 황등리 지역 교인들은 손에 성경책을 들고 전도하고 나섰다. 다행히 예수를 믿겠다는 사람들이 많이 생겨나자 교회를 시장터에 세워야 한다는 교인들의 의욕에 의해서 1928년 시장터 입구 망건장 안에 6칸의 건물을 짓고 첫 예배를 드린 것이 황등교회의 시작이다.[44]

이처럼 분명히 계원식 이전에 당시 황등시장터에 있는 동련교회 교인들의 선구자적인 의식이 있었음을 분명히 알 수 있다. 그러다가 계원식이 황등에 이주해오면서 활력이 붙게 되어 계원식과 함께 사회계몽운동을

---

44 김수진, 위의 책, 11쪽; 이는 잘못된 기록이다. 이런 잘못된 이해는 김수진, 『호남기독교 100사-전북편』(쿰란출판사, 1998), 404쪽에서도 드러난다. 김수진은 황등교회가 기성의원에서 시작되다가 1928년에 황등장터 입구에 초가 세 칸을 매입하여 수리해서 설립된 것으로 말한다. 그러나 김수진의 『황등교회 60년사』, 469쪽과 『2016 황등교회 요람』에는 1921년 10월 13일 기도처와 1928년 7월 1일 노회 승인 창립예배 사이에는 중요한 역사가 기록되어 있다. 그것은 교회당 건물은 1928년 7월 1일이 아니라 그 이전인, 1924년 11월 1일에 초가 1동을 매입해서 기도처로 사용하다가 1926년 5월 1일 20여 평의 교회당을 목조 건물로 완성하고 입당예배를 드렸다. 그리고 나서 1928년 7월 1일에 노회 승인 창립예배가 드려졌다. 이 부분은 압축해서 쓰다 보니 모호하게 처리된 것으로 보인다. 분명히 노회승인 창립예배를 드린 때에 교회당을 마련한 것이 아니고, 그 이전이었다. 서술자가 보기에 본문은 김수진이 쓰고, 부록은 다른 이에게 당회록 등의 자료를 정리하라고 해서 작성된 것이 아닌가 싶다. 그러기에 같은 집필자의 글인데 본문과 부록이 다르게 나온 것이 아닌가 싶다. 다행히 김수진이 부록으로 정리한 황등교회 중요일지에는 정확한 연도와 일자와 내용이 정리되어 있다. 아쉬움은 『황등교회 창립 70주년 기념.연혁. 화보』(1998년) 「황등교회연혁」과 『2016년 교회요람』, 「교회연혁」도 김수진의 두 책에서 압축해서 서술하면서 잘못 표현된 것처럼 혼선을 드러내고 있다. 김재두에 의하면, 『황등교회 60년사』 부록편, 469쪽이 정확하다. 김재두와 만남(2016년 4월 20일 오전 11시 20분~30분).

펼쳐 나갔고, 그런 연장선에서 황등시장터에 새로운 교회를 설립하자는 중지衆志가 모아졌다. 이들은 계원식이 이주해오기 이전에 열정적인 신앙으로 성경공부를 하고, 이를 가르치는 일에 열정적이었다. 이런 이유로 1921년 10월 13일 기성의원에서 기도처가 생길 때 4일기도회(목요일)로 모이는 열의를 보일 수 있었을 것이다. 이 4일 기도회의 활동은 계원식과 함께 합심한 선구자들이 있었다. 이들의 후손이 지금까지 황등교회에서 신앙의 대를 이어 헌신하고 있다.

황등시장터 선구자들은 동련교회에서 1912년 민족교육을 담당하며 설립한 계동학교의 설립과 운영을 보았고, 여기에 동련교회 교인으로서 참여하며 함께 짐을 짊어지거나 의무를 다하거나 계동학교를 다니기도 하였다. 황등교회의 장로들 중에서도 계동학교 출신들이 있다. 황등교회 초창기 교인으로 장로로 계원식과 함께 교회를 섬기고 황등기독학교 초대 이사장을 역임한 오일봉[45] 장로가 유일하게 졸업한 학교가 계동학교이고[46], 9살 때부터 황등교회를 섬기고, 1951년 지금의 사랑의 종을 설치하는데 주도적인 역할을 하고, 장로가 되어 『황등교회 60년사』발간위원장을 지낸 봉기성의 유일한 학력도 계동학교 졸업이다.[47] 또한 계원식의 양아들처럼 지내고 계원식이 파송한 농촌교회 설립선교사 이대호 장로도 계동학교를 다닌 사람이었다.[48] 더욱이 1919년 3·1운동에 정황상 동련교회 교인들이 참여한 것으로 볼 때, 이 동련교회 교인들 중에는 분명 황등시장터 지역(구역) 교인들이 있었다. 이들은 계원식보다 학벌과 신급과 인품과 재력이 부족했고 이름도 제대로 확인하기 어렵지만 서술자는 이

---

45 오일봉과 오일수는 같은 이름이다. 오일수가 본명이고 오일봉은 교회에서 쓴 이름이다.
46 『학교법인 황등기독학원 신정관』(2014년), "설립당초 임원 명단", 20쪽.
47 김수진, 『황등교회 60년사』, 466쪽.
48 석춘웅 초안 작성, "조사"(이대호 장로 약력), 『황등교회 장례식』(2009년 2월 28일), 1쪽.

들의 신앙과 삶에 대한 기록에 근거해서 '선구자'라고 확신한다. 이들이 없었다면 과연 계원식 혼자서 황등교회를 설립할 수 있었을까 하는 의문이 든다. 이런 이유로 서술자는 불특정 다수이나 황등지역 교인들을 황등시장터 선구자들이라고 임의로 표현해본다. 차후 역사를 집필하는 사관을 정립할 때, 이런 생각에 동의한다면 역사적 의미를 담아 잘 표현해주기를 바란다.

흔히 사람들은 창의적인 아이디어는 한 명의 뛰어난 인재가 만드는 것이라고 생각한다. 이는 어느 정도 사실이다. 일반적으로 전문지식의 복잡성 및 기술적 난이도가 상대적으로 낮은 예술과 디자인 분야에서는 100명의 창의적인 미술가들을 모아서 집단을 구성한다고 해도, 피카소와 같은 세계적인 대가 1명의 창의성을 능가하기 어렵다. 또한 사람들은 흔히 소수의 천재적인 엘리트가 놀라운 통찰력을 발휘하여 세상을 바꿨다고 생각한다. 심지어 상위 1%가 99%를 먹여 살린다는 논리로 이른바 소수의 엘리트나 영재교육에 치중한다. 그러나 미국 워싱턴대학교 심리학과 교수이자 경영컨설턴트인 키스 소여는『그룹 지니어스』를 통해 정반대의 주장을 펼쳤다. 소여는 한 명의 천재가 세상을 바꾸는 것은 신화에 불과하다고 말한다. 지금처럼 기술 발전이 빠른 환경에서는 뛰어난 한 명의 천재보다 다양한 전문 지식과 많은 경험을 보유한 다수의 개인들로 구성된 집단이 상대적으로 훨씬 높은 창의력을 발휘하는 경우가 많다. 특히 어떻게 해결해야 할지 명확하지 않은 개방형 문제에 직면했을 때는 혼자 고민하는 것보다 여러 명의 전문가들이 함께 아이디어를 내고 토론하는 것이 보다 창의적이고 생산적일 때가 많다.[49]

위대한 발명품은 역사를 빛낸 위대한 발명가가 아닌 여러 사람들이 모

---

49 키스 소여, 『그룹 지니어스』 이호준 옮김(북섬 펴냄, 2008) 참조.

여 이루어내는 그룹 지니어스group genius를 통해 만들어졌다. 혁신적 성과는 그룹에 속한 사람들이 협력하여 통찰력을 이끌어낼 때 가능했으며, 개개인의 통찰력을 모았을 때 엄청난 위력을 발휘하게 되었다.[50] 실제로 지그문트 프로이트는 정신분석학의 창시자로 인정받았지만 사실 광범위하게 구축된 동료 네트워크로부터 아이디어를 얻었고, 발명왕 에디슨도 골방에서 혼자 연구하는 사람이 아니라 뛰어난 사교가이며 협업가協業家였다고 전해진다. 『위키노믹스』의 돈 탭스코트와 앤서니 윌리엄스는 똑똑한 소수가 경제를 이끌던 이코노믹스의 시대가 끝나고 다수의 집단 창의성이 경제를 주도하는 위키노믹스의 시대가 열렸다고 선언했다. 이들 이외에도 많은 미래학자나 경영학자들은 집단 창의성 시대의 도래를 예측하고 있다.[51]

오늘날 역사를 보는 시각도 마찬가지이다. 역사를 소수의 엘리트가 주도한 것으로 보는 시각은 일제가 심어준 식민사관植民史觀의 영향을 받은 왕조중심 사관이다. 일제는 1910년 우리 대한제국을 강제로 병합하면서 병합의 당위성을 학문적으로 뒷받침하는 이론을 마련하였다. 이것이 바로 이른바 일본인 학자들에 의해서 조작되고 왜곡된 반만 년 한국의 역사와 한국인에 대한 부정적이고 운명론적인 역사인식이었다. 이러한 식민주의 사관은 독일 근대 역사학의 영향을 받은 동경제국대학 중심의 역사학자들 사이에서 정립된 이론으로 식민지 민족의 발전을 위해 제국주의의 지배가 역사적 필연이며 유익한 선택임을 강조한 것이다. 즉, 한국사의 타율성과 정체성 그리고 사대주의를 기반으로 하는 지극히 부정적인 역사인식이다.

우리 국민들에게 500년 조선왕조의 멸망 원인을 물으면 상당수가 당쟁

50 같은 책, 15쪽.
51 졸저, 『사람이 먼저랍니다』(도서출판 박문사, 2015), 231쪽.

때문이라고 대답한다. 일제 강점기에 일본인들이 우리나라의 역사에 대한 부정적 평가를 반영하여 만든 용어인 당쟁이 아예 우리에게도 낯익은 용어가 되어 버렸다. 하지만 조선왕조의 멸망원인은 한마디로 당쟁에 있다고 말할 수 없다. 이것은 어디까지나 시대적 요구이며 변화의 결과인 것이지 당쟁이 멸망의 주된 원인이 되는 것은 아니다. 선조 대의 존경받는 대학자이며 정치가인 율곡 이이는 붕당론을 적극 주장하였다. 붕당정치를 통하여 정치적 발전과 사회의 발전을 도모할 수 있다는 이상적인 생각을 지닌 것이다.

이와 같은 붕당론은 원래 중국의 송나라에서 처음 제기된 것이다. 그 이전인 한·당 시대에는 정치를 오로지 군주만의 것으로 보았기 때문에 붕당은 군주에 대한 도전으로 용납될 수 없다. 그러나 송대에 들어오면서 화남지방의 풍부한 산물을 중심으로 하여 사대부계층에서도 정치에 대한 관심과 능력이 최고조에 달하게 되었고 이것이 바로 붕당론으로 표출한 것으로 볼 수 있다. 그래서 구양수는 "공도의 실현을 목표로 하는 군자의 당을 진붕이라 하고 사리를 도모한 소인의 당은 위붕이라"는 표현으로 붕당론을 강조했으며, 주자도 "인군위당설"을 주장하기에 이른다.

16세기에는 네 차례의 사화가 발생하였는데, 당시에 훈구세력은 한·당대의 붕당관을 바탕으로 하여 사림세력을 척결하려 하였고, 사림세력은 훈구세력을 구양수의 붕당관에 입각하여 소인의 당으로 폄하하였다. 하지만 선조 이후에는 사림계가 모든 우위를 점하게 됨에 따라 붕당론이 주류를 이루게 되었고 이런 속에서 붕당정치가 본격화되었다.

물론 이와 같은 붕당정치가 반대당에 대한 지나친 보복을 수반하는 등의 내재적 모순을 지니고 있음을 부인할 수는 없지만 정치적 소신과 가치관에 따라 자신의 생명조차 버릴 정도로 뜻을 굽히지 않았던 선비들의 모습을 수없이 보게 되었다.

일본식민주의 억지 주장에 결정적 기여를 한 사람으로 이광수가 있다. 이광수는 1922년 『민족개조론』이라는 책을 통하여 민족사와 민족문화에 대한 철저한 부정을 도모하고 그 출발점을 조선시대의 당쟁으로 주장하였다. 3·1운동 이후에는 그 당파성론의 대상을 더욱 넓혀 조선초기의 사화로 까지 연결 짓고 심지어 천주교 박해까지도 시파와 벽파의 대립으로 보았으며 당쟁의 기원을 고려 초기까지 올려놓는 등 억지 주장을 계속하였다. 그러나 비록 400년 전에 당쟁의 역사가 있었다 할지라도 이는 역사 진행과정의 산물일 뿐 선천적 민족성이나 반도적 성격론에서 주장하는 숙명을 거론하는 것은 모순이다. 도대체 어느 나라의 역사에서 당쟁 없는 역사를 찾을 수 있다는 말인가?

더불어 당쟁에 대하여 죄악이라고 생각하는 선입견에도 문제가 있다. 민족이나 국가가 최고의 선이 될 수 없는 것처럼 민족의 단결이 최고의 목표는 아니다. 오히려 그 추구하는 목적이 정말로 중요하다. 조선 왕조 500년의 정치사를 이렇게 단순하게 보는 것 자체가 대단한 모순을 지니고 있는 것이다. 조선왕조는 중앙집권적 관료국가이면서 양반 수에 비하여 관직의 수가 제한되어 있기 때문에 붕당이라는 방법을 통해서 이를 해소해 나갈 수밖에 없었다. 지방분권국가였던 유럽의 중세국가들이 지방귀족들의 권력투쟁으로 점철된 것과 다를 바가 없다. 더구나 이 시기에는 대단히 복잡하고 미묘한 정치시스템을 갖추고 있어 헤아릴 수 없는 많은 변수들이 상호작용을 하고 이런 속에서 상호 견제와 균형을 이루어 가고 있는 것인데 이것을 단선적인 시각에 입각하여 당쟁으로 점철된 역사로 보는 것은 언어도단이며 우리역사에 대한 모독이다.

어느 시대 어느 제도든 상당한 장점과 이에 못지않은 단점을 지니고 있게 마련이다. 우리는 식민주의 사관에 근거한 식민지적 체질을 과감하게 극복해야 한다. 자기의 역사·전통·문화 그리고 자기민족을 멸시하는 자세가 바로 패배주의이며 이는 반드시 극복해야 할 해악이다. 이를 극복하고 나서 비로소 우리 것에 대한 비판적·창조적 계승이 가능해진다.

서술자가 어렸을 때는 조선시대 역사를 지칭하는 용어가 '이씨조선'이었다. 그러나 지금은 이씨조선이라고 지칭하지 않는다. 이 용어는 일제강점기에 일본이 우리 역사를 왜곡하기 위해 의도적으로 쓴 용어이기 때문이다. 흔히 '이조'란 말을 나이 지긋한 이들이 자주 사용한다.

일제강점기 때 친일사학자 이병도에 의해 쓰인 말을 해방 후 이병도의 제자들에게서 그대로 배운 이들이 습관이 되어 사용하였고, 젊은이들까지 아무 생각 없이 사용하는 말이 되었다. 물론 이조와 조선은 같은 말이다. 그럼 왜 조선을 굳이 이씨조선의 줄임말 이조라 하는가? 하는 물음이 나온다. 일제강점기 때 일본인들이 한일병합을 하면서 대한제국을 조선으로 되돌리게 되는 과정에 조선이 일본보다 월등하게 선진국임을 부끄럽게 여기게 된다. 여기에서 착안하여 묘안妙案이 나온다. 일본은 도쿠가와 막부가 지배하던 중앙정부시대에 일본인들은 자기 나라에 중앙정부 혹은 천황이 존재하는지도 몰랐다고 한다. 자기들이 사는 지역의 영주領主의 성姓을 따서 지역의 이름을 영주의 성을 딴 이름으로 불렀다. 따라서 조선도 중국의 제후국에서 일본으로 바뀌지니 이 씨의 성을 딴 '이씨조선'으로 불러 종주국인 일본이 지배하는 제후의 나라로 격하시키기 위한 방편으로 이씨조선 즉 이조란 말이 탄생하였다는 설이 가장 유력하다. 또 한 가지의 설은 일반 평민들이 쓰는 씨氏자를 왕족에게 붙임으로 조센징 같은 비하하는 말이라는 설도 있다. 조선이라고 하는 거대한 국가를 침탈한 일본의 명분을 위해서 일개 이 씨가 지배한 작은 지방으로 불러야만 조선 백성의 나라가 아닌 이 씨의 나라가 일본에 의해 제후국으로 되었다는 명분을 얻기 위함이었다.

일본 제국주의로부터 해방되는 역사적 순간, 우리나라는 강대국의 합의에 따라 두 동강났다. 전범국戰犯國 일본은 가만히 놔둔 채 36년간이나 식민지 통치 아래 고통 받던 나라가 두 동강이 났다. 더구나 분단의 여파로 가장 잔혹한 전쟁을 같은 민족끼리 치러야했다. 그러나 71년이 지나기까지 해방의 때에 분단을 결정했던 이들이 사과가 없다. 일본 정부가 식민 통치에 대해 반성하지 않은 것과 다를 바 없다.

결국에는 분단이 고착화됐고 완성되지 못한 해방은 여전히 계속되고 있다. 그 여파로 청산되지 못한 친일 잔재, 친일 인사들의 후손들은 버젓이 우리 사회 주도층이 됐고, 역사는 왜곡되고 있다. 특히나 안타까운 것은 일본군 '위안부' 피해 할머니들이 일본으로부터 제대로 된 사과를 받지 못했다. 무려 71년이나 지났는데도 말이다. 더 안타까운 점은 그런 할머니들을 우리 정부가 지켜주지 못하고 있다. 꽃다운 나이에 짓밟혀버린 삶을 산 피해자들은 배제한 채 덜컥 일본정부와 합의해버리고, 푼돈이나 받으라고 몰아붙이고 있다. 80세가 넘은 할머니들에게 돈이 제일 중요하다고 생각한 것인지 안타까운 현실이다

이런 현실에 정부는 '독도를 한일 간에 분쟁중인 국토'라고 기술한 (주)교학사가 출판한 한국사 교과서를 국정교과서로 하려고 한다는 이야기도 들려온다. 독도 문제가 첨예하게 대립된 상황인데도 대한민국 정부가 모호하게 이해하는 역사의식을 보면, 머지않아 독도가 일본 땅이 될지도 모른다는 섬뜩한 생각이 들기도 한다. 그러니 역사를 바르게 이해하고, 바르게 배워야 하고, 바르게 가르쳐야 한다는 생각이다.

2016년 5월 11일 유명한 아이돌 가수 AOA의 설현, 지민이 국내외 인물사진을 보고 이름을 맞히는 문제를 푸는 프로에서 발생한 일이다. 신사임당, 오바마, 브레드 피트 등 다른 인물은 수월하게 맞췄지만 안중근 의사 이름을 쓰지 못하였다. "이 분이 누구지?", "안창호 선생님 아닌가?" 제작진에게 물었다. 제작진이 "이토 히로부미"라는 힌트를 주자 지민은 "긴

또깡?"이라고 말했다. 긴또깡은 김두한의 일본식 발음이다. 다시 제작진이 "이토 히로부미와 관련 있어요!"라 하자 "이또 호로모미? 도요토미 히데요시?" 등으로 말했다. 이 일로 설현과 AOA는 이미지에 큰 타격을 입고 눈물로 사죄를 하였다.

2016년 8월 15일 아이돌 가수의 원조라고 말할 수 있는 소녀시대의 멤버 티파니(27·본명 황미영)가 광복절 연휴 불거진 논란으로 도마 위에 올랐다. 티파니는 지난 8월 14일 인스타그램에 소녀시대 멤버들과 일본 공연을 마친 인증 사진을 올렸다. 사진과 함께 일장기 이모티콘을 적었고, 일부 누리꾼은 이를 지적했다. 티파니는 곧 이 글을 삭제했지만 바로 다음날인 15일 광복절에 '도쿄 재팬'이라는 글과 함께 전범기 문양[52]이 새겨진 문구를 넣어 걷잡을 수 없는 논란에 휘말렸다. 이 일로 티파니가 재미교포

---

52 욱일승천기는 일본의 군기(軍旗)이다. 군국주의를 상징하는 깃발이며 현재 자위대의 군기이기도 하다. 종종 우리나라에서 '욱일승천기'(旭日昇天旗)로 잘못 사용되고 있는데, 이 말은 일본에서도 사용되지 않는 말로 고사성어 욱일승천(旭日昇天)에서 비롯된 것으로 추정된다. 가장 대표적인 형태는 일본의 국기인 일장기에 16줄기의 햇살이 도안된 모양이다. 붉은 태양 주위에 16줄기의 햇살이 퍼져나가는 모양을 형상화한 것으로 햇살 줄기의 수는 4개, 8개, 12개, 24개 등으로 다양하게 나타낸다. 본격적으로 사용된 것은 일본이 군국주의를 강화하던 1870년대였다. 1870년 16방향으로 뻗어나가는 문양의 욱일기가 일본 제국주의 육군의 군기로 공식 채택됐으며, 1889년에는 해군도 군기로 사용하기 시작했다. 1940년대 태평양전쟁 당시에는 '대동아공영권'을 내세우면서 '대동아기'(大東亞旗)로 부르기도 했다. 독일 나치의 하켄크로이츠(Hakenkreuz)와 같이 전범기이지만, 제2차 세계대전 이후 독일이 하켄크로이츠의 사용을 법적으로 금지했던 것과는 달리 일본에서는 종전 이후 잠시 동안만 사용되지 않았을 뿐 1952년 해상자위대와 육상자위대를 창설하면서 다시 사용하기 시작했다. 해상자위대는 군국주의의 깃발을 그대로 사용하고 있으며, 육상자위대의 깃발은 줄기 수만 8줄기로 바뀌었을 뿐이다. 일본 내에서는 욱일기를 전범기로 인식하지 못하며, 아무런 규제 없이 상품의 로고, 응원기, 대중문화에 자유롭게 사용하고 있다. 그러나 이러한 일본의 인식과는 달리 한국과 중국에서는 욱일기를 전범기이며, 제국주의와 군국주의의 상징으로 여긴다. 2013년 7월 동아시안컵 축구대회 한일전 경기가 시작되기 전, 관중석에 등장한 욱일기로 인해 적절성에 대한 논란이 있었다. 또한 2014년에는 국제축구연맹(FIFA)에서 발간하는 공식 주간지《더 피파 위클리》(The FIFA Weekly)의 50호 표지에 욱일기가 사용되었는데, 한국과 중국을 비롯한 아시아권에서 비난의 여론이 일어나자 공식 홈페이지 소개 표지에는 욱일기 대신 일장기로 교체되는 사건도 있었다.

로 한국역사에 대한 이해가 부족하다는 비판이 있었다. 그러나 재미교포인 티파니외에도 여러 연예인들이 의미도 제대로 모르고 전범기 문양을 쓰는 것에 대한 비판도 일었다.[53] 이런 무지와 책임이 이들에게만은 아니다. 이처럼 우리는 역사를 제대로 알지 못하고 가르치지 않았다.

더 심각한 것은 지식인의 역사의식에도 드러난다. "…병사는 분명 위안부와의 관계에서 가해자임을 면할 수 없다. 그러나 내일이면 죽을지 모르는 운명 앞에서 그들이 하룻밤 따뜻한 '위안'을 원했다고 한다면 누가 그들을 손가락질 할 수 있을까…" 이는 분명히 군인을 대변하는 표현이다. 그런데 병사에게는 한번일지 모르지만, 당하는 여성은 하루에만도 스무번이 넘는 고통 아니 죽음 그 자체였다. 본인이 여성이면서도 이렇게 표현할 수 있다는데 대해, 놀랍다. 이 글을 쓴 사람은 일본인이 아니라 우리나라 대학 교수이다. 세종대 일어일문학과 박유하 교수가 쓴『제국의 위안부』에 나오는 구절이다.

박유하는 가부장제와 빈곤에 시달리던 여성들을 속여 위안부로 끌고 간 것은 일제의 협력자 조선인들이 행한 범죄이지 일본 정부에 그 책임을 물을 수 없다고 말했다. 여기서 조선인이란 누구를 말하는 것인가? 이미 이름조차 일본식으로 개명을 한 사람들을 조선인과 일본인으로 구분하는 일이 무슨 의미가 있는 일이며 정신대원 모집이 민간의 자발적인 일이 아니라 일제의 강압적인 요구에 의해 일어난 일이라고 하는 것은 천하가 다아는 사실인데 일본 정부에 책임을 물을 수 없다고 하는 것은 지나친 결론이다. 더 나아가 박유하는 일본 군인과 위안부의 애틋한 사랑과 일상을 강

---

53 전범기(戰犯旗)를 공식무대에서 드러낸 연예인으로는 변정수, 빅스 빅뱅의 탑, 소녀시대 윤아, 젤스데이 헤리, 에이핑크 멤버 등이었다. 이들은 한국을 대표하는 연예인으로 다음 세대들에게 미치는 영향과 세계에 미칠 영향력으로 볼 때 이들의 역사의실 결여는 심각한 문제이다.

조하면서, 조선인 위안부들이 일본군과 동지적 관계였고 일본 군대에 애국한다는 의식을 가지고 있었다고 주장했다. 일부 그럴 수도 있지만, 매일매일 폭력과 강간에 시달리는 여성들이 애국한다는 의식이 있었다? 이건 지나치게 무리한 해석이다.

박유하의 『제국의 위안부』의 주장과 결론을 살펴보면 다음과 같이 축약할 수 있다. 첫째, 2차 세계대전 당시 일본제국주의 국가나 일본 천황이나 군부가 공식적으로 매춘부를 군대로 차출하라는 명령을 내린 적이 없다. 혹은 역사적인 고증 자체가 어렵다. 둘째, 전쟁 성노예 매춘부 모집 주체는 조선인 혹은 일본인 '포주 업자들'이다. 셋째, 조선여성들은 가난에서 탈출하고자 한 성인 취업자들이었지, 소녀들이 아니었다. 따라서 '소녀상'은 역사적 사실 왜곡이다. 넷째, 이렇게 역사적 왜곡에 기초한 '정대협'은 '민족주의' 과잉과 냉전적 사고방식에 사로잡혀 있기 때문에, 정치외교적으로도 정대협의 해법은 한·일 화해에 도움이 되지 않는다.[54] 박유하의 견해는 일본학계에서 악용惡用하기에 이르고 있다.

2016년 3월 28일 일본 도쿄대 고마바 캠퍼스에서 일본학자 10여 명이 참석한 가운데, 그녀의 『제국의 위안부』를 둘러싼 찬반 격론이 벌어지기도 하였다. 4시간 이상 진행된 토론회에서 찬성하는 쪽에 선 학자들은 책이 제시한 시각과 저자의 저술 의도를 강조했다. 니시 마사히코 리쓰메이칸대 교수는 『제국의 위안부』가 위안부 피해자들과 일본군의 관계를 '동지적 관계'로 평가한 데 대해 "한일 대립의 패러다임을 넘어 전쟁 수행의 협력자 역할을 강요당한 남녀 모두 피해자였을지 모른다는 새로운 인식의 가능성을 시야에 넣기 위한 것"이라고 해석했다. 기미야 다다시 도쿄대 교수는 "군 위안부 문제로 인해 한일 관계가 악화했는데, 그 악순환에

---

54 박유하, 『제국의 위안부』(뿌리와이파리, 2015).

어떻게 대응할지를 저자가 생각한 것 같다."며 "박 교수의 문제 제기는 일본 사회에서 어느 정도 유효성이 있다."고 평가했다.[55]

4월 7일 일본 중앙대에서도 『제국의 위안부』 내용이 일본에서 자국의 책임을 부정하는 논자의 근거로 사용되고 있다는 지적이 나왔다. 일본군 위안부문제 관련 웹사이트 'Fight for Justice' 운영자 오카모토 유카岡本有佳는 일본군위안부연구회 주최로 열린 일본군 '위안부' 문제 한일공동 심포지엄에서 이렇게 주장했다. 유카에 따르면 최근 일본 각지에서 개최되는 역사연구회의 '검증 위안부 패널 전: 위안부와 조선반도와의 관계' 전시에서 일본군 관여를 부정하고 위안소는 매춘이라는 내용의 논거로 제국의 위안부 내용이 활용되고 있다. 유카는 "전단지에서 '조선인 위안부와 일본군과의 관계가 기본적으로 동지적 관계였다'는 책 내용이 언급된다."며 "박 교수는 일본책임부정론을 비판한다고 주장하지만 일본에서는 책임을 부정하는 근거로 사용되고 있다."고 비판했다.[56]

박유하는 『반일 민족주의를 넘어서』에서 "내가 아는 일본은 다시 전쟁을 일으키지 않고 타국을 식민지할 만큼 어리석지 않다… 문제시 되어야 할 것은, 그들의 보이지 않는 '야욕'이 아니라 우리의 보이는 '왜곡'이다."라고 말하면서 일본은 나름대로 최선을 다하고 있는데, 남한의 시민단체에 의해 반일민족감정이 확대되면서 위안부 문제 등의 해결이 더 어려워졌다고 말했다. 이런 그녀의 친일 발언은 자기 정체성의 왜곡이 얼마나 심각한가를 보여주는 사례일 것이다.

역사적 사실이 '희석-삭제-미화'를 거치면 어느 순간 논란으로 바뀌기도 한다. 동시대를 사는 이들의 '공동의 기억'이 훼손되면, 계승되어야 할

---

55 "일본 학자들 '제국의 위안부' 격론…'새로운 인식' vs '학문적 실격'" 《KBS TV》 (2016년 3월 28일).
56 "'제국의 위안부' 책 내용, 일본서 책임 부정에 악용", 《연합뉴스》 (2016년 4월 7일).

역사는 변질된다. '역사 무지 · 역사 인식 부재'도 이런 변질 과정의 한 결과물일지도 모른다. 역사는 끊임없는 기록과 교육, 즉 '공동의 기억을 지키려는 노력'에 의해서 진실로 남는다.

아무튼 이조와 조선의 차이점은 단순한 문제가 아니고 우리역사의 왜곡과 폄하, 일제강점기 시대의 조선침탈의 정당성, 종군위안부 할머니 문제까지 첨예한 양국 간의 갈등이 내포된 국호의 중요한 문제임이 분명하다. 조선의 국호를 폄하하여 일제의 명분을 추켜세우고 '명성황후'를 살해하여 '민비'로 부르는 일제의 만행과 폭력을 우리의 후손들이 잊지 않게 하려면 위안부 할머니의 애통함을 잊지 않게 하기 위해서라도 일제 강점기에 친일사학자가 규정한 이씨조선이라는 말은 쓰지 말고, 조선으로 써야한다.

조선은 태조 이성계 혼자 세운 나라가 아니라 정도전과 같은 고려말 신흥사대부들이 이상적인 유교이념의 국가를 세우려고 신흥 무인세력을 대표하는 이성계와 신흥사대부들이 힘과 명분으로 함께하여 제창諸創된 나라로 조선왕조 500년간 이 씨 왕 혼자서 절대군주로 지배하지 않고, 왕과 신하가 국정을 심도 있게 토의해가면서 운영된 나라였다.

최근 조선왕조 창업이 이성계 단독이 아닌, 오히려 정도전과 같은 선각자가 추동推動하여 이성계를 끌어들인 것을 드라마로 방영한 사례가 많다. 그 대표적인 것이 박종화의 원작을 바탕으로 이성계의 조선 개국에서부터 세종조에 이르는 파란만장한 시대의 역사를 재조명한 "용의 눈물"(KBS1 토-일 오후 9:50~ -159부작, 1996.11.24~1998.05.31), 세종의 일대기를 업적과 태평성대 그 태평성대를 이루기 위해 세종이 치열한 투쟁을 했을 것이고, 이 시간들 속에 세종이 수많은 고뇌를 한 것으로 보여준 "대왕세종"(KBS2 토-일 오후 9:05~ -86부작, 2008.01.05~2008.11.16), 이정명의 소설 『뿌리 깊은 나무』를 드라마화한 것으로, 조선 세종 시대 훈민정음이 반포되기 전 7일간 경복궁에서 벌어지는 집현전 학사 연쇄살인사건을 다룬 "뿌리 깊은 나무"(SBS 수목 오후 9:55~ -24부작, 2011.10.05~2011.12.22), 고려에서 조선으로 교체되는 시기에 새 왕조 조선을 설계한 정도전의 이야기로 "정도전"(KBS1 토-일 오후 9:40~ -50부작, 2014.01.04~2014.06.29), 개혁을 위해 반드시 필요한 두 가지인 정의와 힘, 정의와 원칙을 지키려면 힘과 그 힘이 생기면서 갈등과 역사가 전개되는 것을 다룬 "육룡이 나르샤"(SBS 월-화 오후 10:00~ -50부작, 2015.10.05.~2016.03.22) 등이 있었다.

이들 드라마는 모두가 조선왕조의 초창기가 이성계 단독이 아님을 잘 드러낸다. 오히려 정도전이 더 부각된다. 신흥무인세력으로 결단력을 발휘하여 조선의 태조가 되는 이성계이지만 그 배후에는 조선왕조의 기틀을 만든 정치적 이념을 완성하는 정도전이 있었다. 물리적인 힘보다 중요한 게 문화이다.

일반적으로 『삼국사기三國史記』를 김부식이 썼다고 가르치는데 김부식 혼자서 쓴 책이 아니다. 이를 좀 자세하게 살펴보면 다음과 같다. 『삼국사기』기전체의 역사서로서 본기 28권(고구려 10권, 백제 6권, 신라·통일신라 12권), 지志 9권, 표 3권, 열전 10권으로 이루어져 있다. 1174년(명종 4) 고려 사신이 『삼국사기』를 송나라에 보냈다는 기록이 『옥해玉海』에 실려 있는 것으로 보아 초간본이 이미 12세기 중엽(1149~1174)에 간행되었음을 알 수 있으나, 이 판본은 현존하지 않는다. 2차 판각은 13세기 후기로 추정되며, 성암본誠庵本으로 알려진 이 책은 잔존본殘存本이기는 하나 현존하는 『삼국사기』가운데 가장 오래된 것이다. 일본 궁내청宮內廳에도 소장되어 있다. 3차 판각은 1394년(태조 3)에 있었다. 이는 김거두金居斗가 쓴 발문에 의한 것으로 일실되었다. 4차 판각은 1512년(중종 7)에 있었는데, 이는 이계복李繼福의 발문으로 확인된다. 이 책은 흔히 중종임신본中宗壬申

本, 정덕임신본正德王申本 또는 정덕본으로 통칭되고 있다. 이 목판으로 간행
된 것은 여러 종이 전해지고 있으나, 완질본으로는 이병익李炳翼과 옥산서
원玉山書院에서 소장하고 있다. 1669년(현종 10)에 증수, 간행된『동경잡기
東京雜記』에 따르면 이 목판은 이 당시 사용할 수 없었다고 한다. 조선시대
마지막으로 간행된 것은『현종실록』자로 간행한 것으로, 내사기內賜記에
의하면 1760년(영조 36)경 간행된 것으로 추정되며, 러시아과학원 동방
연구소 상트페테르부르그지부 도서관에 소장되어 있다. 그 밖에도『성종
실록』과『국조보감』등에 삼국의 역사가 전해지지 않는 일이 없도록 인출,
반포할 것을 주청하여 윤허를 받은 기록이 나타나나, 전본傳本이 없어 그
실시 여부는 알 수 없다.

　『삼국사기』는 고려시대 인종의 명에 따라 김부식의 주도 하에 최산보崔
山甫·이온문李溫文·허홍재許洪材·서안정徐安貞·박동계朴東桂·이황중李黃中·최
우보崔祐甫·김영온金永溫 등 8인의 참고參考와 김충효金忠孝·정습명鄭襲明 2인
의 관구管句 등 11인의 편사관에 의해서 편찬되었다. 이들 10인의 편찬 보
조자들은 대개 김부식과 개인적으로 가까운 인물이었으며, 어느 정도 독
자적으로 자료를 수집하고 정리했을 것으로 보인다. 이들은 거의가 내시
內侍·간관諫官(諫議大夫·起居注) 출신이었으므로 이들의 현실 비판 자세가
『삼국사기』편찬에 반영되었으리라 생각된다.

　이 책은 이들 편찬자가 독단적으로 서술한 것이 아니라,『고기古記』·『삼
한고기三韓古記』·『신라고사新羅古史』·『구삼국사舊三國史』와 김대문金大問의『고
승전高僧傳』·『화랑세기花郎世記』·『계림잡전鷄林雜傳』및 최치원崔致遠의『제왕
연대력帝王年代曆』등의 국내 문헌과『삼국지三國志』·『후한서後漢書』·『진서晉
書』·『위서魏書』·『송서宋書』·『남북사南北史』·『신당서新唐書』·『구당서舊唐書』·
『자치통감資治通鑑』등의 중국 문헌을 참고하여 재구성한 것이다.

　이 때 책임 편찬자인 김부식은 진삼국사기표進三國史記表, 각 부분의 머리

말 부분, 논찬論贊, 사료의 취사선택, 편목의 작성, 인물의 평가 등을 직접 담당했던 것으로 보인다. 국사 편찬은 왕권 강화의 기념비적인 사업인 동시에, 당시의 정치·문화 수준을 반영하는 것이다. 따라서 『삼국사기』의 편찬도 이 책이 만들어진 12세기 전반의 정치상황 위에서 이해하여야 할 것이다. 그러니 삼국사기를 김부식이 혼자 쓴 것으로 말할 수 없다. 굳이 말한다면 대표집필자나 집필의 중심자라고 하는 것이 타당하다.

한글 창제는 세종대왕이 한 것이라고 가르치던 시대도 지났다. 세종 당시에 조선 사람들은 중국의 한자를 사용하였다. 그런데 조선의 모든 사람이 한자를 알았던 것은 아니다. 글자 수도 많고, 너무 어렵기 때문에 양반들만 알고 사용하는 글자였다. 이에 백성을 사랑하는 세종이 발의하고 추진해서 만든 것이 훈민정음이다. 훈민정음은 백성을 가르치는 바른 소리라는 뜻으로 1443년에 만들어 1446년에 반포되었는데 오늘날에는 '한글'이라 한다. 음소문자이면서 음절문자의 성격을 동시에 갖는다. 창제 당시에는 28자였으나, 오늘날에는 24자만 쓰인다. 글자의 창제과정에는 집현전 학자들의 연구가 뒷받침되었다. 세종과 집현전 학자들의 오랜 노력의 결과 1443년 12월, 드디어 우리나라에서 가장 위대한 발명품인 훈민정음이 완성되었다. 창제 당시는 음운학音韻學이 발달하던 시기로, 표기문제를 해결하기 위한 노력이 언어이론의 활용으로 이어진 것으로 보인다. 정인지는 『훈민정음 해례본』에서 훈민정음이 쉽고 실용적임을 밝혔다. "슬기로운 사람은 하루아침을 마치기 전에 깨우치고, 어리석은 사람이라도 열흘이면 배울 수가 있다. …… 심지어 바람 소리와 학의 울음소리, 닭 울음소리, 개 짖는 소리라도 모두 글로 쓸 수가 있다."

이처럼 한글 창제는 세종대왕이 지시해서 집현전 학자들과 함께 오랜 세월에 걸쳐 연구한 것이다. 그러니 정확히 말해서 세종대왕이 단독 창제자가 아니다. 김부식이나 세종대왕이 중심이나 대표라면 모를까 혼자 한 것은 아니다. 황등교회 설립도 계원식 단독이 아니고 대표나 중심으로 해야 한다고 본다.

황등교회가 설립한 황등기독학원 산하傘下 학교들의 역사도 우리나라 대표적인 명문 고등교육기관인 고려대학교나 연세대학교의 경우가 참고가 될 것 같다. 고려대학교의 경우, 흔히 김성수[57]가 설립한 것으로 아는데 사실은 그렇지 않다. 고려대학교가 그렇게 말하지 않는다. 김성수 이전에 이용익이 설립하고 손병희가 운영하다가 어려운 보성전문학교를 인수해서 발전시킴을 분명히 하고 있다. 지금도 고려대학교에 가면 이용익과 손병희의 흉상胸像이 있다. 물론 김성수의 경우는 동상銅像으로 고려대학교를 확고히 한 사람으로 더 강조되고 추앙받고 있다. 아무튼 고려대학교는 역사의 시작을 이용익으로 해서 1905년으로 역사를 잡고 있다.

고려대학교高麗大學校는 지난 1905년 대한제국의 재정 총괄 내장원경內藏院卿

---

57 전라북도 고창 출신으로 호는 인촌(仁村)이다. 호남의 거부였던 경중(暻中)의 넷째 아들로, 3세에 큰아버지인 기중(棋中)의 양자가 되었다. 1914년 와세다대학(早稻田大學) 정경학부를 졸업한 후, 1915년 중앙학교(中央學校)를 인수하였고, 경성직뉴주식회사(京城織紐株式會社) 경영과 1920년《동아일보》 창간 등 일제식민지기 교육계·언론계·재계에서 활동했다.《동아일보》를 통해 1922년에는 물산장려운동(物産獎勵運動)을 폈고, 1923년에 민립대학설립운동을 펴서 민족의식을 불러일으키고자 힘을 썼다. 1929년 2월 재단법인 중앙학원(中央學院)을 설립했다. 유럽과 미국을 비롯한 세계 여러 나라의 문물과 교육 실태를 두루 살피고 돌아와, 이듬해인 1932년 3월에는 어려운 형편에 있던 보성전문학교(普成專門學校)를 맡아 경영하여 교장이 되었다. 1945년 10월 미군정청 고문회의 의장에 취임하였고, 1946년 1월에는 복간된《동아일보》의 사장을 다시 맡았으며, 같은 달에 송진우의 뒤를 이어 한국민주당의 수석총무(당수)가 되었다. 또, 같은 해 8월에는 보성전문학교를 기초로 고려대학교로 교명을 변경해서 발전시켰다. 1947년에는 반탁독립투쟁위원회의 부위원장으로 신탁통치반대운동을 지도하였고, 1949년 2월에 한국민주당과 대한국민당이 통합하여 민주국민당(民主國民黨)이 창당되자 그 최고위원이 되었다. 1951년 5월 대한민국의 제2대 부통령이 되었으나, 정부의 국회탄압사건에 항거하여 이듬해 5월 그 자리에서 물러났다. 1953년 10월 피난지인 부산에서 서울로 올라온 뒤에는 병석에서 호헌세력(護憲勢力)의 단결을 호소하다가 1955년 2월 18일 타계했다. 김성수의 식민지기 활동에 대해서는 학병제, 징병제를 고무·찬양한 것 등 과거 친일행적이 밝혀져 논란의 대상이 되고 있기도 하다.

충숙공忠肅公 이용익李容翊(1854~1907) 선생이 교육구국教育救國의 이념으로 고종高宗 황제의 하사금을 받아 설립한 보성전문학교普成專門學校에 그 연원을 두고 있다. 보성전문학교는 곧이어 을사조약乙巳條約[58]의 체결과 이용익 선생의 망명으로 운영난을 겪으며 천도교 지도자였던 의암義菴 손병희孫秉熙(1861~1922) 선생이 경영권을 이어받았으나 일제의 탄압과 세계 대공황 등의 여파로 재정난을 벗어나지 못하였다. 그러던 중 인촌仁村 김성수金性洙(1891-1955) 선생이 일제 식민지 관학과 맞설 수 있는 민립대학 설립의 원대한 꿈을 품고 학교를 인수하여 고려대학교의 기반이 마련되었다. 특히 인촌 선생의 혼이 담긴 본관(사적 제285호)과 겨레의 정성을 모아 건립한 중앙도서관(사적 제286호)은 대학 성장의 든든한 토대가 되었다. 해방 후인 1946년 종합대학교로 승격된 고려대학교는 대한민국 현대사에서 저항정신의 표상으로 민족의 양심이자 비판적 지성의 역할을 해나갔으며 이는 1960년 4.19 혁명의 도화선이 되었던 4.18 고대학생 의거를 비롯한 숱한 민주화 항쟁으로 분출되기도 하였다. 이하생략…[59]

고려대학교가 밝힌 것처럼 이용익이 보성전문학교를 설립한 것이 1905년이다. 이용익은 1907년 사망하고 만다. 그러니 학교를 운영한 기간이 짧을 수밖에 없고 학교만 운영한 것도 아니었다. 고려대가 설립자 이용

58 이 글에서는 직접인용인 이 부분을 제외하고는 을사늑약이라는 말로 통일해서 사용하려고 한다. 무릇 조약이라 함은 양국이 대등한 위치에서 평화적이고 합법적인 방법으로 체결한 것을 말하지만 '을사늑약'의 경우 비합법적이고 강압적인 상태에서 맺어졌으므로 늑약이란 말을 사용해야 한다. 고종황제는 을사늑약을 끝까지 인정하지 않았다. 대한제국이 일본의 강압에 의해 체결하게 된 '을사늑약'은 1905년 11월 17일 체결되었다. 을사늑약의 정식 명칭은 '한일협상조약'이며, 을사년에 체결되어 '을사보호조약'이라고 불린다. 대한제국은 이 늑약으로 외교권을 박탈당하고 사실상 일제 식민지가 되었다.
59 『고려대학교 홈페이지』, 「고대약사」(2016년 4월 8일 11시 51분 검색).
http://www.korea.ac.kr/mbshome/mbs/university/index.do

익보다 김성수를 높이 평가하는 것에 대한 불만[60]이 있기는 하지만 분명하게 설립자를 이용익으로 하고 어려운 학교를 인수해서 운영했던 손병희도 그 공로를 인정해서 기념하는 흉상이 있다. 이처럼 고려대가 김성수 이전에 이용익과 손병희를 드러내는 이유는 그래야 고려대학교의 역사가 길어지고, 이 두 사람이 민족 지도자이기 때문이기도 하다. 김성수의 친일 행적을 상쇄해주기 위한 작업에도 이용익과 손병희는 뜻 깊은 사람들이다.

연세대학교도 최대한 설립시기를 끌어 올려서 잡는다. 흔히 알기로 언더우드 선교사가 세운 것으로 아는데 연세대가 직접 밝히는 것은 그게 아니다. 언더우드 동상銅像이 학교 교정 중앙에 있으나 학교의 시작을 그 전으로 말하고 있다. 연세대학교측은 학교의 시작을 드라마[61]로도 방영放映되어 소개된 "제중원"이 그 뿌리라고 밝히고 있다.

> 연세대학교의 역사는 1885년 4월 10일, 한국 최초의 근대식 병원이었던 '광혜원'에서 시작되었다. 광혜원은 출범 2주 후 고종이 지어준 '제중원'으로 이름이 바뀌었다. 광혜원을 설립한 사람은 의료선교사 알렌이었다. 복음선교사 언더우드는 개원 직전에 내한하여, 제중원의 의료사업을 도우면서 교육사업과 전도 사업을 시작하였다. 제중원을 터전으로 한 두 사람의 의료와 교육 사업이 오늘날 연세의 뿌리가 되었다. 이후 의료 분야는 세브란스의학전문학교와 세브란스병원, 세브란스의과대학으로 발전하였으며, 교육 분야는 언더우드학당과 경신학교를 거쳐 연희전문학교, 연희대학교로 발전하였다. 연희와 세브란스는 풍전등화의 위기 속에서 한국의 자주화

---

60 최재원, "고려대 설립자는 김성수 아닌 이용익" 《오마이뉴스》(2005년 3월 20일); 이 글은 이용익의 외고손자 허송과의 인터뷰 기사이다.
61 백정의 아들인 주인공이 한국 최초의 근대식 병원인 제중원에서 양의를 배우며 성공해가는 스토리를 그린 〈제중원〉(SBS 월, 화 오후 10:00~ -36부작, 2010.01.04~2010.05.04).

와 근대화를, 일제 식민지배 하에서는 민족의 독립과 문명화를 위해 노력하였다. 또한 6·25 전쟁의 시련을 견뎌낸 후 민주국가와 근대사회의 건설을 위한 대학의 새로운 책임을 감당하였다. 제중원에서 시작된 연희대학교와 세브란스의과대학은 1957년 마침내 하나로 합쳐져 연세대학교가 탄생하였다. 연희와 세브란스의 통합 이후 연세대학교는 최고의 대학으로 거듭 발전하여 한국의 경제적, 정치적 발전의 동력이 되었고, 대학 교육과 연구 수준을 선도하였다. 이하 생략…[62]

광혜원廣惠院; House of Extended Grace의 정식 명칭은 제중원濟衆院; House of Universal Helpfulness으로 우리나라 최초의 서양식 국립병원이다. 처음 명칭이 국립 광혜원이었다. 1876년 문호개방 이후 고종과 조선 정부는 총체적인 근대화 작업에 착수하였다. 이 때 의료 근대화도 구상하였다. 1881년 일본에 파견한 조사시찰단朝士視察團을 통해 서양식 병원을 탐색하고, 1884년 정부 신문인『한성순보』의 사설을 통해 서양의학 교육기관의 설립과 양의洋醫 양성의 필요성을 강조하였다. 1884년 미국 북감리회 선교사 매클레이Robert S. MaClay가 서양식 병원 설립을 제안했을 때 이를 긍정적으로 검토하였다. 이 때 발생한 갑신정변甲申政變 당시 미국 북장로회 의료선교사 알렌Horace. N. Allen, 安蓮이 우정국사건郵征局事件 당시 중상을 입은 민영익閔泳翊을 서양의술로 살림으로써 서양식 국립병원 설립이 가속화되었다. 당시 상황을 알렌은 다음과 같이 기술하였다.

그날 저녁 연회석상의 주인공인 민영익 공은 동맥이 끊기고 머리와 몸이 7군데나 칼에 찔려 죽음을 목전에 두고 쓰러져 있었다. 그는 우리와 체결한

조약을 비준하기 위해 미국에 갔다가 돌아온 지 얼마 안 되는 사람으로서, 조선에서는 왕 다음으로 위대한 사람이었다. 많은 위기와 염려 속에서 이 귀족의 건강이 회복되는데 3개월이 걸렸다.[63]

고종은 알렌의 서양식 병원건립 건의를 받아들여 1885년 2월 29일(음력) 광혜원House of Extended Grace을 설치하였는데, 이것이 곧 한성 재동에 설치된 국립병원이었다. 건물은 홍영식洪英植의 집(지금의 헌법재판소 자리)을 쓰게 하였는데, 광혜원이라는 명칭은 2주일 만에 백지화되고, 그 해 3월 12일에 새로 제중원이라는 이름을 붙여 개원 당시부터 소급 적용하였다.

알렌의 명성은 날로 높아져 하루에 최고 260여 명의 환자를 보게 된 때도 있었다고 하는데, 그 뒤 환자의 수가 늘어나서 진료업무가 복잡하게 되자 알렌은 한때 미국 감리교회 선교의 스크랜턴Scranton, W. B.의 도움을 받기도 하다가, 곧 추가로 파견된 선교의 헤론Heron, J. H.과 함께 진료에 종사하였다. 1886년에는 다시 미국으로부터 여의女醫 엘러스Elless, A. J.가 파견되어 제중원에 부인부婦人部를 신설하고 왕실 여인들의 진료에 종사하였다. 이렇게 제중원의 진료업무가 더욱 번창하자 1886년 10~11월경 조선 정부는 한성 남부 동현의 왕실 소유 부지(지금의 을지로 입구와 2가의 중간, 한국외환은행 본점 자리)로 제중원을 옮겼다.

1887년 가을 알렌이 미국특파전권대사 박정양朴定陽의 수행원으로 떠나게 되자 제중원의 진료업무는 헤론이 전담하게 되었고, 부인부의 여의는 엘러스가 혼인하게 됨에 따라 호르톤Horton, L. S.으로 교체되었다. 그 뒤 알렌이 돌아왔으나 미국 공사관 서기관이 되었으므로 병원진료는 하지 않았고, 1890년 여름 헤론이 병사하자 캐나다에서 다시 파견된 빈턴Vinton,

---

63 H. N.알렌, 『조선견문기』, 신복룡 역(집문당, 1999), 69쪽.

C. C.이 의료 업무를 이어 맡다가 1893년 다시 추가로 파견된 에비슨Avison, O. R., 魚丕信에게 인계되었다.

제중원은 1885년 국립병원으로 개원하여 진료활동을 한 이래, 1894년 6월 갑오개혁의 행정관제개혁 때 내무아문 아래 위생국衛生局을 설치하여 종두種痘 및 의약·전염병예방업무 등을 맡게 하면서 7월 18일 내무아문으로 폐합되었다. 이후 선교사업기관으로 분리되어 의료 업무를 계속하였는데, 병원 운영을 맡은 관리들의 부패로 업무를 수행할 수 없어 정부에 쇄신을 건의하였다. 고종은 이 건의를 받아들여 모든 권리를 에비슨에게 맡겨 설립한 지 9년 만에 경영권도 완전히 미국 북장로교 선교부로 이관되었다. 그리고 미국인 실업가 세브란스Severance, L. H.의 재정지원으로 1904년에 남대문 밖 복숭아골[桃洞]로 현대식 병원을 지어 옮기고 세브란스병원이라 하였다. 에비슨에 의하여 1899년 제중원학교가 설립되었다가 1904년 세브란스병원으로 개편되면서 제중원이라는 이름은 자취를 감추게 되었다.

한편 1886년 3월 29일, 서양의학을 교육하고 양의洋醫를 양성하기 위한 국립 제중원의학당이 개교했다. 아울러 1886년 5월 미국 의사들의 공로에 대한 보상으로 알렌에게 당상관堂上官의 벼슬이 하사되었다. 조선 정부는 건물과 예산을 제공하고 학생들을 선발했으며, 제중원 의사 알렌은 교수들을 섭외하고 교육에 필요한 의학도구 등을 준비했다. 본과 학생은 12명이었으며 영어, 화학, 해부, 약 조제법 등을 배웠다. 그러나 1890년경 제중원의학당의 의학교육은 중단된 듯하고, 정식 졸업생은 단 한 명도 배출되지 않았다. 연세대는 광혜원을 뿌리로 하여, 학교의 역사가 그만큼 오래되었음을 강조하고, 우리나라 최초의 국립병원과 의료교육기관임을 강조하고 서양선교사가 세운 학교라고 해서 우리 민족정신과 별개로 여겨지는 약점을 보완하는 역사의미 부여의 장점을 취하고 있다.

특이한 사실은 알렌선교사와 관련된 제중원을 자신들의 뿌리라고 하는 것은 연세대학교만이 아니다. 제중원이 당시 국립병원으로 의료 인력을 양성한 것에 의미를 두고 서울대학교 의과대학도 자신들의 뿌리라고 말하고 있다. 이점은 주목해볼만한 점이다. 그 이유는 황등교회 설립자 대표 계원식이 서울대학교 의과대학 전신인 경성의학전문학교를 졸업한 사람이기 때문이다.

숭실대학교는 평양 숭실대학을 계승했다고 해서 역사의 시작을 '평양 숭실대학'[64]으로 한다. 사실은 평양 숭실대학은 신사참배 문제로 폐교되어 없어진 대학이다. 그런데 6·25전쟁이후 평양 숭실대학의 졸업생중 한경직이 중심이 되어 서울에서 재건한 것으로 이름과 정신을 계승한 것이다. 이렇게 해서 숭실대학교는 학교의 역사가 아주 오래전임과 건학정신을 밝히고 있다.

1897. 10 미국 북장로교 선교사 배위량W. M. Baird 박사가 자기 사저 일부를 사용하여 학교를 시작하고 교장에 취임하다. 1901. 10 평양부 신양리로 교사를 이전하고 교명을 숭실학당이라 하다. 1905. 09 중학부와 대학부로 분리하여 중학부는 숭실중학교, 대학부는 숭실대학이라 하다. 1906 감리교 선교부가 본 대학운용에 참가하여 합성숭실대학Union Christian College으로 발전하다. 1912. 03 숭실대학으로 정식인가를 얻으니 한국에서 최초의 대학이 되다. 이 해 105인 사건으로 많은 교수와 학생들이 옥고를 치르다. 1912. 03 미국 남장로교 선교부에서 본 대학 운용에 참가하다. 1915. 04 나도래R. O. Reiner선생이 교장에 취임하다. 1918. 04 마포삼열S. A. Moffett박사가 교장에

64 지금의 숭실대학이 서울에 있고 이전 시대의 숭실대를 구분하기 위해 편의상 평양 숭실대로 지칭한다. 실제는 평양에 개교한 숭실대의 이름은 그냥 숭실대학이었다. 그런데 숭실대학이라고 하면 지금의 숭실대와 구분이 되지 않기에 편의상 구분을 짓기 위한 용어를 씀을 밝힌다.

취임하다. 1919. 03 전교생이 3·1운동에 참가, 주동역할을 하여 많은 교수와 학생들이 옥고를 치르다. 1925. 03 일제의 식민지 교육제도의 강요로 대학을 전문학교로 개편, 문과(문리과)를 설치하다. 1928. 09 윤산온G. S. Mccune 박사가 교장에 취임하다. 1931. 03 농과를 설치하다. 1936. 03 모의리E. M. Mowry 박사가 교장에 취임하다. 1938. 03 일제의 신사참배 강요를 거부하여 폐교를 당하다. 1954. 04 문교부로부터 숭실대학 설립인가를 얻어 폐교한지 16년 만에 서울에 재건하여 본 대학의 전통을 계승하다. 영어영문학과, 철학과, 사학과, 법학과, 경제학과를 설치하다. 1954. 05 학장에 한경직 박사, 재단이사장에 배민수 박사가 취임하고 영락교회 일부건물을 교사로 사용하다.[65]

이런 경우는 장로회신학대와 총신대학교가 같이 1901년 평양장로회신학교[66]를 뿌리로 하는 것과도 같다.

본 대학교는 북장로회 선교사 마포삼열S. A. Moffett이 평양에서 선교 활동을 하면서, 1901년부터 김종섭, 방기창 두 사람을 데리고 그의 사랑방에서 신학반을 운영하고 있었는데, 1903년 공의회는 이것을 '장로회신학교'로 하기로 결의하여 공식적으로 신학교육이 시작되었다. 초창기에는 각 장로회 선교부의 선교사들이 평양에 가서 가르쳤고, 학생들은 한 달 공부하고 석 달 목회하는 방법으로 일 년에 석 달 공부하여, 5년간 수업하는 제도로 운영되

65 『숭실대학교홈페이지』, 「숭실 연혁」(2016년 4월 8일 12시 8분 검색).
   http://www.ssu.ac.kr/web/kor/intro_c_02_03_a
66 평양장로회신학교를 일반적으로 평양신학교로 말하기도 한다. 연규홍이 쓴 『예수꾼의 뚝심-동련교회 90년사』에서도 그렇다. 그러나 이 글에서는 원래 명칭대로 평양장로회신학교로 통일해서 사용할 것이다. 김수진의 『황등교회 60년사』에서도 평양장로회신학교로 지칭하고 있다.

었다. 1907년 6월 길선주, 한석진, 이기풍 등 7인의 첫 졸업생이 나오게 되었고 그해 9월에 독(립)노회가 창설되어, 이분들이 한국 장로교회의 첫 목사들로서 안수되었다. 1912년에는 장로회 총회가 창립되었으며, 이를 기념하여 중국 산동성에 김영훈, 사병순, 박태로 세 분 목사를 선교사로 파송하여 해외 선교의 시작이 이루어졌다. 이하 생략[67]

이처럼 대학들이 자신들의 역사를 최대한 오래된 시기임을 강조하는 이유는 불분명하더라도 시작점을 최대한 오래 전으로 하는 게 유익하기 때문이다. 어렴풋하게나마 근거가 있다면 거기에 의미를 두면서 이를 초창기나 태동기나 요람기로 하면 된다. 이런 경우 대개 태동기나 요람기라는 용어보다는 초창기로 처음 역사임을 분명히 한다. 사람도 성장기에서 영아기와 유아기가 있듯이 교회나 학교나 초창기를 영아기나 유아기로 보는 것이 타당하다고 본다. 이를 태동기나 요람기라고 할 때는 초창기의 중요성을 가볍게 여기는 것이 될 수 있다.

기존에 시대적 필요에 따라 자생적으로 만들어진 '황등고등공민학교'[68]가 있었고, 6·25전쟁으로 인해 공간을 잃게 되어 폐교에 몰린 것을 피란민으로 황등교회 교인이던 김영식이 황등교회 조길동의 적극적인 협조로 조길동의 창고를 무상으로 지원받아 이어갔고, 이를 황인묵이 이어오다가 황등교회에서 황등중학원을 설립하면서 황인묵이 자청해서 흡수해줄 것을 요청해서 황등고등공민학교를 통합하게 되었다. 이런 역사는 민립대학을 설립하려던 김성수가 이용익, 손병희로 이어지다가 어려움을

---

67 『장로회신학대학교 홈페이지』, 「역사」(2016년 4월 11일 11시 8분 검색).
   http://www.puts.ac.kr/main/sub2011/sub_1.asp?m2=2&m3=3&m4=1_2
68 김수진, 『호남기독교100사-전북편』405~406쪽에서 이 학교명을 '황등고등국민학교', '고등국민학교'로 말했는데 이는 오기(誤記)이다. 김수진, 『황등교회 60년사』에서는 '황등고등공민학교'로 나오는 데 이것이 맞는 표현이다.

겪던 보성전문학교를 인수해서 지금의 고려대학교로 발전시키고 후에 수도여자의과대학교와 우석대학교를 통합하는 등으로 발전한 것과 유사한 측면이 있다. 또한 연세대가 연희전문과 세브란스의학전문학교가 통합하면서 비약적으로 발전한 것과 비슷하다고 볼 수 있다. 최근 교육부 방침으로 여러 대학이 통합하는 경우 그 역사도 거슬러 올리게 된다. 그러면서 학교의 역사를 다시 쓴다.

3

사랑의 종 이야기

황동교회 그 뿌리와 기독교 역사 정립
사랑의 종, 그 언저리에서 길을 묻다

사랑의 종 이야기

대부분의 교회역사서는 그 시작시기부터 시기별로, 중심인물의 업적별로 해서 서술해나간다. 이것이 일반적인데 이 글은 그렇게 하지 않고, 황등교회의 상징인 '사랑의 종'[69]의 이야기부터 시작하려한다. 이는 그럴 만한 이유가 있어서이다. 이 종은 황등교회의 자랑임은 물론 황등지역의 자랑이요, 한국교회사의 자랑이기도 하다.

이 종의 역사는 고스란히 황등교회의 역사를 담아내고 있고, 황등교회가 직면한 황등지역과 한국근현대사를 담고 있다. 그러므로 이 종의 의미를 이해하면 황등교회의 역사를 이해하는 것은 물론 한국교회사와 한국근현대사의 이해까지 가능하다고 해도 지나친 말이 아니다. 황등교회의 종은 세 가지 시기로 나뉜다.

황등교회의 첫번째 종은 1936년 3월 31일 황등교회당을 신축하고 기

---

69 황등교회에서는 어느 때부터인지는 잘 모르나 지금의 황등교회의 종을 '사랑의 종'으로 지칭하고 있다. 이는 이 종의 설명을 담은 철판에 잘 드러나 있다. 김재두는 당시 당회에서 기독교 사랑을 교회와 지역에 전하는 뜻으로 사랑의 종이라고 한 것으로 기억한다고 하였다. 김재두와 만남(2016년 4월 17일 오후 3시 30분~40분).

공예배를 드리면서 만든 종이었다.[70] 이 당시는 일제가 1931년 만주사변을 일으키고, 1932년 일본이 만주 지역 대부분을 점령하고는 1938년에는 중·일전쟁이 시작되고, 일본이 광저우에 이어 급기야 1941년 진주만을 습격하면서 태평양전쟁이 발발하였다. 이처럼 전쟁이 지속되다보니 일제의 억압은 극에 달하였다. 1942년 황등교회에서는 강요에 의해 전쟁 물자로 이 종을 자진 납부하고 말았다. 이 당시는 놋그릇, 대야, 수저까지 강제로 뜯어가던 시기였기에 큰 쇳덩어리인 종이 누구나 쉽게 볼 수 있게 높은 상공에 매달려 있으니 일제가 강제로 뺏어갈 수밖에 없던 시기였다. 만일 이 종을 자진해서 내놓지 않았다면 자칫 황등교회나 교인들에게 큰 봉변이 생길 수도 있었다. 이 종이 찢기고 상하고 부서지고 녹여짐으로 황등교회와 교인들은 살아남았는지도 모른다. 그러니 이 종은 구약성경 이사야서에 나오는 고난받는 종의 모습과도 같다.[71] 이 종은 우리 민족이 이리저리 빼앗기고, 짓밟힌 설움과도 같다. 그러므로 이 종의 상실은 참담한 시대 상황 속에서 처참한 아픔을 감내할 수밖에 없었던 우리의 한恨을 상징하는 것인지도 모른다.

이 종은 일제에 의해 강제로 녹여져 전쟁물자로 쓰였을 것이다. 이 종처럼 당시 사람들은 징용으로, 종군위안부로, 학도병으로 이리저리 끌려갔고 죽임을 당하였다. 또한 이 종은 예배시간을 알려주던 종이었는데 이제는 예배시간을 알려줄 소리가 없었다. 이 종을 빼앗긴 것처럼 황등교회

---

70 첫번째 종이 언제 만들어진 것인지에 대한 기록이 없다. 없어진 기록만이 현재 교회의 철판설명서에 나온다. 이에 당시를 기억하는 김재두와 통화한 결과, 1936년 3월 31일 교회를 신축하던 때임을 알게 되었기에 이를 밝힌다. 김재두와 통화(2016년 4월 16일 오후 1시 20분~25분).

71 이 종(鐘)은 이사야서의 고난의 종(從)을 연상시킨다. "그가 찔림은 우리의 허물을 인함이요, 그가 상함은 우리의 죄악을 인함이라, 그가 징계를 받음으로 우리가 평화를 누리고, 그가 채찍에 맞음으로 우리가 나음을 입었도다. 우리는 다 양 같아서 그릇 행하여 각기 제 길로 갔거늘 여호와께서는 우리 무리의 죄악을 그에게 담당시키셨도다"(이사야 53장 5-6절).

는 믿음생활조차 하기 어려운 상황에서 그저 살아남는 것만이 최선이었다. 일제의 폭압 앞에서 우리말과 우리 성씨는 물론 우리의 믿음조차 지키기 어려웠다. 우리말 금지와 창씨개명과 신사참배의 강요에 전쟁물자 공출로 교회 물품까지 빼앗기는 상황이었다. 황등교회는 이 종을 내놓음으로 교회가 살아남았다. 마치 하나님이 독생자 예수를 내어 놓는 아픔으로 자기 백성을 구원하셨듯이 이 종은 황등교회를 살렸다. 이 종은 이름도 빛도 없이 녹아서 그 흔적조차 사라졌지만 그로 인해 황등교회는 살아남았고, 믿음을 굳건히 지킬 수 있었다. 그러니 이 종에게 이름을 붙인다면 '믿음의 종'일 것이다.

1945년 8월 15일 광복이 되어, 국권이 회복되고 우리말과 우리 성씨가 회복되고 징용과 학도병으로 끌려갔던 교인들이 속속들이 돌아와서 회복되었건만 황등교회와 함께하던 종은 돌아올 수가 없었다. 교회는 그 종을 대신해서 예배 시간을 알려줄 종을 설치하고 싶었지만 그럴만한 여유가 없었다. 그 당시는 모두가 궁핍한 생활을 하던 때였고, 물자도 귀한 시기였다. 이런 때에 1946년 8월 21일 계원식이 헌금을 해서 멀리 대구까지 가서 종을 사와서 설치하였다.[72] 이것이 두번째 종이다. 이제야 비로소 황등교회가 온전히 회복된 것 같았다. 그러니 해방의 기쁨을 만끽하면서 친 이 종은 벅차오르는 감격으로 해방을 노래하는 소망의 소리를 내는 종이었으니 이 종의 이름은 '소망의 종'이라고 할 수 있다. 그러나 안타깝게도 이 종은 사용한 지 얼마 지나지도 않았는데 그만 아래쪽에 금이 가고 말았다. 종소리가 '땡그랑 땡'이 아니라 '쨍그랑 쨍' 소리를 냈다. 당시 교인들은 꼬박 하루가 걸릴 정도로 고생해서 더 이상 깨지지 않도록 금이 간 부분 끝에 구멍을 뚫기도 해서 사용하였다. 어렵게 구한 종에 금이 갔으니

---

72 김수진, 『황등교회 60년사』, 476쪽.

아쉬움이 컸다.

해방의 기쁨과 벅차오르는 소망으로 힘껏 친 종에 금이 가고 만 것은 국권을 회복해서 소망이 가득할 줄 알았는데, 그렇지 않게 된 어수선한 나라의 현실과 궁핍한 지역경제와 분열되는 기독교의 현실을 그대로 드러내는 상징과 같았다. 이는 해방이 우리 손이 아닌, 강대국의 힘에 의해 주어진 것이기에 그랬다. 오늘 우리의 고난을 이겨낼 힘과 소망은 외부의 강력한 힘과 도움이 아니다. 그것은 온전치 못한 소망이었다. 오직 하나님만이 우리의 힘과 소망임을 알 수 있게 해주는 종이었다. 이 종은 금이 간 불편한 몸으로 이를 알려주었다.

금이 간 종처럼 당시의 현실은 어수선하였다. 해방만 되면 희망으로 가득할 줄 알았는데 그게 아니었다. 온 나라가 갈등으로 이리저리 상처투성이였다. 장로회총회도 신사참배와 신학노선의 다름으로 아름다운 장로교 역사에 금이 가는 아픔이 벌어졌다. 서로의 다름을 틀림이 아닌 다양성으로 이해하고 서로의 상처를 어루만졌다면 얼마나 좋았을까? 잃어버린 국권을 회복한 감격도 잠시, 나라마저 이념의 다름으로 남과 북으로 나뉘어 38선의 금이 그어지고 말았다.

오랜 세월 함께 울고 함께 웃던 한 동네 한 식구와 같은 황등에서 같은 장로교 전통인데 다른 교단의 교회가 되고 말았다. 같은 장로교 전통으로 같은 뿌리였는데 같은 나라와 같은 믿음을 다르게 표현하는 교단으로 나뉘고 말았다. 이름하여 대한예수교장로회(통합)와 한국기독교장로회(기장)로 갈라섰다. 따지고 보면 '대한'이나 '한국'이 무슨 차이가 있을까? '예수교'나 '기독교'나 무슨 차이가 있는 건가? 같은 장로회 전통을 이어받은 한 형제·자매인 것을……. 그럼에도 이 종을 어떻게든 고쳐보려고 애를 쓰면서 금이 간 부분으로 인해 어색한 소리임에도 어렵게 얻은 소망의 소리에 감사하며 기도하며 살았다.

세번째 종은 믿음과 소망의 터전 위에 사랑을 실천하는 소리를 담은 종이다. 이 종은 아무 공로 없이 은혜로 주어진 것이다. 이 종은 1951년 6월 1일에 설치된 이후 오늘까지 묵묵히 주어진 사명을 감당하고 있다. 이 종은 종탑에 매달려 지금도 주일과 수요일이면 예배 시작을 알리는 역할을 하고 있다. 이 종이 넓은 대지와 풍요를 자랑하는 미국에서 식민지를 겪고 가난하고 분단된 한국에 온 시기는 1950년대이다. 이 시기는 국가적으로 1950년 동족간의 피비린내 나는 전쟁이 있었던 아픔의 시대였다. 그런데 전쟁은 국가적으로만 있었던 게 아니다. 기독교 내부에서도 전쟁이 있었다. 그것도 이 종의 고향인 리스퍽 제일교회와 황등교회가 속한 장로교에서 그러했다. 1951년 고려파가 신사참배 건으로 분열되었고, 1953년 신학적 입장의 차이로 기장이 분열되었고, 1959년엔 통합과 합동이 분열되었다. 만일 이 종이 말을 할 줄 아는 인격체라면 일제 식민지를 겪고 나서 같은 민족끼리 전쟁을 하고, 같은 장로교전통에서 세 번이나 분열에 치달은 것을 보면서 무엇을 느끼고 말하고 싶었을까 싶다. 이 종이 딛고 서 있는 한국 땅은 지금도 전쟁의 아픔과 교단 분열의 고통이 그대로 남아 있다. 작은 농촌 마을에서 같은 장로교에서도 교단이 다르다.

이 종의 사연을 접하고 나면, 황등교회의 역사와 한국교회의 역사와 한국기독교학교역사와 한국근현대사를 이해하는 실마리를 얻을 수 있다. 이 종은 미국 플로리다에 있는 리스퍽 제일교회에서 사용하던 종이었다. 당시 계일승[73]이 미국 유학하던 버지니아 주에서, 멀고먼 플로리다 주의 리스퍽 제일교회에 초청받아 갔다가 이 교회 광고를 통해서 이 교회가 종을 교체할 계획을 가지고 있다는 것을 알고는 쓰던 종을 황등교회에 기증해 달라고 간청하였고, 이 교회가 이를 기꺼이 들어주어 황등교회에 오게

---

73 계일승은 1944년 4월 16일~1948년 6월 30일까지 제 3대 담임목사를 역임하고 유학을 떠났다.

된 것이다.

이 종의 의미는 아주 특별하다. 이 종의 제작연도는 '1884년'이다. 그러니 무려 130년이 넘은 종이다. 당시 미국 장로교계통 신학교인 컬럼비아신학교에서 한국장로교회사로 신학석사학위를 수여받았고, 이어서 유니온신학교에서 최초로 한국교회사를 주제로 신학박사 학위논문을 쓴 계일승이었으니 1884년이 무엇을 의미하는지를 잘 알았다. 어쩌면 계일승은 1884라는 숫자를 보고는 감격의 눈물을 흘렸을 지도 모른다.

1884년은 한국장로교회사와 한국교회사에서 잊을 수 없는 뜻 깊은 해이다. 감리교의 아펜젤러와 함께 장로교의 언더우드 선교사가 우리나라에 복음을 전해 준 1885년보다 1년 앞서서 우리나라에 선교사로 들어온 사람이 있었다. 이 사람이 바로 '알렌'이었다. 알렌은 효과적인 복음전파를 위해 의과대학을 졸업한 의료전문인선교사였다. 알렌은 웨슬리언대학교 신학과에서 신학을 공부하고는 마이애미 의과대학을 졸업해서 의사가 되었다. 1883년 미국 장로교 의료선교사로 중국 상하이에 갔다가, 다시 장로교 본부에 조선행을 요구하여 드디어 1884년 조선에 왔다. 당시 주한미국대사 루시어스 푸트는 종교의 자유가 보장되지 않은 조선 땅에서 선교사 신분을 내세우는 것은 위험하다고 판단하여, 알렌을 '미국공사관부 무급의사Physician to the Legation with No pay'에 임명했다.

알렌이 조선에 도착한 지 3개월 뒤 뜻밖의 사건이 벌어졌다. 알렌은 갑신정변[74]이 일어나 중상을 입고 목숨이 위태로운 민영익을 수술한 것이

---

74 갑신정변(甲申政變) 또는 갑신혁명(甲申革命)은 1884년 12월 4일(고종 21년 음력 10월 17일) 김옥균·박영효·서재필·서광범·홍영식 등 개화당이 청나라에 의존하려는 척족 중심의 수구당을 몰아내고 개화정권을 수립하려 한 무력정변(쿠데타)이다. 진압 후, 갑신난, 갑신전란으로 불리다가 대한민국 임시정부에서는 이를 '갑신혁명당의 난'이라 불렀다. 12월 4일 저녁의 우정국(郵政局) 낙성식을 계기로 정변을 일으켜 고종 내외와 왕비를 경우궁으로 피신시킨 뒤 왕후 민씨 척족들을 축출하거나 일부 처형하고 12월 6일 오후, 중국 간섭 배제, 문벌과 신분제 타파, 능력에 따른 인재 등용, 인민 평등권 확

계기가 되어 제중원(광혜원)의 설립과 함께 왕실의 의사와 고종의 정치고문이 되었다. 1885년 고종은 최초의 서양 병원인 광혜원을 세우고 알렌으로 하여금 서양의술을 가르치게 하였다. 개신교 선교사인 알렌과 조선왕실과의 친밀한 관계는 개신교가 조선왕조의 탄압으로 수많은 순교자들을 낸 가톨릭과는 달리 선교활동을 원활하게 할 수 있었던 배경이 되었다. 이처럼 알렌의 의술은 개신교 선교에 크나큰 유익이 되었다.

계일승은 누구보다도 의술을 통한 선교가 얼마나 유용한가를 잘 알고 있었다.[75] 계일승의 아버지로 황등교회 설립자 대표인 계원식은 알렌이 신학을 먼저 공부하고 의학을 공부한 것처럼 기독교민립학교[76]인 숭실에

립, 조세 제도 등의 개혁 정책을 내놓았다. 개화파가 당시에 내놓은 정책 중 현재 전하는 기록은 14개 조항이나, 일설에는 80개 조항이 있었다는 견해도 있다. 그러나 12월 4일 왕후 민씨 정권은 이미 청나라군 위안 스카이에게 구원을 요청하여 청나라 군대를 불러들였고, 왕후는 창덕궁으로 되돌아갈 것을 주장하여 창덕궁으로 환궁했다. 1884년 12월 7일 오후 청나라 군대가 들어왔고, 치밀하지 못한 준비로 3일 만에 진압되었다. 청년 개화파에 의한 구체제에 대한 급진적 개혁이라는 긍정적 평가와 다수 민중의 지지를 얻지 못한 점, 일본의 지원에 의존해 실패했다는 비판이 상존하고 있다. 그해 12월 말 조선 조정에서는 예조참판 서상우 등을 특차전권대사로 파견, 갑신정변 과정에서 일본 측의 개입을 문제 삼았다가 오히려 한성조약을 체결하게 된다. 다른 이름으로는 갑신의거, 갑신사태, 갑신봉기 등으로 부른다. 그밖에 '3일 천하', '3일 혁명' 등으로도 부른다.

75 계일승은 자신의 신학박사학위논문에서 의료선교를 중요한 소주제로 다뤘다. il Seung, Kay, *"Christianity in Korea"*, 'Medical work', pp.95-99 참조.

76 이를 흔히들 기독교사학, 사립학교라고 하는데 서술자는 의도적으로 이를 고쳐서 '민립'(民立)이라고 하였다. 서술자는 사립학교(私立學校)라는 말이 옳지 않다고 생각한다. 국립(國立)의 대응하는 개념은 사립(私立)이 아니라, 민립(民立)이다. 공립(公立)에 대응하는 말이 사립(私立)이다. 국가가 학교를 세우고 운영하는 것이 국립학교이고, 그것이 아니면 민간인이나 민간단체가 세우고 운영하는 것이니 사립이 아니라 민립이다. 그런데 우리나라는 국가가 설립한 국립이나 지자체 중심의 공립이 아니면 무조건 사립(私立)이라고 하고 있다. 이는 국립과 공립이 아닌 학교를 통칭하는 개념으로 부적합하다고 본다. 언어에는 그것을 담아내는 의도와 의미가 담지(擔持)된 것이다. 그러나 언어가 갖는 의미는 가볍게 볼 일이 아니다. 사립이라는 용어가 갖는 의미가 자칫 민립학교를 폄하하거나 운영자들에게 독단을 용인하는 것이 될 수도 있고, 학교운영의 공공성을 망각할 수 있다. 물론 개인이 사사롭게 설립하고 운영하는 경우는 개인사립학교가 맞으나 교회나 선교기관들이 세운 학교는 특정 개인이 설립하고 운영하는 학교가 아니니 사립학교가 아니다. 그러니 이들 학교들은 사사로이 운영되는 게 아니라 공의(共議)를 통해 운영되어야한다. 그러니 학교법인(學校法人)도 다양한 계층의 인사들이 합의

서 기독교세계관에 대해 공부하고는 경성의학전문학교에서 의학을 공부해서 의사가 되었다. 계원식이 의학을 뒤늦게 공부한 이유는 알렌처럼 의학을 돈벌이 수단이 아니라 효과적인 선교의 도구로 사용하려는 것이었다. 또한 주목해볼 것은 계원식이 졸업한 경성의학전문학교는 오늘날의 서울대학교 의과대학의 전신前身이다. 경성의학전문학교는 놀랍게도 알렌이 세운 제중원(광혜원)에서 이어져 나온 학교이다. 이는 서울대학교 의과대학이 분명히 밝히고 있다.[77] 그러니 계원식이 나온 경성의학전문학교도 알렌이 우리나라에 온 1884년과 연관이 있는 해이다. 그러니 알렌과 계원식은 하나님의 섭리 안에서 닮아 있고 연결되어 있다.[78] 알렌이 세운 제중원은 황등교회가 설립해서 운영하는 황등기독학원 산하 학교가 본받으려는 기독교학교의 대표인 연세대학교가 자신들의 뿌리라고 말하는 곳이기도 하다.[79] 이렇게 1884라는 숫자는 계일승 집안의 역사에, 황등교회

(合議)를 통해 이사회를 구성하고 운영하는 것이니 사립이 아니다. 황등교회가 주제인 학교법인 황등기독학원 재단이사회의 경우, 더더욱 그렇다. 어느 특정한 사람이 주인일 수 없는 것으로 굳이 주인을 말하자면 건학이념에 따라 하나님이 주인이시고 그 하나님을 섬기는 믿음의 공동체로서 황등교회는 주인이 맡겨준 일을 감당하는 청지기처럼 학교를 운영하는 대사(大使)의 역할을 담당한다. 부디 이런 의식을 갖고 기독교민립학교들이 운영되기를 소망해본다. 이런 뜻에서 일제강점기 김성수가 대학을 만들려고 하고, 조만식 등 기독교 선구자들이 대학을 만들려고 하면서 쓴 용어가 오늘날 통상 쓰는 용어인 사립대학이 아니라 민립대학인 것은 주목해 볼 일이다.

77 1885년 4월 14일 광혜원(우리나라 최초의 근대식 국립병원) 설립, 26일 광혜원의 명칭을 제중원으로 변경. 중략⋯1917년 3월 27일 경성의학전문학교 제1회 졸업식, 한국인 48명 배출. 계원식은 경성의학전문학교 1회 졸업생이다.『서울대학교 의과대학』,「역사」(2016년 4월 10일 오후 1시 20분~25분 검색).
http://medicine.snu.ac.kr/sub1/introduction/index.htm#

78 계일승의 제자로 장로회신학대학교 역사신학교수를 지낸 김인수는 계일승의 역사신학의 연구 자세가 바로 이런 하나님의 섭리라고 말한다. "계 박사의 신학사상은 철저히 역사성에 기초한 신학함이라고 볼 수 있다. 그는 교회가 걸어온 발자취를 더듬으면서 그 역사가 오늘에 주는 교훈과 나아가야할 방향성을 예리하게 추적하고 있다. 한국교회의 역사는 철저히 하나님께서 주관하시고, 인도하시고, 이끌어 주신다는 확고한 신앙의 관점에서 역사를 살피고 있다." 김인수, "신학사상 (9) 계일승목사"《한국기독공보》(2009년 8월 18일).

79『연세대학교 홈페이지』,「연세대 발자취」(2016년 4월 8일 11시 52분 검색).

역사에, 한국교회 역사에 기독교학교의 역사에 날줄과 씨줄로 연결되어 있는 숫자이다.

그러고 보면 의료선교사 알렌이 입국한 지 얼마 되지 않아 갑신정변으로 인해 중상을 입은 민영익을 살려낸 것으로 인해 고종의 신망을 얻어 제중원이 만들어지고, 그것이 이어져 경성의학전문학교가 만들어지고 그 1회 졸업생인 계원식이 의사라는 유리한 사회적 지위를 발휘하여 평양에서 산정현교회를 섬기면서, 독립자금을 제공한 일[80]로 고초를 겪다가 황등에 이주해서 기독교신앙을 전하는 선교기지로서 기성의원을 통해 황등교회를 설립하는 토대를 만들어간 것은 결코 우연이 아니다. 이런 것을 기독교역사관에서는 '하나님의 섭리'라고 고백한다. 계원식이 평생을 교회사랑을 통한 복음전파와 3·1운동 정신에 따른 나라사랑과 가난하고 병든 사람을 치료하며 구제에 힘쓴 이웃사랑을 펼치기에 의사라는 직업이 매우 유익하였다. 이런 이유로 1884년은 한국교회사 뿐만 아니라 황등교회사에서도 뜻 깊은 연도이다.

이 종은 고향 미국을 떠나 멀고 먼 낯선 한국 땅, 그것도 도시도 아닌 농촌지역인 황등에 와서 그 사명을 다하고 있다. 이 모습은 한국교회 역사에서 초기선교사들이 고향을 떠나 낯선 한국에서 선교한 모습을 연상시키고, 고향 평양을 떠나 황등에 이주해온 자신의 아버지 계원식을 떠올리게 한다. 그리고 계일승 자신을 떠올리게 한다.

계일승은 자신의 아버지를 따라 고향인 평양을 떠나 멀고 먼 낯선 황등에서 살았다. 계일승은 남다른 학구열로 평양과 전주와 일본과 중국과 미

---

http://www.yonsei.ac.kr/sc/intro/history1.jsp

80 일제강점기에는 살인죄보다 더 무섭게 다룬 것이 독립운동이었다. 일제는 독립운동에 대해서는 초법적 조치로 처벌하였으니 계원식의 독립자금 제공은 엄청난 결과를 가져올 수도 있는 일이었다.

국에서 공부하면서 식민지 치하의 설움과 이주민의 아픔을 체험하였다.
더욱이 계일승이 일본유학중 관동대지진[81]으로 많은 한국인들이 무고하
게 살해당하는 광경을 목격하고, 계일승이 일제강점기에 이리중앙교회
담임목사 시절엔 일제가 이리중앙교회와 이리제일교회를 강제로 통폐합
하면서 일제에 의해 교회에서 쫓겨나기도 하였다. 그리고 황등교회 담임
목사로 재임중, 친일파 지주를 비난하는 연극을 한 사건으로 이리경찰서
에서 고초를 겪으면서 나라 잃은 설움을 뼈저리게 느끼면서[82] 이 종이 미

---

81 관동대지진은 1923년 9월 1일 일본 가나가와 현재의 사가미만을 진앙지(震央地)로 발
생했던 큰 지진이다. 1923년 9월 10일 《매일신보》에 "관동대지진 당시 조선인들이 폭
동을 조장하고 있다."는 내용의 기사글로 전면을 다루고 있다. 1923년 도쿄 일원의 간
토 지방은 지진으로 인하여 궤멸적인 피해를 입었고, 흉흉해진 민심 덕분에 일반인들
사이에 서로를 믿지 못하는 불신이 싹트는 가운데, 내무성은 계엄령을 선포하였고, 각
지역의 경찰서에 지역의 치안유지에 최선을 다할 것을 지시하였다. 그런데, 이 때 내무
성이 각 경찰서에 하달한 내용 중에 "재난을 틈타 이득을 취하려는 무리들이 있다. 조선
인들이 방화와 폭탄에 의한 테러, 강도 등을 획책하고 있으니 주의하라"라는 내용이 있
었다. 이 내용은 일부 신문에 보도되었고 보도내용에 의해 더욱더 내용이 과격해진 유
언비어들이 신문에 다시 실림으로 "조선인들이 폭도로 돌변해 우물에 독을 풀고 방화
약탈을 하며 일본인들을 습격하고 있다." 라는 헛소문이 각지에 나돌기 시작했다. 당시
에는 지진으로 인하여 물 공급이 끊긴 상태였고, 목조 건물이 대부분인 일본의 특징 때
문에 일본인들은 화재를 굉장히 두려워하였으므로, 이러한 소문은 진위여부를 떠나 일
본 민간인들에게 조선인에 대한 강렬한 적개심을 유발하였다. 이에 곳곳에서 민간인들
이 자경단을 조직해 불시검문을 하면서 조선인으로 확인되면 가차없이 살해하는 범죄
를 저지르기 시작하였다. 이들은 죽창이나 몽둥이, 일본도 등으로 무장하였고, 일부는
총기로 무장하기도 하였다. 치안당국은 "조선인들이 폭동을 저지르려고 한다"는 소문
이 헛소문이라는 것을 이미 알고 있었지만, 혼란 수습과 질서 회복의 명분하에 자경단
의 만행을 수수방관하였고, 일부는 가담·조장하기까지 하였다. 그러나 점차 자경단의
만행이 도를 넘어서 공권력을 위협할 정도가 되어 공권력이 개입하였으나, 이미 수많
은 조선인들이 학살당한 후였다. 자경단의 살상 대상은 남녀노소를 가리지 않았으며,
상당수는 암매장되었다. 자경단 일부를 연행·조사하였으나, 형식상의 조치에 불과하
였으며, 기소된 사람들도 증거 불충분을 이유로 무죄 방면되었다. 학살 사건으로 인한
사법적 책임 또는 도의적 책임을 진 사람이나 기구는 전혀 없었다. 일본인 요시노 사쿠
조는 『압박과 학살』에서 2534명으로, 김승학은 『한국독립운동사』에 피해자가 6066명
이라고 적었지만, 그에 비해 당시 일본정부의 추산은 233명이었다. 이는 마치 로마제국
에서 네로 황제가 자신이 저지른 로마 화재의 책임을 약자인 기독교인들에게 돌려 수많
은 기독교인들이 처참하게 살해당한 사건과 비슷하다.
82 1943년 12월 24일 성탄절 축하 연극발표회시 일본 제국주의를 비난했다고 해서 계일

국에서 멀고 먼 황등으로 가는 상황을 떠올렸는지도 모른다.

이 종의 제작연도의 의미에 못지않게 이 종이 황등교회에 들어올 때의 과정도 한국교회사와 황등교회사 그리고 황등교회 학교설립역사와도 유사한 점들이 많다. 이 종은 미국 리스퍽 제일교회의 무상기증, 이를 요청한 계일승, 이를 받아들여 소중히 간직한 황등교회 교인들이 한데 어우러졌다. 이렇게 해서 이 종은 황등교회를 상징하고, 황등교회 정체성과 사명을 일깨우는 역할을 수행하게 되었다.

이 종은 세번째 종이다. 앞서 살펴본 것처럼 이전의 두 종은 한국근현대사의 아픔을 고스란히 상징하는 역사적 의미를 담고 있다. 이 종이 들어온 이후 계일승은 6·25 전쟁의 참혹한 현실 속에서 아내가 순교한 아픔을 딛고, 대구에서 장로회신학교 교장직무대리를 거쳐 장로교단의 분열의 아픔을 감내하고, 지금의 장로회신학대학이 비인가신학교에서 정규 신학대로 개편될 수 있도록 혼신의 힘을 다해나갔다. 그의 헌신과 때를 같이 황등교회에서도 그동안 운영하던 고등공민학교와 사설강습회를 정식 황등중학교로 개편해나가는 학교설립 운동이 일어났다. 이 종과 함께 하게 된 황등교회는 비로소 초창기의 교회 설립의 정신과 비전이 본격적으로 펼쳐졌다. 그러니 이 종의 모습과 소리의 울림은 황등교회의 희망으로 이해되었다.

이 종은 미국교회와 황등교회의 연합을 상징하는 것이기도 하다. 이 종이 미국에서 전해진 것이나 이 종을 감싸 안고 기능을 발휘할 수 있도록 종탑을 만든 것은 한국의 황등교회이다. 종만 있고 종탑이 없다면 종이 기

승 목사와 황등교회 청년들인 변영수, 계이승, 김인길, 김길남, 김일두 등이 이리경찰서에 끌려가 옥고를 치뤘다. 김수진, "평신도 운동이 한국교회 성장에 미친 영향에 대한 연구-교회사적 측면에서", 267쪽; 이들은 해방후 계일승 목사를 중심으로 일본인들이 무사히 일본으로 돌아가도록 하는 일을 하였다. 이는 기독교 정신에 따른 용서와 화해의 실천이었다.

능을 발휘할 수 없다. 종은 미국 선교사를 연상시키지만, 종탑은 한국의 기독교인들을 연상시킨다. 당시 기중기도 없던 시대에 이 종을 높이 매달면서 안전하게 종탑을 만든 이들은 황등교회를 이끌어 갈 당시 젊은이들이었다.[83] 그러므로 이 종을 볼 때, 종을 보내준 미국 리스퍽 제일교회와 이 종만 볼 것이 아니라 이를 요청하고 받아들여 버려질 종이 새롭게 사명을 감당하도록 한 황등교회와 황등교회 교인들이 만든 종탑도 함께 봐야 한다. 이렇게 선교사의 공로와 우리의 주체성이 함께 어우러지는 통전적인 이해가 1907년 평양 대부흥운동의 정신[84]이었고, 계일승이 강조하는 한국교회사학의 방향이었다. 여기서 한걸음 더 나아가 주체적인 수용의 시각에서 바라볼 수도 있다.

미국교회의 도움으로 종을 들여온 것처럼, 한국교회사는 초기 미국을 중심으로 한 선교사들이 들어와 신앙을 전해주고 학교와 병원과 민주시민의식을 전해주었다. 그 고마움을 한국기독교인들은 잊지 않고 있다. 그러나 한국교회사를 살펴보면, 미국을 비롯한 선교사들만의 힘으로 오늘의 한국교회가 형성되고 이어져온 것이 아니다. 스스로 급변하는 시대를 바라보면서 기독교신앙을 주체적으로 수용하여 교회를 설립하거나 선교사들과 협력한 경우가 많았다. 더욱이 이들 선구자들은 기독교신앙 이전에 국권을 상실한 민족의 아픔을 먼저 생각하고 이 땅에서 고통 받는 동포

---

83 "기중기가 없을 때는 밧줄로 종탑 다리를 하나씩 교대로 끌면서 옮겼어요.' 사람이 걷는 것처럼⋯봉 장로와 교인들은 종탑에 도르래를 달고 종을 끌어올렸다. 기중기가 없던 시대였다. 장정 십여 명이 매달렸다." 전병선, "익산 황등교회 종 이야기⋯1884∼2010 탄일종 126년 메아리" 《국민일보》 (2010년 12월 22일); 이 당시 봉기성과 함께 종을 찾아오고, 이를 설치하느라 애쓴 이들은 다음과 같다. 이명호(정미소 경영하면서 다리가 불편하였다), 조길동, 전판석, 동상순, 장홍갑, 노영선, 노상열, 김용선, 김윤산이었다. 김재두와 만남(2016년 7월 30일 오후 2시 20분).

84 계일승은 자신의 신학박사학위논문에서 1907년 평양대부흥운동을 자세하게 다뤘다. 그만큼 계일승은 이 일이 매우 중요한 것이라고 인식하였고, 이를 미국교회와 신학계에 알리고 싶었던 것 같다. il Seung, Kay, "*Christianity in Korea*", pp.255-258 참조.

들을 생각하였다. 이런 의미로 교단 명칭에 '기독교'나 '예수교' 이전에 '조선'이나 '대한'이나 '한국'이 먼저 나오는 교단들이 많다. 이런 선구자 중 대표적인 사람들이 김 구, 안창호, 이승훈, 조만식 등이다. 이들은 대부분 지금으로 보면 북한 지역에서 민족정신을 염두에 둔 기독교정신으로, 동포를 사랑하는 정신으로 교회를 섬겼다. 북한 지역의 중심인 평양을 이해함은 황등교회 설립자 대표인 계원식을 이해하는 데 중요하고, 황등교회 초창기를 이해하고 황등교회 신앙관을 이해하는데도 중요하다.

평양은 제2의 예루살렘이라고 불릴 정도로 대부흥의 불길이 치솟던 곳이었고, 이 불길의 기저基底에는 민족의식이 자리 잡고 있었다. 이런 이유로 1907년 평양대부흥운동 이후 1919년 3월 1일에 일어난 3·1운동은 평양의 기독교인들이 주도적인 역할을 수행하였다. 계택선桂澤宣은 서양약품 사업으로 부유한 사람이었지만 이를 마다하고 척박한 동포들의 삶의 자리인 만주에서 복음을 전하고 동포들과 함께하다가 과로로 별세한 사람이고, 계원식은 물려받은 재력과 안정된 의사의 삶이 아니라 남몰래 독립자금을 보낸 일로 고초를 겪기도 하였고, 이 일로 머나먼 군산 구암龜岩기독병원[85] 의사로 있다가 황등에 이주하는 계기가 되었다. 계원식이 이주해온 군산 구암기독병원과 인근 구암교회는 3·1운동에 적극적이었던 곳이었다.

계원식은 두 아들을 민족의식이 투철한 기독교민립학교로서 3·1운동에 적극적이었던 전주신흥고보와 군산영명학교에 진학시켰다. 이런 계원식이었기에 동학[86]군이었다가 기독교신앙인이 되고, 민족의식교육을 모

---

85 이 병원은 미국 남장로회 선교부가 설립한 병원으로 계원식 집안과 미국 남장로회는 관련이 깊다. 그의 자부 안인호가 교사로 재직한 목포정명여학교도 미국 남장로회가 설립한 학교이고 그의 장남 계일승이 유학을 가도록 주선한 선교사 인돈도 미국 남장로회 소속 선교사였다. 1950년 6·25전쟁직후 계일승이 일본 맥아더사령부에서 일하도록 주선한 사람도 미국 남장로교회 교인 러스크였다.

토로 하는 계동학교 설립에 주도적인 역할을 하고, 3·1운동에 적극가담자였던 동련교회 백낙규의 권유로 황등에 이주함은 당연했는지도 모른다. 백낙규 역시 평양 출신으로 남다른 민족의식이 강한 계원식과 쉽게 의기투합이 가능했던 것도 당하다. 계원식의 아들 계일승은 1944년 황등교회에서 변영수와 함께 일본 지주를 비난한 연극을 상연해서 이리경찰서에 끌려가 고초를 겪기도 하였고 황등지역의 신문화교육을 위해 젊은 세대들에게 영어교육을 실시하기도 하였다. 이런 모습은 성경에 기록된 정신을 드러낸 것이기도 하다.

구약성경의 핵심 오경五經[87]의 중심인물은 누가 뭐라 해도 '모세'이다. 모세는 이집트의 압제에서 자기 백성을 구원한 민족해방의 지도자였다. 모세는 '하나님 사랑'과 '나라사랑'이 얼마나 뜨거웠던지 바로왕의 후계자가 될 수 있는 기회마저 기꺼이 버리고 동포를 구하다가 그만 우발적인 살인을 저지르면서 살인자요, 도망자가 될 정도였다. 한결같은 마음으로

---

86 동학농민운동은 갑오농민전쟁(甲午農民戰爭)이라고도 한다. 1894년 1월에 봉건적 수취체제의 모순에 대항한 고부민란에서 시작되었다. 이후 전봉준은 무장에서 손화중·김개남과 함께 4,000여 명의 농민군을 조직하고 탐관오리의 숙청과 보국안민을 위해 일어서자는 내용의 창의문을 발표했다. 1894년 6월 일본군이 왕궁을 점령하고 개화파의 연립정권을 수립시키자 동학 농민군의 지도부는 삼례에서 재봉기했다. 남접·북접 연합군은 일본군의 우세한 화력을 견디지 못한 채 패퇴하고 말았다. 동학의 종교조직을 이용한 전봉준·김개남·손화중 등 개혁지도자를 중심으로 농민·도시민·소상인·몰락양반·이서 등 봉건사회 해체과정에서 몰락한 계층이 광범하게 참여한 반제·반봉건 근대화운동이었다. 동학의 이념은 만민평등의 원리를 기반으로 한 반봉건 의식과 척왜양(斥倭洋)이라는 반침략의 민족 논리를 바탕으로 깔고 있었다.

87 구약성경 맨 처음 다섯 권(창세기, 출애굽기, 레위기, 민수기, 신명기)을 말하는 것으로 구약성경 전체의 맥이 담겨 있다. 오경(五經)은 토라(히브리어: ה‧ו‧ר‧ה, 율법)라고 한다. 오경은 구약성경의 첫 다섯 편이다. 흔히 모세오경(ה‧ו‧ר‧ת‧מ שׁה)이나 모세율법이라고도 하며, 유대교에서 가장 중요한 문서이다. 히브리어로 "가르침" 혹은 "법"을 뜻한다. 유대 전통에 따르면, 토라는 하나님이 모세에게 계시하였다고 말한다. 하지만 성경비평학자들은 모세오경(토라)이 Y(야훼계)–E(엘로힘계)–P(사제계)–D(신명기계) 문서, 곧 4문서로 이루어진 복수의 저자들의 산물이며 YEPD(또는 JEPD) 문서에 의해 전승된 이야기들을 그들의 사상에 알맞게 편집한 신학 작업의 산물로 보고 있다. 오늘날 토라를 경전으로 삼고 있는 종교는 유대교, 기독교, 이슬람교이다.

'하나님 사랑'과 '나라사랑'을 실천하던 모세는 '동족사랑'에 자기 생명을 기꺼이 던질 수 있는 사람이었다. 출애굽기 32장에 기록된 내용이다. 모세가 호렙산 깊숙이 들어가 하나님을 만나 10계명을 받아 내려오는 데 자기 동족들이 그 기간을 못 참아 금붙이들을 모아 금으로 송아지 모양의 신상을 만들어 거기에 절하고 그 앞에서 잔치를 벌이고 있었다. 기가 찬 모세는 정성들여 가져온 10계명이 담긴 돌판을 던져버리고는 백성들 앞에서 무릎 꿇고 기도드리며 하나님께 다음과 같이 기도드렸다.

> 모세가 여호와께로 다시 나아가 여짜오되 슬프도소이다 이 백성이 자기들을 위하여 금 신을 만들었사오니 큰 죄를 범하였나이다 그러나 이제 그들의 죄를 사하시옵소서 그렇지 아니하시오면 원하건대 주께서 기록하신 책에서 내 이름을 지워 버려 주옵소서.[88]

여기서 '기록하신 책'이란 하늘나라에 있는 생명책이란 책을 일컫는다. 성경의 마지막 책인 요한계시록 20장의 말씀에 의하면 구원 받는 자의 이름을 기록하여 놓은 책이다. 모세는 자기 동족들의 죄를 용서하여 주시기를 기도드리며 만약 용서하여 주지 못하고 멸망시키시려면 자기도 함께 멸망시켜 달라는 기도를 하나님께 드리고 있다. 이것이 모세의 애국애족의 한 모습이다.

느헤미야는 바벨론에 포로로 잡혀간 사람이다. 노예로 잡혀갔던 느헤미야가 출세하여 왕궁에서 왕의 술시중을 드는 관원이 되었다. 포로로서는 대단한 성공이다. 당연히 안락한 삶을 누리게 되었을 것이다. 보통 사람들은 이렇게 성공하면 평안한 삶을 누리는 것에 만족하고 다른 것에 신

---

88 출애굽기 32장 31절-32절.

경 쓰지 않는다. 그런데 느헤미야는 달랐다. 오늘의 평안으로 만족할 수가 없었다. 느헤미야에게는 또 다른 고민이 있었다. 그것은 고국에 대한 염려와 걱정이었다. 느헤미야는 나를 넘어 너를 생각했고 우리를 넘어 나라와 민족을 생각했으며 더 나아가 이 시대를 향한 하나님 뜻을 먼저 생각하며 고민했던 사람이었기 때문이다. 그래서 느헤미야는 남의 나라에서 성공했지만 언제나 고국에 대한 그리움으로 삶의 갈증을 안고 살아갔다.

어느 날 예루살렘에서 찾아온 사촌형제 하나니로부터 고국에 대한 소식을 듣게 되었다. 그런데 그 소식은 나라가 침공당해서 예루살렘이 불타고 성벽이 무너져서 백성들이 탄식하고 있다는 내용이었다. 보통 사람 같으면 옛날에 붙잡혀 오기를 너무 잘했다고 생각하였을 것이다. 대부분의 사람들이 이 생각에 머문다. 느헤미야는 그 소식을 듣자마자 그 날부터 금식하였다. 또한 눈물로 기도하였다. 그리고 고난 받는 동포들과 이 고난을 함께 하지 못함을 애석하게 여겼다. 그래서 그의 몸은 축나기 시작했다.

아닥사스다 왕이 그런 느헤미야를 보고 "네 얼굴이 왜 그러냐, 네 몸에 병이 없는 것을 내가 아는데 네 얼굴이 왜 그리 상하였느냐"하고 묻게 되었다. 그 때 느헤미야는 "내 나라가 불타고 성벽이 무너지고 내 백성이 탄식하며 눈물을 흘리며 살고 있는데 내 어찌 잘 먹고 평안히 쉬리이까 내가 금식하며 기도 중에 있나이다" 하고 고백했다. 이 말을 듣고 아닥사스다 왕이 무슨 생각을 하였을까? "내게는 왜 저런 신하가 한사람도 없단 말인가, 느헤미야는 비록 포로로 이 땅에 잡혀 왔지만 진정한 백성이고 지도자이고 신앙인이구나" 하고 깊은 감동을 받았을 것이다.

아닥사스다 왕이 "내가 무엇을 도와주랴" 하고 물었다. 그 말을 들은 느헤미야가 이렇게 말했다. "나에게 휴가를 주십시오, 그러면 내가 고국에 돌아가 탄식하는 내 백성을 위로하고 무너진 성벽을 재건하고 돌아오리이다." 이렇게 해서 왕의 허가를 받아 고국으로 돌아가서 백성을 격려하고 무너진 성벽을 재건하고 다시 돌아오게 된다.

구약 39권 중 오경(토라) 다음으로 많이 읽힌다는 에스더의 여주인공은 죽음을 무릅쓰고 민족을 구한 신앙인의 표상이다. 에스더를 유대인들이나 기독교신앙인들이 그토록 좋아하는 이유가 있다. 나이 어린 소녀로 이방 땅 바벨론에서 부모를 여의고 나이든 사촌오빠의 양녀養女로 입양入養되어 성장하는 사연과 페르시아 황제 아하수에로의 황후가 되어 "죽으면 죽으리라"는 일사각오의 결단으로 수만의 동족 유대인들을 멸망의 위기에서 구출하는 장면은 흥미진진하기에 앞서 눈물겹도록 감동적이다. 가는 곳마다 주변 민족들로부터 배척당하고 있는 유대인들에게 에스더야말로 수천 년 전 애굽에서 동족을 구원해 홍해의 기적을 연출한 모세를 연상시킬 정도로 위로와 용기와 쾌감을 선사하는 여걸女傑이다. 에스더의 사촌이자 양부였던 모르드개는 느부갓네살 당시 여호야긴과 함께 포로로 잡혀온 유대인으로서 이스라엘 왕 사울의 부친 곧 베냐민 지파 기스의 후손이었다.

페르시아의 수도 수산 궁에서 폐위된 왕비 와스디를 대신해 새로운 왕비를 모집한다는 뉴스를 접한 모르드개는 미모美貌의 양녀養女 '하닷사'의 유대인 정체를 숨겨 '에스더'(바벨론 여신 이쉬탈을 본뜬 이름)란 이름으로 등록한다. 에스더가 왕후로 채택된 뒤에는 왕후의 후견인 신분으로 대궐문을 지키는 수문장이 된다. 당시 왕의 총애를 받던 총리대신 하만이 대궐문을 통과할 때마다 모르드개가 허리를 굽혀 절하지 않았다.

하만은 이스라엘의 숙적이자 사울왕의 비극의 발단이었던 아말렉 족속 아각의 후손으로서 모르드개의 정체가 유대인이라는 사실을 확인하게 되자 모르드개뿐만 아니라 페르샤 제국 안의 모든 유대인 까지 제거하려는 계획을 세우게 되고 왕의 인가를 받아 유대인 대학살 칙령이 반포된다. 문제의 심각성을 의식한 모르드개는 사태의 전말을 왕후에게 알려 왕에게 나아가 동족을 위기에서 구할 것을 요청한다. 한 달 넘도록 황제에게 부름

받지 못한 상황이지만 에스더는 결국 목숨을 걸고 3일간 금식한 뒤 왕에게 접근하여 기적과 같은 알현이 허락되고 두 번의 식사 초대 끝에 자신과 동족의 위기를 폭로한다.

왕과 함께 초대를 받아 우쭐해있던 하만은 영문도 모르고 불려갔다가 졸지에 유대인 왕후의 철천지원수로 몰리게 되고 모르드개를 매달려 했던 교수대에 매달린다. 에스더와 모르드개는 하만이 제비 뽑아 유대인 학살의 날로 지정한 아달월(12월) 13일 다음날을 해방과 자유의 부림절로 지키도록 공포한다. 비록 에스더는 하나님의 이름이 전혀 언급되지 않지만 제2의 엑소더스(탈출)를 방불케 하는 그 놀라운 사건 배후에 왕후와 함께 3일 동안 금식하며 기도한 유대인들이 있었음을 밝혀 기도와 금식의 위력을 주지시킨다. 특히 역사의 배후에서 모든 것을 합력하여 선을 이루시는 하나님의 섭리와 아울러 하나님의 언약백성은 어떤 역경 속에서도 보호를 받으며, 이들을 해치려는 개인과 국가는 멸망하게 된다는 메시지도 강조한다. 금식기도의 지혜로 민족적 위기를 구원의 기회로 바꾼 에스더와 모르드개, 그리고 인간의 능력과 권세와 주술로 하나님의 백성을 멸하려다 스스로 망한 하만의 교만을 생각하며……

로마서 9장 1-3절에 보면, 바울의 나라사랑이 얼마나 대단한 지 알 수 있다. "내가 그리스도 안에서 참말을 하고 거짓말을 아니하노라 내가 큰 근심이 있는 것과 마음에 그치지 않는 고통이 있는 것을 내 양심이 성령 안에서 나로 더불어 증거하노니 나의 형제 곧 혈육의 친척을 위하여 내 자신이 저주를 받아 그리스도에게서 끊어질지라도 원하는 바로라." 바울은 이스라엘 곧 자기의 골육, 친척, 친구, 형제가 구원 얻기를 원했다. 어느 정도 원했느냐 하면 자신이 그리스도에게서 끊어질지라도 원한다고 말한다. '끊어진다'는 단어를 쉽게 표현한다면 '내가 대신 지옥에 갈지라도'라는 뜻이다. 그들이 가야할 지옥을 내가 대신 간다고 할지라도 사랑하는 형제들이 구원받을 수가 있다면 나는 차라리 그것을 소원하겠다는 것이다. 바울은 이런 마음으로 자기 나라를 사랑했다.

성경에는 이들 이외에도 많은 사람들이 나라사랑을 신앙과 결부해서 살아갔는지에 대해 기록되어 있다. 예수님도 미래에 예루살렘 성전이 로마제국에 의해 초토화될 것을 아시고는 탄식하시기도 하셨다. 이처럼 성경에서도 신앙이 나라사랑과 별개가 아님을 강조하는 구절들이 많다. 이처럼 기독교신앙을 민족의식과 결부해서 이해하고 자생적으로 기독교신앙을 수용하고 선교사를 도와 교회를 섬긴 이들 중에는 황등교회 설립자 대표 계원식의 선친 계택선도 있다. 이런 정신은 계원식과 계일승에게도 이어졌다.[89]

또한 이 종은 황등교회와 지역교회의 연합이기도 하다. 황등교회는 이 종을 값없이 은혜로 받고는 그 받음을 그대로 실천하였다. 리스펵 제일교회가 새로운 종으로 교체하면서 그동안 쓰던 종을 판매해서 일정 금액의 수익을 내지 않고 이를 아무런 연고도 없는 황등교회에 무상으로 제공하면서 운송비까지 제공한 것처럼 황등교회는 그 전의 종을 황등교회보다 어려운 농촌교회인 중리교회로 보내주어 두번째 종이 비록 금이 가서 청아한 소리를 내지는 못하지만 이 종이나마 간절히 필요로 하는 중리교회로 보내서 그 사명을 이어가도록 하였다. 이 당시는 6·25 전쟁직후로 아직 휴전회담도 제대로 마치지 않은 상황으로 물자가 귀한 시절이었으니 황등교회 입장에서는 이 종을 처분해서 얻을 수익을 생각할 수 있었으나

---

89 기독교는 불변의 진리이나 이를 주체적으로 수용하는 것에 따라 기독교는 민족과 사회와 문화의 옷을 입게 된다. 이는 한국인들이 미국으로 이주하면 한국의 효와는 변형된 미국문화를 수용한 효문화가 새롭게 정립되는 것과 연관된다. 이에 대해서는 Carolyn Chen, "From Filial Piety to Religious: The Immigrant Church Reconstructing Taiwanese Immigrant Families in the United States", *International Migration Review* (Volume 40, Issue 3, August 2006), pp.573-602와 졸저, 『고령화사회의 현실과 효윤리』(한국학술정보, 2011), 102-103쪽 참조; 기독교문화수용 양상은 김경재, 『해석학과 종교신학』(한국신학연구소, 1997) 참조.

그렇게 하지 않았다.

　그동안 한국교회사는 이 종에 집중하였다. 그래서 이 종을 보내준 미국 리스퍽 제일교회에 감사한 마음을 갖고 이 종을 보내준 이들의 실명을 기념하고 있다. 그러면서 이 종이 처음 만들어진 1884년을 강조해서 우리나라에서 가장 오래된 종으로 추정된다는 가치를 부여해왔다. 이는 황등교회도 마찬가지이다. 그러나 좀 더 주의 깊게 생각해보고 주체적으로 생각해보면 이 종에 대한 이해를 보다 풍성하게 할 수 있다.

　이 종이 황등교회에 와서 그 사명을 감당하고 있는 것은 1884년에 만들어졌기 때문이 아니다. 또한 미국 리스퍽 제일교회가 이 종을 보내줘서도 아니다. 1950년 당시 황등교회에 두번째 종이 금이 간 상태로 내는 종소리가 찢기고 상처받으면서 살아온 우리 민족을 상징하는 것만 같아서 마음이 아팠던 황등교회 교인 누군가가 멀고 먼 곳에서 유학중인 계일승에게 두번째 종에 대해 이야기를 했다.[90] 이것이 맨 처음이다. 이것이 없었다면 이 종은 황등교회에 전해질 수 없었다. 황등교회의 종이 절실히 필요함을 안 계일승이 마침 미국 리스퍽 제일교회가 종을 교체하려함을 알고는 적극적으로 기증을 요청하였다. 이것이 두번째이다. 이 요청을 받아들인 리스퍽 제일교회가 운송비까지 마련해주기에 이른다. 이것이 세번째이다. 그리고 계일승이 1950년 1월 16일에 이 종을 한국으로 보냈다. 이것이 네 번째이다. 이 종이 한국으로 오는 도중 6·25전쟁이 발발해서 일본

---

90 "교회에서 '종이 깨졌다'고 계 목사에게 기별을 했던가 봐. 그래서 계 목사가 꼭 종을 달라고 했던 것 같고. 봉 장로가 기억을 더듬었다." 전병선, "익산 황등교회 종 이야기… 1884~2010 탄일종 126년 메아리"《국민일보》(2010년 12월 22일); 이 부분에 대한 김재두의 말이다. "누군가 미국에 연락을 하였다면 계일승 목사의 아버지 계원식 장로님이셨을 것이다. 금이 간 종은 계원식 장로님이 헌금하신 것이었다. 아니면 계일승 목사님 동생인 계이승 장로님이 알렸을 것이다. 그런데 계일승 목사님도 종에 금이 간 것을 알고 있었을 것이다. 계일승 목사님이 황등교회 담임목사 재임 당시, 이 종은 금이 간 상태였다. 그러니 황등교회에 종의 교체가 절실함은 누군가가 전해주지 않았어도 계일승 목사님이 잘 알고 있었을 것이다." 김재두 만남(2016년 4월 25일 오후 2시 10분~3시 0분).

에 있게 되었다. 이렇게 미국도 한국도 아닌 일본에 있으면서 주인을 잃고 어디로 가야할지도 모르는 상황에 놓인 이 종을 6·25전쟁으로 고국에 돌아가지 못하고 아내마저 잃은 떠돌이 인생 계일승이 만나게 된다. 이것이 다섯 번째이다.[91]

6·25전쟁으로 귀국이 막혀버린 계일승은 미국 국무장관이 된 딘 러스크의 주선으로 미국을 떠나 동경 맥아더 사령부에서 일하게 된다. 러스크는 남장로교회 교인으로 계일승이 박사학위를 받은 유니온신학교 교수들과 친교가 있었으므로 유니온신학교 교수들의 주선으로 그를 맥아더 사령부에서 한국 관계 컨설턴트 및 통역관으로 일하게 주선하였다. 이렇게 해서 계일승이 일본에서 이 종을 보게 되었다. 계일승은 아직 휴전이 되지 않은 시점이었지만 곧 전쟁이 끝날 것을 믿었는지 1951년 6월 10일 종을 한국에 보내면서 황등교회에 그 사실을 알렸다. 이것이 여섯 번째이다. 연락을 받고는 황등교회 장정들이 부산까지 가서 종을 수령해 와서 황등교회 입구에 종탑과 함께 설치한 것이 일곱 번째이다. 이렇게 보면 첫번째와 일곱번째의 주체가 같다. 처음과 마지막을 황등교회가 이룩해낸 것이다.

만일 황등교회 교인들이 종의 필요성을 알리지 않았다면 계일승이 리스퍽 제일교회가 종을 교체하려한다는 소식을 접하고도 아무런 행동을

---

91 이 종이 뜻하지 않은 시대적 상황으로 갈 곳 모르게 되면서 머문 일본은 계원식이 고향 평양을 탈출해서 황등에 오게 되면서 거친 군산의 구암기독병원을 연상시킨다. 계원식이 1920년 군산구암기독병원에 와보니, 이곳은 1년 전에 3·1운동의 중심지였던 곳이었다. 그러니 계원식은 이 병원에서 기독교신앙을 바탕으로 한 나라사랑의 마음을 가슴 깊이 되새기게 되었을 것이다. 그리고 얼마 후 동학군 출신이었던 동련교회 백낙규가 찾아와 황등으로 초대하게 되었고, 이를 따라 황등으로 이주하였다. 또한 신학박사 학위를 취득하고 금의환향할 계일승이 6·25전쟁으로 돌아갈 나라가 없이 그것도 아내가 순교한 상황에서 앞으로 전쟁이 어떻게 전개될지 모르는 상황에서 온 곳은 그 옛날 중학생 시절 광둥대지진으로 일본인에 의해 나라 잃은 동포들이 고통 받는 것을 보고 자신도 더 이상 일본에서 학업이 어려워 중국으로 떠났던 일본 땅이었다. 이처럼 고향을 잃고 떠돌아다니는 모습은 창세기의 아브라함, 이삭, 야곱과 같은 족장들이 자기 땅이 없어 떠돌아다니는 모습을 연상시키기도 한다.

하지 않았을 것이다. 그러니 계일승을 움직인 황등교회 교인들이 먼저이다. 당시 계일승은 부모와 아내와 자녀들을 황등에 머물게 하고는 혼자서 멀고 먼 미국에서 어렵게 유학중인 상황이었다. 그런 계일승이 간절히 종이 필요하다는 황등교회의 소식에 가슴아파하던 때에 마침 리스펙 제일교회가 종을 교체한다는 소식을 접한 것이다. 계일승은 간절히 종의 무상 기증을 요청하였다. 그 간절함은 계일승 개인이 아니라 일제 강점기에서 놋그릇 하나까지 다 빼앗기고 어렵게 구입한 종이, 금이 간 몸으로 자신의 몸을 내리치며 소리를 내는 두번째 종을 바라보는 모든 황등교회 교인들의 염원을 대표로 전한 것이었다.

만일 황등교회에 종을 기증해줄 것을 간절히 요청하지 않았다면 이 종은 어떻게 되었을까? 이 종은 고철덩어리로 팔리거나 그저 그런 곳으로 팔려가 그저 그런 종으로 남았을 것이다. 이처럼 그저 그렇게 수명을 다하고 용도 폐기될 위기에 직면한 이 종이 자신을 간절히 사모하며 소중하게 간직하고 사용하려고 하는 황등교회 교인들의 품으로 가게 되었으니 이 종으로서는 다시 태어나는 감격이었을 것이다. 이를 기독교용어로 말하면 다시 태어나는 '거듭남重生'일 것이다. 이 과정을 좀 더 구체적으로 살펴보겠다.

계일승은 이 종을 배편으로 보냈다. 그 때 운송료는 당시 미국 돈으로 53불이었다. 이 돈은 리스펙 제일교회 C. A. Thompson과 J. E. Anderson과 S. B. Clowwer 목사가 헌금해 준 돈이었다.[92] 미국 리스펙 제일교회가 무상으로 기증해주고 운송비까지 준 것에 대해 황등교회는 지금도 그 고마움을 글로 새겨 역사에 길이 빛내고 있다.[93] 이렇게 출발한 종은 오는

---

92 이들의 이름은 계일승이 1월 17일 보낸 서신에 근거한 것이다. 김수진, 『황등교회 60년사』, 157쪽.
93 황등교회 입구에 이 종이 있고 이 종 옆에는 철판으로 이 종의 유래를 설명한 글이 있다. 여기에 이 종을 보내는 뱃삯을 제공한 이들의 실명(實名)을 종을 설명한 철판에 기록해 놓고 있다. "이 종이 미국에서 도착하기 까지의 운임은 53불이었으며 이 때 이 돈을 헌

도중에 그만 뜻하지 않은 6·25 전쟁으로 인해 한국에 들어오지 못하고 일본에 머물게 되었다. 그렇게 1년 반이 지났다.[94] 황등교회에서는 계일승이 종을 보낸다는 소식을 듣기는 들었지만 출발했는지도 몰랐다. 6·25 전쟁 통에 종은 관심 밖이었다. 그 사이 북한군은 황등교회를 접수했다. 지역의 공산당 앞잡이들이 주민 17명을 학살했다. 계일승의 아내는 친미파라는 이유로 순교하였고, 계일승의 후배 목사인 이재규 담임목사도 순교하였고, 계일승과 이리경찰서에서 옥고를 치르던 변영수 장로도 충남 지역에서 순교하였고, 백계순은 동생 계이승 부부를 찾기 위해 출타했다가 충남지역에서 순교하였다.

계일승은 콜럼비아신학교에서 한국장로교회사 전공으로 1949년 석사학위를 받고, 이어서 유니온신학교에서 이제 한국인으로 최초로 이 학교에서 한국교회사를 주제로 신학박사학위논문을 마무리하는 중이었다. 박사논문을 마무리하는 시기에 그는 종을 구해서 보내는 일에 열중하였고, 드디어 결실을 맺게 되었다.[95] 계일승은 기쁜 마음으로 서둘러서 종을 보

금해 주신 분은 C. A. Thompson, J. E. Anderso B Clowwer 목사이다."
94 이 부분에 대한 봉기성의 증언은 혼선이 있어 이를 밝혀둔다. 국민일보와의 인터뷰에서 봉기성은 이렇게 말했다. "공부를 마친 계 목사는 기증받은 종과 함께 1950년 1월 16일 한국행 배를 탔다. 6월 25일 계 목사는 태평양을 건너는 배에서 전쟁 소식을 접했다." 전병선, "익산 황등교회 종 이야기…1884~2010 탄일종 126년 메아리" 《국민일보》(2010년 12월 22일); 이 말은 현재 황등교회 종 이야기를 설명한 철판의 내용과 다르다. 철판 내용에는 계일승이 종과 같이 배를 탄 것이 아니라 종만 보냈다. 이는 계일승의 제자인 김인수가 쓴 글에서도 일치한다. "1950년 한국인으로는 최초로 이 학교에서 역사신학 전공으로 '한국기독교회사'(*History of the Christianity in Korea*)라는 학위논문을 제출하여 신학박사(Th.D.) 학위를 받았다. 귀국을 하려 했으나 그 해에 6·25 전쟁이 발발해 귀국 길이 막혀 어쩔 수 없었다. 6·25의 와중에 계일승의 아내 안인호는 황등까지 밀어닥친 인민군들에 의해 황등교회 교우들과 함께 총살당하여 순교하였다. 그는 미국에 있었기 때문에 아내의 장례식에도 참석하지 못하였다." 김인수, "(9) 계일승 목사, 1. 출생과 교육" 《한국기독공보》(2009년 7월 29일).
95 계일승이 신학박사학위논문을 마친 시기는 1950년 3월로, 계일승이 이 종을 미국에서 한국으로 보낸 것이 1950년 1월 16일이니 계일승은 한창 논문 쓰기에 바쁜 시기에 이 종을 얻는 일과 한국으로 보내는 일에 열중하였다. 만일 계일승이 어려운 유학생활이

냈으나 그의 수고는 중간에 차단되고 말았다. 계일승은 박사학위를 취득하고 그리운 부모와 아내와 자녀들과 황등교인들의 품으로 돌아가려 했으나 바로 그 해에 6·25전쟁이 발발해 귀국 길이 막히고 말았다. 계일승은 일본 맥아더사령부에서 바쁘게 일하면서도 이 종을 황등교회에 보내야한다는 것을 잊지 않았다. 이 때를 기억하고 있는 봉기성의 말이다.

1951년 6월 10일 교회에 연락이 왔다. 종이 부산에 도착했다는 소식이었다. 교회 집사였던 봉 장로는 교인 몇 명과 군용트럭을 어렵게 구해 부산 항구에서 종을 찾아왔다. "그때는 한미연합군이 남쪽을 차지했을 때야. 일단 전쟁

없었고 박사논문작업 막바지의 바쁜 시기였기에 이 종을 얻는 일을 모른 체하였다면 이 종은 결코 황등교회에 올 수 없었을 것이다. 계일승이 바라보는 한국교회사의 입장은 제자인 김인수를 통해 알 수 있다. "필자가 신학교에 다니던 60년대 중반에 계 박사는 학장으로 직접 한국교회 역사를 강의하였는데, 느릿느릿한 몸짓으로 자상하게 학생들을 가르치셨다. 초기 선교사들의 희생적 사적과 우리 선배 목사님들의 업적을 들추어 내어 시대적 책무를 감당하도록 목사 후보생들을 훈계하며 소명을 고취하였다." 김인수, "신학사상 ⟨9⟩ 계일승목사" ⟨한국기독공보⟩ (2009년 8월 18일); 김인수가 기억한 계일승의 말대로라면 계일승은 우리나라에 온 선교사들의 공로와 우리나라 초창기 목사들의 공로를 균형 있게 바라보는 것을 알 수 있다. 이에 대한 김인수의 말이다. "계 박사의 전공은 역사신학, 그 중에서도 한국교회사였다. 그가 버지니아 유니온신학교에서 쓴 논문이 바로 한국교회사였다. 교회역사하면 서양교회사를 의미하던 시절에 그는 한국교회의 역사를 정리하여, 한국교회사학을 정리하고 정초하는 역할을 맡아 이행하였다. 1920년말 연세대학교 백낙준 박사가 예일대학교에서 철학박사 학위논문으로 제출한 'History of Protestant Missions in Korea 1882~1910'(이 논문은 후에 연세대학교 출판부에서 '한국개신교사'라는 제목으로 출판됨)에서 처음으로 한국교회의 역사를 정리하였다. 그러나 이 책은 제목에서 보는 것과 같이 초기에서 1910년까지의 역사만을 정리했고, 또 1920년대에 쓴 것으로 주로 선교사들의 자료에만 의존한 한계를 가지고 있다. 그러나 계 박사의 논문은 일단 그가 1950년에 논문을 제출하였으므로, 백 박사보다 약 30년 이후의 역사를 포괄하고 있고, 선교사 쪽 자료뿐만 아니라 한국 쪽 자료도 포함하고 있어서 균형 잡힌 시각으로 한국교회의 역사를 정리했다고 볼 수 있다. 한국교회사라는 말 자체도 생소한 시절에 계 박사는 선구적으로 이 분야의 길을 넓게 열어 두어 후에 한국교회사를 전공하는 사람들에게 좋은 길잡이 역할을 해 주었다. 요즘 한국교회사를 전공한 많은 사람들과 그들이 쓴 논문, 책들은 백낙준 박사의 논문과 계 박사의 논문을 참조하지 않을 수 없어서 등대와 같은 역할을 해 주고 있다." 김인수, "신학사상 ⟨9⟩ 계일승목사" ⟨한국기독공보⟩ (2009년 8월 18일).

터가 아니어서 들어온 것 같아. 곧 전쟁이 끝난다고 생각한지도 모르지. 그 래도 대단해. 종을 보낸 것을 보면, 그 와중에 어떻게 종 보낼 생각을 했는 지." 봉 장로와 교인들은 종탑에 도르래를 달고 종을 끌어올렸다. 기중기가 없던 시대였다.[96]

이처럼 이 종은 황등교회 역사와 한국교회사와 우리 민족의 역사와 닮아 있다. 1884년에 만들어져 미국 리스퍽 제일교회에서 오랜 세월 제 몫을 감당하다가 이제 오래되어 새 것으로 교체하려는 교회로 인해 이제는 정든 리스퍽 제일교회를 떠나 멀고 먼 낯선 한국 그것도 농촌인 황등에 오게 되었는데 뜻하지 않은 6·25 전쟁으로 1년 반을 일본에 머물다가 겨우 황등에 와서 다시금 제 몫을 감당하게 되었다.

아주 오래된 종이었고 우여곡절을 겪고서 만난 종은 처음부터 황등교회를 위해 만들어진 종처럼 힘차게 소리를 냈다. 종소리는 맑고 깨끗했고 듣기에 좋았다. 이 종소리는 이제야 비로소 희망찬 미래를 꿈꾸는 황등교회 교인들과 지역민들에게 살아갈 용기를 북돋아주는 것 같았다. 이 종의 유래와 이 종의 역사를 알고 들으면 이 종의 소리는 슬픔을 딛고 일어선 참된 승리자의 외침 같기도 하고 사망권세를 이기고 부활한 예수님의 소식을 전하는 힘찬 나팔소리 같기도 하다. 이 날 이후 지금까지 황등교회와 함께하고 있다.

이 종은 지금까지 딱 세 번 내려왔다. 한 번은 종의 '휠'(종 옆 동그란 바퀴)을 교체하기 위해서였다. 원래 휠은 나무였다. 시간이 지나면서 나무가 썩었다. 익산 시내를 뒤져 쇠 휠을 만들어서 교체했다. 또 한 번은 종의 '어깨'(종을 지탱하고 있는 쇠)가 부러져서 새 어깨로 교체하기 위해서였

96 전병선, "익산 황등교회 종 이야기… 1884~2010 탄일종 126년 메아리" 《국민일보》 (2010년 12월 22일).

다. 종 전문업체에 주문했다. 한번은 종을 때리는 추가 떨어진 적이 있었다. 이 추는 거의 성인 주먹의 배 크기다. 다행히 아래에 사람이 없었다. 교회는 종탑 중간에 쇠판을 설치했다. 마지막으로 종을 내린 것은 1998년 6월이었다. 단단한 재질로 종탑의 철골을 교체할 때였다. 이 때를 제외하고 종은 그 자리를 굳건히 지켰다.

작은 기도처로 시작된 황등교회는 연면적 1157㎡ 규모 지하 1층 지상 2층의 성전으로 성장했다. 식당과 교육공간으로 비전센터를 건립했고, 황등중학교와 성일고등학교와 황등교회 어린이집과 황등신협과 황등교회 노인대학과 황등교회 사립문고와 이웃사랑나눔회를 운영하면서 황등지역을 움직여 나가는 대표적인 기관으로 자리매김하였다.

이제는 교회창립 100여년의 역사를 준비하며 맞이하는 시점에 와 있다. 농촌의 현실로 교회는 젊은 세대가 적고, 노인이 많아 적지 않은 어려움이 하나둘 생겨나고 있다. 그러나 아주 오랜 세월 묵묵히 자신의 자리를 지키며 주어진 사명을 감당하는 이 종처럼, 예전 모습 그대로 바로 그 자리에서 복된 소식福音을 전하는 사랑의 소리를 전하는 사명을 감당해나갈 것이다.

우리가 사는 오늘 이 시대에는 종소리를 듣기가 어렵다. 시끄럽다는 민원 때문에 도시에서는 없어진 지 오래다. 지역 교회들은 차임벨로 대신한다. 하지만 황등교회는 여전히 종을 친다. 그럼에도 지역주민 누구나 시끄럽다고 민원을 제기하는 이가 없다. 오랜 세월 지역과 함께해온 이 종소리는 지역민에게도 정겨운 소리이다. 오늘도 여김 없이 종소리는 황등지역에 울려 퍼지고 있다. 이 소리는 아주 오래전 처음 황등 기성의원 기도처에서 시작된 기도소리이기도 하고, 지역의 필요에 민감하게 반응하는 황등교회가 펼치는 이웃사랑의 실천이 전해지는 소리이기도 하다.

4

역사 정립을 위한
논의의 요청

황등교회 그 뿌리와 **기독교** 역사 정립
사랑의 종, 그 언저리에서 길을 묻다

역사 정립을 위한
논의의 요청

　김수진은 황등교회 담임목사(1983년 10월 1일~1993년 9월 1일)로『황등교회 60년사』를 발간하였고, 황등교회당 입구에 "황등교회창립 60주년 기념" 머릿돌을 설치하는 일을 해냈다. 이로서 김수진은 황등교회 역사를 정립하는 일을 해낸 공로자로 기록될 수 있는 공로자이다. 그러나 김수진은 설립연월일과 설립자 이해를 명확하게 이해하지 않고, 중요하게 생각하지 않은 것 같다. 이런 결과는 김수진의 글들에서 혼선이 일어남으로 드러난다. 이런 부분은 이 글에서 근거를 제시하면서 여러 차례 밝혔다. 이는 김수진이 완전할 수 없는 사람이기에 실수로 인한 오탈자나 오기가 아니다. 그 단적인 예로 김수진은 자신이 집필한『황등교회 60년사』과 10년이 지난 즈음 집필한『호남기독교100사-전북편』에서 분명하게 드러난다. 김수진은 이 책에서 황등교회 역사를 소개하면서 그 근거로 자신이 10년 전에 집필한『황등교회 60년사』230-236쪽을 근거로 했다면서[97] 다음과 같이 밝혀

---

97 김수진은 이 부분에서 쪽수를 잘못 쓰고 있다. 김수진이 말한『황등교회 60년사』230-236쪽은 김수진 쓴 책의 다음 단원을 참고한 쪽수이고, 계원식에 대한 부분은『황

설립자와 설립연월일을 모호하게 이해하고 있음을 드러나고 있다.

> 그의 외침에 감동을 받은 사람들이 기성병원[98] 병실로 모여들자 그는 1928
> 년 황등장터 입구에 초가 세 칸을 매입하여 수리하고, 곧 황등교회라는 간판
> 을 내걸고 육신의 병과 영혼의 병을 함께 치료하는 사람이 되었다. 지금도
> 황등 사람들은 그를 가리켜서 황등의 슈바이처라고 부른다.[99]

위의 구절은 서술자가 보기에 심각한 문제의 소지를 드러난 것으로 본
다. 위의 구절을 꼼꼼히 읽으면 지나칠 정도로 계원식을 부각시킨 측면이
강하다. 이는 자칫 계원식이 곧 황등교회인 것처럼 오해할 소지를 제공하
는 문제가 있다. 서술자가 이른바 역사서술의 방향으로 밝힌 것처럼 바른

등교회 60년사』, 49–60쪽이다.
98 김수진은 『황등교회 60년사』에서는 기성의원이라고 했으나 이 책 이후 쓴 『호남기독
교 100년사-전북편』에서는 이를 '기성병원'이라고 하여 혼선을 주고 있다. 이 부분의
이해는 실수로 보인다. 물론 통상 의원을 병원으로 말하기도 한다. 그러나 이것이 중요
한 역사 기록이고 당시 정확한 간판명칭이 기성의원이었으니 이는 분명하게 기록함이
옳은 것 같다. 당시 계원식이 개원(開院)한 것은 기성병원이 아니라 기성의원이다. 통상
의원(醫院)은 개인병원으로 규모가 작을 때 쓰는 개념이고, 의사가 여러 명 되는 종합
진료일 때는 의원이 아니라 병원이라고 한다. 계원식이 운영한 것은 병원이 아니라 의
원으로 현재도 황등면 전체에는 병원이 없고 개인이 개원한 의원들이 있다. 그러니 기
성의원을 기성병원이라고 할 경우 단어가 주는 느낌이 기성의원의 규모가 큰 것으로 오
해할 수 있다. 혹시나 하는 우려는 이런 실수나 정확하지 않은 이해의 글을 보고 다음
사람들이 이를 그대로 이해하고 서술하면서 정확한 사실이 전해지지 않는 경우가 발생
하고 있다는 점이다. 실제로 이 글에서 밝힌 대로 정복량은 기성병원이라는 말을 사용
하였다. 정복량, "익산시의 순교자들 이야기", 〈 전북기독교역사연구회 주최 익산지역
순교자기념예배 미간행자료집〉 (2015년 6월 21일, 황등교회), 3쪽; 김항안은 기성의원
을 정확히 말하지 않고 계원식이 병원에서 기도처를 시작하였음을 말하였다. 김항안,
"황등교회, 농촌교회의 성공모델"《목회》(월간목회사, 2016년 4월호, 통권 475권); 이
처럼 기성의원을 '기성병원', '병원'으로 명료하게 이해하지 않은 언급들이 나온다. 만
일 이들이 김수진이 쓴 기성병원의 표현을 보고 그것을 그대로 믿은 것일 수도 있다. 이
는 앞으로도 황등교회나 계원식에 대한 기록에서 그럴 가능성이 있기에 이를 분명하게
밝혀두고자 한다.
99 김수진, 『호남기독교 100사-전북편』, 404쪽.

교회역사는 특정 개인이 부각되면 안 된다. 그렇게 되면 자칫 하나님을 높이는 부분이 약해지고 특정 개인에 가려 불특정 다수의 공로자들이 가려지게 되기에 그렇다. 위의 구절을 꼼꼼히 분석해서 지적하기에는 이 글의 지면과 목적상 불필요하고 다만 문제로 제기할 것만 제시하면 다음과 같다. 위의 책에서 김수진은 계원식이 혼자서 교회당 건립을 진행하고 해낸 사람으로 말했다. 그러나 김수진이 집필한 『황등교회 60년사』에서는 계원식 혼자가 아니라 황등시장터 선구자들과 함께하였음을 밝히고 있다.

> 이미 동련교회에서 분립하기로 작정하고 기도했던 황등지역 신도들은 장소 물색에 여간 고심하지 않았다. 당시 황등시장터 입구는 동서남북으로 통로가 있어서 어디든 위치는 좋다고들 생각했지만 사람들이 제일 많이 드나드는 망건장 입구에 자리를 잡기로 하고 구 한옥 6칸을 매입하여 수리하기로 하였다. 바로 그 자리가 현재 사찰 집사가 거주하고 있는 뒤편에 스레이트로 만든 창고자리로 최초의 황등교회 자리가 되었다. 이렇게 황등교회가 생겨나자 교인들은 너무 기뻐서 노력봉사를 아끼지 않았으며, 이 터가 황등교회의 역사적 출발지가 되었다. 그리고 그 역사적인 첫주일 예배가 1928년 7월 1일 주일 아침예배로 드려졌다.[100]

이런 내용은 당시를 기억하는 김재두의 증언을 통해서도 확인할 수 있었다. 김재두의 말에 의하면, 당시 계원식이 의사로서 재정적인 여유가 상대적으로 많다보니 교회당 구입과 수리에 재정적인 공헌이 큰 건 사실이나 결코 계원식 혼자는 아니었다. 당시 교인들이 같이 교회당 위치를 찾아

---

100 김수진, 『황등교회 60년사』, 61-62쪽; 김재두는 이 부분을 수정해 주었다. 현재 관리집사가 거주하고 있는 뒤편이 아니라 현재 거주하는 자리이고, 슬레이트가 아니라 함석지붕으로 만든 창고자리였다. 김재두와 통화(2016년 5월 1일 오후 3시 30분~4시 0분).

다녔고 당시 황등시장터 입구 부근 망건장이 좋다는 의견들이 모아지고 김수진의 『황등교회 60년사』에 나오는 대로 함께 기도하고 수리하는 일에 몸으로 봉사하기를 주저하지 않았다.[101]

계원식의 업적을 부각시킴이 지나쳐서 역사적 사실이 오해되거나 왜곡돼서는 안 될 것이다. 더욱이 그의 표현에는 지금도 계원식을 '황등의 슈바이처'라고들 한다는 것이 무리가 있다. 물론 1962년 7월 17일 계원식 장로 근속 40주년 기념사에서 그를 '슈바이처와 같이'라는 말로 표현하기는 하였다. 그러나 슈바이처는 자신의 나라가 아닌 아프리카에서 의사로서 인류애를 실천한 기독교신앙인으로 계원식과 연관해 볼 수 있으나 '황등의 슈바이처'라고 하기에는 무리가 따른다.

슈바이처는 자신의 민족이 아닌 아프리카에 가서 인류애人類愛를 실천한 것이고, 아프리카는 매우 어려운 상황의 지역으로 무상의료행위였다. 그러나 계원식은 같은 민족에게 의료행위를 한 것이다. 물론 계원식이 무상진료와 의료봉사를 하였으나 이는 인류애는 아니고 동포애이고, 전액 무료로 의료봉사를 한 것이 아니었다. 또한 중요한 것은 황등은 그 당시 아프리카와 견줄만한 지역이 아니었다. 당시 황등은 시장이 형성된 지역으로 도시보다는 열악하지만 그래도 농촌 지역으로서는 상당히 상업과 농업이 발달한 지역으로 면의 중심 지역이었다. 그러므로 계원식을 지나치게 부각시키기에 위해 황등을 아프리카로 비유한 듯한 말은 문제가 있다고 본다. 더욱이 김수진이 십여 년을 담임목사로 섬긴 교회의 지역을 폄하하는 글은 부적절하다. 이런 이해를 본 것인지 계원식이 이주해서 온 황등을 익산의 작은 마을이라고 표현한 글이 있다. "계 장로가 평양에 있을 때 3·1 독립 운동 이후 상해 임시정부에 독립자금 제공과 항일부대에 군

---

101 김재두와 통화(2016년 4월 18일 오전 11시 40분~45분).

124 사랑의 종, 그 언저리에서 길을 묻다

자금을 대준 것이 탄로 나면서 일제의 감시를 피해 숨어든 곳이 익산의 작은 마을 황등이었다."[102]

계원식의 아들 계일승의 제자인 장로회신학대 역사신학 교수를 역임한 김인수[103]도 스승인 계일승의 집안을 높이면서 황등을 시골 벽지라고 표현한 글도 있다. "부친은 일제의 눈을 피해 1930년대에[104] 월남하여 시골 벽지인 전북 황등에 가서 기성의원을 개업하고 황등교회를 개척[105]하여 섬겼다."[106] 가장 심한 표현은 김수진이 썼다. "1921년 전북 군산을 중심으로 무료 진료에 나섰던 계원식 장로는 우연히 농촌 오지인 황등에 터를 잡고 의원 간판을 내건다. 그리고 전도와 진료에 힘쓴다."[107]

오지奧地라는 말의 사전적인 의미는 "해안이나 도시에서 멀리 떨어진 내륙의 깊숙한 땅"을 말한다. 오지탐험 등의 말처럼 척박한 지역을 말하는데 정말 황등이 그런 곳이고, 그런 오지에서 무상으로 의료로 사랑을 실천했다면 계원식을 '황등의 슈바이쳐' 아니 '한국의 슈바이쳐'라고 말할

---

102 김항안, 위의 글, 90쪽.
103 김인수는 계일승이 장로회신학대학교 역사신학분야 교수 겸 학장일 때 장로회신학대학을 나왔고 계일승이 한국교회사를 주제로 역사신학분야로 철학박사(Ph.D)를 받은 미국 Union-PSCE(Union Theological Seminary)를 졸업하고 장로회신학대학교에서 역사신학분야 교수로 26년간 교수와 한국교회사학회 회장을 역임했으며, 미주장신대 5대 총장을 역임하였다. 저서에『한국기독교회의 역사』,『한국신학사상사』,『일제의 한국교회 박해사』,『예수의 양 주기철』외 다수를 지은 한국교회사학의 대표적인 학자이다. 김인수는 계일승의 제자이다. 그러니 김인수는 스승이요, 선배로서 계일승을 존경하는 마음이다 보니 계일승의 개인적인 스토리를 잘 알고 있으면서 계일승을 추앙하는 태도를 보여주는 것 같다.
104 김인수의 실수로 보인다. 1930년대가 아니라 1920년이다.
105 김인수의 잘못 이해한 부분이다. 황등교회는 계원식 한 개인이 개척한 교회가 아니다. 김인수가 계일승을 존경하다보니 역사학자답게 사실에 입각한 객관적인 서술을 해야 하는 데 그렇게 하지 않고, 주관적인 견해를 드러낸 것이다. 물론 이 글은 김인수가 지은 학술적인 교회사학 논문은 아니기에 김인수는 부담없이 이런 서술을 한 것인지는 모른다.
106 김인수, "〈9〉 계일승 목사, 1. 출생과 교육"《한국기독공보》(2009년 7월 29일).
107 김수진,『한국 교회를 섬겨 온 장로 열전1』(쿰란출판사, 2014), 17쪽.

수 있을 것이나 분명한 사실은 그렇지는 않다.

또한 위에서 보는 바와 같이 김수진은 황등교회당의 처음 건립이 1928
년이라고 하였고, 10년이 지난 후에도 그렇게 이해하고 책을 썼다. 물론
1928년이 중요한 해인 것은 맞으나 교회당 건립이 1928년은 아니다. 김수
진은 『황등교회 60년사』에서 황등교회 설립시기를 기록하면서 1924년
11월 1일이라는 날짜가 없고, 1928년 6월 2일 노회 승인과 노회에서 파송
한 분립선언일이 없고, 그에 따라 당회가 소집되고 나서야 비로소 1928년
7월 1일 노회승인 창립예배가 드려진 것을 지나치고 말았다.[108] 이 시기는
엄청나게 중요한 시기이다. 한 개인의 출생에서도 출생의 순간과 과정이
소중해서 육아일기를 쓰거나 순간순간을 사진으로 담아보려고 하는데 하
물며 한 교회의 설립기이니 더더욱 그렇게 해야 한다고 본다. 이처럼 불분
명하게 서술된 것은 황등교회 역사를 모호하게 정리한 결과를 낳았다.

『황등교회 창립 70주년 기념.화보』, 「황등교회 연혁」에 나오는 내용
이다.

날짜	내 용
1921.10.13.	동련교회 당회의 허락으로 황등리 기성 의원에서 4일 기도회로 시작
1924.11. 1.	20여 평의 교회당을 목조 건물로 완성하고 입당예배를 드림
1926. 5. 1.	20여 평의 교회당 목조건축 입당예배를 드리다.
1928. 6. 2.	군산 개복동교회에서 모인 제 22회 전북노회에서 황등교회 분립 승인됨.(당회장: 김준수 목사, 장로 계원식, 집사: 김용출, 이자희, 세례교인 23인 학습교인 6인 전교인 약 57인)
1928. 6.13	전북노회에서 파송한 전권위원 윤식명, 황재삼 양 목사가 동련교회에서 황등교회가 분립함을 선언.

108 김수진, 『황등교회 60년사』, 60-62쪽 참조.

날짜	내 용
1928. 6.14.	오전 9시 제 1회 당회가 회집됨. 7월 1일 첫 주일에 첫 분립 예배드리기로 결의.
1928. 7. 1.	서리집사 1인 선택 양기철(관해)시취. 전권 위원인 윤식명 목사의 사회로 창립 예배를 드림. 임시당회장 김중수목사, 계원식 장로, 김용출, 이자희 집사, 무흠입교인 23명, 학습인 6명, 신입교인 등 약 57명이 창립 교인, 양기철 집사 선출.

위의 표는 「황등교회연혁」에서 기도처부터 노회 승인 창립예배까지만 직접 인용한 것이다.[109]

『2016 황등교회 요람』, 「교회연혁」에 나오는 내용이다.

날짜	내 용
1921.10.13.	동련교회 당회의 허락으로 황등리 기성의원에서 4일 기도회로 시작
1924.11.1.	20여평의 교회당을 목조 건물로 완성하고 입당예배를 드림
1928.7.1.	노회 전권 위원인 윤식명 목사의 사회로 창립 예배를 드림. 임시당회장 김중수 목사, 계원식 장로, 김용출·이자희 집사, 무흠입교인 23명, 학습인 6명, 신입교인 등 약 57명이 창립교인, 양기철 집사 선출

위의 표는 『2016 황등교회 요람』, 「교회연혁」에서 기도처부터 노회승인 창립예배까지만 직접 인용한 것이다.[110] 김수진은 『황등교회 60년사』의 본문에서 불분명하고 부족하게 처리한 부분을 부록에서는 분명하게 명시하였다. 위의 자료와 대비해서 정확한 이해해 나가야할 것이다.

109 『황등교회 창립 70주년 기념. 화보』(1998년), 「황등교회 연혁」(1998), 4쪽.
110 『2016년 황등교회 요람』, 2쪽.

부록 7. 황등교회 중요일지

- 1921년 10월 13일 동련교회 당회의 허락으로 황등리 기성의원에서 4일 기도회 시작
- 1924년 11월 1일 황등리 630번지에 초가 1동을 매입, 기도처로 사용
- 1926년 5월 1일 20여 평의 교회당을 목조 건물로 완성하고 입당예배를 드림
- 1928년 6월 2일 군산 개복교회당에서 모인 제22회 전북노회에서 황등교회 분립 승인
- 1928년 6월 13일 전북노회에서 파송한 전권위원 윤식명 목사, 황재삼 목사가 황등교회 분립을 승인
- 1928년 6월 14일 오전 9시에 임시당회장 김중수 목사의 사회로 황등교회당에서 첫 당회가 개최되었으며, 창립예배를 7월 첫 주일(7월 1일)로 드리기로 하다.
- 1928년 7월 1일 전권위원인 윤식명 목사의 사회로 창립예배가 시작되었으며, 이날 설교 윤식명 목사가 하다. 임시당회장 김중수(동련교회 담임목사) 당회원 계원식 장로, 집사 김용출·이자희, 무흠세례교인 23명, 학습인 6명, 교인의 가족 및 신입교인 합계 약 57명이 황등교회의 창립교인이다. 새로 양기철 집사 선출. 이하 생략…[111]

이처럼 황등교회에서 십여 년 동안 담임목사로 섬기고, 황등교회 역사서를 최초로 집필한 김수진의 공헌에 가려 김수진이 의도하든 그렇지 않았던 간에 오늘날까지 황등교회의 뿌리인 설립연월일과 설립자 규정이 모호하게 진행되어 온 것은 사실이다. 물론 이것이 김수진의 책임만은 아

111 김수진, 『황등교회 60년사』, 469쪽.

니다. 김수진의 이런 모호한 인식은 김수진만이 아니다. 이에 대해서도 이 글에서는 근거를 제시하면서 여러 차례 밝히고 있다. 그만큼 김수진과 황 등교회 교인들은 이에 대한 이해와 중요성을 덜 인식하였다. 한 사람이나 한 집안의 경우도 자신의 뿌리를 명확히 하려는 노력을 한다. 하물며 역사 와 전통을 자랑하는 지역사회를 선도하는 중심이라고 자부하는 황등교회 는 더더욱 그래야한다고 본다.

　서술자가 이 글을 통해 이를 중요하게 다룸은 특정인의 명예를 실추시 키거나 그의 업적에 딴죽을 걸려는 것이 아니다. 서술자로서는 조심스러 운 작업이지만 황등교회를 역사 바로 세우기를 위한 일이고, 이런 작업이 교회 역사나 기타 기관의 역사를 정립해나가는 데 하나의 시사점을 제공 했으면 하는 바람에서이다.

●

황등교회 설립일 제정

　일반적으로 역사에서 중요한 시기는 하나의 단원으로 설정해서 말한다. 하나의 예로, 연동교회는 이와 비슷한 시기를 요람기搖籃期라는 표현을 쓴 다. 요람기라는 말은 어머니 뱃속의 태아라는 의미보다는 강한, 씨앗 시기 라는 맹아기萌芽期와 비슷한 말이다.[112] 그런데　김수진은 이런 개념적 중요 성을 제대로 인식하지 못해서 그런지, 중요하게 여기지 않아서인지, 지나치 게 계원식을 부각하려함인지 명확히 처리하지 않고 뒤섞여 서술하였다.[113]

112 『연동교회홈페이지』, 「교회역사」(2016년 4월 8일 12시 18분 검색).
　　http://www.ydpc.org/bbs/board.php?bo_table=com01_1
113 김수진은 이 시기를 "제2장 황등지역과 동련교회", "제3장 황등교회와 계원식 장로"로

황등교회 뿌리를 찾는 작업에서 설립연월일을 바르게 하는 일은 중요하다. 이는 한 개인도 자신의 출생일을 분명히 함과 같다. 이런 점에서 황등교회 설립일의 논의를 요청해본다.

물론 1928년이 중요한 해이다. 김수진이 1988년 담임목사 재임시 1928년부터 60년이 지난해라고 해서 그 해에 60주년 기념식도 하고 역사서도 발간하고 기념 머릿돌도 세웠다. 지금도 황등교회는 1928년 7월 1일을 창립기념일로 여겨, 매년 7월 1일을 창립기념주일로 지키고 있다. 김수진이 담임목사직을 사임하고 떠난 지 10여년 후, 1998년에 황등교회는 창립기념 70주년 행사를 하였다. 이 때 종탑공사를 하고 종탑에 대한 '사랑의 종 안내문'도 제작하였다.[114] 또한 20년 후 2008년에도 창립 80주년예식을 거행하면서 홈커밍데이, 불우이웃돕기 바자회, 시립합창단 초청음악회 등의 행사를 하였고,[115] 그동안의 사진자료를 제작하기도 하였다.[116]

이처럼 1928년을 창립연도로 생각한 것은 아주 오래전부터이다. 1938년 황등교회 창립 10주년 기념으로 계원식 장로 10주년 근속 및 오일봉과 김희갑 장로 임직식 후 온 교인이 함께 사진을 찍었다.[117] 그러니 창립연도를 1928년으로 한 것이 김수진만이 아님은 분명하다. 김수진도 오래전부터 1928년으로 창립연도를 이해하고 있으니 이를 따랐던 것 같다.

서술자의 생각에는 이번 기회에 황등교회 창립연월일을 수정하거나 심사숙고深思熟考하면 어떨까하는 생각을 가져본다. 지금의 교회당 위치에서 입당예배를 드린 날은 1924년 11월 1일이고, 1928년 7월 1일은 노회 허락

하여 이 시기의 중요성을 독립된 하나의 단원으로 다루지 않고 있다. 김수진, 『황등교회 60년사』의 차례 참조.
114 『황등교회 창립 70주년 기념.화보』, 7쪽.
115 『2016년 황등교회 요람』, 4쪽.
116 『은혜의 80년, 희망찬 다음 세대』(2008년) CD 자료집.
117 『황등교회 창립 70주년 기념.화보』, 76쪽.

을 받아 창립예배를 드린 날이다. 이 날이 노회에서 승인한 정식 창립기념일이다.

이처럼 노회 승인으로 설립예배를 드린 날을 기념하는 일은 매우 의미 있는 일이다. 그러나 이런 경우, 황등교회 역사에서 1921년 10월 13일부터 1928년 6월 30일의 역사를 규정짓고 의미를 부여하기가 애매해진다.

서술자는 1921년 10월 13일부터 1928년 6월 30일의 시기를 태동기나 요람기나 맹아기로 보는 것도 부족하다고 본다. 이제라도 가능하다면 교회설립일을 1921년 10월 13일로 하는 것이 타당하다고 본다. '황등교회 초창기'라고 하는 고민이 필요하다고 보고 당회에서 이를 깊이 논의했으면 하는 개인적인 바람을 가져본다.

1921년 10월 13일부터 1928년 6월 30일간의 역사는 어머니 뱃속의 태아기라고 보기에는 놀라운 활동으로 역사에 길이 빛날 자랑스러운 일들이 많았다. 그러기에 이를 태동기라고 보기보다는 교회설립이 이루어진 초창기라고 보는 것이 타당하다고 본다. 이번 기회에 수정해서 황등교회 역사를 더 오랜 시기로 잡아나가는 논의가 있었으면 하는 바람을 가져본다. 그 한 이유를 제시한다면 동련교회는 그렇게 하고 있다는 사실이다. 연규홍이 지은 『예수꾼의 뚝심-동련교회 90년사』의 차례에서 동련교회는 이렇게 되어 있다. "제 1장 동련 뜰에 세운 십자가-5. 동련교회의 시작-자생적 믿음공동체 동련"[118]

실제로 차례에 따라 33쪽을 펴보면 동련교회의 설립은 노회 승인이 아니라 처음 교인들이 모인 것에서 시작되었다고 말한다.

백낙규가 중심이 되어 송군선, 장치오, 정순국, 장희서 등이 지금 있는 우리

---

118 연규홍, 위의 책, 차례 첫 장.

교회로부터 10여 리 떨어진 장평마을의 지성옥씨 뒷방에서 예배를 드리기 시작하였다. 지금은 행정적으로는 익산군 황등면 신기리로 되어 있다. 함께 뜨거운 마음으로 기도를 드리고 말씀을 읽으며 점차 이들은 장래의 교회 설립의 구상도 세워 나갔다. 이들이 이 때 가졌던 교회 설립의 구상은 어떠한 것이었을까? 유감스럽게도 그때의 이야기는 알 길이 없어 막연한 것이지만 주변의 선교사들이 세운 구암九岩 교회를 비롯한 여러 교회들을 바라보면서 그러한 형태를 그들의 교회 설립 구상으로 생각했을까? 왜냐하면 이러한 의문은 전혀 교회에 대한 어떠한 앞선 이해와 신학이 없이 시작된 우리 교회와 같은 자생적 교회에서 한국 교인들이 가졌던 교회 이상은 무엇이었을까라는 문제점과도 연결되어지기 때문이다.[119]

1901년 복음을 주체적으로 받아들인 백낙규, 송군선 등에 의해 서수면 신기리 장평부락에 기도처를 세우다.(현 익산군 황등면 시기리[120] 장평부락)[121]

또한 동련교회는 그 이유를 성경적인 근거를 들어 민족자생적 교회로서 그 정체성을 분명히 하고 있다.

이렇게 시작한 예배모임은 드디어 3년여 동안의 시간을 스스로 이끌어 온 이후 1904년 봄에 이르러 백낙규가 선교사 하위렴 목사에게 학습을 받고 세례를 받음으로써 교회 이름과 함께 역사 위에 드러나게 되었다. 그러나 《전라노회록》에는 후에 장로회 헌법에 따라 1905년 세례 받은 김두일, 양만수, 정문주를 포함해 공식 교회 설립연도를 기록하고 있다. 하지만 이것은 서구

---

119 연규홍, 같은 책, 33쪽.
120 오자(誤字)로 '신기리'가 맞다.
121 연규홍, 위의 책, 276쪽.

선교사들의 유입한 미국 교회의 헌법 규정에 따라 한국 초대 교회의 설립과 구성을 그대로 적용한 것이다. 그러므로 한국교회의 설립 기원을 따지는 데 있어서는 예수의 "두 세 사람이라도 내 이름으로 모인 곳에 내가 함께 하겠다."[122]는 약속의 말씀처럼 주의 이름으로 모인 예배공동체의 형성에서 그 기원을 잡는 것이 합당하다. 교회를 제도나 기관이 아닌 '성도들의 모임' 그 자체로 여기기 때문이다. 따라서 우리 교회도 장평리 기도처에서 한국인들에 의해 자생적으로 모인 그 때가 교회설립의 원년이 되는 것이다.[123]

동련교회는 자신들의 역사를 1901년 복음을 주체적으로 받아들인 때가 동련교회 시작이라고 하면서, 황등교회의 시작은 동련교회에서 분립이 허락되고 노회에서 정식으로 승인된 시기라고 보고 있다. 그런데 이렇게 보는 이유와 근거가 김수진의 『황등교회 60년사』이다.

전북노회 회의록에 1928년 보고된 동련 교인의 총수는 185명이었다. 헌데 분립된 다음해[124]인 1930년 제24회 총회록에 기재된 수는 137명이다. 그해 입교한 수 11명을 빼면 60여 명 정도, 전 교인의 3분의 1이 나뉘어졌다는 것은 동련으로서는 교회 운영에서나 재정적으로 큰 시련이었다. 그러나 여기서 동련교회 교인들은 다시 한 번 그리스도의 사랑과 하나님을 생각하였다. "나의 길은 너희의 길과 다르다. '나의 생각은 하늘이 땅에서 먼 것처럼 다르다.'라는 성경의 말씀처럼 이것은 하나님의 크신 구원 섭리 가운데 되어지는 일이라 생각하고 받아들였다. 오늘날 놀랍게 성장한 황등교회의 시작이 이렇게 이루어진 것이다.[125]

122 마태복음 18장 20절.
123 연규홍, 위의 책, 33-34쪽.
124 '다음 해'라면 1929년이 되어야 맞는데 1930년으로 되어 있다. 다음 해가 맞는다면 1929년이다.

설립연월일을 앞서서 잡아야하는 이유로 익산시[126] 춘포면의 『대장교회 100년사』도 참고할 만하다. 『대장교회 100년사』에서 자신들의 역사적 뿌리를 하나의 중요한 장으로 해서 지나칠 정도로 길게 제시하고 있다. 차례는 다음과 같이 되어 있다. '제1편 해방 전의 대장교회'에서 '제2부 널문이 교회의 설립'으로 81~97쪽의 분량으로 자세하게 나온다. 그 시작이 주목을 끈다. "대장교회는 설립연도를 1902년 3월 5일로 추정하면서 이렇게 말한다. 이하 생략"[127]

위의 구절을 분명히 하면서 그 이유를 논리정연하게 하나하나 마치 재판정에서 검사나 변호사가 변론의 증거들을 제시하듯이 그 이유를 조목조목 제시해나간다. 대장교회가 밝힌 바대로 사실 대장교회는 설립연월일을 추정한 것으로 정확한 역사적 기록이 아니다. 노회가 정식으로 승인해준 날짜와 노회록 등이 아니고 역사적인 기록이 정확히 남아 있는 것도 아닌데 이렇듯 다양한 근거로 추정을 하는 이유는 그만큼 대장교회가 역사와 전통을 자랑하는 교회임을 드러내려는 강력한 의지이다.[128] 결론적으로 대장교회는 선교사나 특정인이 주도적으로 설립한 것이 아니라 춘포의 현지인들이 자발적으로 설립한 것임을 분명하게 제시하고 있다. "이상의 내용을 종합적으로 살펴볼 때에 다음과 같은 결론에 이룰 수 있다. 첫째, 대장교회는 현지인들이 1902년 3월경부터 자발적으로 회집하여 예

125 연규홍은 이 부분의 근거로 김수진의 『황등교회 60년사』를 봤음을 밝히면서 57명이 아니라 60여 명 정도라고 밝히고 있다. '이 명단을 밝혀줬다면 좋았을 텐데'하는 아쉬움이 크다. 연규홍, 같은 책, 102쪽.
126 익산시는 1995년 5월 10일자로 지방자치제 시행에 맞춰 시(市)와 주변 군(郡)을 통합하는 도농통합 추진에 따라 기존 이리시와 익산군이 합쳐져 출범하였다. 익산시 5월말 현재 인구 및 세대 현황에 따르면 인구수는 30만 1202명, 세대수는 12만 3158명으로 집계됐다. 마스터 기자, "시 인구 도농통합후 진안 인구보다 더 줄어", 《익산신문》 (2016년 6월 6일).
127 차종순, 위의 책, 86쪽.
128 차종순, 같은 책, 86-97쪽 참조.

배를 드리다가 전도인을 초청한 교회이다. 이하 생략…"

이런 노력의 열의는 놀라울 정도이다. 대장교회 100년사 발간위원회 위원장 서이원 장로의 말이다. "대장교회 당회는 교회의 뿌리를 찾기 위하여 미국 장로회 선교부 자료보관소(노스케롤라니아주 몬트리트시)에 차종순 교수를 파송하여 맥쿠젠 선교사의 선교보고서 등 자료를 수집하였습니다."[129]

이는 여러 교회의 역사와 연세대를 비롯한 대학의 역사에서도 찾아 볼수 있는 것으로 대장교회만 그런 것이 아니다. 어르신들의 경우, 출생하고 나서 이런 저런 이유로 출생신고가 늦어진 경우가 많다. 그런 경우 실제 출생연월일과 법적 출생연월일이 다르다. 이런 경우 가정에서나 본인이 생일을 기념할 때 법적인 연월일을 하지 않고 실제 연월일을 한다.

심지어 양력생일이 법으로 맞지만 가정이나 관례에서 음력을 따르면 음력 생일을 알기가 복잡하고 번거롭다고 해도 음력생일을 지킨다. 스마트폰이 일반화되고 인터넷이 일반화된 오늘에서도 음력 생일을 지키는 사람들이 많다. 아무리 고등교육을 받고 고도의 전자기기를 다루는 사람도 그렇다. 서술자도 음력생일을 지키고 있다.

현재 정동운 담임목사는 황등교회 설립연도를 노회 승인 설립예배연도인 1928년이 아니라, 그보다 이전인 1921년으로 분명히 하였다. "황등교회는 1921년 계원식 장로가 설립한 교회다. 계원식 장로는 평양 기성의원원장을 지내다 전라북도 황등으로 이주하여 기성의원을 설립하고 병원에서 시작된 기도회가 황등교회의 시작이 되었다."[130] 황등교회에서 제직세미나(2016년 1월 24~26일)를 진행한 김항안 목사가 《목회》에서 황등교

---

129 차종순, 같은 책, 37쪽.
130 정동운, "황등교회 종 이야기", 《전북교회이야기》(전북기독교역사연구회, 통권 제9호, 2013년 가을호), 26쪽.

회를 소개한 구절이 인상적이다.

전북 익산시 황등면은 화강암 석재산업이 발달된 지역이다. 이 지역에서 출토된 돌은 오래도록 색이 변하지 않는 화강석으로 유명하다. 일명 '황등석'이라고 부르는 돌은 국내 최대의 단일규모 석산으로 원석의 성분차이가 거의 없어 균등한 색상을 지닌 것이 특징이다. 뿐만 아니라 압축강도와 흡수율 그리고 철분함유량과 내구성 부분에서 타 지역에서 생산되는 석재보다 우수한 돌이 생산되는 곳이다. 이렇게 단단한 화강암 같은 믿음의 반석위에 세워진 황등교회는 1921년에 세워졌다.[131]

이처럼 김항안은 황등교회 역사를 1921년으로 명시해서 기성의원에서 시작한 기도처를 역사의 시작점으로 보았다.[132]

황등교회 설립자 규정

〉〉〉 단독 설립자 계원식

황등교회 역사를 바르게 이해하기 위해서는 설립자를 분명히 하는 작업도 중요하다. 황등교회 설립은 계원식 단독인가, 아니면 계원식이 설립자 대표로 설립의 중심인가는 매우 중요한 문제이다. 이에 대한 깊은 논의

---

131 김항안, 위의 글, 90쪽.
132 현재 황등교회는 1928년 7월 1일을 창립주일로 지키고 있다. 그러나 그 전인 1921년 10월 13일 기성의원에서 기도처로 예배를 드린 이 날이 교회설립일로 보는 것이 맞을 것 같다.

가 있었으면 하는 바람으로 자료를 근거로 정리해보면 다음과 같다.

먼저 계원식을 단독 설립자로 이해한 글과 자료는 현재 황등교회 사무실 복도 사진들 중에 계원식 사진 설명에 "창설자"라고 나와 있고, 당회실에는 역대장로 계원식 사진 설명에 "설립자"로 나와 있고, 『황등교회창립 50주년 기념.연혁.화보』[133]에도 계원식 사진에 "설립자 계원식 장로님"이라고 나와 있다. 이런 이해는 황등교회 담임목사들의 이해에서도 쉽게 찾아 볼 수 있다. 제 10대 담임목사 송현상(1968년 7월 7일~1982년 7월 4일)은 계원식을 지칭해서 정확하게 설립자나 창설자라고 말하지는 않았으나 그를 높이는 말로 이를 연상시키는 이해를 드러냈다.

> 회고하여 보면 1919년 3·1운동으로 국가의 풍운이 자욱하던 때 복음을 듣고 의사로서 황등에 정착한 계원식 장로님이 자택에서 기도회로 모였던 한 알의 밀알이 썩어서 반세기의 연륜 속에 그 분이 그렇게도 소망하시던 1,000명이 넘는 신도가 예배드리는 오늘의 황등교회로 성장을 가져왔습니다. 여기에는 한 알의 밀알 같은 희생에서 추수한 결실임을 믿고 감사합니다.[134]

위의 글에서 알 수 있듯이 송현상이 이해하는 계원식의 이해는 황등교회의 오늘이 있기까지 계원식의 숭고한 희생의 결과로 보고 있다. 이는 직접적인 표현은 아니었지만 설립자나 청설자로 이해한 것으로 볼 수 있다. 이런 이해는 이어서 제11대 담임목사로 부임한 김수진(1983년 10월 1일~1993년 9월 1일)에게서도 드러난다. "그때 계일승 목사는 아버지가

---

133 『황등교회창립 50주년 기념. 연혁. 화보』(1978년), 6쪽.
134 송현상, "기념사-교회창립 50주년 연혁 화보를 내면서", 『황등교회 창립 50주년 기념. 연혁.화보』(1978년), 2쪽.

세웠던 황등교회로 오게 되었고 황등지역에 있는 모든 교회는 황등교회로 통폐합을 당하였다."[135] 그리고 현재 담임목사 제15대 정동운(2002년 2월 4일~현재)에게서는 분명하게 드러난다. "황등교회는 1921년 계원식 장로가 설립한 교회다. 계원식 장로는 평양 기성의원 원장을 지내다 전라북도 황등으로 이주하여 기성의원을 설립하고 병원에서 시작된 기도회가 황등교회의 시작이 되었다."[136]

이는 황등교회가 공식적으로 계원식의 이해를 교회창설자나 설립자로 하고 있음으로 볼 수 있다. 이를 본 것인지 합동측 목사인 이성필은 자신의 책에서 황등교회의 이해를 계원식이 설립한 것으로 말하고 있다. "황등교회는 1921년 계원식 장로가 설립한 교회입니다. 계원식 장로는 평양 기성의원 원장을 지내다 황등으로 이주하여 기성의원을 설립하고 병원에서 시작된 기도회가 황등교회의 기원입니다."[137]

계일승의 제자로서 장로회신학대 역사신학 교수를 역임하고, 미국 장로회신학대 총장을 지낸 김인수는 계원식을 설립자 정도가 아니라 개척하였다고 말한다.

계 박사 부친은 경성의학전문학교를 졸업하고 의사로 평양에서 개업하여 적지 않은 돈을 벌었으나, 독립군에게 자금을 제공한 혐의로 일제 경찰의 취조와 압박을 받았다. 부친은 일제의 눈을 피해 1930년대에[138] 월남하여 시

---

135 김수진, 『신앙의 거목들』(한국방송선교센터, 1985), 153쪽.
136 정동운, "황등교회 종 이야기", 26쪽.
137 이성필, "익산여행/황등교회"편, 『한국기독교유적지 137가이드북–신행여행』(세출 펴냄, 2008), 122쪽.
138 이 부분은 김인수의 실수이다. 1930년대가 아니라 1920년대이다. 역사신학을 전공하고 장로회신학대 역사신학 교수로 오랫동안 봉직한 학자로서 역사적 사실 자료에 입각한 정확한 글을 써야하는데 이 부분은 정확한 이해없이 쓴 실수로 보인다. 이 글은 학술서가 아닌 신문기사용이고, 이 글의 목적이 정확한 사실을 알리는 게 목적이 아니라, 계일승을 추앙해서 소개하려 한 것이다 보니 주의 깊게 글을 쓰지 않은 것으로 보인다.

골 벽지인 전북 황등에 가서 기성의원을 개업하고 황등교회를 개척하여 섬
겼다.[139]

황등교회가 속한 교단의 목회자 양성기관인 장로회신학대학 역사신학
교수를 역임하고 미국장신대 총장인 김인수가 이해한, 황등교회는 계원
식이 개척한 교회이다. 김인수가 이렇게 표현한 신문은 대한예수교장로
회(통합) 교단신문인《한국기독공보》에 난 것인데 아무리 찾아봐도 이
글에 대해 황등교회 측에서 정정해달라는 요구를 한 적이 없다. 그러니 황
등교회를 계원식이 개척했다고 하는 말들이 두루 퍼질 수 있다. 이 글은
종이신문은 물론 전 세계에서 언제·어디서나 열람이 가능하고 출력이 가
능하다. 이런 자료 이외에도 여러 곳에서 계원식이 설립자로 나오는 글들
을 손쉽게 찾을 수 있다.

> 황등교회는 계 장로가 1928년에 세웠다. 계 장로의 아버지인 계택선 장로는
> 평양 출신으로 항일부대에 군자금을 대줬다.[140] 이것이 탄로 나면서 일제의
> 감시를 피해 숨어든 곳이 익산이었다.[141]

> 1921년 황등교회를 설립한 계원식 장로의 아들 계일승 목사가 1948년 미국
> 으로 유학을 떠났고, 계 목사가 우연히 리스퍽 제일교회 예배에 출석하면서
> 종과의 특별한 인연이 시작되었다.[142]

139 김인수, "(9) 계일승 목사, 1. 출생과 교육"《한국기독공보》(2009년 7월 29일).
140 이 문장은 틀린 내용이기에 바로 잡는다. 계일승 목사의 아버지 계원식 장로가 독립운
　　동 자금을 제공한 혐의로 일본경찰에 괴롭힘을 당하여, 고향 평양을 떠나 군산을 거쳐
　　황등에 온 것이다.
141 전병선, "익산 황등교회 종 이야기… 1884~2010 탄일종 126년 메아리",《국민일보》
　　(2010년 12월 22일).
142 김성진, "태평양 건너 온 가장 오래된 교회종 황등종"《익산제일뉴스》(2014년 4월 16일).

1921년 황등교회를 설립한 계원식 장로의 아들 계일승 목사가 1948년 미국으로 유학을 떠났고, 계 목사가 우연히 리스퍽 제일교회 예배에 출석하면서 종과의 특별한 인연이 시작됐다.[143]

1921년 황등교회를 설립한 계원식 장로의 아들 계일승 목사가 1948년 미국으로 유학을 떠났고 계 목사가 우연히 리스퍽 제일교회 예배에 출석하면서 종과의 특별한 인연이 시작되었다. 당시 황등교회에 걸려 있던 종이 깨져서 교회종이 필요한 상황이었고 마침 종 교체를 계획하고 있던 리스퍽 제일교회에 계일승 목사는 종을 한국의 황등교회에 기증해 달라고 부탁했다.[144]

1921년 황등교회를 설립한 계원식 장로의 아들 계일승 목사가 1948년 미국으로 유학을 떠났고, 계 목사가 우연히 리스퍽 제일교회 예배에 출석하면서 종과의 특별한 인연이 시작됐다. 당시 황등교회에 걸려 있던 종이 깨져 있어 교회종이 필요한 상황이었고, 마침 종 교체를 계획하고 있던 리스퍽 제일교회에 계일승 목사는 종을 한국의 황등교회에 기증해 달라고 부탁했다.[145]

1921년 황등교회를 설립한 계원식 장로의 아들 계일승 목사가 1948년 미국으로 유학을 떠났고, 계 목사가 우연히 리스퍽 제일교회 예배에 출석하면서 종과의 특별한 인연이 시작되었다. 당시 황등교회에 걸려 있던 종이 깨져서 교회종이 필요한 상황이었고, 마침 종 교체를 계획하고 있던 리스퍽 제일교회에 계일승 목사는 종을 한국의 황등교회에 기증해 달라고 부탁했다.[146]

143 최영규, "익산 황등교회종, 국내 현존하는 가장 오래된 교회종" 《전북도민일보》 (2014년 4월 16일).
144 익산시청 보도자료, "태평양 건너 온 가장 오래된 교회종, 황등종" 《연합뉴스》 (2014년 4월 16일).
145 오명관, "익산의 명물-태평양 건너 온 오래된 '황등종'" 《익산시민뉴스》 (2014년 4월 16일).
146 박기헌, "익산시, 국내현존 가장 오래된 교회종 '황등종'" 《로컬투데이》 (2014년 4월 16일).

이런 이해는 최근에 나온 계원식의 일가―家에게서도 볼 수 있다.

계 원장[147]은 같은 자리에서 20년째 병원을 운영 중이다. 병원 지하실의 33
㎡(10평) 남짓한 공간을 활용해 고교시절 동창들과 매주 화요일 기도 모임
을 해오던 그는 평생 신앙생활을 해오면서 평신도 사역자로서 예배당을 짓
는 꿈을 꿔왔다. 계 원장의 큰할아버지는 1928년 전북 익산에 황등교회를
설립한 계원식 장로다.[148] "큰할아버지도 당신이 운영하던 기성의원 지하에
예배 처소[149]를 만드셨어요. 그 공간이 점점 커진 것이 지금의 황등교회입니
다. 저도 그 신앙을 계승하고 싶었습니다."[150]

이런 자료들은 손쉽게 언제, 어디서나 전세계에서 구할 수 있는 인터넷
망에 나와 있다. 그러니 황등교회를 모르는 사람들이 위의 자료들을 손쉽

---

147 계영선(62)은 서울 성북동에서 영라인의원을 운영하는 의사로 계원식의 일가이다. 계
  영선은 한양대 의대에서 의학석사와 의학박사학위를 받았다.
148 계영선은 자신의 큰할아버지의 기성의원에서 교회가 시작되었지만 황등교회의 설립
  연도를 1928년으로 이해하고 있다. 계원식이 기성의원에서 시작해서 황등교회를 설립
  한 것에 대한 자부심을 갖고 있고 그 영향으로 자신이 자신의 소유인 영라인의원의 원장
  실을 내놓아 예술작품을 감상하며 예배드리는 갤러리교회를 설립하게 되었다고 말했다.
149 이 부분은 계영선이 잘못 이해한 부분이다. 김재두는 당시 기성의원이 그다지 큰 규모
  는 아니었고, 한 20평 내외로 지붕이 배 모양을 뒤집어놓은 듯한 형태의 '양옥뱃집'이었
  다고 한다. 그리고 안채로 한옥 주택이 있었다. 약국, 입원실, 진찰실이 있었으나 의사
  는 계원식 혼자였다. 오늘날의 간호사나 직원이나 물리치료사 같은 직원이 없었고 조
  수 겸해서 남자 직원이 한 명 있었다. 이들은 노상열, 김한규, 한동수, 김신중이 재직하
  였다. 계영선이 말한 지하는 전혀 없었다. 진료를 마치는 시간대인 저녁에 모여 기도처
  로 사용한 곳이었다. 이 공간에 모이는 숫자가 늘어나다 보니 1924년 11월 1일에 당시
  황등시장터 부근으로 지금의 황등교회 인근 장소를 옮겼고, 여기서 입당예배를 드리게
  되었다. 지금의 황등신협 옆으로 생긴 황등과 동련을 연결하는 지하도로 자리이다. 이
  곳은 그다지 넓지 않았다. 이곳이 바로 기성의원이 있던 자리로 계원식이 나이 들어 기
  성의원을 폐업하려던 것을 이상윤이 인수해서 '황등의원'으로 개칭해서 사용하였다.
  김재두와 만남(2016년 4월 17일 오후 3시 30분~40분).
150 최기영, "예술작품 감상하며 예배드리는 성북동 갤러리교회" 《국민일보》 (2016년 1월
  28일).

게 구할 수 있고, 믿고 인용할 것이다.

>>> 설립자 하나님

계원식의 장남으로 황등교회 제3대 담임목사(1944년 4월 16일~1948
년 6월 30일) 계일승은 미국에서 한국장로교회사로 신학석사, 한국교회
사로 신학박사학위를 취득하고 장로회신학대 역사신학교수와 학장을 역
임한 사람으로 누구보다도 계원식과 황등교회를 이해하는 사람이고 역사
를 바라보는 신학적 역량을 갖춘 사람이다. 그런 계일승이 황등교회로부
터 『황등교회 창립 50주년 기념.연혁.화보』에 들어갈 축사를 부탁받고는
쓴 글이 주목을 끈다. 계일승은 송현상 목사가 자신의 아버지인 계원식을
드높이는 기념사를 쓴 것과는 다른 의미의 글을 썼다. 이 글에서 자신의
아버지가 황등교회를 설립하였다거나 주도적인 역할을 하였다는 구절이
전혀 없다. 그 대신 초대 교회를 위하여 수고한 분들이 많았다면서 자신의
부모만이 아니라 무려 44명에 이르는 실명實名과 그 직계가족을 일일이 거
론하면서 모두가 수고한 것으로 말하였다.

> 초대교회를 위하여 수고한 분이 많았습니다. 구연직 전도사, 강성주 전도사
> 가 초대 교회에 수고를 많이 하였고, 오신원 전도사, 김용출 장로와 그 모친,
> 오일수 장로부부, 양관해 장로와 그 영식[151] 훈영과 한영 군, 변영수 장로부

---

151 영식(令息)이라는 말은 윗사람의 아들을 높여 부르는 말이다. 같은 말로 귀식(貴息), 영
랑(令郎), 영윤(令胤), 영자(令子), 윤군(允君), 윤옥(允玉), 자사(子舍), 자제(子弟), 현식
(賢息)이라는 말이 있다. 계일승이 황등교회 초창기에 노고를 아끼지 않은 이들을 일일
이 거명하면서 존칭으로 영식이라는 말을 쓰는 것은 그만큼 존경의 뜻을 담은 것이다.
계일승은 많은 이들의 실명을 거론하고는 나중에야 자신의 부모인 계원식과 이자희를
거론하였다. 참고로 윗사람의 딸을 높여 부르는 말은 영애(令愛), 규애(閨愛), 애옥(愛
玉), 영교(令嬌), 영녀(令女), 영랑(令娘), 영양(令孃), 영원(令媛), 옥녀(玉女)라고 말한

부 및 사촌 경환 그 영식 의진 군, 김일두, 김길남, 박인석, 최영식, 장복길, 김창무 장로와 그 영식 계두군, 정만지, 김삼록 집사와 그 영식 영일 군, 조길동 금동 형제, 이당님 집사와 그 영식 기년 군, 김희준, 홍갑회 집사와 그 조모님, 전봉구 장로 부부, 최문규씨 가족···제씨의 수고도 많았습니다. 이상 여러분들이 추운 때나 더운 때나 쉬지 않고 선친 계원식 장로님과 모친 이자희 권사님과 같이 이 집 저 집으로 전도하였습니다. 상동에서는 윤판옥 씨 부부가, 율촌에서는 장인수 집사와 김판옥 장로가, 샛터에서는 최기장 장로, 이상문 집사, 노준기 집사가 출석하였습니다. 이렇듯 우리교회는 여러분의 노고와 땀으로서 확대되고 성장하여 왔습니다.[152]

계일승은 이렇듯 초창기에 헌신한 이들을 일일이 거론하고는 이렇게 마무리 지었다.

심은 대로 거둔다더니 한사람의 신자도 없던 황무지와 같은 곳에 복음의 씨가 떨어져 오늘과 같은 성령의 크신 열매를 가져온 것은 할렐루야! 주님의 은혜를 찬송하지 않을 수 없습니다. 마지막으로 우리가 기억할 것은 우리 황등교회는 예수 그리스도의 피로 세운 교회요, 그 피를 전한 교회요 지금부터 영원히 살아있을 교회입니다.[153]

계일승의 역사관은 사람이 아니라 오직 하나님께 영광을 돌리는 철저한 하나님 중심의 섭리사관이다. 이런 계일승의 역사이해는 계일승이 쓴

다. 지체 높은 윗 사람의 아내를 부르는 말은 영부인(令夫人), 귀부인(貴婦人), 영규(令閨), 영실(令室), 합부인(閤夫人), 현합(賢閤)이라고 한다.
152 계일승, "축사-초대교회를 회고하며", 『황등교회 창립 50주년 기념.연혁.화보』(1978년), 5쪽.
153 계일승, 같은 글, 5쪽.

신학석사학위논문과 박사학위논문은 물론 계일승이 장로교가 분열되기 전, 장로회신학교 교수로 논문을 쓴 것과 장로회신학대에서 역사신학을 가르친 교육관에서도 분명하게 드러난 역사이해였다. 이러한 계일승의 이해를 계승한 사람은 제12대 담임목사(1994년 1월 18일~1998년 10월 25일) 최창의[154]다. 최창의는 『황등교회 창립 70주년 기념.화보』를 발간하면서 계일승의 견해와 일치하는 역사관을 분명하게 드러냈다.

> 오늘의 황등제단은 결코 우연이나 사람에 의하여 되어진 것이 아닙니다. 먼저는 하나님의 계획과 뜻으로 이루어진 것입니다. 그 다음은 이 제단을 섬기셨던 모든 믿음의 권속들과 이 제단을 지금까지 지키고 있는 모든 믿음의 권속들의 땀과 눈물과 정성과 헌신, 그리고 기도의 역사인 것입니다.[155]

이처럼 3대와 12대 담임목사는 황등교회가 계원식 개인에 의해서 설립되고 발전한 것이 아니라 하나님이 설립자이시고 계원식만이 아닌 수많은 협력자들이 있었음을 드러낸 것이다. 주목해볼 것은 황등교회 목사나 교인이나 출신이 아닌 이들의 글이다. 전주 전성교회에서 오랫동안 목회하고 총회장을 역임한 전북 기독교계의 원로로 교회역사학자이기도 한 정복량도 계원식을 황등교회 단독 설립자가 아니라 황등교회 설립의 중심인물이었음을 말하고, 교회 설립도 계원식 혼자가 아니라 교회를 세워야한다는 공론共論이 모아져서 설립하게 된 것임을 밝히고 있다.

---

154 최창의는 소탈하고 수수한 목사로 옷 한 벌로 4계절을 지나는 것 같은 검소한 삶이었다. 최창의는 어려운 사람과 신학생 돕기에 열심이었다. 이는 최창의의 아내도 마찬가지였다. 최창의는 성경공부와 독서반 운영을 중시하였고 영적각성운동에 적극적이었다. 김재두와 만남(2016년 7월 20일 오후 20분).
155 최창의, "담임목사 발간사", 『황등교회 창립 70주년 기념.화보』(1998년), 3쪽.

황등교회는 1928년 5월 24일에 계원식 장로를 중심으로 동련교회에서 분립하였다. 그러나 황등교회의 태동은 1921년 계원식 장로가 황등에 이사를 오면서 황등리에 기성의원을 개설하고 동련교회 당회의 허락으로 그 장소에서 목요일 기도회를 열었던 때로 거슬러 올라간다. 본래 계원식 장로는 1888년 평양에서 계택선 목사의 장남으로 태어나 경성의전을 졸업한 후 평양에서 기성병원[156]을 개업하여 부와 명성을 얻었으나 3·1독립운동 이후에 상해의임시정부에 독립자금을 제공한 것이 발각되어 평양을 떠나 군산에 있는 궁말 예수병원에서 하리슨 선교사와 함께 일하게 되었다. 이 때 백낙규 장로와의 만남을 통해 황등으로 이사하여 기성병원을 개업하고 환자를 돌보며 전도에 힘썼다. 전도의 물결이 확산되고 복음이 확장되어 교회를 세워야한다는 공론이 모아져 시장터 입구 망건장 안에 6칸의 건물을 짓고 1928년 7월 1일 첫 예배를 드린 것이 황등교회의 시작이다.[157]

김항안 목사가 《목회》에서 황등교회의 특징을 서술하면서 황등교회 설립의 의미를 제대로 이해하고 있다.

당시 평양에서 병원을 하던 계원식 장로가 남쪽에 있는 황등으로 이주하여 개업한 병원에서 몇 사람이 모여 시작한 기도회가 오늘의 황등교회가 되었다. 계 장로가 평양에 있을 때 3·1 독립 운동 이후 상해 임시정부에 독립자금 제공과 항일부대에 군자금을 대준 것이 탄로 나면서 일제의 감시를 피해 숨어든 곳이 익산의 작은 마을 황등이었다.[158]

---

156 이 부분의 이해는 실수로 보인다. 같은 글에서 앞에서는 기성의원이라고 하고, 여기서는 기성병원이라고 하였다. 당시 계원식이 개원한 것은 기성병원이 아니라 기성의원이다.
157 정복량, 위의 글, 3쪽.
158 김항안, 위의 글, 90쪽.

김항안은 황등교회 설립자를 계원식이 아니라, 기성의원에서 모여 기도한 몇 사람으로 보았다. 김항안의 글은 평양에서 독립운동 자금을 댄 혐의로 위기에 몰린 계원식을 낯선 땅에서 적응하면서 마음껏 실천적인 신앙을 펼치도록 수용한 황등의 교인들을 드러낸 문장으로 의미가 깊다. 그러나 김항안은 황등교회 출신이 아니다보니 정확한 이해를 하지 못하고 부족한 자료에 의존한 결과 몇 가지 사실과 다른 내용이 있기도 하고,[159] 황등교회 설립이 계원식 단독이 아님을 드러내다가 같은 글에서 계원식을 설립자로 말하고, 황등교회를 세운 것으로 말하는 등 설립자의 의미를 모호하게 이해하기도 하는 한계를 드러내기도 하였다.

안인호 집사는 황등교회의 설립자 계원식 장로의 자부이자 장로회신학대학 학장을 지낸 계일승 박사의 부인이다. 남편 계일승 목사는 북경에서 신학을 하고[160] 아버지가 세운 이곳 황등교회의 청빙을 받아 시무하다가 미국으로 유학을 떠났다. 그 사이 안인호 집사는 6남매를 기르며 시부모님을 모시고 남편 몫까지 효도했다.[161]

---

159 이웃사랑나눔회는 비영리민간단체로 사단법인이 아닌데 사단법인으로 소개하였다. 김항안, 위의 글, 90쪽.
160 이 부분은 김항안이 글을 쓰면서 중간 단계를 뛰어 넘어 쓰다 보니 오류가 생긴 듯하다. 북경에서 신학을 한 것이 아니다. 계일승은 중국 연경(지금의 북경)에서는 미국 북장로교가 설립한 로하고등학교와 연경대학을 졸업(1930년)하고 신학은 평양장로회신학교(1938년)로 졸업하였다.
161 김항안, 위의 글, 92쪽; 이처럼 황등교회 역사에서 계원식을 설립자로 볼 것인지, 설립자 대표로 볼 것인지는 중요하다. 계원식을 단독 설립자로 보면 계원식의 공로만 부각되어 황등교회 선구자들의 의미가 드러나지 않게 되고 특정 개인이 설립한 교회가 되고 만다. 그에 반해 설립자 대표로 보면 계원식의 지대한 공헌을 높이 추앙하면서도 이름이 명확하지는 않지만 함께 한 황등교회 선구자들의 존재감이 살아나게 된다. 이렇게 되면 앞으로도 황등교회에서 특정 개인이 아무리 공로가 두드러진다고 해도 그 누구라도 주인이라고 말할 수 없게 된다. 오직 하나님이 주인이심을 고백하면서 교인 모두가 주인의식을 갖고 참여하도록 독려할 수 있고, 아주 작은 일이라도 교인들이 참여하도록 권면할 수 있게 된다.

이런 모호한 이해는 기독교계의 종합일간신문인《국민일보》에서 봉기성과 김재두와 인터뷰한 것에서도 나온다.

> 종은 미국에서 1884년에 제작됐다. 처음에는 플로리다 주에 위치한 리스퍽 제일교회에서 사용됐다. 황등교회 설립자 계원식 장로의 아들인 계일승(3대) 목사는 1949년 미국으로 유학 갔다. 그때 이 교회에 출석했다.[162] 황등교회는 계 장로가 1928년에 세웠다.[163]

위의 글에서 직접인용으로 나오지 않으니 누구의 말을 따라 기자가 계원식을 설립자로 한 것인지는 알 수 없으나 이를 주의 깊게 살펴보지 않고, 신문이 나온 후에도 정정을 요청하지 않은 것으로 볼 때 정정을 요청할 만큼 중요하게 여기지 않은 것 같다. 이런 사례는 황등교회가 속한 교단신문인《한국기독공보》임성국 기자와 정동운 담임목사와의 인터뷰에서도 드러난다.

> 1928년 5월 24일 계원식 장로를 중심으로 동련교회에서 분립한 것이 시초다. 익산 지역에 전도의 물결이 확산되고, 복음이 확장되어 교회를 세워야 한다는 공론이 모여 시장터 입구 망건장에 건물을 짓고 드리던 예배가 지금까지 계속됐다. 중략.. 이 같은 정신을 고수한 교회 설립자 계원식 장로와 교회 당회원들의 헌신은 1960년 황등기독학원(황등중학교, 성일고등학교)[164],

---

162 이 부분은 수정이 필요한 부분이다. 계일승이 유학간 곳은 버지니아주 리치몬드시에 있는 유니온 신학교이고, 리스퍽 제일교회는 플로리다 주에 있다. 계일승이 유학중 다닌 교회가 아니라 유학중 이 교회에 갔다가 종을 교체하게 된 것을 알고 종의 기증을 요청한 것이다.

163 전병선, "익산 황등교회 종 이야기…1884~2010 탄일종 126년 메아리",《국민일보》(2010년 12월 22일).

164 황등학원 재단과 황등중학교가 설립되는 시기가 1960년대이다. 1960년 10월 26일 재

1970년대에는 황등교회 어린이집을 설립하게 했다. 교회가 지금까지 다음세대의 교육과 선교에 많은 관심과 노력을 기울일 수 있었던 원동력이 된 셈이다.[165]

임성국 기자가 같은 글에서 '계원식 장로를 중심으로' 교회설립을 말하다가 말미에서는 '교회 설립자 계원식 장로'로 표현하는 것은 그만큼 황등교회 역사에서 설립자에 대한 의미가 명확치 않기 때문으로 보인다.

〉〉〉 설립자 대표 계원식

설립자設立者는 국어의 표현으로 단 한 사람을 지칭할 때 쓰는 말이다. 자者는 한 사람을 지칭하는 단수적인 표현이고 둘 이상의 사람들인 경우는 '자들'이라고 한다. 그런데 황등교회 설립은 계원식 이전에 터를 잡고 살던 사람들이 있었고 이들은 계원식보다 학식은 부족해도 당시 동련교회 출석교인으로 신앙생활을 하고 있었다. 이들과 뜻을 같이해서 기성의 원에 모여 기도하기 시작한 것이니 분명 단독 설립자는 아닌 것으로 보는 것이 타당하다. 계원식은 그 누구보다 황등교회 설립에 큰 공헌을 한 인물임은 분명하지만 설립자는 아니고, '설립자들의 대표'가 맞을 듯싶다. 흔히 개척교회의 경우 목사와 그 가족이 교회를 시작하면 그 목사와 가족이 설립자이나 황등교회는 계원식의 전도가 아니라 이미 신앙인이 다수 있었다. 이를 분명히 함이 차후 황등교회 역사와 교회 정체성에 큰 의미가 있다고 본다.

단법인 황등학원이 설립허가를 받았고, 황등중학교 설립인가는 1961년 3월 31일이다. 성일고등학교는 1980년 4월 14일 설립인가를 받았다. 인터뷰에서 이렇게 말한 것은 1960년 10월 26일 재단법인 황등학원을 말함인 것 같다.
165 임성국, "정동운 목사와 인터뷰기사–순교자의 피를 헛되게 하지 말라!, 순교자 정신 계승하는 황등교회" 《한국기독공보》 (2015년 7월 14일).

주목해볼 사실은 황등교회 담임목사들의 입장이 계원식을 단독 설립자나 창립자가 아닌 것으로 드러내기도 한다는 사실이다. 김수진은 『신앙의 거목들』이라는 책을 1985년에 출간할 때는 계원식을 단독 설립자로 이해하는 구절을 썼으나, 김수진이 황등교회 역사를 제대로 연구하면서는 김수진의 이해가 확실히 달라졌다.

『황등교회 60년사』에서 계원식을 황등교회 설립과 운영에 지대한 공헌자로 밝히지만 설립자라고 하지 않았다. 이 책의 앞부분 사진에서도 계원식의 사진에 대한 설명은 '황등교회 설립자 대표인 계원식(1888~1970)'으로 되어 있다.[166] 또한 김수진은 '60주년 기념사'에서 계원식이 단독 설립자가 아니라 황등리에 사는 교인 57명이 힘을 모아 설립한 것으로 말했다.

> 원래 계원식 장로님은 이 지역 출신이 아닙니다. 지금은 우리가 가볼 수 없는 평안남도 평양에서 기성의원을 경영하시다가 하나님의 부르심에 응답하기 위해서 황등에 정착케 되었습니다. 여기에 동련리의 동련교회를 섬기다가 황등리에 사는 57명이 힘을 모아 황등리에 교회를 세우고 그들이 뜻과 정성을 다하여 오직 말씀을 전파하면서 살아 왔었습니다.[167]

또한 『황등교회 60년사』에서 황등교회 설립을 밝히는 글의 소제목을 '설립자 계원식'이 아니라 '황등교회를 설립했던 평신도들'[168]하였다. 이는 외국 선교사나 선각자 목사가 아니라 평신도들이 자발적인 의지로 여

---

166 김수진, 『황등교회 60년사』, 사진자료 6쪽; 그런데 계원식의 다른 사진으로 황등교회 사무실 복도에는 '본교회창설자 계원식 장로님'으로 극진히 예우하는 표현으로 나와 있다.
167 김수진, 『황등교회 60년사』, 404쪽.
168 김수진, 『황등교회 60년사』, 60쪽; 김수진이 이렇게 제목을 붙인 것은 김수진의 목회학 박사논문 제목에서 알 수 있듯이 황등교회가 평신도들의 열정과 역량이 강한 교회임을 알 수 있다.

렷이 함께 교회를 설립했음을 강조하려는 의도로 보인다.

> 황등교회의 역사는 1928년 전북노회로부터 분립 허가를 받은 그해부터 시작
> 했다고 말은 하지만 실은 교회가 태동되기는 그보다 훨씬 앞선다. 더 자세하
> 게 말한다면 1921년으로 거슬러 올라간다. 바로 계원식 장로가 황등에 이사를
> 오면서 황등리에 기성의원을 개설하고 그 장소에서 동련교회를 다니는 황등
> 시장터 교인들이 목요일 기도회를 시작한 데서부터 시작이 되었다.[169]

> 황등에 새 역사를 창조하는데 일익을 담당했던 사람들은 계원식 장로만 한
> 것이 아니라 그의 부인인 이자희 집사, 또한 그를 도우면서 황등교회 분립을
> 강력하게 주장했던 김용출 집사였으며, 이들 두 가정의 식구를 비롯해서 황
> 등리 시장터를 중심해서 살고 있는 어린아이들까지 포함, 교회설립에 참여
> 한 일은 황등교회의 역사에 영원히 남을 수 있는 사람들이다.[170]

김수진은 『황등교회 60년사』를 기획하는 단계부터 계원식이 단독 설
립자가 아니라고 인식하고 있었다.

> 비록 교회자료 수집위원회 활동은 미약하였으나, 김수진 목사는 황등교회
> 역사를 기록하기 위해서 수시로 메모하면서 기록을 남기고 또 매년 창립일
> 이 되면 황등교회의 역사성을 강조하고 나섰다. 이러한 일은 구체적인 사업
> 이 요청되었기에 황등교회 창설자 중의 한 사람인 계원식 장로의 정신을 기
> 리기 위해서 '계원식 장로 기념 선교대회'를 개최키로 하였다.[171]

---

169 김수진, 『황등교회 60년사』, 10쪽.
170 김수진, 『황등교회 60년사』, 61쪽.
171 김수진, 『황등교회 60년사』, 411–412쪽; 황등교회 60년사를 기획하면서 설립자 대표
　　인 계원식 기념선교대회를 교회전도부 후원으로 주최는 청년회에서 하도록 결의하였

이런 이해는 『황등교회 60년사』의 발간위원장인 봉기성도 찬동하고 있다.

> 한편 황등교회의 뿌리를 찾고 역사의식을 넣어주기 위해서 1984년 10월 14 일에는 황등교회 창립자 중 대표적으로 활동했던 계원식 장로 기념 선교대 회를 개최하면서 실질적으로 전 교인들이 황등교회의 뿌리를 찾는 일에 참 여하고 관심을 갖게 되었다.[172]

김수진은 《한국장로신문》에 기고한 글에서도 계원식을 "걸어 다니는 성경책, 계원식 장로"로 극찬하지만 설립자라고 하지 않았다. 황등교회가 속한 대한예수교장로회(통합)의 대표적인 교회인 영락교회의 경우, 한국 기독교역사에 길이 빛나는 인물로 추앙받고 있는 한경직 목사를 설립자

고, 1988년 60주년 기념탑 건립을 하면서 설립자 대표 계원식을 기념하는 행사를 한 것 은 계원식 개인을 기념하기 위한 것이 아니라 그를 대표로 한 설립정신을 되새기는 행 사였다. 이를 분명히 한 표현이 '창설자 중의 한사람인 계원식 장로'라는 표현과 60주년 기념탑에 새겨진 '설립자 대표 계원식 장로'로 한 점이 주목을 끈다. 아쉽게도 그 후로 이런 행사는 없었다. 매년 7월 첫 주일을 창립기념주일로 지키면서 교회 창립정신을 되 새겼으나 계원식을 특별히 기념하는 사업은 1984년과 1985년 두 차례 뿐이었다.(이 행 사를 주최한 것은 제2남선교회였고, 청년회가 협력하였다). 물론 특정 개인을 부각시 키는 행사가 자칫 하나님을 가릴 수 있는 위험성이 있으나 같은 교단 교회로 영락교회 가 설립자 대표 한경직기념 사업을 하고, 새문안교회가 설립자 언더우드기념 사업을 하고, 장로회신학대가 건물에 마포삼열과 주기철과 이상조를 기념하는 이름을 붙이고, 한일장신대가 전신인 이일학교 설립자인 서서평기념 사업을 하고, 대전신학대가 설립 자인 이자익 목사기념 사업을 하는 것을 감안할 때, 역사를 되새기는 의미로 계원식 기 념사업을 펼치는 것은 의미 있는 일일 것이다. 2016년 상반기에 황등교회가 만든 비영 리민간단체인 이웃사랑나눔회(이사장: 정동운 담임목사, 상임이사: 이석일 시무장로) 주최로 뜻 깊은 행사를 진행하였다. 이름하여 '나라사랑 이웃사랑으로 모두가 화해하 는 제1회 기성 계원식 기념 화해 문예제전'이다. 이 행사는 황등교회 교인은 물론 출신 들(동문)과 황등교회 설립 학교인 황등중학교와 성일고등학교와 지역민들 모두를 대 상으로 한 지역사회계몽을 목적으로 하는 시민사회의식개혁운동의 일환이었다. 이 행 사의 의미는 '순교자를 넘어 증언자'에서 다룰 것이다.

172 봉기성 발간사, 김수진, 『황등교회 60년사』, 20쪽.

로 말하지 않고 있다. 정확한 이름은 나와 있지 않지만 분명히 혼자가 아니라 27명과 함께 교회를 설립한 중심인물이라고 밝히고 있다. "1945년 12월, 공산주의의 박해를 피해 월남한 27명의 성도들이 한경직韓景職 목사를 중심으로 모여 창립예배를 드리다. 교회이름은 베다니 전도교회라 하고, 일본천리교 경성분소의 신전을 개조하여 예배장소로 사용하다.[173]

황등교회 마당 입구에 세워진 60주년 기념탑을 눈여겨보면 '설립자 계원식'이 아니라 '설립자 대표 계원식'으로 나와 있다.[174] 60주년 기념탑 제막예식에 대한 기록이다.

> 많은 군중들은 기념탑 가까이 오고 있었다. 그리고 증경총회장 또 황등교회 설립에 공이 컸던 계원식 장로의 둘째아들인 계이승 장로 부부와 또 장복길 장로 부부와 김판수 장로의 부부가 탑 가까이 오고 있었으며, 한편 황등교회 당회원들도 가까이 오고 있었다. 그리고 이 탑을 헌납했던 송영대 집사와 강영춘 집사도 가까이 오고 있었다.[175]

이처럼 많은 사람이 보는 앞에서 기념탑 제막식이 거행되었다. 분명 계원식을 설립자가 아니라 설립자 대표라고 하였다. 이 기념탑 내용에 대해 계원식의 차남으로 황등교회 장로(1944년 5월 7일~1961년 4월 23일)를 역임한 계이승이 이의異議를 제기하지 않았다.[176] 김수진이 1988년 황등교

---

173 『영락교회 홈페이지』, 「발자취」(2016년 4월 9일 오전 9시 42분 검색).
　　http://www.youngnak.net/info/information/history/#tab-id-8
174 김수진, 『황등교회 60년사』, 407쪽.
175 김수진, 『황등교회 60년사』, 405쪽.
176 김수진, 『황등교회 60년사』, 405쪽; 김재두에 의하면, 현재 교회당 입구 60주년기념탑에 '설립자 계원식'이라고 하려다가 서울에서 전문가들이 내려와서 보고는 단독 설립자가 아니라 기존에 교인들이 있었기에 단독 설립자는 아니라고 해서 '대표'라는 두 글자를 추가했다고 한다. 김재두와 통화(2016년 4월 8일 오후 5시 10분~13분).

회 60주년 기념행사에서 계원식을 단독 설립자가 아닌 설립자 대표로 한 것은 10년이 지난 1998년 『황등교회 70주년 기념.화보』를 발간한 최창의에게도 이어진다. 『황등교회 창립 70주년 기념.화보』 8쪽 사진에는 계원식을 '설립자'가 아니라 '교회 설립자 대표'로 명시되어 있다.[177] 아울러 85쪽 사진에서도 "교회 설립자 대표 계원식 장로님이 노환으로 서울로 이거 하시다(1969.5.18.)"[178]

황등교회의 모母교회인 동련교회는 교회의 시작을 '자생적 믿음공동체 동련'으로 하여 특정인을 단독 설립자로 명시하지 않고, 백낙규가 중심이되어 설립되었음을 분명히 하고 있다.

> 백낙규가 중심이 되어 송순선, 장치오, 정순국, 장희서 등이 지금 있는 우리 교회로부터 10여 리 떨어진 장평마을의 지성옥씨 뒷방에서 예배를 드리기 시작하였다. 지금은 행정적으로는 익산군 황등면 신기리로 되어 있다. 함께 뜨거운 마음으로 기도를 드리고 말씀을 읽으며 점차 이들은 장래의 교회 설립의 구상도 세워 나갔다.[179]

> 1901년 복음을 주체적으로 받아들인 백낙규, 송군선 등에 의해 서수면 신기리 장평부락에 기도처를 세우다.(현 익산군 황등면 시기리[180] 장평부락)[181]

> 백낙규 송군선 등 서수 신기 장평부락에 기도처 세움[182]

---

177 『황등교회 창립 70주년 기념.화보』, 8쪽.
178 『황등교회 창립 70주년 기념.화보』, 85쪽.
179 연규홍, 위의 책, 33쪽.
180 오자로 '신기리'이다.
181 연규홍, 위의 책, 276쪽.
182 『동련교회 홈페이지』(내 마음의 동련교회), 「교회연혁」(2016년 8월 4일 오후 2시 20분 검색) http://dongryun.hompee.com/

놀라운 이해는 동련교회 후예가 이해한 설립자들에 대한 견해이다.

어떤 사람은 미투리장사, 근수네 할아버지도 미투리를 팔러 시장을 왔다 갔다 하시다가 전도 받으시고, 김종기 장로님 선친도 철물점 장사를 하면서 이 장 저 장 다니시다 전도를 받고 고 백낙규 장로님은 동학군에 가담했다가 여기저 기 피신해 다니다 믿게 된 것으로 알고 있어요. 백낙규 장로님도 포목장사를 했지요. 장사하면 그 당시 계급계층으로 봐서 하부계층이지요. 즉 천민계급, 요즘 말하면 민중이라고 할 수 있지요. 이런 분들로부터 교회가 시작된 것을 자랑스럽게 생각합니다. 이런 자랑은 앞으로도 이어져 갈 줄 압니다.[183]

동련교회 역사에서 계원식만이 아니라 교인들 다수가 분립을 강력하게 요구했음을 밝히고 있다.

교회분립요구는… 1928년 황등구역에서 보다 강력하게 제시되었다. 부쩍부 쩍 커가는 신흥도시[184]로서 황등에 이미 오래 전부터 운영되던 동련교회의 기도처를 중심하여 교회를 설립하겠다고 계원식 장로를 비롯한 교인들이 제안을 하였다.[185]

계원식 장로 중심 황등교회 분립[186]

183 박근수 학생회장, 연규홍, 위의 책, 247쪽.
184 엄밀히 말하면 신흥도시가 아니라, 신흥 면소재지이다. 황등은 시내가 아니라 면소재 지 지역이다.
185 『동련교회 당회록』(1928년 11월 24일)을 연규홍, 같은 책, 101쪽에서 재인용.
186 『동련교회 홈페이지』(내 마음의 동련교회), 「교회연혁」(2016년 8월 4일 오후 2시 20분 검색) http://dongryun.hompee.com/

동련교회에서 신앙생활하고 동련교회 기도처로 시작하고 동련교회 당회에서 분립이 허락되고 전북노회에서 교회 설립이 허용된 황등교회 역사로 볼 때, 동련교회가 백낙규와 아들 백홍길과 손자 백기선이 3대를 이어 교회에 크게 공헌하였지만[187] 백낙규를 설립자라고 하지 않음에 비해 동련교회에서 분립한 황등교회가 굳이 계원식을 단독 설립자라고 명시하는 것은 무리가 있다. 또한 계원식의 장남이요, 3대 황등교회 담임목사를 역임한 계일승의 견해인 하나님섭리사관에도 위배된다.

---

187 백기선은 1997년 한국기독교장로회총회에서 3대가 동련교회를 섬긴 것에 대해 표창을 받았다. 오찬규, 『익산시교회사』(무궁화기획, 1999), 281쪽.

황등교회 그 뿌리와 **기독교** 역사 정립

사랑의 종, 그 언저리에서 길을 묻다

5

황등교회 설립 초창기

황둔교회 그 뿌리와 기독교 역사 정립

사랑의 종, 그 언저리에서 길을 묻다

황등교회 설립 초창기[188]

●
한국기독교역사 개요

〉〉〉 카를로스 귀츨라프

우리나라의 기독교 역사는 1816년 맥스웰과 홀이 충남 서천군 서면 마량 갈곶 마을에 정박하여 조대복에게 영문성경을 전달한 시점부터로 알려진다. 그 이후 1832년에는 카를로스 귀츨라프Karl Friedrich August Gützlaff가 보령시 오천면 고대도리에 머물면서 전도하였다. 카를로스 귀츨라프(1803~1851)의 조선 선교 방문은 순교한 토마스 선교사보다는 34년, 의

---

[188] 정식 교회가 설립되기 전이니 어머니 뱃속의 기간을 뜻하는 태동기(胎動期)라고 하던가, 씨앗 기간이라는 의미로 맹아기(萌芽期)라고 하는 경우가 있다. 김수진은 이 시기를 태동이라고 표현하였다. 김수진, 『황등교회 60년사』, 52쪽; 그러나 서술자는 이에 이의를 제기하고 싶다. 그 자세한 이유는 다음 본문에서 다루기로 하고, 임의대로 초창기라고 명명하였다. 역사의 중요성을 감안할 때, 이에 대한 교회의 심사숙고한 논의가 있기를 바란다. 이를 정리해서 『당회록』에 명시해서 교회역사를 바로 잡기를 소망해본다. 서술자는 이 부분은 이 글에서 '초창기'라는 표현으로 사용하였다.

료선교사 알렌보다 52년, 언더우드와 아펜젤러 선교사보다 53년이나 앞선다.[189]

귀츨라프는 1803년 독일 프로이센 제국 프릿츠에서 경건한 기독교 가풍을 가진 가정의 외아들로 태어나고 성장했다. 프로이센 제국 황제 프리드리히 빌헬름 3세의 도움으로, 18세가 되던 해 1821년 독일 최초의 선교사 양성 학교인 베를린 선교학교Missionsschule in Berlin에서 4월부터 학업을 계속 할 수 있게 되었다. 귀츨라프는 베를린 선교학교에서 수학하는 동안 회심을 경험했다. 그러면서 귀츨라프는 가장 멀리 떨어져 있는 나라에 주님의 이름을 전해야 한다는 강한 확신, 즉 선교에 대한 강한 열망을 가졌다.

귀츨라프는 1823년 부활절부터 베를린 대학교(현, 베를린 훔볼트 대학교)에서 신학 공부를 계속하다가 중병으로 중도에 하차하게 되었다. 그때 네덜란드선교회에 선교사로 자원했고, 귀츨라프의 병도 그때 기적적으로 나았다. 네덜란드선교회의 파송을 받아 인도네시아, 싱가포르, 태국을 거치면서 독립선교사로 전환했다.

1828년 태국을 방문한 귀츨라프는 방콕에서 선교하면서 태국어로 신약성경 전체와 구약성경 일부를 번역했다. 귀츨라프는 언어의 귀재였다. 귀츨라프는 모국어인 독일어는 물론 영어, 화란어, 태국어, 중국어, 일본

189 한국선교 역사의 시작을 언제로 보는가는 논란의 여지가 있다. 이 글에서는 계일승의 신학박사학위논문과 김수진의 『황등교회 60년사』에서 다룬 귀츨라프, 토마스, 로스와 멕킨타이어, 일본으로부터 전래로만 다룰 것이다. 이런 점에서 현재 '황등교회 사랑의 종'에 나오는 설명은 수정이 필요하다. "…이 '사랑의 종'은 한국선교가 시작되던 해인 1884년에 제작한 종으로 역사적인 의미를 안고 있는 종이며 한국에서는 제일 오래된 종으로 알고 있다. …" 이 문장은 지나치게 이 종의 의미를 부각시키려는 의도로 1884년은 알렌이 우리나라에 입국한 해이다. 그러나 계일승은 미국 유니온신학교에서 한국교회사로 신학박사학위논문을 쓰면서 알렌이 최초가 아니라 그 이전에 이미 여러 선교사들이 있었음을 밝혔다. il Seung, Kay, *Christianity in Korea* (Union Seminary, Th.D, 1950), pp.70–84 참조; 이는 김수진이 쓴 『황등교회 60년사』에서도 마찬가지이다. 김수진, 『황등교회 60년사』, 29–33쪽 참조.

어에 능통해서 이들 언어로 다양한 저술과 번역 활동을 하였다. 태국의 선교기간 중 1831년은 귀츨라프에게는 육신적으로 힘겨운 시간이었다. 귀츨라프의 아내 메리 뉴엘Mary Newell(1794~1831)이 2월 16일에 쌍둥이 딸들의 출산 과정에서 사망하였고, 딸들도 곧 숨졌다.

귀츨라프의 1차 아시아 선교 여행(1831년 6월 3일~12월 13일)은 이러한 슬픔직후 행해졌다. 귀츨라프는 방콕을 출발해서 마카오에 도착하기까지 낡은 중국 돛단배를 타고 중국 연안을 6개월 동안 수많은 위험을 감수하면서 선교하였다. 귀츨라프가 조선을 방문한 것은 2차 선교 여행(1832년 2월 26일~9월 5일)시기이다. 귀츨라프는 선교를 위해 영국 동인도회사와 용선 계약을 맺은 507톤의 범선 '로드 애머스트호Lord Amherst'에 선의船醫와 통역관 자격으로 승선했다. 이 배는 조선에게 통상을 요구했던 최초의 서양 선박으로 기록된 바로 그 배이다.

1832년 7월 17일 오전 10시경 귀츨라프 일행에게 조선의 연안이 눈에 들어왔으며 오후 5시경에는 처음으로 조선인들과의 우호적인 만남이 있었다. 귀츨라프가 타고 있는 애머스트호가 조선에 최초로 정박한 곳은 몽금포 앞바다의 몽금도(대도) 앞이었다. 애머스트호는 다시 남하하여 뱃길을 따라 외연도(7월 21일)-녹도(7월 22일)-불모도(7월 23일)-고대도(7월 25일) 순으로 항해하였다. 특히 고대도古代島는 귀츨라프가 그곳을 떠난 8월 12일까지 선교기지의 역할을 톡톡히 했다. 고대도는 이를 기점으로 하여 근처 도서와 내륙까지 선교할 수 있었기에 한국기독교역사적으로 큰 의미를 지닌 섬이다.

귀츨라프가 조선의 국왕을 위해 준비한 진상품에는 지리, 천문, 과학서 외에 천, 모직물, 망원경, 유리 그릇 등의 선물이 있었다. 이것들 이외에 귀츨라프는 한문 성경 한 권과 기독교 전도 책자들도 있었다. 한문 성경은 『신천성서神天聖書』인데, 이 성경은 중국어로 된 최초의 신구약 완역 성경으로 동역자 로버트 모리슨 선교사가 1823년 말라카Malacca에서 출판한 21권 낱권을 엮어 한 권으로 만든 성경이었다.

귀츨라프가 고대도를 중심으로 펼친 선교 활동은 문화적 중개 활동으로 이어졌다. 선교하면서 귀츨라프는 조선어를 통한 소통에 대한 필요성을 절감하게 되었다. 7월 27일 귀츨라프는 오랜 설득 끝에 고관高官의 비서 양이Yang-yih에게 한글 자모 일체를 쓰게 하였다. 또한 양이에게 한문으로 주기도문을 써주면서 읽게 하고, 이를 한글로 번역하게 하였다.

귀츨라프는 2차 선교 여행 후 이 때 배운 한글을 1832년 11월에 모리슨이 편집자로 있는 《중국의 보고The Chinese Repository》라는 잡지에 소논문 형태로 "한글에 대한 소견Remarks on the Corean Language"을 발표하였다. 선교 현지에 와서 현지인을 통해 현지 언어인 한글을 채집하여 서양에 구체적으로 발표한 것은 귀츨라프가 처음이었다. 이처럼 귀츨라프의 번역 선교는 현지 방문을 통한 성경 번역 선교의 효시曉示가 되었을 뿐만 아니라 조선말을 익히고, 한글을 세계에 첫번째로 소개한 문화적 중개자의 역할도 수행한 것이었다.

귀츨라프는 영혼의 양식인 하나님의 말씀과 함께 당시 먹을 것이 없어 빈궁한 삶을 사는 조선인들을 위해 감자를 직접 심고, 생산하는 방법을 글로 써주었다. 이는 한국에 감자를 전래한 최초의 구체적인 기록이다. 아울러 같은 이유로 야생 포도의 재배와 그것의 과즙제조 방법도 설명해주며 글로 써 주었다. 또한 귀츨라프는 선교 사역의 한 방편으로 의술을 베풀며 사람들을 돌보았다. 귀츨라프는 이미 태국과 중국에서 했던 것처럼 조선에서도 무료로 약을 나누어 주었다. 어느 날 귀츨라프는 독감에 걸린 60명의 노인 환자들에게 충분한 양의 약을 처방해 주기도 했다. 귀츨라프는 가능한 한 선교지에서 의료적 도움을 주는 것이 중요하다고 생각하였다. 귀츨라프가 만약 조선에 더 오랫동안 머물 수 있었다면 중국에서처럼 고

아원과 학교 같은 사회적 봉사를 통한 선교를 더욱 체계적으로 감당했을 것이다.

귀츨라프는 조선에서 약 한 달간 선교하면서 얻은 문화적, 지리적 정보를 토대로 조선뿐만 아니라 동아시아의 선교 전략을 세웠다. 8월 17일 애머스트호는 제주도 연안에 도착했다. 귀츨라프는 제주도를 지리적 특성 때문에 일본, 조선, 만주 그리고 중국을 잇는 선교기지로서 적합할 것으로 보았다. 귀츨라프의 『동아시아 항해기』독일어판(1835)에서는 영어판(1834)에서 언급하지 않는 중요한 부분을 기록하고 있다. 그것은 기독교 신앙 공동체인 교회의 시작에 관한 언급이다. 귀츨라프는 제주도에 선교 기지가 세워진다면 "제주도가 인구가 많은 지역들(조선, 일본, 만주, 중국) 안에 처음으로 교회를 시작하기 위해서 그리고 하나님의 말씀을 전파하기 위해서 최상의 기회를 제공할 것"이라고 썼다. 이 생각은 조선을 위시한 이들 지역에 복음의 전파와 교회와의 관계를 중요시 한 것이었다.

귀츨라프가 조선 선교에 교회에 대한 언급을 한 것은 '주님의 교회의 확산Ausbreitung der Kirche des Herrn'을 소망한 것이다. 이는 선교 거점인 제주도를 통해서 조선 선교, 나아가 동아시아 지역 전체에 대한 선교를 피력한 것으로 한국을 통한 기독교선교 전략 최초 입안자라고 할 수 있다.

귀츨라프는 조선에 자신의 방문이 효과가 있는 선교의 결실, "이 외딴 나라remote country에 좋은 씨가 뿌려졌고, 머지않아 영광스럽게 싹이 돋아날 것이고, 열매가 맺힐 것"이라고 기대했다. 그러나 귀츨라프는 불행하게도 1851년 8월 9일 48세의 일기로 홍콩에서 별세하여, 홍콩공원묘지 Hong Kong Cemetery in Happy Valley의 기독교구역에 안장되고 말았다.[190]

---

190 "기독교한국루터회(총회장 김철환 목사)는 184년 전 우리나라 땅을 밟은 최초의 개신교 선교사 칼 귀츨라프(1803~1851)를 기념해 24일을 '제1회 칼 귀츨라프 기념주일'로 제정했다. 루터회는 이날 충남 보령시 고대도교회에서 총회 관계자 및 루터대학교 교

>>> 로버트 토마스

로버트 토마스Robert Jermain Thomas는 1840년 9월 7일 영국 웨일즈라드 노주 라야다에서 회중교회 목사의 아들로 태어났다. 토마스는 1863년 5월 런던대학 뉴칼리지를 졸업하고 6월 4일 고향인 하노버 교회에서 목사 안수를 받았고, 8월 런던선교회 파송선교사로 아내와 함께 중국 상해에 도착하였으나 얼마 지나지 않아 아내 캐롤라인이 풍토병으로 별세하고 말았다. 그 때 토마스의 나이는 고작 스물 네 살이었다. 토마스는 1865년 1월부터 8월까지 청나라 해상 세관 통역으로 근무하였다. 1865년 9월 세관의 통역을 사임辭任하고 백령도 근처 섬에 선교여행을 와서 한문으로 된 성경 200권을 주민들에게 전하며 복음을 전했다. 토마스는 한양을 향해 떠났다. 그런데 그만 태풍을 만나 한양으로 가지 못하고 구사일생으로 살아나 만주를 거쳐 북경으로 돌아갔다. 이것이 토마스의 1차 선교여행이다.

토마스는 알렉산더 윌리엄슨 선교사의 주선으로 조선에서 병인년 천주교 박해를 피해 중국에 온 천주교 신자들을 만나게 되면서 조선선교에 대한 꿈을 꾸게 되었다. 중국에서 선교사직을 사임하고 조선에 갈 기회를 찾던 토마스는 미국 상선 제너럴 셔먼호의 소유주인 미국인 프레스톤을 만

직원, 샘병원 의사들과 기념주일 예배를 드린다.", 양민경, "루터회, 24일 '제1회 귀츨라프 기념주일' 제정", 《국민일보》(2016년 7월 20일); "칼 귀츨라프선교기념회, 칼 귀츨라프 학회, 대구 동일교회, 고대도마을주민회가 공동 주최한 '2016년 제3회 칼 귀츨라프의 날' 행사가 지난 25~26일 충남 보령시 오천면 고대도에서 열렸다. 행사는 칼 귀츨라프 한국선교 기념 조형물 제막식, 칼 귀츨라프 선교 기념 심포지엄, 한여름 밤의 콘서트, 칼 귀츨라프 주기도문 번역기념 사경회 등으로 진행됐다…칼 귀츨라프학회장 오현기(전 백석대 교수) 대구동일교회 목사는 '1885년 미국 선교사인 언더우드, 아펜젤러가 처음 이 땅에 개신교를 전파했다고 알고 있는 이들이 많다'며 '하지만 이보다 무려 53년 앞서 대한민국의 땅을 밟고, 복음을 전파한 선교사가 있다. 바로 독일의 칼 귀츨라프 선교사'라고 밝혔다." 유영대, "언더우드 선교사보다 53년 먼저 한국 땅에 복음 전파"《국민일보》(2016년 8월 1일).

났다. 결국 조선말을 어느 정도 할 수 있었기에, 1866년 8월 9일 제네럴 셔먼호의 안내자겸 통역자로 동승하게 되고 그렇게 염원했던 조선을 향해 로버트 모리슨 선교사가 번역한 한문성경 수십 권을 가지고 떠나게 되었다.

그런데 셔먼호가 대동강 입구 용강군에 도착하여 계속해서 강 상류로 거슬러 올라갈 때 배가 머문 곳에 조선의 문정관이 와서 외국과의 무역은 국법으로 금지되어 있으므로 물러가라고 말하였다. 하지만 셔먼호의 선장은 이 말을 무시하고 대포로 조선을 위협하면서, 그리고 병졸까지 납치해서 감금하면서 계속해서 항진을 강행하였다. 당시 평양은 공포로 가득했고, 이 이방인들에 대해서 적대적인 감정이 팽배해 졌다. 때마침 조선의 입장에서는 다행스럽게 홍수로 불었던 대동강 물이 줄어들고 서해에 썰물 때가 되어 물이 급격히 줄어들자 셔먼호는 강바닥에 좌초되어 움직일 수가 없게 되었다.

9월 2일 평양감사 박규수(연암 박지원의 손자)의 명에 따라 상류에서 병졸들이 작은 배들에 여러 척 연결하고 그 위에 나무를 쌓아 놓고 불을 붙인 신탄선新炭船을 떠내려 보내자 셔먼호에 불이 붙기 시작했다. 배에 불이 붙기 시작하자 선원들은 강으로 뛰어 내려 강변으로 헤엄쳐 올라오게 되었고, 이 때 대기하고 있던 병졸들이 물에 오르는 선원들을 닥치는 대로 칼로 쳐 죽였다. 그 순간 토마스는 죽음을 직감했다. 토마스는 조선군에 잡힐 때 한 권이라도 더 조선에 성경을 보급하기 위해, 있는 힘을 다해 강가로 성경을 던졌다. 토마스는 생포되어 칼에 찔려 순교하였다. 그 때 토마스의 나이 스물일곱 살이었다.

토마스를 죽인 사람은 조선군 군인 박춘권이라는 사람이었다. 박춘권이 칼을 뽑아들자 ㅌ토마스는 급히 자기 품에서 성경을 꺼내어 웃으면서 박춘권에게 내밀었고, 그리고 두 손을 모아 마지막 기도를 올렸다. "오 하나님 이 사람이 자기의 하는 일을 모르오니 이 사람의 죄를 용서하여 주옵소서. 조선 땅에 뿌린 복음의 씨앗이 헛되지 않게 하소서. 내 영혼을 받아 주소서." 훗날 토마스의 성경보급으로 평양에 유력한 신앙 가문을 일으킨 이들이 많았다.

토마스의 시체는 토막 났고, 이어 강변에서 불태워졌다. 얼마나 허무한 죽음인가? 그런데 그 후 토마스의 죽음을 직접 목격한 열 세 살의 최치량 이라는 소년이 토마스가 전한 성경 3권을 주워 집으로 가져갔다. 소년은 서양인의 물건을 함부로 가져온 것이 무서워서 그 책을 평양성 대동문을 지키던 박영식에게 주었다. 박영식은 이 성경을 불태우지 않고, 집으로 가 져와서 뜯어 벽지로 사용하였다. 그리고 얼마 후 벽지로 사용된 성경을 읽 다가 박영식이 예수를 믿었다. 이후 최치량이 성인이 되어 박영식의 집을 구입한 후 주막을 시작하였다.

평양선교가 처음 시작된 것은 토마스가 죽은 지 27년 후인 1893년이다. 이 때 마포삼열 선교사가 평양에 복음을 전하기 위해서 갔다가 최치량의 주막에 머물렀다. 마포삼열은 성경으로 벽지가 되어있는 것을 보고 깜짝 놀랐다. 이것을 계기로 최치량과 많은 대화를 나누게 되었고, 최치량도 예 수를 믿고 1894년에 세례를 받았다. 박영식의 집이었던 최치량의 주막이 평양 최초의 널다리골 예배당이 되었다. 널다리골 예배당이 바로 1907년 평양대부흥 운동의 중심에 있던 장대현교회의 전신이고, 그 장대현교회 의 길선주 장로[191]가 한국 최초의 장로교 목사가 되었다.

그런데 놀라운 일은 여기서 그치지 않고 이어진다. 어느 날 널다리골 예배당 근처에 살고 있던 어느 노인이 마포삼열 선교사를 찾아와서 울면

---

191 길선주는 1897년 29세 때 세례를 받고, 1898년에는 교회의 영수(領袖)가 되었다. 1901 년 장대현교회의 장로가 되고, 1902년 조사가 되어 평안도와 황해도지방을 맡아 전도 하였다. 1903년 평양장로회신학교에 입학, 1907년 제1회 졸업생으로 7명의 동료와 함 께 평양노회에서 안수를 받고 장대현교회 목사가 되었다.

서 죄를 고백하면서 예수님을 믿겠다고 말하였다. 그 노인이 바로 30년 전에 토마스를 죽인 박춘권이었다. 지난 30년간 박춘권은 서양인을 죽이고 죄의식 가운데 살고 있었다가 토마스가 건네준 성경을 읽고, 예수를 믿었고, 후에 교회의 장로가 되었다. 박춘권은 자신이 예수를 믿은 후 간직하고 있던 성경 1권을 조카 이영태에게 주었고, 이영태는 성경을 읽다가 예수를 믿게 되었다. 훗날 이영태는 평양숭실학교를 졸업하고 레이놀즈 선교사를 도와 성경번역에 큰 도움을 주었다. 이런 모든 일들이 토마스 선교사의 허무해 보이는 죽음에서부터 시작이 된 것이다.

비록 정식으로 조선 땅을 밟아보지도 못한 채 스물일곱 살의 나이로 죽임을 당한 토마스 선교사. 하지만 토마스의 죽음 뒤에 비로소 조선 땅에 복음의 문이 열리게 되었다. 서툰 한국말 실력에 가진 것이라곤 한문으로 된 성경 한 권뿐이었지만, 토마스가 뿌린 복음의 씨앗은 이 땅에 복음의 부흥을 위한 놀라운 하나님의 축복이었다.

>>> 존 로스와 존 맥킨타이어

1872년 스코틀랜드 연합장로교 소속으로 만주에 와서 활동하고 있던 존 로스John Ross와 존 맥킨타이어John McIntyre 선교사는 처남·매부 사이였다. 1872년 존 로스는 아내 스튜어트와 함께 8월 중국 지푸를 거쳐 9월 스코틀랜드 연합장로교회 선교부가 있는 영구營口에 도착하여 중국어中國語와 만주어滿洲語를 배우고 선교 활동을 전개하기 시작했다. 이미 1867년 영국 장로교선교회 소속 윌리엄 번즈William Burns와 아일랜드 장로교선교회 제임스 와들James Waddel과 조셉 헌터Joseph Hunter에 의해 이 지역은 기독교선교가 시작된 후였다. 1873년 로스의 아내가 첫 아이를 출산하다가 갑자기 세상을 떠나면서 큰 위기를 만났다. 그러나 로스는 결코 선교를 포기할 수 없었다. 갓 태어난 자신의 아기를 돌봐 줄 사람이 필요했던 로스는 영국에 있는 누이동생 캐더린 로스Catherine Ross에게 도움을 요청했고, 캐더린 로스는 오빠의 청을 받아들였다. 같은 선교지에 와 있던 존 맥킨타이어John McIntyre가 캐더린의 헌신적인 모습에 감동을 받고 청혼하여 둘이 결혼했다. 로스는 1881년 재혼할 때까지 7~8년을 여동생 캐더린의 도움 속에 홀로 지내며 조선선교를 위해 열정을 쏟았다.

로스는 1873년 가을, 조선선교를 위해 산동 지역 특히 서간西間 지역으로 1차 선교여행을 떠나며 한국선교의 열정을 불태웠다. 만주 우장牛莊을 떠난 로스는 봉천 홍경을 거쳐서 압록강 상류 임강 부근까지 건너갔다. 거기서 우연히 조선인 마을을 발견했다. 이미 윌리엄슨에게서 토마스 선교사의 순교에 대한 이야기를 들어 조선이 어떤 나라라는 것을 잘 알고 있었던 로스였지만 조선인들에게 복음을 전하고 싶은 욕망을 억누를 수 없었다.

사공을 찾았지만 나서는 사공이 없어, 배라도 빌려 비밀리에 강을 건너려고 했으나 배를 빌려 주는 사람조차 없었다. 당시 조선은 쇄국정책으로 외국인과 접촉만 해도 처형되던 상황이었기 때문에 로스를 태워다 줄 사공이 없었던 것이었다. 로스는 조선에 입국하는 것을 포기하고 돌아갈 수밖에 없었다. 그 때 마침 한 사람의 조선인과 친하게 되어 자기가 갖고 있었던 한문 성경 몇 권을 그에게 전하고 돌아왔다. 로스의 노력은 헛되지 않았다. 로스가 배포한 성경을 읽고, 수년 후에 여러 명의 사람이 예수를 믿게 되었다.

계속해서 조선선교에 관심을 갖고 있던 로스는 1873년 가을, 만주를 출발하여 고려문高麗門을 방문했다. 고려문은 조선과 청나라 양국의 국경지대인 봉황성鳳凰城 바로 밑에 있는 작은 촌村 거리를 말하는데, 국경을 표시하는 장책長柵이 있어 책문柵門으로 불리기도 하였다. 고려문은 "한·청 양국의 유일한 관문"으로 일 년에 네 차례 시장을 열었던 지역이었다. 로스는 조선어 선생을 만날 수 있다는 기대감을 가지고 그곳에 갔던 것이다.

중국인 숙소에 짐을 풀고 매일 시장에 나가 조선인을 만났다.

1874년 4월 말에서 5월 초 로스는 자선사업가 아딩톤R. Arthington의 재정 후원으로 서기書記를 동반하고 다시 고려문에 가서 자신의 어학선생을 찾기 시작했다. 로스가 어학선생을 찾으려고 한 것은 성경을 조선어로 번역하여 본격적으로 조선선교를 시작하기 위해서였고, 자기 나라를 떠나 남의 나라에 와서 살 수밖에 없었던 비운의 이주민들에게 위로와 격려 그리고 하늘나라의 축복으로 구원의 길을 열어 주어야겠다는 생각에서였다.

서기를 통해서 만난 사람이 바로 의주 출신 중인 계급의 이응찬李應贊이었다. 로스는 한약재를 잔뜩 싣고 고려문으로 가기 위해 압록강을 건너다, 갑자기 돌풍으로 거센 파도가 이는 바람에 배가 전복되어 싣고 가던 모든 물건들이 물에 잠기게 되었다. 그로 인해 졸지에 무일푼의 난처한 처지가 되었다. 이응찬은 로스와 극적으로 만나게 되었고, 이를 통해 조선의 복음화를 위한 로스의 열정이 구체화되기 시작했다.

이응찬은 진퇴양난의 순간에 로스 일행을 만나 로스의 어학선생을 하면서 로스의 일을 돕게 되었다. 이 때가 1874년이다. 한학에 뛰어난 이응찬의 지도를 받으면서 로스의 어학 실력은 하루가 다르게 발전하여 1877년 『한국어교본』, 『한영문전입문韓英文典入門, A Corean-English Primer』을 저술할 정도로 급진전되었다.

이응찬은 로스를 도우면서 기독교에 대해 긍정적으로 생각하기 시작하였고, 로스를 좀 더 적극적으로 도와주고 싶은 생각이 강하게 일어났다. 그래서 이응찬은 1875년 고려문에 가서 백홍준白鴻俊, 이성하李成夏, 김진기金鎭基 등 의주 청년 세 사람을 포섭包攝하는 데 성공했다. 이응찬을 비롯하여 네 사람의 조선 젊은이들을 확보한 로스는 조선선교를 위해서 먼저 선행되어져야 할 것이 성경 번역이라고 보고 그 때부터 성경 번역을 본격적으로 착수하였다. 로스는 성경을 기독교의 핵심이요, 전도의 중심이라 보았다.

이들 네 명의 의주 청년들은 선교사, 세관관리, 병원장 등 그곳 외국인들의 어학 선생으로 일하면서 로스의 성경 번역 사업을 지원했다. 이들이 수행한 일은 성경을 한글로 번역하는 일을 위해 한문 성경을 수차례 정독하는 일이었다. 이 과정을 되풀이하는 동안 이들은 예수를 믿기에 이르렀다. 그로부터 4년 후 1879년에 네 사람 모두가 맥킨타이어에 의해 세례를 받았다.

선교본부를 흥분시킬 만큼 복음의 전파는 예상보다 빠르게 진전되었다. 서상륜徐相崙이 1879년 만주 우장에서 로스에 의해, 4년 후 1883년에는 김청송金靑松이 그 뒤를 이어 세례를 받아 이제 세례를 받은 젊은이는 모두 여섯 명으로 늘어났다. 이미 이들이 중심이 되어 조선인들의 신앙공동체가 형성되어 정기적으로 예배를 드리고 있었다. 조선인의 신앙공동체가 적어도 1879년 이전부터 정기적인 모임을 가졌던 것으로 보인다. 주목할 만한 사실은 이 조선인 신앙공동체를 이끌었던 지도자가 조선인이었다는 사실이다. 이것은 한국인에 의한 한국교회가 이미 복음 전래부터 실행에 옮겨졌음을 보여 주며, 한국인들이 로스와 맥킨타이어의 선교를 실질적으로 지원하여 한국선교의 비전을 더욱 불태우게 만들었다는 사실이다. 로스는 이들을 데리고 성경 번역을 착수했다. 이들의 협력이 없었다면 로스번역성경은 세상에 빛을 보지 못했을 것이다.

초창기의 성경번역 과정은 한국인 번역자들이 선교사들과 함께 한문 성경을 읽고 나서 그것을 한글로 번역하면 선교사는 그것을 다시 헬라 원문과 대조하여 될 수 있는 대로 헬라 원문에 가깝게 다듬는 방식이었다. 1878년까지 로스와 이응찬, 김진기, 백홍준 공역共譯으로 누가복음 초역이 완료되어 이것을 다시 맥킨타이어가 이들 조선인 번역자들과 함께 원문에 가깝게 재수정을 하였다. 성경 번역은 순조롭게 진행되어 1879년 5월 로스가 안식년을 떠날 때 4개의 복음서와 사도행전, 그리고 로마서 원고를 지니고 갈 수 있었다.

1879년 로스는 안식년으로 본국에 머무는 동안 서방세계에 조선에 관한 문화, 종교, 지리, 풍습 등을 소개한 서적을 출판하고, 기회가 주어지는 대로 조선인 선교 및 한글 성경 번역에 관한 보고서를 발표하면서 조선 선교의 중요성을 환기시켰다. 로스는 이 기간 동안 스코틀랜드 성경공회로부터 새로 번역될 한글 성경의 출판에 필요한 비용을 지원해줄 것을 약속받아 내는 데 성공했다. 1880년 스코틀랜드 성경공회는 누가복음과 요한복음 3천권에 대한 인쇄비와 두 선교사의 번역 비용, 그리고 조선인 번역자들의 급료를 지불하기로 결정하였다. 1881년 로스는 안식년을 마치고 만주 우장으로 돌아와 맥킨타이어가 수정한 누가복음과 요한복음을 또다시 검토하여 최종 원고를 완성했다. 1881년에 봉천에 인쇄소를 설치하여 중국인의 도움을 받아 한글로 된 첫 기독교 문서인『예수성교문답』과『예수성교요령』을 10월에 인쇄했고, 이어 성경 인쇄에 들어가 1882년 3월에 『예수성교 누가복음데자』를 처음 인쇄하고, 그리고 5월에『예수성교요안복음』발행했다.

한글을 전혀 모르는 중국인 인쇄공으로서는 한글 성경전서를 완간完刊할 수 없어 조선인 인쇄공을 구하게 되었다. 이 사람이 바로 서간도 한인촌韓人村 출신 김청송이었다. 비록 김청송은 너무 둔하고 느려서 무슨 일이나 네 번 이상 가르쳐 주어야 비로소 깨달아 알았고 손이 너무 떠서 두 인쇄공이 3,000장을 인쇄하는 동안에 겨우 4페이지밖에 조판을 하지 못할만큼 천성적으로 느렸지만 매우 성실한 사람이었고 또한 치밀한 성격의 사람이었다. 그 치밀함 때문에 인쇄되어 나오는 복음서를 자세히 읽게 되었고, 그 결과 마침내 스스로 기독교인이 되었다.

누가복음 최종 원고가 완성되어 인쇄에 들어가려고 할 즈음 동지사冬至使 일행 중의 한 사람이 돌아가는 길에 봉천교회에 들렸다. 이 때 로스와 맥킨타이어가 그 원고의 교정을 부탁해 김청송이 원고를 서울로 가지고 가서 교정을 완료한 후에 다른 동지사 편에 그것을 돌려보냈다. 이 사실은 1890년 로스가 이 때를 회고하면서 누가복음이 출판되기 전, 이미 동지사 일행에 의해 "번역원고가 한국의 수도에서 교정되었다"고 밝히면서 알려졌다. 이 사실은 곧 동지사 일행에 알려졌고, 이 일을 계기로 많은 동지사 일행들이 봉천교회에 들러서 한글 성경의 출판 상황을 견학하게 되었다.

심지어 누가복음이 출판되기 전에 번역 원고가 해외 서울의 수도에서 수정되었으며, 이는 너무 많은 흥미를 자아내 조선의 왕이 중국 청나라 황제에게 바칠 조공을 나르는 동지사에 딸려 이따금씩 중국에 오는 한 수행원이 이곳의 성경 번역 사업을 보기 위해 들렀다. 이들의 방문은 점차 더욱 잦아졌고, 이 젊은이들 가운데 한 사람은 느리기가 한이 없었던 식자공 김청송과는 정확히 정반대 모델이었다. 이 사람은 손놀림이 민첩했고, 눈치가 빨랐으며, 말과 사고와 행동이 영특했다. 이 사람을 통해 몇 백 권의 복음서와 훨씬 더 많은 전도지를 만들 수 있었다. 이들 중에 어떤 사람은 봉천에서 정동쪽으로 약 4백마일 떨어진 자신의 마을로 갔다. 그는 그 여행에 2주일이 걸렸고, 반년 만에 돌아와 보고하기를 그 책들을 팔았으며, 깊은 관심을 가진 사람들이 그것들을 읽었고, 그 중에 몇 사람은 로스가 그들에게 세례를 주러 오기를 원했다. 처음에 로스는 와서 세례를 달라는 말을 반신반의半信半疑해 주목하지 않았으나 그 사람은 더 많은 책을 공급받고 다른 마을로 가 반년 후 돌아와서는 정확히 같은 이야기를 반복했다. 이처럼 전혀 예기치 않은 사건과 사람들을 통해 성경번역 사업은 더욱 가속화되었고, 출판 후에도 성경 보급은 놀랍게 진행되었다.

1882년의 『예수성교 누가복음젼서』와 『예수성교젼셔 요안복음』의 출판은 한국기독교성경 번역역사에서 매우 중요한 의미를 지닌다. 그것은 최초의 한글 성경이라는 사실 때문만이 아니라 뛰어난 번역자들과 수차례의 재교정을 통해 "모든 난관을 극복하고" 원문에 충실하면서 순한글로 인쇄되었다는 사실 때문에 더욱 값진 결실이었다. 로스는 끝까지 원고를 다듬는 일에 혼신의 노력을 기울였다. 최종 원고가 완성된 뒤 1881년 『영어개역성서English Revised Version』이 출판되자 로스는 여기에 맞춰 다시 한 구절, 한 구절 대조하면서 원고를 손질한 다음 1882년 3월 24일에 첫 성경, 『예수성교 누가복음뎨자』를 출판하였다. 이어 계속해서 성경을 편찬해나갔다.

》》 일본을 통한 기독교 접촉, 이수정

이수정은 고종 친정 후 유력자로 떠오른 민영익閔泳翊과 깊은 교분을 맺었다. 특히 이수정은 1882년 임오군란 때 명성황후를 충주까지 피신시킨 공으로 왕실로부터 두터운 신임을 받았다. 1881년 신사유람단의 수행원으로 다녀온 농학자 안종수安宗洙와도 절친한 사이로서, 안종수의 권유와 임오군란 때 명성황후 보호의 공로 등으로 1882년 수신사 박영효朴泳孝의 수행원 자격으로 일본에 갔다.

일본 체재 중 안종수가 소개해 준 당대 일본의 대표적인 농학자이자 기독교인이었던 쓰다津田仙와 교분을 가지고, 쓰다로부터 근대적인 농법·법률·우편제도 등을 배웠다. 그러던 중 쓰다의 방에 걸려 있던 한문으로 쓰인 족자 가운데 성경에 나오는 산상수훈山上垂訓을 읽고 그 내용에 감명 받았다. 그 뒤 쓰다의 인도로 한문성경을 탐독하다 기독교에 귀의할 것을 결심하였다. 성탄절 쓰다의 안내로 기독교예배에 처음 참석한 뒤 1883년 4월 29일 동경 노월정교회露月町敎會에서 일본주재 미국 장로교회 선교사 녹스 Knox, G. W.의 입회하에 야스가와安川亨 목사의 집례로 세례를 받았다. 이로써 일본에서 세례를 받은 최초의 조선인 기독교신자가 되었다.

기독교에 입교한 뒤 한글성경 번역 사업에 착수, 일본주재 미국 성경공회 총무였던 루미스Loomis, H.의 권유와 협력에 따라 먼저 한문성경에 토를 단『현토한한신약전서懸吐韓漢新約全書』를 간행하였다. 이어서 순한문성경인『신약마가젼복음셔』를 번역했는데, 이 한글성경이 1885년 4월 처음 입국한 미국 선교사 언더우드Underwood, H. G.와 아펜젤러Appenzeller, H. G. 에게 주어졌다. 이 밖에 몇 편의 교리서를 번역하고 한국 문학과 천주교 관계 저서와 글을 남기기도 하였다.

한편, 1883년 12월 13일 미국에서 발간되던 선교잡지《The Missionary Review of the World》에 조선의 선교를 호소하는 글을 기고, 외국선교본부에서 조선에 선교사를 파견하게 하는 계기를 마련하였다. 뿐만 아니라 1884년 7월 최초의 외국인 선교사 맥클레이Maclay, R. S.를 김옥균金玉均 등과 만나게 하여 입국을 실현시켰다.

1885년 1월에는 일본에 도착한 선교사 언더우드와 아펜젤러가 한국에 들어오기 전에 그들에게 간단한 우리말을 가르치기도 하는 등 한국기독교선교에 교량적 구실을 다하였다. 갑신정변이 실패로 끝남으로써, 1886년 귀국 뒤에 수구파의 음모에 휘말려 처형되었다. 이수정은 세례를 받은 뒤『요한복음』13장의 내용을 중심으로 '신앙고백서'를 발표, 윤치호의 '신앙고백서'와 함께 한국 기독교 초기 신자의 신앙 양태를 대표한다.

》》》 성경번역의 의미

한국에 들어온 초기 선교사들은 성경번역을 매우 중요하게 여겼다. 이것이 가능할 수 있었던 것은 한글이었다. 한자漢字는 양반계층은 가능하지만 일반 서민들은 가능하지 않은 상황이었다. 그에 반해서 한글은 누구나 쉽게 익힐 수 있었다. 선교사들은 한글로 성경을 번역해서 누구나 읽을 수 있도록 하였다. 이런 이유로 초기 한국기독교는 양반도 있었지만 일반서

민들이 쉽게 기독교를 수용할 수 있었다.[192] 성경은 선교사나 교회당보다 중요하고 영향력이 컸다. 성경은 선교사를 만나지 못하고 교회당에 가지 못해도 혼자서 읽으면서 신앙을 가질 수도 있었고 이를 주변 사람에게 전해서 같이 읽을 수도 있었다.

위에서 살펴본 것처럼 성경을 읽다가 기독교신자가 된 이들이 많았다. 이처럼 성경번역을 중요하게 여기고 성경읽기를 중요하게 여긴 전통은 오늘날까지 한국기독교를 특징짓는 중요 요인으로 여겨지고 있다. 대한성서공회가 연간 성경을 인쇄·반포하는 수는 국외 수출이 4,529,000권이며 국내 성경전서가 782,000권이고, 『신약성서』가 1,289,000권이다. 대한성서공회는 기독교대한감리회·기독교대한성결교회·기독교한국침례회·대한구세군·대한성공회·대한예수교장로회(통합, 합동, 고신, 개혁, 대신)·한국기독교장로회·한국루터교 등 12개 교단에서 파송한 재단이사회가 운영을 책임지고 있다. 교단 연합운동의 대표적인 기관이다.

● ●
황등교회 설립의 토대

〉〉〉 익산시교회 역사

전북 익산시를 아는 사람들은 많지 않다. 호남고속도로가 전라도 땅에

---

192 언더우드는 초기부터 성경번역을 주도하였다. 언더우드는 아주 무식한 사람들까지도 이해할 수 있도록 문체가 간결하면서도 식자층의 마음에도 들도록 깔끔하고 순수한 것을 추구하였다. H. G. Underwood, "Bible Translating", *Korean Mission Field*, Vol.7, No.10(2011, Oct.), 326-327 참조.

들어서는 초입이자, 호남선과 전라선과 군산선이 갈라지는 철길의 분기점을 이루는 교통의 요충지이지만 정작 외지인들이 익산 땅을 밟아 보는 경우는 흔치 않다. 더욱이 이곳이 수십 년 전 세상을 떠들썩하게 만든 '이리역 폭발사고'가 일어난 바로 그 도시라는 사실을 알지 못하는 이들도 많다. 불교의 대표적인 상징중 하나인 미륵사지 유적지, 토착종교인 원불교의 총본부, 일 년에 한 번씩 열리는 보석축제와 서동축제로 이름을 알리는 곳인 정도이다.

세계 최대 규모의 교회들을 자랑하는 서울, 대부흥운동이 일어난 평양, 순교자들의 거룩한 피가 뿌려진 여수와는 달리 익산시는 몇 가지 기독교 유적이 있는 정도에 불과하다. 익산은 선교사들의 여행로를 따라 전주와 군산으로 들어온 복음이 몇 년을 지체한 뒤에야 전해졌고, 원도 없다. 그러나 익산은 인구대비로 볼 때, 전국 최고最高의 기독교 인구를 자랑하는 곳이다. 하다못해 익산시내권에 이름난 기독교학교나 대형 기독병원조차 없다. 그러나 익산은 인구대비로 볼 때 전국 최고最高의 기독교 인구를 기록한 도시이다. 더욱이 익산이 원불교 성지임을 감안할 때 기독교의 강세는 놀라운 일이다.

익산시의 모태인 옛 이리시의 태동은 일제 강점기 일본인들의 집단 거주지가 이곳에 형성되면서 비롯되었다. 철길이 놓이면서 자연스레 교통과 물자교류의 중심지가 된 이곳으로 인근 농촌인구가 유입됐고, 그 중 상당수는 외국문물과 시대흐름에 일찍 눈을 뜬 기독교인들이었다. 1906년 익산시내 최초의 교회인 고현교회가 문을 열기 전 인근 면지역에는 이미 수년 전부터 함라교회, 남전교회, 서두교회, 고내리교회 등이 활발한 복음전파를 하고 있었다. 군산과 전주를 거친 복음이 인구밀도가 높은 농촌지역에서 무르익은 후 한가운데인 익산에서 만개했다. 더욱이 이들 교회는 단순히 새로운 신앙을 전파하는 교화소의 역할에 만족하지 않았다. 1907

년 남전교회가 도남학교를 세운 것을 비롯해 20개가 넘는 학교들이 교회와 기독교인들의 힘으로 세워졌다. 오늘날 익산지역 교회 성장에는 이처럼 신문명의 전파지로, 민족교육의 요람으로 학교를 세워 인재들을 키워온 든든한 바탕이 되었다.[193]

전북 익산시의 기독교 역사는 이리시와 익산군이 통합되기 전의 일이다. 익산군에서는 1901년 오산면의 남전교회와 황등면의 동련교회, 1903년 삼기면의 서두교회와 여산면의 고내리교회, 1904년에 망성면의 무형교회, 1906년에 웅포면의 웅포교회와 대붕암교회, 용안면의 송산교회가 설립되었다. 이들 교회의 설립연도는 1928년 조선예수교장로회의 정식 기록에 의한 것으로, 이들 교회가 그 전부터 자체예배를 보았다는 설이 많다.[194] 용산교회가 동련교회에서 1907년 분립되었으며, 황등교회가 1928년 분립되었다. 이리시 권역에서는 1906년에 고현교회가 최초로 설립된 이후 많은 교회들이 설립되었다.

》》》 동련교회 백낙규

황등교회 초창기 역사에서 빼놓을 수 없는 선구자는 동련교회 설립의 중심인 백낙규이다.[195] 백낙규는 1876년 전남 승주군에서 태어났다. 백낙

---

193 정재영, "익산시 복음화 어제와 오늘(1)익산시 복음화 어제와 오늘", 《기독신문》 (200년 12월 4일) 참조.

194 "대장교회는 현지인들이 자발적으로 예배를 회집하여 예배를 드리다가 전도인을 초청한 교회이다." 차종순, 위의 책, 96쪽; 대장교회 외에도 여러 교회들이 선교사나 전도인 이전에 현지인들이 자생적으로 모여 교회를 설립해나간 경우가 많다. 서술자는 동련교회와 황등교회도 이런 현지인의 주체적인 자각으로 자생적으로 교회가 설립되었다고 본다. 이런 자생적인 교회의 대표적인 경우는 소래교회이다.

195 연규홍, 위의 책, 30-32쪽 참조; 서술자는 백낙규와 계원식이야말로 황등의 성인이라 말할 수 있다고 생각한다. 이 두 사람은 많은 부분 닮아 있다. 황등이 고향이 아닌 먼 곳에서 이주해왔다. 그 이유도 민족운동에 따른 도망자였다. 그리고 실천적인 기독교신

규는 전염병에 아버지와 형제를 잃은 갓 십여 세의 어린 나이에 홀어머니와 동생들을 이끌고 가정을 꾸려 나갔다. 백낙규는 어머니의 머리칼을 잘라 판돈으로 여비旅費를 하고 타향他鄕을 전전하기에 이르렀다. 그러면서 푼푼이 방물장수, 미투리 장사 등을 하여 번 돈을 집으로 보내고, 장사의 묘미妙味와 함께 세상 물정을 터득하게 되었다. 백낙규는 남달리 영민하고 부지런하여, 전라도를 누리며 장사를 한 보람이 있었다. 백낙규는 쓰러져 가는 가세를 추켜세우고 땅뙈기 몇 마지기나마 홀어머니에게 먹고 살 터전을 만들어 드렸다. 그리고 나서 조금 자본이 더 들지만 이윤이 많은 포목장수로 바꿔 광목, 삼베, 명주, 비단 등을 취급하였다.

그러던 중 백낙규가 19세 되던 1894년, 동학농민전쟁이 일어났다. 어린나이에 등짐도 지고 여러 곳을 다니면서 나라 되어가는 형세를 처절히 목격한 백낙규였다. 곡창지대라 일 년 내 뼈 빠지게 일한 결과로 수확이 풍성해도 날 뛰는 탐관오리들의 수탈과 착취 속에서 헐벗고 굶주린 백성들, 그리고 해마다 휩쓸고 지나가는 천연두 등의 전염병에 걸려 신음하는 이들을 보며 철없던 나이에도 언젠가는 새로운 세상이 와야 한다고 젊은 혈기에 주먹을 불근 쥐던 백낙규에게 동학농민혁명은 그야말로 하늘이 준 기회였다. 백낙규는 하던 일도 다 팽개치고, 동학농민운동에 자청해서 가담하였다.

백낙규는 동학군의 소접주까지 오를 정도로 열정과 지도력을 발휘하면서 동학농민전쟁에 적극적으로 가담하였다. 하지만 공주 우금치에서 조선의 관군과 일본군이 연합한 연합군의 세력에 밀려 패하고 쫓기는 신세가 되었다. 백낙규는 관군에 쫓기는 반역자로 고향으로 돌아가지 못하고, 황등면 동련으로 숨어 들어와 정착을 하게 되었다.[196] 백낙규는 이곳에 정

양인이었고 누구보다 교회를 사랑한 이들이었다.
196 이 점에서 백낙규와 계원식은 닮아 있다. 백낙규와 계원식이 나이와 고향과 사건이 다

착을 하고 어느 정도 장사로 자리를 잡은 후, 어머니와 형제들을 이곳으로 오게 하여 삶의 터전을 일구게 되었다. 하지만 백낙규의 마음 속 깊은 곳에 응어리진 동학군의 이상과 그것의 좌절에서 쌓인 울분은 결코 풀려지지 않았다. 타향이라 이곳 토박이들이 백낙규에게 주는 텃세와 괄시에도 어느 정도 그 이유가 있었겠지만, 백낙규의 가슴속에 응어리진 이 처참한 나라꼴을 보며 백낙규는 술과 노름과 싸움질로 자신을 학대하였다.

그러던 백낙규에게 복음은 놀라운 충격이었다. 케케묵은 양반, 상놈, 남존여비의 낡은 봉건적 유습과 위 아래로 썩어 문드러진 이 나라를 구하고 살리는 것은 먼저 이 옛 사람을 바꾸어 새사람이 되는 길이다. 그리고 그 사람들을 묶어 하나님의 나라를 건설하는 것이다. 백낙규는 고민하던 문제의 해결을 찾았다. 그 즉시 백낙규는 술과 노름을 끊고 성경에 적혀 있는 대로 새 생활을 실천하기 시작하였다. 헐벗은 자들에겐 거저로 옷감을 나누어 주고 끼니가 없는 빈궁한 살림에는 당장 먹을 쌀이라도 슬며시 내다 주었다. 6,7월부터 시작된 여름 더위와 이 때를 맞추어 도는 전염병에 걸려 죽어 길거리에 나뒹구는 시체들을 손수 들어다 염을 하고 장례를 치뤄 주는 등 백낙규는 그야말로 사랑의 실천자였다. 교회 일을 가정생활과 생업인 옷감장사보다 더 정성을 들이면서도 백낙규는 부지런하여 어느 일이나 소홀히 하지 않았다. 백낙규는 전주, 임실, 군산등지의 몇 십 리 거리의 장을 왕래하며 장사를 하였다. 그래서 장터 사람들은 장이 서서 사람들이 끼리끼리 모이면 "예수를 믿으려면 저기 동련의 백낙규처럼 믿으라"는 소문이 날 정도였다. 현재 동련교회 담임목사 김일원은 백낙규를

르지만 두 사람 모두 남다른 민족의식이 있었다. 그리고 그 민족의식을 실천한 결과 부득이 신변의 위협을 느껴 고향을 떠나 멀고 먼 익산군 황등면 지역으로 이주해서 살게 된 것이다. 그러면서 이 두 사람은 투철한 신앙인의 삶을 살면서 변치 않는 민족의식을 갖고 살았다. 그리고 자신들의 민족의식이 자식들에게 전해지기를 바라면서 그렇게 유도하였다. 그랬으니 이 두 사람은 한 눈에 서로를 알아보고 함께 하기로 한 것으로 보인다.

이렇게 소개하고 있다.

> 구한말 동학군에 참전했던 백낙규 장로는 동학이 실패하자 숨어 지내던 중
> 한 권서로부터 전도를 받고 오직 그리스도의 정신만이 나라를 구할 수 있다
> 는 확신을 갖게 되었다. 그날로 상투를 잘라낸 백 장로는 몇몇 사람들을 모
> 아 예배를 시작했고 이것이 동련교회의 시초가 되었다.[197]

백낙규는 동련교회 교인들 중에서 환자가 발생하면 환자를 안내해서
군산에 있는 구암기독병원까지 가곤 하였다. 그러다가 이 병원에 평양에
서 아주 진실한 의사가 새로 부임했다는 말을 듣고 그 의사를 만났다. 그
때 만난 사람이 바로 계원식이다. 백낙규는 계원식의 신앙과 생활에 큰 감
명을 받고 동련교회에 초청하여 간증 설교를 듣고 싶어 했고, 황등[198]의
지리적 특성을 자세하게 설명하였다.

황등黃登이란 뜻은 '큰 구릉 등성이'를 뜻하는 말로 옛날의 남이면과 동
이면과 북일면 일대에 펼쳐진 넓고 넓은 평야지대가 연이어져 있는데다
가 황등 석산石山을 바라보면 어마어마한 웅대한 구릉인 산등성이가 웅크
리고 있음을 볼 수 있다. 그래서 이 웅장하게 '큰 등성이'를 간략하게 줄여
서 표현한 말이 '한등이'였을 것이다. 원래 '한'이란 말의 옛말 뜻은 '크다.
많다.'란 의미를 가진 옛 이름古語이다. 대한민국이란 '한국'도 '크고 위대
한 나라'란 뜻이다. 이 '한등이'를 자주 입에 오르내리다 보니 어느 사이엔

---

197 김일원 동련교회 담임목사 인터뷰, "늘 어머니 품과 같은 교회로" 《뉴스피플》 (2012년
　　12월 6일).
198 행정구역상 전라북도 익산시 황등면 동련리에 동련교회가 있다. 이 동련교회에 출석하
　　는 황등리 황등시장터 부근 교인들이 후에 황등교회를 설립해나갔다. 그러니 여기서
　　말하는 황등은 황등리가 아니라 동련리를 포함한 황등면 전체를 지칭하는 것으로 보는
　　것이 타당하다.

가 '황등이'로 변하게 되었다. '한'이란 음으로 변한 것으로 예를 든다면 '황소'가 있다. '큰 소의 수컷'을 '황소'라 하는데 원래는 크고 힘이 세다 하여 '한소'라 했다. 그 '한소'가 '황소'로 변했다. 이와 같은 예로 '한등이'도 어느 사이에 '황등'이 되었다. 아마도 여기에 도살장이 있었기 때문으로 여겨진다.[199]

두 사람은 함께 황등산에 올랐다.

"백 장로님, 이 호수가 무슨 호수입니까? 마치 갈릴리 호수 같이 길고 아름답습니다."

"계 선생님, 이 호수는 요교 호수입니다."

---

199 황등(黃登)은 예부터 품질 좋은 화강암이 많이 났으며 이를 기반으로 한 석재산업이 발달한 지역이다. 황등면의 중앙에는 화강암으로 된 해발 60여m 내외의 구릉이 있어 황등(黃登)의 지명이 여기에서 유래했다고 전해지고 있다. 황등에는 크고 웅장한 구릉을 중심으로 마치 보물이 감춰져 있듯 크고 작은 마을이 곳곳에 들어차 있다. 보삼마을은 화강암의 명산지 황등석산 바로 밑에 있는 마을이다. 전해져오는 이야기에 따르면 옛날부터 황등산에는 우리 국민이 석 달(혹은 3년) 먹을 보물이 들어있다 해 보삼(寶三)이라 했다고 한다. 이와 함께 중국 문헌에 적힌 동쪽바다의 이상향인 부상(扶桑)이 '보삼'으로 와전되었고 여기에 마을을 뜻하는 말이 첨부되어 보삼마을이 되었다고도 한다. 또 신정(新井) 마을은 새로 우물을 파니 물도 잘 나오고 수질이 좋아서 '새샘'으로 불렸으며 그 곳을 중심으로 마을이 생겨 붙여진 지명이다. 황등이 과거에는 수변 지역으로 배를 이용했음을 알 수 있는 지명들도 남아있다. 백길(白吉), 배나들이·도선(渡船), 섬말·도촌(島村) 등이 바로 그 지명이다. 예전 도선 마을과 그 건너마을에 뱃터가 있었으며 마을 앞 갈대밭까지 물이 들어왔다고 한다. 또 백길(白吉) 마을은 뱃길, 뱃질이 변한 것으로 마을 앞이 모두 배가 다니는 뱃길이어서 붙여진 지명이다. 특히 이 지역의 수로 관련 지명은 만경강 제방을 쌓기 전에는 황등면까지 만경강 조수의 영향을 받고 있었음을 알 수 있으며 도선 마을은 배를 타야만 이동할 수 있었던 지역으로 생각되고 있다. 죽촌리(竹村里)의 죽촌(竹村)은 마을이 형성된 이후 대밭이 번성해 '대숲마을'이라 불리다가 한자음 표기에 따라 지금의 '죽촌'이 되었다. 또 오랜 역사를 간직하고 있는 화농(禾農) 마을은 수룽고지, 수룽골 등으로 불리는데 이는 농토가 매우 질퍽해 수렁논이 많아서 붙은 이름으로 수렁골이 수렁논 → 수렁농 → 수농(秀農) → 화농(禾農)이 되었다. 구자리(九子里)의 구자(九子)는 지형이 마치 거북의 모양과 같다고 해서 원래는 거북 구(龜) 자를 썼지만 한자가 너무 어려워 쉬운 아홉 구(九)자로 대신하였다. 또 무동(舞洞) 마을은 선인무수형(仙人舞袖形), 즉 신선이 소매 춤을 추는 형국이라 해 무동이라 하였다. 익산시공보담당관실, "익산 유래-크고 웅장한 등성이에 보물 담겨 있는 황등" 《익산시민뉴스》 (2013년 11월 13일) 참조.

"참 아름답습니다."

이 호수는 오늘의 삼기면과 팔봉동 및 황등면의 넓은 들을 차지했던 요교호腰橋湖라고 불린 큰 호수로 나룻배를 타고 건너 다녔다. 예로부터 익산시 황등면과 군산시 서수면, 임피면 일대의 평야는 비옥한 미작경지米作耕地로서 그 수원水源을 황등호黃登湖에 두고 있었다. 그러나 황등호는 보수는 물론 관리마저 제대로 되지 않고 방치돼 토사 매몰이 가속화되면서 저수지로서의 모습을 상실하기에 이르렀다. 이에 따라 옥토에 관심을 갖고 있던 일본인이 1909년에 임익臨益수리조합을 설치하고 황등제 복구를 목적으로 제방을 증축, 현재의 모습을 갖추게 된 것이다. 요교호에 황등제가 축조된 시기는 확실하게 알 수 있다. 일제강점기의 조사 자료인 『조선보물고적조사자료』에 의하면, "1923년에 용산성의 석재를 빼어 황등제 수축에 이용하였다."라고 밝히고 있다. 즉 황등제는 일제강점기인 1923년에 축조되었던 것이다.

황등제는 수리水利 현대화의 첫걸음이었고 다른 측면에서는 일본의 농업분야 침탈을 예고하는 전주곡이었다. 1935년에 완주군 경천저수지가 완공되면서 황등제는 다시 도로로서의 역할만을 맡게 됐다. 요교호가 정확하게 언제 생기고 폐지되었는지는 알 수 없으나 전하는 바에 의하면, 백제시대부터 있었다고 한다. 이것이 확실한 것인지는 단정 지을 수 없으나, 이 황등제가 있는 지역의 바로 인근에 황등면의 도선(배 나들이, 渡船), 백길(뱃길, 白吉), 섬말(섬 마을, 島村) 마을과 같이 수로와 관련이 있는 지명이 있으며, 요교의 바로 남서쪽에 어은리라는 곳이 있어서 금강과 만경강을 이용하여 미륵사로 들어오던 임금이 잠깐 머물렀던 데서 유래한 지명이 아닌가라고 보여, 이 지역 또한 수리로서 이용되었을 가능성이 충분히 있는 것 같다.

백제 무왕武王이 세웠던 엄청난 규모의 미륵사彌勒寺를 당시 수도였던 부여扶餘와 한참 떨어진 익산의 미륵산 밑에다가 세웠던 배경에는 이 황등제의 존재도 작용하였던 게 아닌가 싶다. 수리안전답에 해당하는 노령산맥 이남의 곡창지대를 부여보다 가까운 거리인 미륵사와 바로 옆의 왕궁王宮에서 직접 관할하고자 하는 의도가 바로 그것이다. 또 한 가지는 미륵사 앞에 있는 황등제를 통하면 부여에서 배를 타고 금강으로 내려와 웅포熊浦나 성당포聖堂浦를 통하여 황등제로 들어올 수 있고, 배로 황등제를 건너오면 바로 코앞에 미륵사가 연결된다. 무왕은 배를 타고 미륵사까지 곧바로 도착할 수 있었던 것이다. 황등제는 식량과 물류를 확보해 주는 호수였던 셈이다. 무왕과 선화공주의 미륵사지 창건설화는 황등제와 무관하지 않다.

금천錦川은 미륵산의 서북쪽 기슭에서 발원하였다. 익산시 삼기면 간촌리에서 구문천九文川과 장항천獐項川과 합류하여 황등면 연전평蓮田坪을 지나 신창진新倉津으로 흘러가는 하천이다. 이 하천 역시 황등제가 있었을 때는 요교호로 흘러 들어가던 하천이다. 예전에는 이 하천의 유역에서 토탄土炭이 많이 생산되었다. 전하는 바에 의하면 이 하천의 지류인 구문천 유역에는 옛날에 속칭 '번지藩池'라고도 불렸던 상실연上失淵이라는 큰 못이 상·하 둘이 있었다고 하는데, 언제 없어졌는지 지금은 그 터만 지명으로 불리고 있다. 『여지승람』에도 못이 없어진 사실만 기록하고 있다. 아마도 황등제가 없어진 후에 생긴 못으로 짐작이 되나 없어진 시기에 대하여서는 알 도리가 없다. 이 하천의 하류지역은 황등천黃登川이라 부르기도 한다.

실학의 선구자인 반계 유형원은 『반계수록』에서 "김제의 벽골제와 고부(현 정읍)의 눌제, 그리고 익산과 전주의 사이에 있는 황등제는 나라 안에서 가장 큰 제언堤堰으로서, 이들은 나라 한쪽에 큰 이익을 주는 제언이므로 국력을 크게 기울여 축조한 것이다. 이 세 곳의 제언을 축조해 놓으면 노령산맥 이북의 땅은 영원히 흉년이 없게 되는 것이며 호남지방의 만물은 가히 고목이 소생하는 것과 같은 일이다. 또 노령 이북의 땅이 영원히 흉년이 없게 되면 바로 온 나라 만세에 큰 이익이 되는 것이니 이 나라 조세의 대부분이 호남에서 나오기 때문이다.”고 하였다.

이 문헌에서 호남 즉 전라도의 삼호三湖는 모두 전라북도에 위치하고 있다. 호남평야를 중심으로 남쪽에 눌제, 중간지대에 벽골제 그리고 북쪽에 황등제가 있다. 이중 황등제는 익산시에 있는데, 이곳은 충청남도와 전라북도 아니 충청도와 전라도의 경계를 이루는 지역이다. 익산은 한양(서울) 쪽에서 볼 때 호남의 관문 역할을 하고 있는 셈이다. 우리나라의 국도 1호도 익산을 경유하고 있다.

“장로님 저 호수를 바라보니 마치 갈릴리 호숫가에서 제자들을 부른 예수님이 생각납니다.”

계원식은 백낙규의 설명을 들으면서 황등이 예수님이 사역하신 갈릴리를 연상시키는 장소라고 여겼다.[200] 이런 일로 계원식은 당시로서는 전북에서 가장 큰 도시로 발전하고 있는 군산의 병원을 사임하고 가난한 전북의 갈릴리 황등으로 이주할 것을 결심하였다. 이렇게 해서 계원식은 군산에 있는 짐을 정리하고 고향에 있는 재산을 정리해서 5만원을 만들었다. 당시 조선식산은행 자산이 25만원이었으니 5만원은 엄청난 금액이었다.[201]

이 소식을 들은 이리 시내 명치정에 살고 있던 일본인들이 당시로서는 의사가 귀한 때라 계원식이 군산에서 황등으로 옮긴다는 말을 듣고는 마을 대표들이 군산 구암기독병원으로 몰려가 계원식을 자신들의 마을로 옮길 것을 설득하고 나섰다. 그들은 전북에서 최고의사로 대우를 해줄 것을 약속하였다. 그러나 계원식은 돈에 궁핍해서 의사가 된 것이 아니었다. 계원식은 남다른 선교적 사명을 갖고 있었다. 계원식의 선친이 고향을 떠나 가난 속에서 고생하는 동포들을 위해 교회를 섬기다가 과로로 별세하

200 『동련교회 당회록』, 제1권, 4쪽을 김수진, 『황등교회 60년사』, 50쪽에서 재인용.
201 김수진, 『자랑스러운 순교자』, 181쪽.

였고, 계원식이 고향 평양에서 기성의원을 하면서 남몰래 독립운동 자금을 댄 것이 탄로가 나서 일본 고등계 형사들에게 고초를 겪었기에 이를 피하려고 치과부 조수 윤 군의 권유로 1919년 고향을 떠나 군산에 이주한 사람이었다. 그런 계원식이었기 돈을 더 받으려고, 더 편리한 도시권에서 일본인들을 위한 의사가 될 마음이 없었다.

1921년 봄에 이사를 하고 고향 이름을 따라 기성의원이라는 병원을 개업하고 가을에는 바로 기성워원을 동련교회의 기도처로 예배를 드리기 시작했다. 황등에 이사 온 계원식은 자신이 경성의전을 졸업하고 고향 평양에서 처음 개원한 이름 그대로 기성의원이라고 하였다. 계원식이 다시 개원하면서 기성의원이라는 이름을 그대로 재현하였을까? 계원식에게서 기성이라는 이름은 잊지 못할 이름이었다. 계원식이 떠나온 고향 마을 이름이었고, 계원식이 경성의전을 졸업하고 처음 계원식 자신이 지은 이름이었다. 그리고 계원식은 기성의원에서 번 돈으로 독립자금을 대다가 죽음의 위기에 직면하였다. 자칫 기성의원이라는 이름이 알려지면 일본경찰에 불이익을 받을 수도 있었다. 그럼에도 계원식이 기성의원이라는 이름을 그대로 쓴 것은 계원식이 기성이라는 글자에 갖는 애착이 있었음을 알 수 있다. 계원식에게서 기성의원은 복음의 터전이요, 독립자금을 댄 소중한 곳이었다.

계원식이 고향 평양에서 죽을 수도 있는 상황에서 낯선 황등에서 새로운 인생을 살면서 동련교회 장로가 되고 기성의원에 기도처를 시작한 때 계원식의 나이는 33살이었다. 예수님은 30대 초반에 공생애를 시작하시고 33살에 마무리하시면서 십자가를 지셨다가 부활하셨다. 그러니 예수님의 사역이 가장 왕성하고 완성 짓는 시기가 33살이셨다. 계원식은 33살의 젊은 날에 황등에서 새로운 삶을 시작하였다. 그 당시를 기억하는 계원식의 장남 계일승의 말이다.

제가 1919년 선친[202]을 따라 황등에 왔을 때는 교회도, 학교도 없었습니다. 장날 장터에 나가면[203] 머리 깎은 사람보다 장발한 머리 땋고 댕기 두른 30 대~40대 총각들이 많았고, 모자를 쓴 사람보다 망건과 갓 쓴 사람들이 많았습니다. 몇 개의 일본 상점 외에는 별로 상점다운 점방도 없었고, 고작 있었다고 하여도 음식점과 술집뿐이었습니다.[204]

계원식은 백낙규와 약속대로 동련교회에 출석하였다. 그로부터 얼마 지나지 않아 동련교회에서 계원식은 장로로 장립 받았다. 계원식이 이처럼 빨리 장로로 장립 받음이 가능한 것은 백낙규와 계원식의 관계가 마치 성경의 바나바와 바울처럼 돈독한 관계로 백낙규의 강력한 추천과 보증과 계원식의 신실한 신앙과 인품에 당시 동련교회 교인들이 수용한 것으로 보인다.

주후 1921년 3월 27일에 동련당회가 회입 하야 장로 1인을 투표하매 계원식 씨로 피택되다.[205]

위의 기록은 김수진의 『황등교회 60년사』, 49~50쪽을 토대로 정리한 것이다. 그런데 김수진이 10년 후에 쓴 『호남기독교100년사-전북편』에는 흥미로운 기록이 나온다.

202 계원식 장로를 말한다.
203 현재 황등교회가 들어선 곳으로 황등시장터를 말한다.
204 계일승, "축사-초대교회를 회고하며", 5쪽; 계일승이 황등에 교회가 없었다는 말은 그 당시 황등에 유일한 교회로 동련교회가 있었으나 지금의 황등리에는 교회가 없었다는 의미인 것 같다. 동련교회는 황등면 동련리 소재이기에 황등리에는 교회가 없었고, 후에 황등리 황등시장터 부근에 황등교회가 설립되었다.
205 『동련교회 당회록』, 제1권, 4쪽을 김수진, 『황등교회 60년사』, 50쪽에서 재인용.

1919년 3·1운동이 일어난 후 얼마 안 되어 중국 상해에서 임시정부가 탄생되었다. 이 때 계원식은 상해 임시정부에 자금을 지원했다는 혐의를 받고 수없이 경찰서에 드나들어야 했다. 다행히 조선인 형사의 도움으로 그 칠흑 같은 어두운 터널을 빠져 나오게 되자 그 길로 그는 군산 선교부가 운영하는 예수병원으로 오게 되었다.[206]

위의 기록은 김수진이 1989년『황등교회 60년사』에서 드러내지 않은 부분이 추가로 나온 것이다. 이는 계원식이 독립자금을 지원한 혐의가 아니라 실제로 그러했기에 평양을 탈출할 수밖에 없었고, 그 때 조선인 형사가 도움을 준 것으로 보면 일본 경찰의 정보가 계원식을 옭아맬 자료를 확보하였기에 이제 계원식이 체포될 시기가 다가온 일촉즉발—觸卽發의 순간이었음을 추측해볼 수 있게 한다. 그렇다면 계원식은 분명히 독립운동 의식을 지니고 이를 실천한 애국지사임이 분명하다. 이를 보완할 증언이 놀랍게도『황등교회 카페』,「황등교회역사」에 매우 중요한 자료가 탑재되어 있다. 이 자료는 김수진의『황등교회 60년사』에 들어있지 않은 기록이다. 왜냐하면 이 증언은『황등교회 60년사』가 출판된 이후 5년이 지난 시기에 조심스럽게 당시 87세인 김정선[207]의 증언이었기 때문이다. 이 기록은 다음과 같다.

최정은 : 청년시절부터 계원식 장로님을 10여 년간 가까이 모시고 있었으며 계일승 목사님, 계이승 장로님과 절친한 분이셨던 87세 김정선 할아버님의 소식을 듣고 전기년 집사님과 함께 그 분을 찾아뵙게 되었습니다.

---

206 김수진,『호남기독교100년사-전북편』, 403-404쪽.
207 김정선은 황등교회 설립 당시 초창기 교인으로 김수진이 밝힌 교인 명단에 나온다. 김수진,『황등교회 60년사』, 61쪽.

김정선 : 양 장로가 위대한 분으로 여기서 전북노회 대표로 평양까지 걸어가셨다.[208] 차가 없었을 때라서 계 장로 아버지하고 알게 되었는데 이 분이 평양신학 1회 졸업생 계택선 목사로 아버지시다.[209] 황등교회에 온 동기는 이필선이라고 처남이 있다. 3·1운동 만세를 불렀다. 헌병들이 쫓아다니니 피하다 피할 길 없어서 계 장로 집에 숨어들었었는데 헌병이 찾아왔다. 대문 열어주면서 필선이가 생각하기에 이리도 죽고 저리도 죽고 하니, 대문에서 숨어 있다가 몽둥이를 가지고 헌병을 때려 죽였다. 헌병 세 명 중 둘을 죽었고, 한 명은 도망갔다. 필선 씨 모母가 3대 독자를 살리기 위해 이자희 권사와 동생 필선이를 위해 모두 피하기를 바랐다. 계 장로는 평양에 살기를 원하셨다. 하지만 처남(이필선)을 살리기 위해 평양을 떠나 황등에 오게 되었다.[210]

---

208 양 장로라고 지칭한 이는 구술의 흐름과 시기적으로 볼 때 백낙규 장로를 말함인 것 같다. 그렇다면 백낙규 장로가 군산 기독병원에서 계원식을 만나기 전부터 두 사람은 어렴풋하게라도 아는 사이였을 것이다. 백낙규를 비롯한 황등지역 교인들이 평양지역에 대해 우호적이고 호감을 갖고 있었을 것이다. 실제로 평양은 한국의 예루살렘으로 불리던 곳이었다. 당시 유일한 장로교단의 신학교가 평양장로회신학교였고, 황등교회와 동련교회를 담임한 구연직 조사(後에 두 교회 공동 담임목사)도 평양장로회신학교에 재학 중이었다. 계원식은 평양출신에다가 평양장로회신학교를 졸업한 목사의 아들이었고 경성의학전문학교 1회 졸업생이었으니 계원식은 지역과 신앙과 실력 모든 면에서 호감이 가는 인물이었다. 계원식은 동향 사람과 평양장로회신학교에 대해 매우 호의적이었다. 그런 이유로 초창기 황등교회 담임목사중 대부분이 이북출신이거나 평양장로회신학교 출신이었다. 평양장로회신학교 출신으로 1대 구연직, 2대 이재봉, 3대 계일승, 4대 이재규, 5대 허덕화, 6대 이항석, 7대 김형우로 1935년부터 1959년까지 모든 담임목사가 평양장로회신학교 출신이었다. 김수진, 『황등교회 60년사』, 464쪽; 이처럼 황등교회가 평양장로회신학교 출신 담임목사가 많다보니 장로교의 교파분열시 조선신학교가 주축이 된 한국기독교장로회가 아닌 대한예수교장로회로 된 것은 당연하였다. 그 후 대한예수교장로회가 통합과 합동으로 나뉠 때는 계일승이 통합측 학교인 장로회신학교 교수 겸 교장서리가 되고 당시 영향력 있던 이리시내 신광교회 안경운 목사의 영향으로 통합측이 되었다.
209 이 부분은 김정선의 오인(誤認)으로 보인다. 계택선 목사는 평양장로회신학교 1회가 아니라, 1912년 제 5회 졸업생이다. 김수진, 『황등교회 60년사』, 56쪽.
210 『황등교회 카페』, 「황등교회역사」, "(영상자료) 황등교회 65주년 기념 영상3_계원식 장로님 기념사_김정선, 전기년 집사_이종용·최정은 대화" 녹화 자료를 녹취록 워드 작업하였다.

위의 기록은 중요한 가치가 있다. 백낙규와 계원식이 제대로 안 것은 1920년 군산 구암기독병원에서이지만 백낙규가 평양 사람에 대해서, 계원식에 대해서 호감을 가지고 있던 것은 군산 구암기독병원에서 처음 만나 대화하면서가 아니라, 그 이전이었다는 것이다. 또한 백낙규가 민족의식이 투철한 사람이었고, 계원식은 물론 선친 계택선과 처남 또한 그러했다는 이야기가 된다. 그러니 백낙규와 계원식은 당시 시대적 아픔을 함께하는 민족의식과 결부된 신앙으로 만나자마자 의기투합意氣投合이 가능했다.

주목할 사실은 지금도 황등면 교회들은 황등면교회연합회 주관으로 3·1절 기념예배와 8·15 광복절 기념예배를 드릴 정도로 나라사랑의 정신이 남다른 지역이다. 이런 정신은 같은 지역에서 교단과 교파를 초월해서 함께하는 교회일치 운동의 전통이다. 이런 교회일치 운동을 일컬어 '에큐메니칼 운동'이라고 한다. 이는 황등교회가 속한 교단의 정신으로 황등교회 담임목사를 역임하고 황등교회가 속한 대한예수교장로회 직영 목회자양성기관인 장로회신학대에서 역사신학 교수 겸 학장을 지낸 계일승의 신학사상도 에큐메니칼 운동에 잇닿아 있다.

> 계 박사 중심의 소위 에큐메니칼 운동을 지지한 통합측은 서울 성동구(현 광진구) 광장동에 1만 6천여 평의 부지를 매입하고 교사를 짓고 1960년에 신학교를 그곳으로 옮겼다. 황량한 산 중턱에 세워진 첫 교사는 예배당도 없이 교사 한 동과 남자 기숙사(현 엘림관)만 완공하고 이주하였다. 교명은 옛날 평양에 있을 때 사용하던 '장로회신학교'라는 이름을 다시 사용하였다.[211]

계 박사는 교육 일선에서 헌신하였을 뿐만 아니라 한국교회를 대표하여 세

---

211 김인수, "(9) 계일승 목사, 2. 교수와 대외 활동"《한국기독공보》(2009년 8월 13일).

계적인 모임에 여러 번 참석하였다. 1950년 캐나다 토론토에서 모인 세계기독교종교교육대회에 한국교회 대표로 참석하였고, 1954년 홍콩에서 모인 제1회 아시아에큐메니칼 선교협의회에도 참가하여 한국교회의 위상을 높이는데 공헌하였다. 1956년 방콕에서 모인 동남아시아 신학자대표회의에, 그리고 동년 방콕에서 모인 제3회 ACEM 대회에, 1957년 인도네시아에서 모인 아시아기독교대회, 1957년에 홍콩에서 모인 제4회 ACEM 회의 등에 참석하여 한국교회의 괄목할 만한 성장과 아시아에서의 지도적 위치에 있는 교회의 모습을 보여 주었다.[212]

이는 전북지역이 오래전부터 동학농민항쟁의 진원지이고, 애국지사들이 많이 배출된 지역으로 그 맥이 3·1운동으로 이어져 왔다. 이에 익산지역의 3·1운동을 살펴보는 것도 백낙규와 계원식이 꿈꾼 교회의 모습을 이해하는 데 도움이 될 것 같다.

●●●
3·1 만세운동과 황등교회

〉〉〉 3·1운동 배경사개요

1910년 일제가 한국을 강제로 병합한 경술국치 이후, 일제는 한국의 주권을 강탈하고 경제적으로 수탈한 것 외에도 한국정신을 일본문화에 흡수하고 동화시키기 위한 한국문화말살을 감행하였다. 이를 위해 일제는

---

212 김인수, "(9) 계일승 목사, 3. 신학사상" 《한국기독공보》 (2009년 8월 18일).

비판적인 자주정신을 약화시키기 위해 공창公娼과 아편과 도박과 향락문화를 통해 퇴폐적인 문화를 확산시켜 나갔다. 그러면서 일제는 정신문화의 핵심인 종교를 통제해나갔다. 1915년에 발표된 '포교규칙布敎規則'에 의하면, 모든 성직자들은 총독부로부터 자격증을 받아야 하며, 교회나 종교집회소를 신설 또는 변경할 때는 반드시 허가를 받아야 한다고 규정하였다. 그 결과 3·1운동이 일어날 때까지 10년간 새로운 기독교 교인수의 증가세가 현저하게 줄어들었다.

1915년에 발표된 '개정사립학교법'에 따라 학교 수업 중, 성경교육과 예배를 금지시키고, 일본어만 사용토록 하여 종교교육과 한글을 말살해나갔다. 민족의식을 고취시킨다는 이유로 여러 가지 방법을 동원하여 기독교계 학교를 탄압하였다. 이에 따라 한국교회의 지도자들은 신앙의 자유를 쟁취하기 위해서라도 민족의식과 독립정신을 고취해나갔다.

1919년 3·1운동은 1917년 미국의 윌슨 대통령이 세계 1차 대전에서 패전한 국가들의 지배를 받던 식민지국가들에 대해서 '민족자결주의' 원칙에 따라 자주독립을 보장하겠다고 선언한 것에 고무되어 준비되었다. 고종 황제의 장례일(3월 3일) 전 날을 기해 독립선언을 하기로 계획하였으나, 그 날이 주일主日이었기에 기독교계의 요청으로 하루 앞당겨 3월 1일土에 독립선언서를 낭독하고 전국적인 만세운동과 가두행진을 한 것이다. 3·1운동을 주도한 세력이 누구인가에 대해, 천도교가 주도하고 기독교가 수동적으로 참여한 것으로 보는 경향이 있다. 이는 독립선언서에 서명한 33인중 대표가 천도교지도자 손병희 선생이기 때문에 이런 주장이 설득력 있어 보인다. 그러나 33인 중 기독교인이 16명으로 가장 많았고(천도교 15명, 불교 2명), 실제로 각 지방에서 조직적으로 3·1운동을 주도하여 참여한 사람들은 그 당시로는 가장 광범위한 지역 조직과 주민 동원력을 갖추고 있었던 기독교인들이었다. 천도교는 대표적인 민족종교이었지만 그 교세가 기독교의 10분의 1정도밖에 되지 않았으며, 각 지방에서 인원을 동원할 천도교 조직이 거의 없는 실정이었다. 그에 반해 각 지방에 흩어져 있던 교회들은 길선주 목사와 이승훈 장로 같은 기독교계의 지도자들이 대거 참여한 독립선언서의 정신에 동조하였고, 이에 고무되어 자발적이고도 조직적으로 만세 운동을 참여하였다. 실제로 많은 교회가 고종황제를 위한 추모집회를 가진 후, 국부國父를 잃은 상실감과 조국을 강제로 빼앗긴 분노심이 촉발되어 만세운동을 주도하기도 하였다. 3·1운동으로 인해 가장 많이 피해를 본 것도 한국교회와 기독교신자들이었다.

한 통계에 의하면, 3·1운동이 일어난 후 6개월 동안 체포된 19,525명 중 기독교인이 17.6%라고 한다. 당시 한국의 인구가 2000만 명이고, 기독교인의 수가 1%인 20만 명이었다는 점에서 볼 때, 일반 국민보다 18배 정도 많이 체포된 것이다. 1919년 5월까지 파괴된 교회의 수와 체포된 목회자의 수로 봐도 기독교의 피해가 가장 심했다. 많은 목회자들이 "어떠한 곤란이 있어도 낙담하는 일이 없이 용감히 그 중한 십자가를 지지支持하여 우리의 독립 자유 행복을 위하여 전력을 기울이도록"설교하였다.

기독교가 처음 한국에 들어왔을 때 선교사들은 교육·의료·사회계몽운동을 전개하였고,[213] 새 시대와 새 문물을 향한 계몽과 개화의 전위대가 되었다. 많은 민족의 선구자들이 교회에 들어오므로 한국교회는 겨레와 민족의 장래에 희망을 주는 귀중한 역할을 감당하였다. 3·1운동 당시 한국교회는 시대를 앞서 나가는 사회의식을 지닌 공동체였다. 한국인들의 의식 개혁과 생활의 근대화를 위하여 금주·금연운동을 전개하고, 아편과 공창公娼 폐지를 위한 사회 운동을 전개하고, 물산을 장려하고 신교육을 강조하고 성경구락부의 야학을 통해 한글교육과 사회 계몽운동을 전개하

---

213 황등교회가 황등지역에서 펼친 지역사회 섬김도 이런 요소들이 있다.

였다. 그러므로 당시의 기독교인수가 전체 국민의 1%가 채 되지 못했지만 사회적인 지도력과 사회적 영향력은 대단했다고 평가할 수 있다. 그리고 교회의 이러한 대사회적인 활동으로 인해 교회에 대한 사회적 공신력도 아주 높았다.

>>> 전북지역 3·1운동

전북은 동학농민운동[214]의 진원지로 사회변혁의 의식이 다른 지역에 비해 상대적으로 높은 지역이다. 주목해서 볼 점은 동학농민운동이 이 글의 서술방향과도 그 맥이 닿는 측면이 있다. 이는 이 운동이 다수의 평범한 농민들이 일으킨 항쟁이라는 사실이다. 이는 의병운동에서는 지식과 재력을 겸비한 양반이 중심이 되어 그 사람의 개인부대 같은 성격이 있으나 분명히 동학농민운동은 특정 개인이 아닌 민중봉기의 성격이 강하다. 이를 좀 더 살펴보면 전북지역에서 일어난 3·1운동을 이해하는 데도 도움이 될 것이다. 또한 동학군이었던 백낙규를 통한 동련교회를 이해할 수도 있고 3·1운동에 동참한 것으로 추측되는 황등교회 초창기 선구자들을 이해하는 데도 도움이 될 것이다.

당대의 세도가문인 풍양 조 씨의 일원이었던 조병갑은 1892년말 고부군수로 부임한 이래 온갖 방법으로 백성을 못살게 굴었다. 면세免稅를 약

---

214 동학농민운동에 대한 평가와 용어 규정은 역사가들에 따라 다양하다. 이 글에서는 동학농민운동에 대한 식민주의역사가, 민족주의역사가, 민중주의역사가의 논쟁을 중점적으로 다루거나 어느 한 편의 규정을 그대로 하기는 모호하여 임의적인 표현으로 동학농민운동이라고 지칭하였음을 밝힌다. 이 규정은 식민주의 역사가는 분명히 배격하고, 민족주의와 민중주의를 절충한 표현이다. 동학농민운동에 대해서는 민족종교인 원불교 측에서도 집중적으로 다루고 있다. 이는 원불교가 전북 지역에서 태동한 민족종교이기에 그런 것 같다. 원광대학교 원불교학과 박맹수 교수(원불교 성직자-교무)는 동학연구의 권위자로 손꼽히는 학자이다.

속했던 황무지 개간에 대해 세금을 징수하는가 하면 갖가지 명목으로 재물을 빼앗았다. 태인 현감을 지낸 자기 아버지의 공덕비를 세운다고 돈을 거둬 원성을 사기도 했다. 특히 말썽이 된 것은 동진강에 축조된 만석보萬石洑 사용료의 강제 추가 징수였다. 무거운 수세水稅로 농민의 불만이 높던 차에 조병갑은 농민을 동원하여 멀쩡한 보洑 위에 새로운 보를 쌓고는 가혹한 수세를 거뒀던 것이다.

참을 수 없게 된 고부 농민들은 동학 접주接主 전봉준全琫準에게 하소연했다. 중농中農에 서당 훈장이었던 전봉준은 1893년 11월 농민들과 함께 고부군아郡衙를 찾아가 진정했지만 쫓겨나고 말았다. 결국 전봉준은 동지들을 규합하여 '사발통문'을 만들고 봉기를 결의하기에 이르렀다.

1894년 음력 1월 11일(양력 2월 14일), 전라남도 고부의 말목 장터에는 걸립패들의 풍물이 흐드러지고 있었다. 쇠가 울리고 징이 울릴 때마다, 액맥이 가락은 전에는 들을 수 없던 울림을 울려냈다. '이 나라는 망한다. 꼭 망해야 옳다. 어찌 얼른 망하지 않는가' 그날 걸립패의 가락을 좇아 농민들이 부른 노래는 '망국가亡國歌'였다. 낡은 것을 부수려는 염원이기도 했다. 죽창을 든 수천 명의 걸립패와 농민들은 그날 고부관아로 쳐들어가 감옥을 부수고, 창고의 쌀을 풀어 농민들에게 돌려주었다. 만석보를 둘러싼 고부군수 조병갑의 탐학과, 안핵사 이용태의 비리로 인해 촉발된 고부 항쟁은, 1894년을 송두리째 불태운 동학 농민 항쟁의 첫번째 불길이 되었다. 2년 전 동학이 시작한 교주 최제우의 신원운동이 보국안민, 척양척왜 기치 아래 정치적, 사회적 투쟁으로 발전하는 순간이기도 했다. 죽창을 든 농민군은 피리를 불고, 나팔을 불고, 오색 깃발을 휘날리며 세상 끝을 향해 진군했다.

1894년 5월 11일 새벽, 도교산 아래 진을 치고 있던 정부군 진지로 포탄과 탄알이 날아든다. 1만여 명의 농민군이 사방에서 몰아닥쳤고 향병과 영병 그리고 보부상들로 구성된 정부군은 삼麻대처럼 엎어지고 자빠졌다. 칼은 수탈의 기억으로, 창은 핍박과 탐학貪虐에 대한 증오로 휘둘러졌다. 새로운 세상에 대한 희망처럼, 피냄새가 진동했다. 아침이 밝고 안개가 걷히자 핏물로 가득찬 논바닥에는 숫자를 헤아릴 수 없는 시체들이 쌓였다. 역사에 '황토재 전투'로 기록된 이날 싸움에서 전봉준과 김개남이 이끈 동학농민군은 정부군을 완전히 궤멸시켰다.

고부에서 황토재까지, 농민군은 원평, 부안 등을 점령했고, 전주성을 향해가면서는 정읍, 흥덕, 고창 영광 등을 점령했다. 동학의 불씨가 호남에 이르러 걷잡을 수 없는 불길이 된 것은 조선의 살림을 4분의 1가량이나 책임질 정도로 풍요로운 들판을 가진 호남이, 오히려 바로 그 때문에 다른 지역에 비해 더 가혹한 수탈의 대상이 되었기 때문이었다.

전봉준이 고부 군내에 사발통문을 돌려 강력한 무장항쟁을 촉구한 것은 1893년 12월, 고부항쟁이 있기 두 달 전의 일이었다. 그 사발통문에서 전봉준은 고부성을 점령하고 조병갑을 목 베어 죽일 것을 촉구했을 뿐만이 아니라, 전주감영을 함락하고 그 후에는 곧바로 서울까지 나아갈 것을 결의하고 있다. '백성은 나라의 근본이라, 근본이 깎이면 나라가 쇠잔해지는 것이다'라는 말과 함께 보국안민의 기치를 내걸고 항쟁의 정당성을 선포한 무장창의문은 손화중과 김개남이 연명했다.

1년 전, 최제우의 교조신원을 위한 보은 집회가 열렸을 때, 선무사 어윤중은 그곳에 모인 농민들을 이렇게 분석했다. 탐관오리가 날뛰는 것을 분하게 여겨 백성을 위해 목숨을 바치려는 자, 외국 오랑캐가 조선의 이권을 빼앗는 것을 분통하게 여겨 그들을 내쫓겠다고 큰소리치는 자, 죄 짓고 도망하는 자, 재기를 갖추고서도 뜻을 얻지 못해 불평불만에 가득찬 자, 농사를 지어도 쌀 한 톨도 남지 않고 장사를 하여도 한 푼도 남길 수 없는 자, 무지몽매하여 풍문을 듣고 들어온 자, 모진 빚 독촉을 견디지 못하는 자,

상놈이나 천민으로 출세해 보려는 자, 이들이 각기 다른 꿈으로 고부항쟁 이래 전주로 향하는 농민군에 모여들었다.

이처럼 이들의 처지는 달랐으나, 이들의 생각은 같았다. 갈아엎어야만 한다는 것, 빼앗긴 모든 것을 되찾기 위해서는 죽창을 들 수밖에 없다는 것, 세상의 끝에 서 있었다는 점에서 그들이 같은 자리에 있었다. 그러나 그들은 외세를 배척하고자 했던 투쟁이 오히려 외세를 불러들여 이 나라의 마지막 주권과 존엄을 빼앗기는 결정적인 계기가 되리라는 것을 알지 못했다. 죽창을 들고 시작하였던 이 가난한 항쟁이, 청·일전쟁을 동반하며 동아시아의 운명을 결정짓게 하는 도화선이 되리라는 것도 알 지 못했다.

1894년 5월 10일, 양호초토사 홍계훈이 이끄는 장위병 800여 명이 군산포로 들어선다. 16일 후 홍계훈의 정부군은 장성 황룡촌에서 농민군과 접전을 벌인다. 이 전투에서 정부군은 최신식 대포인 쿠르프포와 회전식 기관총, 그리고 수많은 소총 등의 월등한 화력을 앞세웠음에도, 백 명이 죽으면 천 명이 달려드는 식으로 죽음을 두려워하지 않는 농민군에게 대패하였다. 홍계훈은 패전의 참담함 속에서, 동학농민군을 진압할 자신이 없음을 고백하는 전보를 정부에 보낸다. 전보의 끝머리에 '청나라에 원병을 청원'하라는 호소를 홍계훈이 덧붙이고 있는 동안 홍계훈의 군대를 태우고 군산포까지 왔던 청나라 군함 평원호는, 통째로 불덩어리가 되어버린 호남평야를 침묵 속에 응시하고 있었다.

이 배에는 원세개의 장수 서방걸이 타고 있었고, 17명의 청인들과 무기가 실려 있었다. 당시 이 배의 움직임을 누구보다 주시하고 있는 것은 농민군도, 정부군도 아닌 일본이었다. 농민의 세상으로 변한 호남벌판에, 이제 불길은 다른 곳으로 옮겨지고 있었다. 그러나 여전히, 다 타버린 자리에 무엇이 남을지 알 수 있는 사람은 아무도 없었다.

1894년 봄과 가을 두 차례에 걸쳐 전라도 일원을 뒤흔든 농민 봉기를 보는 시각은 그때 이미 화해할 수 없는 평행선을 달렸다. '나라를 보전하고 백성을 편안케 하기 위해 일어난 의기義旗'라는 농민군의 자기규정과 '나라를 존망의 위기에 처하게 만든 무지몽매한 비도匪徒'라는 갑오경장 추진 세력의 손가락질이 팽팽히 맞섰다. 그 결과 외세를 낀 대규모 동족상잔의 비극이 빚어졌고 농민군은 속죄양이 되었다.

1945년 광복 이전까지 조선 왕조의 사관史官, 일제 식민사가, 그리고 서양 선교사와 같은 심판관들은 이 봉기를 시대의 흐름을 거스른 소요 행위에 지나지 않았다고 보고 '동학란東學亂' 또는 '동비東匪의 난'이라는 낙인을 찍었다.

그러나 '그때 거기'는 '지금 여기'를 통해 항상 새롭게 해석된다. 광복 이후 민족과 민중이 시대의 화두話頭가 되면서 민족의 자존을 꿈꾸거나 민중이 주인 되는 세상이 오기를 갈구한 역사가史家들은 이 농민 봉기를 오욕汚辱의 늪에서 건져낸 혁명적 사건으로 여긴다. 민족주의 역사가들은 동학이라는 민족종교의 교리에 담긴 척양척왜斥洋斥倭의 반침략 사상과 "사람이 곧 하늘"이라는 평등주의, 그리고 후천개벽後天開闢의 변혁사상 등이 이 봉기를 이끈 힘이었다고 봐서 '동학농민혁명'이라는 새 이름을 붙여주었다. 민중주의 역사가들은 봉건시대에 빈발한 민란을 통해 농민들이 쌓아 온 계급의식에서 그 추동력을 찾아 동학의 영향을 부정하는 '갑오농민전쟁'이란 호칭을 부여하였다. '농민혁명'을 말하건 '농민전쟁peasant war'을 주장하건 광복 이후의 역사가들은 계급적 이해나 정치적 지향을 넘어 이 봉기가 현대 한국의 민족주의, 사회주의, 대중적 민주주의가 꽃피는 데 결정적 공헌을 한 진보적 민중운동의 출발점이었다는 찬사를 합창하였다. '지렁이도 밟으면 꿈틀댄다'는 말처럼 억압과 착취에 외세의 간섭에 분명하게 저항하면서 일어섰던 농민군들은 모두 철두철미한 애국자이자, 원초적 민족주의자proto-nationalist였다.

이처럼 전북 지역은 동학농민운동의 영향으로 반외세운동이 강한 지역이었다. 이런 이유로 전북 지역은 3·1운동이 빠르게 확산되었다. 전북지역 여러 곳에서 3·1운동이 전개되는데, 군산에서 점화된 3·1 만세운동은 3월 4일 옥구, 6일에는 김제, 10일에는 익산과 임실, 13일에는 전주, 16일에는 정읍, 23일은 금산과 장수, 4월 1일에는 무주, 3일에는 남원, 11일에는 순창, 12일에는 진안, 18일에는 부안 등 전북도내 14개시군 전 지역에서 만세운동이 벌어졌다. 전주지방보훈청에 따르면, 3·1만세운동은 1919년 3월 20일4월 9일까지 43만여 명이 참여해 절정을 이뤘지만 전북지역의 만세운동은 1919년 3월 1일부터 19일에, 12만여 명에 이를 정도이다. 전북의 만세운동은 총 회수 40회에 연인원 1만여명이 참여한 것으로 집계되고 있다. 이 시위 군중에 의해서 파괴된 일제관서는 경찰주재소 3개소를 비롯 면사무소 1개소, 일본인 가옥 3개소 등 총 7개소다. 독립선언서가 비밀리에 서울에서 전북으로 전해진 경로는 지금까지 규명된 바로는 세 가지 경로를 확인할 수 있다. 인종익印宗益에 의한 천도교 계통과 세브란스 의학전문학교 학생인 김병수金炳洙에 의한 기독교 계통이 대표적인 경로이고, 함태영이 임영신에게 전한 독립선언서가 전주기전여고 동창, 후배들과 신흥학교 학생들에게 배부된 것이 또 하나의 경로이다.[215]

》》》 익산 지역의 3·1운동—지역교회를 중심으로

익산 지역의 만세운동에서는 어떤 교회에서 얼마나 많은 교인들이 참여하였는지 정확한 기록은 많지 않다. 그러나 당시 사회적으로 계몽을 기

---

215 전북지역 3·1운동에 대한 자료는 현재 제석교회 정경호 담임목사의 도움을 받은 자료임을 밝힌다. 이 자료는 2013년 대한예수교장로회총회 역사유적으로 인정된 자료이기도 하다.

치로 내세운다거나, 신사참배에 반대되는 유일신을 섬기는 교회가 10개를 넘었다는 것에 주목할 필요가 있다. 특히 기독교가 강세였던 익산지방의 신앙심은 충분히 그럴 가능성을 안고 있다. 이런 자료들을 근거로 기독교와 3·1운동에 관한 당시 상황을 더듬어보면 상당부분 접근해갈 수 있을 것으로 생각된다.

● 남전교회를 중심으로

오산면 남전에서 조선시대 말엽 사헌부 감찰司憲府監察을 지낸 김내문 집안이 일찍부터 기독교를 받아들였고, 남전교회에 출석하였다. 1917년에는 동학혁명에 참여한 민족주의자 최대진 목사가 담임목사로 부임한 뒤, 김내문 가정을 심방하면서 자연스럽게 이곳의 지도자인 박연세 장로와 김내문, 최대진, 김만순 등과 당시 도남학교 김영인 선생 등이 연대한 구국운동의 모의가 시작되었다. 남전교회에서는 도남학교의 김영인 선생과 최대진 목사가 민족 신교육의 내용이 이스라엘 민족이 400년 동안 이집트 바로의 억압과 폭정 앞에 울부짖는 통탄의 소리를 들으시고 해방시키시는 하나님께서 기독교로 선택된 우리조선 민족도 일제의 폭압과 억압의 쇠사슬을 끊고 우리민족을 일본제국의 노예 생활에서 해방시키신다는 설교와 기독교 교육으로 교인들과 도남학교 학생들에게 민족의식을 고취시켜 나갔다.

3·1만세 운동이 전국적으로 확산되어 나갈 때 오산 김내문의 집에서 아들 김만순, 최대위, 김영인과 함경도 갑산탄광에서 금광사업을 하면서 독립자금을 조달하여 만주 등으로 송금 하는 등 구국운동에 열중하던 민족지도자 문용기가 3월 중순경에 김내문 집을 찾아 합세하면서 4월 4일 12시를 기하여 대대적인 만세운동을 전개 시켜 나가기로 합의 되었다.

4월 4일의 만세운동의 전초전으로 익산 각지에서 발발한 3·1만세운동은 사람들이 많이 모이는 장날이나 호남선 열차승객이 많이 몰려드는 기차역을 활용하는 운동방법이었다. 이리역에 일본보병 제 4연대 1개 중대가 주둔하면서 전주, 군산, 김제, 정읍 방면으로 왕래하는 승객들을 일일이 감시하고 있었다. 이러한 그 때의 정황은 역 안에서 독립만세 시위가 불가능한 형편이었다. 4월 4일 거사에 앞서 3월 27일과 29일에는 승객들이 많이 몰려있는 대합실과 승강장 안에 열차가 서있는 플랫폼platform과 열차 안쪽에서 만세운동이 일어났다.

김만순, 정진영, 문용기, 박영문, 김병수, 오덕근, 박병렬 등 수십 명의 기독교측 지휘본부는 조를 지어 승객들에게 독립선언서와 태극기를 배포하였다. 각 교회에서 사용하고 있는 재래식 복사기 가리방[216]으로 독립선언서를 수 만장씩 제작하여 놓고 승객들에게 배포하였다. 선언문의 내용을 확인한 수백 명의 승객들이 기차가 잠시 멈춘 사이에 밖으로 뛰쳐나와 대한독립만세를 연호하여 외쳤고 기차가 떠나버리고 나면 일본 헌병들은 먼 산만 바라보는 꼴이 되었다.

기독교측 지도자 문용기, 김내문, 정진영, 최대진, 박영문, 오덕근, 박병렬, 박공업, 백낙규(동련교회 장로) 등과 천도교 지도자 박영진, 이중렬, 이유상, 송일성, 이형우, 노충만, 최재봉 등 민족운동 지도자들은 태극기와 독립선언문을 수 만 장씩 준비하는 등 이들에게 있어 4월 4일은 생명과 젊음을 바쳐 이 민족의 자주독립을 기필코 쟁취해야만 하는 최후의 날이었다. 이러한 계획은 이리천도교 측의 인사들 뿐 아니라 옥구와 완주지역 민족지도자들에게 초미의 관심사였다. 드디어 기다리고 준비한 4월 4일 낮 12시 의미심장한 운명의 시간이 돌아왔다.

---

216 가리방이란 B5나 A4 용지만한 크기에 가로 세로 촘촘하게 줄이 그어진 철판인데 그 위에 양초를 먹인 기름종이를 대고 글씨를 쓰면 글씨가 선명하게 나타난다. 사용을 다하고 난 못 쓰는 볼펜이나 또는 뾰족한 철필을 이용하여 글씨를 새기는 방식이다.

오산면 남전교회에서는 김내문 집에 모여 여러 차례 숙의한 대로 이날 시위는 3대로 나누어 편성하고 1대는 최대진 목사[217]가 이리역과 평화동 쪽에서 대교농장으로 진출하고, 2대는 문용기가 무내미 방향에서 구舊 시장으로, 제3대는 김내문 감찰의 아들인 김만순이 동이리 방면에서 구 시장으로 진출해 한곳으로 운집된 대열은 수백 명의 전위대로 기세를 높였다.

독립운동 민족지도자 문용기는 대열의 앞에 서서 일본제국주의의 만행을 폭로하고 우리민족이 일어나 독립운동을 일으켜 나가야 하는 정당한 이유를 큰소리로 외쳤다. 계속하여 '조선독립만세'라고 쓴 대형 깃발을 높이 들고 300여 민족운동 지도자들 앞에서 독립선언문을 낭독하였다. 점점 독립의지에 충천된 대열은 '조선독립만세' '조선독립만세'를 연호하며 앞을 향해 나갔다. 여기에는 문용기의 곁에서 독립운동이 시작된 이래 항상 잔심부름을 도맡아오던 서울 중동학교에 재학 중인 김종현, 김철환, 이시웅, 최대위 등과 3월 4일 군산시위를 촉발시킨 세브란스 의학전문학교 김병수 학생과 또는 익산지역의 민립학교 학생들로 남전 도남학교 김영인 선생을 필두로 동련 계동학교, 고현 경신여숙, 춘포와 웅포 지역민립학교에서 교육을 받은 민족의식이 투철한 수백 명의 학생들이 참여하고 있었다. 당황한 헌병대는 소방대와 농장을 지키던 수백의 자위대까지 동원하고 칼과 총 갈구리로 무장하고 나왔다.

운집되어 있던 대열은 전열을 갖추어 질서를 유지하면서 시가를 행진하면서 독립선언서와 태극기를 시장 상인들에게 배포하니 대다수의 상인들도 손에, 손에 태극기를 들고 대열에 가담하였다. 문용기는 대형 깃발을 높이 들고 대한독립만세 대한독립만세를 연호하며 전진하여 나갔다. 시

---

217 당시 최대진 목사는 민족의식이 강한 사람이었고, 지도력이 뛰어난 사람이었다. 그러나 최대진은 이 때 노회 일로 인해 참여하지 못하였다. 김영인 교사의 요청으로 실제로는 최대위 학생이 주도하였다.

위대는 삽시간에 1천여 명에 이르자 더욱 기세를 높여 나가는 만세소리가 창공을 찔렀고 시위는 계속되었다. 수십 년간의 강탈 통치에 사무친 그 분노의 함성이 하늘도 감동시키고 땅도 감동시켰다.

옥구 방면과 완주 방면에서 약속 시간보다 늦게 참여하게 된 독립 인사들도 계속하여 동참하고 있었다. 시위 군중의 수는 시간이 갈수록 점점 늘어 수천 명으로 불어났다. 당황한 일본 헌병대가 대열을 제지하려 하였지만 그렇게 쉽게 무너지고 마는 대열이 아니었다. 독립을 열망하는 그들의 정신은 최후의 일인까지 최후의 일각까지 일사 각오가 되어있는 투사들이었기 때문에 일본경찰들은 그 위세에 위협을 느끼지 않을 수가 없었다. 위협을 느낀 일본헌병들은 시위대를 향하여 무차별적으로 총탄을 난사하기 시작하였다. 앞에서 시위를 이끌던 지휘부 인사들도 일사각오로 무장되어 있었기 때문에 일보도 뒤로 물러서지 않았다.

대한독립만세 대한독립만세를 목이 터져라 외치고 또 외쳐나간 이들 중, 팔봉 배못(현 이제마을)에 사는 김종길(남풍)이 다리와 머리에 총을 맞고 '억'하고 앞으로 쓰러졌다. 머리와 다리에서 붉은 피가 솟구쳐 감당할 수 없을 정도로 피를 많이 흘리다보니 생명이 위태로웠다. 다행히 죽을 고비는 넘겼으나 평생을 뇌성마비 환자로 살 수 밖에 없었다.

오산면 남참부락의 제3대로 참여한 김만순이 동이리 방면에서 대열에 합류해 "우리나라를 빼앗기느냐 다시 찾느냐 하는 중요한 시간입니다." "여러분, 물러서지 말고 끝까지 대한독립만세를 외쳐 나갑시다."하면서 기세 높여 나갈 때 김만순의 집 머슴으로 만세운동에 참여하던 장경춘이 총에 맞아 '억'하고 쓰러지면서 선혈鮮血이 낭자하였다. 그 앞에서 조선독립만세를 목이 터지도록 외치던 박도현, 서정만도 이미 총에 맞아 땅바닥에 쓰러져서 신음하고 있었다. 박병렬, 오덕근, 장노와, 김병수와 여러 학생들도 총과 칼에 찔려 붉은 피가 저고리를 적셔 내리고 있었다. 백낙규,

박공업 등 기독교계 인사들과 박영진, 이중렬, 이유상 등 천도교 대표급 인사들도 중상을 입었지만 흔들리지 않고 대한독립만세를 외치고 또 외쳐 나갔다. 앞에서 시위대를 선동하여 주목받고 있던 지도급 인사들 중 39명이 포승줄에 묶인 채로 경찰서 지하 감방에 구금당하게 되었다. 또한 배못에 사는 김남풍 등 지도급 독립운동 인사들이 응급치료를 받기 위해서 병원으로 급히 이송되었다.

이날 문용기, 장경춘, 박도현, 서공유, 이충규, 박영문 등 6명의 애국지사가 만세를 외치다 순국하였고, 수십 명이 중경상을 입었다. 이날 문용기, 박영문, 서정만 등의 오산면 지사들의 장렬한 순국이 군중들을 점점 격분시키는 촉매제가 되었다. 이에 분노한 30여 명의 남전교인들이 권총이나 비수 곤봉을 휴대하고 헌병 보조원을 구타하고 일본인 가게에 침입하여 물건들을 파괴하는 등 무력시위로 돌변하였다.

대열의 맨 앞에서 시종 시위를 이끌어 나가던 문용기가 "조선독립만세"라고 쓴 대형 태극기를 높이 들고 "조선독립만세" "조선독립만세"를 연호하며 앞을 향하여 진출하여 나가고 있었다. 헌병대 뒤에서 문용기의 행동을 주시하고 있던 헌병 몇 명이 문용기를 향해 쏜살같이 달려 나와 긴 칼을 높이 들어 만세를 부르고 있는 문용기의 오른손을 내리쳤다. 만세소리와 함께 태극기는 땅에 떨어졌다. 그러나 문용기는 다시 왼손으로 태극기를 높이 들고 조선독립만세를 연호하여 나갔으나 극악무도한 일제의 헌병은 또다시 문용기의 왼손을 내려치니 태극기가 다시 땅에 떨어지고 말았다. 그래도 문용기는 다시 일어나 피투성이가 된 몸으로 다시 "조선독립만세" "조선독립만세"를 연호하며 앞을 향하여 나갔고 일본경찰들은 다시 달려들어 착검한 총으로 사정없이 옆구리와 배를 찌르고 쓰러져 있는 문용기의 머리를 계속하여 가격하였다.

결혼식을 올린 지 겨우 2개월도 지나지 않은 박영문은 아버지 박응춘과 어머니 이양신과 아내와 함께 아침식사를 마치고 만세현장으로 가기 위하여 마당으로 나왔다. 박영문의 신부도 신랑을 따라 나왔다. 박영문의 신부가 싸리문 기둥을 잡고 서서, "무사히 다녀오라"고 인사를 한 그녀를 바라 본 박영문은 16세의 어린 신랑으로 신부의 인사를 듣는 둥 마는 둥 인사 소리를 뒤로 한 채 박영문의 생각에는 오직 만세 현장에만 정신이 팔려 있었다.

박영문의 어린 신부는 멀리 사라져 가는 신랑의 뒷모습을 바라보면서 무사하기만을 기도하고 있었다. 현장에 도착한 박영문은 서울에서 급히 내려온 김병수, 김종현, 김철환, 이시형 등 익산지역의 민립학교 학생들과 같이 준비한 태극기와 독립선언서를 수백 명의 독립인사 들에게 배포하였다. 드디어 기다리던 만세운동이 시작됐고, 큰 깃발을 높이 든 문용기의 등 뒤에서 "조선독립만세" "조선독립만세"를 연호하는 박영문에게 총에 칼을 끼고 무장한 일본 헌병들이 양쪽에서 달려들었다. 박영문의 복부를 사정없이 찌르고, 총개머리로 강타했다. 박영문은 배를 움켜쥐고 앞으로 '억'하고 쓰러졌다. 그러나 박영문은 대한독립을 위해서는 이대로 죽을 수가 없다는 신념으로 다시 일어났다. 박영문은 마지막 남은 힘을 다하여 "대한독립만세"를 외쳤다. 일본 헌병은 다른 사람들을 뒤쫓다가 박영문이 서 있는 쪽으로 달려와 사정없이 박영문의 가슴과 이미 큰상처가 있는 배를 다시 찔렀다. 붉은 피가 적삼을 적셔 내리면서 밖으로 내품었지만 박영문은 다시 일어서려는 순간 찰상을 입은 복부에서 내장이 땅바닥으로 쏟아져 내렸다.

박영문은 양손으로 쏟아지는 장기臟器를 움켜쥔 채로 다시 일어서려고 안간힘을 다해보았지만 모든 기력이 탈진된 상태였기에 다시 쓰러지고 말았다. 박영문은 16세의 도남학교학생회장으로서 독립의 제단 앞에 거룩하고도 숭고한 투혼을 발휘하였다. 싸늘한 시체가 된 신랑 박영문이 지게 위에 지워져서 집으로 돌아왔다. 가족들은 하늘이 꺼지고 땅이 무너지는 슬픔에 오열했고, 박영문의 어린 신부는 아침까지만 해도 다정하게 웃어주던 박영문의 뒷모습이 떠올랐다. 그토록 사랑하는 신랑이 헌병의 총칼에 싸늘한 시체가 되어 돌아온 것이다. 신부는 도저히 감당할 수 없는 슬픔을 감내하지 못하여 끝내 실신하고 말았다.

이 외에도 수십 명의 부상자가 발생될 정도로 무차별적으로 휘두르는 헌병들의 총칼 앞에서 맨 주먹으로 항거한 독립 인사들은 목숨을 걸고 자주독립을 외쳤다. 일제의 굴욕적인 노예로 살아가기보다는 이렇듯 장렬하게 투혼을 발휘한 것이다.

이 때 최대진 목사는 만세운동을 적극 지원하였지만 전북노회장을 맡고 있었던 직책으로 인해 당일 행사에 참여하지 못하였다. 최대진은 계속되는 일본경찰의 추적과 감시로 남전교회를 떠났다. 이러한 상황은 전주 서문교회의 경재鏡齋 김인전金仁全(1876～1923)[218] 목사와 유사하다.

● 고현교회

1904년 오원집이 고현리 곽도일 씨의 사랑방에서 오덕근, 김자윤, 고선경, 김경장, 오덕순 등과 기도를 시작하면서 고현교회古縣敎會의 태동을 알렸다. 1906년 6월 1일 초가로 된 4칸 예배당을 마련하니 이리시 권역에서는 최초의 교회가 되었다. 이 때 오원집은 1900년도부터 옥구군 회현면의 지경교회로 20리를 걸어서 예배 보러 다니던 신자였다.

오덕근은 1917년 12월 1일 장로직을 받은 교회의 평신도지도자로,

---

218 충남 서천 출생으로 1914년 평양장로회신학교를 졸업하고 전주 서문교회 제2대 담임 목사로 재임 중 1919년 3·1운동을 주도한 이후 중국 상하이로 망명하여 임시정부 임시 의정원 의원으로 활동하였다. 김인전의 기념비는 1986년 전주시민과 교회 연합으로 세워져, 전주 서문교회에 있다.

1919년 4·4만세운동이 일어나자 기독교인이라고 교회당에서 예배만 보고 있을 때가 아니라고 강조하면서 태극기를 제작하여 배포하다가 발각되어 옥고獄苦를 치르기도 하였다. 오덕은은 감옥에 가서도 우리 민족이 살아나갈 수 있는 길이 어떤 것인가를 하나님께 열심히 기도하였다. 오덕근은 감옥에서 하나님께 민족이 살아갈 수 있는 길이 어떤 것인가를 열심히 호소하였다. 오덕근은 그때 하나님의 음성을 듣고 출감出監과 동시에 전 재산을 민족교육에 바치기로 하고는 백동학교栢東學校를 설립하였고, 같은 교회 장로인 김한규와 뜻을 같이하여 계문학교啓文學校를 설립하였다.

그때 군산 지방의 3·1운동의 주동자였던 박연세는 평양장로회신학교를 졸업하고 목사 안수를 받고 고현교회와 동련교회의 담임목사로 부임하였다. 당시는 목회자가 부족했기 때문에 박연세 목사는 두 교회를 같이 담임하였다. 이 때 박연세는 교회만이 민족운동을 할 수 있다는 생각을 갖고 있었다. 1925년 박연세는 오덕근, 김자윤, 김한규 등과 의논하여 고현교회 내에 경신학교敬信學校를 설립하고 초대 교장에 김자윤 장로를 임명하였다. 1926년에는 오덕근 장로가 교장이 되었다.[219] 오덕근의 아들 오준환도 독립운동을 위해 상해로 망명한 독립운동가이다. 고현교회는 초기 교회의 울안에 오덕근을 기리는 기념비記念碑를 세웠다. 후리교회(현 이리제일교회), 만석교회, 송학교회, 북일교회, 신광교회, 성광교회 등이 고현교회에서 분립한 교회들이다.

1936년에 젊은 장로 김한규가 교장으로 취임하면서 경신학교는 더욱 발전하였다. 경신학교는 오덕근이 앞에서 이끌어주고 김한규가 뒤에서 밀어 주는 형태로 발전하였다. 경신학교로 학생들이 수없이 몰려오자 이들을 다 수용할 수 없었던 고현교회에서는 교회당을 비롯해서 공간이 될

219 김수진, 『호남기독교100사-전북편』, 411쪽 참조.

만한 장소에 학교 교실을 증축하여 교육에 힘썼다.

김한규는 김용태의 둘째 아들로 전주 동문 밖에서 출생하였다. 김한규는 부농富農의 가정에서 태어났기 때문에 비교적 좋은 환경에서 한학을 연마할 수 있었다. 김한규는 신학문에 뜻을 품고 이리로 이사한 후 1920년 익산군 북일면 신리에 계문학교를 설립하였으며, 가난한 농촌의 어린이들을 모아 놓고 신학문을 가르치면서 개화운동에 힘을 기울였다. 김한규는 오덕근 장로의 전도를 받아 고현교회의 교인이 되었으며, 고현교회의 장로로 이리 기독교계의 중심적인 지도자가 되었다. 김한규는 재산이 많았지만 재산관리는 부인에게 맡기고 교회와 학교 일에만 열중하였다. 김한규는 신리에 있는 계문학교와 고현교회에 있는 경신학교를 오가면서 자라나는 민족의 새싹들을 키우기 위해서 온갖 힘을 기울였다.[220]

일제는 신사참배를 경신학교에 강하게 요구하였다. 그러나 이미 경신학교는 철저한 한글교육을 통해서 그 어느 학교보다 강한 민족의식을 키우고 있었다. 이러한 관계로 결국 폐교를 하고 학생들을 모두 계문보통학교로 전학을 시키게 되었다. 학교를 빼앗겨 버린 고현교회는 주일학교를 통해서 한글운동과 민족교육을 실시하였다. 김한규는 고현교회의 장로로서 신앙을 꿋꿋이 지켜 나갔다. 김한규는 1947년 이원용과 함께 중등교육의 필요성을 절감하여 동문중학교(현 이리중학교와 이리 상업고등학교)를 설립하고 초대 교장으로 취임하였으며, 1951년에는 몇몇 기독교계 지도자들과 함께 북창교회 내에 대성중학교를 설립하고 역시 교장으로 취임하였다. 역시 같은 해 이리농림학교를 모체母體로 해서 이리농과대학 설립위원회가 조직되자 위원장으로 활동하면서 전북지방 최초로 농과대학을 설립하는데 공헌하였다.[221] 김한규는 이외에도 전국적으로 유명한 서

220 김수진, 『호남기독교100사-전북편』, 411~412쪽 참조.
221 이 학교가 전북대학교 농과대학으로 발전하였다. 전북대 농과대학은 전주가 아니라

예가로 활동하기도 하였다.

● 서두교회

서두교회는 1898년 정정보라는 전도인이 삼기 지역에 복음을 전파하면서 서두교회가 출발하게 되었다. 더욱이 삼기는 백제 불교 문화권의 영향 아래 있는 지역으로 기독교 신앙을 받아들이기가 매우 어려운 지역이었다. 서두교회 교인들은 이리 지방에서 기독교를 중심으로 3·1 운동이 일어 날 때 참여하였고, 이러한 일들이 신사참배 반대 저항 운동에까지 이어지게 된다. 결국 박병렬 장로는 신사 참배를 반대 하다가 옥고를 치른 후 순교까지 하게 되었다. 익산군 삼기면 서두리에 초가 3칸으로 예배처소를 만들고 조선야소교 공의회에서 설립인가를 받게 된다. 초대 당회장으로 마로덕 선교사가 사역한다.

마로덕Luther O. McCutchen 선교사는 1901년 독신으로 한국 선교를 위해 목포에 도착하였다. 마로덕은 1902년 전주 선교부로 옮겨, 자신의 선교 구역을 할애 받고 익산지방 일부를 비롯해서 완주지방, 무주지방, 진안지방 그리고 현재는 충청남도가 되었지만 금산 지방을 조사[222]들과 함께 순회하면서 전도에 임하게 되었다. 마로덕은 독신獨身으로 선교에 한계를 느끼고 1908년 미국 감리교 선교사인 하운셀Miss J. Hounshell과 결혼하였다.

박병렬은 1877년 3월 5일 전북 익산군 삼기면 간촌리에서 한의사 박영

이리에 있었다. 지금은 전북대학교 익산캠퍼스에 농과대학이 있다. 다음의 내용은 전북대학교 농업생명과학 홈페이지 연혁에 나오는 내용이다. "1947.10.15 도립 이리 농과대학 설립인가" "1948.04.05 도립 이리 농과대학 개교식 겸 입학식" "1951.10.06 도립 이리 농과대학을 전북대학교 농과대학으로 개편(농학과, 임학과, 수의학과)", 『전북대학교 농업생명과학 홈페이지』, 「연혁」(2016년 8월 10일 오후 3시 10분 검색), http://agri.jbnu.ac.kr/intro_new/intro02.php).

222 조사(助事)는 외국 선교사를 돕는 사람들이었다. 이들은 우리나라 지역과 문화를 잘 모르는 선교사를 도와 전도하는 일에 힘썼다. 한국기독교 초기 역사에서 조사와 함께 전도인(傳道人)과 성경을 판매하러 다니면서 전도하던 권서인(勸書人)의 활동도 있었다.

호와 방 씨 사이에서 5남매 중 장남으로 출생하였다. 박병렬은 도마리교회, 방주간교회, 와리교회, 부송교회 등의 매서인賣書人[223]으로 활동하기도 하였다. 박병렬은 익산 지역 3·1 운동에 참여하고, 또한 신사참배가 우상숭배로 제1계명을 위반하는 행위라며 이 일에 적극적으로 반대하였다. 이것이 화근이 되어 삼기 주재소에서 심한 고문을 당하였다. 그렇게 혹독한 고문을 받았어도 박병렬은 흐트러짐이 없이 신사참배는 절대적으로 기독교에 위배된다면서 버텼고, 삼기 주재소에서는 이리경찰서로 이첩해 버렸다. 마로덕은 이리경찰서로 찾아가서 박병렬을 면회하고 위로하였다. 당시 마로덕을 비롯해서 미국 선교사들이 자주 드나들며 박병렬을 면회하며 구명하였고, 이리경찰서에도 박병렬이 "일본이 신사참배를 강요하면 그만큼 일본제국주의 생명이 단축된다."면서 고함을 지르자, 이리경찰서 고등계 형사들도 박병렬을 유치장에 놔둘 필요가 없다고 판단하고 석방해 버렸다. 박병렬이 석방되어 돌아왔지만 박병렬의 온 몸에 고문 자국이 남아 있었다. 이 때 박병렬은 고문자국을 오히려 하나님이 자신을 사랑해 주는 근거라면서 더욱 감사한 마음을 갖고 신앙생활 하였다고 한다. 박병렬은 1935년 5월 7일 서두교회의 장로로 장립되었다. 박병렬은 1940년 9월 22일 고문의 후유증으로 별세하였다. 박병렬의 순교비가 엘리사기도원에 세워졌고, 후손들과 교인들이 힘을 모아 1986년 7월 17일 순교비를 고쳐 세웠다.

● 동련교회

1901년 군산시 서수면 신기리 장평마을의 지성옥의 뒷방에서 처음 예배를 드리기 시작한 동련교회는 1902년 황등면 동련리로 옮겨온다. 전남

---

223 성경을 팔고 다니면서 전도하던 사람을 말한다.

승주 태생의 백낙규는 원래 동학군의 소접주 출신으로 개혁과 개화에 꿈이 많은 사람이었다. 백낙규가 1904년 세례를 받음으로 이 교회에서는 최초의 세례교인이 되었다. 동련교회東蓮敎會가 3·1만세운동에 적극 참여하였다는 상세한 기록은 발견되지 않았지만, 당시 황등에서 연일 이어지던 만세운동을 주동한 사람들이 동련교회 교인들이었다. 여기저기 산발적으로 나타나는 자료와 당시 처한 민족적 상황에 비추어 보면 서두교회의 박병열, 남전교회의 최대진, 고현교회의 오덕근과 더불어 동련교회의 백낙규가 선봉에 섰을 것으로 여겨진다. 동련교회와 황등지역에서 백낙규의 영향력을 감안해볼 때, 동련교회 교인들과 계동학교 학생들도 상당수 참여하였을 것으로 여겨진다.[224] 동련교회의 계동학교의 돌이 일제가 만든 황등신사의 일본국기게양대 지주석砥柱石으로 사용한 예를 보더라도 상당한 견제와 억압 속에서 많은 애국심을 발휘하였을 것으로 생각된다.[225] 당시 동련교회와 고현교회는 같은 선교사인 하위렴Harrison, William Butler이 목회를 하고 있었다. 따라서 이들은 민족적 성향은 물론 종교적 성향도 상당부분 비슷하였으리라 여겨진다.

계원식이 쉽게 동련교회에서 적응하면서 이주해온 바로 그 해에 장로로 장립된 이유도 백낙규를 비롯한 당시 동련교회 교인들이 지닌 애국의

---

224 『전북노회 노회록』자료를 보면 1919년 동련교회 교인수는 239명인데 1919년에서 1920년 사이 교인 수가 132명으로 줄었다. 107명이 줄어든 것이 3·1운동에 따른 희생인지를 알 수 없다. 그런데 계원식이 출석하기 시작한 1920년부터 1921년 교인수가 185명으로 33명이 늘었다. 그러다가 그를 중심으로 60여명이 황등교회로 분립되니 동련교회 교인 수가 137명으로 줄고, 1930년에 118명으로 줄고, 1931년 131명으로 숫자적인 측면에서 볼 때 성장하지 못하는 양상을 보인다. 이는 계원식의 영향력과 황등교회 분립의 영향일 수 있다. 『전북노회 노회록』,참조 자료를 연규홍, 위의 책, 102쪽에서 재인용.
225 1919년 3·1운동 시기는 아직 계원식이 황등에 이주해오기 이전 시기로 동련교회 교인들 중 황등리 교인들이 있었기에 3·1운동에 가담한 황등리 교인들은 후에 계원식과 함께 애국의식으로 기성의원에서 기도하다가 황등교회를 설립해나갔을 가능성이 있다. 이는 황등교회가 3·1정신을 계승한 애국의식의 교회라는 의미를 부여할 수 있다.

식이 서로 통하기 때문일 것으로 보인다. 그리고 그것이 계원식을 중심으로 황등교회를 설립하는 데 중요한 정신이 된다. 이런 이유로 서술자는 3·1운동과 계원식의 애국의식은 길이 빛내고 기념할 만한 일이라고 본다. 현재 황등면교회 연합사업으로 매년 펼쳐지는 3·1절 연합예배와 8·15 광복절기념 연합예배는 황등면 교회들이 교파와 교단이 넘어 나라사랑으로 하나 되는 뜻 깊은 행사이다.

- 제석교회

1908년 제석교회[226]가 세워지면서 하위렴 선교사가 대붕암리교회 담임목사로 부임하여 1909년 4월 30일 민립 '부용학교'를 설립하였다. 이 학교 졸업생들은 같은 기독교학교인 군산의 영명학교와 멜본딘여학교에 진학하였다. 이들이 1919년 3·1운동 당시 군산, 강경, 함라, 웅포 등 3·1 독립운동에 큰 영향을 미쳤다. 거사 일정이 탄로가 나면서 영명학교 교사인 박연세가 경찰서로 연행되자 거사가 어려운 형편에 이르게 된다. 이 때 대붕암리교회 교인이면서 부용학교를 졸업한 초대 장로 강두희의 두 아들 강인성과 강관성이 군산 영명학교 학생이었다. 두 학생은 마을 주민 100여명과 더불어 기독교학생들을 규합하여 3월 5일 만세운동을 주도하며 박연세가 감금되어 있는 군산경찰서로 군중들을 몰고 석방할 것을 촉구하다 체포되었다. 이들은 3월 31일 광주지방법원 군산지청에서 이른바 보안법 위반으로 유죄 판결을 받고, 4월 30일 대구복심법원에서 징역 6월형으로 옥고를 치렀다. 이들은 1992년 대통령표창과 함께 독립유공자로

---

226 설립 당시는 곱패집교회, 대붕암리교회라고 하였다. 제석교회의 3·1운동에 대한 자료는 현재 제석교회 정경호 담임목사의 도움을 받은 자료임을 밝힌다. 이 자료는 2013년 대한예수교장로회총회 역사유적으로 인정된 자료로, 정경호는 2년여 기간 동안 상세한 재판 기록 등의 증빙자료를 수합해서 확보하였다.

인정되었다.

이들은 군산 구암교회[227]와 군산 구암기독병원 직원들이 주도한 가운데 활동하다 체포된 21명에 포함되었고, 강인성은 6개월간의 옥고를 치렀다. 출소된 후 요양을 하였으나 33세의 젊은 나이에 세상을 뜨고 말았다. 제석교회는 계원식이 이주해서 살게 되는 황등과 가까운 곳이었고, 제석교회의 강두희 집안은 황등교회와 깊은 관계가 있었다. 계원식은 황등교회에서 강두희 집안과 관계된 이들을 통해서 군산 구암에서 3·1운동을 펼친 강인성과 강관성에 대해서 잘 알고 있었을 것이다. 제석교회 설립자 대표인 강두희 장로의 딸이 강행염(1972년 4월 21일 권사 취임)이었고, 강행염의 부군이 박인석 장로(1957년 7월 7일 장로 장립)였다. 또한 동상순 장로의 아내 강반석 권사가 강두희의 조카였다. 또한 강관성의 차남이 강완재이고, 강완재의 아내가 오보임이다. 두 사람은 1980년대 중반까지 황등교회를 섬겼다.

---

227 "군산 구암교회(김영만 목사)가 군산 땅에서 일어난 3·5만세운동에 대하여 들려주며, 박연세·문용기와 같은 이들의 애국신앙을 앞으로 잘 계승하는 주역들이 될 것을 당부했다. 아이들은 교회당에 전시된 만세운동 당시의 사진과 역사자료들을 살펴보며 나라를 빼앗긴 조상들의 설움을 생각하고, 기념식에서 태극기를 들고 만세삼창을 하면서 가슴 속으로부터 치밀어 오르는 나라사랑의 열정도 느껴볼 수 있었다. 군산 구암교회는 해마다 삼일절 무렵이면 만세재현행사, 시가행진, 기념예배, 백일장대회 등 다양한 형태로 옛 성도의 의기와 헌신을 기리는 사업을 펼치고 있다. 때문에 전국적으로 애국신앙의 요람으로 널리 알려지며 해마다 수천 명의 순례객이 찾는 명소요, 성지가 되었다. 특히 옛 선교사들의 활동무대였던 영명학교와 구암예수병원, 멜볼딘여학교 등과 전킨(한국명 전위렴) 드루(한국명 유대모) 윌리엄(한국명 하위렴) 불(한국명 부위렴) 등 선교사들의 사택이 재현 또는 복원되면서 기독교유적지로서 제대로 된 면모를 갖추게 될 것으로 기대를 모은다. 교회는 보훈문화 확산에 기여한 공로로 2004년 12월 23일 국가보훈처로부터 '2004 보훈문화상'을 수상했다. 보훈문화 확산·평생교육에 앞장선 공로로 잇따라 표창을 받아 한국 교회의 위상을 높이고 있는 것이다. 보훈문화상은 보훈정신에 대한 국민인식과 관심제고를 통해 국가유공자를 예우하고 보훈문화를 확산시키기 위해 국가보훈처와 문화일보가 공동으로 주관하여 2000년부터 시상을 하고 있으며, 수상자에게는 상패와 상금 각 600만원이 수여된다." 정재영, "군산 구암교회-삼일(3·1절)애국신앙계승"《기독신문》(2013년 3월 23일).

계원식은 1919년 3월 1일 3·1운동에 처남이 가담한 일로 난감한 처지였고, 독립자금을 댄 일로 일본경찰의 조사를 받던 상황이었다. 이런 일로 계원식이 고향 평양을 떠나오면서 1920년 온 곳이 바로 군산 구암기독병원이었다. 계원식은 군산 구암기독병원에 재직하면서 군산 구암교회와 군산 구암기독병원 직원들이 주도한 3·1운동을 전해 들었을 것이다. 누구보다 애국의식이 강한 계원식이었기에, 많고 많은 지역 중에서 치과부 윤 조수의 말을 듣고 군산 구암기독병원에 왔는지도 모를 일이다.

구암기독병원도 계원식이 경성의전 1회 졸업생 출신으로 실력 있는 의사이기에 채용한 것이 아니라 계원식의 신앙과 애국의식을 알기에 채용했는지도 모른다. 동련교회 백낙규는 동련교회 교인들 가운데 환자가 발생하면 그 환자를 안내해서 군산 구암기독병원까지 가곤 하였다.[228] 백낙규가 군산 구암기독병원을 의도적으로 선호한 이유는 병원의 규모도 있겠지만 기독교병원이고, 자신이 지닌 애국의식이 있었기에 이 병원 관계자들과 교류했는지도 모른다.

엄칠중은 당시 22세로 부모를 도와 농사를 짓는 사람이었다. 3월 5일 당시 영명학교 학생이었던 제석교회 선후배지간인 강금옥과 한길용이 대붕암리로 찾아와 엄칠중에게 군산에서 일어난 3·1운동 소식을 전하였다. 엄칠중은 당시 부여군 세도면에 있는 창영학교 교사 엄창섭[229]에게 군산 3·1 운동 소식을 전하였다. 엄창섭은 엄칠중과 함께 급히 대붕암리로 와서 강금옥과 엄칠중, 한길용이 강경 3·1운동 거사에 따른 준비를 하게 했고, 한길용과 엄칠중은 교회에서 등사기로 태극기와 독립문서를 만들어 강경장날 쌀가마니로 위장하여 자신과 함께 3월 10일 3·1운동을 주도하

228 김수진, 『황등교회 60년사』, 49쪽.
229 엄창섭은 대붕암리교회 설립자 대표 엄주환의 셋째 아들로 군산영명학교를 졸업하고 부여 세도 창영학교 교사로 재직 중이었다.

도록 하였다. 엄칠중은 4월 14일 체포되어 공주지방법원에서 치안유지법 위반으로 태 90도를 받았다. 엄칠중은 2010년에 대통령표창을 받아 독립유공자로 인정되었다.

엄창섭은 다시 충남 부여군 세도로 가서 창영학교 교사들과 함께 강경 3·1운동을 준비하여 3월 10일 강경장날 독립만세운동을 주도하여, 강경 3·1운동에 큰 영향 미쳤다. 엄창섭은 그해 6월 7일 경성복심법원에서 징역 2년형을 받아 옥고를 치렀다. 엄창섭은 1980년 대통령표창 및 1990년 건국훈장 애족장을 추서되었다.

대붕암리 교인인 이형우의 재판기록에 보면, 이형우가 농사짓는 사람으로 당시 나이가 35세였다. 이형우는 1919년 3월 2일 천도교 함열교구장 최재봉으로부터 독립선언서를 받아 용안읍내에 뿌렸고, 3월 10일을 동시다발 거사일로 정해서 함라면과 웅포면의 동원책임자였던 민영순과 함께 3·1독립만세운동을 주도한 인물로 기록하고 있다. 이형우는 4월 23일에 체포되어 5월 10일 대구복심법원에서 징역 8년형과 6월12일 고등법원에서 징역 8월형을 받아 복역하였다.

●●●●
황등교회 설립의 중심, 계원식

〉〉〉 아버지 계택선

계원식의 신앙적 토대를 이해하려면 아버지 계택선을 이해하는 것이 중요하다. 계택선은 평양출신으로 양약업도매상으로 부자가 되었던 사람이었으며,[230] 당시 계택선이 살고 있던 저택은 평양에서 최초로 2층 벽돌로 지은 집이어서, 평양 인근에 살던 사람들이 도시락을 싸가지고 와서 구경을 하였다고 한다. 계택선이 서양에서 들어오는 약을 사고파는 도매업을 해서 크게 이익을 본 사람이라는 것은 계택선이 당시 서양으로 대표되는 기독교에 대한 이해와 호감을 갖고 있었을 것으로 보인다. 우리나라 초기 기독교선교사인 귀츨라프도 당시 조선인에게 의료행위를 하고 무료로 서양의 약을 전해주기도 하였다. 또한 당시 우리나라 곳곳에서는 서양선교사들이 들어와서 학교와 병원과 복지시설을 운영하고 있었다. 그러니 계택선은 쉽게 서양선교사들과 교류할 기회가 많았을 것이다.

계택선은 서양약품업 도매상으로 부를 축적하였으나 영적인 갈급함을 느끼면서 번민하다가 평양선교의 아버지라고 불리던 마포삼열Moffett, S. A. 선교사[231]의 전도를 받고 예수를 믿으면서 교회생활을 하게 되었다.[232] 계택선은 선교사에 의해 기독교신앙을 받아들인 것보다 스스로가 시대를 간파하면서 서양약품도매상을 하면서 서양을 이해하고 받아들여야함을 깨달은 것 같다. 그런 이유로 계택선은 서양문물의 정신적 토대를 이루는 기독교신앙을 받아들일 마음이 준비된 상황이었다.

이렇게 볼 때 계택선은 주체적으로 기독교신앙을 받아들인 것이다. 이 당시에 계택선과 같은 생각을 하는 선구자들이 많았다. 나라는 풍전등화

230 『기독교대백과사전』, 제1권 715쪽을 김수진, 『황등교회 60년사』, 55쪽에서 재인용.
231 정식 이름은 새뮤얼 오스틴 모펫(Samuel Austin Moffet)이다. 모펫은 미국의 장로교 선교사, 교육자로 한국 이름은 마포삼열(馬布三悅)이다. 1890년 조선에 와서 46년간 선교사 생활을 하였으며, 평양에서 22명의 전도사들에게 성경을 가르친 것이 평양장로회 신학교이다. 숭실전문학교 창설에 중심적인 인물이 되었고, 1911년 조선의 독립 운동가를 체포한 105인 사건 때는 미국 장로회 본부 전도국에 보고하여 국제적인 여론을 일으켰다. 1934년 일제의 탄압 때문에 활동할 수 없음을 깨닫고 1936년 미국으로 돌아갔다. 모펫의 유해는 미국 샌타바버라 근교 카핀테리아 공동묘지에 있으며, 장로회신학대 이상조 기념도서관 앞동산에도 유해의 일부가 매장되어 있다. 이를 장로회신학대 마포삼열 묘소라고 한다.
232 김수진, 『황등교회 60년사』, 55쪽.

風前燈火와 같이 한치 앞을 가늠하기 어려운 현실이었고, 조선시대 500년을 이어온 유교적 이념에서 벗어나 서양에서 들어오는 새로운 문화에 적응해야하는 필요성이 요청되는 시대였다. 이런 시대에 평양은 기독교선교의 불길이 치솟던 지역이었고, 계택선은 누구보다 서양문물의 가치와 실용성을 인식해서 서양약품 도매상을 해서 큰 돈을 번 사람이었다.

계택선이 신앙생활을 시작한 교회는 평양의 장대현章臺峴 교회이다. 1893년 마포삼열이 평양에 선교 사업을 위해 정착하면서 한석진韓錫晉[233]을 조사助師로 삼아 널다리板洞에 세웠던 교회로 처음에는 교회 이름을 '판

[233] 한석진은 서북 지역의 전통적인 유교 선비 집안에서 출생하여, 어려서부터 한문을 배웠으나 유교의 형식적인 도덕관념에 실증을 느끼고 있던 중 백홍준과 서상륜 등으로부터 전도를 받았다. 그리고 1891년 의주를 방문한 미국 북장로회 선교사 마포삼열(S. A. Moffett)에게 세례를 받았다. 이후 상경하여 언더우드(H. G. Underwood) 신학반에서 성경과 교리를 배웠고, 1893년 마포삼열과 함께 평양 선교 개척자로 파송을 받아 평양 대동문 안 널다리골에서 집회를 시작하였는데, 그것이 후에 장대현교회가 되었다. 한석진은 평양 외곽에도 전도하여 용진교회와 자덕교회, 남창교회, 소우물(장천)교회, 구동창교회, 추빈리교회, 미정리교회, 무진교회 등을 설립하였다. 1898년 독립협회 관서지회 규칙위원으로 활동하였는데, 한석진의 '애국적' 연설(설교)을 듣고 도산 안창호가 기독교인으로 개종한 것으로 전해진다. 1903년 소우물교회 장로로 장립되었고, 1904년부터 신학 수업을 받아 1907년 6월 길선주와 방기창, 서경조, 송린서, 이기풍, 양전백 등과 함께 평양장로회신학교를 제1회로 졸업한 후, 그 해 9월 조직된 조선예수교장로회 독노회에서 목사 안수를 받았다. 이후 1912년 경기충청노회장, 1917년 조선예수교장로회 제6대 총회장이 되었다. 한석진은 장로교총회장으로 중단 위기의 산동선교를 재개하였고, 1918년 초교파연합기구인 '조선예수교장감연합공의회'(1924년 '조선예수교연합공의회'로 개칭)의 창설을 적극 추진하였다. 1926년 연합공의회 회장으로 선출되어 그 무렵 일본 제국의회에서 입법 추진하고 있던 '종교단체법' 반대 운동을 전개했다. 민족적 자의식이 강했던 한석진은 한국교회에 대한 선교사들의 지나친 간섭과 통제도 반대했다. 한석진은 평양과 서울, 마산, 신의주에서 목회하며 예배당을 건축할 때마다 한국 교인들의 헌금으로 짓겠다는 원칙을 고수하였다. 1925년 12월, 미국 해외선교운동가 모트(J. R. Mott) 박사의 내한을 계기로 서울 조선호텔에서 '조선기독교봉역자의회'(朝鮮基督敎奉役者議會)가 개최되었을 때, 한국교회 대표로 참석해서 동석한 원로 선교사들을 향해 "한국교회는 한국인들에게 맡겨두고 선교사들은 떠나라."고 발언하여 참석자들을 놀라게 하였다. 한석진은 선교사들에 의해 도입된 '교파주의'도 반대하였다. 그래서 1909년 도쿄 한인교회를 설립할 때 초교파 연합교회로 조직하였고, 1915년 자신이 속했던 경기충청노회에 "교단 명칭을 조선예수교회로 바꾸자."고 헌의하기도 했다. 1930년 강원도 통천군 온정리에 장로교인들의 헌금으로 수양관을 지으면서 '장로교수양관'이라 하지 않고 '기독교수양관'이라 한 것도 그 때문이었다.

동' 또는 '널다리교회'라고 하였다. 1898년 봄, 이 교회당에서 여신도 이신행李信行, 박관선朴寬善, 김성신金聖信 등을 중심으로 부인전도회를 조직하였는데, 이것은 한국근대사에서 어떤 형태로든 여자들만으로 구성된 기독교이념의 목적적 조직체로는 최초의 것이었다.

1899년 장대현(장대재)교회로 개칭하였다. 이 교회로부터 강서의 탄포리교회灘浦里敎會, 청산포교회靑山浦敎會와 대동군의 태평太平 외리교회外里敎會와 중화군의 읍내교회邑內敎會 등 여러 교회가 파생·발전하였다. 이처럼 장대현교회는 서북계 신앙의 발상지였다.

1899년 장대현교회 김종섭金鍾燮을 장로로 장립[234]하여 당회堂會를 조직하였다. 예배당은 ㄱ자로 건립되어 한때 남녀가 따로 한쪽 칸을 차지하여 앉도록 하였다. 병인양요 때 중군中軍으로 활약하여 관찰사 박규수朴珪壽의 포계襃啓로 안주 우후虞候라는 직책을 받은 바 있던 박춘곤朴春坤이 세례를 받으면서 교인들이 급증하여, 교회당을 확장해서 건립하게 되었다. 교인들의 헌금액 5,000여 원과 선교사 보조금 수천 원으로 72칸의 교회당 건립에 착수하여, 1900년 준공하였다.

부인전도회의 핵심이었던 박관선은 1909년 제주도에서 선교활동을 벌여 여권신장에도 크게 공헌한 인물이다. 길선주吉善宙가 이 교회의 시무視務목사로 취임한 것은 1907년의 일이었다. 이 교회는 1946년 3월에는 3·1절 기념예배를 둘러싸고 교인들이 공산정권에 항거한 사건이 일어나 큰 피해를 입기도 하였다.

계택선은 1906년 1월 평양 장대현교회章臺峴敎會에서 분립하여 평양의 닭골鷄洞 산정현에 세워진 산정현교회에 출석하게 되었다. 산정현교회는 미국 북장로회선교사 번하이슬Bernheisel, C. F. 片夏薛(1874∼1958)[235]과 영

---

234 대개 교회의 중요 직분을 부여하면서 장로의 경우, 취임이거나 안수라는 말보다는 장립(將立)이라는 말을 쓴다. 장립은 안수하여 교회의 직분을 주는 일을 말한다.

수[236] 계택선 그리고 이신행李信行, 정이도鄭利道 등이 교회설립과 운영에 큰

235 계택선과 계원식 부자가 출석한 산정현교회를 담임한 번하이슬의 가장 중요한 업적은 평양 산정현교회를 창립하고 초대 목사가 되었다는 점이다. 번하이슬은 일기에서 산정현교회의 설립에 대해 다음과 같이 기록했다. "1906년 1월 25일 도시에서의 필요성을 고려해 본 후에 남문과 중앙교회(장대현교회를 가리킴)지역에 새 교회를 따로 세우기로 결정했다. 우리가 내일부터 열흘간 주최하기로 한 전도대회를 위해 중앙교회가 너무 작으리라 생각되어 특별히 이 결정이 내려졌다. 나는 새 교회의 목사로 임명되었고, 좀 더 중심부에 교회를 세우기 전에는 동문교회에서 예배를 드릴 것이다. 나는 오늘 밤 기도회에서 교구 사람들을 만났다. 50~60명이 나왔다." 번하이슬은 평양장로회신학교 교지인 《신학지남》에 여러 편의 글을 써서 가톨릭교회를 비판했다. 번하이슬은 《신학지남》에 기고한 "로마교의 그릇된 교훈과 그에 대한 비판"과 "교황제도의 분해"에서 천주교가 교회의 머리와 터에 대해 잘못 가르치고 있다고 비판했다. 번하이슬은 "하나님 교회의 머리는 누군가? 오직 예수만 교회의 머리가 되는 것이다. 참교회의 터는 누군가? 오직 예수만 교회의 터이다."고 강조했다. "교회의 신앙규율"에서 번하이슬은 성경관을 발표했다. 이 글에서 번하이슬은 "성경은 하나님의 교회여부를 판별하는 수단이며 그 진부를 가리는 표준과 시금석이 된다."고 하였다. 또 "성경과 일치하지 않는 교리나 실행을 따르지 않는 교회가 있다면 이는 배교자의 집단으로 밖에 볼 수 없다"고 하면서 천주교를 비판했다. 또한 "생명의 말씀의 기록"이라며 성경의 중요성을 강조하면서 천주교가 성경을 어떻게 경시하고 있는 지를 다음과 같이 지적하였다. "성경은 원만한 것이 아니다. 성경에는 구원에 필요한 건 전부가 포함된 것이 아니다. 성경은 희미하고 몽롱하다. 성경은 평민이 읽을 것이 아니다. 성경은 논쟁에 대한 최후적 해결책이거나 또는 신앙에 완전한 기준이 아니다." 번하이슬은 하나님의 참 교회에 대하여 다음과 같이 정의하였다. "하나님의 참 교회는 인간에 세워진 신적으로 창조된 사회로서 성삼위만을 예배하며 예수 그리스도의 속죄사와 그 의만이 구원의 근거임을 믿으며 성신을 인도자, 성화자, 위로자로 모시며 성경을 신앙의 유일한 표준으로 삼으며 값없이 주시는 하나님의 복음을 전 인류에게 전파하는 것이다." 번하이슬은 또 교회를 보이는 교회와 보이지 않는 교회로 나누며 천주교가 이를 구분하지 않는 점을 지적하여 그들이 보이는 교회만을 강조하여 교황에게 복종하고 성례를 받고 외적의식에 참여하면 구원 얻는다고 말하는 것을 비판하였다. 또 천주교가 주장하는 '교회절대무오설'에 대하여 "지상교회는 절대무오하지도 않고 완전히 거룩하지도 않다"고 주장하였다. 이런 번하이슬의 신학사상은 다음의 연구를 참고할 수 있다. 김대성, "초기 한국 천주교와 개신교의 충돌에 대한 연구-1784년부터 1930년대까지"(장로회신학대 대학원, 2016) 참조; 임걸, "내한 선교사 번하이슬(C. F. Bernheisel 1874~1958)의 가톨릭교회 비판《신학사상》(169집, 2015년 여름호), 106~143쪽 참조; 이런 견해는 번하이슬만이 아니다. 한국개신교는 선교 초기부터 반천주교 담론을 수용하면서 종교적 정체성을 형성하였다. 이것은 기본적으로 개신교를 전파한 외국 선교사들의 반천주교주의에서 기인한 것이다. 특히, 미국 선교사들은 반천주교적인 입장을 강하게 가졌다. 19세기 중후반 미국의 종교계는 동유럽에서 대거 유입되고 있던 가톨릭계 이민자들로 인해 가톨릭에 대한 적개심이 강하게 표출되고 있었기 때문이다. 류대영, 『초기 미국선교사 연구』(한국기독교역사연구소, 2001), 212쪽 참조; 미국교회의 영향을 크게 받고 있던 한국개신교가 반천주교적 입장을 가질 수밖에 없었던 배경이라고 말할 수 있다. 한국개신교는 천주

소임을 담당하였다.[237] 후에 미국 유학에서 돌아온 송창근宋昌根이 담임목사직을 맡았으나, 송창근의 자유주의적 신학노선 때문에 갈등을 빚어 송창근이 1936년에 사임하고, 마산 문창교회文昌教會에서 시무하고 있던 주기철朱基徹이 부임하였다. 주기철은 대규모의 예배당을 신축하는 한편 일제의 종교탄압에 대항하여 신사참배 반대운동을 강력히 추진하다가 구속되어 옥고를 치르던 중, 1944년 4월 49세로 순교殉教하였다.

광복 후 신사참배반대운동의 중심지로 떠올라 많은 교인들이 몰려오는 등 성황을 이루었으나, 일제강점기 시대 평양노회의 과오過誤에 대한 반응 문제로 갈라져 친일 교역자들을 끝까지 반대하는 측에서 교회를 이탈하기도 하였다. 북한 정권 아래에서 기독교 신앙인들을 극심한 탄압을 받았

교와의 문서 논쟁을 통해 선교사들로부터 유입된 반천주교주의를 강화시켜 나갔다. 초기 감리교의 대표적 신학자인 최병헌이 1908년에 번역한 『예수텬쥬량교변론』은 개신교의 반천주교주의를 확인할 수 있는 최초의 문서라고 할 수 있다. 이 책은 천주교의 고해성사 제도와 교황제도를 신랄하게 비판하고 있다. 특히, 교황제도는 마리아 숭배 문제와 함께 개신교가 천주교를 비판하는 논리의 근거로 줄곧 사용되었다. 교황제도에 대한 개신교의 비판적 입장은 개신교의 중요한 교리문서인 웨스트민스터 신앙고백서에서도 찾을 수 있다. 1925년 윌리엄 베어드 선교사에 의해 『신도게요서(信徒揭要書)』라는 이름으로 번역된 웨스트민스터 신앙고백서는 제25장 6행에서 교황을 '적그리스도, 불법의 사람, 멸망의 아들'로 규정하였다. 이 신앙고백서는 한국개신교의 종교적 정체성을 형성하는데 큰 영향을 미쳤으므로, 신앙고백서에 담긴 교황에 대한 비판적 입장은 여과 없이 수용되었을 것으로 보인다. 근본주의 신학을 가르치던 평양장로회신학교는 기관지인 《신학지남》을 통해 천주교에 대한 비판을 체계적으로 시도하였다.("교황제도의 내용분해", "로마교의 그릇된 교훈과 그에 대한 비판", "로마의 내세관" 등의 논문들 참조) 이런 영향을 받은 계일승은 천주교의 교황제도가 역사적으로 가공된 것이며, 성경에 근거가 없는 것이라고 비판하였다. 계일승은 교황이 위문서(僞文書)를 기반으로 만들어진 허위의 산물이며, 천주교의 성자숭배(聖者崇拜), 마리아숭배, 성직자의 독신생활, 연옥설 등은 거짓에 토대를 둔 것이라고 주장하였다. 계일승, "역사상 교황의 수위권", 《신학지남》(1955년 12월호), 20~21쪽과 27쪽. 신광철, 『천주교와 개신교-만남과 갈등의 역사』(한국기독교역사연구소, 1998), 122-127쪽 참조.

236 기독교초창기의 직제로 굳이 비교한다면 지금의 안수집사나 권사직분처럼 교회를 섬기는 직분으로 장로 전단계의 위상을 지닌 평신도 직분 명이었다.

237 "1906년 01월26일 평양 장대현교회에서 분립하여 산정현교회 설립(교역자-선교사 편하설 목사, 제직-계택선 영수, 이신행 권사)" 『산정현교회홈페이지』, 「평양산정현교회 역사」(2016년 8월 22일 오후 3시 10분 검색) http://sanjunghyun.or.kr/page2_2

다. 1·4후퇴 이후 월남한 교인들이 중심이 되어 1956년 2월 5일 서울에서 재건 예배를 드림으로써 서울 산정현교회의 역사는 시작되었고, 이후 부흥·발전하여 서울의 용산·이태원·부산 등지에 교회를 설립하여 지금에 이르고 있다.

번하이슬 선교사는 산정현교회만 담임했던 선교사는 아니었다. 당시 선교사들은 여러 교회를 순회하면서 성찬식을 베풀고 교회 직분자를 선출하는데 도와주는 역할을 하였지만 좀 더 깊이 관리하거나 지원하지는 못하는 상황이었다. 이러한 관계로 개별 교회에서는 신자들이 자원해서 교회의 모든 행사들을 주관했으며, 이 일로 장로와 영수의 일이 더 많아졌다. 계택선은 영수로서 선교사를 대신해서 교회의 살림은 물론 예배 인도하는 일까지 헌신적으로 수행하였다.

산정현교회는 역사를 이어가면서 많은 인재를 배출한 교회이다. 민족의 지도자로 추앙을 받았던 조만식 장로를 비롯해서 유계준 장로, 방개성 장로, 오윤선 장로, 김봉순 장로 등이 시무했으며, 마지막까지 일제의 총칼에 굴하지 않고 민족교회로서 자부와 긍지를 갖고 일제와 싸워 끝까지 신사참배를 반대하고 옥사했던 주기철이 산정현교회 담임목사였다.

산정현교회는 3·1운동 당시부터 민족교회로서, 자부심을 갖고 1919년 3월 1일 평양 만세를 주도했던 지도자 중의 한 사람이 강규찬 목사였다. 그 후로 송창근 목사, 주기철 목사, 해방 후에는 김철훈 목사, 정일선 목사 등이 차례로 시무하였다. 그러나 김일성 정권이 이북에 정착하자 많은 신앙인들이 수난을 당하게 되었고, 유계준 장로는 순교하였고, 조만식 장로는 공산당에 협력을 하지 않는다 하여 수난을 당하다가 순교로 추정되는 행방불명이 되고 말았다.

계택선은 1908년 공동의회를 거쳐서 장로로 피택을 받게 되었고,[238] 평양장로회신학교에 입학을 해서 성경과 신학을 체계적으로 배우면서 목사가 되었다. 평양장로회신학교는 황등교회 설립 초창기 조사로서 교회를 섬기다가 동련교회와 겸임으로 청빙한 1대 담임목사 구연직[239]을 비롯해서 3대 계일승, 4대 이재규, 5대 허덕화, 6대 이항석, 7대 김형우가 모두 평양장로회신학교 출신이었다.[240] 그러므로 황등교회의 뿌리와 정체성과 신앙적 토대를 이해하려면 이 학교에 대한 이해가 필요할 것 같다. 일반적으로 '평양신학교'라고 하는데 정식 이름은 '평양장로회신학교'이며 설립자는 마포삼열이다. 장로교회의 신학교육은 처음에는 선교사가 주도한

238 김수진은 1980년이라고 하였는데 문맥상 이는 1908년으로 오기(誤記)이다. 김수진, 『황등교회 60년사』, 56쪽.
239 구연직(具然直)은 1891년 충남 부여의 능성 구씨 집안에서 태어났고, 어려서는 한학을 익혔다. 1910년 경술국치 무렵 인근 서천군의 석촌장로교회 만동학교에서 교사로 일하게 되면서 개신교에 입문했다. 1926년 군산노회 전도사가 되어 충남 서천과 보령, 부여, 전라북도 군산, 이리 지역에서 전도 활동을 했다. 1936년에는 평양장로회신학교를 졸업하고 황등교회에 부임했다가, 1938년 청주의 청주제일교회로 이동하여 점차 충북 지역을 대표하는 목회자로 성장했다. 구연직은 부흥사로서 자질을 보여 충청노회 소속인 청주제일교회에서 초빙을 받은 것으로 알려졌다. 일제 강점기 말기에 친일 행적이 있다. 일제가 개신교회의 각 교파를 통합하고자 많은 노력을 기울인 끝에 1945년 일본기독교조선교단을 출범시켰을 때 성결교의 이명직과 함께 충북교구장을 맡았다. 광복 후인 1946년 신설된 충북노회의 초대 회장에 피선된 것을 시작으로 총 9차례 충북노회장을 역임했다. 기독교 교육에도 관심을 보여 1949년 세광중학교를 설립한 데 이어 1953년 세광고등학교를 세우고 재단법인 세광학원의 초대 이사장을 맡았다. 1950년대 장로교단이 김재준 파면 파동을 계기로 예장과 기장으로 분열될 때 김재준의 한국기독교장로회를 택했다. 구연직의 선택에 따라 처음에는 청주의 모든 교회가 기장에 속했을 정도로 이 지역에서 영향력이 컸다. 김수진, 『황등교회 60년사』, 101쪽 참조; 구연직이 청주로 가서 세광중·고를 설립한 것에는 구연직이 동련교회와 황등교회 공동담임목사를 하면서 동련교회의 계동학교 운영을 본 영향을 받았을 수도 있다. 또한 구연직이 세광중·고를 설립해나가던 때에 동련교회는 계동학교의 운영이 어려워 폐교되는 시점이었고, 황등교회는 학교를 설립해보자는 논의가 일어나고 있었다. 구연직은 평양장로회신학교 재학시절부터 황등교회를 섬겼고, 1대 담임목사를 역임하였다.(1936년 5월 31일~1939년 4월 14일) "1949년 2월 20일 초대 이사장 구연직 목사 취임"이 세광중학교와 세광고등학교에 나온다. 『세광중학교 홈페이지』, 「학교연혁」(2016년 5월 6일 오전 11시 20분~30분), 『세광고등학교 홈페이지』, 「학교연혁」(2016년 5월 6일 오전 11시 20분~30분).
240 김재두는 황등교회가 이북 출신에 대해 호의적이었고, 계원식이 장로로서 자신과 동향이고 신앙적 깊이가 있는 이북출신들 목사들을 선호한 것으로 안다고 말했다. 김재두와 통화(2016년 4월 17일 오전 10시~10시 15분).

성경사경회에서 시작되었다. 우리나라 사경회(성경공부)는 '계몽'에 강조점이 있었다. 어둠 속에 있던 백성이 성경의 "빛"을 통하여 "밝은 백성"이 되었다는 뜻이다. 여기에는 이중적인 뜻이 있다. 문맹인文盲人이 한글을 깨우치고 글을 읽게 됨으로써 지식을 깨우쳤다는 뜻이 먼저이고, 그 다음엔 성경을 읽으면서 참 하나님을 섬기고 미신과 우상을 버렸다는 뜻이다. 성경의 빛을 통한 계몽은 간혹 낡은 관습 타파와 세습신분제 폐지 등의 사회변혁도 시작되었다. 의식이 깨어난 신앙인들은 성경을 통하여 우리나라 국민이 '어둠에서 밝음으로, 어리석음에서 지혜로, 악함에서 선함'으로 나아가야 한다고 확신하고 이를 위하여 "모든 사람의 손에 성경이 전해져야 한다."고 주장하였다.

계몽의 성격이 짙은 사경회는 때때로 '대중의 의식각성'을 촉구하였다. 국운國運이 쇠잔衰殘해서 풍전등화風前燈火와 같은 우리나라의 현실에서 실낱같은 혈맥血脈은 다만 예수교회에 달려 있다고 보는 시각들이 강했다. 성경의 모세나 예수가 보여준 사람의 길은 타인을 위하여 목숨을 버리며 영원한 복을 위하여 목전에 좋은 것을 물리친 것이니 지금 우리나라에서 이런 이치를 아는 자는 오직 예수교인뿐이요, 이런 사정을 근심할 자도 오직 예수교인뿐이라고 가르쳤다. 예수교인들이 2천만의 잠자는 동포들을 깨우쳐야 할 사명이 있다고 가르쳤다. 예수교인들이 내 나라 내 동포의 건짐(구원)을 모른 체하면서 제 영혼 하나 구원을 얻고자 한다면 이것은 하나님의 참 이치와 예수의 근본 뜻을 알지 못하는 것이라고 가르쳤다.

복음을 받아들인 한국 교인들은 단지 선교사 위주의 성경공부에 만족하지 않고, 보다 체계적인 신학교육의 필요성을 느꼈다. 1890년부터 서울을 중심으로 신학교육이 시작되었고 1893년부터는 평양 등 지방에서도 신학반이 개최되었다. 이 때부터 점차 정규 신학교의 설립 필요성이 대두되어 1900년 평양공의회는 마침내 신학교 설립을 결의하고 이듬해인

1901년 봄 방기창, 김종섭 등 2명을 목사후보생으로 선발하여 마포삼열의 집에서 신학교육을 시작했는데, 이것이 평양장로회신학교의 시작이다. 그 때의 명칭은 '조선예수교장로회신학교'였다. 1918~27년에 마포삼열이 교장으로 재직했다. 처음에는 북장로회 단독의 신학교로 출발했으나 1906년에 이르러서는 남장로회, 오스트레일리아 장로회, 캐나다 장로회와 연합으로 학교를 운영하여 명실 공히 한국 장로교회의 대표적 신학교로 성장했다. 이들의 교과과정은 기독교를 철학적 입장에서 다루는 것이 아니었으며 사실상 일꾼을 배출하기 위한 성경학교 수준의 구실을 하였다.

1907년 1회 졸업생 7명을 배출한 후 꾸준히 장로교회 유일의 신학교로 전통을 세워나갔다. 그러나 1938년 신사참배문제가 제기되고 총회가 이를 가결하게 되자, 신학생들과 학교운영을 맡고 있던 선교사들이 이에 반대하고 나서는 등 혼란을 거듭하는 가운데서 1938년 2학기를 개설하지 못한 채 폐교되었다. 현재 장로회신학대학교와 총신대학교가 이 평양장로회신학교를 계승하였다고 밝히고 있다. 현재, 장로회신학대학교에는 설립자 마포삼열을 기념하여 마포삼열기념관이 있고, 학교 안에 마포삼열 묘소[241]가 있고, 총신대학교는 교수논문집의 이름을 교수논문집 이름

241 "장로회신학대학교(총장 김중은)는 개교 105주년 기념일인 9일, 교내 이상조 기념도서관 앞동산에 마포삼열 목사의 유해를 이장한다. 1936년 일제의 신사참배 강요를 거부하다 가방 두 개만 들고 쫓겨듯 한국을 떠난 지 꼭 70년, 그가 미국에서 세상을 떠난 지 67년 만에 한국에 돌아오는 것이다. 마포삼열 목사의 유해가 우리나라로 오게 된 것은 '조선 땅에 묻히고 싶다'는 그의 유언 때문이다. 서정운 전 장신대 총장 등이 미국 산타바버라 인근에 있는 그의 묘를 방문해서 유자녀들로부터 유언을 전해 듣고 이장을 추진한 것이다. 장신대 측도 교수회와 이사회, 그리고 작년 가을 장신대가 소속된 예장통합 교단 총회를 거쳐 이장을 결정했다. 이장준비위원장인 장신대 김인수 교수는 '마포삼열 목사가 설립한 장신대는 지금까지 목사 2만 명을 길러냈다'며 '개교 105주년에 맞춰 설립자이자 한국기독교의 초석을 놓은 그의 유해를 교정에 모시게 돼 더욱 뜻 깊다'고 말했다. 마포삼열 목사의 유해는 지난 4월 말 한국으로 옮겨진 상태이며 장신대는 9일 오전 9시 마포삼열 목사의 이장예식과 개교 105주년 기념식을 갖는다. 조각가 박석

을 계승해서 《신학지남神學指南》이라고 하고 있다.

평양장로회신학교의 신학노선을 이해하면 계택선과 계원식과 계일승의 신앙과 신학을 이해하는데 유익할 것이다.[242] 1920년 평양장로회신학교 교수회가 작성하여 발표한 7개 조항의 "평양장로회신학교 신앙고백서信經"는 결코 우연의 산물이 아니었다. 앞서 지적한 대로 평장신의 교수진 역시 다가오는 신학적 갈등과 신학의 정체성위기를 분명히 감지하고 있었다. 평장신이 자신의 신학노선을 선언한 신경을 인용하면 다음과 같다.

1. 신구성경新舊聖經은 초자연적으로 하나님의 계시하신 바로 믿으며 이 성경은 우리의 신앙과 생활에 대하여 유일무이한 확실한 준칙準則으로 받음.

2. 성부, 성자, 성신 삼위일체로 영원히 존재하시고 살아계신 진신眞神 하나님 한분을 믿음.

3. 주 예수 그리스도의 영원하신 신성과 참 인성을 믿으며 또 동정녀에게서 탄생하시고 완전히 무죄하심과 십자가에 죽으심으로 대인속죄代人贖罪하심과 육체로 부활하사 승천하심과 우리를 위하사 대제사장이 되심과 크

원(홍익대 교수)씨가 제작한 마포삼열 목사의 반신상(半身像)이 세워지며 반신상 뒤편에 마포삼열 목사와 부인 루시아 여사의 유해가 안장된다. 행사에는 마포삼열 목사의 유자녀들도 참가할 예정이다." "마포삼열목사 유해 장신대 이장" 《조선일보》(2006년 5월 4일); 이 기사를 보면 장로회신학대가 평양장로회신학교를 계승한 것이라는 역사의식에 얼마나 철저한가를 잘 볼 수 있다. 이로서 똑같이 평양장로회신학교를 계승하였다고 밝히는 총신대학교보다 역사의식이 더 강력함이 입증되었다. 계일승은 장로회신학대 학장 시절인 1971년 12월 2일 명예학장으로 마포삼열의 아들 마삼락으로 추대하여 장로회신학대가 평양장로회신학교를 계승한 것임을 드러내기도 하였다. "협동학장에 마삼락(Samuel H. Moffett)박사가 취임하다." 『장로회신학대학교 홈페이지』, 「역사」검색(2016년 5월 9일 오전 10시 30분~40분) http://www.puts.ac.kr/main/sub2011/sub_1.asp?m2=2&m3=3&m4=1_3; 이렇게 장로회신학대는 오랫동안 1901년 평양장로회신학교를 계승하였다는 의미를 집요하게 이어왔다. 이는 계일승과 그를 이어간 장로회신학대 관계자들이 그만큼 평양장로회신학교를 계승하였다는 역사적 의미를 중시한 것이다.

242 김중은, "장신대의 신앙과 신학노선"《장신논단》(제18집, 2010년), 11-53쪽 참조.

신 권능과 영광으로 하나님이 정하신 때에 이 세상에 친히 재림하실 것과 만국을 의로 심판하실 것과 그의 모든 원수에 대하여 완전히 승리하실 것과 마침내 그의 나라를 성부께 바칠 것을 믿음.

4. 성신의 절대적 신성과 인성과 또 창조와 섭리와 구원, 특히 신자의 중생과 성결과 영광 주장하심을 믿음.

5. 하나님 앞에서는 천하 만민이 다 죄인인 것을 믿으며 끝까지 회개치 않는 경우에 이 죄의 대가로 영원히 하나님을 떠나 사망할 것을 믿음.

6. 주 예수 그리스도를 주와 구주로 믿은 자들은 성신의 능력으로 중생하여 하나님의 자녀 되는 것을 믿으며 또 이외에는 구원 얻을 길이 없는 줄로 믿음.

7. 의인과 불의한 자의 몸이 반드시 부활할 것을 믿으며 또 그리스도 예수 안에 있는 자들은 영생 얻을 것을 믿음.[243]

평양장로회신학교의 신앙고백서에는 개혁교회 전통의 "튤립"으로 대변되는 칼뱅주의 교리와 정통-보수주의 신앙고백의 기본적 교리내용이 잘 반영되어 있으며, 당시 자유주의-진보주의(신정통주의) 신학사조에 대응하려는 신학적 노선이 분명히 드러나 있다. 무엇보다 성경관의 중요성에 유념하여, 성경은 하나님의 "초자연적 계시"라는 입장을 제일 먼저 강조하였고, 동정녀 탄생, 십자가의 대속, 예수 그리스도의 육체적 부활과 승천, 재림과 심판, 구원은 믿는 자의 영생 얻음이라는 점들이 명시되었다. 이러한 평양장로회신학교의 신학적 노선은 내용적으로는 근본주의의 5대 교리와 공유하는 바가 많으나, 근본주의의 특징 중의 특징인 이른바 문자적인 "축자영감설"은 결코 주장하고 있지 않으며, 다른 신학입장에

---

243 김중은, 같은 글, 23쪽.

대해서 적대적·배타적·전투적인 태도를 취하지 않는다는 점에서, 처음부터 근본주의 입장과는 차별화하고 개혁교회 전통에 선 복음주의 신학노선이라고 할 수 있다.[244]

평양장로회신학교의 신앙과 그 신학의 성격은 또한 무엇보다 1918년 3월 20일 창간되어 1940년 10월 25일 최종호(22권 5호)까지 약 22년간 계속되었던 교지(계간, 때로는 격월간지)인 《신학지남神學指南》을 통해 확인될 수 있다.

계택선은 1912년 제5회 졸업생으로 신학생 조사로서 봉사했던 평안남도 대동군에 있는 장천교회의 위임목사로 취임하게 되었다. 계택선은 나라를 빼앗기고 농토를 잃어버렸던 많은 이주민들이 만주에 살고 있다는 사실을 잘 알고 있었다. 일제는 토지를 조사한다는 명목 하에 많은 한국인의 토지를 강제로 빼앗아간 일이 있었다. 만주에서 살고 있는 재만 한국인들[245]의 삶은 나라 잃고 낯선 땅에서 힘겹게 살고 있었지만 그 안에서도 희망을 잃지 않고 기독교정신에 따른 교육이 활성화되어 있었다. 이를 살펴보는 것도 의미 있는 일일 것이다.

함경도 종성과 회령 일대에 살던 사람들이 1899년 2월 18일 두만강을 건너 북간도(오늘의 중국 연변조선족자치주)로 이주했다.[246] 종성에서 문

---

244 김중은, 같은 글, 24쪽.
245 '재만 한국인'이란 당시 만주에 거주하던 한국인들을 지칭한다. 이들이 오늘날에는 결혼이주여성과 외국인노동자로 우리나라에 이주하고 있다. 오늘날 황등교회가 다문화 어울림행복사업을 중점과제로 삼고 이웃사랑을 실천하는 것은 의미가 깊다. 황등교회 다문화사업의 대상은 조선족 동포만이 아니라 새터민(북한이탈주민)을 포함해서 모든 나라에서 이주해오는 이들로 확대해서 이해하고 있다. 이들이 오늘날 새롭게 황등교회 교인이 되고 이들의 자녀손이 또한 교인이 되고 있다.
246 간도 지역은 고구려와 발해의 옛 땅이다. 발해 멸망 후에는 거란족이 건국한 요의 영역이었다가 원-명-청을 거치면서 그 지역의 주인공이 바뀌었다. 특히 여진족에 의해 청이 건국된 이후 청국 조정은 간도지역을 자국의 발상지라 하여 봉금지역(封禁地域)으로 선포하고, 사람의 이주를 엄금하였다. 그러다 보니 세월이 흐르면서 사람이 살지 않는 불모지처럼 방치되어 오다가 때로는 국경을 넘어 온 양국의 유이민이 몰래 땅을 개

병규 가문과 외손인 김정규, 김민규 형제가족, 김약연 가문, 남종구 가문,

간하기도 하였고, 경계도 모호해지고 말았다. 바로 이런 문제를 해결하기 위해 간도 지역에 대한 조선과 청의 교섭이 시작된 것은 1712년(숙종 38)이다. 당시 양국 대표들은 백두산을 답사하여 현지 조사를 마친 뒤 국경을 확정한다는 의미에서 백두산정계비를 건립했다. 비문에는 동으로 압록강, 서로는 토문강(土門江)의 분수령에 정계비를 세운 것으로 명기하였다. 그러나 후일 간도의 귀속문제가 발생할 소지가 여기에 내재해 있었다. 양국 대표가 합의한 토문강의 위치가 서로 달랐기 때문이다. 두만강의 상류라는 것이 청국 측 입장이었던 반면, 조선 측은 만주 내륙의 송화강(松花江) 상류라고 보았다. 그럼에도 정계비가 건립된 뒤 160여 년 간 간도귀속 문제는 유보되어 왔다. 그러다가 19세기 중엽 이후 간도의 귀속 문제로 논란이 다시 발생하였다. 19세기 중반 이후, 특히 철종 말년부터 자연재해로 생활이 어려워진 조선인들이 점차 그 지역에 이주하여 농경지로 개척하였고, 청국 측도 봉금을 해제하여 자국 사람들의 이주와 농경을 장려하였기 때문이다. 1882년 초 청나라는 간도지역을 자국 영토로 여겨 조선인의 월경을 엄금하도록 조선 정부에 요구했고, 1883년에는 간도의 조선인을 소환하라는 요청을 해왔다. 이 때 조선 측은 토문강은 송화강 상류이며, 간도지방은 조선 영토임을 주장하면서, 백두산정계비와 토문강 발원지에 대한 공동조사를 통해 국경을 확정할 것을 청하였다. 그러자 청나라는 1885년에 간도 지역의 조선인을 강제로 추방하기 시작하였다. 이에 조선 정부는 다시 토문감계(土門勘界)를 요청함으로써 간도의 귀속 문제는 양국 간에 새로운 외교 현안으로 부각되었다. 이후 대한제국 정부에서는 1902년에 이범윤을 간도관리사로 임명하는 한편, 서울 주재 청국공사에게 간도의 소유권을 주장하였다. 1905년 러일전쟁에 승리한 일본은 대한제국 정부에 '을사보호조약'을 강제하였다. 이후 등장한 통감부는 간도지역에 통감부 출장소를 두어 그곳을 대한제국의 영토로 인정하고 있었던 셈이다. 그러던 일본은 1907년 9월 4일 남만주의 철도부설권 등을 얻는 댓가로 간도 지역을 청국 측에 넘겨주었다. 그것이 다름 아닌 간도협약이다. 이처럼 간도협약은 대한제국 정부의 의사와는 관계없이 일본이 불법적으로 간도를 청국에 넘겨준 조치였다. 간도협약의 요지는 다음과 같다. 첫째, 두만강을 양국의 국경으로 하고, 상류는 정계비를 지점으로 하여 석을수(石乙水)로 국경을 삼는다. 둘째, 용정촌·국자가(局子街)·두도구(頭道溝)·면초구(面草溝) 등 네 곳에 영사관이나 영사관 분관을 설치한다. 셋째, 청나라는 간도 지방에 한민족의 거주를 승준(承准)한다. 넷째, 간도 지방에 거주하는 한민족은 청나라의 법권(法權) 관할 하에 두며, 납세와 행정상 처분도 청국인과 같이 취급한다. 다섯째, 간도 거주 한국인의 재산은 청국인과 같이 보호되며, 선정된 장소를 통해 두만강을 출입할 수 있다. 여섯째, 일본은 길회선(吉會線: 延吉에서 會寧間 철도)의 부설권을 가진다. 일곱째, 가급적 속히 통감부 간도 파출소와 관계 관원을 철수하고 영사관을 설치한다. 앞서 대한제국의 외교권을 강탈한 일본은 간도에 통감부를 설치하여 간도지역이 대한제국의 영토임을 인정하였었다. 그러나 간도협약을 통해 일본은 불과 2년 사이에 자국의 전략적 이해에 따라 간도의 영유권 인식을 한국에서 청국으로 뒤바꾼 셈이자, 대한제국 정부의 의사와 무관하게 간도지역을 청국에 넘겨버린 셈이다. 이로써 1881년부터 다시 재개된 청·한 양측의 간도 영유권 문제는 일본의 군사외교 책략과 청국의 타협으로 미봉되어 미래 한·중의 갈등 요소로 남게 되었다. 1909년의 간도협약은 당사자인 대한제국 정부가 참여하지 않은 가운데 취해진 한국 영토의 할양이다. 간도 협약에 의해 일제는 안봉철도(安奉鐵道)의 개설 문제, 무순(撫順)·연대(煙臺)

회령에서 김하규 가문 등 4개 가문 25세대와 통역 일을 보던 김항덕까지 142명이 약속하고 이날 하루에 두만강을 건넜고, 북간도 화룡현의 부걸라재(지금의 명동촌)에 정착했다. 이듬해인 1900년에는 이미 간도의 자동에 와서 살던 윤하현 일가도 이곳으로 옮겨 왔다. 이들은 함북 오룡천일대의 유명한 다섯 학자(일명 오룡천 5현: 최학암, 한봉암, 한치암, 남오룡재, 채향곡)의 후손이거나 문하생이었다. 이들이 북간도로 대이동을 감행한 목적은 대략 세 가지였다. 첫째, 조상들의 옛 땅을 되찾는다. 둘째, 북간도의 넓은 땅으로 들어가서 농사지으며 이상촌을 건설한다. 셋째, 나날이 추락하는 조국의 운명 앞에서 인재를 교육한다. 그래서 그들은 북간도에서 구입한 토지 가운데 가장 좋은 땅 1만평을 교육을 위한 학전學田으로 떼어 놓았다. 북간도의 새로운 개척지를 제 2의 오룡천으로 만들려는 뚜렷한 계획과 포부를 품고 두만강을 건넜다. 고향에서 선비요, 학자요, 교육자였던 이주민 집안 어른들은 북간도에 정착하자 서당을 차려 자녀들의 교육에 힘을 쏟기 시작했다. 김약연은 용암촌에 규암재라는 서당을, 김하규는 대룡동에 소암재라는 서당을, 남위언도 중영촌에서 남오룡재라는 서당을 열었다. 서당에서 천자문을 떼고 나면『사략』,『통감』, 사서四書와 삼경三經 등을 가르쳤다.

　　그런데 북간도에서 1906년 신교육운동이 일어났다. 신민회 회원인 이상설이 여러 회원들을 참여케 하여 용정촌 서전 벌판에 서전서숙瑞甸書塾을 세웠다. 이 때 나라의 기세가 기울어져 일본에게 합병되어 가니 뜻있는

의 탄광 문제, 영구지선(營口支線)의 철수 문제, 관외철도(關外鐵道)의 법고문(法庫門) 연장 문제 등 만주에서의 몇 가지를 교환하는 조건으로 중국에 간도를 할양하였던 것이다. 이를 통해 오랜 동안 한청 양국 사이에 귀속 문제를 두고 논란이 되어 온 간도는 이후 한국의 관할로부터 멀어지게 되었다. 그러나 간도협약은 한국의 위기 상황을 이용한 일본과 청국의 불법행위이며, 협약 내용 자체가 양국의 불법행위를 입증하는 역사적 문증이라고 평가된다. 따라서 간도의 귀속 문제는 한국과 중국 사이에 여전히 미해결 현안이다.

이들이 국외(만주)에 나와서 인재를 길러 광복의 기틀을 세우려 했던 것이다. 이상설과 뜻을 함께 한 지사(志士)들은 이동녕(이량), 박정서(박무림), 황달영(황공달), 정순만(왕창동), 여조현(여준), 김우용(김동환), 유기연 등이었다. 이 학교에 스무 살 남짓 되는 청년들 100여명이 만주곳곳에서 모여와서 신학문을 배웠다. 이렇게 많은 청년들이 모여든 까닭은 김하규를 통해서 함북흥학회 취지문이 동네마다 배포되었기 때문이다. 지사들의 뜨거운 열정으로 성심을 다해 교육했다. 서전서숙의 교육내용은 역사, 지리, 수학, 정치학, 국제공법, 헌법 등 근대교육의 신학문이었다. 그러나 1년도 채 못 되어 서전서숙은 문을 닫았다. 1907년 3월 숙장 이상설 선생이 이 준 열사와 함께 헤이그에 열린 만국평화회의에 참석하려고 떠났다가 돌아오지 못한 것이 가장 큰 이유였고, 또한 조선총독부의 출장소가 용정에 자리 잡으면서 방해와 감시가 심해졌기 때문이었다. 학교가 문을 닫자 학생들이 더러는 서울로 유학을 가기도 했고, 또 일부는 자기 동네에 돌아가서 학교를 세웠다. 비록 학교는 1년도 채 되지 못해 문을 닫았으나 그 정신만은 불붙어 있었다.

서전서숙의 불씨를 나눠 가진 사람들이 있었다. 김약연이 명동에 돌아와서 새로운 교육의 필요성을 강조했다. 동네 어른들이 여기에 깊이 공감하고 학교 설립을 추진했다. 1908년 4월 27일 명동서숙이 세워졌다. 이 학교는 사실상 김약연의 규암재가 발전한 것이었다. 김약연은 규암재에서 한학의 구식교육을 했는데, 서전서숙의 영향으로 1908년 봄 규암재를 폐지하고, 신교육을 시키는 명동서숙을 창립했다. 박무림이 이 학교의 명예 숙장(교장)으로서 외부와 연락하고 교사를 모셔오는 일을 맡았다. 김약연은 숙감으로 학교의 실무를 담당했다. 학교 재정은 문치정이, 교사는 김약연과 남위언이었고, 학생은 42명이었다.

그런데 문제는 교사를 모셔오는 일이었다. 백방으로 교사를 찾았으나 구할 길이 없어서 학교당국으로서는 걱정이 태산이었다. 1909월 4월, 명동서숙의 이름을 명동학교로 바꾸고 5월 박무림 숙장의 추천으로 25세 청년지사 정병태(정재면)를 영입하였다. 정병태는 모친 김성약金聖約이 1883년 만주에서 입국한 서상륜徐相崙의 전도로 신앙을 갖게 된 초창기 개신교인이다. 1898년 순안 측량학교를 마치고 1907년 서울 상동교회 부설 상동청년학원을 졸업하였다. 정병태는 안창호[247] 등의 지사들이 1907년에 만든 신민회에서 북간도 용정으로 파견되어 서전서숙을 다시 일으키려 했으나, 불가능하게 된 상황에서 명동학교를 주시하고 있었다. 그런 정병태에게 이 학교를 맡아서 운영해달라는 간청懇請을 받은 것이었다. 정병태는 청빙을 수락하면서 엄청난 조건을 하나를 내걸었다. "나는 예수 믿는 사람입니다. 학생들에게 성경을 가르치고, 함께 예배 보는 것을 허락하면 교사로 부임하겠습니다."

이것은 학교 당국으로서 참으로 난감한 문제였다. 명동촌의 유지들은 모두 한학의 대가들이었는데, 정병태의 조건을 받아들이게 되면 조상제사를 폐지해야 했다. 이것이 가장 큰 난제難題였다. 정병태의 조건을 따르자니 제사를 없애야 하겠고, 따르지 말자니 정병태를 영입하지 못하면 학교를 유지하지 못할 수 있었다. 며칠을 두고 회의會議를 거듭했다. 고심 끝에 용단勇斷을 내렸다. 마을 어른들은 기독교와 함께 들어오는 신문명에 민족의 앞날을 걸어 보기로 하였다. 1909년 5월 23일 명동학교 학생들은 모두 기독교인이 되었다. 한신대 구약학 교수로 통일운동가인 문익환 목사와 독립운동가이면서 도덕적 성찰의 시인으로 유명한 윤동주와 독립운동가로 일본 형무소에서 죽음을 맞은 송몽규가 모두 이 학교 출신들이다.

247 대성학교를 세운 안창호는 1909년 청년 학우회에서 청년들로 하여금 한 가지 이상의 전문 학술이나 기예를 반드시 학습하여 직업인으로 자격을 갖추라고 강조하여 자강, 충실, 근면을 몸에 베이게 하려는 운동을 펼쳤다.

문익환은 통일운동가, 사회운동가이며 참여 시인이었다. 만주 북간도 출생. 목사인 아버지 문재린과 어머니 김신묵의 3남 2녀 중 장남이다. 3·1 운동을 전후하여 독립운동의 주요 거점이었던 북간도에서 어린 시절을 보냈다. 만주의 한인들이 세운 명동소학교와 은진중학교를 거쳐 평양의 숭실중학교, 북간도의 용정광명학교를 다녔다. 일본의 동경신학교로 유학을 갔으나 학병 거부로 퇴교되어 만주의 봉천신학교로 전학하였고 그 뒤 한인교회 전도사로 일하였다. 1947년에 한국신학대학을 졸업하고 목사 안수를 받았으며, 미국 프린스톤신학교에 유학, 신학석사학위를 취득하고 귀국하여 한국신학대학과 연세대학교에서 구약을 강의하기 시작하였다.

개신교와 천주교가 공동으로 번역한 성서의 구약 번역책임자로 8년 동안 일하였다. 1976년 명동 '3·1민주구국선언'사건으로 옥고를 치르면서 민주화투쟁에 나섰으며, 1980년 내란예비음모죄로 다시 복역하였다. 출옥후 민주·통일국민회의 의장(1984년)과 민주통일민중운동연합 의장(1985년), 전국민족민주운동연합 상임고문(1989년), 범민련 남측본부결성준비위원회 위원장(1991년), 제4차 범민족대회 대회장(1993)을 역임하였다. 이러한 활동들로 인해 여섯 차례 투옥되어 10여 년을 감옥에서 보냈다. 1992년에는 노벨평화상 후보에 오르기도 했으며, 같은 해 제3회 4월혁명상을 수상하기도 했다. 목사 안수를 받기 이전부터 만주의 만보산 한인교회와 신경한인교회, 구미교회, 을지교회 등에서 전도사로 일했고, 한빛교회와 갈릴리교회에서 목사로 일하는 등 개신교 성직자로서의 삶을 살았다. 구약성경을 다윗, 사무엘 등의 영웅들에게 가려진 민중의 관점에서 알기 쉽게 설명한 『히브리 민중사』(삼민사)를 저술하였고, 『새삼스런 하루』(1973) 등의 시집이 있다.

윤동주[248]는 독립운동가, 시인, 작가이다. 일제 말기를 대표하는 시인이며, 암울한 민족의 현실을 극복하려는 자아성찰의 시세계를 보여주었다. 아명兒名은 해환海煥. 교회 장로이면서 소학교 교사인 아버지 영석永錫과 어머니 김룡金龍 사이의 7남매 중 맏아들로 태어났다. 1925년 명동소학교에 입학해 1931년 졸업했으며, 중국의 관립소학교를 거쳐 이듬해 가족이 모두 용정龍井으로 이사하자 용정 은진중학교에 입학했는데, 이 때 송몽규·문익환도 이 학교에 입학했다. 1935년 평양에 있는 숭실중학교에 편입하고 교내 문예부에서 펴내는 잡지에 시 '공상'을 발표했다. '공상'은 윤동주의 작품 가운데 처음으로 활자화된 것이다. 1936년 숭실중학교가 신사참배 거부로 폐교 당하자 용정으로 돌아가 광명학원 4학년에 편입했으며, 옌지延吉에서 발행하던 《가톨릭 소년》에 윤동주尹童柱라는 필명으로 동시를 발표했다.

1938년 연희전문학교 문과에 입학한 뒤 2년 후배인 정병욱鄭炳昱과 남다른 친교를 맺었다. 1941년 연희전문학교를 졸업할 때, 졸업 기념으로 19편의 자작시를 모아 『하늘과 바람과 별과 시』를 출판하려 했으나 뜻을 이루지 못하고 자필시집 3부를 만들어 은사 이양하와 후배 정병욱에게 1부씩 주고 자신이 1부를 가졌다. 1942년 도쿄東京에 있는 기독교계통인 릿쿄대학立教大學 영문과에 입학했다가 1학기를 마치고 교토京都에 있는 도시샤대학同志社大學 영문과에 편입했다. 그러나 1943년 7월 독립운동 혐의로 일본경찰에 송몽규와 함께 검거되어 각각 2년과 3년형을 선고받고 후쿠오카 형무소에 수감되었다가 윤동주는 1945년 2월 16일, 송몽규는 3월 10일에 29세의 젊은 나이로 옥사했다. 1968년에 윤동주의 모교인 연세대학교 교정에 시비詩碑가 세워졌고, 1985년 월간문학사에서 윤동주문학상

---

248 그를 소재로 한 영화가 최근 상영되었다. 〈동주〉(2016년 2월 17일 개봉; 이준익 감독); 서술자가 보기에 성일고의 성일(聖一)이라는 교명(校名)에 담긴 뜻은 윤동주의 시에 나타난 기독교적 인성(양심)을 떠올리게 한다.

을 제정해 시상하고 있다. 가수로 온누리교회 장로인 윤형주와는 6촌 재종형제간이기도 하다.

　　윤동주는 기독교정신을 바탕으로 한 민족의식을 갖고 있었다. 아래의 시는 윤동주가 만 16세가 되기 엿새 전인 1934년 크리스마스 전날 쓴 것으로 자신을 어린 양 그리스도처럼 민족의 제단, 인류의 제단 위에 오를 깨끗한 제물로 보았다.

초 한 대

윤동주　

　　초 한 대
　　내 방에 풍긴 향내를 맡는다.

　　광명의 제단이 무너지기 전
　　나는 깨끗한 제물을 보았다.

　　염소의 갈비뼈 같은 그의 몸
　　그의 생명인 심지心地

　　백옥같은 눈물과 피를 흘려
　　불살라 버린다.

　　그리고도 책상머리에 아롱거리며
　　선녀처럼 촛불은 춤을 춘다.

매를 본 꿩이 도망하듯이
암흑이 창구멍으로 도망한

나의 방에 풍긴
제물의 위대한 향내를 맛보노라.

현재 중국 연변 자치주의 국어 교과서에는 윤동주의 시가 자랑스럽게 등장한다. 윤동주 시집도 한글로 나와 있다. 그 내용은 전부 남한에서 나온 책을 그냥 그쪽 인쇄체로 찍은 것이지만, 몇 편의 동시를 발굴하여 추가하고 있다. 연변 쪽의 평가는 이렇다.

> 윤동주 시인은 바로 중국 조선족 문학의 선두 주자이며 중국 조선족 시인이기도 한 것이다. … 문학사적인 견지에서 무엇보다 홀시하지 말아야 할 것은 … 그의 시어의 특징이거나 시어로 형상화된 화자의 개서 속에 중국 조선족 문화의 냄새가 다분하다는 이 점이 간과되지 말아야 할 것이다. … 윤동주 시인의 시들에는 밤하늘의 정경과 함께 달이며 별, 그리고 바람이라는 시어가 아주 많다. 연변 지역의 밤하늘, 특히는 가을의 밤하늘에서 뭇별들이 쏟아져 내리는 듯한 그 야경을 보지 못하고서는 윤동주가 읊조린 하늘이요 별들에 대해 리해하기 힘들 것이다. 달과 바람에 대해서도 역시 마찬가지이다.[249]

윤동주의 고종사촌으로 윤동주의 생애를 같이 한 송몽규는 중국 길림성 화룡현 명동촌에서 태어났다. 기독교 신자로 명동학교 조선어 교사였던 송창희의 장남이다. 아명은 한범韓範인데, 아명으로 쓴 '술가락'이 1935

249 한인섭, "문익환-윤동주와 찬송가 582장" 새길교회 설교집(2010년 5월 30일) 중에서.

년 1월 1일자 《동아일보》 신춘문예에 콩트 당선작으로 선정되었다. 그 뒤 1935년 3월 말에 은진중학교 3학년을 수료한 뒤 중국 낙양군관학교 제2 기생으로 입학하였는데, 동기생들과 함께 『신민新民』이라는 책을 만들었다. 1935년 11월경에는 남경을 떠나 산동의 제남에서 독립운동단체에 가담하였다. 1936년 4월 10일에 일본 영사관 경찰에게 체포되어 본적지인 함경북도 웅기경찰서로 압송되었다가, 9월 14일에 거주 제한의 조건으로 석방되었다. 1937년 4월에는 길림성 용정의 대성중학교에 4학년으로 편입하였고, 1938년 4월 9일에 연희전문학교 문과에 진학하였으며, 1942년 4월 1일에 교토제국대학 사학과 서양사 전공에 입학하였다. 1943년 7월 10일에 '재교토조선인학생민족주의그룹사건' 혐의로 검거되어 1944년 4월 13일에 교토지방재판소에서 징역 2년을 선고받았다. 1945년 3월 7일에 후쿠오카형무소에서 눈을 뜬 채 세상을 떠났다. 1995년 8월 15일에 대한민국 건국훈장 애국장이 추서되었다.

이처럼 명동학교는 기독교 정신에 따른 민족의식을 강하게 교육한 학교였다. 이로써 명동학교는 기독교학교가 되고 동시에 명동교회도 창설되었다. 학생들은 신약성경과 찬송가를 한 권씩 구입했다. 교실에서 첫 예배를 드렸다. 설교가 너무나 생소했고 또 도무지 무슨 말인지 알아들을 수가 없었고, 찬송도 귀에 설었다. 그러나 차츰 예배에도 익숙해지고 성경공부도 취미를 붙이게 되었다. 이렇게 기독교학교를 만들어서 신식교육을 시키자는 정병태의 신념이 있었다. 학교와 교회가 불가분의 관계를 맺어야 민족을 구원하는 사업을 이룰 수 있다. 북간도에서 교회와 학교는 이신동체二身同體로 활동을 했다. 교회가 설립되면 곧이어 학교가 교화 옆에 학교가 설립되고, 학교가 설립되면 교회가 세워졌다.

정병태는 유능하고 의식 있는 선생들을 영입하였다. 상동파의 한글학자 박태환, 역사학자 황의동, 한글학자 장지영, 법학자 김 철을 교사로 영입했고, 김영구와 김홍일도 교사로 영입했다. 이렇게 해서 명동학교는 민족이념이 투철한 교사진으로 구성되었다. 정병태는 신앙과 애국심(기독교정신과 민족의식)을 함께 교육하는 방침을 세웠다. 이를 위해 정병태는 교과서 편찬위원회를 조직해서 이 방침이 반영되는 교재를 만들었다. 이 가운데서 정병태는 애국심을 키워주는 역사교육을 중시했고, 저항정서를 고취시키는 창가교육에도 공을 들였다. 이와 함께 정병태는 실업·정치·법률·과학 등의 근대교육도 충실히 시행했다. 정병태는 또한 체육을 중요시했는데, 가끔 연합대운동회를 개최하여 군사행진을 방불케 하는 무장시위를 실시하여 북간도 한인들을 정신적으로 단결하게 했다. 정병태는 학교교육을 독립전쟁대비과정으로 이해해서 교과과정에 목총을 이용한 병식체조교육을 포함시켰다. 그래서 정병태는 군사훈련과 체력단련을 교육의 우선순위에 두었다. 정병태 교육이 이렇게 1908년부터 북간도에 씨를 뿌리고 심혈을 기울여 가꾼 성과는 1920년에 북간도 전 지역에 수백 개의 학교와 교회와 다수의 독립군 부대편성으로 드러났다.

정병태는 명동촌을 근거로 하여 1911년부터 1914년까지 간도 각 지역 70여 군데에 학교와 교회를 설립했다. 정병태의 영향력으로 간도에는 반드시 '교회 곁에 학교'를 세우는 원칙이 세워졌다. 북간도 기독교학교들의 교육목표는 근대지향近代指向과 민족지향民族指向이었다. 근대지향을 위한 교육내용은 인간덕성교육人間德性敎育, 실업교육實業敎育, 민주시민교육民主市民敎育, 법률경제교육法律經濟敎育, 과학교육科學敎育, 시범교육師範敎育, 외국어교육外國語敎育, 한학교육漢學敎育이었다. 민족지향을 위한 교육내용은 국어교육國語敎育, 애국심교육愛國心敎育, 신앙교육信仰敎育, 역사교육歷史敎育이었다. 이 가운데서도 특히 역사교육에 역점을 두었다. 역사교육의 목표는 지식교육이 아닌 정의의 교육에 있었다. 이런 차원에서 역사와 체육 두 과목을 함께 묶어서 가르치기도 했다. 위의 교육과정에서 특이한 점은 민족지향을 목표하고 있는 교육에 신앙교육을 포함시켰다는 점이다. 이것은 신앙심과 민족의식의 합일이라는 관점에서 나왔다고 본다. 정병태는 1925년부터 2년간 중국의 남경 금릉金陵대학 신학부에서 공부하였으며, 평양신학교에서 1년간 더 공부한 뒤 목사 안수를 받았다. 1928년부터 용정 은진중학교 교목으로 활동하다가, 1930년부터는 함경북도 청진과 원산에서 종교 활동을 통한 민족운동에 매진하였다. 해방 후 독립촉성기독교 중앙협의회에 참여하고 〈기독공보〉사장으로 활동했다. 말년에는 중앙교회에서 목회자로서 활동하다가 1962년 서울에서 별세하였다.

계택선은 만주의 현실과 만주지역의 기독교신앙에 바탕을 둔 민족교육운동을 잘 알고 있었다. 계택선은 오랫동안 기도하던 중, 결단을 내리고 1917년 3월 찬바람이 세차게 불어오는 만주 벌판을 가로지르면서 순회전도 여행길에 나섰다. 봉천奉天에 있는 서탑 한국인교회에서 설교를 하다가 그만 설교도중 과로가 겹쳐 뇌일혈로 사망하고 말았다.[250] 계택선이 열정적으로 만주지역을 귀하게 여기고 과로로 죽기까지 만주지역교회를 찾아다닌 것을 계원식은 잘 알고 있었을 것이다. 이런 이유에서인지 황등교회 담임목사 중에는 만주지역과 관련된 이들이 여러 명이 있다. 아마도 계원식이 만주에 대해 호의적이기에 담임목사 청빙에 호의적이었기에 그랬을지도 모른다.

계원식은 아버지 계택선을 따라 장대현교회를 다니다가 분립된 산정현교회를 다녔다. 계원식은 역사와 민족의식을 갖고 있는 교회에서 신앙훈련을 받았고, 일생을 하나님 사랑과 나라사랑과 이웃사랑을 실천한 실천적 신앙인이었다. 평양의 산정현교회는 장대현교회에서 분립된 교회이

---

250 김수진은 『황등교회 60년사』에서 과로로 인한 뇌일혈로 사망하였다고 하고는 "걸어다니는 성경책, 계원식 장로"《한국장로신문》(2009년 4월 18일)에서는 혈압으로 사망한 것으로 하였다.

다. 계택선이 번하이슬 선교사와 그 외 여러 사람들과 함께 산정현교회 분립에 창립멤버로서 참여하며 노고를 아끼지 않은 것을 계원식은 누구보다 잘 알고 있었고 목격했을 것이다. 그런 계원식이기에 동련교회에서 황등교회를 분립해나가는 일에 황등시장터 선구자들과 함께 이 일을 해 나갈 수 있었을 것이다. 그런 계원식이 후에 전북노회에서 위촉한 교회분립위원으로 활동하면서 1930년대 동련교회에서 금암리교회가 분립될 때 윤식명 목사와 함께 그 소임을 다하기도 하였다. "익산군 동련교회에서 금암리교회 분립 청원은 허락하고 위원은 윤식명, 계원식 양씨로 하야 거행케 하심 바라오며"[251]

〉〉〉 신앙의 뿌리, 1907년 평양대부흥운동

• 1907년 평양 대부흥운동의 배경

1907년 평양대부흥운동이 일어나기 전, 한국은 국운이 쇠잔할 대로 쇠잔한 현실 그대로였다. 해외열강들이 우리나라를 자신들의 이익으로 바라보고 있었다. 러시아는 태평양으로 이어지는 아시아 발판기지로, 중국은 한국에 대한 전통적인 기득권으로, 일본은 대륙의 발판기지로 그리고 미국은 동아시아의 전초기지로 한반도를 노리고 있었다. 미국의 외교전문가 포스터가 말한 대로 당시 한반도는 강대국들이 노리고 있는 '나봇의 포도원'[252]이었다. 1894년 동학농민운동 진압을 위해 청군이 개입하자 일

---

251 『전북노회 회의록』(제 24~30회) 131쪽을 연규홍, 위의 책, 102에서 재인용.
252 나봇은 이스라엘 아합왕에게 자신의 포도원을 팔기 거절했던 사람이다. 나봇은 아합왕의 궁에서 가까운 곳에 좋은 포도원을 소유하고 있었는데, 그 포도원의 값어치만큼의 돈이나 다른 것과 교환하자는 아합왕의 제의를 거절했다. 아합왕이 나봇의 포도원을 빼앗지 못했던 이유는 이미 지파별, 족속별, 가정별로 분배된 땅은 엄격하게 구분되어 그 지계표를 옮길 수 없었으며, 땅을 빼앗은 것은 그 소유자의 생계를 위협하는 것과 다름없어서 율법에서 금하고 있었기 때문이다. 하지만 이러한 율법을 알지 못했던 이방

제는 거류민 보호라는 명목으로 군대를 조선에 상륙시켰다. 이로 인해 조선에서 청·일 전쟁이 일어났다. 여기서 승리한 일제는 김홍집을 중심으로 하는 친일내각으로 1895년 갑오경장을 단행하여 정치, 경제, 사회 등에 걸쳐 개혁을 감행하였다. 이 개혁을 뒤에서 조종한 일제는 조선의 근대화에 뜻이 있었던 것이 아니라 그들의 침략을 원활하게 하기 위한 토대를 구축하려는 것이었다. 그러나 그 해에 일제에 의해 배척되었던 왕후 민 씨는 친일세력을 몰아내는데 성공하였다. 이에 일제는 한 나라의 왕후를 일본 무뢰배들을 동원해서 무참하게 살해하는 만행을 저질렀다.

1895년 8월 20일 새벽 당시 이를 지휘한 인물은 부임한지 37일밖에 안되는 일본공사 미우라三浦梧樓였으며, 주요 무력은 서울 주둔의 일본군 수비대이고, 행동대는 일본공사관원, 영사경찰, 신문기자, 낭인배 등이었다. 이들은 미우라의 직접 지시 하에 조선의 정궁인 경복궁을 기습하였다. 고종의 왕후인 민씨[253]는 일본 난입자들에 의해 머리채를 휘어 잡혔고, 그들

여인 이세벨왕비는 왕이 원하는데 안 될 게 없다는 생각을 하는 사람으로, 하나님과 왕을 저주했다고 모함하여 나봇을 죽인 뒤, 나봇의 포도원을 빼앗아 아합에게 주었다. 이처럼 아합왕과 이세벨은 왕의 지위로 권력과 부와 명예를 갖고는 포도원 하나를 더 가지려고 그것 하나밖에 없는 사람의 재산을 빼앗으려고 모함과 살인을 서슴지 않았다. 조선시대 말기 우리나라 현실이 그러했다. 여러 나라들이 호시탐탐 집어삼키려 하는 시기였으나 그 어떤 나라도 도움을 주려하지 않았고 우리 힘으로는 온전히 나라를 지키기 어려웠다. 급기야 일본은 명성황후를 참혹하게 죽이는 만행도 서슴지 않았고 헤이그밀사 사건 등으로 고종황제를 강제 퇴위시키고 끝내 독살하고는 외교권, 군대해산 등을 하고는 결국 1910년 우리나라를 식민지로 삼아버렸다.

253 이 당시는 왕후 민 씨가 맞지만 그렇다고 이를 '민비'라고 지칭하는 것은 타당하지 않다. 이 용어는 일제가 지칭하는 용어이다. 1895년(고종 32년) 10월 8일 일본 낭인들에 의해 옥호루(玉壺樓)에서 살해된 뒤 황궁 밖의 송림에서 시체가 불살라지는 불행한 최후를 맞았다. 곧이어 세워진 친일정권에 의해 폐비되었으나 곧 복위되었고, 대한제국으로 바뀐 뒤 명성황후로 추책(追冊)되었다. 세간에 알려진 '민비'라는 이름은 고종이 황제에 등극하기 전 호칭으로 성씨인 민 씨와 조선시대 왕의 부인인 왕비를 축약해 부르는 용어이며, 시해된 후 고종이 황제가 되자 여기에 맞춰 황후로 격상되었다. 경기도 양주 숙릉(肅陵)에 묻혔고, 1897년 청량리 홍릉(洪陵)으로 이장되었다. 1919년 고종이 죽은 뒤 다시 양주군 미금면 금곡리 홍릉으로 이장되었다. 민비라고 지칭하느냐, 명성황후로 지칭하느냐는 민족의식을 담아낸 의미이기도 하다. 일제는 자신들의 만행을 염두에

의 칼에 처참하게 난도질당하였고, 시체는 석유 불에 태워졌다.[254] 그들은 고종의 어깨를 밀쳐냈고, 세자의 머리를 끄는 등 한 나라의 국가 권위를 무참히 짓밟았다. 이 사건이 바로 '을미사변'이다.

을미사변으로 다시 친일내각이 조직되었으나, 국모國母 피살이 민심을 극도로 자극하였고, 이것이 반일 감정으로 변하였다. 을미사변은 단발령과 함께 19세기말 항일의병이 봉기하는 원인이 되었으며, 또한 신변이 위태롭게 된 고종이 1896년 2월 러시아공사관으로 피신하게 되는 결정적인 계기가 되었다. 이를 아관파천이라고 한다. 1896년초 청년 김창수(백범 김구의 처음 이름)가 일본군 밀정을 살해하고 이후 독립운동에 투신한 계기나, 1909년 안중근이 하얼빈 역에서 이토伊藤博文를 총살한 이유 중 하나도 바로 이 사건이다. 을미사변은 일본이 한국에 행한 만행을 상징하는 대표적인 사건이다.

이로부터 일본과 러시아는 한국과 만주를 놓고 침략적 야욕을 노골적으로 나타냈다. 그러다가 1904년 러·일전쟁이 발발하고 말았다. 대한제국[255]은 국외중립을 선언하였으나, 일본은 병력으로 위협하여 1904년 2

두고, 대한제국을 묵살하려고 민비로 지칭하지만 우리는 국권이 침탈되는 상황에서 국난을 극복하려고 반일노선을 걷다가 참혹하게 살해당한 민족지도자를 존중해서 명성황후라고 지칭하는 것이 타당하다. 사실 명성황후는 명성태황후로까지 추책되었다. 오늘날 뮤지컬 '명성황후'는 세계적인 뮤지컬로 인정받았고, 드라마에서도 '명성황후'라는 타이틀로 다루어질 정도로 민족혼의 상징으로 추앙받고 있다.

254 F. A. Mckenzie, 『The Tragedy of Korea』(London: Hadder & Stoughton, 1908), pp.63-64 참조.

255 아관파천 이후 고종은 1897년 연호를 광무로 정하고 10월에 황제즉위식을 거행한 뒤 국호를 대한제국으로 선포했다. 대한제국은 자주독립 국가임을 밝히고 국방력을 강화시켰다. 내각은 보수파를 중심으로 구성되어 왕권 강화 움직임이 두드러졌다. 이런 움직임은 독립협회의 저항을 받았고, 독립협회는 의회 개설을 주장했으나 정부의 탄압으로 강제로 해산됨으로써 왕권의 전제화 경향은 더욱 커졌다. 1904년 일본이 러·일 전쟁을 일으켰고 대한제국은 국외중립을 선언했으나 일본의 위협으로 한일의정서를 체결했고 이듬해 을사늑약을 통해 조선의 외교권을 박탈당했다. 조선은 헤이그 만국평화회의에 밀사를 파견하여 조선의 억울한 사정을 호소했으나, 일본은 이 사건을 구실로 고

월에 대한제국에 대한 일본의 정치적·군사적 간섭을 합리화했고, "군략 상 필요한 지점을 점유 할 수 있다.(제4조), 양 국의 승인을 거치지 않고 본 조약 취지에 위반하는 협약을 제3국과 맺을 수 없다.(제5조)" 등의 조항을 포함한 6개 조항으로 된 한일의정서를 강압적으로 한국으로 하여금 수락케 하였다.[256]

을사늑약이 무효인 이유를 좀 더 설명하면 다음과 같다.

1. '을사늑약'은 양국 간에 평화적 방법에 의해 체결된 것이 아니었다. 일본제국의 특파대사로 한국에 온 이토 히로부미가 하세가와 요시미츠 조선주차군사령관과 그의 부관, 헌병사령관 등을 대동하고 공사 하야시와 함께 일본군이 궁궐을 몇 겹으로 포위한 상태에서 강요되었다.

2. '을사늑약'은 정당한 절차를 거친 합법적 조약이 아니었다. 조약 체결 당사자들은 정당한 절차에 의해 위임받은 대표자로서의 자격을 갖지 못하였으며, '을사늑약' 문안에는 일본이 한국 외부대신의 관인을 훔쳐 찍었다.

3. '을사늑약'을 체결했다는 대한제국 외부대신 박재순과 일본공사 하야시에게는 양국통치권자의 위임절차가 없었다. 한 나라의 외교권을 넘기는 중대한 조약을 체결하는데 있어서 광무황제(고종)는 외부대신을 조약체결의 대표로 위임하는 아무런 조치도 취하지 않았다. 따라서 박재순은 황제를 대리하는 대표가 될 수 없었다. 하야시 역시 일왕의 위임장을 받지 않았다. 오히려 이토가 특명전권대사였다. 위임되지 않는 대리인의 권한행사는 원인무효가 되는 것이다.

4. 조약의 비준권자인 광무황제는 이 조약을 당시는 물론 그 이후 한 번도 이를 승인 또는 비준한 일이 없었다. 광무황제는 수차례에 걸쳐 "내 의

종을 강제 퇴위시키고 1910년 강제로 대한제국을 일본에 병합했다.
256 이영헌, 『한국기독교사』(컨콜디아사, 1983), 106쪽.

지와는 달리 일본정부에 강요당하였다."고 조약을 비준하지 않았음을 천명하였다. 오히려 황제는 신뢰하던 미국인 황실고문 헐버트Hulbert, H. B에게 "짐은 총칼의 위협과 강요 아래 양국 사이에서 체결된 이른바 보호조약이 무효임을 선언한다. 짐은 이에 동의한 적도 없고 금후에도 결코 아니할 것이다. 이 뜻을 미국 정부에 통보하기 바란다."라고 비준거부 의사를 분명히 하였다.

5. 조약내용의 변경절차상의 이상이다. 당초 일본정부가 만들어서 가져온 초안(별지의 조약)을 두고 한국정부 대신들이 "일본 정부는 대한제국 황실의 안녕과 존엄유지를 보증한다."는 1개조를 추가해줄 것 등을 요망하였다. 이토는 이를 수락하여 이 같은 내용의 협약문을 적었다. 조약안에 추가된 것을 일본정부나 한국정부의 최고 책임자가 사전에 전혀 보고받거나 이를 양해하지 않는 상태에서 현장에서 내용이 바뀌었다. 이것은 조약의 체결에 관한 기본원칙에 위배되는 것으로써 원천무효의 사유가 된다.

6. 일본은 국제적으로 공약한 '한국의 독립' 약속을 일방적으로 파기하였다. 1895년 4월 17일 조인된 청일강화조약 제1조에서는 "청국은 한국이 완전무결한 자주독립국임을 확인한다…"고 되어있다. 1898년 4월 25일 조인된 니시·로젠 협정 제1조에도 "러·일 양국 정부는 한국의 주권 및 완전한 독립을 확인하고, 또 상호 동국同國의 내정에 모든 직접적인 간섭을 하지 않을 것을 약정한다."고 되어 있다. 한국과 일본이 1876년 2월 2일 체결한 강화도조약 제1조는 "조선은 자주국으로서 일본과 동등한 권리를 갖는다."고 하여 '자주국'으로 인정하였다. 또 1904년 2월 23일 조인된 한일의정서 제3조는 "대일본제국 정부는 대한제국의 독립과 영토안전을 확실히 보증할 것"을 약속하였다. 이를 이유 없이 뒤엎는 '을사늑약'은 무효이다.

7. '을사늑약'에 대해서는 조병세·민영환 등 수많은 한국의 지사들이 스스로 목숨을 끊어 항의하였으며, 이후 광복이 될 때까지 40년간 우리 민족은 임시정부를 세우고 의열투쟁을 전개하면서 부당한 일제의 국권침탈과 강점에 저항하여 싸웠고 결코 승복하지 않았으므로 이는 무효이다. '을사늑약'은 5천년 유구한 독립국가의 역사를 가진 한민족 전체의 감정과 의사에 반하는 것이었다.

8. 우리는 '을사늑약'이 역사책에서, 각종의 문서와 언론, 교육 현장에서 합법적 조약으로 오인되지 않게 하기 위해 무효를 선언한다. 우리는 잘못된 사실이 세월과 더불어 기정사실로 오인되는 것을 우려하며 이를 경계한다. 온갖 기만과 불법적인 방법과 강박에 의해 이루어진 '을사늑약'은 결코 합법화될 수 없는 것이며, 그렇게 되어서도 안 된다.

9. '을사늑약'은 한일 간의 바람직한 미래를 위해 과거의 역사를 올바로 세우는 차원에서 이를 무효선언한다. 한국과 일본이 1965년 6월 22일 체결한 〈대한민국과 일본국간의 기본관계에 관한 조약〉의 제2조는 "1910년 8월 22일 및 그 이전에 대한제국과 일본제국간에 체결된 모든 조약 및 협정이 이미 무효임을 확인한다."고 명기하였다.

10. 평화로운 세계와 호혜평등의 국제관계를 위해 '을사늑약'의 무효를 선언한다. 일방적 의사와 강압적 방법에 의한 국권침탈과 병합은 국제평화를 위해 영원히 이 지구상에서 없어야 할 저주의 대상이다. 20세기 제국주의의 가장 가혹한 희생을 치른 한민족은 인류평화에 중대한 위협을 가져오고, 상호평등의 호혜적 국제관계 교란을 발동시킨 '을사늑약'의 무효를 선언함으로써 향후 어떠한 위력과 기만에 의한 국권침탈과 병합에 대해서도 용납하지 않을 것임을 천명한다.

일제가 한국 지배를 합법적으로 구체화시킨 것은 1905년 11월 을사늑약체결에 따른 결과이다. 이제 한국은 독립국가의 모든 지위를 박탈당하였다. 그로 인해 백성들의 분개는 극에 달하였고, 장지연은 "시일야방성 대곡"이라는 논설을 써서 일본의 침략성을 규탄하고 조약체결에 찬동한 대신들을 성토하였다. 을사늑약이 체결되기 이틀 전에 고종 황제가 헐버트H. B. Hulbert에게 "대한제국이 자주적 정부를 보존할 수 있도록 보살펴 주기를 바란다"는 진정서를 루즈벨트 대통령에게 보냈으나 성사되지 못하였다.²⁵⁷ 1882년 조선은 미국과 조약을 체결하였다. 다른 나라가 강압할 때 서로 도와준다는 것이다. 이러한 때에 일본이 한국에 대한 야욕을 노골화해서 여러 가지 호소를 하지만 그리고 헐버트가 미국에 까지 가서 고종의 친서를 전하지만 거부를 당한다. 미국이 배신한 이유는 무엇일까? 이것은 세 가지로 나누어서 살펴볼 수 있다. 첫째, 미국의 조선외교는 처음부터 노선이 분명하지 않았다. 둘째, 이런 정황아래 조선 정책은 중립적·무관심으로 일관했다. 그 이유는 영국과 러시아와 중국과 일본의 분규 사이에서 철저한 중립을 표방하는 편법을 썼다. 셋째, 가장 중요한 원인이다. 러시아의 남진정책에 대한 열강의 반응에서 시작된다.

영국은 1902년 일본과 동맹관계를 맺어 조선에서 일본의 우위권을 인정해주었다. 독일은 영국과 대립관계에 있어서 러시아에 접근해서 조선의 얼지 않는 항구不凍港의 획득을 권고하였다. 이런 때에 미국의 입장은 일본의 진출을 도와줌으로 러시아의 남진南進을 억제하는 것으로 조선에 대한 일본의 지배를 인정하는 것이다. 이런 와중에 미국은 미국 자체에 동양의 이권利權인 필리핀이 일본 때문에 위협 당하지나 않을까 하는 점으로 인해 미국은 필리핀을, 일본은 한국을 장악하는 합의로 가쓰라·태프트 조약을 체결하였다.

일제는 러시아의 진출을 막으려는 미국과 영국과의 비밀협약 또는 동

257 백낙준, 『한국 개신교사』(연세대학교 출판부, 1973), 283-284쪽 참조.

맹 등으로 한국을 지배하는 데 있어서 모든 방해 세력을 제거하였다. 당시 미국 정치권의 입장은 러시아의 남하를 막기 위해서는 일본이 한국을 지배하는 것도 좋다는 것이었다. 그런 상황에서 일본이 러·일전쟁에서 승리함으로써 러시아의 남하를 막아내는 역할을 수행하게 되자 미국 정치권은 일본에 우호적이었다. 이로 인해 미국과 일본은 비밀협약을 맺었다. 이것이 가쓰라·태프트 조약이다. 1905년 7월 27일 미국 육군장관United States Secretary of War과 일본 총리대신 겸 외무대신 가쯔라 다로오桂太郎 사이의 Taft-Katsura 밀약密約 '합의각서agreed memorandum'는 대한제국이 앞으로는 더 이상 러시아와 친선관계를 갖지 못하도록 대한제국의 외교권을 봉쇄하기로 한 비밀약속이다.

이어서 포츠머스 조약Treaty of Portsmouth이 맺어졌다. 1905년 9월 5일 러·일전쟁을 끝내기 위해 미국 뉴햄프셔 주에 있는 군항도시 포츠머스에서 러·일 간에 맺은 강화조약이다. 러·일전쟁은 1904년 2월 만주와 한국에 대한 배타적 지배권을 둘러싸고 러시아와 일본 사이에 일어난 제국주의 전쟁이었는데, 1905년 1월 뤼순항旅順港이 일본군에 의해 함락되었다. 그러자 열강들의 조정·강화 문제가 제기됨에 따라, 결국 미국의 대통령 루스벨트의 중재로 미국 뉴햄프셔 주의 군항도시 포츠머스에서 8월부터 러시아와 일본 사이에 강화회의가 열렸다. 강화회담은 일본측이 제시한 12개 조항을 토대로 진행되어, 9월 5일 전권외상 고무라 주타로小村壽太郎와 러시아의 재무장관 비테와의 사이에 전문 15조, 추가조약 2개조의 강화조약이 조인되었다. 주요내용을 보면 다음과 같다. ① 한국에 대한 일본의 지도·보호·감리권의 승인, ② 뤼순·다렌大連의 조차권 승인, 창춘長春 이남의 철도부설권 할양, ③ 배상금을 청구하지 않는 조건으로 북위 50° 이남의 남사할린 섬 할양, ④ 동해, 오호츠크 해, 베링 해의 러시아령 연안의 어업권을 일본에 양도한다는 것 등이다. 이 조약으로 미국·영국뿐만 아니라 패전국 러시아도 일본의 한국 지배를 승인함으로써 일제의 한국 지배가 국제적으로 확인되었으며, 이후 한국은 일제 식민지의 길로 들어섰다.

1905년 을사늑약 체결에 분개한 국민들이 들고 일어나 조약무효를 부르짖었고, 을사5적[258] 규탄의 소리가 일어났다. 유생儒生들과 전직 의정대신 조병세, 민영환 등 관원들이 조약폐기 운동을 벌였다. 고종도 이 조약을 통탄하였으나 어떻게 할 도리가 없었다.[259] 1907년 헤이그 밀사 사건도 실패로 끝났고, 고종은 일제에 의해 강제로 퇴위되었다. 일제는 한일신협약을 맺어 일본인 통감에 의한 정치를 실시하였다.[260]

전 국민의 호소도, 피의 항거도, 그 어떤 효력을 드러내지 못했다. 정치적으로 망국의 비운을 맛볼 수밖에 없었던 민족은 경제적으로도 착취를 당했으며, 많은 사람들이 고향을 등지고 망향의 길에 올랐다. 온 나라가 깊은 좌절과 암흑만이 가득하였다. 이처럼 당시 대한제국은 말만 제국이지 호시탐탐虎視眈眈 기회를 노려온 일제의 먹잇감에 불과한 약소국이었다. 이런 시대에 선교사들은 조선의 독립된 지위를 위한 협력에는 별다른 관심이 없었다. 이들의 신앙노선은 근본주의 신앙유형에 속해 있었고, 종교분리의 미국헌법에 따른 교육을 받았다. 이런 이유로 이들은 세속과의 근

---

258 을사 5적은 1905년 일제가 한국의 외교권을 박탈하기 위해 강제로 체결한 을사늑약에 찬성하여 승인한 5명의 대한 제국 대신인 학부대신 이완용, 내부대신 이지용, 외부대신 박제순, 군부대신 이근택, 농상공부대신 권중현을 가리킨다. 1905년 러·일 전쟁에서 승리한 일제는 한국을 보호국화하기 위한 조치를 취하기로 하고, 11월 9일 추밀원장 이토 히로부미를 특파대사로 한국에 파견해 고종에게 '한·일 협약안'을 제출하게 했다. 11월 17일 대한 제국 군신 회의에서 조약 거부로 결정이 나자 이토는 귀가하는 대신들을 위협하여 다시 강제로 회의를 열게 하고는 대신 한 명 한 명에게 조약 체결 찬성 여부를 물었다. 고종이 건강상 참석하지 못한 상태에서 이토의 강압에 못 이겨 일부 대신이 찬성하자, 당시 9명의 대신 가운데 5명이 약간의 내용 수정을 한 다음 최종 찬성·서명을 했고, 박제순과 일본특명전권공사 하야시 간에 조약이 체결되었다. 이들 을사 5적은 한·일 합병 후 친일의 대가로 일제의 작위를 수여받았다.
259 이영헌, 위의 책, 107쪽.
260 이영헌, 같은 책, 108쪽.

원적 단절을 단행한 영혼의 안주와 내세 등을 핵심으로 가르쳤고, 신앙의 개인적 차원을 강조하였다.[261]

미국 선교사들에게 일본은 1905년 이후 1909년까지 의병을 평정함으로써 선교를 가능하게 한 고마운 나라였다. 이들은 일본이 한국에서 잘만 해준다면, 일본이 한국에서 잘되기를 바라는 마음이었다. 또한 이들은 1910년에 이르기까지 개화된 일본이 아직 개화되지 않은 한국의 통치를 맡음으로써 선교의 자유가 보장되고, 한국인들이 개화되고, 한국 사회가 개화될 것이라고 예상하며 좋아하였다. 스크랜튼은 "한국에 거주하는 외국인으로서 일본이 한국에서 잘만 해준다면, 일본이 한국에서 잘되기를 바라는 마음이다."고 하였다. 스톡스는 "선교사들은 일본 정부를 협조하는 쪽으로 흘러갔다."[262] 그러면서 이들은 세속적인 경제관념이 깊이 뿌리박고 있었다. 선교와 이권利權은 필연적 연속성이 있었다. 이들은 본국의 이익을 위해 일하기도 하였다.

알렌Horace N. Allen은 주한 미공사관과 선교사로 활약하면서 조선의 각종 이권을 챙겼다. 미국과 관계 발전을 열망하는 고종의 각별한 대우를 받아 금광채굴, 철도와 전기 부설 등 각종 이권을 따냈다. 특히 한국 최대 금광으로 '노다지No-touch'라는 유행어를 남긴 운산금광 채광권에서 벌어들인 수익은 상상을 초월한다. 알렌은 이 금광을 미국인에게 넘기면서 거액의 구전을 챙겼다. 운산금광에서 총 900만 톤의 금광석을 생산, 5천6백만 달러의 산출고를 올렸다. 1천3백만 원을 일제에 빚져 나라를 빼앗겼는데, 한 금광에서 나라 빚의 몇 배가 넘는 수익을 올렸고, 그 돈이 고스란히 선

261 초기선교사들의 신학에 대해서는 한숭홍, "초기 선교사들의 신학과 사상", 《한국기독교와 역사 제1호》 (한국기독교역사연구소, 1991), 51쪽 참조.
262 차종순, "한국교회, 역사의 계시를 보라", 『한국교회, 개혁의 산을 넘어서』(대한예수교장로회 전국은퇴목사회, 2013), 83쪽.

교사를 통해 외국으로 빠져나갔다. 이밖에도 알렌은 경인철도부설권을 미국인 모스J. Morse에게 넘겨 수익을 챙겼다.

모스는 170만여 원을 받고 일본에 넘겼고, 일본은 침략과 수탈의 발판으로 삼았다. 백만장자 선교사라고 불리던 언더우드는 선교 활동을 위한 자금 확보와 한국인들에게 서양 문명의 이기를 전한다는 명분하에 석유, 석탄, 농기구 등을 수입 판매하였다. 또한 미국이나 프랑스 공사관보다 호화스런 집에 살면서도 만족하지 않을 만큼 사치를 누린 빈톤C. C. Vinton은 재봉틀 1백여 대를 들여다 팔았고, 심지어 서울의 한 선교사는 여관업을 경영하기도 하였다. 그뿐만이 아니었다. 한국교회 보수신앙의 대부로 칭송받는 마포삼열Samual A. Moffett도 압록강변의 나무 3천여 그루를 세금 지불도 하지 않고, 벌채하려는 이권에 관계하여 물의를 일으키기도 하였다. 1897년 주한 영국공사였던 힐리어W. C. Hillier는 "선교사들이 아니었으면 동양에 대한 상업 진출의 정보를 서구 국가들이 얻을 수 없었을 것"이라고 말했다. 오죽했으면 타운센드L. T. Townsend 선교사가 어머니에게 보내는 편지에 선교 단체에 기부하는 일을 중지할 것을 권유할 정도였다.

일제 강점기에도 적지 않은 선교사들이 각종 규제를 완화해주고, 법인을 허가하여 재산 유지를 편리하게 하도록 배려한 일제의 회유 정책에 말려들어 친일 행보를 보였다. 일제 만행을 촬영하여 외국에 알린 이유로 추방당한 스코필드Frank W. Scofield 조차 1922년 본국으로 돌아가기 직전 송별연에서 당시 《동아일보》 사장 김성수와 핵심인 송진우에게 "반일 감정을 누그러뜨리고 일선日鮮 공존의 온건한 사상을 지니는 것이 이롭다"라고 충고하였다. 조선과 일제 당국으로부터 비호庇護를 받으며 부와 권력을 누린 선교사들은 1903년 원산기도회에서 하디가 회개할 때 말한 대로 한국인을 멸시하는 편견과 오만한 태도를 보였다. 이를 알 수 있게 하는 대표적인 일이 '허시모C. A. Haysmer 사건'이다. 허시모 선교사는 자신의 과수원에서 사과를 훔치다 들킨 김명섭의 얼굴에 염산으로 '도적'이라고 새겼다. 이 사건이 언론에 크게 보도되면서 한국인의 분노를 샀다. 결국 허시모는 경성고등법원에서 징역 3월에 집행유예 2년을 선고받은 뒤, 공개 사과문을 발표한 뒤 미국으로 돌아갔다. 이런 일은 허시모만이 아니었다. 이밖에도 선교사들은 여러 구타 사건과 성추행에 연루되기도 하였다. 그들은 교인들과 목회자의 지적 수준을 높이려 하지 않고, 자기들에게 종속되도록 하였다. 미국 남장로교 소속 선교사 레이놀즈William. D. Reynolds는 1896년 발표한 "현지교육자양성책"이라는 논문에서 "한국 목회자의 지적 수준은 일반 평신도보다 약간 높게 하는 정도여야 한다."고 주장하면서 "외국에 유학 보내는 일을 금지할 것"을 주장했다. 그러면서 "신령한 훈련을 많이 쌓도록 해야 한다."라고 강조했다.

많은 선교사들의 공헌은 우리가 감사하면서 보은報恩을 해야 하지만 이들의 만행과 친일행각도 분명하게 기억해야한다. 더욱이 이들을 추앙하는 자세는 바람직하지 않다. 선교사들이 우리에게 남긴 상처는 개인의 독선과 죄를 넘어서기도 한다. 초기 선교사들의 그릇된 정책은 당시에만 영향을 미치지 않고, 오늘날까지 한국교회의 신앙과 신학을 일그러지게 한 측면이 있다. 이런 영향으로 왜곡된 한국교회의 모습을 한국교회의 과제로 남아있다.

선교사들의 자세에 대한 아쉬움은 일제식민지의 설움에 신음하던 한국인들이 미국 윌슨 대통령의 민족자결주의에 호감을 갖고 3·1독립운동을 일으켰는데 미온적이고 중립적인 태도를 취한 것이다. 1919년 3·1운동은 대한제국 최초의 황제였던 고종의 장례식을 계기로 해서 일어났던 전국적인 규모의 독립운동이었다. 이는 국내로는 일본 무단정치에 대한 한국 민족의 분노에 근거를 둔 것이고, 국외로는 러시아 혁명의 영향에 의한 민족 국가의 출현이었으며, 미국 월슨 대통령이 제창한 민족자결의 운동에 자극되어 일어난 것이었다. 천도교, 기독교, 불교 관계자 33명에 의한 독립선언서 발표에 호응해 전국에서 수개월에 걸쳐 학생, 농민, 상인들이 민족의 해방과 독립을 부르짖으면서 비폭력적인 시위운동을 전개하였다. 일제는 평화적 만세 운동을 무자비한 폭력과 탄압을 가해 수 천, 수 만의 희생자가 생겼고 수많은 사람들을 구속하였다. 이 운동을 강력하게 부르짖었던 사람들 중에는 기독교인들이 많았다. 그런데 이를 보면서도 선교사들은 이 운동에 직접 참가하지 않았다. 그들은 정치운동에 참가하는 일은 전도에 있어서 좋지 않다는 입장이었다.[263]

- 1903년 원산기도회

1903년 겨울, 한국을 잠시 방문한 스웨덴의 프란스F. Frans 목사와 중국 주재의 남감리회 여선교사 화이트M. C. White 등이 원산에서 감리교 선교사들과 함께 한 주간 기도와 성경연구의 모임을 가졌다. 이 기간 중에 한 선교사가 그리스도에 대한 신앙, 그리스도 안에 거하는 생활, 오순절 성령 체험을 설교 하였다. 다음 주일 예배 후 한 신자가 자신의 아내를 돌보지 아니하여 죽게 한 죄를 자복하였다.[264]

이후 그들은 장로교와 침례교 선교사들과 신자들까지 연합하여 창전교회에서 다시 한 주간동안 매일 밤 집회를 가졌다.[265] 이 때 캐나다에서 의료선교사로 파송 받아서 온 하디R. A. Hardie 선교사가 1898년부터 남감리회 선교부에 가담하여 강원도 북부에서 활동하던중 이 집회에 참석하였다. 하디는 동료선교사들 앞에서 자기 자신이 몇 년 동안 애써도 결실을

263 도히 아키오, 『일본기독교사』, 김수진 옮김(기독교문사, 2012), 295쪽 참조.
264 이영현, 같은 책, 108쪽.
265 한국교회사학회, 『조선예수교장로회사기 上』(한국교회사학회, 1968), 179쪽.

얻지 못한 원인을 고백하였다.[266] 하디는 다음 주일에 한국인 교인들 앞에
서서 이렇게 말하였다.

> 나는 부끄러워 얼굴을 들 수 없는 심정으로 내 자신의 교만함과 신앙 없음
> 을, 그리고 이렇게 되어버린 나의 잘못을 고백한다. 나는 지난 3년 동안 강
> 원도 일대에서 나름대로 최선의 노력을 다했으나 아무런 결실도 없었다. 뿐
> 만 아니라 이 실패의 원인은 나의 신앙적 허물, 곧 한국인 앞에 백인으로서
> 우월의식과 자만심에 차 있었음을 고백한다.[267]

한국선교 초기에 보여주었던 선교사들의 조심스럽고 겸손한 자세는 서
서히 변화하여 선교사들의 일부는 화려한 개인 사택과 생활 도구를 두고
한국에서 미국인 중산층의 삶을 누렸고, 다수는 백인우월주의에 사로잡
혀 한국인을 무시하고 있었다. 하디의 고백은 바로 이러한 잘못을 고백하
는 것이었다.

1904년 봄, 원산의 집회는 반복되었다. 이번에는 캐나다 선교사 럽A. F.
Robb과 전계은全啓恩이 가슴을 치며 통회痛悔하였고,[268] 감리교의 정춘수 역
시 원산 거리를 누비며 통회하며 전도하였다. 여름 하디 선교사 주도하에
제직사경회諸職査經會가 열렸다. 이 때 어떤 사람은 40일 동안 시간을 정해
놓고 기도하던 중 환상을 보기도 하였다. 그리고 럽 선교사의 집에서 3~4
명이 모여 기도 중에 통곡하는 소리가 마치 성가聖歌와 같았고, 또 중국 양
자강 연안에서 참석한 고요한 선교사는 언어가 통하지 않음에도 특별한

---

266 "Methodist church south report for 1905", pp.39-44을 주재용, "한국교회 부흥운동
  의 사적비판" 《기독교사상》 (1978년 9월), 68쪽에서 재인용.
267 마르타 헌트리, 『한국 개신교 초기의 선교와 교회 성장』, 차종순 역(목양사, 1985), 260쪽.
268 조승제, 『목회예화』(향린사, 1965), 184쪽과 민경배, 『한국기독교교회사』(대한기독교
  출판사, 1983), 251쪽.

은혜를 받았다.[269] 자그마한 기도 모임이었던 원산 기도회가 큰 부흥운동의 불길이 되었다.

● 1906년 평양 장대현교회 사경회

1904년 1월, 원산에서는 교파별 연합기도회가 열렸고, 캐나다 장로교의 롭A. F. Robb, 한국인 목사 전계은과 정춘수가 열심히 집회를 인도했다. 1905년 8월, 평양에서 선교사 사경회와 목포를 비롯한 삼남지방에서 사경회가 개최되었고 기도와 부흥이 일어났다. 1906년 여름, 평양의 선교사들은 하디 목사를 강사로 초빙하여 장로교회와 감리교회가 연합하여 일주일간 기도회를 개최했다. 이 때 뉴욕의 존슨 목사는 웨일즈에서 일어난 부흥운동 소식을 전달했다. 서울 집회에서 영향을 받은 미국 존스톤H. A. Johnstone은 평양을 방문하여 장대현교회에서 주일예배 설교를 하게 되었다. 설교 중에 존스톤은 "이 나라에서 누가 교회를 부흥시킬 성령의 은사를 받겠느냐, 있으면 손들고 일어서라"고 하였다. 이 때 당시 평양장로회신학교 학생이며 장로로 교회를 섬기던 길선주가 손을 들고 일어섰다.

이후 교회 분위기와 지도자들의 동태를 보고 큰 변화가 얼어날 것을 느낀 길선주는 교회에서 겨울사경회를 열기로 작정하였다. 그래서 길선주는 당회장 그래함Graham Lee 선교사를 방문하고 동기사경회를 개최하기로 합의를 보았다.[270] 이 집회를 위한 준비는 만전을 기했고, 신자들도 열정적으로 협력하여 평양시내는 부흥회라는 집회가 처음이었던 만큼 일반 사회에도 관심이 고조되었다. 드디어 수요일 저녁에 집회가 열렸다. 교회는 만원滿員이었고, 은혜를 갈망하는 회중으로 장내의 분위기는 긴장되었다. 길선주가 "마음의 문을 열고 성신을 영접하라"는 제목으로 설교하였

---

269 한국교회사학회, 위의 글, 179쪽.
270 길진경, 위의 책, 182-183쪽 참조.

다. 이에 신자들은 감동하였고, 기도가 하기 시작하였다. 회중의 기도는 저절로 통성기도로 변하였고, 찬송소리 또한 우렁찼으며, 기도에 응답하는 아멘 소리가 장내를 뒤흔들었다.[271]

길선주가 평양에서 한국 최초로 시작했던 새벽 기도회의 뜨거운 열정이 또한 대부흥운동의 직접적인 동기가 되기도 하였다.[272] 이 당시에는 대중적으로 매일 새벽기도회를 계속한 것이 아니었다. 개인의 자유의사에 맡겼으며, 교회의 사정에 따라 집단적으로 새벽기도회를 진행하였다.[273] 새벽기도회는 1906년 겨울사경회 때 정식 집회가 되었고, 그 이후 한국교회의 대표적인 신앙형태로 자리매김하였다.

• 1907년 평양대부흥운동

1907년 1월 6일 평양 장대현교회에서 선교사들과 한국인들이 연합한 사경회가 열렸다. 이 사경회는 열흘 동안 계속 되었다. 낮에는 성경공부를 했고, 밤에는 특별 전도 집회가 열렸다.[274] 선교사들은 낮 12시에 기도회를 진행하였다. 남자만 매일 1,500명이나 모였기 때문에 자리가 없어 여자들은 밖에 자리를 만들 정도였다.[275] 부득이 여신도들은 각 교회에 분산해서 모이게 하였고, 남여중학교와 보통학교 학생들은 각 학교 강당에서 모일 정도였다.[276]

개회 첫날 2천여 명의 신자들이 모여 진행되었으나, 별다른 감동은 없었다. 그럼에도 사람들은 실망하지 않고 계속 모였다. 14일 월요일, 사람

271 길진경, 같은 책, 184-190쪽 참조.
272 민경배, 위의 책, 252쪽.
273 길진경, 위의 책, 121-122쪽 참조.
274 주재용, 위의 글, 69쪽.
275 이영헌, 위의 책, 110쪽.
276 김양선, 위의 책, 86쪽.

들은 교회에 들어설 때 알 수 없는 감응感應에 휩싸였다. 그날 비로소 부흥회가 무르익었다.[277] 이길함Graham Lee 선교사가 짧게 설교한 뒤 곧 통성기도를 할 것을 제의하였다. 그 후 이길함 선교사의 요리사가 눈물을 흘리며 자신의 거짓행동을 고백하고 용서를 빌었다. 교회의 지도자급인 강 씨와 김 씨가 서로 화해하며 강 씨가 김 씨에게 당신을 미워했던 잘못을 용서해 달라고 고백할 때, 온 회중은 감동을 받았다. 집회는 새벽 2시까지 계속되었으나, 몹시 추워 냉기가 스며들자 일단 폐회하고 교인들을 해산시켰다.[278]

다음날 저녁 길선주가 "맛을 잃은 말라빠진 사람들아"하고 외쳤을 때, 사람들의 마음속에 큰 충격과 변화가 일어났다.[279] 그 다음 주일 집회 때는 최고조에 이르렀다. 각처에서 모여든 사람들은 고향으로 돌아가 자신의 삶을 반성하고 기독교인답게 살아갈 것을 다짐하였다. 그들은 회개의 눈물로서 끝낸 것이 아니라 남에게 손해를 끼친 사람은 그 손해를 배상함으로써 피차 화목을 이루게 되었고, 각기 집을 찾아다니며 사람들에게 사과를 하거나, 훔친 물건이 있을 경우에는 그것을 갚아주었다. 이는 신자들에게만이 아니라 누구나에게 그렇게 하다 보니 평양 전체에 대각성운동이 퍼져나갔다. 이를 1907년 평양대부흥운동이라고 한다.[280]

1월 15일(화) 부흥회 마지막 날, 길선주의 집회 이후 특별기도 중에 참가자들은 선교사를 미워한 죄, 음란과 증오, 아내를 사랑하지 못한 죄, 기억할 수 없는 온갖 죄를 통회 자복하는 일이 일어났다. 아무에게도 말하지

---

277 민경배, 위의 책, 252-253쪽 참조.
278 Graham Lee, "How the Spirit came to Pyeung Yang Korea", 《K.M.F》(Vol.Ⅲ. No.3, 1907, March). pp.363-364쪽 참조.
279 이영헌, 위의 책, 71쪽.
280 곽안전, 『한국교회사』(대한기독교출판사, 1982), 128쪽; 계일승은 이 운동의 3대 정신으로 '기도, 성경공부, 복음신앙'으로 보았다. il Seung, Kay, "*Christianity in Korea*", p.255.

않은 내면적인 죄 고백이 쏟아져 나왔다. 그리고 사회 도덕적으로 이웃에게 피해를 입힌 행위에 대해서는 직접 보상하면서 회개 운동을 했다. 도둑질한 것은 직접 돈을 갚았고, 미워한 것은 찾아가서 사과했다. 그것은 삶의 변화가 일어나는 진정한 회개였다. 부흥운동 마지막 날인 15일 밤 길선주가 회개하는 모습을 길선주의 아들 길진경은 다음과 같이 기록했다.

> 우리와 몇몇 선교사들은 길씨와 주씨 두 사람을 위해 특별 기도를 했다. 그들은 그들의 생활에서 회개할 것이 있었기 때문이다. 그런데 갑자기 길씨가 일어나 자신은 형제들을 질시했을 뿐만 아니라 특히 방위량W. N. Blair 선교사를 극도로 미워했음을 회개한다고 하며 보기에도 비참할 정도로 땅바닥에 굴렀다. 한 교인이 또 일어나 자신의 죄를 자복하기 시작하였는데, 그는 음란과 증오, 특히 자기 아내를 사랑하지 못한 죄뿐만 아니라 일일이 다 기억할 수 없는 온갖 죄를 자복하였다. 그는 기도하면서 스스로 억제할 수 없을 정도로 울었고, 온 회중도 따라 울었다.[281]

길선주의 회개는 우리가 주의 깊게 볼 필요가 있다. 길선주는 당시 평양 장대현교회의 시무 장로였고, 또 장로회신학교 졸업반으로 6개월 후면 졸업을 하고, 그해 9월 목사 안수를 받아 한국인 최초 7인 목사 중 1인이 되는 분이다. 그런데 그의 회개의 내용이 "형제들을 질시했고, 방위량 선교사를 극도로 미워했다"는 것이다. 1907년 대부흥운동 시에 고백된 일반적인 죄는 도적질, 간음, 심지어 살인 등이었음을 알고 있다. 그런데 길선주는 그런 원초적인 죄가 아니라, 형제를 '질시하고 미워한 죄'를 회개했다는 점에서 길선주의 위대함을 보게 된다. 보통 사람이라면 이러한 죄

---

281 길진경, 위의 책, 192쪽.

는 강력한 회개를 일으킬 만한 죄가 아니라고 생각할 텐데, 성령의 강력한 역사가 일어나는 곳에서는 바늘 끝 같은 작은 죄라도 참회하지 않고는 견딜 수 없도록 만드는 것이었다.

1907년 대부흥운동에서 고백된 일반적인 죄는 도적질, 간음, 심지어 살인 등이었음을 익히 알고 있다. 그런데 길선주는 그런 원초적인 죄가 아니라 '형제를 질시하고 미워한 죄'를 회개했다. 다시 말하면 보통 사람이라면 그런 형제에 대한 질시나 미움 정도는 죄도 아니라고 생각하는데, 성령의 강력한 역사가 이루어지는 현장에서는 바늘끝 같은 작은 죄라도 참회의 대상이 되었다. 기독교인으로, 혹은 교회지도자로, 남에게 회개하라고 말하는 사람의 입장에서는 이런 작은 죄라도 결코 지나칠 수 없었다.

죄의 해결 없이 기독교인이 될 수 없다. 참회는 기독교인이 되는 선결과제이다. 아무리 신앙생활을 오래했어도 아무리 교회의 직분을 가지고 오래 봉사했어도 진정한 참회 없는 신앙생활과 봉사는 허공을 잡는 헛수고일 뿐이다.

1907년 평양대부흥운동의 핵심은 회개운동이었다. 한국교회가 진정한 참회의 과정을 관통하면서 비로소 교회가 된 것이다. 따라서 1907년이 없었다면 한국교회는 그 존재 의미가 없을 뿐만 아니라, 그들이 행한 모든 것은 바람을 잡으려는 것 같은 헛된 일이 되고 말았을 것이다. 길선주의 참회로부터 크고 작은 죄에 대한 철저한 고백이 오늘 한국교회의 초석을 놓은 대부흥운동의 기폭제 역할을 했다는 것을 볼 수 있다.

이러한 대부흥운동의 모습을 보면서 선교사들은 사람들이 일시적인 감정에 휩싸여 참되지 못한 동기로 죄를 고백하는 것이 아닌가 하여 의심스럽게 여겼으나 얼마 지나지 않아 사람들이 진정으로 죄를 통회 자복하는 것임을 알았다.

- 백만 명 구령운동

　1907년 2월부터 숭실대학, 숭실학교, 숭덕학교, 광성학교의 2,500명의
학생들은 부흥운동을 경험하고 전도운동에 열성을 보였다. 3월에는 여자
사경회를 통해 신유은사神癒恩賜와 기쁨을 받은 여성들로 인해 비신자의
가정이 기독교 가정들로 변화되었다. 1907년 4월 6일 평양장로회신학교
는 강렬한 대각성부흥 체험의 현상이 일어났다. 선교사 맥쿤G. S. McCune
(윤온산)은 "장차 한국교회의 목회자가 될 사람들이 성령의 불로 그들의
죄가 모두 태워져 버림을 체험하였다."[282] 고 할 정도였다. 이 때 학생들은
성령을 받았는지 여부가 학생들의 대화 주제가 되었다고 한다. 부흥운동
은 하디, 길선주에 의해 전국교회로 확산되었다. 또한 봉천, 요양, 만주,
북경 등 중국의 부흥운동으로 확산되었다. 1907년 한국에 온 존 모트 박
사는 "한국은 비기독교국가권에서 처음으로 기독교국가가 될 것"으로 전
망했고, 1907년의 대부흥운동을 목격하고는 "평양은 제2의 예루살렘"이
라고 말했다. 이는 숭실학교에도 퍼져나갔다. 이외에도 김찬성이 인도하
는 숭덕학교 기도회에서 3백여 명의 학생들이 죄를 뉘우치고 통회 자복
하였으며, 채정민의 통회로 감리교 학교 학생들도 이 부흥에 동참하였고,
평양 여자고등학교 학생들에게 그 열기가 전해졌다. 1907년 3월 16일에
는 평양에서 부인사경회가 12일간 예정으로 개최되었다. 여기서도 전국
각지의 550명 여성 지도자들이 대각성이 일어났다.

　1909년 개성에 있던 3명의 감리교 선교사들은 한 주간 사경회를 열어
교인들과 함께 성경연구와 기도하기를 힘썼다. 이 사경회가 끝나고 세 선
교사중 도마련M. B. Stokes은 자기 선교 구역에 있는 교인들에게 그 해에 5
만 명의 신자를 얻기 위한 기도회를 갖자고 권유해서 9월 남감리교 선교

---

282 G. S. McCune, "Opening Day at the Theological Seminary", 《K.M.F》(Vol.Ⅲ.No.6,
　　1907, June), p.89.

회의 연회가 열렸을 때 이 제안이 받아들여져 "20만 명을 그리스도에게로"라는 표어를 내걸고 구령운동에 나서기로 가결하였고, 이에 발맞추어 장로교에서도 "백만명구명운동"을 전개하였다.[283]

그러나 이것은 너무나 엄청난 계획이었다. 그때 정식으로 집계된 교인수는 전국 8천명 정도였으며, 기독교와 관련된 사람들까지 합쳐봐야 약 20만 명 정도였다. 이 부흥운동의 계획안이 총회에서 결의되자, 그 때에 동양지역 전도 순방 중이던 미국인 부흥사 채프만(J. W. Chapman과 알렉산더(C. M. ALEXANDER) 등을 초빙해서 백만명구령운동을 위한 부흥회를 인도케 하였다. 이것이 한국 교회에서는 최초로 시도된 전국적인 집회였다.[284]

백만명구령 운동의 전개과정에서 특기할 만한 일은 독특한 전도방법을 사용하였다는 사실이다. 그 하나가 전도운동에 참여한 사람들로 하여금 이른바 '날 연보day-offering'를 하게 하였다는 점이다. 날연보란 말 그대로 전도운동을 위하여 물질적인 연보와는 별개로 자신의 시간을 연보하는, 즉 '헌일獻日'하도록 한 방법을 말한다. 이 날 연보 방법은 대단히 호응이 좋았다. 평양에서는 1천명의 신자가 연 2만 2천일을 매일 연보하였으며 재령에서는 1만일이 날 연보되었다. 이렇게 하여 전도운동 기간에 전국에서 바쳐진 총 매일 연보일은 무려 10만일이 넘었다.

또 하나의 독특한 전도방법은 문서전도였다. 크게 소리 지르며 예수 믿으라고 노방 전도하던 방법에 더하여 대규모의 문서 전도가 행해졌다. 당시 수백만매의 전도지가 전국각지에 뿌려졌으며, 70만권이 넘는 마가복음서 쪽복음이 배포되었는데, 대구에서는 1만6천부, 선천에서는 3만5천부가

283 이영헌, "한국교회역사를 결정한 1907년의 대부흥운동", 《새생명》(1973년 8~9월 호), 73쪽.
284 곽안전, 위의 책, 135쪽.

뿌려졌고, 평양에서는 7만3천매의 전도지가 집집마다 배포되었다.[285]

그러나 이와 같은 적극적인 전도방법과 간절한 기도에도 불구하고 그 결과는 신통치 못하였다. 1911년까지 계속되었던 이 운동은 백만 명의 10분의1도 미치지 못할 만큼 저조하였다.[286] 그러나 이 운동은 전도의 열심이 한국교회의 전통처럼 이어지는 의미를 지닌다. 이 운동은 민족사적 시각에서 보면 민족의 현실을 외면한 탈역사적인 운동이라는 한계도 있다.[287]

● 1907년 평양대부흥운동의 의미

이 시기 한국기독교도들은 기독교를 자기 개인의 정신적 구원을 위해서라기보다는 일본 제국주의의 침략으로부터 조국의 독립을 회복하기 위하여 조국 구원의 종교로 여겼다. 기독인들의 생각은 자기 개인이 희생되더라도 일본제국주의를 타도하고 조국의 국권을 회복하는 것이 예수 그리스도의 가르침에 합치하는 것이라고 확신하였다. 시대적 상황이 기독교의 입교동기를, 영적욕구나 영적인 부흥의 이유보다는 현재 상황에서의 탈출 또는 극복하고자하는 추구를 더욱 강렬하게 만들었다. 교회를 통해서 개화 또는 서구화의 길을 모색하였으며, 기독교를 서구선진 세력으로 보아 교회를 힘입어 민족을 구원코자 하였던 것을 볼 수 있다.

이 때, 한국교회에 절실하게 요구된 것은 내면으로부터 형성되는 기독교 본질의 체험, 즉 죄로부터 참회와 구원에 대한 소망, 어떠한 환란과 핍박 속에서라도 흔들리지 않는 섭리신앙을 체험하는 것뿐이었다. 이러한 내면의 신앙 기초가 확고하게 확립될 때에 외연적인 독립, 자주 운동도 가능한 것이므로, 부흥운동은 당시 한국교회에 필연적인 요구 사항이었다.

285 김광수, 『한국기독교성장사』(기독교문사, 1976), 69쪽.
286 한국기독교사연구회, 위의 책, 281쪽.
287 한국기독교사연구회, 같은 책, 282쪽.

그러나 이 부흥운동이 인위적으로 계획되고 유도된 운동은 아니었다. 그것은 오순절 마가의 다락방에서 예수의 약속을 뜨겁게 기다리던 때에 성령이 임하였듯이, 뜨거운 신앙을 가지고 이를 실천했던, 한국교회의 길선주 목사를 비롯한 수많은 신자들의 요구에 일치되어 이루어진 것이다.

대부흥운동을 통해서 기독교를 사변적, 현실적, 외형적으로 미루어 이해하던 차원을 넘어서 구속의 섭리, 고난의 의미, 죄의 회개, 체험적 고백 등의 신앙적인 종교의 내면화로 전도되었다. 한국에서 기독교가 대부흥운동을 거치면서 완전한 종교로 받아들여지게 되었다.[288]

'절망'으로만 비친 나라에 한국교회는 대부흥운동을 통해 새로운 희망을 주었다. 대부흥운동은 한국기독교인들에게 섭리적 신앙을 깨닫게 하였다. 이것은 그들 개인이나 민족 앞에 놓여 있는 심각한 절망 가운데서도 한 가지 희망을 가질 수 있는 큰 힘을 제공한 것이다. 그 결과 1911년의 105인사건, 1919년의 3·1운동 등의 민족적 부르짖음과 시련 앞에서도 교회는 의연한 모습을 보일 수 있었다. 대부흥운동으로 인해 한국교회는 민족적 시련의 비극에서 헤어날 수 있는 힘을 획득했을 뿐만 아니라, 계속해서 겪어야할 숱한 험로와 절망 밖에 보이지 않는 국운에 맞서 나갈 수 있는 힘과 예지와 담력을 소유하게 되었다.[289]

대부흥운동은 고린도전서 12장과 관계되어, 공동체적이고 성례전적인 신앙이 구현되었다. 하나님과의 만남의 장소는 골방이 아니라 신앙공동체의 장소인 교회였다. 교회는 고난과 영광을, 그리스도와 일치를 통해 이룩된 공동체라는 의식이 생겼다.[290] 공동체의식으로 인하여 개별 교회 중

---

288 민경배는 이러한 평양 대부흥운동의 영향을 초대 한국교회 신앙의 원형으로 회귀라고 말하였다. 민경배, 위의 책, 254쪽.
289 민경배, 같은 책, 260쪽.
290 민경배, 같은 책, 259-261쪽 참조.

심에서 교단조직으로 발전하게 되었다. 1906년 침례교는 대한기독교회로명칭을 정하고 선교사 펜위크를 초대 감독으로 추대했으며, 장로교회는 1907년 독노회를 조직하여 그것이 발전되어 1912년 조선예수교장로회 총회를 이루었다.

| 부흥 기간의 장로교 교세 증가표 |

년 도	교회수	전도장소수	세례교인수	학습교인수	헌 금(원)
1905	321	470	9,761	30,136	1,352,867
1907	642	1,045	18,964	99,300	5,319,785
증가율	200	2,223	1942	3,295	3,932

1907년의 부흥운동의 성격은 성경교육을 중심으로 하여 시작되었음으로, 그 내용이 성경적이며 건전한 신앙을 바탕으로 했기에 광신적 비성경적인 요소가 잠재하지 않았으며, 순수한 영적부흥운동과 도덕적 운동을 추진함으로 당시 사회적으로 타락하고 죄를 범한 사람들을 하나님 앞으로 인도하여 새사람으로 변화되게 하였다.

부흥 운동의 영향으로 선교사들과 한국인들 간의 견해의 차이로 선교사들의 우월적 의식과 한국교인들의 위축된 의식 및 배타성 또는, 개인적인 문제의 요소 등이 부흥 운동을 통하여 서로가 상호 이해하고, 자성함으로 화해의 기운이 조성되었다.

지금까지의 개별 교회 중심, 개인의 영혼 구원의 문제에만 중시했던 신앙에서 교회의 공동체적 개념으로 변하여, 나 혼자의 개념에서 우리의 개념으로 개별 교회 중심에서 교회와 교회간의 연합적 조직의 필요성을 인식하게 되고, 그로 인하여 1907년에 독노회의 조직으로 발전할 수 있게 되었다.

신앙적 향상에 있어서도 신앙생활의 핵심이 성경공부와 기도회와 전도사업이었고, 이 때를 계기로 모든 신앙인들의 신앙생활의 요소가 되어 오늘에까지 이어져 오게 되었으며, 새벽기도회는 길선주 목사가 시초로 일으킨 신앙운동이기도 하다. 이렇게 시작된 새벽기도회는 오늘날 한국교회의 중심적인 특징으로 자리매김하였다. 이렇게 부흥운동을 통하여 개인과 교회는 높은 영적 수준으로 향상되었다.

이 운동은 한국교회사에 길이 빛날 네 가지의 특징이 있었다. 첫째, 성경을 공부하는 사경회 중에 일어났다. 둘째, 성령의 임재와 함께 철저한 회개가 뒤따랐다. 셋째, 처음에는 선교사가 주도했으나, 나중에는 한국인이 주도했다. 넷째, 이 부흥회의 결과로 한국 교회에 뜻 깊은 도덕적 갱신이 이루어졌다.

한국교회가 크게 부흥하게 되자, 총회의 전신인 조선예수교장로회독노회朝鮮예수교長老會獨老會를 창설하기로 결의하고, 1907년 9월 17일 평양 장대현교회에서 한국인 장로 40명 선교사 38명 도합 78명이 모여 독노회를 조직하였다. 회장에 선교사 마포삼열馬布三悅, 부회장 방기창邦基昌, 서기 한석진韓錫晋, 부서기 송인서宋麟瑞, 회계 이길함李吉咸 선교사가 선출되었다. 독노회의 중요 처리 사항은 다음과 같다.

첫째, 1901년에 평양신학교 제1회 졸업생인 서경조徐景祚, 방기창邦基昌, 한석진韓錫晋, 양순백梁旬伯, 송인서宋麟瑞, 길선주吉善宙, 이기풍李基豊이상 7인을 목사로 안수하였다. 둘째, 목사 이기풍李基豊을 제주도 선교사로 파송하였다. 셋째, 전국적인 노회의 회집을 수시로 개최하기에는 어려움이 있어 7개처에 대리회를 조직하여 노회의 위임사항을 처리하도록 하였다.

대리회代理會의 조직 명칭은 경기·충청京畿·忠淸대리회 50교회, 평북平北대리회 60교회, 평남平南대리회 89교회, 황해黃海대리회 47교회, 경상慶尙대리회 186교회, 함경咸鏡대리회 78교회, 전라全羅대리회 127교회로 조직하였으며 독노회 조직 당시 전국 장로회의 조직 상황은 다음과 같다.

노 회	소회(대리회)	당회(조직교회)	미조직교회	교회건물
1	7	38	984	687

외국선교사 49명, 한국선교사 7명, 장로 47명, 조사 160명, 장립집사 180명, 세례교인 18,081명, 학습교인 19,789명으로 합계 72,968명의 교세였다.

독노회가 만들어진지 5년 후인 1912년 9월 1일 평양장로회신학교에서 총회를 결성하기에 이르렀다. 총회의 결성은 한국개신교 선교가 시작된 지 28년만의 일이며, 노회가 결성된 지 5년만의 일이다. 미국의 장로교가 1706년에 노회가 결성된 지 83년만인 1789년에 가서야 총회가 결성된 것에 비하면 한국의 장로교총회는 상당히 조기에 형성되었다. 총회의 결성을 통하여 한국장로교회는 한국민족의 교회로서 공식 출범하게 된 셈이며, 장로교 성장의 도약을 위한 틀을 마련한 셈이다. 1884년부터 1912년까지 한국장로교회의 성장을 주도한 것이 평양을 중심으로 한 이북 지역이었다.

1907년 평양대부흥운동을 기억하는 계원식은 기성의원에서 모이기에 힘쓰며 기도하며 주일학교를 활성화해서 교육을 중시했고 생활신앙을 강조했다. 계원식이 이북출신으로 황등에 이주한 이주민이고, 계원식의 선친이 만주 땅에 이주한 동포들을 섬김에 최선을 다하다가 과로에 의해 별세한 사실은 매우 의미가 깊다. 황등교회는 황등시장터에 있는 교회로 외지인들의 발길이 끊이질 않고, 농촌의 현실로 이주여성들이 유입되는 지역이다. 또한 황등기독학원 산하 황등중학교와 성일고등학교로 인해 교직원과 학생들의 유입이 잦다. 이처럼 이주민이 많은 현실에서 황등교회는 지역이기주의를 넘어서 포용하면서 모두가 하나 되는 모습을 펼치고 있다.

오늘날 황등교회는 통일을 위한 문예전과 새터민(북한이탈주민) 돕기 사업에 협력해오고 있다. 이는 황등교회가 설립자 대표인 계원식이 이북 출신임에도 포용한 것과 그 맥을 같이 한다. 또한 계원식의 선친이 목숨을 다해 섬긴 만주 벌판에 거주하는 조선족이 오늘날 다문화로 한국에 유입되는 현실에서 황등교회가 다문화가족 섬김 사업을 위해 매년 황등지역 축제로 '다문화어울림행복콘서트'를 펼치면서 결혼이주민 고향방문을 지원하고 다문화가정 자녀 장학금 전달과 다문화멘토-멘티 등을 통한 다각적인 다문화 사업은 매우 뜻 깊은 일이다. 이처럼 다문화지원사업과 나라사랑의 실천은 황등교회가 설립한 황등기독학원 산하 학교에서도 중점을 두고 추진하고 있다. 2016년 5월에는 황등교회가 만든 시민사회복지비영리민간단체인 이웃사랑나눔회(이사장: 정동운 담임목사, 상임이사: 이석일 시무장로)가 주관하고 국가보훈처와 한일장신대를 비롯한 지역 공공기관과 고등교육기관과 언론사 등이 기관장상으로 협력해서 진행하는 '제1회 계원식 기념 화해문예제전'이 펼쳐졌다. 이 행사는 장애인사랑과 부모에게 효도하기와 통일을 주제로 다음 세대를 대상으로 하는 나라사랑과 이웃사랑을 펼치는 교육사업의 일환으로 펼쳐졌다. 2016년을 시작으로 매년 실시할 예정이다. 이 행사에 쓰인 포스터와 글쓰기 서식지에 실린 내용은 다음과 같다.

> 기성 계원식(1888~1970)은 평양에서 출생하여 경성의학전문학교(현, 서울대 의대)를 졸업하고 평양에서 기성의원을 개원하여 진료하던 중, 상해임시정부 독립군 자금지원이 발각되어 일본 경찰로부터 고초를 당하다가 가족과 함께 황등에 와서 기성의원을 재개하면서 돈이 없는 이들에게는 무료로 진료하였고, 동련교회를 섬기면서 그의 기성의원에서 기도처를 시작한 것이 오늘 황등교회 설립의 뿌리이다. 그와 60여명의 황등리 선구자들이 함께

모여 황등교회를 설립하였다. 그는 황등교회를 통해 지역을 살리고 섬기는 일에 혼신의 힘을 다했고, 자신의 지식과 의술과 재산을 아끼지 않았다. 그의 나라사랑과 이웃사랑을 오늘에 되살려 제2, 제3의 계원식이 나오도록 하는 일의 일환으로 제1회 기성 계원식 기념 화해문예제전을 펼치려 한다.(이웃사랑나눔회 이사장 정동운)[291]

⟫⟫⟫ 의료선교사

계원식은 1888년 9월 9일 평안남도 평양에서 계택선의 장남으로 태어났으며, 당시 평양에서 부잣집 아들이었기에 궁핍함이 없이 자랐다. 계원식은 아버지와 함께 산정현교회에 출석하면서 신앙교육을 받았다. 평양에 미국 북장로교회 선교부가 안착하면서 선교 목적으로 기독교학교와 병원을 세웠다. 계원식은 1905년 야소교소학교耶蘇敎小學校 졸업을 거쳐, 1908년 기성측량학교箕城測量學校를 졸업하고, 1909년 숭실중학교를 졸업하였다. 1911년 숭실대학[292] 2년을 수료하고 당시 수도인 경성에 가서, 경

---

291 제1회 계원식 기념 화해문예제전 포스터와 서식지 내용 참조.
292 숭실학교는 1897년 10월 10일 미국 북장로교 선교사 베어드(W. M. Baird 배위량)가 평양 신양리 26번지 사택 사랑방에서 13명의 학생으로 개교한 기독교학교로 당시에는 중학교가 지금으로 말하면 중등 교육기간을 모두 말하는 것이다. 1901년 10월 25일 평양 신양리 39번지에 2층 한옥교사와 기숙사를 신축하여 이전하고 교명을 '숭실학당'(崇實學堂)으로 정했다. 1904년 5월 15일 제1회 졸업생 차이석(상해 임시정부 요인), 최광옥(애국지사, 국어학자), 노경오(교육자) 3명을 배출했다. 1915년 3월 1일 조선총독부가 '사립학교교칙'을 제정하여 성경과목을 가르치지 못하게 하였으나 이에 굴하지 않고 '고등보통학교' 인가를 거부하고, 숭실학교로 존속했다. 1919년 2월 28일 서울에서 밀송한 독립선언문을 본교 기계창에서 3천매 인쇄하여 평양 독립만세 시위 군중에게 배포했다. 민족대표 33인 중, 이 학교 출신으로 김창준과 박희도가 있을 정도로 신앙과 민족정신이 강한 학교였다. 1936년 3월 5일 신사참배 거부로 맥큔 교장이 해임되어 추방되고, 제5대 교장에 정두현 선생이 취임하였다. 1938년 3월 19일 신사참배거부로 강제 폐교되었다. 현재 서울 은평구의 숭실중고교와 상도동의 숭실대가 그 정신을 계승하면서 재건되어 오늘에 이르고 있다.

성학당[293] 국어과[294]에서 공부하였다. 계원식이 이 학교에서 공부한 이유는 의술을 배우기에 일본어가 유용하다는 생각에서였다. 계원식은 전국 각지에서 모여든 많은 지원자 틈에 끼어서 경성의학전문학교 입학을 위한 시험을 보게 되었다. 계원식은 곧 합격 통지를 받고 4년간 의술을 배웠으며 제1회[295]로 1917년 경성의학전문학교[296] 졸업[297]하고 의사가 되어

293 경성학당은 대한제국 시기의 일본어 교육 기관으로 1895년에 세워진 관립일어학교(훗날의 관립한성일어학교 및 관립한성외국어학교)가 있었고, 전국 각지에 11개의 사립 일본어 학교가 있었다. 경성학당은 그 가운데 가장 대표적인 학교이다. 물론 소학부와 보통부, 전수과 등으로 편성된 정규 교육 과정이다. 경성학당이라는 신식 학교는 여러모로 특이하다. 일본 단체가 설립한 민간 사학이자 기독교학교이면서 나중에는 한국 정부와 일본 정부 양쪽에서 정책적인 지원을 받은 반관반민의 성격도 지녔다. 이 학교는 일본의 노골적인 침략 의도나 종교적인 전도를 전제로 세워진 게 결코 아니다. 오히려 그 반대의 색깔을 더 많이 지녔다. 예컨대 독립협회가 주도한 만민공동회나 민립학교들이 주최한 각종 운동회와 연설회, 토론회에 적극적으로 참여했다. 이 무렵의 민간 학회와 학교들을 중심으로 펼쳐진 계몽 운동과도 무관하지 않다. 실제로 학당 안에는 현공렴 등이 관여하기도 한 광무협회 사무실이 있었고, 여기에서 한글 전용 주간지였던 《대한신보》가 창간되기도 했다. 1902년 11월에는 학당 안에 '신문 잡지 종람소'라는 것이 설치되었다. 종람소란 신문이나 잡지를 갖추어 놓고 열람할 수 있게 만들어 둔 도서관이다. 이게 한국에 설치된 최초의 근대 도서관으로 알려져 있다.

294 여기서 말하는 국어과는 일본어를 말한다. 당시는 일제강점기로 국어하면 일본어를 말하는 시대였다.

295 아오야나 꼬타이료 편, 『신조선성업명감』(조선연구회, 1968), 121쪽을 인용해서 김수진은 계원식이 1916년 제1회 졸업생으로 말한다. 김수진, 『황등교회 60년사』, 58쪽; 그러나 경성의학전문학교 제1회 졸업은 1917년 3월 27일이며 전원 조선인 48명으로 구성된 것으로 나온다. 이 자료는 서울대학교의과대학이 밝힌 자료이다. 『서울대학교 의과대학 홈페이지』, 「역사」(2016년 4월 14일 오후 9시 30분 검색). http://medicine.snu.ac.kr/sub1/introduction/index.htm#

296 김수진은 『황등교회 60년사』, 58쪽에서 이 학교가 1912년 조선총독부병원 부속기관으로 출발하였다고 했는데 그렇지 않다. 아래 부분은 서울대학교 의과대학 측이 밝힌 역사이다. 경성의학전문학교는 1899년에 설립된 의학교를 그 기원으로 삼는다. 의학교는 1907년 대한의원 부속 의학교로 변했고, 이 부속 의학교는 국권강탈 후 조선총독부 부속 의학강습소로 바뀌었다가, 1916년 경성의학전문학교로 개칭되었다. 『서울대학교 의과대학 홈페이지』, 「역사」(2016년 4월 14일 오후 9시 30분 검색). http://medicine.snu.ac.kr/sub1/introduction/index.htm#

297 계원식의 학력은 당시 사회를 비춰볼 때 성경에 나오는 바울을 연상시킬 정도로 상당히 고학력자였고 최고수준의 학교를 졸업하였다. 계원식이 다닌 학교들은 남다른 민족의식을 지닌 학교들이었고, 기독교학교들이 많았다. 이런 계원식이 자신의 아들들을 진학시킴에 이런 기독교정신과 민족의식을 심어 주고자 함은 당연한 것이었다.

고향인 평양에 기성의원을 개원하였다.[298]

계택선은 자신이 평양에서 서양약품도매를 했기 때문에 자신의 아들이 의술로서 아버지의 대를 이어 평양에서 개업의로 출발한 일에 대해서 기뻐하였다. 의사가 되어 금의환향錦衣還鄕한 계원식은 평소에 갖고 있는 신념대로 영혼과 육체를 한꺼번에 치료할 수 있는 좋은 기회라고 생각하고 평양에 도착하자마자 평양에 기성의원 간판을 걸고 진료를 시작하였다.

계원식은 자신이 배웠던 의술로 평양시민의 보건 진료를 위한 일에 기쁨으로 나서게 되었으며, 얼마 후에는 치과부를 기성의원 내에 설치하게 되었다. 그러던 어느 날 계원식의 아버지 계택선이 만주에서 설교하다가 강단에서 사망한 일이 발생하였다. 갑작스런 소식에 슬픔이 컸지만 계원식은 그 모든 일을 믿음으로 극복하고 계속해서 기성의원을 열심히 키워나갔다.

〉〉〉 애국지사, 계원식

계원식이 출생한 평양은 기독교 중심의 도시인 동시에 전통적인 항일운동이 강한 지역이었으며, 수많은 민족 독립운동가를 배출했던 도시이기도 하다. 일제는 1910년 8월 29일 경술국치로 국권을 빼앗고 나서 항일세력을 없애기 위해 '105인 사건'[299]을 조작했을 때 제일 많은 고통을 받

---

298 계원식의 학력은 황등중학교를 설립인가를 위해 제출한 대표자 이력서에 기입된 것을 기록하였다.(야소교소학교, 기성측량학교, 숭실중학교, 숭실대학, 경성의학전문학교) 현재 이 서류는 성일고등학교 행정실 법인설립인가서류철에 보관되어 있다. 경성학당 국어과는 김수진의 『황등교회 60년사』, 58쪽을 참고하였다.

299 데라우치 총독암살미수사건이라고도 하며, 제1심 공판에서 105명이 유죄판결을 받았다고 하여 '105인 사건'이라고 한다. 1910년경 신민회와 기독교인들을 중심으로 독립운동이 확산되고 있었다. 일제는 이를 막기 위해 여러 사건을 조작하여 애국계몽운동가들을 탄압했으며, 신민회를 탄압하기 위해 105인 사건을 조작했다. 암살미수죄에 해당된다고 혐의를 뒤집어씌웠고, 이에 따라 윤치호를 비롯하여 전국적으로 600여 명을

았던 지역이 바로 평양이었고, 평양에 있는 기독교인들이었다. 이러한 항일의 맥은 1919년 3월 1일 독립만세운동으로 연결되었다. 평양의 3·1운동을 주도적으로 이끌고 갔던 사람은 남강 이승훈 장로였다. 이승훈은 평양에 있는 길선주 목사, 신홍식 목사와 함께 이 운동을 주도해나갔다. 길선주는 장로교회의 목사들을 불러 모아 3·1독립만세운동을 착실하게 진행해갔다. 산정현교회 강규찬 목사, 서문외교회 김선두 목사와 이덕환 장로와 박인관, 윤원삼, 도인권, 황찬영 등이 참여하였다. 드디어 3월 1일 오후 1시 장로교회 교인들은 장대현교회로 모였다. 감리교회 교인들도 남산현교회로 모였다.[300]

이들 이외에도 장로교측 인사들이 시위운동을 계획하고 2월 26일 평양의 6개 장로파 교회에 통지서를 보내, 고종의 봉도식奉悼式을 거행하는 숭덕학교崇德學校에서 독립선언식을 갖기로 했다. 장로계가 주도한 숭덕학교 집회에는 1,000여 명의 군중이 모인 가운데 고종의 봉도식을 간단히 치른 뒤 독립선포식을 거행하는 순으로 진행되었다. 독립선포식은 김선두金善斗의 사회로 정일선丁一善의 독립선언서 낭독, 곽건응의 인도아래 애국가 봉창, 강규찬姜奎燦의 연설로 진행되었다. 독립선포식이 끝나자 곽권응·황찬영·윤원삼 등은 운집한 1,000여 명의 군중들에게 수백 개의 태극기를 배포하였으며, 이들과 함께 독립만세를 외쳤다. 이 때 일본경찰 수십 명이 몰려와 시위 군중을 해산시키려고 하였지만 역부족이었다. 시위군중은 대한독립만세를 고창하며, 행렬을 지어 장대현·관후리館後里를 지나 종로 큰 사거리로 행진하였다. 이곳에서 천도교측과 기독교감리교계 시위대

검거했다. 105인 사건에 대한 재판은 5차에 걸쳐 진행되었는데, 최종 판결에서는 윤치호 등 6명에게 징역 5~6년형이 선고되었다. 일제는 이 사건을 통해 신민회의 실체를 파악하고 해체시키는 등 비밀항일단체를 제거했다. 이와 연루되었던 많은 운동가들은 해외로 망명하여 항일독립운동에 가담하게 되었다.
300 김수진, 『황등교회 60년사』, 59쪽.

를 만나 시위군중은 더욱 늘어났다. 이렇게 만세시위가 커져 일본경찰의 힘으로 이를 저지하기 힘들게 되자 일본군이 증원되어 시위를 탄압하였다. 이 일로 평양에 있는 많은 기독교 지도자들이 체포되어 감옥에 가게 되었고, 강규찬 목사는 주모자라 하여 2년간 평양형무소에서 옥고를 치렀고, 곽건응은 경성복심법원에서 보안법으로 징역 8월을 받고 옥고를 치렀다.

이러한 대민족적 독립운동은 평양에서만 일어난 것이 아니라 전국적으로 일어났으며, 서울에도 오후 2시를 기해 학생 시민 많은 사람들이 한국의 독립을 갈망하는 마음으로 서울 파고다공원에 모여 만세를 부르고 시위행진을 하게 되었다. 이러한 독립운동은 국내에서만 끝나지 않고 해외에까지 확산되었으며, 이 일로 만주지방, 상해지방 등 한국인이 모여 있는 외국 땅에서는 모두 독립운동을 하고 나섰다. 자연히 독립운동이 왕성해지자 자금이 필요하게 되므로 그 자금의 근원지를 국내에 두게 되었다. 원래 독립운동, 항일운동이 강한 평양에 있었던 계원식은 그냥 있을 수가 없었다. 담임 목사가 평양 독립운동의 주동자가 되어 옥고를 치루고 있었으며, 또 많은 교인들이 만세운동에 가담하였고, 독립운동자금을 지원하고 나섰다. 이 때 계원식도 일본 경찰의 눈을 피해 수시로 독립자금을 해외로 유출하고 있었다.

》》》 제2의 평양, 새로운 황등으로

계원식은 경성의전을 졸업하자마자 자신의 고향인 평양에 기성의원을 개원하였다. 많은 환자들을 위해 기도하면서 진료했던 계원식은 예수의 정신을 실천해야 한다면서 가난한 사람에게는 진료비를 받지 않고 대신 예수 믿는다는 조건을 내걸면서 전도했다. 또한 계원식은 상해 임시정부

수립과 독립운동을 위해서 군자금을 지원하는 등 나라를 찾는 일에도 앞장섰다.[301] 계원식의 이런 비밀스런 활동을 알아챈 일본 고등계 형사는 수시로 드나들면서 계원식을 괴롭히고 있었다. 이처럼 어려움이 계속되자 계원식은 조수로 일하던 윤 군의 제안에 따라 군산 구암기독병원으로 떠날 것을 결심하고 윤 군의 안내를 따라 진남포에서 배를 빌려 타고 평양을 탈출하였다.

몇 날을 걸려서 조수 윤 군과 아내 이자희와 계일승, 계이승, 계대승, 계혜승 4남매를 데리고 무사히 군산에 도착하였다.[302] 계원식은 군산에 거

---

301 최근 '대한민국 건국일이 언제인가' 하는 문제가 논란이 되고 있다. 보수적인 시각에서는 1948년 8월 15일 남한의 단독정부 수립일이 건국일이라는 것이다. 그러나 이는 심각한 문제를 안고 있는 주장이다. 그렇게 되면 우리민족의 독립운동역사가 약화되고 만다. 대한민국관보1호 에서는 1948년 8월15일은 건국일이 아니라 재건일이라고 명시되어 있다. 또한 1948년을 대한민국 30년으로 표기하였다. 이는 제헌 헌법은 기미독립으로 건국한 나라, 48년에 재건하였음을 분명히 한 것이다.(대한민국 30년 9월 1일이라고 명시된 1948년 9월 1일자 제1호 관보 참고). 이 관보는 연도 표기를 서기로 하지 않고 대한민국 30년이라고 표기함으로써 대한민국 건국의 정통성을 상해임시정부를 수립한 1919년으로 정하고 있음을 알 수 있다. 제헌헌법의 전문에 나오는 내용이다. "유구한 역사와 전통에 빛나는 우리 대한국민은 3·1운동으로 건립된 대한민국임시정부의 법통과 불의에 항거한 4·19민주이념을 계승하고, 조국의 민주개혁과 평화적 통일의 사명에 입각하여 정의·인도와 동포애로써 민족의 단결을 공고히 하고, 모든 사회적 폐습과 불의를 타파하며, 자율과 조화를 바탕으로 자유민주적 기본질서를 더욱 확고히 하여 정치·경제·사회·문화의 모든 영역에 있어서 각인의 기회를 균등히 하고, 능력을 최고도로 발휘하게 하며, 자유와 권리에 따르는 책임과 의무를 완수하게 하여, 안으로는 국민생활의 균등한 향상을 기하고 밖으로는 항구적인 세계평화와 인류공영에 이바지함으로써 우리들과 우리들의 자손의 안전과 자유와 행복을 영원히 확보할 것을 다짐하면서 1948년 7월 12일에 제정되고 8차에 걸쳐 개정된 헌법을 이제 국회의 의결을 거쳐 국민투표에 의하여 개정한다." 8월 15일은 광복절이다. 대한민국을 재건한 날이다. 건국일은 아니다. 대한민국의 국호를 사용한 건국일은 1919년 4월 13일이다. 유엔의 결의와 국민의 열망에 따라 마침내 남한에서 5·10 총선거가 실시되었다(1948). 우리 역사상 최초로 국민이 참정권을 행사한 역사적인 일이다. 이 선거에 의해 구성된 제헌 국회는 대한민국 임시정부의 법통을 계승한 민주 공화국 체제 헌법을 제정했다. 제헌 국회에서는 대통령에 이승만, 부통령에 이시영을 선출했다. 이어서 이승만 대통령은 정부를 구성하고 대한민국 수립을 국내외에 선포했다. 광복 후, 3년간 미군정을 거치고 나서야 비로소 대한민국 정부가 수립된 것이다(1948.8.15.) 북한에서도 공산정권이 정식으로 정권 수립을 발표했다(1948.9.9.)

302 김수진, 『황등교회 60년사』, 50쪽에서는 계원식이 아내 이자희와 두 아들 계일승과 계

주하는 상황에서 굳이 자신의 장남 계일승을 전주에 있는 신흥고보[303]에 입학시켰다. 신흥고보는 철저한 신앙교육과 민족교육을 강조하고 3·1운 동에 깊이 관여한 학교였다. 차남 계이승은 군산 영명학교[304]에 입학시켰

이승만 데리고 온 것으로 나온다. 두 딸의 존재와 이름이 나오지 않는다. 그런데 김수진, "걸어 다니는 성경책, 계원식 장로"《한국장로신문》(2009년 4월 18일)에서는 계원식 이 3남매를 데리고 온 것으로 밝히면서 계일승, 계이승, 계대승으로 계대승이 추가로 나온다.『황등교회 창립 70주년 기념.연혁.화보』8쪽에서 계원식의 가족에서 계혜승이 추가로 나온다. 또한『황등교회 60년사』, 61쪽에 나오는 설립교인 명단에 계혜승이 나 온다. 김재두와 통화로 확인한 결과, 3남매가 아니라 4남매로 계대승과 계혜승은 계원 식의 딸들이다. 김재두와 통화(2016년 4월 16일 오후 2시 10분~15분)

303 전주신흥고보(현, 전주신흥중학교와 전주신흥고등학교)는 1900년 9월 9일에 미국의 남장로교 선교사 W. D. 레이놀즈가 설립하였다. 건학이념은 '하나님을 경외하며 세상 의 빛과 소금이 되는 사람을 기른다.'이다. 1919년 3·1 운동은 전주에서도 일어났다. 지 역 인사들과 함께 신흥학교 학생들이 주도적인 역할을 하며, 만세운동을 이끌었다. 시 위를 지도한 김인전 목사는 이후 중국 상해로 거처를 옮겨 임시정부에서 활동했다. 현 재 신흥학교 교문 옆에 만세운동 기념비가 세워져 있다. 1930년대 들어 일본 고유 신앙 신도의 행사인 신사참배는 일본이 군국주의 색채를 강하게 나타내면서 식민지 조선에 도 강요되었다. 미국 남장로교 선교회에 의해 세워진 신흥학교는 기독교의 유일신론에 위배되는 신사참배를 수용할 수 없었고, 신흥학교의 설립 주체인 미국 남장로교 해외 선교부는 신사참배에 대해 1937년 2월 2일 총무인 풀톤 목사를 파견하여 조사 보고하 도록 하였다. 한 달 여의 조사 끝에 1937년 2월 말경 전주에서 풀튼 성명이 발표되었다. 현재의 상태로는 학교사업을 더 이상 계속할 수 없다는 간단한 성명이었다. 풀튼 성명 에 따라 남장로교 선교회가 경영하고 있는 10개의 중등학교는 1937년부터 신입생을 받지 않았고, 당국이 재학생들에게 신사참배를 강요하지 않는 한 나머지 학생들에 대 한 교육은 계속해 나가기로 하였다. 하지만 중·일전쟁(1937년 7월 7일) 발발 후 매달 6일을 애국일로 정해 전국 학교에 신사참배를 강요하였고, 9월 4일 전라도의 모든 학교 에 신사참배를 강요하는 사전협의회가 열렸다. 9월 6일 신흥학교와 기전학교 학생들은 일본 경찰에 의해 다가공원에 있는 신사로 인솔되었다. 참배 구호에 일본 순사와 관리 만 참배를 하였고, 학생들은 참배를 거부했다. 재차 참배 구호가 내려졌지만 신흥학교 학생들은 퇴장하였고, 기전학교 학생들은 자리에 주저앉아 울어버렸다. 신사참배는 무산되었고, 조선총독부는 학교를 폐교하려 했다. 그러나 이에 앞서 신흥학교는 자진 폐교 청원을 내고, 9월 22일 문을 닫았다. 전주신흥중·고의 교가는 1910년대 만주에서 활 약하던 독립군들이 부르던 대표적 군가의 하나인 '용진가'를 개사한 것으로 2000년 6월 13일 방북한 김대중 대통령을 환영하기 위해 북한 순안공항에서 연주되어 화제가 됐었다.

304 군산영명학교는 1903년(광무 7년) 2월 미국 남장로회 소속 선교사 전위렴(Junckin, W. M)이 군산 구암동에 설립하였다. 1904년 소학교와 중학교를 분리하여 중학교를 영 명학교라고 칭하게 되었다. 1909년 특별과와 고등과를 병설하고 군산 영명학교로 인 가를 받았다. 1919년 3월 5일 영명학교의 교사와 학생이 중심이 되어서 만세 운동을 주 도하였다. 영명학교가 민족 운동의 중심이 되자 일제는 이에 대한 탄압으로 특별과를

다. 이 학교도 미국장로회계통학교로 기독교신앙교육과 민족의식으로 유명한 학교로 3·1운동을 주도한 학교였다. 이처럼 장남과 차남을 보낸 두 학교의 공통점은 기독교학교라는 점으로 후에 신사참배로 폐교되기에 이르고, 3·1운동에 깊이 관련되었다는 점이다. 계원식이 장남과 차남을 이 두 학교에 입학시킨 것은 의도적으로 보인다. 즉, 철저한 기독교 신앙교육과 3·1운동에 적극적인 민족의식을 아들들에게 심어주고자 한 것 같다.[305]

1921년 군산에 자리 잡은 계원식은 매주 토요일이면 군산과 익산지역을 다니면서 무료진료를 실시했다. 얼마 후 계원식은 황등에 자리를 잡기로 하고 황등면 면소재지에 평양에서 독립자금을 대던 기성의원 이름 그대로 개업하였다. 계원식은 매주 토요일이면 왕진 가방을 들고 논길을 따라서 봉사에 나섰다. 이러한 소문이 널리 알려지면서 급환 환자들은 밤낮 가리지 않고 기성의원으로 몰려들었다. 이곳에서 가난한 사람들에게 진료비를 받지 않고 치료해 주는 대신 교회에 나갈 것을 권유하며 전도활동을 펼쳤다.

이러한 소문이 나자 황등지역에 널려있는 많은 환자들이 기성의원으로 몰려오면서 자연히 교회에도 교인들이 모여들기 시작하였다. 그런데 어느 날 익산시내에 살고 있는 일본인 거류민단 대표들이 찾아 왔다.

"원장님, 도지사 월급보다 더 많이 지불할 터이니 우리 마을 공의公醫로 모시려고 왔습니다."

"저는 돈 벌기 위해서 의사가 된 것이 아닙니다. 가난한 조선 사람들을 돌보기 위해서 의사가 되었기 때문에 가난한 이 황등 농촌에서 일하는 이

폐과하고 고등과를 중단시키기도 했다. 1940년 10월 일본의 신사 참배 강요를 거부하며 자진 폐교하였다. 1952년 대한예수교장로회 군산노회에 의해서 군산 영명고등학교로 복교되었다. 이후 1965년 4월 21일 야간부와 영광여자중고등학교(당시 멜볼딘 여중고)가 분리 독립하여 이전하였다. 재정난 등의 어려움을 겪던 기독교계 영명학교는 1975년에 군산 지역의 기업가인 고판남이 인수하여 교명을 군산제일고등학교로 바꾸고 학교를 일신하여 오늘날까지 군산 지역의 고등학생들의 교육을 담당하고 있다.
305 김수진의 "걸어 다니는 성경책, 계원식 장로"(《한국장로신문》)(2009년 4월 18일).

들의 건강을 계속 지키는 것이 나의 사명인 것 같습니다."[306]

계원식은 엄청난 재산을 가지고 황등에 왔고 실력 있는 의사였지만 돈 없는 가난한 환자는 으레 무료로 진료했으며 단 농사를 짓는 사람은 밭농사 논농사로 나누어 농사짓는 이들을 위해 보리철이면 밀렸던 진료를 보리로 받고 또 가을이면 벼로 진료비를 받았으니 계원식에게 돈이 붙을 리가 없었다.

계원식이 기성의원에서 목요일밤 기도회와 주일학교가 모이게 기성의원을 개방하였다. 계원식은 누가복음 4장 18절 말씀에 따라 교회의 사명이 지역을 섬기는 것임을 분명히 하였다. 이에 대한 계원식의 말이다. "천국복음을 인간에게 전파하야 인류를 구원하는 길을 열으셨다. 주님 구주 예수께서는 가난한 자에게 복음을 전하시고 사로잡힌 자를 다시 놓이시고 눈먼 자로 다시 보게 한다."[307] 계원식은 영과 육, 성과 속을 이분법적으로 생각하지 않고 하나로 이해했고, 이런 생각을 공유한 황등교회는 오늘날까지 교회가 지역을 품고 지역을 섬기는 일에 힘쓰고 있다. 계원식이 성경에 입각해서 신앙과 생활을 하나로 이해하는 실천적인 생활신앙을 강조하고 지역을 살리는 교회를 강조한 것으로 거룩함聖과 속俗이 하나—라는 성속일여聖俗一如의 정신이다. 이것은 황등교회가 설립하고 운영 중인 성일聖—고등학교의 이름과 그 맥이 닿아 있다.

계원식은 황등시장터의 선구자 교인들과 뜻을 같이하면서 교회를 그저 지역에 또 하나의 교회를 설립하는 것이 아니라 시대적 아픔을 짊어지고 지역사회의 필요에 민감한 지역과 함께하는 교회를 설립해나가는데 앞장섰다. 그런 이유로 교회는 지역에서 온갖 상술이 오고가고 여러 지역의 사람들이 뒤섞이는 시장터에 교회를 설립해나갈 수 있었다. 계원식은 한국의 예루살렘이라고 불리는 평양에서 신앙생활을 한 사람으로 황등지역을

---

306 김수진, 『한국 교회를 섬겨 온 장로 열전 1』, 17쪽.
307 『황등교회당회록』, 제1권 2쪽을 김수진, 『황등교회 60년사』, 51쪽에서 재인용.

복음으로 희망에 가득찬 지역으로 만들고 싶어 했다. 계원식이 경험한 평양은 1907년 평양대부흥운동이 일어났던 곳이다. 이를 살펴보는 일은 계원식이 제2의 평양을 꿈꾼 황등을 추측해볼 수 있다.

계원식이 고향을 떠나 낯선 황등 땅에서 평양에서와 같은 이름인 기성의원을 개원한 이유는 평양에서처럼 그저 의료사업만을 위한 것이 아니라 이를 통해 지역을 복음화하고, 지역을 하나님의 선하신 뜻이 펼쳐지는 곳으로 만들려는 굳건한 의지였다.[308] 하나님의 기뻐하시고 선하신 뜻이 하늘에서 이루어진 것처럼 이 땅에서 이루어지도록 하려는 계원식의 정신을 계승해서 황등교회는 개별 교회의 부흥만을 위한 것이 아니라 지역을 살리고 지역을 섬기려는 뜻으로 황등기독학교와 황등교회 어린이집과 신협과 이웃사랑나눔회 등을 순차적으로 설립해나갔다.

>>> 계원식과 황등의 만남

계원식은 1921년 10월 13일[309] 기성의원에서 당시 동련교회에 출석하는 황등시장터 선구자들과 함께, 기도와 주일학교 교육과 전도에 힘쓰는 지역의 기독교신앙을 바탕으로 지역을 살리는 전진기지를 구축했다. 이일로 황등교회 설립의 토대가 마련되었다. 당시 황등시장터 인근 교인들은 요즘같이 교통이 편리한 시기가 아닌 1920년대로 비포장 논길을 무려 2킬로미터나 떨어진 동련교회에 출석하였다. 이들은 주일과 수요일 이외

---

308 김수진, "걸어 다니는 성경책, 계원식 장로", 《한국장로신문》 (제 1178호, 2009년 4월 18일자)를 요약·정리함을 밝힌다.
309 김수진, 『황등교회 60년사』, 51쪽의 "1920년 10월 13일 동련교회 당회의 허락으로 황등리 시장통에서 찬송소리가 울려 퍼져 나가게 되었다."는 구절에서 1920년은 오자(誤字)인 듯 싶다. 김수진의 같은 책, 10쪽과 『2016 황등교회요람』에는 1921년 10월 13일로 나와 있다.

에도 함께 모여 기도하면서 지역을 살리는 일들을 하고 싶었지만 그럴만한 장소나 이를 이끌어줄만한 지도자가 마땅치 않았다. 그러던 차에 계원식이 자신들의 마을 황등, 기성의원에서 신앙생활을 할 수 있는 계기가 마련되면서 신앙생활의 활력이 생겼다.[310]

이 기도처는 기도로 그치지 않았다. 함께 모여 기도로 시작해서 주일학교까지 진행되었고 황등시장터를 계몽하는 사회운동으로까지 연결되었다. 이처럼 신앙과 교육과 지역 섬김이라는 3대 정신은 오늘날까지 황등교회의 설립정신으로 이어져오고 있다. 당시 황등시장터 교인들 중 선구자들은 오직 복음으로 바른 정신을 회복하여 살아가려는 의식을 갖고 있던 중, 마침 올곧은 청교도 신앙으로 학식과 덕망과 재력을 지닌 계원식이 황등에 이주해 옴에 따라 의기투합하면서 신앙으로 지역을 변화시키려는 뜻으로 하나가 되었다.

이들은 성경을 들고 다니면서 술로 세월을 보낼 것이 아니라 복음 안에서 참된 가치를 찾아나가는 길이야말로 암울한 현실을 극복해나가는 유일한 길임을 외쳤다. 이런 노력으로 복음으로 새롭게 살겠다고 다짐하는 사람들이 많아지면서 황등지역도 새 희망으로 변하기 시작했다.

이처럼 황등교회는 외국 선교사와 외국 선교기금으로 설립된 것이 아니라, 암울한 시대 속에서 지역을 살리려는 선구자들에 의해서 자생적으로 설립되었고 이런 역사를 자랑하면서 오늘에 이르고 있다. 황등시장터 교인들 중에서 선구자들은 계원식의 학식과 덕망과 신앙을 존경하며 계원식을 맞이하고 따랐다. 이는 황등교회가 폐쇄적이고 배타적인 지역이기주의가 아닌, 포용적이고 관용적인 모습임을 보여주는 의미로 생각할 수 있다.

---

310 『2016 황등교회 요람』, 2쪽.

황등교회는 이주민을 포용하고 화합하는 역사적 전통 위에 교회가 설립되었다. 계원식은 선구자로서 훌륭한 신앙과 지성인이었으나 낯선 곳에서 북한지역 사투리를 쓰는 계원식이 황등에 정착하고 영향력을 발휘한다는 것은 쉬운 일이 아니다. 그러나 황등의 선구자들은 겸손하게 고매한 인품을 지닌 사람을 받아들이고 깊이 존경하며 화합했다. 이런 화합의 힘이 황등을 변화시키는 힘이었다. 이런 황등교회의 모습에 젊은이들이 황등교회로 몰려들면서 교회는 더욱 활성화되었다.

황등교회는 하나의 교회가 부흥하는 데 목표를 두지 않고, 교회가 직면한 지역사회를 변화시키는 데 앞장섰다. 교인들은 술로 타락했던 황등 장날을 변화시켜 나갔다. 교인들의 열정으로 장날이 주일이면 장이 형성되지 않을 정도였다. 이처럼 황등교회는 교회 설립보다 지역을 섬기고 지역을 변화시키는 생활신앙운동에 역점을 두었다.

황등교회 교인들은 철저한 신앙으로 아무리 수입이 많다고 해도 주일성수를 철저히 지켜나갔고 그 누구보다 성실히 살다보니 황등의 상권을 장악해나갔다. 결과적으로 황등시장 내 대부분의 상권은 황등교인들이 장악하고 있었다. 이런 철저한 주일성수 정신은 오늘까지 이어져 주일에 황등의 대부분 상점이 문을 닫고 있다.

황등교회는 시작부터 신앙을 바탕으로 한 교육을 중시하여 주일학교가 활성화되었다. 황등교회 주일학교는 교회설립보다 먼저였다. 기성의원에서 시작된 주일학교는 신앙교육뿐만 아니라 금주와 금연운동으로 생활신앙운동을 펼쳐나갔다.

6

본격적인 황등교회
설립기

황등교회 그 뿌리와 기독교 역사 정립

사랑의 종, 그 언저리에서 길을 묻다

본격적인 황등교회
설립기

황등교회가 설립되는 모태는 분명 계원식이 황등에 재개한 기성의원이었다. 이 기성의원의 전신은 평양 기성의원은 평양에서 독립자금을 제공한 장소였고, 계원식이 사람의 몸만이 아니라 마음과 영을 치료하던 곳이었다. 이런 평양 기성의원이 황등에 재개된 것이다. 계원식은 그저 돈을 벌려고 황등에 기성의원을 개원한 게 아니었다. 계원식은 진료가 시작되기 전에 기도하였고 환자를 잘 치료할 수 있도록 기도하였다. 그리고 계원식은 진료가 끝나면 예수를 믿으라고 권면하였다. 또 한 왕진을 가서도 예수를 전하였다. 계원식은 예수를 믿으라고 전할 때, 누구를 만나든 존귀히 대하고 경어敬語를 사용하였다. 당시 그의 학력과 재력과 의사라는 사회적 지위로는 놀라운 인품이었다. 그의 이런 사람됨에 감동해서 신앙을 갖게 된 이들도 많았다. 이렇게 전도된 이들을 자신의 기성의원 목요일 밤 기도회에 모이게 하였다. 계원식은 이 기도회에서 예배를 인도하였고, 주일 오후에 모이는 주일학교도 인도하였다. 그러니 기성의원은 의료행위를 하는 의원醫院이면서 선교센터였다.[311] 이처럼 계원식의 삶이 성聖과 속俗이 하나된 삶이었고, 기성의원이 성聖과 속俗이 하나가 된 곳임은 황등교회의 설립정신이라고 말할 수 있다.

또한 황등교회의 설립정신은 협력이다. 황등교회는 외국선교사나 계원식 혼자서 설립한 교회가 아니라 여럿이 함께 설립한 교회이다. 물론 더 많이, 더 크게 공헌한 사람이 분명 계원식이지만 계원식은 하나님을 대신하거나 하나님에 비길 수는 없다. 더욱이 설립 때부터 계원식은 협력의 지도력을 발휘한 사람이었다.

동련교회 역사에서 계원식은 동련의 삼총사 장로로서 협력의 지도력을 발휘하고, 박학함과 훌륭한 지도력으로 크게 기여하였다고 기록되어 있을 정도로 교회를 섬긴 일꾼으로 계원식이 교회 분립으로 떠났기에 교회 안에 후손들로 하여금 신앙적 계보를 잇게 하지 못한 아쉬움을 밝히고 있다. 계원식은 동련교회에서 장로들과 협력해서 일한 경험과 열정으로 황등교회 초대 장로로서 교회행정과 체계를 성립해나갔다.

동련교회 초기 역사 속에서 백낙규 장로와 더불어 교회의 중추적 역할을 한 이는 황계년·계원식 장로이다. 1917년 12월 9일 장로 임직을 받은 황계년 장로는 후에 우리교회로 평양에서 이명312을 와 장로 임직을 받은 계원식 장로와 더불어 '동련 삼총사'라 일컬음을 받으며 교회의 기초를 다지는 데 많은 수고를 하였다. 담임목회자가 없어 여러 교회를 맡아 드문드문 꿈에 떡 보듯이 오는 목회자의 빈 공백을 메꾸는 데는 황 장로 못지않게 계원식 장로의 박학함과 훌륭한 지도력이 크게 기여하였다. 그러나 황계년 장로나 계원

---

311 김수진, "평신도 운동이 한국교회 성장에 미친 영향에 대한 연구-교회사적 측면에서", 245쪽.
312 이명은 출석하던 교회에서 다른 교회로 옮기는 것을 말한다. 목사와 장로의 경우는 임의로 교회를 옮길 수 없고 교회의 상위기관인 노회에 이명증서(移命證書)를 제출해서 승인을 받아야한다.

식 장로가 교회 분립과 더불어 이명함으로써 우리 교회 안에 후손들로 하여금 신앙적 계보를 잇게 하지는 못하였다.

1924년 11월 1일 황등시장터에 목조건물을 완성하고 입당예배를 드렸다. 이 장소는 당시 동서남북으로 통로가 있어서 사람들이 많이 드나드는 망건장 입구에 자리 잡기로 하고 구 한옥 6칸을 매입하여 수리한 것으로 지금의 황등교회 관리집사 사택 자리와 목사관이 있었다.

계원식 장로의 헌신적인 전도로 기도처에 모이는 평신도가 많아지자 계원식 장로는 동련교회와 황등리에 사는 평신도들이 기쁜 마음으로 헌금했던 그 돈을 모아 5칸짜리[313] 집을 마련하고 동련교회 5회(1928년 5월 24일) 당회에 분립청원서를 제출하자 당회에서는 기쁜 마음으로 교회 분립 허가를 결의하였다.[314]

위의 구절은 계원식의 공헌이 지대함을 분명히 밝히고 있기는 하지만 주목해서 볼 것은 6칸짜리 집을 마련할 때, 그 자금을 계원식 혼자한 것이 아니라는 사실이다. 물론 계원식이 당시 그의 직업과 재력으로 볼 때 가장 많은 금액을 헌금하였을 것이지만 황등시장터에 거주하는 교인들이 적은 금액이지만 그들의 생활 형편으로서는 정성을 다해 함께 참여하여 마련하였다. 이는 매우 뜻 깊은 일이다. 그 당시 계원식의 신앙과 인격과 재력

313 김수진은 목회학박사논문에서는 5칸짜리라고 하였으나, 『황등교회 60년사』에서는 6칸짜리라고 하였다. 여기서는 김수진의 글을 직접인용으로 한 것이기에 5칸짜리라고 하였다. 김재두의 증언에도 6칸짜리 정도라고 하였기에 이 글에서는 6칸짜리라고 하였음을 밝힌다.
314 김수진, "평신도 운동이 한국교회 성장에 미친 영향에 대한 연구–교회사적 측면에서", 244쪽.

으로 볼 때, 혼자 감당할 수도 있었다. 만약 그랬다면 황등교회는 계원식 개인의 교회처럼 인식될 수 있었다. 교인들은 교회 운영을 위한 재정에서 계원식에게 의존하고는 자신들의 의무를 다하지 않을 수 있었다. 비록 적은 금액이라도, 작은 일이라도 함께 하고 협력할 때 교회는 건강하게 자리매김 할 수 있다. 이 교회당 마련을 위해 황등시장터 교인들은 헌금만이 아니라 몸으로 노력봉사를 하였다. 이를 계원식이 의도한 것인지는 명확치 않으나 계원식은 자신이 주도하기보다는 협력으로 일을 진행해나갔다.

이 당시 황등교회는 당회가 구성되지 않은 미조직교회로 동련교회 담임목사가 당회장을 겸하고 있었다. 1925년 동련교회에 김중수 목사가 부임하면서 황등교회 분립이 활발하게 진전되었다. 1928년 5월 24일에 모인 동련교회 당회에서 황등교회를 분립하기로 결의하였다.

> 1928년 5월 24일 하오 8시에 본 당회가 제50회로 황등시[315] 백낙규 장로 방에 회집하야 백장로 기도로 개회하고 금년 노회 제24회 총대는 계원식 장로로 선정하다. 본 교회 구역 내에서 기도회실을 6칸 신축하고 교회를 분립하여 달라는 청원을 허락하고 노회시 분립하기로 가결하다.[316]

황등교회가 출범하기 위해서는 전북노회로부터 허락이 있어야 했다. 1928년 5월 29일 군산 개복교회에서 회집한 제22회 전북노회에서 황등교회 분립허가가 가결되었다. 임시당회장은 김중수 목사(동련교회 담임목사)였고, 계원식 장로와 김용출, 이자희 집사, 무흠입교인 23명, 학습교인 6명, 신입교인 등 약 57명이 설립교인이었다. 당회는 양기철 집사를 선출하였다.[317]

---

315 황등리를 이렇게 쓴 것 같다.
316 『동련교회 당회록』, 제1권, 2쪽을 김수진, 『황등교회 60년사』, 52쪽에서 재인용.
317 『황등교회 당회록』, 제1권 6쪽을 김수진, 『황등교회 60년사』, 60쪽에서 재인용.

이처럼 김수진은 황등교회 설립교인이 약 57명이라고 하면서 '약'이라는 표현으로 정확치 않은 숫자임을 말하였다. 김수진은 황등교회 창립에 참여했던 교인들의 이름을 집요하리만치 찾아내려고 한 노력이 엿보인다. 그러나 계원식 가족과 김용출 집사 이외에는 정확한 실명을 찾을 수 없어서 당시 『동련교회 당회록』과 『황등교회 당회록』의 학습세례교인 명단을 중심해서 오순애와 1989년 6월 23일 면담을 해서 확인한 명단으로 47명을 밝혀냈다.

> "계원식, 이자희, 김용출, 백봉심, 계일승, 전봉구, 김용출 모친, 정만지, 김자회, 이지화, 박인석 모친, 김수운, 이기형, 전봉구 부인, 이나안, 변판용, 김승재, 김영일, 이자순, 조학서, 손태환[318], 김순용, 윤판옥, 김순민, 계혜승, 김정산, 이필선, 이당님, 전진실, 전신실, 계대승, 김삼록, 장득광, 김부광, 김태환, 김순회, 전종진, 김원식, 장순이, 이영수, 김회갑, 강중희, 설갑례, 김요섭, 김순문, 이영태 모친"[319]

김수진은 『황등교회 당회록』을 통해 57명이 분립한 것으로 말했는데[320] 찾아낸 사람은 47명이었다. 그것도 박인식 모친, 전봉수 부인, 이영태 모친은 실명實名이 아니었다. 그런데 동련교회 자료에 의하면, 57명이 아니라 60여명 정도가 분립교인이라고 하여 3명 정도의 더 나오고 있다. 그러나 아쉽게도 동련교회 자료에서도 명단은 확인할 수 없었다.

전북노회 회의록에 1928년 보고된 동련 교인의 총수는 185명이었다. 헌데

---

318 현재 황등교회 손인재 집사의 부친이다.
319 김수진, 『황등교회 60년사』, 61쪽.
320 김수진, 『황등교회 60년사』, 60쪽.

분립된 다음해인 1930년 제24회 총회록에 기재된 수는 137명이다. 그해 입교한 수 11명을 빼면 60여 명 정도, 전 교인의 3분의 1이 나뉘어졌다는 것은 동련으로서는 교회 운영에서나 재정적으로 큰 시련이었다.[321]

좀 더 정확한 역사를 위해서는 확인이 필요한 부분이다. 이는 황등교회 설립 최초의 교인 수이기에 그렇다. 『동련교회당회록』과 『전북노회회의록』과 『황등교회 당회록』과 당시 생존자들의 증언을 종합해보면 좀 더 정확한 숫자와 실명이 드러날 것 같다. 물론 『황등교회 60년사』를 출판한 1989년 이후 30여 년이 지난 현재 이를 찾아낸다는 것은 쉬운 일이 아니다. 그러나 좀 더 주의 깊게 추적해보면 나름의 성과를 거둘 수 있을 것이다. 서술자는 이번 작업에서 이를 찾아보는 노력을 해보았다. 그 성과를 밝히면 다음과 같다.

김재두의 증언에 의하면 1921년 교회 설립 때 그의 부모와 조모가 참여하였다. 그들은 김창무父, 강성녀母, 박성녀祖母이다. 이들은 김수진이 『황등교회 60년사』를 집필할 때 별세한 이들이었다. 김수진이 『황등교회 60년사』를 집필할 때 교회 역사는 봉기성이 주로 증언을 맡고, 학교역사는 김재두이 증언하다보니 김재두는 초창기 교회 역사를 증언하지 않았다. 봉기성은 1921년 설립 당시에 참여한 교인이 아니었기에 설립교인의 실명을 정확히 알지 못할 수 있었고 오순애 역시 설립이후 이명해온 초창기

---

321 연규홍은 이 부분에서 4년 전에 출판된 김수진의 『황등교회 60년사』을 본 것을 밝히면서 김수진이 약 57명이라고 한 것을 『전북노회 회의록』을 찾아서 수정해서 약 60여 명으로 제시하고 있다. 연규홍, 위의 책, 102쪽; 연규홍이 더 정확한 자료를 찾은 것이라면 황등교회가 설립될 당시 교인 수는 약 57명이 아니라, 약 60여명이 된다. 김수진을 넘어서 연규홍이 3명 내외를 더 찾아냈으나 '약'이라는 말로 정확한 인원수나 인명을 밝히지는 못하였다. 『전북노회 회의록』이나 당시 생존자들의 증언이나 기타 자료를 찾으면 정확한 인명과 인원수가 나올 수도 있다는 생각이 든다. 더 늦기 전에 이 작업을 해야 할 것이다. 한 집안도 집안의 뿌리와 근거 찾는데 시간과 돈과 열정을 쏟는다. 교회의 역사도 마찬가지일 것이다.

교인인 경우였다. 만일 김수진이 이 부분에 대한 좀 더 열정을 가지고 진행하면서 당시 황등교회 초창기와 동련교회 초창기 생존자들을 찾아내서 증언을 듣고, 전북노회 등의 자료를 종합했다면 좀 더 성과를 얻었을 것 같다. 그러나 담임목사직을 수행하면서 목회학박사과정을 진행 중이었고, 방대한 분량의『황등교회 60년사』를 혼자서 집필하는 그로서는 쉽지 않았을 것 같다.

　김수진의『황등교회 60년사』을 꼼꼼히 살펴보면, 두 사람이 설립교인이었을 것으로 추측해 볼 수 있다. 그 가능성을 제시할 수 있다. 그 한 사람은 김수열이다. 김수열에 대한 설명이다. "황등교회 초대 교인으로 새벽마다 여호와께 간구하여 자녀들을 교육자, 장군, 실업가로 성공시킨 김수열 권사님의 막내아들 강영춘 집사가 하나님께 감사하는 마음으로 교회 창립 60주년을 기념하여 헌물하였습니다."³²² 강영춘은 지금은 익산시 왕궁면의 발산교회 시무장로이다. 김수열 권사의 손녀 강현주는 황등교회에 출석하면서 황등 희망지기 재가복지센터를 운영하고 있다. 또 한 사람은 노준기이다. 역대안수집사 명단을 제시한 부분에서 노준기에 대한 설명이다. "5. 역대 안수집사 명단 노준기 1949~1980 황등교회 초대교인 1980년 별세(노상열 장로 부친)"³²³ 노준기의 손자녀들이 황등교회와 인근 교회에서 신앙생활을 하고 있다. 손녀로 황등교회 노근영 집사가 있고, 황등 제자교회 김인숙 권사가 손자며느리이다.

　초대라는 말은 맨 처음을 말하는 것으로『황등교회 60년사』에서 '초대교인'이라는 말은 위의 두 사람에게만 적용된 말이었다. 두 사람의 연령과 거주지를 추측해보면 설립당시 교인이었을 가능성이 있다. 당시 가족단위로 교회 출석이었기에 정확하지는 않지만 김수진의『황등교회 60년

---

322 김수진,『황등교회 60년사』, 405쪽.
323 김수진,『황등교회 60년사』, 466쪽.

사』에서 약 57명, 연규홍의 『예수꾼의 뚝심-동련교회 90년사』에서 약 60명인 것을 볼 때 밝힌 인원의 가족을 추론해보면 더 밝혀질 수도 있다는 생각이 든다. 아마 이 당시는 여자 이름이나 아이들의 이름을 중요하게 여겨지지 않다보니 누구의 어머니나 누구의 자녀들이 함께 설립교인으로 참여한 것 같다.

황등교회 설립 당시 처음 제직으로는 계원식 장로 1명과 김용출, 이자희, 양기철 집사 3인이었다. 그 후 얼마 지나지 않아 동련교회에서 황등교회 분립을 반대의견을 폈던 오일봉 가족이 황등교회로 오게 되어 황등교회에 큰 힘이 되었다. 오일봉은 전주 태생으로 선대로부터 신앙인이었다. 오일봉은 향학열이 대단한 사람이었다. 오일봉은 서울 YMCA서울기독청년회에서 운영하던 청년학원에서 공부를 하기도 하였고, 동련교회가 운영하는 계동학교를 졸업해서 기독교정신에 따른 민족의식과 지역사회 섬김에 대한 이해가 깊은 사람이었다.[324] 오일봉의 아내 오순애는 부친 오경선이 전북 부안군 대수리교회를 설립하고 영수로 교회를 섬긴 사람이었다. 오순애는 전주 기전여학교 고등과 4년 졸업자였고, 전주고등성경학교를 졸업한 사람이었고,[325] 1922년 4월 5일~1924년 3월 5일까지 계동학교 교사를 역임하기도 하였다.

목회자로는 구연직 조사[326]가 활동하게 되었다. 구연직 조사는 평양장로회신학교 3학년생이었고, 황등교회와 동련교회를 모두 담임하는 처지에 평양장로회신학교 재학생이다 보니 학기 중에는 교회를 비울 수밖에

---

324 오일봉은 선친과 아내 오순애의 집안이 모두 독실한 기독교신앙인 가정으로 오일봉의 손자 오강렬은 현재 익산시 창인동에 오강렬 내과의원을 운영하면서 이리신광교회 장로로 교회를 섬기고 있다.
325 김수진, 『황등교회 60년사』, 69쪽.
326 『2016 황등교회 요람』에는 구연직 목사(1936년 5월 31일~1939년 4월 14일)로 나온다. 구연직이 조사로서 사역한 시기는 파악하지 못했음을 밝힌다.

없었고 방학 중에도 두 교회를 섬기느라 바빴다. 이에 계원식 장로가 구연직 조사의 빈자리를 채웠고, 김용출과 양기철 집사도 간증 형태의 설교를 하기도 하였다. 이처럼 황등교회는 외국선교사나 목회자가 주도한 교회가 아니라, 평신도 지도자들이 교회를 섬기고 헌신한 전통이 살아 숨 쉬는 교회였다. 1928년 계원식은 노회 승인에 따라 정식으로 황등교회 창립예배를 드리기에 앞서 『황등교회당회록』의 첫 장을 직접 기록하였다. 그 내용은 다음과 같다.

조선야소교장로회朝鮮耶蘇教長老會 황등교회당회록黃登教會堂會錄) 記記[327]

만복의 근원되시는 우리 주 하나님 아버지께 만민들아 경배할지어다. 그는 타락된 우리 인생을 사랑하사 친히 자녀를 삼으시려고 독생자 예수를 1928년 전에 세계의 중심 점지點地[328] 유태국 베들레헴 촌(변두리) 객사(여관) 마방馬房 간에 동정녀 마리아 몸에 탄생케 하사 천국 복음을 인간에 전파하여 인류를 구원하는 길을 여셨다. 주님 구주 예수께서는 가난한 자에게 복음을 전하시고 사로잡힌 자를 다시 놓이고 눈먼 자를 다시 보게 하신다. 눌린 자를 자유롭게 하신다. 희년禧年을 전파하셨다. 즉, 인간이 해결할 수 없는 모든 난제難題(어려운 문제)를 친히 해결하셨도다.

또한 하나님의 예정대로 십자가에 달려 죽으심으로 만민의 죄악을 대속하셨다. 만민은 예수를 믿음으로만 속죄贖罪함을 받아 영혼구원救靈이 가능하

---

327 기(記)라는 말은 한문문체의 하나로 역사기록을 쓰는 경우를 말한다. 그러므로 이 말은 황등교회역사를 기록하는 『황등교회당회록』의 시작을 의미하는 말이다. 이 글을 원문에 충실하면서 현대어로 풀어쓰고 괄호로 이해를 돕기 위한 해설을 덧붙이고 성경구절을 오늘날 성경번역인 개역개정판으로 다듬었음을 밝힌다. 계원식, "조선야소교황등교회당회록 기", 『황등교회당회록 1』(1928년), 1-6쪽.
328 '점지'라는 말은 세계의 중심 지역을 뜻하는 말이다.

게 되었다. 예수님은 사망의 권세를 깨뜨리시고 3일 만에 부활하셨고, 40일 동안 제자들과 함께 하시다가 승천하실 때 모든 제자에게 마지막으로 당부의 말씀을 하셨다.

> 예수께서 나아와 말씀하여 이르시되 하늘과 땅의 모든 권세를 내게 주셨으니 그러므로 너희는 가서 모든 민족을 제자로 삼아 아버지와 아들과 성령의 이름으로 세례를 베풀고 내가 너희에게 분부한 모든 것을 가르쳐 지키게 하라 볼지어다 내가 세상 끝 날까지 너희와 항상 함께 있으리라 하시니라[329]

그러므로 그리스도는 교회의 머리가 되시고,[330] 성도聖徒는 그의 것인 백성이다.[331] 바울이 에베소 교회 장로들에게 긴히 당부한 말씀이다.

> 여러분은 자기를 위하여 또는 온 양 떼를 위하여 삼가라 성령이 그들 가운데 여러분을 감독자로 삼고, 하나님이 자기 피로 사신 교회를 보살피게 하셨느니라 내가 떠난 후에 사나운 이리가 여러분에게 들어와서 그 양 떼를 아끼지 아니하며 또한 여러분 중에서도 제자들을 끌어 자기를 따르게 하려고 어그러진 말을 하는 사람들이 일어날 줄을 내가 아노라[332]

---

329 마태복음 28장 18-20절.
330 모든 통치와 권세와 능력과 주권과 이 세상뿐 아니라 오는 세상에 일컫는 모든 이름 위에 뛰어나게 하시고, 또 만물을 그의 발아래에 복종하게 하시고 그를 만물 위에 교회의 머리로 삼으셨느니라, 교회는 그의 몸이니 만물 안에서 만물을 충만하게 하시는 이의 충만함이니라(에베소서 1장 21-23절).
331 그러나 너희는 택하신 족속이요 왕 같은 제사장들이요 거룩한 나라요 그의 소유가 된 백성이니 이는 너희를 어두운 데서 불러내어 그의 기이한 빛에 들어가게 하신 이의 아름다운 덕을 선포하게 하려 하심이라, 너희가 전에는 백성이 아니더니 이제는 하나님의 백성이요 전에는 긍휼을 얻지 못하였더니 이제는 긍휼을 얻은 자니라(베드로전서 2장 9-10절).

사랑하는 제자요, 동역자인 디모데에게 이렇게 당부하였다.

네가 이것으로 형제를 깨우치면 그리스도 예수의 좋은 일꾼이 되어 믿음의 말씀과 네가 따르는 좋은 교훈으로 양육을 받으리라, 망령되고 허탄한 신화를 버리고 경건에 이르도록 네 자신을 연단하라, 육체의 연단은 약간의 유익이 있으나 경건은 범사에 유익하니 금생과 내생에 약속이 있느니라, 미쁘다 이 말이여 모든 사람들이 받을 만하도다, 이를 위하여 우리가 수고하고 힘쓰는 것은 우리 소망을 살아 계신 하나님께 둠이니 곧 모든 사람 특히 믿는 자들의 구주시라, 너는 이것들을 명하고 가르치라, 누구든지 네 연소함을 업신여기지 못하게 하고 오직 말과 행실과 사랑과 믿음과 정절에 있어서 믿는 자에게 본이 되어, 내가 이를 때까지 읽는 것과 권하는 것과 가르치는 것에 전념하라, 네 속에 있는 은사 곧 장로의 회에서 안수 받을 때에 예언을 통하여 받은 것을 가볍게 여기지 말며, 이 모든 일에 전심전력하여 너의 성숙함을 모든 사람에게 나타나게 하라, 네가 네 자신과 가르침을 살펴 이 일을 계속하라 이것을 행함으로 네 자신과 네게 듣는 자를 구원하리라[333]

베드로는 각처 교회에 대하여 이렇게 당부하였다.

그러므로 너희가 더욱 힘써 너희 믿음에 덕을, 덕에 지식을, 지식에 절제를, 절제에 인내를, 인내에 경건을, 경건에 형제 우애를, 형제 우애에 사랑을 더하라, 이런 것이 너희에게 있어 흡족한즉 너희로 우리 주 예수 그리스도를 알기에 게으르지 않고 열매 없는 자가 되지 않게 하려니와 이런

332 사도행전 20장 28-30절.
333 디모데전서 4장 6-16절.

것이 없는 자는 맹인이라 멀리 보지 못하고 그의 옛 죄가 깨끗하게 된 것을 잊었느니라 그러므로 형제들아 더욱 힘써 너희 부르심과 택하심을 굳게 하라 너희가 이것을 행한즉 언제든지 실족하지 아니하리라, 이같이 하면 우리 주 곧 구주 예수 그리스도의 영원한 나라에 들어감을 넉넉히 너희에게 주시리라[334]

장망성將亡城[335]을 떠나 새 하늘과 새 땅을 바라보고 전진하는 신도는 찬송과 기도와 성경낭독을 열심으로 주님과 친근親近한 백성이 되기를 진력盡力(모든 일을 다 해야 함)해야 한다.

주강생후[336] 1928년 6월

소복小僕[337] 계원식 근서謹書[338]

334 베드로후서 1장 5-11절.
335 장망성은 '멸망의 성', '파멸의 도시'라는 뜻이다. 애굽에 위치한 한 성읍의 예언적인 이름이다. 물론 파멸의 원인은 가증스런 우상 숭배(태양신) 때문이었다(이사야 19장 18절). 개역개정판에서는 '멸망의 성읍'으로 번역했다. 기독교에서는 종말의 때에 마침내 멸망하게 될 '이 세상'을 가리키는 말로 쓰이고 있다(로마서 3장 16절-17절). 이 표현은 기독도(基督徒)가 장망성을 떠나 천성에 이르기까지의 경험을 알레고리(무엇을 직접적으로 표현하는 것이 아니라, 다른 것에 의해서 암시적으로 표현하는 방법)적인 인물들과의 만남을 중심으로 쓴 존 번연(John Bunyan)의『천로역정』(天路歷程)에서 언급되기도 했다.
336 주강생후(主降生後)는 주님(主)이 이 땅에 내려오신(降) 출생이후(生後)를 표현한 말이다.
337 소복은 작은 종(하인, 노예)라는 뜻으로 계원식이 자신을 밝힌 표현이다. 소복이 계원식이 즐겨 사용한 호인지는 정확치 않다. 호라는 것은 자신이 즐겨 사용하는 것이고, 지인들이 이를 두루 지칭하는 것인데 계원식이 쓴 글이나 계원식과 관련된 자료에서 소복이란 말을 찾지 못하였다. 소복이라는 말은 계원식의 호가 아니라 황등교회가 노회 승인으로 정식으로 교회가 설립됨에 앞서 교회 대표자로서 당회록을 쓰게 되면서 자신을 겸손하게 낮춘 말인 것 같다. 소복은 작은 종이라는 말로 성경적인 의미이고, 계원식의 생애를 반추해보면, 계원식의 인품으로 볼 때 귀중한 표현이다.
338 근서는 '삼가하면서 글을 쓴다'는 말이다.

이 자료는 계원식의 개인적인 일기나 문집에 나오는 글이 아니라 계원식이 황등교회를 대표해서 황등교회가 어떤 정신으로 교회의 정체성을 구축해 나가야하는 지를 분명히 한 것이다. 이 글이야말로 황등교회의 설립정신을 담아낸 것이라고 볼 수 있다. 이 글에서 계원식은 자신이 황등교회를 설립하기 위해 노고를 아끼지 않은 사실을 전혀 언급하지 않았다. 지나치리만큼 자신의 공로를 배제하였다. 그 대신 계원식은 철저한 하나님 중심의 신앙관을 드러냈다.

계원식은 자신을 지칭하기를 소복小僕이라고 하였다. 소복은 말 그대로 작은 종이라는 뜻이다. 종은 권리도 소유도 없고 지배권도 없으며 주인의 명령을 거부할 수도 없다. 오직 임무와 책임이 따를 뿐이다.

글의 첫 시작에서 계원식은 만복의 근원되시는 우리 주 하나님 아버지께 만민들이 경배해야함을 밝혔다. 그러면서 그 하나님이 우리를 구원하시기 위해 독생자 예수님을 보내주셨고, 유대땅 변두리 베들레헴 여관의 마굿간에서 낮고 천한 모습으로 예수님이 출생해서 우리를 구원하심을 밝혔다. 이는 황등교회의 사명이 하나님께 영광 올려 드림이 최우선이요, 오직 예수 신앙이 근본이요, 예수구원 정신을 실현함이 교회의 사명임을 분명히 한 것이다. 그러면서 바울과 베드로가 밝힌 성경말씀으로 교회의 사명과 중요성을 일깨워주고 있다. 그러므로 황등교회와 황등교회가 설립 운영하는 모든 기관은 오직 그 어떤 사람이 주인일 수 없다. 오직 하나님께 영광, 하나님의 뜻이 이 땅에 실현되는 일에 힘써야 한다. 그 일에 교회가 존재한다. 마지막에 계원식은 이 땅의 가치를 대표하는 장망성이 아니라 새하늘과 새땅을 소망하면서 찬송과 기도와 성경 읽기를 열심히 해서 주님과 친근親近하도록 모든 힘을 다해야한다고 밝혔다.

노회는 황등교회 당회장으로 김중수 동련교회 당회장에서 변경해서 윤식명[339] 목사로 당회장을 임명하였다. 윤식명 목사는 황재삼 목사와 같이 황등교회 분립의 전권을 위임받았던 목사로, 1928년 7월 1일 윤식명 목사의 사회로 황등교회는 노회가 승인한 설립 예배를 드렸다.

　계원식은 동련교회 기도처로서 최초로 교회 분립의 요청을 했던 금암리 기도처의 교인들이 1930년에 들어 교인이 늘자 교회 분립을 요청하기에 이르자 먼저 기꺼이 금암교회 설립을 허락하고 지도하였다. 이 때 전북노회에서 거행하도록 선임한 장로위원이 계원식이었다. 이는 아마 계원식이 성공적으로 황등교회 분립을 해냈고, 동련교회와 전북노회에서도 행정능력을 인정받은 결과로 보인다. "익산군 동련교회에서 금암리교회 분립 청원을 허락하고 위원은 윤식명, 계원식 양씨로 하야 거행케 하심 바라오며."[340]

---

339 윤식명은 강원도 철원 출생이다. 윤식명이 젊은 날, 서울에 있을 때 노방 전도 중이던 언더우드 선교사를 만나고 언더우드로부터 복음을 접했다. 윤식명은 새문안교회 출석하며 선교사 마을에서 심부름하며 신앙과 새로운 삶을 시작했다. 윤식명은 유진 벨 선교사를 만나, 벨 선교사의 요리사가 되었다. 벨이 목포에 내려가 사역을 시작하자 함께 목포에 내려갔다. 벨이 1897년 경 무렵부터 나주와 목포 일대에서부터 사역을 하던 10여년 정도 벨 선교사를 도우며 목포 교회를 함께 세웠다. 윤식명은 벨의 추천으로 평양 장로회신학교에 입학하여 1909년 9월 3일 졸업하였다. 그리고 사흘 후인 6일엔 조선예수교장로회 3회 독노회가 열리던 장대현교회에서 졸업생 8명에게 목사 안수를 받았다. 윤식명은 1914년 제주도 모슬포교회를 중심으로 주로 한라산 남쪽 지역을 선교하는 일에 충성하던 중, 1918년 10월 태을교 신자들의 폭행을 당해 입원하기도 했다. 그러나 윤식명은 오히려 폭도들을 용서하며 전도, 신자들을 얻으며 제주 교회들을 잘 세워 나갔다. 또한 윤식명은 이곳에서 독립자금을 모금하다 징역 10월을 선고 받기도 했으며, 1920년엔 조국의 광복을 염원하며 '광선의숙'(光鮮義塾)을 설립, 신교육을 가르치며 후학을 양성하였다. 7년여 제주 선교 후 1921년 이후엔 전북지역 곳곳에서 계속 목회하였다. 강경구, "美 선교사들 사이서 한국인 목회자 시대 연 '윤식명'-1909년 호남지역 최초 목사 안수…목포교회 담임 부임"《전남도민일보》(2015년 6월 17일); 윤식명의 독립자금 모금의 일과 광선의숙 설립은 알게 모르게 황등교회 초창기 교인들에게 영향을 미쳤을 수 있다. 윤식명과 계원식은 고향을 떠나 온 이주민이라는 공통점이 있었고 위에 살펴본 것처럼 여러 차례 동역한 일이 있었다. 또한 독립운동 자금을 지원한 일도 같았고 계원식이 선호하는 평양장로회신학교 출신이었다.

340 『전북노회 회의록』(제 24~30회). 131쪽을 연규홍, 위의 책, 102에서 재인용.

7

일제강점기, 암울한 시대 속의 황등교회

황등교회 그 뿌리와 **기독교** 역사 정립
사랑의 종, 그 언저리에서 길을 묻다

일제강점기,
암울한 시대 속의
황등교회

착취에 시달리는 식민지 현실

1929년 세계대공황으로 위기에 직면한 일본경제는 그 탈출구로 대륙
진출을 꾀하면서 1931년 류탸오후 사건柳條湖事件을 계기로 일본군의 중국
둥베이東北 지방에 대한 침략 전쟁을 일으켰다. 일본의 관동군關東軍은 둥
베이 삼성三省을 점령하고 이듬해 내몽골의 러허성熱河省 지역을 포함하는
만주국을 수립하였는데 이것은 그 뒤 중·일 전쟁의 발단이 되었다. 이를
만주사변이라고 한다. 이어서 일본은 1937년 7월 7일 중국 대륙 침략을
감행하였다. 이를 중·일전쟁이라고 한다.[341] 중·일전쟁은 20세기 아시아
최대 규모의 전쟁이었다. 1931년 이후로 두 나라 사이에 간헐적으로 교전

---

341 중화인민공화국에서는 중국 항일 전쟁, 일본에서는 일중 전쟁 혹은 지나 사변, 서양에
   서는 제2차 중·일 전쟁이라고 부른다.

이 있었으나, 전면전은 1937년 이후로 시작되었으며, 일본의 연합국에 대한 항복과 함께 1945년 9월 2일 종료되었다. 전쟁은 수십 년간 계속되어 온 일본의 제국주의 정책의 결과였으며, 원료와 자원을 확보하기 위해 중국을 정치·군사적으로 지배하려는 속셈에서 비롯되었다.

일제가 전쟁을 도발한 궁극적인 목적은 중국을 포함한 동아시아 대륙을 손에 넣는 것이었고, 만주는 바로 이러한 대륙침략의 관문에 해당되었기 때문이다. 그러기에 일제는 미국조차 가장 막강한 부대로 평가하였던 관동군을 만주지역에 배치하였던 것이다. 관동군이 지닌 위력은 미국이 독자적으로 이와 대결할 때 1년 이상의 전쟁과 100만 명 이상의 미군의 희생을 각오해야 한다는 판단을 할 정도였다.[342]

일제는 침략전쟁 수행을 위해 식민지 한국을 대륙 침공의 교두보로, 그리고 필요한 인력과 물자의 무제한 공급지로 삼음으로써 철저하게 전쟁의 제물로 전락시켰다. 그와 함께 일제의 침략정책은 필연적으로 일제의 조선 민중에 대한 폭압정치를 수반하게 되었다. 1931년 만주사변후 곧바로 1개 사단이 증가된 조선주둔 일본군은 중·일전쟁을 거쳐 태평양전쟁 말기에는 그 규모가 약 23만 명에 이름으로써 전 국토를 완전히 뒤덮게 되었다. 경찰병력 또한 만주사변 후에 2,948개 관서 2만 229명으로 증가했고(1932년), 태평양전쟁이 발발하던 당시에는 3,212개 관서 35,239명으로 대폭 증가, 광적인 파쇼체제를 뒷받침하였다.[343]

중일전쟁이 일어나고 사회가 전시체제戰時體制로 바뀌면서 식민지 한국은 하나의 병영兵營처럼 되어갔다. 일제는 "생활의 전시태세화"를 부르짖고 "간소한 국민생활 실현"을 강조했다. 그에 따라 일제는 옷을 통제하기 시작했다. 학생들의 제복을 '결전형'으로 통일하고, 일반 국민들에게 '국

---

342 조순승, 『한국분단사』(형성사, 1983), 43쪽.
343 강만길, 『한국현대사』(창작과비평사, 1984), 32쪽.

민복'과 '근로복'을 입도록 했다. '여성의 국민복'인 몸뻬는 원래 일본에도 시대 일본 동북지방 농촌에서 일할 때 입던 옷이다. 일제는 전시체제가 되면서 간단복과 몸뻬를 권장했다. 간단복은 서양식 의복이며, 몸뻬는 일본의 노동복이었다.

> 누구나 다 아는 바와 같이 몸뻬는 적의 공습이라는 비상시의 긴급한 경우를 위한 복장인 것이다. 적기는 결코 아무 날 아무 시에 가겠소 하고 미리미리 전갈을 하고 오지는 않는다. 그러므로 우리는 집안에 있다가도 일터에서 일을 하다가도 거리에 나왔다가도, 아무 때 어디서라도 졸지에 공습을 만날 수가 있는 것이요, 만나면 폭탄이 떨어질 경우에 대피를 하여야 하고, 소이탄이 떨어질 경우엔 즉시 달려들어 방화활동을 하여야 하는 것이니, 이 경우에 활동을 민활하게 하기 위하여 여자의 실용적이요 간편한 몸차림으로서의 몸뻬인 것이다.[344]

일제에게 한국은 식량과 원료를 공급하는 곳이며 상품을 판매하는 시장이자 자본을 수출하여 이윤을 확보하는 곳이었다. 공업부문과 농업부문이 불균등하게 발전했던 일본은 늘 식량이 모자랐다. 쌀값이 안정되어야만 공장 노동자에게 싼 임금을 주어 일본공업화를 이룩할 수 있었다. 중일전쟁과 태평양전쟁을 치르려면 군인이 먹을 쌀이 필요했다. 따라서 "어떻게 하면 식민지 한국에서 싼 값으로 쌀을 사서 일본으로 보내고 차질 없이 쌀을 확보할 수 있을까" 하는 것이 식민지 농업정책의 핵심이었다. 일제는 토지조사사업(1910~1918년)과 산미증식계획(1920~1934년), 농촌진흥운동(1932~1940년), 조선증미계획(1940~1945년)등의 식민지 농

---

344 채만식, 《반도지광》, "몸뻬 시시비비"(1943년 7월) 중에서.

업정책을 실시했다. 토지조사사업은 토지소유권, 토지가격, 지형 등을 조사하여 식민통치의 기초를 마련하려는 사업이었다.

일제는 1910년 9월 조선총독부 아래 임시토지조사국을 두고 1912년 '토지조사령'을 공포하여 토지조사사업에 뛰어들었다. 일제는 이 사업의 목적이 "지세를 공정하게 하고, 토지소유권을 보호하는 것"이라고 선전했다. 그러나 그것은 허울 좋은 구호에 지나지 않았다. 일제는 '근대적' 토지소유 제도를 확립한다는 것을 빌미로 지세를 빈틈없이 거둬들여 식민지 지배의 경제적 기반을 마련하려 했다.

산미증식계획은 '토지개량사업'이 중심이었다. 토지개량사업은 수리관계 설비를 개선하는 수리사업, 밭을 논으로 바꾸는 지목변환, 국유 미간지를 개척하거나 물가의 간석지를 말려서 논으로 만드는 등의 내용을 담고 있었다. 1920년에 시작하여 1926년 '산미증식갱신계획(제2기 계획)으로 수정했다. 1930년대에 들어 일본에서 한때나마 쌀 공급이 수요를 앞질러 일본 본국과 갈등이 생기면서 1934년에 산미증식계획을 중지했다.

산미증식계획에 따라 관개시설을 갖춘 논이 늘었다. 1920년에는 관개논이 약 34만 정보로 전체 논 면적 가운데 22%였으나 1935년에는 116만 정보로 전체의 68%로 늘어났다. 또 새로운 벼품종 보급, 화학비료 사용 등 농사개량사업으로 단보당 생산력이 늘어났다. 그렇다고 한국인의 형편이 나아진 것은 아니었다. 산미증식계획 동안 생산량이 1.4배 늘었지만, 이출량은 5배 남짓 늘어났다. 한국인의 1인당 미곡소비량은 1917~1921년 평균 0.68석에서 1927년~1931년 평균 0.49석으로 줄었다. 일제는 산미증식계획으로 "제국의 식량 문제를 해결하는데 이바지했다"고 하지만 한 한국인은 다음과 같이 비판했다.

조선인이 좋아하는 쌀밥은 다른 사람에게 빼앗기고 조밥으로 만족해야 하며,

한 채의 집마저 잃어버려 한 칸의 셋방을 얻어야 하고, 의복도 두 벌을 준비할 여유가 없어 다 떨어진 한 벌의 옷으로 몸을 가리게 될 만큼 빈궁하게 되었다. 아니 그것조차도 오래 유지할 수 있을지가 의문이다. 끝내는 조밥에서 풀뿌리를 캐먹는 생활로, 셋방에서 천막생활로, 누더기조차 없어 맨몸이 될 지경이다. 이러한 상황이 벌어지게 된 원인은 무엇인가. 그 대부분은 조선인의 생활을 무시한 경제정책이 원인이 되어 이와 같은 현상이 생겨난 것이다.[345]

산미증식계획으로 대지주는 더욱 부자가 되었다. 대지주 가운데 어떤 사람은 마치 기업가와 같은 지주가 되었지만, 중소 지주는 몰락했다. 높은 소작료와 고리대 등으로 쌀을 많이 모아놓은 대지주는 산미증식계획 동안에 쌀 이출이 늘자 신바람이 났다. 농사개량을 위한 자금이 지주에게 돌아가고 수리조합도 지주 중심으로 운영했다. 지주는 마땅히 자신이 물어야할 수리조합비를 소작농에게 떠넘겼다. 그 밖에도 조선 농민은 비료대, 종자대금, 개량농구의 강제 등에 시달려야 했다. 1920년대 산미증식계획으로 자작농이 자소작농으로, 자소작농은 소작농과 화전민으로 되는 사람이 늘었다.

일제는 만주를 식민지로 만들어 새로운 식량기지로 삼고, 그 곳에서 '만주속'이라는 잡곡을 들여왔다. 가난한 사람들이 풀뿌리와 점토를 먹었다지만, 그 밖의 많은 사람도 좋은 쌀을 빼앗기고 까칠한 잡곡으로 목숨을 이어가야했다. 강경애가 쓴 소설 〈인간문제〉(1934년)에는 질 낮은 '안남미'와 형편없는 반찬을 먹어야 했던 여성노동자들의 밥상 모습이 잘 드러난다.

그들이 식당까지 왔을 때는 몇 백 명의 여공들이 가득 들어앉았다. 식당은

---

345 박경식, 『일본제국주의의 조선지배』(청아, 1986), 237쪽에서 재인용.

기숙사와 윈 하층으로 지하실이었다. 장방형으로 된 방 안에 밥 김이 어리어 훈훈하였다. 그리고 기단 나무판자를 네 줄로 이편 끝에서부터 저편 끝까지 이어 놨으며 그 위에는 밥통이며 공기가 보기 좋게 정리되어 있었다. 그들은 밥을 보자 식욕이 버쩍 당기어 술을 들고 한참이나 퍼먹다가 보니 쌀밥은 틀림없는 쌀밥인데 식은 밥 쪄 놓은 것 같이 밥에 풀기가 없고 석유내 같은 그런 내가 후끈후끈 끼쳤다. 간난이는 술을 들고 멍하니 선비와 인숙이를 번갈아 보았다. 그들도 역시 그랬다.

"이게 무슨 밥일까?"

저편 모퉁이에서는 이런 말을 주고받았다. 그나마 반찬이나 맛이 있으면 먹겠지만, 반찬역시 금방 저린 듯이 소금덩이가 와그르한 새우젓인데 비린내가 나서 영 먹을 수가 없었다. 그들은 식욕이 일어 배에서는 꼬록꼬록 소리가 났다. 그러나 입에서는 당기지를 않아서 술을 들고 저마다 멍하니 바라보다가는 마침 몇 술 떠보는 체하다가 눈물이 글썽글썽해서 술을 내치고 식당을 나가는 여공들이 대부분이었다.[346]

쌀밥은 잘해야 생일이나 명절에 먹을 수 있었고, 주식은 꽁보리밥, 잡곡, 감자, 강냉이 따위로 바뀌었다. 그러나 농업생산구조가 주로 쌀만을 생산하는 것으로 바뀐 탓에 잡곡 생산마저 전보다 훨씬 줄어들어, 그나마 제대로 먹지 못했다. 민중은 주린 배를 채우려고 소나무 껍질 따위를 먹어야 했다. 소나무 껍질을 어떻게 먹었을까?

일제는 중일전쟁과 태평양전쟁을 치르면서 식민지 경영을 전시통제경제로 개편했다. 군인과 군수공장으로 끌고 온 노동자, 그리고 식민지에 들어온 일본인들이 먹을 쌀이 있어야 했다. 일제가 이들에게 쌀을 공급하려

---

346 강경애, 〈인간문제〉94, 《동아일보》(1934년 11월 23일).

고 새로 꾀를 낸 것이 공출제도였다. 일제는 농촌을 들쑤셔 벼를 모두 실어갔다. 일제는 '부락'을 단위로 책임생산량을 할당해 쌀을 가져갔다. 공출한 식량에 '공정가격'을 매길 때에도 이름뿐이지 생산비에도 미치지 못하는 것이었다. 그나마 '공정가격'도 주지 않고 허울뿐인 저금통장만을 내주어 쌀을 강탈하다시피 했다.

일제는 달마다 '애국반상회'를 열어 주민을 통제했다. 일제는 배급 매출표에 애국반상회 반장의 도장을 받아야 식량을 살 수 있도록 했다.

일제는 조선인의 쌀 소비를 억제하려고 '애국반상회 반장의 도장을 받아야 식량을 살 수 있도록 했다. 일제는 조선인의 쌀 소비를 억제하려고'애국반상회 반장의 도장을 받아야 식량을 살 수 있도록 했다.

일제는 한국인의 쌀 소비를 억제하려고 '애국반상회' 등을 통해 쌀 절약운동을 했다. 그들은 "쌀밥을 많이 먹으면 머리가 나빠지고 음식을 많이 먹으면 건강에 해롭다. 나무뿌리나 나물은 쌀보다 비타민이 풍부하다"는 괴상한 논리를 선전했다.

전쟁 막바지인 1940년대에는 더욱 비참해져서 술찌끼 등으로 주린 배를 채울 수밖에 없었다. 다음 기사에서 보듯이 빈민들은 그마저도 쉽지 않았다.

> 11만 인천 부문 가운에 약 7할은 세민이다.…요즘은 금곡정 일대의 세민들은 각 양조장에서 파는 술지게미를 5전이면 세 식구가 한 끼를 연명하게 된다는데 이것도 수효가 늘어가자 양조업자들은 각각 자기네와 친분이 있는 사람에게 도매로 팔아서 그 사람들이 세민들에게 …. 이익을 취하기 때문에 소비자인 세민들은…10전으로도 한 사람의 분량이 안된다하여 양조장에 대한 원성이 적지 않다.[347]

---

347 "술지거미도 폭등", 《조선일보》 (1939년 10월 25일).

이러한 가운데 일제는 한국인이 지닌 모든 것을 오직 침략전쟁의 수행을 위해 사정없이 쥐어짜냈다. 먼저 강제적인 식량 공출부터 살펴보면 다음과 같다. 원래 총독부 보고에 의하면, 1938년 약 300만 농가와 농촌인구의 80%가 소작인이었다고 한다. 이들 소작인은 대부분 최고 9할에 이르는 고율의 소작료와 각종 고리대에 의해 일본인과 친일 조선인 지주로부터 극단적인 착취를 받고 있었다. 그래서 농민들은 일 년 내내 끼니조차 이어가기가 힘들었으며 이른바 '보릿고개'라고 불리는 '춘궁기'가 되면 곳곳에서 굶어죽은 사람들이 속출하게 되었다. 1930년대의 《조선일보》는 춘궁기에 농민들이 겪어야 했던 비참함을 다음과 같이 묘사할 정도였다.

> 배고픔에 지친 농민은 어떻게 살아야 하나? 덕원(함경남도 소재)에서만 2만 명이 굶어죽어 가고 있다. 집안에 앉아서 죽음만 기다릴 수는 없기에 2,000여 명이 넘는 사람들은 거리를 헤매고 있다. 비합리적인 한국 농촌경제 체제는 이렇게까지 농민계급을 극악한 처지로 만들어, 농촌은 황폐화된 상태다. 천연재해가 농작물에 큰 타격을 주었는데도 불구하고, 초가을에 소작농민들은 그들이 지은 농산물을 거의 다 잔인한 지주와 파렴치한 고리대금업자에게 모두 **빼앗겨** 버렸다. 농민들은 식량의 부족으로 고통을 당해왔다. 초근목피로 연명하면서 죽음을 목전에 두고 있는 것이다. 이대로 가다간 절망적이다. 그들은 어린 아이들을 업고 마을을 떠나 이리저리 방황하지 않으면 안 될 처지에 있다.[348]

당시 전라북도의 경우는 일본인 지주들과 한국인 농업노동자 계층으로 이분화 되기 시작하였다. 전라북도에서 1932년 3천여 호 지주가 가진 논

---

348 《조선일보》(1932년 3월 27일)을 브루스 커밍스, 『한국전쟁의 기원』, 김주환 옮김(청사, 1986), 99쪽에서 재인용.

이 약 10만 정보인데, 1925년도 일본인 지주 61명이 가진 농지가 37,454 정보였다. 즉, 조선인 가호 당 평균 보유가 33정보인 반면에 일본인은 약 614정보이다. 이는 조선인 가호보다 20여 배의 평균 토지 보유율을 의미한다. 좀 더 구체적으로 말한다면, 일본인은 전라북도 논의 22%를, 논밭을 합친 총면적의 16%를 차지한다는 것을 의미한다.[349] 이런 상황에서 농민들은 자작농에서 소작농으로 전락하였으며, 가난에 시달리게 되었다. 이런 현실이다 보니 도시로, 일본으로, 중국으로 혹은 시베리아로 이주하는 농민들이 많았다. 또한 공산주의가 싹트기도 하였다. 지식인들은 1917년 이후 일본에서 소개된 러시아의 공산당 혁명 이론을 알게 되었고, 1920년 노동공제회, 소작인협의회, 노동쟁의 등 노동자와 농민의 권익을 위한 운동을 전개하였다. 이 운동의 저변에는 기독교인 지식층도 있었다.[350]

1937년 중일전쟁이 터지자 "전쟁을 수행하는 국민으로서 비상시 국책에 관계되는 농작물의 보급과 현금 또는 현물의 헌납"을 강조했으며, 개별 농가 단위의 '자력갱생'보다는 부락단위의 '자조공려'를 강조했다. 이 과정에서 농민을 동원하고 통제하는 갖가지 정책을 펼쳤다. 보기를 들면, 1937년 '농산어민보국일'을 선포하고 전국에서 350만 명의 농민을 강제 동원하여 '보국 작업'이라는 이름으로 공동노동을 시켜 여기서 생긴 수익금을 모두 일제에 바치도록 했다.

이와 같은 상황에도 일제는 군량미 조달을 목적으로 전 지역에서 강제적인 '공출'을 실시하였다. 이 공출제도에 의하여 쌀 생산고의 43.1%(1941년), 45.2%(1942년), 55.7%(1943년)가 강탈되었으며 1944년에는 63.8%에까지 이르게 되었다.[351] 일제는 처음에는 '자발적 공출'을 장

349 강만길, 『일제 강점기 빈민생활사 연구』(창비, 1987), 30-31쪽 참조.
350 차종순, "한국교회, 역사의 계시를 보라", 86-97쪽 참조.
351 조선사연구회, 『한국의 역사』, 조성을 옮김(한울, 1985), 228쪽.

려한다면서 지주가 받은 소작료를 중심으로 공출을 했다. 그러나 전쟁이 확대되어 식량이 더욱 필요해지자 1942년부터는 강제공출 했다. 일제는 한국의 식량 사정과는 관계없이 '일본제일주의'로 미곡반출에 온 힘을 기울였다. 공출할 때는 할당제와 부락공동책임제를 적용했다. 할당제는 농가별로 공출량을 할당한 뒤에 행정력과 경찰력을 써서 수탈하는 것이었다. 부락책임공출제는 농가에 할당된 공출량을 마을 단위로 연대 책임을 지우는 제도였다. 이 제도는 농민들이 서로 감시하고 통제하도록 만드는 교묘한 농민 통제 수단이기도 했다.

한국 농민은 자기 집에서 먹을 것과 종자를 뺀 쌀을 정해진 가격으로 모두 조선총독부에 바쳐야 했다. 잇따른 흉작으로 조선 사람이 먹기에도 쌀이 모자랐다. 그럼에도 일제는 한국 농민들의 양식까지도 "죽창을 가지고 가택수색을 하여" 가져갔다. 농민들은 굶어죽는 근심보다 수색과 폭력, 벌금과 징역에 대한 두려움을 더 크게 느끼면서 공출했다. 쌀 공출량은 총생산량 가운데 1941년 43%에서 1944년 64%로 크게 늘었다. 맥류 공출량도 1941년에 총생산량의 15%였으나 1944년에는 37%에 이르렀다.

공출은 어린 학생들에게도 주어졌다. 당시 국민학교 학생들은 수업이 제대로 진행되지 못한 채, 속공이 따기, 피마자(아주까리), 목화, 목화나무 껍질, 싸리나무 껍질, 마초(말먹이 풀) 등을 할당제로 공출 등을 강요하였다. 이를 완수하지 못할 때는 불이익을 주다보니 공부를 제대로 하기 어려웠다. 뿐만 아니라 각 가정마다 돼지감자심기, 쑥밭 만들기 등을 강요하였다. 추수하고 난 후에는 면사무소 직원들을 동원해서 삿대를 들고 가정마다 벼를 숨겼는지를 뒤지고 다녔다.[352]

해마다 봄이면 쌀이 떨어져 먹을 것이 하나도 없는 농가가 많았다.

352 김재두와 만남(2016년 7월 26일 오후 2시 10분~50분).

1930년 현재, 전국의소작농과 자작농 가운데 79%가 빚을 지고 있었다. 더구나 봄에는 쌀값이 비싸고 가을에는 쌌으니 빚 때문에 가을에 헐값으로 팔고 봄에는 다시 비싼 값으로 메워야 했다. 가난한 농민들의 삶은 점점 더 힘들어질 수밖에 없었다. 빈농은 농업노동을 비롯한 온갖 노동에 가족을 동원하여 여기서 생기는 소득으로 살림에 보태려 했지만 아무리 해도 소득과 지출을 맞출 수 없었다.

빈농들은 세끼 밥을 제대로 먹기 힘들었다. 춘궁기에 초근목피까지 먹어버리고 먹을 것이 없어서 뒷산에 나는 흰 진흙을 파서 거기다 좁쌀가루를 넣어 떡을 만들어 먹을 지경이었다. 식민지시대 소설 속에도 처참한 보릿고개 모습이 자주 나타난다.

> 봄이 다시 돌아왔다. 작인들의 생활은 더욱 말이 아니었다. 여윈 손으로 새어내던 낟알도 이제는 바닥이 났다. 황조미(만주속)도 떨어졌다. 봄이 얼마간 다정하다면 그것은 몇 가지 풀뿌리와 나물 잎을 그들에게 주는 그것뿐이었다. 아낙들은 그 근처 담방술밭으로 매일같이 찾아다녔다. 풀과 나물을 캐고 소나무 껍질을 벗겼다. 솔잎을 따서 요기해가며… 그중에도 소나무 껍질은 가장 좋은 '진미'일 수 있었다. 그것을 말려 방아에서 찧어 가루를 만들어 가지고 거기다가 약간의 좁쌀 가루나 초석을 섞어서 떡을 만들면 이런 별미는 다시없는 것이다. 한번 먹어 놓으면 그 어느 음식보다도 오리도록 주림을 잊을 수 있다. 그러나 그도 오래지는 못했다. 삼림 간수에게 들켜서 몇 사람은 하마터면 삼림령 위반에 걸려들 뻔하였다.[353]

전쟁이 장기화됨에 따라 일본 국내의 노동력이 부족하게 되었고, 따라

---

353 한설야, 〈산촌〉, 김외곤 편, 『한설야 단편선집』1(왜학사, 1989), 289-290쪽.

서 일제는 조선인들을 일본으로 강제로 끌고 가 광산·철도건설 등의 토목공사, 조선공사, 철강 분야 기업의 노예적 노동에 동원되었다. 일본거주 한국인 숫자는 1910년 무렵에는 약 1,000명가량이었으나, 1940년에는 100만 명을 돌파해서 119만 명으로 늘어났으며, 이 이후에도 매년 증가하여 일본 제국주의가 패망하는 1945년에는 236만 5,000명에 이르게 되었다. 이와 같은 급격한 증가는 당연히 강제연행의 결과였다. 1939년부터 일제는 일본에서 광산과 토목사업을 경영하는 업자들이 조선인을 집단적으로 연행하는 것을 허가하였다. 이에 따라 '모집' 형식으로 한국인을 동원하는 계획이 세워졌다. 모집이란 말뿐이었고, 실제로는 기업의 신청에 기초하여 총독부가 한국의 각 도와 군에 동원할 조선인 수를 '사냥'한 것이었다. 1942년이 되면 이 같은 '모집'형식조차 조선총독부 각 지방청의 '관 알선에 의한 공출'이라는 형식으로 바뀌었으며, 1944년부터는 강압적인 '징용령'이 시행되었다.

> 소화 17년 10월 경상북도의 어느 역전을 걸어가고 있을 때 갑자기 일본인에게서 "일하러 가자"는 말을 듣고, 처넣어지듯 배에 태워졌다. 다급함을 알고서 부두까지 달려온 처자의 모습을 잠깐 봤을 뿐 그대로 일본행, 그후 북해도 가건물에 처넣어졌다. '지옥'그대로였다. "식사는 콩뿐이고 작업복은 허름한 여름옷이고 이부자리는 얇았다. 새벽부터 늦은 밤까지 강제노동을 당했다."[354]

   강제연행, 이는 일제에 의한 '노예사냥'과 같았다. 계속해서 당시 강제로 끌려 간 한국 노동자들이 겪어야 했던 참상의 실상이다.

354 조선사연구회, 위의 책, 228쪽.

강제 징용된 조선인은 공사장에서 군대식으로 편성되어 군대와 같은 규율로 통제되었고 도망을 막기 위해 공사장 주변을 고압 전류가 흐르는 철조망으로 둘러 강제 수용했다. 군사기밀에 관한 공사인 경우 기밀을 지킨다는 이유로 공사가 끝난 후 집단 학살한 예도 있었다. 평양의 미림 비행장에서는 징용된 노동자 800여 명을 4년간 혹사시켰고 공사가 끝날 무렵에 집단 학살하였고 '천도열도'에서도 5,000명의 징용된 노동자를 역시 기밀누설 방지를 핑계로 학살했다고 한다. 패망의 길에 들어선 일본 군부의 조선인 노동자에 대한 만행은 그야말로 광적인 것이었다. 이를테면 유구섬에 끌려간 조선인 노동자 약 1,700명은 배에 태워진 채 미군의 폭격 앞에 내던져져 전원 사망했고, 이 섬에 미군이 상륙할 무렵에는 조선인 노동자가 도망 혹은 투항할 것이라 하여 모두 동굴 속에 가두어 학살했다.[355]

만주사변 때부터 전쟁 인력의 부족을 느낀 일제는 한국인에 대해 징집제를 실시할 것을 구상했다. 그러나 식민지 청년을 무장시키는 데 따른 위험부담 때문에 이를 실시하지 못하다가 중·일전쟁이 시작된 뒤에는 그 위험부담을 안고라도 지원병의 형태로 조선 청년을 전쟁에 이용하기로 하고 1938년 2월 '육군특별지원병령'을 공표했다. 이 제도에 따라 1938년부터 징병령이 실시되기 이전인 1943년까지 1만 8,000명가량의 한국 청년이 일본군에 '지원'했다. 이들 가운데는 일시적인 흥분으로 철없이 지원한 경우도 있었지만 지원병제도를 성공시키기 위한 일본 측의 교묘한 술책과 함께 전시 하의 농촌 피폐에 못 견디어 수많은 청년들이 '살길을 찾기 위하여' 지원한 경우가 많았다. 따라서 지원병은 소작농민의 아들들이 주류를 이루었다.[356]

355 강만길, 위의 책, 37쪽.
356 박세길, 『다시쓰는 한국현대사 1』(돌베개, 1988), 19쪽.

지원병제도로 시작된 한국 청년의 전쟁 동원은 태평양전쟁이 막바지에 다다르자 마침내 1944년 징집제도로 바뀌었다. 한국 청년들은 일제가 패망할 때까지 약 20만 명이 전쟁의 총알받이로 내몰리거나 상상을 초월하는 혹독한 노동에 시달려야만 하였다. 또한 이른바 1943년 '학도지원병' 제도가 강행되어 약 4,500명의 전문학교 학생과 대학생이 전쟁터로 끌려가 무고한 희생을 강요당해야만 하였다.[357] 남양군도[358]의 한복판 '트락크'섬은 한국인이 8,000여 명이나 끌려가서 가혹한 압제 밑에 혹사를 당하다가 죽은 곳이다. '싸이판'이 함락되고 식량 공급이 안 되자 일본인은 한국인들에게 식량을 안 주기 시작하여 전부가 영양 부족으로 쓰러짐에

---

357 강만길, 35-36쪽 참조.
358 남양 군도(南洋群島)는 제1차 세계 대전 종전 이후부터 태평양 전쟁 때까지 일본 제국의 지배하에 있던 미크로네시아의 섬들을 말한다. 그 범위는 미국령인 괌을 제외한 마리아나 제도, 팔라우 제도, 캐롤라인 제도, 마셜 제도였다. 이 섬들은 1899년부터(마셜 제도는 1885년부터) 독일 제국의 식민지였지만, 제1차 세계 대전 종전 이후인 1919년 베르사유 조약에 따라 일본의 위임통치령(국제 연맹이 통치를 위탁한 지역)이 되었다. 1922년 일본은 팔라우의 코로르에 통치 기관인 남양청(南洋廳)을 설치했다. 남양청은 행정 및 사법 업무를 관할하였고, 산업 개발 및 교육(특히 일본어 교육) 사업을 수행했다. 당시 이 지역의 주요 산업은 사탕수수 제당(製糖), 코프라(말린 코코넛), 수산물, 인광업 등이었고, 대일(對日) 교역은 흑자였다. 이 때문에 많은 일본인이 이 시기에 이주하여 한 때는 일본인 인구가 현지 주민 인구(약 5만 명)를 웃돌기도 했다. 1933년, 일본은 국제 연맹에서 탈퇴했지만, 그 후에도 이 지역에 대한 통치는 인정되었다. 태평양 전쟁 말기, 남양 군도는 미일 전투의 격전지가 되었고, 북마리아나 제도는 일본을 향한 미군 폭격기의 출발기지가 되었다. 제2차 세계대전 종전 후, 샌프란시스코 강화조약에 따라 이 지역은 미국의 신탁통치령이 되었다. 이 후, 미국의 자치령인 북마리아나 제도를 제외하고는 팔라우, 미크로네시아 연방, 마셜 제도로 각각 독립하였다. 2010년 2월 25일, '일제강점하 강제동원피해진상규명위원회'가 발표한 조사결과에 따르면 일제 강점기 당시 남양 군도에 강제 동원된 한인 노무자는 5천명 이상이며, 주로 비행장 건설과 사탕수수 재배에 투입된 것으로 알려졌다. 특히 1941년 일본의 진주만 기습으로 태평양 전쟁이 발발한 이후에는 총알받이, 자살테러, 굶주림 등으로 징용자의 60%가 사망하였다는 사실이 밝혀졌다. 당시 조선총독부는 '환경이 좋은 곳에서 일할 수 있고, 10년 이상 된 장기 이주자에게 농지를 준다'고 약속하였지만, 막상 현지에 도착한 조선인들은 턱없이 부족한 임금 수준과 조직적 통제의 대상이 되었으며, 마지막에는 자살테러를 강요받았다. 종전 후에도 상당수가 귀환하지 못했으며, 현지에서 생활고에 시달렸다. 고령으로 생존자 대다수도 사망하여 현재는 50여명이 현지에 거주 중에 있다.

도 진지陣地 구축이 하루가 바쁘다는 구실로 일만 시켜서, 굶어죽는 사람들이 매일 발생하는 지경에 이르렀다. 급기야 이 트라크 섬에도 미군의 공습이 시작되어 일본군에게도 식량 공급이 두절되고 말았다. 수 천여 명의 한국인들은 처음에는 나무뿌리, 풀잎으로 살다가 그것도 모자라서 산과 들의 풀이란 풀은 다 뜯어먹고 쥐 한 마리에 100원씩 매매하고 뱀, 벌레 등을 닥치는 대로 먹다 못하여 무참히도 굶어 죽었다.[359]

이밖에도 수십 만 명의 조선의 젊은 여성을 '정신대'라는 이름 아래 전쟁터로 끌고 가 일본인 병사를 위한 위안부로 삼았다.[360] 이에는 중학생은 말할 것도 없고, 나이 어린 초등학생까지 위험한 군사시설 공사에 내모는 등 일제의 침탈행위는 극에 달하였다.

조선총독부의 발표만 보더라도 1930년대말 실업률은 53%라는 가공할 수치를 보여주고 있었다. 이처럼 살 길이 막막한 한국인들은 고향을 떠나 간도와 하와이 등 새로운 삶의 터전을 찾아 유랑流浪하게 되는, 때 아닌 민족의 대이동으로 내몰리는 설움에 신음할 수밖에 없었다.[361] 일제가 한국을 강점한 뒤에 만주로 이주하는 한국인이 더욱 늘어났다. 1910년에 22만 명이던 한국인 수는 1930년이 되자 60만 명으로 늘었다. 거의 모든 한국

---

359 김천영 편저, 『연표 한국현대사』(한울림, 1985), 140-142쪽 참조.
360 일제 강점기 일본정부와 군인들은 수많은 조선의 소녀들을 끌고 갔다. 그리고 해방이 되어 돌아온 사람은 공식적으로 238명이다. 그런데 현재까지 생존자는 46명에 불과하다. 영화 〈귀향〉(2016년 2월 24일 개봉; 조정래 감독)은 대한민국의 가장 아픈 역사, 일본군 위안부 피해자들의 증언을 토대로 영화화 된 작품이다. 1991년 8월 14일, 고 김학순 할머니의 첫 증언 이후 올해로 26년이 되었고, 광복으로부터 71년의 세월이 흘렀다. 하지만, 강제로 끌려가던 그날과 위안소에서 겪은 모진 일들은 여전히 할머니들의 가슴속에 아물지 않는 상처로 남아있다. 강일출 할머니는 열여섯 나이에 일본군 위안부로 강제 동원되어, 소각 명령에 의해 목숨을 잃을 뻔한 위기에서 가까스로 탈출했다. 영화 〈귀향〉은 이 실화를 바탕으로 1943년, 일본군에 의해 강제로 차디찬 이국땅에 놓이게 된 열네 살 정민(강하나)과 나이 어린 소녀들의 이야기를 그렸다. 특히 할머니가 지난 2001년, '나눔의 집'(생존 일본군 위안부 할머니 후원시설) 미술심리치료를 통해서 그린 그림 '태워지는 처녀들'을 철저히 재현했다.
361 조선사연구회 엮음, 위의 책, 218쪽.

인 이주자는 중국인 토지 소유주로부터 땅을 빌려 농사를 지었다. 만주로 간 농민은 자신의 심정을 다음과 같이 썼다.

우리들은 모두 파산자이다. 내지에서 견디다 견디다 못하여 정든 고국을 눈물로 이별하고 압록강을 건너 표랑생활의 온갖 쓴맛을 보고 있는 우리이다. 더구나 아무 생활을 보장할 무엇이 없으므로 빼앗으면 빼앗길 뿐이요, 쫓으면 쫓길뿐이다. 생활 불안에 공포를 느끼기로 우리에서 더할 사람이 또 어디 있으랴[362]

••
극심한 종교 탄압 시대

메이지유신明治維新[363]에 의해 천황(텐노)체제[364] 국가를 확립시킨 일본

---

362 조선농민사, 《조선농민》 제5권 6호(1929), 18쪽을 조동걸, 『일제하한국농민운동사』 (한길사, 1988), 79쪽에서 재인용.
363 개항 이후 혼란한 상황에서 그동안 중앙 정치에서 소외되었던 사쓰마 번·조슈 번 등 일본 서남부 지역 번의 하급 무사들은 존왕양이(천황을 내세우고, 외세를 배격하자는 운동으로, 에도 막부 타도의 사상적 기반이 되었음) 운동을 통해 막부를 무너뜨리고 천황이 중심이 된 새로운 정부를 수립하는 왕정복고에 성공하였다(1868). 메이지 정부는 개혁을 통해 천황 중심의 근대 국가를 세우려고 하였다(메이지 유신,1868). 먼저 에도의 이름을 도쿄로 고쳐 수도로 삼았으며, 폐번치현(메이지 정부는 영주의 지방 통치기구인 '번'을 폐지하고, 중앙 정부가 직접 통제하는 '현'을 설치하였음)을 단행하고 봉건제를 폐지하여 중앙 집권 체제를 수립하였다. 또한, 사회적으로는 사민평등 정책을 실시하여 봉건적인 신분 구조를 개혁하였으며, 모든 국민에게 의무 교육을 실시하였다. 한편, 메이지 정부는 국방력 강화를 위해서 무사의 역할을 부정하고 국민을 대상으로 징병제를 시행하였다. 그리고 근대 산업을 육성하기 위해 각지에 공장을 만들고 철도를 부설하였으며 토지 제도와 조세 제도를 개혁하였다. 그러나 조세 제도개혁 과정에서 부담이 증가된 농민들은 불만을 품고 각지에서 폭동을 일으켰다. 또한, 신분 제도 개혁으로 특권을 상실한 무사들은 각지에서 봉기를 일으키기도 하였다. 이에 메이지 정부의 일부 대신들에 의해 국내의 불만을 해소하는 방안으로 정한론이 제기되었다. 메이

은 초기 신도神道 국교정책을 거쳐 1882년부터는 제사와 종교를 분리하는 국가신도 비종교정책을 추진했다. 즉 천황제 국가 이데올로기 하에 전 국민을 통합하기 위해, 종교로서 출발한 국가신도에서 종교적 색채를 제거하고 이를 전국민적인 보편이념으로 정착시키기 위한 정책을 추진했다. 이를 위해 국가신도의 가장 중요한 행사인 국가제사를 주관하는 신관神官을, 국민을 계도啓導하는 관료로서 국가기구 내에 포섭하고 이들이 종교로서 신도행사에 관여하는 것을 금지하는 한편, 국가신도의 모든 시설과 모든 국가신도 종사자들의 활동을 제사집행에 한정했다. 이는 1889년의 제국헌법에 의해 명문화되었다.

이에 따라 1890년 교육칙어가 공포되고, 1891년에는 교육칙어 낭독,

지 유신 이후 유입된 서양과 학문의 사상의 영향으로 의회 개설 및 헌법 제정을 통해 국민들의 정치를 보장해야 한다는 자유 민권 운동이 일어났다. 메이지 정부는 자유 민권 운동을 탄압하는 한편, 일부 요구를 받아들여 일본 제국 헌법을 공포하고, 의회를 설립하는 등 입헌 군주국의 모습을 갖추었다. 이어 메이지 정부는 교육 칙어를 제정하여 천황에 대한 충성심과 애국심을 키우게 하였으며, 일본 전통 종교인 신도를 사실상의 국교로 삼아 신사를 세우기도 하였다. 이처럼 메이지 시대의 일본 사회는 천황 중심, 국가 중심의 사고가 깊이 자리 잡게 되었다.

364 천황의 치세 연호와 함께 사후에 부여된다. 이 명칭은 나라 시대(奈良時代 : 710~784) 초에 처음 사용되기 시작했는데, 이는 중국의 천황에서 따온 것으로서 종전의 미카도(御門)를 대신한 칭호였다. 일본의 전설에 따르면 일본 왕실은 B.C 660년 태양의 여신 아마테라스 오미카미(天照大神)의 직계 자손인 전설적인 천황 진무(神武)에 의해 창시되었다. 3세기를 전후해 왕실 가문은 경쟁자인 부족장들을 무찌르고 일본 중앙과 서부 지역에서 종주권을 확보했다. 궁중의 음모에 따라 천황이 개별적으로 제거되고 살해되기도 했지만, 왕실 제도는 2,000년 동안이나 지속되었다. 그러나 12~19세기에는 귀족과 무사 가문들이 사실상 천황의 권력을 모두 장악했다. 1868년 메이지(明治) 유신의 지도자들은 왕실의 직접적인 통치를 회복해야 한다고 주장하면서 천황을 민족 통일의 상징으로 내세워 중앙집권적인 민족국가를 건설했다. 비록 천황에게 실질적인 정치상의 책임이 거의 주어지지 않았지만 천황에 대한 충성은 신성한 의무이자 애국적인 책무로 인식되었다. 일본 천황은 신도와 신적 가문의 최고 사제로서 신성불가침의 영기를 이어받았다고 한다. 1945년 제2차 세계대전에서 패전하면서 국가 신도는 해체되고 이듬해 정월 초하루 천황은 이른바 인간선언 조서에서 스스로의 신격을 부정했다. 일본의 헌법은 천황을 국가 및 국민 통합의 상징으로 규정했다. 왕위의 세습과 천황이 행하는 국사 행위를 정하고, 천황은 정치상의 권한을 갖지 않는 의례적인 존재가 되었다.

신사참배가 소학교의 행사로서 제도화되었다. 나아가 러·일전쟁을 계기로 신사의 통폐합, 제사의 획일화, 신직제도神職制度의 정비가 이루어지면서 국가통합이념으로 신사제도가 확립되었다. 이로써 신사참배는 종교가아닌 국가의 정치원리, 국민통합 이데올로기를 상징하는 행사로 정착되었다.

일본인 거류민을 대상으로 국내에 처음 들어온 신사제도는 조선총독부가 설치되면서 한국인들에게 천황제 이데올로기를 주입시키는 기반으로확대되었다. 총독부는 1915년 '신사사원규칙神社寺院規則'과 1917년 '신사에 관한 건'을 잇달아 공포하여 한국에 들어온 모든 신사의 정비와 증대를 꾀했다.

조선총독부는 3·1운동 후 사상 선도 정책의 하나로서 1919년 9월 조선신사를 서울 남산에 설립하였다. 식민지 모습을 가장 잘 보여주는 것은 일본 신사였다. 조선총독부는 1915년에 들어와 조선신궁 건립을 준비했다. '조선 정벌'을 한 도요토미 히데요시 등이 제신祭神의 후보에 올랐지만, '황국皇國'이 조선을 지배한다는 뜻으로 아마데라스와 명치천황으로 결정했다. 일제가 조선신궁을 세운 목적은 조선인을 지배하기 위한 정신적 구심을 마련하려는 것이었다. 조선에 살던 일본인을 안심시키고 일본인 사회의 정신적 통합을 이루려는 뜻도 있었다. 일제는 1925년 서울 남산의중턱을 깎아 조선신궁을 만들면서, 조선신사가 조선신궁朝鮮神宮으로 개칭되었다.[365] 1937년 《선만잡기》에 실린 글은 조선신궁에서 내려다본 경관을 다음과 같이 적었다.

신사 앞에서 시가를 바라보면 총독부, 경복궁은 맞은편, 동쪽에 창덕궁과 종

---

365 도히 아키오, 위의 책, 300쪽.

312 사랑의 종, 그 언저리에서 길을 묻다

묘가 있고, 옛날의 성벽이 주변의 산등줄기를 누비면서 꾸불 꾸불 연속되어 있어 이 신사의 일부도 남산에서 시작되어 남대문으로 이어지는 성벽 자리에 해당된다. 남쪽에는 숲 저쪽에 사단사령부를 비롯한 병사들이 보였다 안 보였다 한다. 한강물이 완만하게 흐르는 끝, 안개 낀 곳에 멀리 보이는 곳이 인천이다. 다시 눈을 북쪽으로 돌리면 북한산이 솟아오르고, 광대한 전망은 시간을 잊게 해준다.[366]

이렇게 대륙침략정책이 추진되면서 이를 뒷받침하기 위해 조선과 일본이 하나라는 내선일체內鮮一體를 표방한 천황에게 충성을 다하는 황민화皇民化 정책이 강력하게 추진되었는데, 신사참배는 그중 가장 기본적인 정책이었다. 신도사상[367]에 입각한 교육과 신사참배 강요가 천황과 국가에 대한 절대적 충성을 강요하는 황민화정책의 근간으로 체계화되어 갔다.[368] 총독부의 황민화 정책에 따른 기독교정책은 일제의 군국주의 완성에 맞춰 종교에서도 일사불란한 절대적 충성을 이끌어내는 수순으로 이어졌다. 일제는 한국통치에 큰 획을 그었던 3·1운동이 종교적 에너지의 결집에서 시작된 것이라는 것을 분명히 인식하고 있었다. 이에 일제는 한국의 종교적 에너지를 국가신도에 집중시켜 한국인을 동화하고 일제가 수행하고자 하는 파시즘 정책의 내재적 에너지로 이용하려고 하였다.[369]

신사란 일제 황실의 조신인 태양신天照大神과 특별한 공헌을 한 인물들

366 나카지마 마사쿠니, 『선만잡기』(1937)을 권기봉, 『서울을 거닐며 사라져가는 역사를 만나다』(알마, 2008) 중에서 재인용.
367 신도는 일본에서 발생한 종교적 관습을 국가종교로 체계를 갖춰나간 삶의 태도 및 이데올로기를 말한다. 이에 대해서는 김승태, "일제말기 조선총독부의 기독교에 대한 정책과 한국 기독교계의 대응", 『한국기독교의 역사적 반성』(다산글방, 1994), 129쪽 참조.
368 양현혜, "조선기독교의 신사참배 거부운동과 그 논리구조", 『근대 한·일 관계사 속의 기독교』(이화여대출판부, 2009), 194-195쪽 참조.
369 이화정, "구한말·식민지시대 정치권력에 대한 개신교인들의 대응양태(1884년~1945년)", (이화여자대학교 신학대학원 석사학위논문, 2009), 123-125쪽 참조.

인 전열장병에 참배하는 것인바, 일본인들이 신사에 참배하는 것은 종교행위나 국가의식이라기보다는 일본정신문화의 고양을 위한 것이었다. 따라서 1931년 일제가 만주사변을 일으키기 전前 까지만 해도 한국인에게 있어서 그다지 심각한 문제는 아니었다. 그러나 만주사변이후 일본 군국주의자들은 일본정부 내에서 자기들의 정치적 세력을 강화하였고, 아세아 침략의 명분을 강조할 필요가 있었다. 이어서 중·일전쟁을 일으키므로 일제에 대한 한국인의 충성과 헌신이 긴급한 과제였다. 이러한 상황에서 한국인을 보다 더 충실한 신민臣民으로 만들어야 하기에 한 가지 수단으로 모든 한국인이 신사에 참배하도록 의무화했다. 일제의 신사참배 목적은 천황을 중심으로 하여 국민정신의 통합을 이루고자 하는 것이었다. 즉, 국민의례로서 신사참배가 천황 중심의 침략전쟁을 위한 사상 통합이었고, 이것을 군국주의자들이 주체가 되어 대일본제국을 건설하는데 이용하였다.

일본 파시스트의 정신적 상징인 신사가 처음으로 조선에 세워진 것은 1925년 10월 남산에 건립된 조선신궁이다. 일제는 1919년 제국의회에서 조선신궁을 건립할 것을 결의한 후, 이 신사를 약 4년의 기간과 157만원의 돈을 들여 완공하였다. 그 후 조선신궁은 총독의 공적 신사로써, 또는 국가행위에 사용하는 목적을 가졌기에 일본천황에 대한 충성의 장소가 되었다.

그후 1933년까지 신사가 급증하는 현상이 나타나면서 1935년 11월 평안남도 지사知事 안무직부安武直夫가 기독교 학교들에게 신사참배 할 것을 강요하였다. 일제의 신사참배 강요에 한국교회는 대체로 거부하였다. 이때 정면으로 거부한 평안숭실전문학교 교장인 맥퀸은 1936년 1월 20일 교장직에서 해임되고, 숭의여학교 교장인 스누크 여사는 추방되었다.[370] 이러한 강렬한 저항에 부딪친 일제는 1936년 1월 29일 윤치호와 양주삼이 총독부 학무국을 찾아 갔을 때 국장인 도변渡邊은 "신도의식은 종교의식이 아니고 국민으로서의 의식이며 의식에 참여하는 것은 예배행위가 아니라 조상에 대하여 최고의 경의를 표하는 행위다." 라는 설명을 통하여 교회지도자들이 앞장서서 이해시켜 주기를 강요했다. 그러나 신사참배가 계속해서 교인들 사이에 문제화될 때, 감리교 통리사通理使 양주삼은 《감리교보》(제 39호)에서 조선총독부 학무국장으로부터 통보받은 내용을 전문 번역하여 실었다. "첫째, 신사의 봉사奉祀는 종교가 아니다.(신사와 종교의 주관부서가 다르다. 종교는 문부대신이 관장하고 신사는 내무대신이 관장한다) 둘째, 각 개인의 신교는 자유다.(신사참배는 신앙의 자유를 침범하지 않는 것이다)" 이는 양주삼이 신사참배가 신앙의 문제가 되지 않는다는 입장을 밝힌 것이었다.

중·일전쟁이후 일제는 1937년 10월 모든 학교와 기관의 집회에서 공적으로 신사참배와 '황국신민서사皇國臣民誓詞'를 호창呼唱할 것을 명령했다. 따라서 신도의식에 참가시키기 위한 일제의 강요는 한층 더 강화되었다. 이와 같이 고도의 제국주의적 정책인 신사참배가 강요되자 한국교회 내에서는 신사참배에 대한 의견의 분열이 심각하게 나타났다.

신사참배가 하나의 국민적 의례로써 정치적 의미만 가지고 있는지, 아니면 한국교회가 인정하듯이 종교적 성질을 동시에 포함하고 있는지, 또 설사 종교적 행위라 할지라도 교회를 폐쇄시키면서까지 참배에 거부할 까닭이 있는지의 여부가 초점이 되었다. 이러한 혼란은 신사참배가 애국적인 행위에 지나지 않는다는 일제의 회유 때문에 한층 더 깊어 갔다. 선교사들의 태도는 세 가지 입장으로 나타났다. 첫째, 감리교회 선교사들은 미온적인 태도를 표명하였다. 둘째, 미국북장로교회 선교부 소속 선교사

---

370 김승태, "제7대 조선총독 미나미 지로", 『조선총독 10인』(가람기획, 1996), 183-191쪽 참조.

들은 강하게 반대 의사를 표명하였다. 셋째, 언더우드를 비롯한 일부 선교사들은 "신사참배 결의는 당연한 것이다."라는 표명을 하였다.

1938년 2월 9일에는 전국에서 교세가 가장 강한 조선예수교장로회평북노회가 노회장 김일선에 의해 소집되어 선천에서 모였다. 이 회의에서 일제의 강요에 의해 신사참배를 논의한 결과 '신사는 국가의식'이라 하여 참배를 결의하였으며, 총회에 상정하기로 하였다. 평북노회가 신사참배를 결의하자 평양장로회신학교 학생들이 노회의 결정을 거부하고 집단적으로 신사참배반대운동을 벌여, 9월 20일 학교가 무기 휴교되는 사태로 발전했다.[371] 이를 계기로 각지에서 조직적이고 집단적인 반대운동이 전개되었는데, 평안남도의 주기철朱基徹, 평안북도의 이기선李基善·이주원李朱元, 경상남도의 한상동韓尙東 등이 중심적으로 활동했다.

그들은 신사참배에 굴복한 노회로부터의 탈퇴, 새로운 노회 결성, 참배 불참자들 간의 상호부조와 이들을 중심으로 가정예배와 기도회 확산운동 등을 전개했으며, 1940년 2월에는 각 지역의 참배반대 운동가들을 모아 신사참배불참운동자연합회를 결성하여 적극적인 투쟁을 전개했다. 이에 대해 일제는 6월부터 주기철 목사 등 운동관련자들을 대규모 검거하여 운동을 무력화시켰다. 그러나 신사참배에 대한 저항은 비록 소규모적이고 분산적이나마 계속되었다.

한국에서 선교사로서 활동했던 미국남장로교회 선교부 선교사들은 한국교회의 신사참배 결의를 보자, 즉시 자매관계를 끊고 독자노선을 걷게 됨으로 호남지역에 있는 많은 교회들이 인적·물적 자원에 큰 타격을 입게 되었다. 1941년 12월 8일 일본이 진주만을 습격하면서 벌어진 태평양전

---

371 기독교계 사립학교에 대한 신사참배 강요에 대해서는 김승태, "1930년대 일제의 기독교계 학교에 대한 신사참배 강요와 폐교 전말", 《한국근현대사연구》(제14집, 2000), 71-90쪽 참조.

쟁으로 미국 선교사들은 강제로 출국당하고 말았다. 이 일로 군산 구암기독병원이 문을 닫게 되었으며, 교육의 요람지였던 영명학교와 멜본딘여학교가 문을 닫게 되었다.[372] 이 때 계일승 목사의 아내 안인호가 재직한 목포 정명여학교도 1937년 9월 6일 자진해서 폐교하였다.[373]

한국의 교인들 중에서 권력의 협박이나 감언이설甘言利說로 신사참배를 행한 사람들이 나타났다. 그러나 평양의 장로교회 교인들은 강경하게 거부하였다. 일제는 가장 강하게 신사참배를 거부하고 있는 장로교 총회에 대하여 신사참배 수용을 총회에서 결정하도록 방법을 모색하였다. 일제는 '평양기독교친목회' 지도인물인 오문환, 이승길, 김응순, 장운경 등을 1938년 5월에 일본에 다녀오게 하는 회유책을 썼다. 1938년 6월에는 일본기독교단 대표인 도미타 미쓰루副田滿가 한국 장로교회의 초청을 받고 한국을 순회하였으며, 평양에서는 이 문제에 관한 간담회를 개최하였다.

도미타는 '신사비종교론'을 주장하였으며, 신사참배는 국가의 제사로서 국민에게 요구하는 것이라고 말했다. 그리고 국가는 지금까지 신교의 자유를 유린하고 특정 종교의 예배를 강요한 적이 없으며, 만약 기독교가 금지될 때는 순교할 수 있는 일이라고 설득하고 나섰다. 이것에 대해 한국 측은 주기철 목사를 비롯해 몇 사람이 강한 반론을 폈고, 토론은 흥분되어 간담회장 내외에 모여 있던 사람들도 긴장된 채 그 진행 상황을 지켜보았

---

372 김수진, 『황등교회 60년사』, 109쪽.
373 김수진은 목포정명여학교가 신사참배에 불응해서 폐교처분을 당하였다고 하였다. 김수진, 『황등교회 60년사』, 102쪽; 목포정명여중·고교측은 신사참배 거부로 자진해서 폐교하였다고 말한다. "1937년 9월 6일 일본의 신사 참배 강요를 거부하고 자진 폐교"로 강제로 폐교가 아니라 스스로 폐교한 것으로 밝히고 있다. 계일승이 평양장로회신학교를 졸업하고 이리중앙교회 전도사로 부임한 것이 1937년 6월(『이리중앙교회』, 「인터넷역사관」 검색 참조)이니 계일승의 아내 안인호는 학교가 문을 닫기 전에 사임한 것이다. 『목포정명여자고등학교 홈페이지』, 「연혁」. http://mpjm.hs.jne.kr/user/indexSub.action?codyMenuSeq=10054&sitEId=mpjm_hs&menuUIType=top

다. 이 때 일제 경찰과 관리들이 그곳을 에워싸고 감시하고 있었다.[374]

이러한 상황에서 1938년 9월 9일 제 27회 총회가 평양 서문외교회에서 열렸다. 회무會務 중, 평양과 평서와 안주 3개 노회 대표 박응율 목사가 "신사참배는 국민의 당연한 의무" 라고 하면서 참배 결의와 성명서를 채택을 제안하였고, '신사참배는 기독교 신앙에 위배되지 않는다.'고 결의하였다. 이 회의에 시종 일본 경찰과 관리들이 간섭하였고, 참배 반대자를 사전에 구속시켰다. 반대운동을 계속했던 주기철 목사 등 2천명의 교인들을 투옥시켰고, 주기철 목사 등 50명은 결국 옥사하였다. 이렇게 했음에도 회의 장에는 반대자가 있었으나 결국총회장은 신사참배를 강제적으로 결정하면서 다음과 같은 성명서를 발표하였다.

우리들은 신사가 종교가 아니고 또 기독교의 교리에 위배되지 않는다는 취지를 이해하고 신사참배가 애국적 국가의식임을 자각하며 이에 신사참배를 솔선 시행하고 나아가 국민정신총동원운동에도 참가하여 비상시국아래서 후방의 황국신민으로서 충성을 다할 것을 기약한다.[375]

이렇게 굴복하기 시작한 한국교회는 기관, 지도자할 것 없이 붕괴되어져 갔다. 1939년 6월 8일 전북노회는 전주 서문외교회에서 회집會集하여 신사참배를 결의하고 교역자 등 150여명이 전주신사에 참배했다. 9월 27일에도 전주의 27개 교회가 일제의 신사참배 강요에 굴복하였다.

안이숙 등이 반대 진정서를 일본제국의회에 살포했던 것은 그 다음해 3월의 일이었다. 일본인 교인들의 설득도 받아들이지 않고 이들의 행동은 계속되어 갔다. 장로교총회 중 크로더스 목사 외 25명의 연서로 "총회의

374 도히 아키오, 위의 책, 301쪽 참조.
375 『조선예수교장로회 제27회 총회록』(1938년).

결의는 헌법에 위배된다.” 는 항의 등이 거세게 일어나자 이에 당황한 일제는 1940년 7월 신사참배 반대자들을 전국적으로 일제히 검거하였다. “일제는 신사참배를 반대한 목회자와 교인들을 감옥에 보냈다. 이 일로 감옥에 갇히게 된 사람이 자그마치 2천여 명이나 되고 또 감옥에서 옥사獄死한 사람이 50여 명이나 되고, 폐쇄해 버린 교회는 2백여 교회나 되었다.”[376]

일제는 기독교계에 대해서 ‘기독교에 대한 지도대책’(1938)과 ‘기독교에 대한 지도방침’(1940)이라는 구체적인 정책까지 수립하여 감독하였다.[377] 결국 1938년 27회 장로교총회에서의 신사참배 결정과 김종우·양주삼(감리교대표), 김기찬·홍택기(장로교 대표), 이명직(성결교 대표) 등이 한국교회를 대표하여 일본에 건너가 신사참배 하므로 신사참배 논쟁은 일단락되고 이후의 한국교회는 집회나 행사 때마다 신사참배를 국가의식의 일환으로 실시하였다. 교회의 최고 상회기관인 총회에서는 신사참배를 매 총회 때마다 시행하였고, 중요한 집회에서도 신사참배를 하였다.

일제는 한국에 대한 통치정책을 이른바 대동아공영권 건설을 위한 전쟁 정책에 중점을 두었으며, 이 일을 위해 철저한 사상통합을 진행하였다. 일제가 의도한 사상통합의 정책을 조직적으로 추진한 사람은 제 7대 총독 미나미南次郎였다. 미나미 총독은 1936년 8월 총독으로 취임하기 전에는 관동군사령관이었고, 일본 정부에서 대표적인 군국주의자였다. 미나미는 취임하자마자 ‘내선일체’를 강조하였다. 미나미는 한국인의 완전한 황국신민화에 의한 내선일체를 한국 지배의 근본으로 하고 그것에 의하여 한국을 대륙병참기지화하여 아시아 침략을 실현하려 하였다.

중·일전쟁 이후 미나미는 더욱 황민화의 실질적 집행을 위하여 광분하였다. ‘조선통치 5대 지침’의 정강政綱을 발표하였다. 이 지침은 국체명징國

376 김수진, 『황등교회 60년사』, 126쪽.
377 김승태, “일제의 종교정책”, 『한국사』(51권, 국사편찬위원회, 2001), 151–177쪽 참조.

體明徵[378], 선만일여鮮滿一如[379], 교거진작敎擧振作, 농공병진農工併進, 서정쇄신庶政刷新으로 확고한 충성심을 유도하는 것들이었다. 그리고 실천방법으로 신사참배, 궁성요배宮城遙拜, 국가국기의 존중, 일본어의 보급 등을 강요하였다. 또한 일제는 1938년 7월 '국민정신총동원 조선연맹'을 조직하여 황국정신의 현양顯揚, 내선일체의 완성, 전시생활혁신, 전시경제정책에 협력, 근로보국, 생업보국, 군인원호강화 등을 부르짖게 하였다.

이러한 일제의 조직 강요에 1939년 9월 8일 장로회는 신의주 제 2교회에서 국민정신총동원 조선예수교장로회 연맹國民精神總動員 朝鮮耶蘇敎長老會 聯盟(일명 정도장로회총회연맹) 결성식(궁성요배, 국가봉창, 황국신민서사, 황군장병 및 동양평화를 위한 기복)을 갖고 선서를 하였다. 대체적으로 정치와 종교와의 관계는 정부는 종교를 대함에 있어서 정책적 요소를 갖고 있다. 그래서 종교가 한 사회에 미치는 영향을 고려하여 종교로 하여금 기존하는 정부의 기본적 정책을 이론적으로 정당화시켰다. 종교를 통해 그 정권의 정책을 지지하게 하려는 기능적 수단으로 종교를 이용한다. 일제는 이러한 종교정책을 통하여 한국의 기독교를 교묘하게 이용하였다.

국민정신총동원 조선예수교장로회 연맹國民精神總動員 朝鮮耶蘇敎長老會 聯盟(일명 精動 長老會總會聯盟) 소속 목사(총 206명)[380]의 목적은 "내선일체

---

378 '국체명징'은 일본국민(식민지 국민 포함) 9천만이 일치단결하여 황도(皇道) 선양에 매진하자는 것이다. 이는 다시 말해 조선 등 식민지 백성들에게 일본인 정신을 가지라고 요구한 것으로, 이후 신사참배, 궁성요배(遙拜), 국어(일본어) 상용(常用) 등이 뒤따랐다.

379 '선만일여'는 이제 조선과 만주는 하나가 된다는 것으로, 만주개발에 조선(인)의 참여 등을 강요한 대목이다. 이후 조선인들의 만주 이주 등이 뒤따랐다.

380 이 명단에 나오는 이들은 민족의식과 기독교신앙이 투철한 이들도 많았다. 이들이 일제의 탄압 앞에 굴복하고 협조할 수밖에 없었던 모습은 우리 민족의 역사와 한국교회사의 가슴 아픈 일이다. 이 명단에는 황등교회와 관련된 목사들의 이름도 나온다. 1944년 황등교회과 동련교회 통폐합시 겸임당회장이었던 양윤묵 목사와 황등교회 3대 담임목사 계일승과 5대 담임목사 허덕화이다.

거국일치 국민정신 총동원의 취지의 달성을 도모하고 전도보국의 실을 거둘 것"(연맹 규약 제2조) 이었다. 이 연맹은 그 하부에 다시 각 노회연맹을 두고 각 교회마다 애국반을 조직케 하여 부일 협력 활동을 하였다. 주요활동은 1940년 1월 24일 《장로회보》를 창간하였다. 회보 편집 내용은 국민정신총동원 조선예수교장로회 총회 연맹 공문 및 기사, 각 교회 국가행사, 애국반 활동, 위문 소개 등으로 하였다. 1940년 5월 27일 일본해군 기념일에 해군위문금으로 100원을 헌납하기도 하였다. 기독교는 일제에 협력하고자 다음과 같이 국가·황민·교회에 대한 방침을 내세웠다.

국가에 봉공奉公
1. 대동아전쟁 목적 완수에 협력함과 동시에 사상의 완벽을 기할 것.
2. 시국의 진전에 즉응卽應하여 여러 교회 및 여러 단체를 전시체제화戰時體制化하여 국가적 요청에 청헌請獻할 것.
3. 징병 의무 및 정신을 높이 강조하여 신도에게 철저하게 할 것.
4. 총후봉공의 목적으로 다음 사항을 장려할 것. 황군皇軍[381] 상이傷痍 장병 및 유가족의 위문, 군사원호 사업, 국민저축의 실시, 귀금철류의 헌납, 전시戰時 생활지도와 절약 운동, 전시 근로 봉사, 매월 일정액의 국방헌금, 신사참배 및 전승戰勝 기원의 여행.

황민皇民의 동성同性[382]
1. 각 신도信徒의 가정마다 대마大麻를 봉재하고 황도皇道정신을 철저히 할 것.
2. 국체의 본의에 기초하여 충군애국忠君愛國의 정신과 경신숭조敬神崇祖의 정신을 함양할 것.

381 황제의 군대를 말로 일본 천황의 군대라는 말이다.
382 일본 천황이 다스리는 천황의 백성으로서 같은 성품과 풍속이 되는 것이라는 뜻이다.

3. 아국我國의 순풍미속을 존중하고 질실質實 강직한 기풍을 길러 견인지구의 공고한 의지를 연성할 것.

4. 신도信徒의 황민동성의 실을 거두기 위하여 황국 고전 및 국체의존에 관한 지도 교본을 편찬할 것.

5. 각 소所에 동성회를 개최하고 교사(목사) 및 신도의 동성에 노력하며 특히 황국 문화의 연구 지도를 도모할 것.

교회의 필신

1. 기독교 교사(목사)로서의 교양을 높이고 솔선수범하여 세상의 사표가 되는 실을 거두기 위하여 다음 사항을 실시할 것. 현 교사의 신학적 재교육 운동, 교사양성 기관의 정비

2. 일본기독교를 확립하기 위하여 특히 전문가로서 일본교학의 연찬에 노력하고 일본적 신학을 수립시킬 것.

3. 말세·심판·재림 등은 세상적·물질적 해설을 고쳐 그것을 종교적·심령적으로 해설할 것.

4. 구약성경에 나타나는 비기독교적 유대사상을 시정하기 위하여 그 적당한 해석 교본을 편찬할 것.

5. 전시에 있는 반도 교화의 실을 거두기 위하여 신앙 부흥 및 전도 진흥의 구체적 방법을 강구할 것.

6. 신도필휴·신찬미가·기도문 및 예전 요의要義 등을 편찬할 것.

7. 국어(일본어) 상용을 극력 장려할 것.

8. 예배당은 신축 또는 개축할 경우 일본적 양식을 고려할 것.

9. 예배 혹은 집회 양식에 대하여는 연구를 진행하여 될 수 있는 한 일본적 풍습을 채용할 것.

이 단체는 애국기愛國機 헌납 운동에도 적극적으로 참여하여 교인들의 많은 호응을 이끌어냈다. 기독교연맹에 참여한 목사와 장로 등은 신사참배와 일제에 협력하였다. 당시 연맹 이사장은 윤하영 총회장이었고, 이사는 각 노회의 노회장이 맡았다.

미나미南次郎 총독은 부여신궁扶餘神宮을 창설하였다. 이는 국체명징과 내선일체의 선전을 위해서 건설한 것이다. 미나미는 이른바 내선일체의 역사가 멀리 백제시대에 소급한다고 해서 이른바 일선동조동근론日鮮同祖同根論을 주장하였다. "1,300년 전 6대 제왕諸王의 120년 동안 일본과 삼국, 특히 백제와의 골육에 밀접한 친선관계"가 있었다 해서 그 유적지라는 부여에다 부여신궁을 건설하였다. 1940년 7월 30일에 기공식 및 지진제 거행으로 총경비 300만원 예산을 투입하였다. 부여신궁에는 백제와 교섭이 깊었다는 일본의 오오진천황, 사이메이천황, 덴찌청황과 징구왕후의 영을 모시게 하였다. 이 신궁 건설에 한국 지도자들을 노력 동원케 하는 일제의 의도는 노력 동원으로 작업의 큰 진전을 얻으려는 것이 아니라 정신적인 면을 노렸다. 중학, 소학생으로 구성된 수양단, 성추부대를 무보수 근로부대로 착출하여 공사 투입하였다. 1941년 5월 24일에 신봉조가 회장이던 황도학회도 성추부대를 모집 파견하였다. 1941년 2월 9일에 문화진영에서는 문화인 성추부대를 결성 파견하였다.

1941년 6월 17일 국민총력 조선야소교장노회총회연맹이사장朝鮮耶蘇校長老會總會聯盟理事長 이름으로 부여신궁 근로봉사단원 모집에 관한 공문을 각 노회대표 앞으로 보냈고, 10월 30일 서울역을 출발하여 다음 날 7시 부여에 도착하여 노동봉사를 하였다. 1943년 3월 3일 장로회총회 대표 김종대 등이 일본기독교 제 1회 총회에 참석하여 윤세신궁을 참배하였다. 이어 5월 11일 의산노회 소속 교직자들이 중심이 되어 28명이 일본으로 성지참배를 떠나므로 한국교회의 신사참배는 절정에 다다랐다.

1942년에 접어들면서 각 교파에서 발행하던 기관지들을 강제 폐간시키고 일제의 정책을 전시하 지시·전달하고자 하는 의도로 《기독교신문》을 창간케 하였다. 4월 18일 경기도 경찰부 고등과 회의실에서 기독교신문협의회 창간 제 1회 이사회가 열렸다. 창간 이사회는 총독부 경무국 이사관, 경기도 경찰부 고등과장, 고등과 검열계 주임이 참석한 가운데 장로교에서 3명, 감리교에서 2명, 성결교에서 1명, 구세군救世軍에서 1명 등이 참가하여 1942년 4월 29일 창간호를 냈다. 창간된 《기독교신문》의 강령에서 발행취지와 목적을 열거하였다. 여기서 황민화적 내용으로 분류될 수 있는 내용들은 반도기독교내 국민총력운동의 강화, 종교의 국민정신진흥과 국민사상 계도, 필승체제의 확립에 관한 계도, 내선일체 완성과 국어생활의 철저 등이다. 교회의 예배와 행사에서도 황국신민화적 내용을 포함해야만하였다. 예배에서 황실융성을 위한 기복·전승기원예배 등의 내용으로 해야 하고, 행사에서 주로 궁성요배, 황국신민서사 제창, 천황폐하 만세 그리고 시국강연회가 열렸다. 또한 예배와 회의도 단축 또는 간소화 형태로 진행되었다. 제 36회 전북노회에서는 구주탄생일은 대정천황 제사일이므로 24일로 변경하여 간소한 축하예배만 드릴 것이며, 매주 3번의 집회는 단축하여 당분간 1회만 할 것을 소속 교회들에게 제시하였다.

1942년 평양 서문외교회에서 개최된 31회 총회에서는 일본 해군에 헌납한 전투기의 명명식이 있었다. 이 전투기 이름이 "조선장로호"였다. 그 당시 《장로회보》에 난 내용이다.

일제 경찰의 요청과 제 29회 총회의 결의에 따라 조직된 '조선예수교장로회 총회 중앙상치위원회'는 1941년 8월 14일 서울의 총회사무실에서 위원회를 열고, "전시체제 실천성명서"를 결의·발표하였으며, 상치위원회가 실제적

총회 대행기관이 되기로 하고, 그해 9월 20일 평양에서 열기로 된 제 30회 총회를 "시국정세"를 핑계로 무기 연기하였다.[383]

그리고 성명서에 부수된 "실천사항"에서 "시국봉사의 실천"으로 '애국기愛國機 헌납', '금속품 공출', '폐품 회수'를 넣었는데, 그 가운데 '애국기 헌납'을 실행하기 위해서 '조선장로교도애국기헌납기성회'를 조직하여, 그 해 말까지 최단 기간에 완수하기로 하였다. 중·일전쟁 이후 황민화 현상이 시급해진 일제는 찬송가를 변형시키는 일에 착수하여 먼저 '일하러 가세'와 '금주가'를 부르는 것을 금지시켰다. 1943년 5월에 조선야소교장 노회朝鮮耶蘇教長老會 종교교육부 주관으로 기존의 찬송가를 전체적으로 개편하였다.

● ● ●
황등교회에 불어 닥친 탄압

황등교회의 일제 탄압은 이미 구연직 제 1대 담임목사(1936년 5월 31일~1939년 4월 14일)가 목회할 때부터 전북 노회의 신사참배(1938년 4월 28일)이후 더욱 굳어져 갔다. 황등교회 당회에서는 신사참배가 하나님의 계명에 절대 위배된 사실을 알았지만, 교회를 지키기 위해서는 부득이 그 모든 고난을 감수해야 한다는 결론을 내렸다. 1938년 3월 27일 제 19회 월례 제직회에서 다음과 같이 결의하였다. "황국신민의 서사급 국기 게양

---

383 "전시체제 실천성명-헌납·금속품 공출"《장로회보》(1941년 8월 15일자). 총회는 1941년 11월 21~26일까지 평양 창동예배당에서 열렸다. 『조선예수교장로회 총회 제 30회 회의록』(1941) 참조.

을 실행키로 가결하다."[384]

1939년 3월 첫 주일부터 황등교회 예배시간 전에 국민의례 실시(황국신민서사, 동방요배, 일본국가 제창, 일본국기 게양)로 황등교회 국기 게양대는 일장기가 바람에 휘날렸고, 매주일 아침 예배 때마다 황국신민의 서사를 외워서 일본 국민임을 되새겼다.[385] 이뿐만 아니라 일본 천황이 기거하고 있는 일본 동경을 향해서 절을 해야 하는 궁성요배도 실시해야 하는 부담을 안고 신앙생활을 할 수밖에 없었다.

1939년 강성주 전도사가 황등교회에 부임하게 되었다. 강성주는 1896년 전라북도 익산군 웅포에서 출생하였다. 강성주는 군산 영명학교에서 신식 교육을 받고, 목사에 뜻을 두고 전주성경학원에서 성경을 공부하면서 배요한 선교사(1933년 9월 22일부터 황등교회 임시당회장)의 조사로 첫 목회의 발을 내딛었고, 평양장로회신학교에 진학하였다. 그러나 총회가 신사참배를 결의하자 선교사들이 학교를 자진 폐쇄해버리는 바람에 할 수 없이 학업을 중단하고는 낙향하여 황등교회의 목회자로 부임한 것이었다. 사실 목사가 목회했던 교회인지라 부담되는 자리였다. 강성주는 배요한 선교사의 조사로서 배요한 선교사를 도와 선교구역을 순회했기 때문에 황등교회도 여러 차례 방문을 하여 그렇게 생소한 곳은 아니기도 하였다.

강성주는 일제의 탄압과 여러 가지 간섭이 심할 때, 목회를 하였으므로 고통의 연속일 수밖에 없었다. 한 달에 한 번씩 실시해야하는 황등신사참배는 황등교회 교인들에게 부담이었다. 분명히 십계명 첫 계명과 상치相馳되는 문제였기 때문에 옳지 않음을 알지만, 총회와 노회에서 이미 결의하였고 황등면사무소와 황등지서에서 강력하게 요구하기 때문에 그냥 넘길

384 『황등교회제직회록』, 51쪽을 김수진, 『황등교회 60년사』, 104쪽에서 재인용.
385 김수진, 『황등교회 60년사』, 472쪽.

수는 없었다.[386] 이 일로 교회를 자진 폐쇄할 수는 없다고 여겨 계원식 장로와 오일봉 장로는 황등면사무소와 황등지서를 각각 방문하여 전교인들이 황등신사[387]를 참배하기 위해서 오고가는 번거로움을 피하기 위해서 대표로 신사참배할 것을 제안하였다.

계원식 장로와 오일봉 장로는 황등교회 전체 교인들을 신사참배를 시켜 지옥을 보내는 것보다는 차라리 자신들만 지옥을 가자고 서로 기도하는 가운데 이렇게 하기로 합의하였다. 이렇게 해서 황등교회 교인들 전체가 신사참배하는 일은 모면하였다. 이렇게 해서 황등교회 담임목회자인 강성주는 신사참배를 하지 않아도 되었고, 교인들을 설득하고 주도해야 하는 부담에서 벗어날 수 있었다. 강성주는 두 장로의 희생과 결단에 감격했다. 계원식 장로와 오일봉 장로는 자신들은 지옥 가더라도 목회자와 교인들만은 신앙적으로 더럽히지 않으려는 희생적 결단이었다. 이런 일은 다른 교회역사나 기독교기관에서 찾아보기 어려운 사례일 것이다. 이렇게 두 장로가 한 마음, 한 뜻이었기에 견디기 어려운 고통이었지만 그로 인해 교회는 살아남을 수 있었다.[388]

1940년 12월 24일 황등면 면장은 성탄절 행사를 간소하게 하라는 공문을 보내왔다. 또한 이 날은 대정천황제사일[389]에 해당하기에 애국반원들은 더욱 그 의미를 따라 실천하라고 하였다. 12월 25일 성탄절이 교회에

---

386 이 글에서도 언급한 것처럼 계원식의 모교인 평양 숭실대는 1938년 3월 신사참배 강요를 거부하고 자진 폐교하였고, 같은 9월 6일 계원식의 자부인 안인호가 교사로 재직했던 목포 정명여학교도 자진폐교하였고, 9월 22일 계원식의 장남 계일승이 다닌 전주신흥고보도 자진폐교하였다. 그러니 신사참배 거부는 곧 교회의 자진폐쇄를 의미하는 일일 수 있었다.
387 이 자리는 현재 황등 충혼탑이 세워진 장소이다.
388 이 당시는 이렇게 넘어갈 수 있었으나 일제는 중·일전쟁과 태평양전쟁을 일으키면서는 한국교회를 강압적으로 짓눌러 신사참배를 1942년 4월 29일에는 전교인이 신사참배를 하였다.
389 일본의 대정천황제사일이 12월 23일이었다.

서 중요한 축제일로 한다면 일본 대정천황의 기일의 중요성이 약해지는 문제도 있었다. 이런 이유로 성탄절을 간소하게 하고 대정천황 기일을 맞아 일본에 충성하라고 강요한 것으로 보인다.

강성주 전도사는 1년도 지나지 않아 줄포교회의 청빙을 받고 황등교회를 사임하게 되었다.[390] 황등교회 당회는 군산노회 전도목사로 충남에서 활동하고 있는 이재봉 목사를 위임 목사로 초빙하기로 결의하고 노회에 김희갑 장로를 파송하였다. 그러나 당시 목회자가 부족한 상황이라 노회에서는 가까운 지역에 있는 다송교회와 협력해서 목회자를 청빙하도록 하였다. 황등교회에서는 당회 서기인 변영수 장로를 교섭위원으로 선정하여 다송교회로 파송하였다. 이렇게 해서 이재봉 목사를 담임목사로 청빙하게 되었다. "소화 16년(1941) 3월 5일(수) 오후 8시에 군산노회가 동북시찰회로서 본 교회당에서 회집케 하야 최상섭 목사 사회로 이재봉 목사 위임식을 거행하니 순서는 여좌하다."[391]

황등교회의 담임목사 위임예식은 밤에 거행되었지만 황등교인들은 물론 이웃 교회 교인들도 참석하였고, 이날 위임예식 순서를 맞았던 목사와 장로들 그리고 그외 축하객들은 황등교회에서 마련한 민박숙소로 모두 안내를 받고 교인들의 교제를 나누면서 하루의 행사를 모두 끝맺을 수 있었다. 이재봉은 어두웠던 시대에 태어나 역시 어두웠던 시대에 목회를 한 불행한 사람이었다. 이재봉은 을사늑약[392]이 체결된 1905년 이춘원 목

---

390 강성주 전도사는 조선신학원을 졸업하고 전주금암교회 초대 목사가 되었다. "1949년 10월 4일 초대 담임목사로 강성주 목사(김기만 전도사 부임 후 전주형무소 교무과장 겸직)를 청빙하고 전북노회에 교회설립청원서를 제출하여 〈전주금암교회〉로 허락됨"『전주금암교회 홈페이지』, 「연혁」(2016년 5월 9일 오후 4시 54분 검색) http://www.geumam.org/
391 『황등교회기』(1935~1942), 118쪽을 김수진,『황등교회 60년사』, 114쪽에서 재인용.
392 일본의 특명전권대사 자격으로 1905년 11월 9일 서울에 온 이토 히로부미는 다음 날인 11월 10일 고종황제에게 일왕의 "짐이 동양평화를 유지하기 위하여 대사를 특파하노니 대사의 지휘를 일종 하여 조치하소서."라는 내용의 친서를 바쳐 고종을 위협하고 1905년 11월 15일 다시 고종황제에게 한일협약안을 제시하면서 조약 체결을 강압적으

사[393]의 아들로 충남 금산(당시는 전북)에서 출생하여, 전주성경학원을 이수한 후 부친의 목회지였던 충남 선교에 참여하였다가 평양장로회신학교를 졸업하고 1938년 신사참배가 결의되던 그 해에 전북노회에서 목사로 요구했다. 이 무렵, 주(駐)한국 일본 공사 하야시 곤스케와 주(駐)한국 일본군 사령관 하세가와(長谷川)가 일본으로부터 증원군을 파송 받아 궁궐 내외에 물샐 틈 없는 경계망을 펴고 포위함으로써 대한제국 황궁은 공포 분위기에 싸여 있었다. 그러나 고종황제는 이토 히로부미의 집요한 강요에도 조약 승인을 거부하였다. 이렇게 되자 일본은 전략을 바꾸어 조정 대신들을 상대로 위협·매수에 나섰다. 하야시 곤스케는 11월 11일 외부대신 박제순을 일본 공사관으로 불러 조약 체결을 강박하고, 같은 시간 이토 히로부미는 모든 대신과 원로대신 심상훈(沈相薰)을 자신의 숙소로 불러 조약 체결에 찬성하도록 회유와 강압을 되풀이하였다. 이러한 회유와 강압 끝에 다수의 지지를 얻게 된 이토 히로부미와 하야시 곤스케는 마침내 11월 17일 경운궁에서 어전회의를 열도록 했다. 그러나 회의는 침통한 공기만 감돌았을 뿐 아무런 결론을 내릴 수가 없었다. 고종황제는 강압에 의한 조약 체결을 피할 목적으로 의견의 개진없이 대신들에게 결정을 위임한 상태였다. 어전회의가 5시간이 지나도록 결론에 이르지 않자 초조해진 이토 히로부미는 하세가와 군사령관과 헌병대장을 대동하고 일본 헌병 수십 명의 호위를 받으며 궐내로 들어가 노골적으로 위협과 공갈을 자행하기 시작했다. 이토 히로부미는 직접 메모용지에 연필을 들고 대신들에게 가부(可否)를 따져 물었다. 그때 갑자기 한규설 참정대신이 소리 높여 통곡하기 시작했던지라 별실로 데리고 갔는데, 이토 히로부미가 "너무 떼를 쓰거든 죽여 버리라."라고 고함을 쳤다. 참정대신 한규설(韓圭卨), 탁지부대신 민영기, 법부대신 이하영만이 무조건 불가(不可)를 썼고, 학부대신 이완용, 군부대신 이근택, 내부대신 이지용, 외부대신 박제순, 농상공부대신 권중현은 책임을 황제에게 전가하면서 찬의를 표시하였다. 이 찬성한 다섯 명을 을사오적이라 한다. 이토 히로부미는 각료 8 대신 가운데 5 대신이 찬성하였으니 조약 안건은 가결되었다고 선언하고 궁내대신 이재극을 통해 그날 밤 황제의 칙재(勅裁)를 강요하였다. 그리고 같은 날짜로 외부대신 박제순과 일본 공사 하야시 곤스케 간에 이른바 이 협약의 정식 명칭인 '한일협상조약'이 체결되었다. 한일협약의 체결로 한국 내의 공사관들은 모두 철수하였다. 한국에는 통감부가 설치되고 초대 통감으로 이토 히로부미가 취임하였다. 이 조약의 강압은 대한제국을 보호국으로 삼고, 식민지화하려는 일본 제국의 흉계가 숨겨져 있었다. 이 이후에 한일신협약과 기유각서 등을 이완용의 매국 내각(賣國內閣)과 일본의 한국통감부 사이에서 체결되어, 한국의 국권을 점차 침탈해갔다. 그리고 종국에는 융희 4년, 즉 1910년에 한일병합조약을 강제적으로 체결하게 하여 대한제국을 멸망하게 했다.

393 이춘원은 1939년 10월 5일~8일 군산개복교회당에서 열린 제1회 군산노회에서 부노회장으로 활동하였다. 이 때 회계가 계원식이었다. 그리고 1940년 4월 23~26일 군산개복교회당에 제2회 군산노회에서도 이춘원은 부노회장이었다. 이 때 부회계는 계일승이었다. 1941년 4월 22일 이리중앙교회당에서 열린 제3회 군산노회에서 이춘원이 노회장이 되었다.『군산노회 홈페이지』,「역대임원」(2016년 5월 15일 오후 4시 10분 검색) http://kspck.or.kr/.

안수를 받았다. 이재봉은 군산노회 창립회원으로 참여하였고, 충남선교에 힘을 기울이다가 강성주 전도사가 떠나면서 공석이 된 황등교회 제2대 담임목사(1941년 3월 5일~1943년 10월 31일)로 부임하였다.

이재봉이 을사늑약이 체결되던 해에 출생하고, 신사참배가 결의된 해에 목사안수를 받은 것처럼 이재봉은 황등교회 담임목사 위임식에서도 고난의 연속이었다. 예식을 시작하기 전, 일본이 제정한 국가의식이 있었다. 이날 참석한 모든 사람은 식순에 따라 일본국가國歌를 제창齊唱하고 일본 국기에 대한 경례를 해야만 하였다. 또한 황국신민서사라는 것을 해야만 하였다. 이는 일본제국이 1937년에 만들어내 외우게 한 맹세이다. 조선총독부 학무국은 교학진작敎學振作과 국민정신 함양을 도모한다는 명목으로 황국신민의 서사를 기획하였다. 이에 따라 학무국 촉탁으로 있던 이각종이 문안을 만들었고, 학무국 사회교육과장 김대우가 관련 업무를 집행하였다. 이에 따라 1937년 10월 2일 미나미 지로南次郎 총독이 결재함으로써 공식화되었다. 그 내용은 다음의 세 가지이다. "1. 우리들은 대일본제국의 신민臣民입니다. 2. 우리들은 마음을 합하여 천황 폐하에게 충의를 다합니다. 3. 우리들은 인고단련忍苦鍛鍊하고 훌륭하고 강한 국민이 되겠습니다."

이어서 궁성요배宮城遙拜도 해야만 하였다. 이는 일본제국과 그 식민지들의 주민들이 일본 천황이 있는 도쿄의 황궁을 행해 절을 하는 것이다. 특히 제2차 세계 대전 중에는 천황에게 충성을 맹세하고, 일본 국민들의 전의戰意를 드높일 목적으로 궁성요배 운동이 정점에 달했다.[394] 나라를

394 일본국 헌법이 시행되는 지금의 일본에서 일부 우익 인사들은 궁성요배를 행하기도 한다. 학교나 관공서의 모든 행사는, 황국신민서사를 낭독하는 것으로 시작되었다. 날마다 천황이 사는 곳을 향해 절을 하고(궁성 요배), 신사를 찾아 천황의 조상에게 참배하여야 했다. 일제는 야만적인 폭력을 내세워 내선일체 정책을 추진하였다. 아주 미미한 항일 활동도 가혹하게 처벌하였으며, 단체를 만들거나 의사를 표현할 수 있는 최소한

강제로 빼앗긴 식민지 백성의 처참한 비극이 황등교회 목사 위임식에서
그대로 드러났다. 일본은 여기서 그치지 않고 1937년 일제日帝가 전쟁 협
력 강요를 위해 취한 조선 통치 정책으로 일본과 조선은 '한 몸'이라는 뜻
으로 이후 조선에 대한 일제 식민 정책의 표어로 쓴 '내선일체'라는 명목
아래 창씨개명創氏改名이라는 것을 강요하였다. 이는 조선총독부가 1939년
11월 제령 제19호로 조선민사령朝鮮民事令을 개정하여 1940년 2월부터 이
를 시행하게 한 것이다.

창씨개명 선전활동 및 강요활동에 문명기, 이광수 등은 《매일신보》에
"지도적 제씨의 선씨 고심담"같은 글을 발표하였다. 이광수가 1940년 1
월 5일에 《매일신보》에 발표한 "선씨고심담" 일부 내용이다. "지금으로
부터 2,600년 진무천황께옵서 어즉위御卽位를 하신 곳이 가시와라인데 이
곳에 있는 산이 향구산香久山(가구야마)입니다. 뜻 깊은 이 산 이름을 씨로
삼아 '향산'이라고 한 것인데, 그 밑에다 '광수光洙'의 '광'자를 붙이고 '수'
자는 내지식의 '랑郎'으로 고치어 '향산광랑香山光郎'이라고 한 것입니다"
미나미는 1940년 8월 10까지 완료하라는 창씨제도를 위해서 각도의 지사
회의, 참여관회의, 내부부장회의, 경찰부장회의, 전조선군수회의 등을 연
달아 소집 강제하였다. 총독부 경찰국, 13도 경찰부, 258개의 지방경찰서
및 2,943개의 파출소, 주재소와 일선 군, 면의 독려 감시로 강행하였다.[395]

그 내용은 첫째, 조선인의 성명제姓名制를 폐지하고 성씨姓氏의 칭호를
사용할 것, 둘째, 서양자養子(데릴사위)를 인정하되 양자는 양가의 씨에 따
를 것.[396] 셋째, 타인의 양자를 인정하되 양자는 양가의 씨를 따를 것 등이

의 기본권조차 부정하였다.
395 임종국, 『해방전후사의 인식』(도서출판 한길사, 1993) 참조.
396 다른 성씨를 양자로 인정하지 않았던 재래 한국의 관습을 부인함으로써 우선 씨족관념
   과 나아가서 민족의식을 마비시킨다는 실질적인 이득이 있었다.

다. 이중 중심이 되는 것이 씨설정氏設定으로 이것이 바로 창씨개명이다. 총독부는 창씨개명이 조선인들의 희망에 의해 실시하는 것으로 일본식 성씨의 설정을 강제하는 것이 아니라 단지 일본식 성씨를 정할 수 있는 길을 열어놓은 것이라고 주장했다. 그러나 조선인의 희망에 따라 실시하게 되었다는 창씨개명은 6개월 동안 창씨계출創氏届出 신고를 하도록 되어 있었는데 3개월 동안의 계출 호수는 7.6%에 불과했다. 이에 총독부는 법의 수정, 유명인의 이용, 권력기구를 동원한 강제 등을 통해 마감인 8월까지 창씨율을 79.3%로 끌어올렸다.

창씨를 하지 않은 사람들에게는 다음과 같은 불이익이 가해졌다. 첫째, 자녀에 대해서는 각 급 학교의 입학과 진학을 거부한다. 둘째, 아동들을 이유없이 질책·구타하여 아동들의 애원으로 부모들의 창씨를 강제한다. 셋째, 공·사 기관에 채용하지 않으며 현직자도 점차 해고조치를 취한다. 넷째, 행정기관에서 다루는 모든 민원사무를 취급하지 않는다. 다섯째, 창씨하지 않은 사람은 비국민·불령선인으로 단정하여 경찰수첩에 기입해서 사찰을 철저히 한다. 여섯째, 우선적인 노무징용 대상자로 지명한다. 일곱째, 식량 및 물자의 배급대상에서 제외한다. 여덟째, 철도 수송화물의 명패에 조선인의 이름이 쓰인 것은 취급하지 않는다. 이러한 창씨개명의 강요를 거부하고 자결한 사람도 있었으며, 부당함을 비방하다가 구속된 사람도 많았다.[397]

이 일로 이재봉 목사는 미창덕신米倉德信으로 바꿔 사용하였고, 그 외에

---

[397] 강만길,『고쳐 쓴 한국현대사』(창비, 1994), 122쪽; 창씨제도 비방으로 구류 받은 경우는 허다하였고, 징역형과 자살자도 있었다. 충남 대덕의 이기용은 8개월 징역형, 충주의 김한규는 1년 징역형, 전남 곡성의 류건영은 미나미에게 창씨제 반대 항의서를 보내고 58세에 자살, 전북 고창의 설진영은 창씨에 불응하면 자녀를 퇴학시키겠다는 바람에 결국은 창씨개명해서 아이를 학교에 보내고, 자신은 조상에게 사죄하기 위해서 돌을 안고 우물에 뛰어들었다. 임종국, 위의 책 참조.

많은 교인들이 창씨개명을 하게 되는 비극이 벌어졌다. 이재봉은 이름이야 일본식으로 부른다 해서 일본인이 되는 것이 아니라는 생각이 있었다.[398] 이재봉은 황등교회와 다송교회를 오고가면서 성실히 교회를 섬겼지만 일제의 탄압으로 교회의 부흥은 쉽지 않았고, 그저 교회가 살아남는 것만이라도 다행인 현실이었다. 이재봉은 두 교회를 오고가는 힘든 목회 생활이었지만 교회를 보존하기 위해 특단의 대책을 제시하였다. 그것은 일제의 탄압 속에서도 제직[399]만이라도 신앙적으로 굳건히 서서 극복하는 방안이었다. 이를 위해 제직기도회를 제안해서 추진하였다. 이를 교인들에게 잘 설명하고 이해를 구해 그들 스스로 자원해서 담당자들이 배정되도록 하였다.[400] 이는 이재봉은 그루터기를 남기려는 뜻이었다.

일제의 강요에 따라 1941년 6월 6일에 군산노회가 주관하는 시국강연회가 개최되었고, 황등면에서도 중·일전쟁 4주년 기념식에 대한 공문을 일본어로 작성해서 각부락 연맹위원회 이사장, 이장, 구장, 관공서장 앞으로 실시하도록 하달되었다. 1941년 6월 26일 군산노회국민총력연맹 이사장의 명의로 중·일전쟁 4주년 기념행사를 각 교회가 행하도록 지시한 일도 있었다. 1937년 7월 7일은 중·일전쟁이 일어난 해였으며, 이 일로 전 중국국토가 일본군의 침략으로 온 땅이 초토화되었다. 이 일로 중국도 자신들의 땅을 지키기 위해서 안간힘을 기울여 일본군과 곳곳에서 대처하게 되었고, 일본은 일본 제국 군인들의 사기를 진작시켜야 한다면서 노회 명의로 각 교회에 공문을 보낸 일이 있었다. 그래서 7월 7일 중·일전쟁 4주년을 맞이해서 다음과 같은 일을 실행하도록 강요하고 나섰다.

---

398 이재봉 목사를 비롯해서 장로들과 교인들이 창씨개명을 하였지만 계원식은 창씨개명을 하지 않았다. 계원식의 장남과 차남은 창씨개명을 교묘하게 피해갔다. 계일승은 이름을 바꿔 '승일'로 하였고, 계이승도 이름을 바꿔 '승이'로 하였다.
399 교회의 장로와 권사와 집사직분자를 말한다.
400 김수진,『황등교회 60년사』, 115쪽.

매호 국기 게양할 것, 묵도: 정오에는 사이렌에 맞추어 각자 재소에서 1분간 묵도로 국위선양 병출전장병의 무운장구 호국의 영령에 대한 감사의 의를 신명께 기도할사. 위적 및 위문: 출정군인의 유가족의 위적급 전상병자의 위문과 출정장병에 대한 위문문 발송에 관하야 적당한 방법을 강구할사.[401]

일제는 장로교회 총회 내에 국민총력연맹 기구를 조직해 놓고 수시로 노회연맹 이사장 앞으로 수없이 공문이 날아들게 하였다. 사실 이 때 신앙 생활을 한다는 것은 쉽지 않은 일이었다. 심지어 노회 연맹이사장은 집에서 사용하는 놋그릇까지 무기제작용으로 사용한다고 강제로 모집하고 나섰다.

대동아건설의 성전은 발서 5개 성상을 해이게 된 잇때에 우리 로회에서는 하등의 활약의 실을 거두지 못한 것은 유감으로 샤하던 바 금번에 하나님의 감화의 역사가 림하사 본월 21일에 샹치부가 군산 개복동교회에 회집하야 좌기와 여히 유기 헌납을 결의하옵고 자에 통고하오니 제위는 황은과 국은에 감루를 바치는 동시에 약간의 물품으로 적성의 만일을 표하면 이것은 하나님의 뜻을 순종함이요 신도를 실천한 것이오니 제위는 일반교도에게 열심을 환기케 하야 우량한 성적을 엇도록 노력하심을 부탁하나이다.[402]

이러한 명령의 공문이 황등교회에도 전달되었다. 황등신사에 참배하기 전에 각기 소속된 기관에서 오전 9시에 기념식을 거행하고 한편 중·일전

401 『군산노회발송』(소화 16년 6월 26일) "군산노회 국민총력연맹위원장 발 공문" 참조를 김수진, 『황등교회 60년사』, 110쪽에서 재인용.
402 『군산노회발송』(소화 16년 8월 23일) "군산노회장 미창춘길(이춘원) 명의로 발송" 참조를 김수진, 『황등교회 60년사』, 110쪽에서 재인용.

쟁 1주년 때 하달되었던 일본 천황의 말을 높여 부르는 것을 말하는 '칙어勅語'를 봉독하게 되었다. 다시 정오를 기해 사이렌이 울려 퍼지면 1분간 전몰장병과 영령에 대해서 감사 및 무운장구를 비는 묵도黙禱[403]를 행하게 하였다. 또한 채식주의를 권장해서 금주禁酒와 금연禁煙도 실시했으며, 폐품을 수집해서 저축운동에 힘을 쓰게 하였다. 향락에 대한 행위는 일체 금하는 일까지 있었다.

황등교회는 7월 7일 중·일전쟁 4주년을 맞이해서 하루의 한 끼 식사 값을 절약해서 국방헌금을 하기로 결정하고 이를 실시한 일이 있었고, 황등교회가 정식으로 일본이 일으켰던 전쟁을 성전聖戰[404]으로 인정하고 이를 위해서 헌금을 실시한 일이 있었다. "임시 제직회시에 성전 4주년 기념일에 국방헌금으로 25원 50전을 본면[405] 주재소에 헌납하다."[406]

일제는 전쟁 자원 조달로 어려운 처지에 있을 때 한국인들이 스스로 유기헌납 운동을 전개한다고 하였지만 실제로는 강요성을 띠었다. 이 일에 교회를 이용하고 강요하였다. 조상 대대로 물려온 물건이나 평생 한번 하는 결혼식 때 준비해온 패물과 소중히 간직하고 사용한 식기류를 강제로 헌납하게 되었다. 이 일로 교인들은 구역별로 각 가정마다 다니면서 식기

---

403 지금도 예배순서에 묵도를 넣고 이를 시행하는 데 이는 일제강점기의 잔재이다. 흔히 장로교 교회에서 예배시작을 알리는 '묵도'란 것은 무엇인가? 일제강점기 때 통치자였던 일본인들은 기독교 교회에 대해 그들의 숭배 대상인 신사에 먼저 절하고 난 다음 예배하라는 강압적인 명령을 내렸다. 그러면서 예배 전 신사에 고개 숙여 예를 표하는 순서를 넣었다. 이것이 묵도이다. 묵도는 결국 일본 군국주의의 종교 장악의 한 방편이었던 것이다. 그러나 그 의식은 관행으로 굳어져 왔고, 아무런 저항 없이 오늘날 한국교회 예배 현장에까지 이어져왔다. 이러한 문제에 대한 인식은 고사하고, "묵도함으로…" 또는 "조용한 기도를 드림으로…" 등으로 이어져 왔다. 이를 빼고 그냥 바로 '예배의 부름'으로 해서 조용히 예배인도자가 이에 맞는 성경구절을 읽는 것이 타당하다. 조금만 생각해보면 온전한 예배를 드릴 수 있다.
404 일본은 자신들이 일으킨 만주사변에 이은 중·일전쟁을 일본 천황의 명령에 따른 전쟁이니 이를 거룩한 전쟁이라고 하였다.
405 본 면은 황등면을 지칭한다.(서술자)
406 『황등교회제직회록』(제1권), 147쪽을 김수진, 『황등교회 60년사』, 116쪽에서 재인용.

를 비롯해서 세면기, 양변기, 주발, 대접, 숟가락, 젓가락, 화로 등을 수집하였다. 교회는 이 일에 협력했던 교인 명단을 작성하여 노회장에게 공문을 보내야만하였다. 1941년 8월 29일 국민총력황등기독교연맹[407] 이사장 계원식의 이름으로 발송하였다.[408] 이 때 58명이 헌납하였으며, 104점으로 12관에 해당되는 물품을 경찰서장에게 전달하였다.[409] 이는 동련교회도 마찬가지였다.

> 헌금과 유기 104점을 이리경찰서에 헌납하였다. 우리 교회 당회에서도 이것을 결의하여 제직회에 넘겼다. 얼마를 헌납했는지 그 액수는 기록에 없다. 교인들의 집에 있던 모든 쇠붙이란 쇠붙이는 다 걷어가고 어린아이들은 수업도 중단시키고 산에 올라가 솔가지를 따는 노력동원으로 내몰았다. 젊은 청년들은 징용이나 징병으로 끌려 나가고, 심지어는 교회의 종까지도 떼어갔다.[410]

일제는 자신들이 일으킨 전쟁을 미화하면서 식민지에 놓여 있는 한반도에 있는 교회로 하여금 이 일에 적극 참여하도록 유도할 뿐만 아니라 하

---

407 국민정신총동원 조선연맹은 1937년 7월 7일 중·일전쟁을 일으킨 일본이 전시상황에 국민이 후방에서 군에 봉사를 해야 한다는 시국강연을 주도하자 친일성향을 띤 단체와 개인의 국방헌금, 황군위문방문 등으로 현지군인의 작전에 지장을 주는 경우도 생기게 되었다. 이런 무분별한 활동을 조정하기 위해 총독부의 주관으로 따로따로 행동하는 각종 사회단체와 종교단체 그리고 민중전체를 연맹원으로 하는 단체를 조직하였다. 1938년 6월 22일 부민관에서 59개 단체 및 개인 56명이 참가한 발기인대회를 개최하고, 1938년 7월 7일(중·일전쟁 1주년) 경성운동장에서 열린 발회식은 윤치호의 '천황폐하 만세3창'으로 식순을 마치고 '애국시가행진'으로 활동을 시작한다. 그 후 지역의 원활한 관리를 위하여 13도에 지역연맹을 결성하고(이화여대 총장을 지낸 김활란은 경성연맹 상담역) 1940년 10월 16일 '국민총력 조선연맹'(총력연맹)으로 기구 개편을 하기에 이른다. 이 하부 조직이 황등에도 있었고 그 이사장이 교회 신자 대표인 계원식이었다.
408 김수진, 『황등교회 60년사』, 130쪽.
409 김수진, 『황등교회 60년사』, 473쪽.
410 연규홍, 위의 책, 85쪽.

나님의 이름으로 멋대로 성경을 해석하고 나서기도 하였다. 황등교회는 1941년 11월 10일에는 애국기 헌납금이라 하여 257명이 참여하여 258원을 헌금하였으며, 이에 헌금에 참여했던 257명의 교인명단을 작성하여 노회장 앞으로 보고 한 일도 있었다. 이 때는 황등교회 당회장으로 창씨개명을 한 이재봉 목사의 이름인 미창덕신의 명의로 군산노회장에게 발송하였다.[411]

일본은 전쟁준비를 위한 물자절약의 차원에서 주일예배순서지 발행을 중지시켰으며, 교회에 적의 비행기 공격을 대비하는 물품으로 방공防空 준비기구품을 시설하는 일까지 강요하였다. 또한 식기 그릇까지 빼앗아 간 일본은 태평양전쟁을 일으킬 목적으로 전국 교회로 하여금 비행기 제작을 위한 헌금을 하도록 시달하여 결국 황등교회도 이 일에 참여하지 않을 수 없었다. 이 비행기 제작을 위한 헌금은 장로회총회가 결의하고, 또한 노회들이 결의하고, 이에 의해서 개별 교회까지 시달되게 되었다.

1941년 12월 20일 당회가 미창덕신 목사의 주재 하에 계원식, 길전무일(오일봉), 김본중광(김희갑)이 참여하여 계원식의 집에서 열렸다. 황등교회당 내에 "대동아성전필승기원"간판을 부착하기로 하였고, 매월 첫 수요일은 "필승기원 기도회"로 바꾸게 의결하였다. 1942년 3월 4일 동련교회와 연합하여 "필승기원기도회"를 실시하였다. 4월 29일에는 황등신사에 참배하였다. 5월 9일 국어(일본어) 보급을 위해 야학당을 개설하였다. 6월 22일에는 김판봉이 군속으로 입대하였다. 8월 20일에는 군위문금 108원 헌납에 관한 일로 일본 육군대장 동조영기로부터 감사장이 수여되었다. 9월 11일에는 교회의 종과 종탑의 철제를 헌납하였다. 10월 8일에는 이리경찰서 고등계 형사가 방문하여 좌담회를 실시하였다. 1943년 5

---

411 『황등교회 제직회회의록』제1권, 160쪽을 김수진, 『황등교회 60년사』, 116쪽에서 재인용.

월 30일에는 교회 각종 회의록을 일본어로 작성하고 당회장 제도를 주관자로 바뀌었다. 6월 11일에는 이리제일교회에서 적개심 앙양 강연회에 참가하였다. 6월 13일 교회일지도 일본어로 기록하게 되었다. 7월 3일 태전소장太田小將의 시국강연회가 이리중앙교회에서 개최되어 참가하였다. 8월 1일 징병제 실시 감사 및 필승기원예배를 거행하였다. 11월 14일 육군 특별 지원병 격려 예배가 거행되었다. 12월 12일에는 30원을 애국기 헌납금으로 바쳤다. 1944년 5월 28일 사이판섬 황국옥쇄 대한 국방헌금 108원 7전을 보냈다. 1945년 4월 8일 필승신념기독신자 총궐기대회에 참가하였다.[412]

●●●●
더욱 참혹해진 현실과 황등교회

일본은 중·일전쟁을 일으키더니 또 다시 미국을 상대로 해서 태평양전쟁을 일으켰다. 바로 1941년 12월 8일 새벽 미명에 일본 군부는 미국 및 영국에 대해서 선전포고를 하였다. 일본 군부는 세계를 제패할 능력도 없으면서 미국 해군기지였던 하와이 진주만을 공휴일인 주일 새벽에 일방적으로 공격을 하고나서 선전포고를 하였다. 그리고 일본 모든 방송들은 이날 오전 11시 45분 뉴스시간에 "대일본 제국의 천황은 영국과 미국에 대해서 선전포고를 하였다"고 방송하였다. 일본은 태평양 전쟁을 승리로 이끈 것처럼 계속 방송하였다. 전쟁을 일으킨 6개월간은 홍콩, 싱가포르, 마닐라, 프랑스 영토였던 인도네시아, 뉴기니아, 솔로몬의 여러 섬, 버마

412 김수진, 『황등교회사』, 472-475쪽.

에서부터 동인도까지 쉽게 점령하고 나섰다. 그리고 일본기독교회 대표인 도미타副田滿는 전국 교회 앞으로 목회서신을 발송하였다.

> 우리 일본 국민이 된 기독교인들은 지금 선전의 의의를 양해하고 국가에 충성하며, 국토방위에 전력을 다할 것이며, 비상시국에 처해 있는 우리 기독교인들은 조국 정신계에 중대한 임무가 있으므로 각성하여 조국에 헌신하기를 바라나이다.[413]

일본은 철저하게 태평양 전쟁을 성전으로서 승리해야 한다는 의식을 넣어주기 위해서 교회마다 당회장으로 하여금 시국에 대한 인식을 철저하게 기하도록 교육을 시키고 있었다. 그래서 익산지역에 있는 교회 대표로서 이리중앙교회 계일승[414] 목사와 황등교회 이재봉 목사가 평양장로회신학교에 가서 시국에 대한 교육을 받고 온 일이 있었다. 이 일로 익산군 내에 있는 모든 교인들이 1941년 12월 21일 오후 2시 30분에 시국강연

---

413 김수진, 『한일교회의 역사』(대한기독교서회, 1989), 155쪽.
414 다음은 계일승이 담임목사로 있었던 이리중앙교회가 밝힌 내용이다. 계일승은 1937년 6월 이리중앙교회 전도사로 부임하였다. 1938년 6월 이리중앙교회 담임목사가 되었다. 1942년 1월 일본제국주의의 종교탄압 정책으로 구역기도회가 폐지되고 성종(聖鐘)은 군수품으로 강제 공출을 당하였다. 1943년 5월 일제의 종교정책의 일환으로 조선예수교장로회는 일본기독교 조선장로교단으로 개편됨에 따라 이리중앙교회는 위 교단 전북교구회 이리중앙교회로 간판을 붙이게 되었다. 1943년 9월 탄압이 점차 심해져서 일체 밤 예배를 못 드리게 되었다. 1944년 2월 일제의 종교탄압정책에 의하여 이리중앙교회와 이리제일교회가 강제 합병되어 교회명칭도 이리교회로 명명하고 이리중앙교회에서 함께 예배드리게 되었다. 1944년 3월 계일승 목사는 강제로 추방되고 일본기독교 조선장로교단 명령으로 이상귀 목사가 부임하였다. 『이리중앙교회 홈페이지』, 「인터넷역사관」 검색(2016년 5월 9일 오전 11시 10분) http://irijc.co.kr/y1940; 계일승은 황등교회 이재봉 담임목사가 군산동부교회로 부임(1943년 10월 31일)하게 되어, 담임목사가 공석인 황등교회에 1944년 4월 16일 담임목사로 부임하였다. 계일승은 이리중앙교회와 황등교회 담임목사로 일제강점기의 가장 극심한 탄압의 시기에 두 교회를 섬기면서 말할 수 없는 고난을 겪어야만 하였다.

회에 참석토록 각 교회에 공문을 발송한 일이 있다.

물론 이들의 강연내용과 보고 내용은 알 수 없지만 개별 교회에 보내는 공문에는 일본이 일으켰던 태평양 전쟁을 "대동아성전大東亞聖戰"으로 인식하고 이 전쟁에 모든 기독교인들이 황국신민으로 의무를 다해야 한다는 내용이었다. 이 일은 익산군내에 있는 연합집회로 끝나지 않고, 개별 교회로 이어졌다. 황등교회에서도 일본인 강사로 마쓰야마松山淸, 미소구찌淸口勇, 가끼야마桓山三代治와 미장덕신[415] 목사 등이 강연을 하였다.

도미타는 철저하게 일본식 기독교로서 천황을 절대우상으로 섬기면서 기독교 본래의 본질을 망각해가고 있었다. 이 일로 대다수의 한국교회는 성탄절 행사를 생략하는 교회가 많아졌으며, 황등교회에서도 일본 기독교의 흐름에 따라 간소화한 성탄절 행사를 할 수밖에 없었다. "성탄축하를 절약하여 위문대로 108원을 본면 주재소를 통해서 해군에 헌납하기로 가결하다."[416]

황등면 주재소는 당시로서는 대단한 권력기관에 있었던 지서였으며, 이 지서에 위문금으로 전달했다는 사실은 바로 권력에 의해 마지못해서 했던 일로 여겨진다. 그런가 하면 전국 주일학교연합회는 아예 성탄절 행사를 중지토록 공문을 하달했으며, 그 대신 예수의 탄생을 기해서 특별헌금을 실시해서 국방을 위한 헌금으로 쓰도록 하였다. 그리고 매일 정오正午가 되면 싸이렌을 울려서 성전聖戰에 참여하는 전몰장병戰歿將兵을 위하여 무운장구武運長久를 비는 묵도黙禱가 행해졌으며, 이 무운장구는 철저하게 천황의 군대로 모든 국민의 머릿속 깊이 새겨져 있게 되었다.

이러한 전시체제 속에서 황등교회 교인들은 일제의 강요에 끌려 다니

---

415 이재봉 담임목사가 창씨개명(創氏改名)한 이름이다.
416 『황등교회 제직회회의록』제1권, 167쪽을 김수진, 『황등교회 60년사』, 119쪽에서 재인용.

다보니 교세는 계속 감소하고 있었다. 주일학교에서도 성탄절 행사가 간소하게 진행되자 아이들은 별로 교회에 관심이 없어지게 되었고 역시 감소현상을 가져왔다.

일제는 자신들의 침략전쟁에 적극 참여하는 일을 교회의 사명으로 인식하였다. 일제는 1942년부터는 일본의 개국 신神이라고 할 수 있는 신무神武 천황이 일본을 건국하고 즉위한 날(2월 11일)을 기념하는 날로 기원절起源節[417] 국민봉축천장절奉祝天長節[418]을 실시하게 했으며, 이러한 일들은 하나님에 대한 경배를 가로막는 일이었다. 또한 교회마다 입구에 "국체명징신도실천國體明徵臣道實踐[419]과 동아공적타도미영東亞公敵打倒米英[420]이란 한문으로 쓰인 현수막[421]을 구입해서 걸도록 하였다. 이러한 분위기는 완전

417 제2차 세계대전 이전에는 기원절로 불리다가 이후부터는 건국기념일로 명칭이 바뀌었다. 일제는 기원 2600년인 1940년에는 당시 도쿄와 식민지 등에서 대대적인 행사를 치렀는데, 괴뢰국인 만주국의 황제 부의가 도쿄에 초대되기도 했다.

418 조선일보는 1939년 4월 29일 사설, "봉축천장절"에서 다음과 같은 견해를 밝혔다. "……춘풍이 태탕하고 만화가 방창한 이 시절에 다시 한 번 천장가절(天長佳節)을 맞이함은 억조신서(億兆臣庶)가 경축에 불감(不堪)할 바이다. 성상 폐하께옵서는 옥체가 유강 하시다니 실로 성황성공(誠惶誠恐) 동경동하(同慶同賀)할 바이다. 일년일도 이 반가운 날을 맞이할 때마다 우리는 홍원한 은(恩)과 광대한 인(仁)에 새로운 감격과 경행이 깊어짐을 깨달을 수가 있다. 뿐만 아니라 적성봉공 충과 의를 다하여 일념보국의 확고한 결심을 금할 수가 없는 것이다.……" 라고 하여 당시 일본 국왕 히로히토의 생일(천장절)을 맞아 그 생일을 축하하는 글을 실으면서, 스스로를 낮추는 어미인 "옵"자를 사용하였고, '황공'도 모자라 '성황성공'이라 하며, '경하'도 부족해 '동경동하'라 하고, '충성'이 아니라 '극충극성'(克忠克誠)이라 하며, 일왕을 '지존'(至尊)이라고까지 부르는 등 일왕을 적극 찬양하고 협력하였다. 물론 이 당시에 이런 입장은 《조선일보》만이 아니었고, 많은 언론사와 문화와 학계와 종교계가 친일의 입장을 취하였다.

419 이 말은 일본 천황의 충성스런 백성으로 하나 되어 신하된 도리로서 실천하자는 충성을 강조한 것이다.

420 이 말은 동아시아 모두가 공동의 적인 미국과 영국을 타도하자고 한 것이다. 일제는 미국을 낮게 보는 의미로 지금 우리나라가 미국을 높게 여기면서 쓰는 미국(美國)이라고 쓰지 않고, 미국(米國)이라고 썼다.

421 현수막은 선전 문구 따위를 써서 위에서 아래로 내려 드리운 선전막을 가리키는 말이다. 선전막에는 가로로 거는 것과 세로로 길게 거는 두 종류가 있는데, 가로로 거는 것은 '플래카드'라 하고 세로로 길게 거는 것은 '현수막'이라 한다. 현수(懸垂)는 '아래로 매달려 드리워짐'이란 뜻이다. 이 당시는 세로로 내려서 한 것이니 현수막이 맞는 말이다.

히 교회로 하여금 전시체제戰時體制에 돌입했다는 인상을 깊게 주기도 하였다.

일장기日章旗를 국기國旗라 하여 교회당 내 강단 옆에 게양하기로 제직회에서 결의를 하였다. 이러한 일은 제직회에서 결의할 성질도 되지 않지만 스스로 결의하도록 일본 경찰이 강압적으로 유도하였다. 또 농촌지방에서는 유일한 시계의 역할을 했던 황등교회 종까지 빼앗아 가고 말았다.[422]

그리고 각 가정마다 가미다나神棚[423]를 설치해 놓게 하고는 매일 아침마다 황군의 승리를 기원하는 일을 행하도록 강요하고 나섰다. 가미다나는 보통 작은 찬장이나 선반으로 이루어지며 숭배물을 올려놓거나 매일 제물을 갈아 놓는다. 한가운데에는 이세 신궁伊勢神宮에서 주는 글귀가 새겨진 부적 다이마大麻를 놓는데 이것이 가미를 상징한다. 양쪽에는 지방의 수호신인 우지가미氏神나 조상신과 관련된 종이부적인 오후다お札를 놓는다. 또한 전통적으로 신성한 곳임을 구별하는 데 사용되어 왔던 성스러운 밧줄인 시메나와標繩가 쳐져 있으며 이것은 볏짚을 꼬아서 만든 것이다. 가미다나에는 매일 물·술·음식물·나뭇가지가 놓이며 사람들은 여기서 집안의 평안을 기원한다. 가미다나를 모시고 있는 일본의 가정은 때로 부쓰단佛壇을 함께 모시기도 한다. 한국인의 모든 성씨를 빼앗아 갔던 일제

---

422 이것이 종의 수난사 첫번째로 이 때 교회 종이 빼앗길 게 뻔하기에 자진해서 납부하고 말았다. 만일 그렇게 하지 않으면 무슨 봉변을 당할지 모르는 시대로 당시는 전시체제였다. 『황등교회 당회록』제1권, 92쪽에 보면 "이 종은 총 중량이 16관 320돈, 종탑 철은 21관 240돈이었다." 김수진, 『황등교회 60년사』, 131쪽에서 재인용.

423 가미다나(神棚, かみだな)는 신토 제의에서 사용되는 도구로, 가정이나 사무실 등에서 가미를 모시기 위한 선반 또는 제물상이다. 일종의 소형 사당이라고 볼 수 있다. 천정 근처에 남쪽이나 동쪽을 바라보도록 높이 설치하고 부적을 모셔둔다. 선반은 신구라고 불리는 여러 가지 도구로 장식한다. 신구는 거울, 등, 장식 술병 등이며 가정마다 길조를 바라는 다양한 물건을 덧붙이는 경우도 드물지 않다. 일제는 각 가정마다 일본을 개국한 아마데라스오호미가미(あまてらすおほみかみ, 天照大神) 신패를 만들어 섬기게 강요하였다.

는 다시 한국교회의 이름마저 빼앗아 가고 완전히 일본 기독교회로 예속
시켜버렸다.

더욱 기독교는 일선기독교 일체화란 정책에 의하여 한국에 있는 장로교회
의 독자성을 말살하고 일본기독교회에 내속하는 교파로 만들었다. 1943년
5월 4일 서울 서대문 피어선 성서학원 내에 있는 장로교회 총회 사무실에서
제 31차 총회에서 선출한 상치위원 및 중앙상치위원들이 모여서 당시 총회
장 김응순 목사의 사회로 회의가 진행되었다.[424]

1943년 5월 7일 조선야소교장로회 총회가 해산되고 일본기독교조선장
로교단이 출범하면서 지역 교회까지 간판을 바꾸도록 명령을 내렸다. 이
러한 일로 황등교회도 '일본기독교조선장로교단 황등교회'로 간판이 바
뀌었다. 또한 당회록 등의 문서도 일본어로 쓰게 하였다. 일본어를 국어로
사용하면서부터 교회 내에 대부분의 여신도들은 어려움을 느끼게 되었
다. 당회에서는 이들의 일본어 해독을 위해서 부인야학당을 설립 운영키
로 하였다.
일본은 젊은 청년학도들을 일본 전쟁의 총알받이로 전선으로 끌고 갔
다. 이 때 한국교회는 이 모든 것을 일본 천황의 은혜로 알고 감사 예배를
서슴없이 거행한 일도 있었다.

"징병제 실시에 따라 전 조선에 순국 지성의 열화가 불일 듯한 가운데 경성
기독교도 천여 명은 11일 오후 8시부터 승동예배당에 참집하여 창무 조선
군 보도부장, 고미 성대교수 등이 임석한 가운데, 징병제 시행 감사 전 경성

424 김수진, 『한일교회의 역사』, 120쪽.

신도대회를 열어 진충보국의 결의를 보이고 동시에 전 조선 7백만 청년들에게 용진 분투할 것을 웨쳤다.[425]

이러한 모임에 참석했던 많은 사람들 중에는 1919년 3·1 운동 시 33인의 대표 중 한 사람이었던 감리교회 대표 정춘수 목사도 있었다. 정춘수는 창씨개명禾谷春洙을 하고 이날 개회사를 담당하였다. 그리고 장로교회 대표로 서울 연동교회 전필순 목사는 징병제에 대한 감사의 기도를 하였다. 이 자리에는 장로교회 대표로 김영주 목사, 감리교회 대표로 박연서 목사, 성결교회 대표로 이건 목사, 구세군의 대표로 사까로도板本雷次 등이 참석하여 감격스러운 말로 치사致辭를 남겼다.

대동아전쟁하 무적 황군은 연전연승 세계 전쟁사상 무이의 혁혁한 무훈을 세우고 있는 바 이 때를 당하여 반도 2천 4백만 민중이 다년 열망하여 마지않던 징병제도를 실시하기로 결정하옵신 황은의 홍대무변하옵심에 오직 감사감격에 부심함. 아등은 익익 내선일체 진충보국의 실을 거두어 정전관철에 매진하여 맹세코 황은에 보답할 것을 기함.[426]

이러한 선언문은 1942년 5월 27일 오전 11시 전북으로도 이어져 줄포성결교회당에 모인 신도들에 의해서 이루어졌다. 이런 수치의 역사가 황등교회에도 다가오고 있었다. "징병실시 감사 필승기원의 예배회를 8월 1일 오전 11시부터 개회하기로 결정하다."[427]

이미 중앙과 다른 지역에서는 1942년에 감사예배가 실시되고 있었지

425 《기독교신문》 (소화 17년 5월 13일)을 김수진, 『황등교회 60년사』, 121쪽에서 재인용.
426 《기독교신문》 (소화 17년 8월 10일)을 김수진, 『황등교회 60년사』, 122쪽에서 재인용.
427 『황등교회당회록』 (제1권) 109쪽을 김수진, 『황등교회 60년사』, 122쪽에서 재인용.

만 황등교회는 1년이 지난 1943년 8월 1일 황등예배당에서 실시되었다. 이 어려운 때 이재봉 목사는 황등교회를 사임하고 군산동부교회로 부임하게 되었고, 이 일로 황등교회는 엎친 데 덮친 격으로 담임목사가 없는 시기를 겪어야만하였다. 그렇지 않아도 식민지의 통치에 시달리고 또 일본의 야만적인 침략전쟁 때문에 시달리고 있는 황등교회로서는 담임목사가 없이 신앙생활을 해야 하는 불안한 시기였다. 사실 이재봉 목사는 일제에 의해 강제로 군산노회가 해체될 때 노회장으로서 가슴이 아팠다. 그리고 일본기독교조선장로교단 전북교구가 출범하자 전북교구 부교장이란 이름을 갖고 과거 군산노회 경내에 있는 교회를 돌봐야 만하는 처지였다.

●●●●●●
강압적인 동련교회와 통폐합

일제는 각 지역마다 한 개의 교회만 허락하고 모두 통폐합해 버렸다. 이 일로 1944년 4월 3일 황등지역에도 황등교회와 동련교회가 통폐합되었다.[428] 이 날은 두 교회 역사에서 비극이었다. 그런데 이 날에 대한 두 교회의 역사서술에서 차이가 드러난다.

김수진은 『황등교회 60년사』에서 '합동'[429]이라고 쓰고 있고, 연규홍은 『예수꾼의 뚝심』에서 '병합'[430]이라고 쓰고 있다. 합동合同은 여럿이 모여 행동이나 일을 함께함을 말한다. 이 경우 두 기관이 대등되게 하나가 됨을

428 오윤태, 『일한그리스도교류사』(동경: 신교출판사, 1968), 267쪽을 김수진, 126쪽에서 재인용.
429 김수진, 『황등교회 60년사』, 127쪽.
430 연규홍, 위의 책, 89쪽.

말한다. 용어는 현재 대한예수교장로회(합동)측이 사용하는 용어이다. 병합併合은 둘 이상의 조직이나 사물을 하나로 합침의 의미이다. 이 용어는 흡수의 의미가 있다. 김수진이 말한 합동은 자발적으로 두 교회가 연합한 듯한 느낌이 든다. 그러나 분명 두 교회는 자발적인 연합으로 하나가 된 것이 아니었다. 강제로 통폐합되었다. 그러면서 황등교회라는 이름과 황등교회당은 남고, 동련교회라는 이름과 동련교회당은 없어졌다. 그러니 합동이란 용어라기보다는 황등교회로 동련교회가 흡수된 양상이다. 그러므로 동련교회 입장에서는 합동이란 용어는 불편감을 줄 수도 있다. 연규홍은 동련교회가 민족의식이 강한 교회임을 강조하는 역사관을 분명히 하였다. 두 교회가 대등되게 자발적으로 하나가 된 것이 아니기에 김수진의 책을 보고 의도적으로 이 용어를 다르게 쓴 것으로 보인다.[431] 실제로 김수진의 책에서 이 부분이 간략히 처리된 것과 달리 연규홍의 책에서는 이를 중요하게 다룬 측면이 있다.

> 정식 당회의 의결도 없이 일방적인 일제의 지시에 의해 교회는 다음과 같은 결정을 내려야만 했다. "소화昭和 19년 3월 31일, 동련교회는 시국하時局下에 의依하여 황등교회와 병합한 바 교인 및 모든 재산까지 합하되 현재 직원은 그대로 임무를 대帶하고 병합하라."[432] 당회록 한 구석에 적혀 있는 기록이다. 무엇 때문에 일제는 동련교회의 문을 닫게 하고 황등교회와 합하게 하였는가?[433]

---

431 연규홍은 김수진이 『황등교회 60년사』(1989년)를 쓴 이후 3년 후인 1992년에 『예수꾼의 똑심-동련교회 90년사』를 동련교회측으로부터 의뢰받아 집필하였다. 실제로 연규홍이 김수진의 선행연구를 봤음을 밝혔다. 연규홍의 책 34쪽에서 김수진·한인수, 『한국기독교교회사-호남편』(대한예수교장로회 총회교육부, 1979), 165쪽을 언급했다. 또한 102쪽과 171쪽에서 김수진, 『황등교회 60년사』를 봤음을 드러내고 있다.
432 『당회록』2권, 33쪽 참조를 연규홍, 위의 책, 89쪽.
433 『대한예수교장로회군산노회노회록』, 77쪽을 연규홍, 위의 책, 89쪽 재인용.

이처럼 『당회록』한 구석에 적힌 내용을 드러내면서 당시의 비극을 드러내었다. 김수진은 일제가 한 지역에 한 교회만 두게 한 것이기에 어쩔 수 없어 두 교회의 통폐합이 이루어졌다고 한 것을 연규홍은 그대로 수용하지 않고 일제의 음흉한 의도로 동련교회가 폐쇄된 것으로 표현하고 있다.

여기에서 우리는 기록상으로 남아 있는 것은 없을지라도 그 당시 주위의 다른 교회와 달리 일찍부터 계동학교를 중심한 민족교육에 힘을 써왔던 일과 기독교의 복음 전파와 신앙적 실천에 앞서 나갔던 때문이다. 그러므로 우리 교회는 주위의 큰 교회들에 비하면 그 규모나 수가 적었지만 신앙적 열심과 헌신에서 이미 소문이 나 있던 교회였다. 교인 수는 몇 안 되었지만(120명) 선교사들도 놀랄 정도로 배움과 실천에서 인정과 존경을 받았다. 그러므로 일제는 동련교회는 그들의 기독교 박해의 일차적 대상이었던 것이고, 또 그러한 박해의 상징으로 폐쇄 조치를 감행했던 것이다.[434]

이어지는 연규홍의 서술은 동련교회가 이 비극을 통탄해 하면서 정든 교회당을 떠나 황등교회당으로 가서 예배드리게 되었는지를 드러내고 있다. 동련교회 교인들은 일제가 강제로 실시한 통폐합에 거부하면서, 교회 생활을 접고 일부만 황등교회당으로 예배드리러 갔다고 하였다.

교회는 1944년 3월 26일 마지막 예배를 드렸다. 김형기 집사의 대표기도 속에서 교인들은 끊임없이 솟아오르는 분노와 슬픔을 속으로 삭이며 눈물을 머금었다. 그리고 이 어둠의 세력이 물러가고 빛과 자유의 새날을 하염없이 기대할 수밖에 없었다. 교인들은 예배를 얼마나 드릴지 모르는 이 흩어짐의

---

434 연규홍, 위의 책, 90쪽.

아쉬움과 함께 치욕스런 그날의 아픔을 잊지 말고 '교회해산 기념 촬영'을 하였다. 명목상 동련교회는 없어졌다. 아니 영원히 없어진 것 같았다. 교회 건물이 그대로 남아 있긴 했어도 예배를 드릴 수 없었고 일부만 계동학교 학생들의 교실로 쓰고 있었다. 많은 이들이 교회 생활을 중단하였다. 일부만이 황등교회와 병합된 예배에 참석하였다. 참으로 이 때 동련교회는 마시기 어려운 고난의 잔을 받을 수밖에 없었다.[435]

또 하나 생각나는 것은 일제 말에 우리 동련교회의 해산 기념일(?)이 합당한지는 모르지만 거기에 그렇게 기록되어 있는데, 그 무렵에 우리 교인들이 많은 상처를 입었어요. 정든 우리 교회, 역사 깊은 우리 교회를 버려두고 동련교회에서 갈려나간 황등교회로 합친다는 것은 사실 말도 안 됐지요. 일본 놈들의 억압에 못 이겨서 우리 교회가 해산되었던 그 때 그 상황을 감히 짐작해 보면 기가 막힙니다. 그 때 저는 황등교회에 집사로 가서 조금 있었습니다. 몇 주일은 마음이 아파서 교회에 나가지 못했어요.[436]

이처럼 비극적인 두 교회의 통폐합을 바라보는 입장이 다르다. 이는 어쩌면 통폐합의 피해를 체감體感함이 두 교회의 입장과 상황이 다르기 때문일 수 있다. 사실 황등교회는 손해 볼 게 없었다. 교회 이름도 통폐합되면서 두 교회 이름이 아닌 새로운 이름으로 한 것도 아니고, 장소도 그렇다. 황등교회라는 이름에 황등교회당에 동련교회 교인들이 흡수되어 오는 상황이었다. 그러나 동련교회 입장에서는 결코 합동이나 연합이나 통합이 아니었다. 일제의 강압에 어쩔 수 없이 교회 이름과 교회당이 없어진 것이다. 이런 점에서 김수진이 당시 『황등교회 당회록』을 인용하면서 쓴 '합

---

435 연규홍, 위의 책, 90-91쪽.
436 노영재 장로의 증언, 연규홍, 위의 책, 240쪽.

동'이라는 용어는 적절하지 않다고 본다.

그러나 서술자는 병합이라는 용어도 적합하지 않다고 본다. 물론 병합이 연규홍이 처음 쓴 게 아니고 동련교회 당회에서 공식적으로 쓴 용어이기에 타당한 측면이 있다고 본다. 그러나 엄밀히 말하면 병합은 좀 지나친 측면이 있다. 1910년 8월 29일, 대한제국은 '일한병합조약'에 의해 패망하고 말았다. 그 조약문의 내용이다. "호상 행복을 증진하여 동양 평화를 영구히 확보하기 위해 한국을 일본국에 병합함에…" 그러니 일본이 한국을 병합한 것이다. 그러므로 '한일병합'이란 말은 주어와 목적어가 뒤바뀌었다. 우리나라가 앞자리에 온다고 무조건 좋은 것이 아니다. 한때, '한일합방'이라는 용어를 교과서에서 가르쳤다. '합방合邦' 역시 그리 다르지 않다. 대등한 위치에서 두 나라가 합친다는 뉘앙스가 있긴 하지만, 사건의 본질을 호도하는 표현이다. 우리는 나라를 잃었다. 나라 사이에 득실이 있었던 일을 가리키는 역사 용어는 두 나라에서 같은 표현이 될 수가 없다. 한 쪽이 승전이면 다른 쪽은 패전이다. 일본이 한국을 병합했으면 한국은 일본에게 나라를 잃은失國 것이다. '일한병합'에 대응하는 우리나라의 역사 용어가 '경술국치庚戌國恥'이다. '일한병합'은 제국주의 일본의 야욕을 담고 있는 말이고, '경술국치'는 나라 잃은 우리 겨레의 부끄러움을 담고 있는 말이다. 병합은 한 쪽이 다른 쪽을 흡수한 것이다. 물론 당시 두 교회가 강제로 합쳐지면서 황등교회는 남고 동련교회는 없어졌다.

그러나 이는 황등교회가 일제에 더 가까워서가 아니었다. 황등교회가 주도적인 역할을 하고 동련교회도 부수적인 역할을 하는 형태로 합쳐진 것도 아니었다. 황등교회 교인이나 동련교회 교인이나 모두 같은 처지였다. 1944년 1월 9일 두 교회의 임시주관자는 황등교회 측이 아닌 동련교회 주관자인 양윤묵(창씨개명 이름: 浪本友三良) 목사가 겸임으로 주재하였다.[437] 양윤묵 목사는 동련교회에서 고맙게 생각하는 사람이다.

> 이 때 우리 교회에 와서 교회를 위로하고 설교를 해준 공동당회장은 양윤묵 목사였다. 그는 일찍이 평양신학교를 졸업하였으나 어수선한 나라의 형편을 바라보고 목회의 길을 떠나 이리에서 조그마한 개인 사업을 벌이던 차 본교회에 와서 주일 예배를 인도하여 주게 되었다. 비록 잠시 동안이었지만 이 어려운 시절에 우리 교회의 예배를 주관하여 말씀의 양식을 나누어 주었다는 것은 고맙게 기억될 일이다.[438]

나라 잃은 처지에서 강제로 합쳐진 같은 입장이었고, 황등교회는 동련교회에서 분립한 교회였다. 황등교회에서 동련교회 교인들을 홀대하지도 않았다. 이날 참석한 당회원은 황등교회에서 담임목사인 계승일[439] 목사와 계원식 장로, 김희갑 장로, 변영수 장로, 오일봉 장로였으며, 동련교회에서는 박석동 장로, 황계년 장로가 참석하였으며, 이 때 당회 서기는 동련교회의 박석동 장로가 선임되었다. 황등교회와 동련교회가 통폐합하면서부터 당회란 말을 사용하지 않고 장로회란 말로 표현하게 되었으며, 당회장도 의장으로 불리게 되었다. 이렇게 동련교회와 황등교회가 통폐합되면서 일제의 탄압은 가중되었으며, 두 교회가 통폐합하는 일은 스스로 결정한 일이 아니었지만 이 일의 기념으로 국방헌금으로 50원을 헌납하는 부끄러운 일도 있었다.[440]

437 『2016 황등교회 요람』, 2쪽.
438 연규홍, 위의 책, 89쪽.
439 계일승 목사는 창씨개명을 하지 않는 방법으로 자신의 이름을 일승에서 승일로 바꿔 사용하였다. 이는 그의 동생 계이승도 마찬가지였다.
440 『황등교회 당회록』제2권(1942~1954) 1쪽을 김수진, 『황등교회 60년사』, 127쪽에서 재인용.

동련교회는 황등교회의 모#교회이다. 다만 황등교회가 상대적으로 더 크기에 두 교회가 합쳐졌을 때 모이기가 수월하였고, 위치적으로도 황등 시장터에 위치한 황등교회가 모이기에 수월하였다. 물론 일제가 보기에 는 자신들이 쉽게 접근하기 좋은 위치이고 한 곳에 모아놓고 감시하기에 수월한 것은 사실이다.

아무튼 서술자는 두 선행연구자의 용어 중 어느 것을 따른다는 게 조심 스럽다고 생각하였다. 그렇다고 '통합統合'이라고 하기에도 애매하다고 생 각하였다. 통합이 통폐합의 준말이고, 황등교회가 속한 교단명이기에 언 뜻 좋아 보이나 분명 이 말도 합동과 유사한 말이다. 더욱이 황등교회가 속한 교단명이기에 동련교회 입장에서는 합동보다 더 받아들이기 불편할 수 있다. 동련교회 입장에서는 합동, 통합이 아니다. 연합도 합동과 같은 개념으로 적합하지 않다고 생각하였다.

서술자는 고민 끝에 적절하지는 않지만 '통폐합'이라는 용어를 쓴다. 이 용어는 강제로 합쳤다는 느낌이 있어 일제의 만행을 드러내는 의미가 드러나는 것 같다. 또한 1980년 이른바 '신군부'가 들어서면서 당시 언론 을 통제하기 위해 강제로 '언론통폐합'[441]한 만행을 연상시키기도 한다.

441 1980년 6월 전두환을 비롯한 신군부 세력은 언론을 장악하기 위하여 '언론계 정화계 획'을 수립한 뒤 같은 해 11월 이른바 '언론 창달 계획' 아래 전국의 64개 언론사를 신문 사 14개, 방송사 3개, 통신사 1개로 강제 재편했다. 1980년 11월 신군부 측은 허문도 대 통령 정무 비서관, 이광표 문공부 장관, 이상재 보안사 언론 대책반장, 김충우 보안사 대공처장 등을 내세워 언론사를 강제로 통폐합하는 작업에 들어갔다. 그 결과 '1도 1사' 의 강제 조치에 따라, 부산의 대표적인 야당 성향의 신문이자 전국 4대 일간지의 하나였 던 국제신문이 부산일보에 흡수 통합되었다. 이를 실행하기 위해 1980년 11월 12일 보 안사는 언론사 사주들을 사무실에 감금한 뒤 포기 각서를 받아냈다. 국제신문 정순민 사장은 보안사 부산 지구대 정보과장실로 연행돼 6시간 동안 강압적인 분위기 속에서 경영권 포기를 강요받았다. 정 사장은 "회사 경영 상태로 보나 신문 판매 부수로 보나, 어떻게 전국 4대지인 국제신문이 약세인 부산일보에 흡수돼야 하는가"며 버텼으나 끝 내 포기 각서를 쓸 수밖에 없었다. 같은 시간 서울 보안사령부에서도 구자경 국제신문 발행인이 보안사의 강요에 의해 경영권 포기 각서를 쓰고 말았다. 그로부터 7일이 지난 11월 19일 250억 원에 달했던 자산을 가진 국제신문은 7억 9000여 만 원의 헐값에 부산

주목할 것은 김수진이 합동이란 용어를 쓴 것과 달리 오늘날 황등교회는 이를 통폐합이라고 쓰고 있다. "일제 탄압으로 황등교회와 동련교회 통폐합, 예배는 황등교회에서 드림"[442] 동련교회 역사에서 가슴 아픈 일을 서술하면서 동련교회가 쓴 병합을 쓰지 않고 적절한 용어를 찾지 못해 일단 통폐합이라는 용어를 사용한 것에 너그러운 양해를 구한다. 차후 이 용어에 대한 문제제기를 서술자는 겸허히 수용할 의사가 있으며 동련교회와 황등교회 역사를 다시 쓸 때 이 용어에 대한 고민이 있기를 바란다.

황등교회와 동련교회가 통폐합되면서부터 '당회'란 말을 사용하지 못하고 '장로회'란 말로 표현되었으며, '당회장'도 '의장'으로 불러야만 되었다.[443] 이렇게 동련교회와 황등교회가 통폐합될 정도로 일제의 탄압은 심화되어 갔다. 더욱이 두 교회가 통폐합하는 일은 스스로 결정한 일이 아니었는데 이를 기념해서 국방헌금으로 50원을 헌납해야만 하는 일도 있었다.

통폐합된 황등교회는 일제의 강압으로 모든 예배를 일주일에 1회로 제한해서 운영할 수밖에 없었다. 주일 오전에 예배를 마치고, 오후에는 노력봉사에 참여토록 강요받았다. 1945년 6월 17일부터는 주일예배를 밤으로

일보에 인수되었다. 신군부의 언론통폐합 대상이 된 45개 언론사들은 1980년 11월 17일 사고(社告)를 통해 독자들에게 통폐합 사실을 알렸고, 30일까지 모든 통폐합 작업은 당국에 의해 마무리되었다. 이로써 12월 1일부터 새로이 개편된 언론 구조가 출범하였다. 하지만 2011년 '진실화해를 위한 과거사정리위원회'(약칭: 진실화해위원회 또는 진화위)는 제5공화국 당시 신군부가 정권을 장악할 목적으로 언론 통폐합 사건에 관여했다는 사실을 밝혀냈다. 전두환 등 신군부 측이 단행한 언론 통폐합 조치는 언론 구조 개선이란 미명 아래 신문과 방송, 통신사 등 언론 매체를 강제로 통폐합하여 신군부 세력의 내란 완성을 위해 치밀하게 추진한 집권 시나리오의 일부로 밝혀졌다.

442 『2016 황등교회 요람』, 2쪽.

443 김수진의 표현은 국어적인 의미로 문제가 있다. 두 교회는 자발적으로 합쳐진 게 아니기에 "합동해서"라는 표현은 적절하지 않다. 하다는 자발적·주체적인 행동을 뜻한다. 이 경우는 강제로 해야만하였기에 '되다'는 수동적인 표현이 적절하다고 본다. 김수진, 『황등교회 60년사』, 127쪽.

실시했던 일도 있었다.

또한 일제는 수많은 젊은 청년들을 탄광으로 또 남양군도지방으로 끌어갔다. 당시 황등교회 청년 노상열은 일본으로, 이창호는 마산으로, 김한석과 장홍갑과 김판봉은 군속軍屬으로 끌려갔다. 이들은 남양군도로 끌려갔으며, 해방 후에 모두 귀국하였다. 1944년 9월 14일에 전북에서만도 6천명이 징용으로 끌려갈 때 각 역마다, 도시마다 대대적인 환송회를 가졌다. 이 때 황등교회 관악대도 일제의 억압에 못 이겨 동원되어 이들을 보내는 환송회에서 연주를 했다.

당시 황등교회 청년들은 징용으로 또 지원병으로 끌려가는 것이 두려워서 황등우체국에 근무하고 있던 옥판석을 통해서 봉기성, 전기년, 김영일, 조금동 등이 우체국의 보험 수금 임시직원으로 취직해서 징용을 면할 수 있었다. 당시 황등 우체국장으로 있던 일본인 후꾸다福田安次郎는 정직한 사람으로 황등지역 청년들에게 전쟁의 실상을 바르게 일러 주었다. 그것은 일본이 전쟁에서 이길 수 없다는 말이었다. 이 말을 들었던 임시직원들은 혹시나 자신들에게도 징용장이 발부될지 모른다는 두려움으로 그 길로 도피생활을 하면서 일본의 패망을 기다렸고 살아남을 수 있었다.

●●●●●●●
굽히지 않은 황등교회의 저력

〉〉〉 평신도지도력의 힘, 무담임목사 시대 극복

황등교회는 일제의 탄압이 가중되는 상황에 담임목사마저 없었다. 부득이 동련교회에서 설교 목사로 이리시내에서 왕래했던 양윤묵 목사가 동련교회와 황등교회의 임시당회장을 맡았고, 성찬식을 베풀 때만 황등교회에 방문하여 당회를 주관하였다. 황등교회는 담임목사가 없는 상황이었지만 나름대로 교인들의 신앙적 역량이 축적되어 왔기에 이를 자체에서 해결해나가는 저력底力을 발휘할 수 있었다. 자체적인 기준을 설정해서 예배를 주관한 것은 놀라운 일이다. 주일 오전 예배, 주일 오후 예배, 또 4일 예배[444] 담당자를 미리 배정하고 예배를 인도할 수 있도록 하였다. 예배를 담당할 장로와 집사들에게는 설교가 무엇인가를 간단하게 안내를 하기도 하였다. 그 내용은 "성경으로 완전한 기초를 세우고, 죄에서 구원하는 주의로, 인심을 감동시키도록, 법칙이 분명한가."였다.[445]

그런가 하면 설교에 대해서 신학적 배경이 없는 교인들이 잘못을 범하게 되면 교회 내에 큰 오류를 범할 수 있기에 설교의 기준도 설정하였다. 성경에 기초를 두고 설교하기 위해, 성경본문을 위주로 설교를 해야 한다는 몇가지 방법을 제시하였다.

> 본문을 수십 차례 숙독하고 참고서를 대조하며, 성신(성령)의 지시를 간구하는 긔도 중에서, 제목이 본문에 적당하도록, 대소지가 서고 련략하게 (쌍동이식이 없도록)[446], 알아 듣기 쉬운 말로, 청중의 실지생활을 빛최여서, 열심히 설명하다가 무결 속에 긋치나니, 결말은 설교 전편을 간단히

444 4일 예배는 목요일밤 기도회를 말한다. 황등교회는 1921년 10월 13일 황등 기성의원에서 4일 기도회로 시작한 교회로 모여서 기도하는 일을 중요하게 여긴 교회의 전통이 있다. 4일 예배는 이 당시는 목회자가 부족하여 목회자들이 여러 교회를 담임하고 있었기 때문에 1928년까지의 목요일밤 기도회를 실시하다가 1930년부터는 수요일밤 예배를 진행하였다. 김수진, 『황등교회 60년사』, 123쪽에서 언급한 1938년은 오기로 보인다. 1928년이 맞다.
445 『황등교회 인도규칙』(1939년도) 참조를 김수진, 『황등교회 60년사』, 123쪽에서 재인용; 이 내용은 누가 작성한 것인지를 알 수 없지만 나름 규칙을 정해서 목회자 대신 예배가 지속되게 한 것은 놀라운 일이다.
446 '중복되지 않고 연결이 매끄럽게 되도록'이라는 말이다.

총괄함.[447]

이상의 원칙을 두고 설교를 한 황등교회 교인들은 계원식 장로를 비롯해서 김희갑 장로, 오일봉 장로, 변영수 집사, 계이승 집사, 강성주 전도사가 순서를 정해서 진행하였다. 강성주 전도사는 비록 황등교회 전도사였지만 동련교회 그리고 그 외에 목회자가 없는 교회에 가서 자주 설교를 해야 했기 때문에 황등교회를 전담해서 설교를 할 수 없었다. 또한 4일 예배는 주로 집사들이 중심해서 예배를 인도하였다. 이에는 노준기, 박인석, 최영식, 김삼록, 최기장 등이었다.

1940년에는 7월 28일 주일부터 12월 5일 주일까지 윤번제로 예배를 인도하도록 하였다. 이 때 담당 순서는 오전 예배는 강성주 전도사를 비롯해서 계원식 장로, 김희갑 장로, 오일봉 장로, 변영수 집사, 계이승 집사 등이었으며, 오후 예배는 장인수 집사, 김창무 집사, 박인석 집사, 임시혁 집사, 또 3일기도회(수요일밤 기도회)는 전종진 집사 등 여러 교인들이 예배를 인도하면서 자신의 신앙도 키워갈 수 있었다.

황등교회 당회는 일꾼을 키우겠다는 일념으로 여러 제직들에게 성경공부와 기도훈련을 시켰다. 이는 일제의 탄압이 가속화 되는 현실에 굳건한 믿음이 아니면 교회를 지킬 수 없다고 판단한 이유에서였다. 이런 이유로 성경을 가르칠 수 있는 장년주일학교가 아주 활발하게 진행되었다. 이재봉 목사는 부임하자 장년부 교사들을 매주 토요일 밤마다 가르쳤다. 또한 황등교회는 각 구역에서 교인들의 실제적인 신앙과 삶을 실질적으로 관리하는 권찰勸察[448] 조직을 잘 관리하였다. 그때 황등교회 당회에서는 권

447 『황등교회 인도규칙』(1939년도) 참조를 김수진, 『황등교회 60년사』, 123쪽에서 재인용.
448 황등교회는 구역 조직이 체계적으로 편재되어 있었고 이들 구역은 구역을 관장하는 장

찰 준수사항을 만들어서 모든 권찰들에게 나누어 주고 또한 교육을 시키기도 하였다. 그 당시 황등교회 당회가 만든 권찰 7개의 강령과 6개의 규칙을 보면, 매우 체계적이고 실제적임을 알 수 있다.

강령

1. 항상 자기를 위하여 기도하고, 교역자 위하여 기도하라[449]

2. 게으르지 말고 열심을 품어 주를 섬기라[450]

3. 성경 읽는 것과 권하는 것과 가르치는 것을 힘쓰라.[451]

4. 이웃 사랑하기를 자기 몸과 같이 하라.[452]

5. 즐거워하는 자로 함께 즐거워하고, 우는 자로 힘껏 울라.[453]

6. 모든 사람 앞에서 선행을 예뻐하라.[454]

7. 두루 사람들과 서로 화목하라.[455]

로나 집사들도 그 역할을 충실히 해냈지만 여자교인들로 임명된 권찰들의 역할이 컸다. 권찰은 대개 젊은 여자 교인들로 임명되는데 이들은 교인들의 가정 구석구석까지 파악하면서 가정의 대소사를 챙겼다. 황등교회는 권찰교육을 철저히 하고, 그들이 지킬 강령과 규칙을 가르쳤다. 김수진은 권찰을 작은 목회자, 세포조직이라고 평가하였다. 김수진, 『황등교회 60년사』, 124쪽.
449 기도를 계속하고 기도에 감사함으로 깨어 있으라, 또한 우리를 위하여 기도하되 하나님이 전도할 문을 우리에게 열어 주사 그리스도의 비밀을 말하게 하시기를 구하라 내가 이 일 때문에 매임을 당하였노라(골로새서 4장 2-3절).
450 부지런하여 게으르지 말고 열심을 품고 주를 섬기라(로마서 12장 11절).
451 내가 이를 때까지 읽는 것과 권하는 것과 가르치는 것에 전념하라(디모데전서 4장 13절).
452 간음하지 말라, 살인하지 말라, 도둑질하지 말라, 탐내지 말라 한 것과 그 외에 다른 계명이 있을지라도 네 이웃을 네 자신과 같이 사랑하라 하신 그 말씀 가운데 다 들었느니라(로마서 13장 9절).
453 즐거워하는 자들과 함께 즐거워하고 우는 자들과 함께 울라(로마서 12장 15절).
454 아무에게도 악을 악으로 갚지 말고 모든 사람 앞에서 선한 일을 도모하라(로마서 12장 17절).
455 할 수 있거든 너희로서는 모든 사람과 더불어 화목하라(로마서 12장 18절).

규칙

1. 각 권찰은 맡은 구역에서 6일마다 반드시 호별 심방하여 구역상황을 보고서에 기록.

2. 6일 심방할 때, 성경통신과를 반드시 유의할 것.

3. 주일 아침에 보고서와 수합한 성경통신과를 본회 회장에게 접수할 것.

4. 주일 오후에는 유고[456]한 가정을 다른 구역 권찰과 연합해서 심방할 것.

5. 급한 사고는 어느 때를 물론하고 속히 당회에 보고할 것.

6. 매일 오정(오전 12시)에 각 권찰은 자기 구역원을 위해서 기도할 것.

이처럼 권찰들의 활동은 놀라웠다. 이들의 강령과 규칙에서 잘 알 수 있듯이 각자 맡겨진 권찰의 임무수행이 일제의 그 무서운 탄압에서도 구역원을 열심히 돌보았던 관계로 황등교회가 살아남을 수 있었다.

황등교회는 교육 장소로 안성맞춤으로 여겨졌다. 이런 이유로 군산동북지방 제1회 제직대사경회가 1935년 12월 1일 밤부터 8일 저녁까지 한 주간 개최되기도 하였다. 이 때 제직사경회 강사로 강병주 목사가 담당하였고, 음악강사로 황등교회 계이승 집사가 담당하였다. 새벽기도회와 저녁 시간에 성경연구, 주일학교 교육, 음악(찬송)교육이 펼쳐졌다. 이 행사는 종교시보사 옥구지국이 주최하고, 황등교회와 기독신보 이리지국이 후원하였다.[457] 1936년 8월 17일에는 군산동북지방 주최 사경회가 조신일 목사 초청으로 황등교회에서 열렸고 각 가정에서 민박을 제공하였다.[458]

---

456 유고(有故)는 특별한 사정이나 상황이 발생한 것을 말하는 것으로 구역원 집안에 큰 슬픔을 당한 일이 있거나 할 때는 혼자보다는 연합해서 심방을 가서 같이 위로하라는 것이다.

457 김수진, 『황등교회 60년사』, 92쪽.

458 김수진, 『황등교회 60년사』, 471쪽.

황등교회는 매년 부흥사경회를 개최하여 평신도 교육을 실시하였다. 부흥사경회는 오전에는 평신도를 대상으로 성경공부를 가르쳤고, 오후에는 주일학교 교사를 대상으로 교육하였다. 밤에는 대중집회로 기존 교인은 물론 지역교인과 비신자들을 초청해서 전도강연회를 개최하였다.[459] 1936년 2월 10~16일 중국 산동성에서 선교사로 활동하는 박상순 목사를 초청하여 부흥사경회를 개최하였다. 1937년 1월 25~31일 당대 영계의 거성인 김익두 목사를 초청해 부흥사경회를 개최하였다. 1939년 3월 6~13일 박화선 목사를 초청하여 부흥사경회를 개최하였다. 1942년 2월 23일~3월 1일 서울 안동교회 김우현(김광우현) 목사를 초청해서 부흥사경회를 개최하였다. 1942년 10월 15~17일 이수현(석산수현) 목사를 초청해서 전도강연회를 개최하였다. 1946년 9월 28일 순천중앙교회 김상권 목사 초청해서 부흥사경회 개최하였다. 이하 연도의 부흥사경회는 생략… [460] 현재도 매년 신년대부흥회를 진행하고 있다. 오전과 오후에 실시한 평신도 교육과 교사교육은 따로 하지 않고 있다. 대신에 간헐적으로 담임목사와 부교역자들이 성경공부반을 개설해서 교육하거나 수요기도회 시간에 성경강해식 교육을 한다. 교사교육은 익산노회에서 주최하는 교사교육을 가거나 교회 자체로는 간헐적으로 교사대학을 실시하고 있다.

황등교회는 1935년 6월 21일 오전예배후 11시에 황등교회당에서 제1회 교사양성과 졸업식을 거행하였다. 이처럼 황등교회는 다음세대 교육의 중요성을 알았기에 전 교인들의 관심 속에서 교사양성과정을 진행하고 졸업식을 진행하였다. 이는 매년 교사를 임명할 때 전 교인의 관심 속

---

459 김수진, "평신도 운동이 한국교회 성장에 미친 영향에 대한 연구-교회사적 측면에서", 258-259쪽 참조.
460 김수진, 『황등교회 60년사』, 472-476쪽 참조.

에서 감사 예배가 진행되었다.[461]

황등교회는 초창기부터 농한기를 이용해서 전주성경학원에 1개월간 교육을 받게 하였다. 이는 미국 남장로교 선교부가 주재하고 있는 지역에서 '월성경학교'라는 형태로 진행된 것이었다. 이렇게 교육받은 이들은 돌아와서 주일학교 교사가 되고, 청년회원들이나 여전도회 회원들에게 전달교육을 실시하였다. 그러면서 교사교육을 중요하게 여겼다.[462] 1952년 1월 30일에는 익산월성경학원이 1개월간 신황등교회에서 모이기도 하였다. 이 때 황등교회는 6·25 전쟁직후임에도 무려 40명이 참여하였다.[463] 1936년 6월 21일에는 제1회 교사양성과로 변영수가 수료하였다.[464] 1937년 7월 18일 총회교육부에서 실시한 통신과(신약부) 수료식이 거행되기도 하였다.[465]

〉〉〉 젊음의 열정으로 빛을 발하는 황등교회[466]

1935년경 청소년면려회가 조직되어 활동하게 되었다. 이 당시는 일제 강점기로 대외적으로는 활동을 못하고 교회 안에서만 배우고, 모임을 가졌다. 성경, 기도, 교회발전 등을 주제로 남녀토론대회도 진행하였다. 또한 남학생들은 웅변대회, 성경퀴즈대회, 동화대회를 하였다. 여학생들은 동요대회를 하였다. 1937년 5월 15일에는 면려청년회의 주관으로 이창재 전도사를 청빙하여 전도 강연을 실시하기도 하였다.[467]

---

461 김수진, 『황등교회 60년사』, 92-93쪽 참조.
462 김수진, "평신도 운동이 한국교회 성장에 미친 영향에 대한 연구-교회사적 측면에서",
　　261쪽 참조.
463 김수진, 『황등교회 60년사』, 478쪽.
464 김수진, 『황등교회 60년사』, 471쪽.
465 김수진, 『황등교회 60년사』, 472쪽.
466 전기년, "황등 지방교회 기독청년 활동사항", 오찬규, 『익산시교회사』, 298-301쪽 참조.

청년회는 전도대를 조직하여 10명씩 교대로 해서, 15일에서 20일간 지역교회를 순회하면서 전도에 힘썼다. 한 교회에서 3~4일씩 봉사할 때, 관악대가 있어 사람 모으는 데 매우 효과적이었다. 대원들은 단체복으로 시골길이라 신발은 군화, 옷은 일본군병들이 일선 전방에서 입던 털 코트로 입었다. 교통은 각자 자전거로 해결하였다. 관악대가 동네에 줄을 지어 들어서면 구경꾼이 많이 모여 들곤 하였다. 아이들 모임은 학교에서 돌아온 후 5시부터였고, 어른들은 밤8시부터 10시까지 시작하기 전에 나팔을 불며 북을 치고 동네를 한 바퀴씩 돌았다. 이대호는 악기연주로 집회마다 특별연주로 은혜로운 분위기를 연출하였다. 아이들 동화시간은 성경 그림 이야기로 노아의 홍수는 전기년, 삼손 이야기는 김영일, 요셉 이야기는 안상용이 맡곤 하였다.

또한 청년회는 기독교 세계관을 되새기는 의미로 크리스챤 아카데미 원장 강원용 목사와 초동교회 조향록 목사 등을 초청하여 청년 특별집회도 여러 차례 개최하기도 하였고, 유년 주일학교를 위해서 안봉걸 목사를 초청해서 아동집회를 하면서 황등교회 교사들뿐만 아니라 이웃교회 교사들까지도 특별교육을 받도록 하였다.

》》 독서운동으로 내실을 다지는 황등교회

황등교회는 독서를 중요하게 여기는 교회다. 이처럼 독서를 중시하는 교회의 전통을 만든 이는 계원식이다. 계원식은 황등에 올 때 많은 신앙서적을 가져왔다. 이를 기반으로 교인들은 책을 읽어 나갔다. 계원식은 자신의 서재를 개방해서 신앙서적이 새로 발간될 때마다 2권씩 구입하여 한

---

467 김수진, 『황등교회 60년사』, 472쪽.

권은 자신이 보고, 다른 한 권은 기독청년면려회 회원들이 읽도록 배려하였다. 이런 독서를 통해 청년들은 신앙과 교양을 스스로 쌓아갈 수 있었다. 청년들이 읽을 수 있는 책은 마치 신학대학 도서관을 방불케 할 정도로 종류가 다양했고, 도서의 깊이도 놀라웠다. 이 책들은 신학대에서 봄직한 조직신학 계통의 기독론, 성령론, 신론은 물론 목회자들이 보는 주석류를 비롯해서 평신도들의 신앙성숙을 돕는 책들도 있었고, 일반교양서적과 역사류도 있었다.[468]

1936년 새예배당이 신축되자 황등교회 당회는 1937년 3월 14일 문고위원으로 계원식과 변영수를 선임해서 도서를 관리하고 교회의 독서운동을 활성화해나갔다.[469] 1950년 6·25직후에는 교회사택의 반은 담임목사 사택으로 하고, 반은 교회 도서실로 공간을 마련하도록 하였다. 여기서 성경공부도 하고 독서도 하였다.[470]

1900년대부터 1940년대까지 발행된 6백여권이 황등교회 도서실에 소장되어 있을 정도였다. 황등교회 70주년 기념 행사 때는 교회가 보관하고 있던 서적들이 전시되기도 할 정도였다. 황등기독청년면려회는 야학당을 운영하기도 하였다. 이는 교인들과 지역민들 중에 가난과 무지로 글을 배울 수 있는 기회를 놓친 이들을 위해 성경을 읽고 찬송을 부를 수 있도록 하려는 의도였다. 황등교회는 문맹퇴치를 강조해서 한글을 모르면 세례를 주지 않을 정도였고, 황등교회 평신도들은 성경을 펴서 읽도록 훈련해서 비신자에게 전도가 가능하도록 하였다.[471] 이런 교회독서운동은 오늘

468 김수진, "평신도 운동이 한국교회 성장에 미친 영향에 대한 연구-교회사적 측면에서", 248쪽.
469 김수진, 『황등교회 60년사』, 472쪽.
470 김재두와 만남(2016년 5월 22일 오후 3시 10분~4시 0분).
471 『황등교회 당회록』, 제1권, 9쪽을 김수진, "평신도 운동이 한국교회 성장에 미친 영향에 대한 연구-교회사적 측면에서", 248쪽에서 재인용과 김수진, 『황등교회 60년사』, 69쪽.

날 황등교회사립문고로 계승·발전하였다.

>>> 음악하면 황등교회

황등지역은 새로운 문명을 접하기 어려운 지역이었으나 계원식이 황등에 터를 잡으면서 그의 가족을 통해 평양과 만주를 간접적으로 접할 수 있었다. 이처럼 계원식 집안을 통해 다양한 지역의 문화를 접할 수 있었다. 황등교회의 음악수준은 이미 전북지방에는 널리 알려진 사실이다. 황등교회는 설립 당시 농촌이었지만 교인들의 음악수준은 놀라울 정도였다. 황등교회는 예배를 중요하게 여겼다. 이 예배의 시작과 끝은 항상 찬송가가 불려졌다. 황등교회 설립자 대표인 계원식은 음악을 중요하게 여긴 사람이었다. 그런 이유로 계원식은 자녀들에게 음악을 강조하였다. 계원식의 아내 이자희는 서울 정신여학교를 졸업한 사람으로 음악적 소양을 지녔고, 차남 계이승은 1927년 서울 배재고등보통학교를 졸업하고 얼마동안 자영업에 종사하면서 황등교회 음악 실력을 향상시키는데 크게 공헌하였다.

계이승은 1933년 일본 동경에 있는 동양음악학교에 진학하였다. 이 학교에서 음악을 터득하고 다시 2학기에는 제국음악학교 예과에서 한 학기를 음악에 대해서 연구하고 1934년 다시 황등교회로 돌아와서 황등교회 음악을 위해서 헌신하기 시작하였다. 계이승은 유년부와 장년부 교사와 음악부를 담당하면서 찬양대를 조직하였다.[472] 계이승이 작사·작곡한 유년주일학교교가는 지금도 황등교회에서 불리고 있다.

황등교회는 소년들에게 미래의 꿈을 심어주기 위해서 관악기를 구입하

---

472 김수진, 『황등교회 60년사』, 307쪽.

자는 운동이 일어나자 1937년 4월 11일에 유년 주일학교 헌금 70원을 기본 기금으로 하여 4인조 악기를 구입하였다. 이에 감동받은 주일학교 교사들과 청년들과 교인들이 모자란 부분에 대해서 헌금하겠다고 나서자 악기 구입은 별 어려움 없이 진행되었다. "20원(계원식, 최종현), 5원(김삼록, 이자희, 김희갑, 계이승, 최기창), 3원(오일봉, 변영수), 2원(노준기, 김창무, 오순애, 조길동), 1원(전종진, 김판옥, 변인화, 박병주, 이동섭, 차영례), 50전(박경양, 박경양자[473], 김연애)"[474] 1937년경 황등교회에 관악부(밴드)를 조직하면서 일본 오사카大阪에 악기를 주문하여 구입하기도 하였다. 종류는 코넷, 트럼펫, 클라리넷, 트롬본, 앨터, 베이스, 대북, 소북으로 팔인조 밴드였다. 요즘은 관악이 많지만 이 당시에는 처음 보는 꼬부랑 나팔 등으로 보는 사람마다 신기하게 여겼다. 이런 때에 계이승이 일본 동경에 있는 동경제국음악학교를 졸업하고 귀국했기 때문에 관악기 지도는 물론 찬양대[475] 지휘자로 활동하게 되었다. 이 때 이리 창열고아원 제1

473 박경양자는 박경양의 아들이라는 말인 것 같다.
474 『황등교회기』(1935~1942), 83쪽, 『황등교회제직회회의록』(1936~1942), 26쪽 참고를 김수진, 『황등교회 60년사』, 308쪽에서 재인용.
475 김수진, 『황등교회 60년사』, 308쪽에 '성가대'라고 지칭하고 있다. 오늘날 이 용어가 적절치 않은 것으로 파악되어 찬양대로 쓰기로 하였기에 이를 수정해서 찬양대라고 할 것이다. 각 교회나 성당, 신문, 방송 매체, 공용사전, 교회 분야 전문 학술지, 교회 음악 전문지 그리고 세미나(seminar) 등에서 '성가대'와 '찬양대'를 두고 용어 사용에 혼선을 빚고 있다. 로마 가톨릭 교회에서는 비교적 통일되어 있는데 비해 개신교 안에서는 이를 혼용하면서 자주 논란을 불러일으키고 있다. 성가대(聖歌隊)는 로마 가톨릭의 성당에서 사용하는 공용어이다. '성가'(cantus sacra)를 기독교의 찬송가를 일컫는 시기도 있었지만, 가톨릭의 '전례 음악'과 개신교(protestant)의 '성가' 등이 오늘날 공(共)히 사용되고 있다. 그러나 영어의 'chant'가 '성가'로 번역되고 가톨릭교회의 공용어 cantus sacra 를 '찬송가'라 하지 않고 '성가'로 번역하면서, '성가' 또는 '찬미가'는 가톨릭의 공용어가 된 것이다. 이 성가를 부르는 성당의 조직체를 '성가대'라 한다. 찬양대(讚揚隊)는 남녀 개신교 신도로 조직된 합창대를 '찬양대'라 일컫는다. 우리나라에서 '찬송가'(hymn)라고 함은 일반적으로 개신교회의 '성가'를 지칭한다. '찬송가' 혹은 '찬양가'는 개신교의 공용어이다. 따라서 이 개신교의 찬송가(hymn)와 성가(sacred song)를 부르는 남녀교인으로 조직된 합창대를 '찬양대'(choir)라 호칭한다. 한국교회는 하나님을 찬양하는 노래를 전담한 찬양대를 '성가대'로 많이 부르고 있다. 이 말은

회 동정음악대회에서 황등교회 찬양대가 특별 출연하였다. 당시 포스터에는 "남성일류 악사 남녀 60여명 출연"이라는 내용이 담겨져 있었으며, 당시 이리좌(극장)에서 거행되었는데 전북에서 유일하게 참여한 교회가 황등교회였다. 이처럼 찬양대의 전통은 오늘날까지 이어져 오고 있다. 매년 성탄절과 부활절과 추수감사절과 같은 절기 예배에서 격조 높은 음악이 곁들여진 예배로 교회의 문화적 위상을 드높이고 있다. 최근에도 해마다 열리는 교회연합찬양대회에서 황등교회 찬양대가 출전해서 우수한 성적을 내곤 한다.

관악기가 황등교회에 등장하게 된 배경은 예배에서 찬양을 돕고 전도에 유용한 도구로 활용하려는 목적으로 자연스럽게 만들어졌다. 이미 뿔선교사는 부안지방의 전도를 위해서 음악에 재질이 있는 청년들을 선발해서 12인조 악단으로 복음성가단이라는 명칭을 갖고 복음을 전도하였다. 이 악단은 뿔 선교사의 천막 전도에 큰 몫을 담당하게 하였다.

1942년 12월 12일 관악대가 조직되면서 초대 관악대장에 계이승이 임명되었다. 대원은 계이승, 변영수, 임시혁, 순병태, 최영식, 한상열, 김갑용, 김봉재, 김영일, 마종명, 장복길, 강신협, 임동혁, 오재현, 봉기성, 전기년, 안상용이 있었고 이웃 동련교회 오재현이 소질이 있어 같이 활동을 하여 18명이 함께하였다. 이들은 열심히 노력을 하여 이리기독교방송국 개국 연주 주악을 맡기도 하였다. 관악대는 익산지역 어느 교회에서든 부흥집회만 있으면 마다하지 않고 즐거운 마음으로 행사 전에 가서 온 동네를

출판사들이 흑인 영가와 복음송을 합하여 출판하면서 『성가곡집』이라고 부르는데서 보편화되었다. 그러나 이는 잘못된 말이다. 1960년대까지 한국교회는 찬양대라는 이름이 통용되었고, 성가대라는 이름은 없었다. 그러나 일본의 '세이카다이-성가대(聖歌隊)'가 그대로 직수입되면서 성경에도 없는 '성가대'라는 말이 통용되었다. '찬양'이라는 용어는 하나님을 향한 예배의 행위에 속한다. 대한예수교장로회(통합)총회는 기독교용어연구위원회(위원장: 정장복 장로회신학대 예배설교학 교수)를 통해 성가대가 아닌 찬양대로 고쳐 쓰기로 하였다.

나팔 불며 북을 치고 한 바퀴를 돌면서 도왔다. 함열교회, 함라교회, 다송교회, 용산교회, 동련교회, 삼기교회, 웅포교회, 금암교회, 만석리교회, 신등교회, 춘포교회, 오산 남전리교회, 고현교회, 제일교회 등으로 바쁘게 다녔다. 또 익산지역 초등학교 운동회 때도 부탁해오면 거절하지 않고 하루 종일 뙤약볕에서 고생들을 하면서도 즐겁게 다녔다.[476]

이들은 모두 계이승의 지도를 받으면서 찬양대도 돕고, 또 악기로 하나님께 영광을 돌리는 일에 열정적이었다. 이들의 열정적인 협력으로 황등교회의 찬양대는 관악대와 함께 발전해 갔다. 계이승은 찬양대와 관악대를 이끌고 나갔다. 황등교회의 최초의 반주자는 계이승의 아내인 안인호였다. 안인호는 평양 숭의여학교에서 중등과를 이수하고, 다시 유치원 교사가 되기 위해서 숭의여학교 보육과 2년을 이수하면서 반주를 체계적으로 배운 재원으로 안인호의 반주실력은 뛰어났다. 그런 안인호가 계일승이 평양장로회신학교로 유학을 떠나면서, 안인호는 목포 정명여학교 교사로 부임하게 되었다. 안인호가 목포로 떠나면서 황등교회에는 반주자가 없게 되었다.[477] 그러던 차에 평양 정의여학교를 졸업하고 만주 길림성에서 유치원 교사로 활동했던 김봉도가 군산 개복유치원 교사로 오게 되었다. 때마침 김봉도는 계이승과 결혼하게 되면서 자연스럽게 황등교회 찬양대 반주자로 봉사하게 되었다. 안인호와 김봉도는 모두 여학교 시절부터 음악에 재질이 있어서 피아노 반주를 잘하는 신여성들이었다.

---

476 전기년, "황등 지방교회 기독청년 활동사항", 오찬규, 『익산시교회사』, 299쪽.
477 김수진은 『황등교회 60년사』, 309쪽에서 안인호가 계일승이 목사가 되어 이리중앙교회에 부임하면서 안인호가 따라가면서 반주자가 없게 되었다고 하는데 계일승은 이리중앙교회에 목사가 아닌 담임전도사로 부임하였고, 안인호가 계일승과 함께 이리중앙교회로 간 것은 계일승이 이리중앙교회 담임전도사로 부임한 1937년 6월이었다. 정황상 그 이전인 안인호가 목포 정명여학교 교사로 떠나면서 황등교회에 반주자가 없게 된 것으로 보인다. 안인호가 1930년대에 교통도 불편할 때에 목포에서 황등까지 매주 오고가면서 반주를 하기는 어려웠을 것이다.

황등교회는 예배시간에 찬양대와 관악대가 조화를 이루며 예배를 도왔다. 그러면서 관악대는 전도를 위한 봉사활동을 하였고, 외부 교회 집회를 돕기 위해서는 관악대와 찬양대가 같이 나가기도 하고, 따로 나가기도 하면서 교회의 음악적 역량을 발휘하였다. 황등교회 찬양대와 관악대는 자신들의 음악 실력을 향상하고 교인들의 문화적 공간을 통해서 정서 분위기를 만들어 주기 위해서 "음악의 밤"이라는 프로그램을 만들어 공연하기도 하였다. 이 때가 1930년 2월 11일로 추정된다.

그런데 태평양전쟁으로 예배도 드리기 힘들게 되자 찬양대는 자연히 해산되고 말았다. 관악대는 일제의 강요로 출정하는 군인을 전송키 위해서 황등역으로, 익산역(이전의 이름은 이리역)으로 끌려 다녀야만 하였다. 해방이 되자 익산의 여러 교회들이 특별부흥집회를 열곤 하였다. 여러 교회들은 특별부흥집회에 황등교회 관악대와 다시 조직된 찬양대를 초대하였다. 관악대는 UN군 환영식과 이승만이 이리지방을 방문할 때 환영식 등으로 초대받아 참여하기도 하였다. 이들은 계일승으로부터 저녁에는 3개월간 영어 공부를 하여 쉬운 회화를 익히기도 하였다.

해방 후 김 구가 김제와 군산을 방문할 때는 그를 환영하기 위해서 관악대가 그곳까지 가서 열렬하게 환영하는 나팔을 불었고, 악장樂長인 계이승을 선두로 해서 시가행진을 한 일도 있었다. 이승만이 이리 지방을 방문할 때도 관악대가 적극적으로 환영행사에 참여하면서, 이리 시가를 행진하였다. 이런 실력이 널리 알려져 이리방송국에 자주 출연하기도 하였다. 아쉽게도 지금은 황등교회에 관악대가 이어지지 못하고 있다.

찬양대는 해방직후 일본의 성자로 추앙받던 하천풍원賀川豊彦(가가와 도요히코) 목사[478]를 초청해서 이리중앙국민학교 강당에서 집회할 때, 이리

---

478 빈민구제에 힘썼으며 기독교 사회운동가이자 작가이기도 하다. 청년시절 영어를 배우기 위해 성경반에 들어간 것이 계기가 되어 기독교인이 되었으며, 그 뒤 일본과 미국에

신광교회 찬양대와 연합하여 성가를 불렀고, 두 교회가 오며 가며 고현교회에 가서 공연하기도 할 정도로 역량이 드높았다. 이처럼 황등교회 찬양대가 우수했던 이유는 악보를 보지 않고 부를 수 있을 정도로 보통 4시간씩 연습을 한 결과였다.

황등교회는 초창기부터 음악을 중요하게 여기는 분위기였고 음악적 재능보유자가 많았다. 이런 이유로 새로운 문화 수용에 적극적이었다. 그리고 이를 예배와 교회 행사로 활용해나갔다. 이런 전통은 오늘에도 이어져, 매년 절기예배에서 농촌교회로서는 보기 드문 교회음악의 수준을 보여주고 있고, 젊은 세대를 위한 파워풀찬양콘서트와 중고등부연합으로 반석 위의 찬양을 펼치고 있다. 황등교회당은 예배공간만이 아니라 교회의 각종 예술공연행사와 황등기독학원 산하 학교들의 기독교문화축제를 위한 무대로 개방하고 있고, 매주 목요일에는 황등노인대학의 무대로도 쓰이고 있다.

서 신학을 공부했다. 일본으로 돌아온 뒤 노동운동 및 사회복지사업에 뛰어들었고, 고베의 빈민가에 들어가서 살았다. 남자 보통선거권 쟁취운동에도 참여했는데 이 선거권은 1925년 입법화되었다. 일본 노동조합총동맹의 결성을 돕는 등 노동운동에 관여했다는 이유로 1921년과 1922년, 2차례에 걸쳐 투옥되기도 했으며 석방된 뒤에는 일본과 외국의 주요 도시에서 대대적인 복음 선교운동을 지도하였다. 평화주의자로서 1928년 전국반전동맹을 결성하였으며 1940년 일본의 중국 침략에 대해 중국 측에게 사과했다는 이유로 체포되었다. 이듬해 전쟁을 막기 위해 다른 사람들과 함께 미국으로 건너갔다가 제2차 세계대전 종전(終戰) 후에 일본으로 돌아와 여성참정권 쟁취운동을 지도했다. 1921년과 1922년 감옥에 있을 때 발표한 소설 『사선을 넘어』, 『태양을 쏘며』는 베스트셀러가 되기도 하였다. 『새벽이 오기 전에』(1924) 등의 소설을 비롯하여 사회학연구서, 종교서, 알베르트 슈바이처 저작의 번역물 등 150권 이상의 저서가 있다.

황등교회 그 뿌리와 **기독교** 역사 정립
사랑의 종, 그 언저리에서 길을 묻다

8

해방과 6·25 전쟁의 혼란

황둥교회 그 뿌리와 **기독교** 역사 정립

사랑의 종, 그 언저리에서 길을 묻다

해방과 6·25 전쟁의
혼란

●
미완의 해방, 회개가 필요

　안타깝게도 1945년 일제강점기의 참혹한 식민지배에서 해방된 8·15광복은 우리 민족이 자력으로 쟁취한 것이 아니었다. 광복은 제2차 세계대전중, 태평양전쟁에서 연합군이 일제를 패배시키고 승리한 결과로 주어진 것이었다. 이것은 여호와 하나님이 페르시아 왕 고레스의 "마음을 감동 시키사" 그를 통해 유대 민족을 바벨론포로에서 해방시킨 역사를 연상해볼 수 있다.[479] 유대 백성은 자력으로 해방을 쟁취하지 못하고 페르시아

479 바사의 고레스 왕 원년에 여호와께서 예레미야의 입으로 하신 말씀을 이루시려고 여호와께서 바사의 고레스 왕의 마음을 감동시키시매 그가 온 나라에 공포도 하고 조서도 내려 이르되 바사 왕 고레스가 이같이 말하노니 하늘의 신 여호와께서 세상 만국을 내게 주셨고 나에게 명령하여 유다 예루살렘에 성전을 건축하라 하셨나니 너희 중에 그의 백성된 자는 다 올라갈지어다 너희 하나님 여호와께서 함께 하시기를 원하노라 하였더라(역대하 36장 22절-23절), 바사 왕 고레스 원년에 여호와께서 예레미야의 입을 통하여 하신 말씀을 이루게 하시려고 바사 왕 고레스의 마음을 감동시키시매 그가 온 나라

왕의 조서詔書로 바벨론포로에서 풀려났기에, 시편 126편에 기록된 대로, 이 해방이 "꿈꾸는 것 같다"고 환희했다. 현실로 주어진 해방이 실감나게 와 닿지 않았던 것이다. 곧 이어서 유대 백성은 "여호와께서 우리를 위하여 큰일을 행하셨으니 우리는 기쁘도다!"고 찬양했다. 이 시편의 말씀이 우리 민족의 8·15광복에 그대로 적용된다.

8·15광복과 더불어 한국 교회는 철저한 회개와 죄 용서를 통해 새롭게 시작해야 했다. 바벨론포로에서 해방된 유대 민족이 "눈물을 뿌리며 씨를 뿌리는 자"[480]로 자처했듯이, 한국교회 또한 일제가 강요한 신사참배로 말미암아 신앙이 유린당하고 교회가 무너진 죄를 뉘우치고 회개해야 했다. 이 점에서는 황등교회도 예외가 아니다. 비록 자발적인 것은 아니었지만, 순전한 신앙을 지키지 못한 것에 대해서는 회개가 있어야했다. "그 당시는 어쩔 수 없었다."라고 하는 자기변명으로 은근슬쩍 넘겨 버린듯한 모습은 오늘날까지도 역사의 아쉬움으로 남는다.

장로교회 총회가 신사참배를 결의한(1938년) 이후 한국 교회의 예배는 일제의 천황을 향해 먼저 고개를 조아리고 나서 시작되었다. 이로써 싫든 좋든 간에 여호와 하나님보다 천황을 우선적으로 섬겼고, 이에 십계명 제1계명의 언약이 파기되었다. 더욱 심각한 일은, 교회가 일제의 태평양전쟁을 위해 강제 동원되었다는 것이다. 교인들의 헌금이 군수물자와 무기 구입을 위해 바쳐졌고, 가정의 유기(놋그릇)를 모아서 갖다 바쳤고, 심지어는 교회 종탑의 종을 떼어서 갖다 바쳤다. 교인들의 기도는 일제의 전쟁 승리를 위해 비는 것이었다. 전국의 예배당 건물들이 매각처분 되어서 이

에 공포도 하고 조서도 내려 이르되 바사 왕 고레스는 말하노니 하늘의 하나님 여호와께서 세상 모든 나라를 내게 주셨고 나에게 명령하사 유다 예루살렘에 성전을 건축하라 하셨나니(에스라 1장 1절-2절).
480 눈물을 흘리며 씨를 뿌리는 자는 기쁨으로 거두리로다(시편 126편 5절).

른바 국방헌금으로 바쳐졌다.

이렇게, 장로교회 총회가 신사참배를 결의한 이후에 교인들의 신앙이 철저하게 유린당했고, 또 교회는 일제의 전쟁에 강제로 동원되어 시녀노 릇을 해야 했다. 그럼에도 그 껍질만 남은 교회마저 1945년 7월 '일본기독 교조선교단'에 흡수 통합되어 버렸다. 한국교회는 이제 더 이상 이 땅에 서 존재하지 않았다. 그러다가 약 한 달 후, 8·15광복이 마치 "꿈꾸는 듯" 찾아왔고, 이와 더불어 교회가 다시 존재하게 되었다. 광복과 해방은 뜻밖 의 엄청난 선물이었다. 그런데 광복의 은혜와 더불어 과제도 함께 주어졌 다. 그 과제는 신앙회복과 교회재건을 위한 반성 성찰 회개였다.

신사참배로 말미암아 유린당한 신앙을 "눈물로" 회개하고 또 교회의 전쟁 시녀 노릇도 "눈물로" 회개해야만 신앙회복과 교회재건의 "씨앗이 뿌려지게" 된다. 그러나 눈물의 회개는 성사되지 못했다. 다수의 교회 지 도자들이 신사참배와 전쟁의 시녀 노릇에 관하여 대충대충 어물어물 넘 어가려 했다. 심지어 어떤 이는 "우리가 교회를 지키자고 마음에도 없는 신사참배를 했다."고 변명했다. '마음에 없는 신사참배'에 대한 변명은 이 해가 가는데, '교회를 지켰다'는 변명은 사실관계가 틀린 것이었다.

교회가 전쟁의 시녀 노릇을 하다가 일제의 기독교에 통폐합된 사실이 명백한데도, '교회를 지켰다'는 변명을 늘어놓았다. 그런데 북한에서는 출옥 교인들이 신사참배의 굴복에 대한 철저한 "통회정화痛悔淨化"를 요청 하며 교회재건을 위한 기본원칙을 발표했다.(9월 20일) 이 원칙을 실천한 교회들이 적지 않았다. 그러나 전혀 예상치 못한 뜻밖의 사건이 북한에서 일어났다. 공산당 세력과 교회의 충돌이었다. 1945년 11월 16일에 평안북 도 용암포에서 기독교인들과 공산당 세력이 물리적으로 충돌하였다. 공 산당 세력에 대한 교회의 대처와 공고한 단합이 당장 시급했다. 이에 따라 신사참배 굴복에 대한 회개는 뒷전으로 밀려나 버렸다. 1946년 2월에 평양의 장로교회와 공산당 정권이 충돌했다. 지역의 교회들은 8·15광복 후 첫 번째로 맞이하는 3·1절 기념예배를 장대현교회에서 드리기로 결정했다. 그도 그럴 것이, 1919년 평양의 3·1만세시위는 장대현교회에서 시작되었기에, 8·15광복이후 첫 번째로 맞이하는 1946년 3.1절 기념예배는 당연히 이 교회에서 드려야 한다고 합의했다. 그런데 공산당 당국은 교회의 예배준비를 중단케 하고, 당국이 주관하는 3·1절 기념집회에 교회로 하여금 참석하게 했다. 이로 말미암아 교회와 공산당 당국이 정면으로 충돌했다. 그러고 나서, 3월 5일부터 공산당 당국의 주관 아래 토지개혁이 전격 실시되었다. 토지개혁이란 지주의 토지를 몰수하여 경자유전耕者有田의 원칙아래 토지를 재분배하는 것이었다. 토지개혁에서 몰수된 토지는 약 100만 정보였고 전체 경작지의 52%였다. 몰수대상이 된 토지의 소유주는 일본인, 일제 식민정부에 협조한 한국인, 경작지 5정보 이상 소유한 지주(개인과 단체), 그리고 스스로 농사 짓지 않고 소작을 주는 지주 등이었다.

이러한 상황에서 다수의 지주 교인이 악덕 지주로 내몰리는 처지가 되었다. 때문에 이들 가운데 다수가 정든 고향을 떠나 38선을 넘어 남한으로 월남越南하는 이른바 '월남인'이 되었다. 8·15광복 직후 남한과 북한에서는 지역의 정황에 따라 교회 재건과 민족의 새 출발을 위한 "눈물의" 회개가 성사되지 못하였다.

1945년 8·15광복의 기쁨을 누릴 기회는 잠시 잠깐 동안 주어졌고, 세계 냉전구도가 형성되면서 한반도를 가로지르는 38도선이 그어졌다. 남한에는 미군[481]이 또 북한에는 소련군이 들어왔다. 이것이 처음에는 군사분계선이었는데, 결국 민족을 둘로 갈라놓는 분단선이 되었다. 분단선은 1950년에 일어난 한국전쟁으로 말미암아 휴전선으로 고착되었다. 그 이

481 1945년 9월 8일, 미군이 인천에 상륙했다. 4만 5천여 명에 달하는 미군은 전투기의 엄호 아래 장갑차를 앞세우고 완전무장을 한 상태였다.

후로 남북한은 군사적으로 서로 대치하는 가운데 체제경쟁을 벌여왔다. 남한과 북한이 각기 다른 체제를 구축해왔고, 그 결과 민족의 동질성이 흐트러졌다. 최근에는 한반도 주변 강대국들의 상호 대립되는 아시아정책으로 말미암아 한반도의 평화와 안정이 흔들리는 조짐을 보인다. 이러한 상황에서 남북한의 갈등해결, 민족화해의 실현, 민족의 동질성 회복에 이르는 평화통일은 우리에게 주어진 중대한 과제일 것이다.

광복 이후 여러 차례 분열된 장로교회에 대한 깊은 성찰과 회개가 있어야한다. 분열된 교회의 화해와 일치가 분단된 민족의 평화통일에 이바지할 것이다. 계속해서, 교회에게 주어진 과제와 사명은 기도이다. 예수께서 이루신 화해의 십자가[482] 앞에서 우리가 기도하고, 기도하는 가운데서 평화의 궁극적인 원천이신 그리스도를 본받아 우리는 화해와 평화의 사역[483]을 펼쳐가야 한다. 한반도의 평화통일을 위하여 경제제일주의가 빚어낸 다양한 양극화 현실이 해소되고, 살아 숨 쉬는 뭇 생명이 마구 짓밟히는 생명경시의 풍조가 사라지고 생명감수성이 살아나며, 물질적 육체적 쾌락에 빠져들게 하는 맘몬지배의 세속주의 문화를 깊이 반성하여 건강한 생명문화가 창출되도록 기도해야 할 것이다. 기도하는 가운데서 우리는 화해의 죄 용서를 체험한다. 기도드리는 손은 평화의 하나님을 고백하는 손이고, 기도드리는 손은 정의와 생명을 구하는 손이다. 기도드리는 손은 땅에 임하는 하나님 나라의 사역에 동참하는 손이다. 기도가 한반도

---

482 그는 우리의 화평이신지라 둘로 하나를 만드사 원수 된 것 곧 중간에 막힌 담을 자기 육체로 허시고 법조문으로 된 계명의 율법을 폐하셨으니 이는 이 둘로 자기 안에서 한 새 사람을 지어 화평하게 하시고 또 십자가로 이 둘을 한 몸으로 하나님과 화목하게 하려 하심이라 원수 된 것을 십자가로 소멸하시고(에베소서 2장 14절-16절).

483 화평하게 하는 자는 복이 있나니 그들이 하나님의 아들이라 일컬음을 받을 것임이요(마태복음 5장 9절), 모든 것이 하나님께로서 났으며 그가 그리스도로 말미암아 우리를 자기와 화목하게 하시고 또 우리에게 화목하게 하는 직분을 주셨으니 곧 하나님께서 그리스도 안에 계시사 세상을 자기와 화목하게 하시며 그들의 죄를 그들에게 돌리지 아니하시고 화목하게 하는 말씀을 우리에게 부탁하셨느니라(고린도후서 5장 18절-19절).

의 평화통일을 위해 교회에게 주신 '화해와 화목의 직분'을 감당하게 한다. 우리 민족에게 진정한 광복은 한반도의 평화통일이고, 아시아와 세계의 평화인데, 이를 위하여 교회는 지금 기도할 때이다.

..
황등지역사회 현실

그 지루했던 암흑의 세계가 퇴각하고 새로운 해방의 날이 한반도 모든 백성에게 다가오고 있었다. 일본인들은 지난날의 특권을 누리던 그 막강한 권력들이 퇴색되어 가면서 자기 고향을 찾아가게 되었다. 황등에서 특권을 누리고 또 황등교회를 늘 감시하고 신사참배를 그렇게 강요하던 일본 경찰도 물러가게 되었다.

해방이 되던 그날 황등교회에서는 태극기가 바람에 휠휠 휘날리고 있었으며 애국가가 울려 퍼지기 시작했고, 또 애국가를 가르치는 일이 생겨나게 되었다. 빼앗겨 버렸던 한글을 다시 찾게 되었다. 황등에서는 일본인의 지배에서 해방을 맞이했기 때문에 황등교회 면려회[484] 청년들이 자진

484 기독면려회는 1881년 미국 메인주 포틀랜드의 회중교회 목사 클라크(Francis Edward Clark)가 기독청년의 신앙생활과 사회활동 증진을 목적으로 설립하였다. 우리나라는 1913년경 새문안교회에 설립된 기독면려회가 최초였던 것으로 추정된다. 1921년 9월 조선예수교장로회 제10회 총회에서는 교회마다 기독면려회를 조직하기로 가결하였다. 1929년 조선예수교장로회 제18회 총회에서는 매년 2월 첫째 주일을 면려주일로 제정하여 기독면려회를 장로교 청년조직으로 발전시켰다. 1932년 조선예수교장로교 총회 산하에 면려부를 설치했는데 1934년 현재 회원이 3만 명을 상회하였다. 1937년 일제가 중·일전쟁을 도발하며 전시체제가 강화되면서 기독면려회 활동도 위축되었다. 일제는 같은해 6월 제8회 전조선면려회 금주운동 전단에 나오는 내용을 문제 삼아 이대위(李大偉)·이용설(李容卨)·정인과(鄭仁果) 등 면려운동의 핵심인물을 검거하였다. 결국 1938년 장로교 제27회 총회에서 조선연합회의 해체를 가결했고 총회 면려부는 명목상으로만 유지되었다. 해방 후 재건된 기독면려회는 1947년 10월 새문안교회에서

해서 나와서 치안 공백을 담당하게 되었다. 그 후 바로 미군이 한국에 상륙하면서 군정이 실시되었는데 이 때 계일승 목사는 미군의 통역을 맡아서 활동을 하게 되었다. 그런데 황등지역에 살고 있는 주민들은 정보에 어두웠기 때문에 8.15 해방을 한국의 독립으로 알았는데 그것이 아니었다. 바로 한반도에 진주한 두 세력이 다시 점령한 것이다.

한때 교회의 문을 닫고 황등교회에 출석하면서 신앙을 지켜왔던 동련교회는 해방의 기쁨으로 환원되었고, 황등교회는 다시 새롭게 교회를 부흥시키기 위해서 정상적인 집회가 본 궤도에 오르게 되었다. 일제의 강압으로 주일 아침예배를 드리지 못하고 밤 예배만 드렸던 것이 다시 오전 주일 아침예배와 주일 밤예배를 드리게 되었고, 수요일밤 기도회도 할 수 있게 되었다. 주일학교에 생각지 않게 학생들이 몰려들었다. 일제 말엽에는 일본어를 국어로 알고 통용했었다. 만일 한국어를 사용하게 되면 벌금을 가하는 일들이 있어서 한국어 사용을 할 수 없었다. 해방을 맞이한 이 때에 주일학교에서는 한글을 가르쳤고,[485] 또 한글을 알았던 학생들은 황등국민학교에서 공부 잘하는 학생으로 인식되었다.

1944년 4월 16일부터 담임목사로 시무하던 계일승의 일은 점점 바빠졌다. 그것도 그럴 것이 계일승은 원래 영어를 잘했기 때문에 해방된 한국에서 영어의 필요성이 요청되자, 일본인 세랑世郎[486]의 집을 접수하여 황

대한예수교장로회청년회 전국연합회 창립총회를 통해 조직이 정비되었으며, 1953년에는 전국연합회가 기독청년면려회 전국연합회로 환원되었다. 기독면려회는 청년들의 신앙지도를 위한 기도회·전도회 개최는 물론 각종 강습회·강연회·토론회를 개최하고 노동야학·부인야학도 설립하는 등 계몽운동과 문맹퇴치, 금주·단연을 통한 절제운동에도 노력하였다.

485 이처럼 황등교회 주일학교는 설립초기부터 신앙교육만이 아니라 교회가 직면한 현실사회의 필요를 채워주는 지역사회교육의 역할을 하였다. 이렇게 교회가 지역사회교육을 제대로 하기위해 논의되고 진행된 것이 황등기독학원 학교설립이고 그 이후 황등교회 어린이집과 황등교회 노인대학이다.

486 김수진의 『황등교회 60년사』에서 일본인 세라(世郎秀夫)나 세랑(世良)은 같은 사람으

등기독청년회관으로 사용하면서 밤마다 황등지역 청년들을 모아놓고 영어를 가르치고 있었다.

일제 강점기에 빼앗겨 버렸던 종이 없어서 늘 아쉬워했던 교인들의 사정을 잘 알았던 계원식 장로는 기쁜 마음으로 교회에 종을 헌납하여, 1946년 8월 21일부터 황등을 일깨우는 종소리가 마을마다 메아리쳐 울리게 되었다.[487]

새벽마다 울리어 퍼져 나가는 종소리에 잠을 깼던 농부들은 눈을 비비면서 들녘에 나가 일을 하기도 하였고, 황등교회 교인들은 이 종소리를 들으면서 새벽기도회로 모였다. 그렇기 때문에 황등교회 종소리는 믿는 사람이나 믿지 아니한 사람들까지도 듣기를 좋아했었으며, 또 주일날만 되면 원근 각처에서 이 종소리를 듣고 교회로 몰려오고 있었다. 이 종소리는 어른들에게만 기쁨을 준 것이 아니라, 어린 아이들에게까지 기쁨을 주곤 하였다. 그래서 주일 오후만 되면 준비 종소리를 듣고 교회에 몰려와서 주일학교 교사들이 가르쳐 준 성경말씀을 더 열심히 배웠던 일이 해방 후 황등교회에서 시행되어 갔다.

일제 말엽이었던 1942년에는 교회에 출석한 교인들의 평균수는 174명밖에 지나지 않던 수가 해방을 맞이하면서 교세가 급증하였다. 이 당시 황등교회는 주일학교만 성경공부를 한 것이 아니라 청년들도 아침예배 시작하기 전 1시간가량 성경공부를 통해 신앙의 바른 길을 가도록 운영하였다.

로 세랑(世郎)이 맞다. 김재두 증언(2016년 5월 8일 오후 3시 10분~4시 0분).
487 이것이 두번째 종의 시대이다. 종이 다시 생겨나서 예배시간을 알림의 의미는 해방을 맞은 시대로 이제는 자유롭게 예배를 드릴 수 있음을 뜻하는 상징과도 같았다.

● ● ● ●
보복이 아닌 화해를 실천한 황등교회

　일제는 동양척식주식회사東洋拓殖株式會社를 설립해서 한국인의 수탈에
열을 올렸다. 이 회사는 일본 제국이 조선의 경제 독점과 토지·자원의 수
탈을 목적으로 세운 국책회사로, 간단히 줄여서 '동척東拓'이라고 부르기
도 한다. 동양척식주식회사는 대영제국의 동인도회사[488]를 본뜬 식민지
수탈기관으로, 1908년 제정한 동양척식회사법에 의해 세워졌다. 자본금
은 1,000만원이며 조선은 설립 자본금의 30%에 해당하는 국유지를 출자
했지만 주요 목적은 일본 식민지 정책을 위한 경제적 이익을 위해 토지와
금융을 장악하고 일본인들의 식민지 개척 및 활동을 돕는 것으로 착취를
위한 기관이었다.

　동척은 1909년 1월부터 대한제국에서 활동을 개시하였다. 원래는 대한

488　17세기 초 영국·프랑스·네덜란드 등이 동양에 대한 독점무역권을 부여받아 동인도에
　　설립한 여러 회사이다. 각국의 동인도회사는 동인도의 특산품인 후추·커피·사탕·면
　　직물 등의 무역 독점권을 둘러싸고 경쟁하였다. 이것은 중상주의를 내세운 유럽 여러
　　나라의 상업전의 일환을 이루고 있었다. 1602년 설립된 네덜란드 동인도회사는 동인
　　도의 여러 섬을 정복하고 직접 지배 또는 그 지역의 지배 세력을 통한 간접 지배를 행하
　　였다. 이를 통해 특산품을 강제로 재배하게 해서 사들여 이 땅의 향신료 무역을 독점하
　　였다. 그러나 1652년부터 오랜 기간 동안 영국-네덜란드 전쟁이 계속 되었고, 여기에서
　　심한 타격을 입은 네덜란드가 영국과의 상업 전쟁에서도 지게 되었다. 또 18세기 이후
　　향신료 무역이 부진하게 되자 네덜란드 동인도 회사는 식민지 경영을 주로 하게 되었으
　　며, 1799년에는 영토를 본국 정부에 이양하고 해산하였다. 면직물을 중심으로 한 인도
　　무역에 주력을 쏟아온 영국 동인도 회사는 1600년 설립되었으며, 18세기 유럽에서의
　　영국과 프랑스의 항쟁에 규제되면서 인도에서 프랑스 동인도회사(1604년 설립, 1664
　　년 재건)와 격렬하게 다투게 되었다. 결국 플라시 전투를 계기로 하여 영국 동인도회사
　　는 인도 무역을 거의 독점함과 동시에 인도의 식민지화를 추진하기 시작하였다. 그 후
　　사적 독점 상업 회사인 동인도 회사에 대해 영국 국내에서 비판이 일어나고, 또 경영난
　　에 빠진 회사가 영국 정부의 원조를 요청하게 되었으므로 1773년 노스 규제법에 따라
　　본국 정부의 감독 하에 놓이게 되었다. 1833년에는 무역 독점권이 폐지되고, 1858년 세
　　포이의 항쟁이 일어난 뒤에는 인도가 영국 국왕의 직접 통치하에 들어가게 되어, 동인
　　도 회사는 기능이 정지되었다.

제국, 일본의 양쪽 국적의 회사였으나 1917년 본점을 도쿄로 옮기고 일본 국적의 회사가 되었으며 대한제국에 지점들을 두었다. 소유는 일본인에 한하였으며 활동지역은 이후 만주까지 확대되고 1938년부터는 다른 식민지인 타이완, 사할린, 남양군도 등으로 영업지역이 확대되었다. 1938년에는 9개 지점과 831명의 직원을 두었다. 조선인 간부로는 부총재 민영기와 이사 한상룡이 있었다.

농업 토지의 매매, 임차, 경영, 관리, 건물의 건설, 매매, 대차 그리고 특히 오단백성이라고 불릴 정도로 얼마 안 되는 땅을 빌려 농사를 짓던 일본 소작인들의 한국으로의 이민을 지원하는 동척농업이민계획을 펼쳤으며, 조선 각지에 일본인 촌락을 건설하고 정착을 위한 많은 특혜를 베풀었다. 동양척식주식회사는 조선식산은행과 더불어 일제 강점기 내내 조선을 경제적으로 착취하는 대표적인 기관이었다. 1917년까지는 토지수탈을 목적으로 한 일본인 이주, 농업경영, 토지경영, 토지개량, 임업경영이 주력 사업이었지만 1930년대 이전까지는 금융 사업을 확장하면서 산미증식계획을 추진했다. 일제 강점기 당시 일본에서는 1916년 쌀 폭동이라고 불린 식량 부족에 따른 민중들의 생존권 투쟁이 벌어졌기 때문에 조선에서의 식량 수탈을 실시하였던 것이다. 동양척식주식회사는 고대 로마 제국과 근대 서구 제국주의 국가들처럼 일본의 평화 곧 일본의 번영과 안정을 위해 식민지를 수탈하던 기관이라고 할 수 있다. 1930년대 이후에는 광업 부분으로 확장하고 전쟁 수행을 위한 군수 공업을 지원했다.

처음 한국으로부터 토지 1만 7,714정보를 자본으로 출자를 받은 후 토지 매입으로 1913년까지 4만 1,148정보를 매입하였으며 조선 총독부에 의한 토지조사사업으로 국유지불하에 의해 1917년대말 7만 5178정보의 토지를 소유하여 식민지 조선에서 조선총독부 다음으로 최대 지주가 되었다. 이후 계속 늘어나서 1942년말에는 20만722정보를 소유했다. 동척은 소작인들에게 5할이나 되는 고액의 소작료를 요구하거나, 춘궁기에 양곡을 빌려주었다가 2할 이상의 이자를 받는 등 경제 수탈에 앞장서 농민들의 원성을 샀다. 소작민들에 대한 수탈은 한국인들의 대규모 해외 이주를 불렀다. 1933년까지 일본으로 113만 5852명, 만주와 연해주로 150만여 명이 이주한 것으로 집계된다. 황해도 재령군 동척 소유의 북률농장에서 이몽서를 중심으로 소작농들의 투쟁이 벌어지기도 하였다. 1926년 동척 간부를 죽이고 조선식산은행과 서울 동척 지사에 폭탄을 던진 나석주는 북률 출신으로 일제의 동척이 얼마나 소작농을 착취하였는지 잘 알고 있었다.

동척이 수탈한 토지를 기반으로 일본인 농업 이민자들은 한국 각지에 정착해서 사업을 추진하였다. 1917년까지 매년 1천호, 1926년까지는 매년 360호정도의 이민을 받아 1926년까지 9,096호가 한국에 정착하였다. 이들은 동양척식주식회사의 지원 아래 직접 경작하기보다는 지주가 되어 한국인을 착취·압박한 일제의 대변자이며 앞잡이가 되었다. 이에 따라 한국인빈농貧農 29만 9천여 명이 토지를 상실하고 북간도로 이주했다.

식민지 개척을 위한 척식자금을 운영하는 것은 주요업무의 하나였다. 1920년대에 만주 및 몽고 지역 진출을 위해 농공업개발자금의 공급 사업을 벌였다. 1920년대 이후 광공업 분야를 중심으로 투자 사업을 확대하여 동척계라 불리는 기업집단이 되었다. 1945년에는 이러한 회사가 52개사에 달했다. 이 중에는 조선유연탄, 동척광업, 비봉농사, 북선개발, 삼화광업, 조선아연광업, 조선도시경영, 해남농사 등이 있었다.

1908년에 세워진 동양척식주식회사가 한국인의 농토를 관리하는 한편 가난한 일본인을 한국으로 이주시키고 그 농토를 경작하면서 한국인을 저렴한 노동력으로 삼으니, 일본인에게 한국은 천국과 다름없었다. 익산군 내에 있는 그 넓은 들녘은 거의 일본인들의 소유가 되고 말았다. 황등에는 모리다니森谷元一라는 일본인이 모리다니 농장(현재 율촌지역 일대)을 세웠고, 가다끼리片銅三[489]가 역시 가다끼리 농장을 만들었다. 뒤를 이어서 일본인들은 계속 황등으로 몰려왔다. 황등을 중심한 익산 일대는 지리적으로 교통이 편리하고 기후적인 여건이 좋아서 일본인들이 살기 좋은 익산지방으로 몰려왔다. 당시 익산지방의 땅값은 논은 평당 35전에서 80전 정도였고, 밭은 20전에 25전 정도 가는 가격이었다. 한국인들은 가난에 시달리고 있었고 때로는 강제로 땅을 빼앗겨 버렸다. 그런가 하면 농사를 짓기 위해서 고리高利의 이자를 빌려 쓰고 갚지 못하여 일본인들이 강제로 빼앗아간 땅이 많았다. 이 일로 자연히 한국인은 소작인으로 전락해 버렸고, 때로는 농토를 잃어버리자 일터를 찾아서 일본으로 또는 만주로 이민해 가는 사람들이 속출하게 되었다.

일본 메이지 정부 수립 이후 중심 권력층에서 배제된 호소가와는 1904년부터 전라북도 지역의 토지를 매수하기 시작했고, 대장촌에 대농장을 설립했다. 이후 대장촌에는 일본인 농장이 여러 개 들어섰다. 일본인이 모여 있는 장소에는 일본인만을 위한 교육을 실시했는데 익산군 내에서는 경술국치[490] 전년도인 1909년 5월 익산군 춘포면 대장촌 지역에 거주하는 일본인 자녀들을 교육하기 위해 대장촌공립심상소학교大場村公立尋常小學校를 세웠다. 이 학교는 8·15광복 이후 일본인들이 본국으로 돌아가면서 학교 문을 닫게 되었다. 학교 건물은 얼마 동안 춘포공립보통학교의 분교로 쓰였다. 춘포공립보통학교는 1924년 설립되었다. 이 학교가 현재 춘포초등학교이다.

---

489 김수진, 『황등교회 60년사』, 129쪽의 인명표기는 오기(誤記)이다. '기다끼리'가 아니고 '가다꾸리'이고 한자도 '片桐'이 아니고 '片銅'가 맞는다고 하였다. 김재두와 만남 (2016년 5월 1일 오후 3시 10~30분).
490 김수진, 『황등교회 60년사』, 129쪽에서는 '한일합방'이라고 하는데 서술자는 이를 '경술국치'라고 표현할 것이다.

황등에도 일본인이 점점 많아지면서 일본인을 위한 교육이 실시되었다. 1914년 1월 6일 황등공립심상소학교가 설립되었다. 황등에 일본인 소학교가 세워졌다는 것은 그만큼 일본인이 황등에 많이 살았다는 증거도 되지만 당시 황등에서 가다끼리 농장을 경영했던 가다끼리라는 사람의 영향력을 가름할 수 있는 것이기도 하다. 가다끼리는 매년 농사를 짓게 되면 거기서 얻은 첫 수확인 쌀을 정성껏 포장해서 일본 천황에게 바치는 일을 했던 인물이었다.

일본인들은 제2차 대전에 패망하면서 곧바로 귀국길에 오르게 되었다. 이 때는 해방정국의 혼란기로 일본인들이 안전하게 황등을 빠져나가지 못할 수도 있었다. 온갖 착취와 수탈로 시달린 사람들이 어떤 일을 벌일지 몰랐다. 그런데 황등지역은 기독교정신이 강하게 깃든 곳이기에 일본인들에 대한 보복이 없었다. 황등교회의 계일승 목사와 교인들은 이들이 그들의 고향으로 잘 돌아갈 수 있도록 도왔다. 지금도 더러 이 당시 일본인 후손들이 종종 황등을 방문하고 있다고 한다.[491] 이들이 머문 집과 창고 등이 황등중학교의 전신인 황등고등공민학교와 황등중학원의 터전이 되었고, 일본인 소학교 자리에는 제일아파트[492]가 자리를 잡고 있다.

1945년 8월 15일에 일본 제국은 패망하였으나 같은 시간 소비에트 연방이 청진시에서 일본 제국과 전투를 계속하자 일본인들의 안전귀국을 확보하기 위하여 조선총독부 정무총감을 역임했던 엔도 류사쿠가 민족주의 계열인 송진우에게 치안권과 행정권 인수를 제의(8월 11일)하였으

491 김수진, 『황등교회 60년사』, 128–130쪽 참조.
492 김수진, 『황등교회 60년사』, 130쪽에는 진경여자중학교로 나온다. 이는 그 당시는 진경여자중학교가 그 자리에 있었기 때문이다. 지금은 제일아파트가 들어서 있다. 1991년 9월 1일 진경여자중학교가 황등서로 104로 학교를 옮겼다. 『진경여자중학교』, 「학교연혁」(2016년 8월 28일 오후 3시 50분 검색).
http://jingyeong.ms.kr/index.jsp?SCODE=S0000000384&mnu=M001001003

나 거절당하자 서울 필동에서 여운형을 만나, 치안권과 행정권 등 모든 권한을 여운형에게 이양하는 조건으로 철수하는 일본인의 안전을 보장받으려 하였다. 이에 여운형은 다음과 같이 조건을 제시하였다.

1. 전국을 통하여 정치범 경제범을 즉시 석방할 것.
2. 8월, 9월, 10월 3개월간의 식량을 확보할 것.
3. 치안유지와 건국운동을 위한 정치활동에 대하여 절대로 간섭하지 말 것.
4. 학생과 청년을 훈련 조직하는데 대하여 절대로 간섭하지 말 것.
5. 노동자와 농민을 건국사업에 조직 동원하는데 대하여 절대로 간섭하지 말 것.

여운형이 총독부와 교섭을 한 이유는 일본군이 철수하기 전에 조선인들을 마구 학살하고 떠나거나 해방 직후 한국인들이 친일파를 처단한다는 명분으로 사적인 감정에 따른 마구잡이식 보복성 살인으로 사회 분열이 일어나고 혼란이 일어날 수 있다고 판단하였기 때문이었다. 총독부 측은 여운형의 조건을 수락하였다. 그날 밤 여운형은 자신이 이미 1년 전인 1944년 8월에 결성했던 지하 비밀독립운동단체인 건국동맹을 모체로 해서 건국준비위원회를 발족시켰다. 이어서 여운형은 서대문 형무소에 수감 중인 정치범(독립운동가)들을 석방시키고 건준위로 편입시켰다. 건국준비위원회 발족한 지 이틀 만에 체계적인 조직망을 갖추면서 확대 개편해 나갔다.

이러한 건국준비위원회에 황등교회 청년들도 동참하였다. 계일승을 위원장으로 황등교회에서는 변영수, 안삼용, 계이승, 조길동, 옥판석, 박인석, 홍금길이 위원으로 참여하였다. 동련에서는 박석동, 백형일, 백형남 등이 참여하였다. 이들을 중심으로 황등의 많은 청년들이 태극기를 만들었다. 황등면에는 해방을 알리는 경축 현수막을 만들어 부착하였다. 계일승 목사를 비롯한 위원들은 일본사람들이 다치지 않기 위해 치안확보와 일본 사람들이 쓰던 물건을 사지도 말고, 빼앗지도 말도록 엄중하게 감독했다. 이렇게 해서 황등에 거주하는 일본인은 단 한 사람도 피해를 입지 않고 일본으로 돌아갈 수가 있었다. 그 후 황등교회 청년들은 미군정에 협조적이었고, 우익진영의 대한청년단 간부들이 되기도 하였다. 이런 이유로 6·25가 발발하여 순교하거나 고초를 겪은 이들이 많았다.[493]

서울에서는 독립촉성중앙협의회獨立促成中央協議會가 결성되었다. 이 단체는 1945년 10월 23일에 한국민주당, 한국국민당, 조선공산당, 건국동맹 등 각 대한민국의 정당 단체 200여 명이 모여 조직한 대한민국의 단체이다. 1945년 10월 23일 오후 2시부터 오후 4시까지 서울에 있는 조선호텔에서 이승만은 안재홍, 원세훈 등 각 정당대표 등 200명을 모아서 회합을 개최하였다. 이 자리에서 이승만은 김구의 귀국이 늦어지는 것에 대해서 유감을 표시했다. 이후, 각정당행동통일위원회, 대한신민당, 신조선당, 대한국국민당, 조선공산당, 귀일당, 대한민국인민정치당, 대한민정당, 학병동맹, 조선국민당, 한국민주당, 건국동맹, 각 청년단체대표는 대체로 이승만에 감사의 뜻을 표하고 통일문제 등에 이승만에 일임한다는 의견을 표하였으나 공산당, 학병동맹, 청년단체 대표자 등 4~5단체는 인민공화국이 우리나라의 총의에 가깝다고 주장하기도 하였다. 안재홍의 제안으로 독립촉성중앙협의회라 칭하고 이승만이 회장에 추대되었으며 이에 만장일치로 찬성하였다. 1945년 11월 2일 천도교 강당에서 이승만의 사회로 안재홍, 여운형, 박헌영, 이갑성 등 각 정당 단체들이 모여, 조선의 즉시 독립, 38도선 철거, 신탁통치절대반대를 선언하였다.

1946년 1월 27일 황등교회 청년들이 중심으로 조선기독교독립촉성회

---

493 전기년, "황등 지방교회 기독청년 활동사항", 참조.

황등분회를 조직하였다. 회장에 계일승, 부회장에 오일봉과 김희갑, 총무부에 변영수, 선전부에 계이승, 조직연락부에 장복길과 조길동, 재무부에 임시혁, 고문에 계원식과 최기채가 맡았다. 이 조직을 중심으로 지역사회를 섬기는 봉사와 치안 등의 활동을 하면서 교회도 부흥하게 되었다.[494]

●●●●●
계일승 목사와 유학이 갖는 의미

계일승 목사는 1944년 4월 3일 동련교회와 황등교회가 통폐합할 때 이재봉 목사 후임으로 부임하였다.[495] 1947년 3월 18~21일 황등교회당에서

---

494 김수진, "평신도 운동이 한국교회 성장에 미친 영향에 대한 연구-교회사적 측면에서", 268쪽과 김수진, 『황등교회 60년사』, 476쪽.

495 김수진은 『황등교회 당회록』, 제2권, 1쪽을 인용하면서 4월 3일에 부임한 것으로 말하면서 그 이전에 부임한 것으로 보는 것이 타당하다고 덧붙였다. 김수진, 『황등교회 60년사』, 139-140쪽; 그런데 김수진이 이 책을 집필할 당시에는 이를 확인할만한 증언자가 많이 생존한 시기였고, 계일승이 생존한 시기였다. 계일승은 1992년 8월 86세로 별세하였다. 김수진이 분주한 목회생활로 바빴는지 아니면 이 작업이 그다지 중요하지 않다고 여긴 것인지, 문제제기만 하고 더 이상의 확인 작업을 하지 않았다. 김수진, 『황등교회 60년사』, 475쪽에 '황등교회의 중요일지 부록편'에는 계일승의 부임기록이 이렇게 나와 있다. "1944년 4월 3일 일본 종교정책에 의해 황등교회와 동련교회 통폐합. 예배는 황등교회에서 실시". "1944년 4월 16일 황등교회 담임으로 계일승 목사 부임." 황등교회는 지금도 계일승의 담임목사 재임기간을 1944년 4월 16일~1948년 6월 30일로 명시하고 있다. 『2016 황등교회 요람』, 5쪽; 서술자의 생각에는 황등교회 이재봉이 1943년 10월 31일 사임하고 군산동부교회로 이임하였고, 1944년 3월 계일승이 이리중앙교회 담임목사 재직 중, 일제에 의해 쫓겨났기에 담임목사가 없던 황등교회에 1944년 3월~1944년 4월 3일 그 사이에 부임했을 것이다. 정식으로 부임한 날짜는 1944년 4월 3일이나 그 전에 황등교회에 왔을 수도 있다. 왜냐하면 이재봉 목사가 황등교회 담임목사직을 사임하고 떠난 후부터 계일승 목사가 이리중앙교회에서 쫓겨난 시점의 사이에는 황등교회로서는 담임목사가 공석(空席)이었고 이리중앙교회에서 쫓겨난 계일승은 이리중앙교회 목사관을 비워주었으니 아버지인 계원식에게로 왔을 것으로 보이기 때문이다. 계일승은 황등교회를 잘 아는 사람이었고, 황등교회에 담임목사가 공석이니 목사로서 교회를 섬기기도 하였을 것이다.

열린 제8회 군산노회 정기노회에서 황등교회의 담임목사인 계일승이 노회장으로 피선되는 역사적인 노회이기도 하다. 특별히 이번 노회는 황등교회로서는 의미가 깊었다. 그것은 군산노회가 출범한지 얼마 안 된 때에 황등교회 이재봉 담임목사가 제5회 노회장으로 선임되었지만 일제의 종교탄압으로 그 직무를 제대로 행사하지 못하고 곧 해산되어 버리는 일이 있었기 때문이다. 그런데 이번에 황등교회 출신이요, 담임목사로 계일승이 노회장이 되니 청년회에서 노회원들을 위해서 특별행사를 갖기로 하였다. 더욱이 계일승은 이리중앙교회에서 일제에 의해 쫓겨난 아픔을 겪었던 터이기에 노회장 피선은 계일승에게도 큰 위로와 격려가 되었다. "황등 기독청년회에서 본 노회원 위안 음악 개최 청원은 허락하고 시일은 19일 오후 9시 30분으로 정하다."[496]

관악대로서도 뜻 깊었다. 징용으로 끌려가는 사람이나 명목상 지원병이라 하여 전쟁터로 끌려가는 황등지역 청년들의 전송식餞送式에 참여하여 억지로 나팔을 불었던 그들에게 해방후 계일승 목사가 노회장에 피선된 노회에서 연주하게 된 것은 감격 그 자체였다. 이날 음악회에 참여했던 많은 노회원들의 숙식은 많은 제직들이 합심해서 민박으로 그 많은 인원을 수용하였다. 계일승은 1946년 미국 유학을 가기 위해 사표를 제출한 일이 있었지만 후임 목사가 결정되지 않아서 그 일을 성취하지 못했다. 그런데 뜻하지 않게 이북 철산지방에서 목회하던 이재규 목사가 북한 공산당의 학정虐政에 견디지 못해 가족을 이끌고 월남越南하여 목회지를 찾던 중, 강신명[497] 목사의 소개로 황등교회에서 목회하게 되었다.

496 『조선예수교장로회 군산노회』(제9회 회의록), 10쪽을 김수진, 『황등교회 60년사』, 140쪽에서 재인용.
497 강신명은 계일승과 평양장로회신학교 동기동창이다. 1938년에 선천의 남교회에 목사로 부임한 때부터 본격적인 목회를 시작하였다. 남북분단 이후 남쪽으로 내려와 1947년에 당시의 피난민교회였던 서울의 영락교회(당시에는 베다니교회)에서 한경직 목

미국 남장로교회 선교부에서는 장차 한국교회를 이끌고 갈 인재를 양
성하기 위해서 고심하던 차에 계일승을 선발하여 적극 후원하고 나섰다.
이렇게 해서 계일승은 오랫동안 갈망해오던 미국 유학을 떠날 수 있었
다.[498] 미국에서 계일승은 1949년 컬럼비아신학교에서 신학석사학위를
받았고,[499] 유니온신학교에서 1950년 신학박사학위를 받았다.[500]

사와 함께 동역목사(同役牧師)를 한 이후, 새문안교회 담임목사가 되었다. 강신명은 계
일승이 장로회신학대를 정규신학대학으로 개편한 즈음인 1962년 9월 총회 야간신학
교(현재, 서울장신대학교) 2대 교장으로 취임해서 이 학교를 새문안교회로 옮겨 발전
시켜 나갔다. 계일승과 강신명은 같은 교단의 목회자양성기관을 책임지는 입장이었기
에 서로 교류하였을 것으로 보인다. 강신명과 신학교 동기동창임은 김인수의 자료에
나온다. 김인수, "할아버지가 졸업한 평양장로회신학교에 입학하여 1938년 졸업하였
다. 동기생 중에는 새문안교회 담임 강신명목사, 한국교회사학의 태두인 김양선 목사, 호
남 교계의 거두 순천 매산학교 교장 김형모 박사, 그리고 사랑의 성자 손양원 목사 등이 있
었다." 김인수, "(9) 계일승 목사, 1. 출생과 교육" 《한국기독공보》 (2009년 7월 29일).
498 김수진은 계일승이 1948년 한 해에 같은 학교에서 신학석사와 신학박사를 받은 것으로
말하는데 이를 확인한 결과 다르다. "1948년 영광된 하나님의 축복 속에서 학구에 전념
하게 되었다. 그는 그곳에서 역사신학을 전공하여 Th.M.(신학석사) Th.D(신학박사)
학위를 취득하게 되었다." 김수진, 『황등교회 60년사』, 142쪽; 김인수는 신학석사와 신
학박사가 다른 학교임을 구체적으로 밝히면서 연도를 수정해주고 있으나 확인결과 신
학박사 수여연도는 맞으나 신학석사 수여연도는 잘못되어 있다. "해방이 되면서 계 박
사는 미국 유학길에 올랐다. 그는 조지아주 디케이터에 있는 콜럼비아신학교에서 역사
학 전공으로 1948년 석사학위를 받았다. 이어 버지니아 리치먼드에 있는 유니온신학
교에서 박사과정을 밟아, 1950년 한국인으로는 최초로 이 학교에서 역사신학 전공으
로 '한국기독교회사'(History of the Christianity in Korea)라는 학위 논문을 제출하여
신학박사(Th.D.) 학위를 받았다." 김인수, "(9) 계일승 목사, 1. 출생과 교육" 《한국기
독공보》 (2009년 7월 29일); 계일승이 졸업한 미국 학교들을 미국에서 유학한 한일장
신대 신학과 교수 최영현의 도움으로 확인한 결과 계일승은 1949년 콜럼비아신학교에
서 신학석사를, 1950년 유니온신학교에서 신학박사학위를 받았다. 미국의 두 신학교
검색(2016년 4월 22일 오후 4시 20분~25분); 서술자는 계일승의 신학석사와 신학박
사학위논문의 주제가 한국장로교회사와 한국교회사이기에 계일승과 연관된 황등교
회 초창기 역사를 이해하는 데 유용할 것이다. 이에 계일승의 학위논문을 번역하는 것
도 이익한 일일 것이다. 이 일이 진작 이루어졌어야했는데 그렇지 않았음이 아쉽기도
하다.
499 The Presbyterian Church in Korea(한국장로교회사)/Authors(저자): Kay, Il Seung
(계일승): Thesis(Th.M.-신학석사)-Columbia Theological Seminary(컬럼비아 신학
교), 1949.
500 Christianity in Korea(한국의 기독교 정신)/il Seung, Kay(계일승):Union Seminary
(유니온 신학교), Th.D(신학박사), 1950; 계일승이 미국 유학 1년 만에 신학석사를 취

계일승이 수많은 전공 중에서 역사신학을 전공하고 굳이 한국교회사를 주제로 박사학위 논문을 쓴 이유는 무엇일까? 박사학위는 오랫동안 공부하고 마지막에 이른 최고의 경지를 뜻한다. 계일승의 학위논문 주제가 한국교회사였다.[501] 계일승이 쓴 한국교회사는 우리 땅에서, 우리말로 써서, 우리가 볼 수 있게 쓴 것이 아니었다. 우리에게 복음을 전해준 미국 땅에서, 영어로 써서, 영어권 나라에서 볼 수 있게 쓴 것이다. 그러니 계일승의 논문은 우리에게 복음을 전해준 이들에게 그들의 헌신이 얼마나 큰 성과를 냈는지를 전해주고, 그들과 함께 그들 못지않게 교회를 설립하고 교회를 구축해나간 한국교회 지도자들을 소개한 것이다.

득하고, 이어서 1년 만에 신학박사를 취득한 것은 계일승의 열정과 성실의 성과임은 분명하다. 그러나 여기에는 계일승 한 개인의 역량으로만 볼 수 없는 미국의 현지인 유학 전략이 작용한 결과이기도 하다. 이런 유학생 전략은 미국은 물론 유럽 국가나 일본도 마찬가지이다. 미국은 우리나라와 같은 나라에 미국식문화를 이식하고 미국과 우호관계를 구축하기 위해, 현지인 중에서 우수한 인재를 선발해서 미국유학을 지원한다. 그렇게 미국으로 유학을 온 현지인은 미국의 특별한 지원과 배려로 생활하면서 특별혜택으로 단기간에 학위를 마칠 수 있게 한다. 그러니 이들은 미국에 대한 우호적인 마음과 은혜를 가슴 깊이 간직하게 된다. 미국은 이들이 단기간에 학위를 마칠 수 있도록 이들이 잘 쓸 수 있는 논문 주제로 자기 나라에 대한 것을 학위논문으로 쓰게 한다. 그러니 이들은 손쉽게 단기간에 학위논문을 마칠 수 있다. 그리고 미국은 현지 국가에 대한 고급 정보를 이들 논문을 통해 알 수 있게 된다. 이들이 학위를 마치고 자기 나라로 돌아가면, 미국은 이들을 적극 지원한다. 이들은 자기 나라에서 미국우호적인 시각에서 미국식 문화를 자기 나라에 구축하는 데 앞장선다. 이런 이유에서 계일승은 석사논문으로 한국장로교회사를 주제로, 박사논문으로 한국교회사를 쓴 것이다. 계일승을 비롯한 미국 유학경력자들이 미국에 우호적인 시각을 가진 것은 미국의 현지인 유학 전략의 영향이기도 하다. 이러한 예로 대표적인 사례로 우리나라 초대 대통령 이승만도 그렇다. 1905년 2월 워싱턴 DC의 조지워싱턴 대학(George Washington University)에 2학년 장학생으로 입학해서 1907년 학사를 2년 만에 졸업하고, 하버드 대학(Harvard University)에서 석사학위와 프린스턴 대학에서 박사학위(미국의 영향 하의 중립론;Neutrality as influenced by the United States)를 받은 것이 1910년이었으니 학사학위 취득 후 3년 만에 미국 명문대학에서 석사와 박사를 취득하였다.

501 계일승이 미국에서 전공한 것이 한국교회사였다. 우연의 일치일지 모르나 그의 평양장로회신학교 동기동창들이 한국교회사의 대가들이 여럿 있다. 강신명 목사는 1953년에 미국의 프린스턴신학교에서 교회사분야의 신학석사학위를 받았으며, 김양선 목사는 한국교회사의 대가로 평가받는 학자요, 집필필가였다. 계일승을 비롯한 초기 기독교 선구자들은 한국교회사에 대한 중요성을 인식한 것 같다.

이렇게 보면 계일승은 황등교회에서 미국교회와 한국교회의 관계를 돈 독하게 하기 위한 대사로 파견하고, 미국교회와 미국신학계에 한국장로 교회사와 한국교회사를 알리도록 파송한 일종의 선교사라고 말할 수 있 다. 계일승이 미국에서 보여준 모습에 미국인들은 한국교회의 모습을 직 접 목격할 수 있었다. 오늘날에는 계일승이 졸업한 미국 유니온신학교에 서는 한국교회를 배우겠다고 한국인 장성희 교수를 채용했고, 목회자 실 습교육으로 한국교회와 신학대학교를 방문하고 있다.

'한국인들의 마음속에 자리잡고 있는 깊은 신앙의 토대를 느낄 수 있었습니 다. 말씀과 영성을 중시하는 아름다운 전통이 한국교회를 더욱 성장시킬 것 으로 기대합니다.' 오는 2012년 창립 2백주년을 맞는 미국 유니온장로교신 학교Union Presbyterian Seminary를 알리고 동문들을 격려하기 위해 한국을 방 문한 브라이언 블라운트Brian K. Blount 총장은 '항상 하나님의 사랑과 은혜 를 나누기 위해 노력하는 한국인들의 모습에서 많은 도전을 받았다'며, '이 런 성실함이 예배, 기도, 헌신을 통해 배어나오고 있었다'고 말했다. '앞으로 한국의 신학교는 물론이고 교회들과도 좋은 섬김의 관계를 맺고 싶다'는 블 라운트 총장은 '오는 2백주년 창립 행사에는 한국에서 오랫동안 사역해 온 동문들을 비롯해 많은 한국인 목회자들이 참석해 새로운 협력도 논의하게 될 것으로 기대한다'고 말했다. 이와 함께 한국 동문들에게는 '우리는 그리 스도 안에 하나라는 뜨거운 마음을 느꼈다'며 고마움을 전했다."[502]

그러나 계일승이 학위를 취득하였지만 뜻하지 않게 한국에서 6·25전 쟁이 일어났다. 계일승은 일본에 임시로 머물면서 미국 극동사령부 맥아

502 차유진, "미국 유니온장로교신학교 블라운트총장", 《한국기독공보》 (2010년 10월 13일).

더 장군의 고문으로 활동하였다. 다행히 그 무서웠던 전쟁이 휴전되면서 계일승은 귀국할 수 있었다. 귀국하여, 대구에서 속개하게 된 장로회 총회 신학교 역사신학 교수로 부임하였다.

그 후 계일승은 계속 장로회 총회에서 직영하는 신학교에서 목사를 양성하는 일에 크게 공헌을 하였으며, 1959년 제44회 장로회 총회가 합동측과 통합측으로 분립될 때 계일승은 통합측으로 자리를 굳히면서 장로회 신학교 교장 서리로 직무를 수행해 갔다. 계일승은 신학교의 책임자로 신학교의 학문적 체계를 세워나가려고 노력하던 중, 통합측 총회의 절대적인 협력을 얻어 1960년 서울 성동구 광장동에 학교 부지를 마련하고 그곳에 장로회신학대학을 신축하고 제9대 학장으로 취임을 하였다. 계일승은 장로회신학대의 학문적인 토대를 구축하고, 대학에 걸 맞는 시설을 확충한 공로로 1972년 정년퇴임시, 학교발전의 공로가 인정되어 명예학장으로 추대되었다. 이처럼 계일승은 황등교회의 자랑스러운 인재가 되었으며, 황등교회 출신으로서 신학박사 학위를 소지했을 뿐만 아니라 장로회 신학대학 학장으로 한국교계로부터 존경받는 목회자인 동시에 학자로서 살아갔다.

황등교회 그 뿌리와 기독교 역사 정립

사랑의 종, 그 언저리에서 길을 묻다

9

6·25 전쟁의
참상과 순교자들

황동교회 그 뿌리와 기독교 역사 정립

사랑의 종, 그 언저리에서 길을 묻다

6·25 전쟁의
참상과 순교자들

북한교회와 수난

소련은 공산혁명이 일어나기 전의 러시아는 러시아정교회가 국교國敎
인 국가였다. 그러나 레닌에 의해 공산당이 정권을 장악하면서 러시아가
망하고, 소련[503]이 세워졌다. 소련은 일본이 거의 패망직전에 놓인 것을
알고 곧바로 일본에 대해서 선전포고를 하고 만주에 있는 일본 관동군과
싸움을 하면서 남하하여 결국 총 한번 쏘지 않고 북위 38선 이북까지 진

---

503 공식 명칭은 소비에트 사회주의 공화국 연방이며 USSR로 줄여 부른다. 1917년 10월
    혁명으로 소비에트 정부가 성립되고 볼셰비키가 정권을 차지한 후 러시아 소비에트 연
    방 사회주의 국가가 탄생했다. 이후 15개 공화국의 연합체로 구성된 연방공화국이 탄
    생했다. 2차 대전 후 동유럽과 아시아의 사회주의 국가들의 지도국이 된다. 소련의 최
    고 권력기관은 최고 소비에트 회의였다. 레닌, 스탈린, 후르시초프 등으로 이어지는 공
    산당 서기장들이 소련을 이끌어왔다. 1985년 고르바초프의 페레스트로이카는 동독·
    서독이 통일에 영향을 미쳤고 동유럽 각국은 소련의 영향권에서 점차적으로 벗어나 시
    장경제를 지향하게 되었다. 1991년에 연방공화국들이 소련에서 탈퇴하여 소비에트 연
    방이 해체되었다.

주하게 되었다. 뜻하지 않게 횡재를 했던 소련군은 곧바로 북한을 자국의 통치권 안에 넣어 놓고 마음대로 통치하고 나섰다.

소련은 종교가 혁명과업을 완수하는데 장애가 된다고 하면서 기독교를 인정하지 않고 박해하였다. 이렇게 되자 일제 말엽에도 신사참배에 굴복하지 않고 신앙을 지켜왔던 북한 교회들과 신앙인들은 소련당국과 그들의 비호 아래 있는 공산당과 싸울 수밖에 없었다. "교회에서 예배하는 것을 금지할 것."[504] 이 명령은 북한 주둔 소련 제 25군 사령관 근위군 대장 치쓰자코프의 명령이었다. 북한에 있는 교회들은 해방된 조국의 독립을 위해서 힘쓸 때가 왔다고 결단을 내리고 기독교 지도자를 중심해서 정당을 만들었다. 북한에 인민정권이 수립되면서 총선거가 1946년 11월 3일 주일에 실시하기로 공포되자, 교회가 반발을 하고 나섰다. 1946년 10월 22일 이북 5도연합회에서는 다음과 같은 결의문을 채택하였다.

> 북한의 2천 교회와 30만 기독교도들은 신앙의 수호와 교회의 발전을 위하여 다음 5개의 교회 행정원칙과 신앙생활의 규범을 선정 실시 중에 있사온 바, 자에 귀 인민위원회의 협조를 바라마지 않는 바입니다.[505]

바로 이 5개조란 성수주일에 대한 확인으로서 주일에는 어떠한 행사도 과감하게 대처한다는 것이어서 북한에 있어서 교회와의 충돌은 피할 수 없는 현실이었다. 이러한 관계로 북한 정권에 협력하지 않았던 목회자가 차례대로 순교하는 비극이 일어나고 있었다.

---

504 북조선주둔 소련 제25군사령관의 성명서(1945년 10월 12일) 참조와 이준명, 『분단자료집-1945~1948』(한백사, 1989), 27쪽을 김수진, 『황등교회 60년사』, 144쪽 재인용.
505 1945년 9월 신의주에서 윤하영, 한경직 목사가 중심이 되어 기독교사회민주당을 창설했으며, 1947년 11월에는 김화식 목사와 고한규 장로가 중심되어 기독교자유당을 창설하였다. 민경배, 『한국교회사』, 536쪽.

북한에서의 기독교 수난은 김화식(1894-1947)이 기독교자유당 조직 활동으로 1947년 11월 피체 얼마 후에 순교한 때로부터 비롯되어 오늘에 이른다. 같은 해 1947년에는 평양신학교 교장이던 김인준이 소련군에게 잡혀 순교했고, 이정심 역시 그해 12월 8일 소련군의 고문으로 순교의 길에 올랐다. 그 뒤를 김철훈, 이유택이 따랐다.[506]

북한에 있는 많은 목회자들이 수난을 당하자, 이재규는 평안북도 관산읍교회에서 목회를 하다가 가족을 이끌고 38선을 넘어서 서울에 오게 되었다.

황등교회와 이재규 목사

황등교회는 해방이 되었다고 해서 평안하지만은 않았다. 바로 북한과 남한에서 각각 분할통치가 이루어지자 남한에는 남조선노동당(이하 '남로당')[507]이 세력을 확장하면서 공산당 정권을 남한에 세우려고 계획하고

---

506 민경배, 같은 책, 455쪽.
507 남조선노동당(南朝鮮勞動黨) 약칭인 남로당으로 잘 알려져 있다. 1946년 11월 23~24
일 박헌영 계열이 중심이 되어 남조선노동당이 결성되었다. 개회사에서 "근로인민의
역량을 결집하고 좌익진영의 통일을 강화하여 반동세력을 분쇄하고 조국의 민주독립
을 쟁취할 수 있는 강력한 정당을 창건할 것"을 강조하였다. 1946년 9월 4일 발표한 남
로당 강령을 보면 민주주의 자주독립국가 건설, 정권을 인민위원회로, 무상몰수·무상
분배의 토지개혁, 8시간 노동제와 사회보장제 실시, 주요산업의 국유화, 언론·출판·집
회·결사·시위·신앙의 자유, 20세 이상의 국민에게 선거권과 피선거권 부여, 남녀동등
권, 초등의무교육제 실시, 진보적 세금제 실시, 민족군대 조직과 의무병제 실시 등을 주
장했다. 남로당은 당시 세계적 조류인 전위정당의 대중정당으로 전환추세와 북조선노
동당의 창설에 맞추어 결성되었지만, 이미 1946년 9월 7일 박헌영 등 주요 좌익간부들
에 대한 체포령이 내려지고 좌익에 대한 탄압이 강화됨으로써 오히려 지하조직화해 갔

있었다. 그래서 남로당은 자신들의 이념과 상치되고 있는 교회를 핍박하고 나섰다. 바로 그 좋은 예가 1946년 4월 26일 주일아침 예배시 나포면 인민위원회 부위원장인 황홍택이라는 사람이 부락민 10여명을 인솔해서 교회유리창과 벽을 파괴해 버렸기에 자양교회는 가정에서 예배를 드린 일이 있었다.

황등교회에서도 이러한 일이 일어날까 봐서 밤마다 계일승 목사의 사택을 교회 청년들이 교대로 지킨 일이 있었다. 그런데 계일승 목사가 미국 유학차 떠나고, 이재규 목사가 부임하였다.

이재규는 1901년 평안북도 의주군 월하면 월하동에서 월하교회 장로 이도근의 아들로 태어났다. 이재규는 아들이 목사가 되기를 기도하던 아버지의 소망대로 1937년 평양장로회신학교 졸업(32회)과 동시에 목사 안수를 받고, 월하교회 담임목사로 부임했다. 부자가 같은 교회 목사와 장로로 있으면서도 서로가 깍듯이 하여 교인들의 귀감이 되었다. 1938년 노회 파송으로 만주 안동현 안동 제2교회 담임목사로 부임했다. 조국을 떠나 안동현에 거주하는 교포들의 비참한 실상을 보면서 조국이 얼마나 소중한 것인지를 배웠고 '그 경험이 가난한 사람들의 선한 목자'가 되기로 결심한 동기가 되었다. 해방과 더불어 귀국해서 차련관교회에 부임해서 목회를 시작했다. 공산화된 북한에서 조선그리스도교연맹[508] 가입하라는

다. '9월 총파업'과 '10월 대구폭동사건'을 주도해나가면서 남로당의 대중조직이 대부분 무너졌으며 일부는 무장유격투쟁으로 전환했다.

508 『한국순교자기념사업회』, 「이재규」(2016년 5월 3일 02시 20분 검색))에서 '기독교연맹'이라고 하였는데, 정확한 이름은 '조선그리스도교연맹'이다. 조선그리스도교연맹은 1946년 11월 26일 김일성이 외삼촌인 강양욱 목사에게 지시해 세운 기관으로 북한 공산정권의 어용단체이다. 1988년 강양욱의 아들 강영섭 목사가 위원장에 취임하면서 전국 조직이 정비되고 김일성의 지시로 그해 봉수교회가 세워졌다. 현재 조선그리스도 연맹 산하 교회는 봉수교회와 칠골교회 2개뿐이다. 북한은 이 기관을 통해 자신들이 인정하고 있다고 선전하고 남북한의 기독교교류나 국제 기독교 교류에 이 기관을 활용하고 있다.

강요를 거부하고, 1948년 8월 8남매를 데리고 38선을 넘어 황등교회 담임
목사로 부임했다.

이재규는 북한 공산정권 아래에서 자유롭게 신앙생활을 한다는 것이
얼마나 감격스러운 일인지 뼈저리게 체험한 사람이었다. 이재규는 아무
런 연고도 없는 황등교회에 목회를 할 수 있음이 감사해서 평생을 황등교
회에서 교회를 섬기리라 굳게 다짐하였다.

이재규의 설교는 많은 사람들에게 감격과 감화를 주었고, 성경공부를
잘 가르치는 목사로 정평이 나 있었다.[509] 이재규가 부임할 무렵 보삼리를
중심해서 교회 분립이 이루어져가고 있었다.

> 더욱이 일제가 패망하고 새로운 신앙의 자유시대가 시작되자 사람들은 너
> 도나도 교회로 몰려왔다. 이래서 자연히 황등교회는 급성장하게 되었고 황
> 등교회에서 좀 멀리 떨어진 곳에 새로운 교회가 세워지는 것이 하나님의 뜻
> 으로 알고 1948년 7월 4일 황등면 보삼리에 있는 일본인 적산 장업창고를
> 수리하여 신황등교회로 출범시켰다.[510]

이 때 분립해서 신황등교회로 옮겨간 이들의 명단을 신황등교회에서
밝힌 자료로 제시하면 다음과 같다.

> 신황등교회는 황등교회에 출석했던 안백선 장로(안삼용 장로 부친), 최기장
> 장로(최영식 부친), 김희갑 장로(김종성 조부), 안형제(삼용) 장로(안상용
> 형) 4인과 강신협(재미), 김봉재(김종성 부친), 김영규, 전기년, 안상용(군산

---

509 『한국교회순교자기념사업회 홈페이지』, 「이재규」참조(2016년 5월 3일 02시 20분 검색).
http://kcmma.org/
510 김승남, 『신황등교회 60년사』(교회사편찬위원회, 2008), 77쪽.

세광교회장로), 김두봉(김두만 형)등 청년들이고 김백원 집사(김두만 부친), 손태환(손승재 부친), 홍금길(홍석표 부친), 박인석(박영국 부친), 최영식(최용관 부친), 박준봉(박천내 부친 재미), 강동희, 양광열, 이성권 등의 가족들과 여러분들을 모시고 40여명의 교인들이 그 심했던 폭우 속에 설립예배를 드렸다…그 당시 황등교회에서 분립할 때 아마하 중형풍금 1대, 7인조 관현악대 밴드(코넷, 드럼펫, 엘토트롬본, 베스바리톤, 큰북, 작은북 등)을 주었다.[511]

이처럼 황등교회에 부임한지 얼마 지나지 않아 황등교회에서 중책을 맡았던 일꾼들이 대거 분립되어 감에 따라 이재규로서는 부담일 수밖에 없었다. 이재규는 서리집사를 보선해서 제직구성을 튼튼히 하였고, 당회사무 분담도 새롭게 정비하였다. 또한 구역장과 권찰 조직을 재조정하였다. 이를 통해 신황등교회로 분립된 일꾼들의 자리를 신속하게 메꿔 나갈수 있었다.[512] 이처럼 이재규는 교회 조직을 체계적으로 구성하는 능력과 당회와 제직들과 구역의 협력을 아우르는 지도력을 발휘하는 목회자였다. 이재규의 지도력과 협력에 힘입어 교회는 다시금 성장해갔다. 이는 이재규가 자신의 약점을 강점으로 승화한 인격과 지도력의 결과였다. 이재규는 이북 출신으로 이남의 사정을 잘 몰랐다. 이재규는 자신의 경험과 방식대로 목회하기보다는 황등교회 교인들의 역량을 존중하면서 그 역량들이 충분히 발휘되도록 조직을 구성하고, 당회와 제직들과 구역의 협력을 강조하였다.

---

511 같은 책, 83-84쪽; 이 내용에 신황등교회나 황등교회가 같다. 이는 김승남이 김수진의 『황등교회 60년사』를 보고 신황등교회 자료를 검토한 결과 다르지 않기에 그대로 한 것 같다. 김수진, 『황등교회 60년사』, 415쪽 참조.
512 김수진, 『황등교회 60년사』, 146쪽.

이재규는 당회의 화합 정치와 제직들의 헌신 봉사활동이 충분히 발휘되도록 하는 목회 행정을 시행해 나갔다. 또한 권사 제도를 도입해서 이들로 하여금 구역을 수시로 돌볼게 하였다. 이 권사 제도는 공동의회서 선출한 권사가 아니라 구역의 육성을 위해서 당회가 임명하여 일을 하도록 한 것이었다.[513]

●●●
6·25전쟁 순교자들과 황등교회의 화해운동

제2차 세계대전 종전을 눈앞에 둔 1945년 2월의 얄타회담에서 미국과 소련은 한반도의 38도선을 경계로 그 남부는 미국군이, 북부는 소련군이 각각 일본군의 무장해제를 담당하기로 결정했다. 1945년 8월 15일 일본이 무조건 항복하자, 이 결정에 따라 38도선 이남에서는 미군정이, 이북에서는 소군정이 시작되었다. 양국 군정은 모두 한반도에서 자국을 지지하는 정권을 만들기 위해 영향력을 행사했다.

미소 양국 군정軍政의 영향력 아래에서 한반도 내의 정치 세력도 지역적으로 분할되었다. 북한에서는 소련의 지원 하에 사회주의 개혁이 이루어졌고, 그 과정에서 토지나 직장을 잃은 사람들이 대거 월남했다. 반면 남한에서는 미군정과 사회주의자들 사이의 대립이 격화되었고, 사회주의 지도자들 대다수가 월북했다. 한반도 내의 사회경제적 정치적 갈등과 대립이 지역적 분할 양상을 보이는 상황에서 1948년 8월 15일 남한이 먼저 단독정부를 수립하였고, 9월 9일에는 북한도 단독정부를 수립하였다. 북

---

513 김수진, 『황등교회 60년사』, 147쪽.

한의 김일성은 무력 통일 방침을 세우고 소련과 중국의 동의를 얻었다.

　기나긴 암흑의 시대가 지나고 해방이 왔지만, 얼마 지나지 않아 또 다른 어둠이 도래했다. 6·25전쟁이 발발한 것이다. 1950년 6월 25일 새벽 북한군은 38도선 전역에서 전면 공격을 개시했다. 병력과 화기 면에서 절대 열세에 있던 데다 전면전을 예상하지도 못했던 국군은 변변한 저항도 못하고 패퇴를 거듭했다. 그러나 정부는 국군이 적을 격퇴하고 황해도까지 진출했다고 거짓 방송을 하여 국민들을 안심시켰다. 서울 시민들은 포성이 가까이에서 들리기 시작한 6월 28일 새벽에야 전황이 다급하다는 사실을 알았다. 대다수 시민들은 이미 피난하기에는 늦었다고 생각하고 잔류하기로 결정했으나 북한군이 서울을 점령할 경우 생명을 보존하기 어렵다고 판단한 군인, 경찰, 공무원과 그 가족들은 서둘러 피난길에 올랐다. 그런데 국군은 이승만 대통령을 비롯한 삼부 요인이 한강을 넘자마자 한강의 모든 교량을 폭파했다. 28일 새벽 2시 20분 한강 인도교가 폭파되었고 2시 40분에는 광진교가 폭파되었다. 이 폭파로 인해 500~600명의 피난민이 사망했다. 뒤늦게 한강 인도교로 달려온 많은 시민들은 배편을 구하거나 집으로 다시 발길을 돌려야 했다. 상당수 국군 병력도 배편을 이용했다.

　미아리 방면에서 북한군을 저지하던 혼성 병력은 마포, 서강, 서빙고, 한남동, 뚝섬, 광나루의 각 도선장渡船場에서 배를 타고 철수했다. 이들 중 서빙고와 한남동의 도선장을 이용한 병력은 강남구 일대를 거쳐 일단 시흥과 수원으로 집결했다. 국군의 일부 병력은 지연작전을 펼치기 위해 한강 남안에 포진했다. 신사리에서 동작리에 이르는 구간은 국군 혼성 제2사단이 맡았다. 북한군 제3, 제4 사단은 6월 29일 밤부터 탱크와 야포의 지원 아래 여의도, 흑석동, 신사리 일대에 정찰대를 투입하여 탐색전을 펼쳤다. 30일 새벽, 북한군 제3사단이 흑석동과 신사리 일대로 도하하기 시작했다.

　신사리에 배치된 국군 기갑연대 제2기병대대는 북한의 포 사격을 견디지 못하고 후퇴했고, 지원 부대인 제3연대도 위기에 처했다. 혼성 제2사단 장은 말죽거리로 후퇴하여 다시 방어선을 구축하기로 결정하고 제5, 제16 연대를 95고지 일대에 배치하는 한편 제3연대는 예비로 전환하여 남태 령~우면산을 잇는 방어선에서 북한군을 저지하기로 했다. 그러나 북한군 의 주력은 국군 부대 사이의 간격을 이용하여 판교 방면으로 진출했고, 일 부 병력이 말죽거리로 진출했다. 고립의 위기에 처한 국군 부대는 7월 2일 과천~군포간 도로를 확보하는 임무를 부여받고 말죽거리에서 철수했다.

6·25 전쟁은 황등교회에도 엄청난 고통을 안겨 주었다.[514] 물밀듯이 내 려온 인민군이 1950년 7월 19일 황등교회당을 접수하였다.[515] 이 일로 공 산주의 정권의 학정虐政에 견디다 못해 월남越南한 이재규와 미국 유학중 인 계일승의 가족인 계원식 집안, 우익진영에 있던 변영수와 같은 이들도 걱정이었다.

당시 황등지역은 좌·우익의 갈등이 심했다. 여수순천 10·29사건[516]의

---

514 이에 대해서는 한승진, 《순교자를 넘어 계승자로》(황등교회역사정리보존부, 2016년 8월 14일)에 정리되어 있다. 앞으로 전개될 내용은 이 자료집을 보완한 것임을 밝힌다.
515 김수진, 『황등교회 60년사』, 151쪽; 인민군이 황등교회를 접수한 날짜는 이 책 부록 477 쪽에 나온다. 이 날짜가 맞다. 그런데 김수진은 《한국장로신문》에 쓴 글에서 이 날짜를 7월 22일 안인호 등이 인민군에게 끌려간 날로 혼선을 빚었다. "그러나 인민군이 대전 을 점령하고 익산 가까이 올 무렵 당시 전라북도 도지사인 김가전 목사가 함께 후퇴하 여 부산으로 가자는 권유를 뿌리치고 결국 익산을 지키다가 그만 햇빛이 따갑게 내려 쬐이던 7월 22일 그만 인민군이 익산 황등에 진주를 하게 되었다." 김수진, "6·25 전쟁 시 시국대책위원장으로 활동하다가 순교한 변영수 장로"《한국장로신문》(1277호, 2011년 6월 4일).
516 1948년 4월 3일 제주도에서 단독정부수립에 반대하는 제주 4·3사태가 확산되자 정부 는 이를 진압하기 위해 제14연대를 급파하기로 했다. 이에 지창수·김지회 등 좌익계 군 인들이 중심이 되어 제주도 출동을 거부하고 친일파 처단, 조국통일 등을 내걸고 반란 을 일으켰다. 이들은 19일 저녁 8시경 무기고와 탄약고를 점령하고 비상나팔을 불어 전 체 연대 병력을 집결시킨 다음 선동과 위협으로 반란군에 동참하게 했다. 곧 경찰서와 관공서를 장악하고 여수·순천을 순식간에 휩쓴 뒤 곧바로 광양·곡성·구례·벌교·고흥 등 전라남도 동부 5개 지방을 장악해나갔다. 초기 진압작전에서 반란군에게 밀리자 정 부는 여순지구에 계엄령을 선포하고, 광주에 설치한 반군토벌전투사령부의 지휘로 제 2여단, 제5여단 예하의 5개 연대를 투입, 소탕작전을 벌여 나갔다. 이들 정부군은 결국

영향을 받은 곳으로 6·25전쟁 전에는 우익右翼인들에게 희생되었던 좌익
左翼인들이 이번에는 우익인들을 무차별 탄압하였다.[517] 더욱이 황등면 율
촌리는 제2의 모스크바로 불릴 정도로 좌익사상에 물든 학교교사 등의 지
식인들도 있었다.[518] 일제강점기에 일본순사부장(황등지서장)인 가끼야
마栢山恒는 황등교회를 방문할 때, 정중한 자세로 모자를 벗고 또 옆에 있
던 칼도 풀어서 들고 교회당에 들어왔다. "일제강제기에 일본경찰은 교회
의 예배에 참석해서 설교내용을 검열하고, 교인들 가정에서 수상한 음모
를 꾸미는 자가 없는가 하여 감시의 촉각을 세우고 있었다."[519]

그러나 인민위원회는 철저히 교회를 부정하였고, 황등교회당을 그들의
모임 장소로 사용하였다. 이들 중 한 사람은 교회당에서 담배를 피우기까
지 하였다. 이를 본 교인 중 봉기성은 그 사람에게 "최소한 교회당에서는
담배를 피우지 말아줄 것"을 요청했다. 그랬더니 그 사람은 이렇게 말하
였다. "인민공화국 세상이 왔는데 무슨 교회야!" 이에 봉기성은 교인들과
함께 그보다 조금 지위가 높은 사람에게 정중하게 이야기해서 최소한 교
회당에서만큼은 담배를 피울 수 없게 하였다.[520]

미국군사고문단의 지휘 아래 장갑차·박격포 등을 동원해 여순지역 탈환에 성공했다.
비록 미군의 협조로 진압에는 성공했으나 이 사건은 3개월밖에 지나지 않은 신생 정부
에 큰 충격을 안겨주었다. 이승만 정부는 이 사건을 계기로 각계각층의 반대에도 불구
하고 국가보안법 제정, 정치적 반대세력에 대한 무제한적인 탄압을 제도화시켰으며 대
대적인 숙군을 단행, 좌익계와 광복군계를 포함한 모든 반이승만 성향의 군인을 제거
했다. 또한 이승만 정부는 강력한 반공국가를 구축하게 되었으며, 미국은 이 사건 이후
대한군사지원을 훨씬 강화했고 주한미군철수를 1949년 6월로 연기했다.

517 『한국교회순교자기념사업회 홈페이지』, 「노명갑」(2016년 5월 3일 02시 20분 검색).
http://kcmma.org/
518 김재두와 통화(2016년 4월 26일 오후 3시 10분~3시 30분).
519 연규홍, 위의 책, 87쪽 참조.
520 김수진, 『황등교회 60년사』, 151쪽에서는 교인들이 교회당에서 담배를 피는 것을 못마
땅하게 여겼지만 무례한 사람으로 인해 상급자에게 정중히 부탁해서 제지하였다고 한
다. 김재두의 증언에 의하면, 이 교인이 봉기성이다. 봉기성은 교회에서 담배를 피는 것
에 대해 분명하게 항의하였고, 그런 봉기성의 논리와 태도에 기가 죽어서 인민위원회

인민위원회는 수시로 마을 청소년과 부녀자들을 모아놓고 교회당에서 김일성을 우상화하는 혁명 노래를 부르게 하였다. 이런 상황에서 교회에서는 예배를 드리는 것만으로도 기적일 지경이었다.[521]

평생을 황등교회에서 목회하기로 하고 위임목사가 된 이재규 목사는 인민군이 황등에 진주하자 7월 23일 주일 예배를 인도하고는 당회원들과 교인들의 권유로 이리 시내 쪽으로 피난을 간다면서 떠나고 말았다. 황등교회 교인들은 담임목사가 없고 인민위원회가 교회당을 접수한 상황임에도 주일만은 아침예배를 드려야 한다면서 몇몇 교인들이 모여서 찬양하며 기도하며 예배를 드렸다. 이는 순교할 각오가 아니면 할 수 없는 일이었다.

종교를 인정하지 않는 인민위원회에 의해 계원식과 이자희 그리고 안인호가 체포되었다. 인민위원회는 계원식이 당시 황등에서 유일하고 유능한 의사이기에 이용가치가 있다고 판단하고,[522] 계원식이 인술仁術로 봉사하면서 많은 사람을 살려냈기에 이들 부부에 대한 우호적인 여론에 밀려 이들 부부를 슬그머니 석방하였다.[523] 그러나 미국 유학중인 계일승의 아내요, 계원식의 자부子婦 안인호는 석방되지 않았다. 안인호는 6남매를 기르며 시부모를 봉양하면서 남편 몫까지 효도하면서 살았는데, "미국 놈의 각시"[524]라고 하면서 황등농협 가마니 창고에 유치시켰다가 8월 14일 황등공동묘지 골짜기에 끌고 가 무참하게 학살하고 말았다.[525] 이 때 학살

사람들은 슬그머니 교회 안에서는 담배를 피지 않게 되었다고 하였다. 김재두와 만남 (2016년 8월 1일 오후 2시 30분~50분).

521 김수진, 『황등교회 60년사』, 151-152쪽 참조.

522 김재두의 증언에 의하면, 당시 계원식 자신이 풀려난 이유를 직접 술회하면서 이렇게 말했다고 한다. 김재두와 만남(2016년 4월 25일 오후 2시 10~3시 0분).

523 『옥판석, 노상열, 석춘웅 증언』(1989년 8월 12일)을 김수진, 『황등교회 60년사』, 152쪽에서 재인용.

524 『옥판석 증언』(1989년 8월 12일)을 김수진, 『황등교회 60년사』, 152쪽에서 재인용.

525 『봉기성·정업무 증언』(1989년 8월 2일)을 『황등교회 60년사』, 152쪽에서 재인용; 정복량은 안인호 집사가 학살당한 곳이 '황등산'이라고 하였다. 정복량, 위의 글, 4쪽; 김

당한 사람은 황등교회 안인호만이 아니라 신황등교회와 동련교회 교인들을 포함해서 17명[526]이 총살을 당하였다.

김수진은 "두 교회의 교인들의 실명實名을 밝혔다. "신황등교회에서는 김재봉, 이성권, 황승민, 라석기 등이며, 동련교회에서는 노영길, 백형남 등이다."[527] 그런데 김승남은『신황등교회 60년사』에서 신황등교회 출신으로 순교자를 다룬 구절이나 학살당한 이들에 대한 언급이 전혀 없다. 그 대신 분명하게 신황등교회 교인으로 6·25 전쟁과 관련된 사람들의 이야기가 나온다.

> 김봉재, 전기년, 강신협이 같이 피난 갔다가 돌아오던 중 김봉재가 1950년 10월 14일에 29세의 일기로 소천[528]하였다. 김봉재를 기리는 기념비가 그의 유족에 의해 세워져 전해지고 있다. '이는 주후 1950년 6월 25일 북한 공산군의 남침으로 인하여 10월 14일 전라남도 무안군 임자도에서 그리스도의 조국을 위하여 순사한 김봉재 집사 기념으로 그 유족이 세움. 주후 1951년 7월 4일 부친 김희갑, 아들 종성.'[529]

항안도 안인호 집사가 학살당한 곳이 '황등산' 이리고 하였다. 김항안, 위의 글, 92쪽; 이에 대해 김재두의 증언을 통해 알아본 결과, 황등공동묘지와 황등산은 같은 장소를 말하는 것임을 확인할 수 있었다. 그러나 굳이 정확한 지명을 밝힌다면 황등공동묘지가 맞다고 하는 김재두의 증언에 따라 김수진의『황등교회 60년사』을 그대로 씀을 밝힌다. 김재두와 통화(2016년 4월 9일 오후 6시 30분~35분).

526 김수진,『황등교회 60년사』, 152쪽에는 정확한 인원이 나오지 않았으나 전북기독교역사연구회, "익산시 순교자기념예배 자료집"(미간행자료집, 2015년 6월 21일)에서는 17명이 총살을 당한 것으로 나온다.

527 『대한예수교장로회 통합 군산노회 제12회 회의록』13쪽 참조를 김수진,『황등교회 60년사』, 157쪽 재인용.

528 '소천'(召天)이 '하나님의 부르심을 받았다'는 뜻으로 기독교계에서 많이 사용하고 있지만 우리말 사전에 없는 신조어(新造語)이다. 더러 존칭으로 '소천하셨다'를 쓰는 데 이는 능동형으로 명백히 잘못된 말이다. 이 글은 직접인용이기에 그대로 쓰고, 다른 경우는 별세로 할 것이다.

529 김승남, 위의 책, 96-97쪽.

연규홍은 『예수꾼의 뚝심』에서도 순교자에 대한 언급이나 이 당시 학살당한 것으로 거론된 노영기와 백형남을 다르게 말하고 있다.

> 우리 교회 출신으로 해방후 이곳의 국회의원까지 지냈던 백낙규 장로의 넷째 아들 백형남은 목포에서 인민군들에게 붙잡혀 죽고, 학도병으로 나갔던 김영기·김인섭 그리고 경찰로 나갔던 노영길은 끝내 돌아오지 않고 전사하였다.[530]

김수진의 『황등교회 60년사』는 1989년 출간되었고, 연규홍의 『예수꾼의 뚝심』은 1992년에 출간되었고, 김승남의 『신황등교회 60년사』가 2008년에 출간되었다. 연규홍과 김승남은 먼저 출간된 김수진의 『황등교회 60년사』를 읽고, 참고하였음을 드러냈다. 그렇다면 연규홍과 김승남은 김수진이 말한 신황등교회 교인들과 동련교회 교인들이 학살당한 사람들의 명단을 알고 있었다. 그러기에 이들은 이를 수정하려고 서술한 것으로 보인다.[531]

---

530 연규홍, 위의 책, 92쪽.
531 아마도 김수진이 황등교회가 아닌 다른 교회를 언급하는 부분에서 혼선이 있었던 것으로 보인다. 연규홍, 위의 책에서 백형남과 노영길을 순교자라고 되어 있지 않다. 그런데 "익산시 순교자기념예배 자료집"에서는 이 둘을 순교자로 추존하였다. 이처럼 6.26전쟁의 순교자에 대해서 황등지역 교회 순교자 추존은 명료하게 정리되지 않은 부분이 있다. 이에 대한 관심도 없다가 지난 2015년 6월 21일 "순교자의 피를 헛되게 하지 말라! 익산지역순교자기념예배"가 전북기독교역사연구회 주최로 황등교회당에서 드려지면서 이 일이 진행되어 간 것으로 보인다. 전북기독교역사연구회 회장 정복량 목사와 총무 박세홍 목사와 통화(2016년 4월 28일 오후 3시 10분~4시 10분)한 결과, 이 자료의 출처를 정확히 알지는 못하고 해당 교회에서 입수한 자료를 근거로 하였음을 알 수 있었다. 6·25 순교자추존 논란은 현재 한국기독교순교자기념관이나 한국기독교100주년기념사업회 측도 마찬가지이다. 순교자기념관 정한조 목사와 통화(2016년 5월 2일 오전 11시 20분~30분), 한국교회순교자기념사업회 남관우 목사와 통화(2016년 5월 2일 오후 1시 30분~40분).

》》 효부孝婦 안인호 집사의 순교[532]

안인호는 평안남도 안주[533]에서 경술국치를 맞은 1910년 아버지 안창덕과 어머니 김해지 사이에서 장녀로 태어났다. 안인호의 조부祖父 안봉주는 1870년 안주에서 태어났다. 안봉주는 스물여덟 살 때, 친구인 길선주의 전도를 받고 예수를 믿었다. 안봉주는 한학漢學에 능통하였고, 또한 신앙서적을 많이 읽고, 열심히 신앙생활을 하였다. 안봉주는 1907년 제1회 조선독노회가 조직될 때, 평양 장대재교회[534]에서 장로로 장립되었다. 그후 목회에 뜻을 두고 평양장로회신학교에 입학하여 1911년 제4회로 졸업하였다.[535]

---

532 김수진, 『신앙의 거목들』, 149-156쪽과 김수진, 『자랑스러운 순교자들』(기전여자대학, 1981) 203-206쪽 참조.

533 평북 서북쪽 깊숙한 골짜기에서부터 여러 갈래의 산맑은 산여울이 합쳐서 큰 물줄기를 이루어 황해로 내닫는 청천강 남쪽 기슭에 자리 잡은 평안남도 안주는 일찍이 고구려의 맹장 을지문덕이 수나라 양제(煬帝)의 100만 대군을 살수(지금의 청천강)에서 맞아 과감히 무찔러 빛나는 전공을 세운 고장이다. 고려시대에는 도절제제사영(都節制使營)이 있었고 조선조 세조(世祖) 때에 진(鎭)을 둔 요지이며, 평양의 관문으로서 이 고장은 외교사절과 상인의 왕래가 빈번하고 많은 고을이 인접한 산업의 중심지였으므로 사람들은 일찍 재리(財理)에 눈떠 있었다.

534 이 당시 평양 장대재 교회는 동양에서 가장 큰 교회로 불릴 정도였다. 놀라운 사실은 김일성의 아버지 김형직과 어머니 강반석이 독실한 기독교 신자였다는 사실이다. 반석은 베드로에서 따온 기독교 이름이고, 강반석의 아버지 강돈욱은 칠골교회 장로, 할아버지 강량욱은 목사였다. 아버지 김형직은 평양 장대재교회에서 설립한 숭실학교를 나왔다. 장대재교회는 지금 김일성동상과 소년궁전이 있는 만수대에 있었다. 장대재교회는 널다리교회와 장대현교회와 같은 교회를 말한다. 널다리교회(평양 최초의 교회) → 장대재교회 → 장대현교회(1907년 1월 14일 평양대부흥운동)으로 이름의 변경이 있었다.

535 김수진은 안인호의 조부 안봉주와 시조부 계택선이 평양장로회신학교 동기동창이라고 하였으나 『신앙의 거목들』, 149쪽에서 안봉주가 4회 졸업생이라고 하였고, 시조부 계택선은 자신이 쓴 『황등교회 60년사』, 56쪽에서 평양장로회신학교 5회 졸업생이라고 하였으니 동기동창은 아니다. 그러나 1회 차이이니 같이 수학한 사이였을 것이다. 계택선이 평양장로회신학교 5회 졸업임은 김인수, 김인수, "(9) 계일승 목사, 1. 출생과 교육" 《한국기독공보》(2009년 7월 29일)에서도 일치한다.

안인호의 아버지인 안창덕은 목사 가정에서 자라면서 기도하는 법과 성경을 가르치는 일 등을 배웠다. 안인호는 교회에서 운영하는 유신학교에 입학하여 그곳에서 성경을 배우면서 근대적인 학문을 배웠다. 안인호는 보통과 과정을 마치고, 선교사가 운영하는 평양숭의여학교 본과에 진학하였다. 안인호는 피아노에 남다른 재능이 있었다.

이렇게 학교의 생활에 몰두하고 있을 때, 집에서 전갈이 왔다. 결혼상대자가 정해졌으니 만나보라는 것이었다. 안인호는 그것이 여자가 가야할 당연한 길로 여겨, 부모가 짝지어준 계일승이라는 총각과 몇 차례 만나보고, 결혼을 하게 되었다. 계일승의 아버지 계원식과 안인호의 아버지 안창덕은 경성의학전문학교 동기동창생이었다. 그뿐만 아니라 계일승의 조부 계택선 목사와 안인호의 조부 안봉주 목사는 평양장로회신학교 동창이었으므로 집안끼리 잘 알고 있는 사이였다. 그런 이유로 안인호와 계일승은 1926년 결혼식을 올렸다.

꿈같은 신혼생활이 잠시뿐이었다. 계일승은 북경에 있는 연경대학에 다니고 있는 학생이었고, 안인호도 역시 학생의 몸이었으므로 각기 학업을 위해 기숙사로 떠나야만하였다. 어느덧 3년이 흘러 안인호는 졸업하였다. 안인호는 결혼한 지 4년 만에 시부모를 따라 낯선 전라북도 익산군 황등면 황등리에 신접살림을 꾸미고 살게 되었다. 북경에서 대학을 졸업한 안인호의 남편 계일승은 아버지가 개원開院한 기성의원 옆에 가게 하나를 빌어서 포목장사를 하면서 지냈다.

안인호는 반주로 열심히 교회를 섬겼다. 특히 안인호는 어린이들을 사랑해서 주일학교 학생들을 전도하고 가르치는 데 열심이었다. 주일학교 동화구연시간만 되면 안인호가 도맡아서 할 정도였고, 아이들은 시간가는 줄 몰랐다. 안인호는 문학적 자질이 뛰어나 창작 동화로 어린이들에게 큰 꿈을 키워주기도 하였다. 또한 여전도회 회원들과 함께 교회의 궂은일

을 마다하지 않고 해나갔다.[536]

계일승이 평양장로회신학교에 입학하여 평양으로 올라가게 되자, 안인호는 목포 정명여학교 음악교사로 부임하였다. 이 학교는 미국 남장로교한국선교회에서 1903년 9월 15일 설립한 학교였다. 1919년 3·1운동 당시에는 교사와 학생들이 목포 4·8 독립운동을 주도하였는가 하면 1921년에도 목포만세사건을 주도하였고, 1937년 9월 6일 일본의 신사 참배 강요를 거부하고 자진 폐교한 학교로 민족의식과 신앙적 열정이 강한 기독교학교였다.[537] 안인호는 이 학교에서 학생찬양대를 조직하여 목포시내 교회에 나가서 순회 공연도 하였고, 음악에 소질이 있는 학생들을 따로 모아 피아노와 성악을 가르치기도 하였다.

1937년 6월 계일승이 평양장로회신학교를 졸업하고 이리중앙교회 담임전도사로 부임하게 되자, 남편을 내조하기 위해 학교를 사직하였다. 안인호는 건강한 편이 아니었다. 그런 안인호로서는 남편의 목회를 돕고 어린 6남매를 양육하는 일이 힘에 부쳤다. 그럴수록 안인호는 말씀과 기도생활로 어려움을 극복해나갔다. 안인호는 아이들을 재워놓고 아무도 없는 교회당 안에 들어가 마루를 치면서 하나님께 간절히 기도하곤 하였다. 안인호의 내조에 힘입어 계일승 목사는 이리중앙교회에서 안정적인 목회를 해나갔고, 이런 분위기 속에서 교회는 성장을 해나갔다.

그러나 계일승이 이리중앙교회를 섬긴지 7년이 되던 1943년, 일본 경찰의 교회탄압은 극에 달하였다. 일본 경찰은 전라북도의 모든 교회를 강

---

536 김수진, 『신앙의 거목들』, 152쪽 참조.
537 1982년 선교사 양관을 수리하던 중 천장에서 3·1운동 당시 광주에서 보낸 것으로 추정되는 '도쿄 2·8 독립선언서'와 '3·1 독립선언서', '조선독립 광주신문', '독립가' 등의 유인물이 발견되기도 하였다. 1937년 9월 6일 일본의 신사 참배 강요를 거부하고 자진 폐교하였다. 1947년 9월 23일 조국 광복으로 재개교(4년제 목포정명중학원로 복교), 3년제 보육과 병설. 제10대 최 섭 교장 취임하였다.

제로 통폐합시키면서 많은 교회의 문을 닫게 하였다. 이리중앙교회는 이리제일교회와 통폐합되었고, 그러면서 일본 경찰은 계일승을 쫓아냈다. 계일승은 마침 담임목사가 공석인 황등교회 담임목사로 부임하게 되었다. 이 때 황등교회도 동련교회와 통폐합된 상황이었고, 일제의 극심한 탄압으로 교회의 분위기는 어수선하였다. 이런 분위기에서 안인호는 더욱 기도에 힘썼고, 계일승과 함께 교인들을 찾아가서 위로하는 일에 힘썼다. 황등교회에는 안인호에게서 배웠던 주일학교 학생들이 교사, 찬양대, 집사가 되어 있었기에 이들은 안인호에게 큰 힘이 되어 주었다.

1945년 8월 15일 해방이 되자, 일본인들은 자기 나라로 떠났고, 박해를 받던 신앙인들은 감격의 눈물을 흘리면서 신앙의 자유를 누리게 되어 활기를 되찾았다. 시아버지 계원식은 교회를 활성화하는데 힘썼고, 남편 계일승은 교회만이 아니라 새 나라를 건설하는 일로 동분서주東奔西走하면서 눈코 뜰 새가 없을 지경이었다. 계일승의 일은 목회뿐만 아니었다. 황등면 치안은 물론 익산군과 이리지방의 치안에도 신경 써야 하는 바쁜 나날이었다. 또 황등에 살았던 일본인들을 무사히 일본으로 보내는 일도 계일승에게 주어져 있었다. 계일승은 이 일을 황등교회 교인들과 함께 해나갔다.

사실 일제는 원수와 같은 나라였다. 안인호의 시아버지 계원식이 1919년 3·1운동직후 독립자금을 제공한 혐의로 고초를 겪었다. 안인호의 남편 계일승은 한창 감수성이 예민한 청소년시기에 일본 유학중 관동대지진으로 당시 한국인이 처참하게 피해를 입는 것을 보았고, 그 일로 더 이상 학업을 계속하기가 어려워 중국으로 갔던 경험도 있었다. 또한 일제의 강압으로 이리중앙교회와 이리제일교회가 통폐합될 때 담임목사직에서 파면되었다. 이리중앙교회와 황등교회 담임목사로서 일제의 강압에 죽기보다 힘든 탄압 속에서 일제에 순응할 수밖에 없었다. 그러다가 황등교회 담임목사로 재임 중 친일파지주를 비판한 연극으로 그와 황등교인들이 이리경찰서에 끌려가 고초를 겪기도 했었다. 그런 계일승이 불과 얼마 전에 이리경찰서에 끌려가 고초를 겪은 황등교회 교인들과 함께 일본인들이 자신들의 나라로 안전하게 돌아가도록 하는 일을 도운 것이다. 안인호는 시어머니와 함께 기도하면서 가정과 교회를 섬겼다.

계일승은 미군이 이리 시내에 진주進駐하면서부터는 계일승만한 영어 실력자가 없어, 미군 통역까지 담당해야만 하였다. 그러다가 1948년 계일승은 미국 남장로교[538] 선교사인 인돈印敦, William A. Linton 목사의 주선으로 오랫동안 꿈꿔온 미국으로 유학을 떠나게 되었다.[539] 안인호는 위로는 연로하신 시부모를 섬기고, 아래로는 어린 6남매를 돌보면서 변함없이 교회 일에 헌신하였다. 안인호는 기도의 사람이었고, 시부모를 섬기고 자녀들을 돌보는 효부孝婦와 현모양처賢母良妻로 칭송이 자자하였다.

1950년 6·25전쟁이 발발하였고, 급기야 7월 19일, 인민군이 황등교회당을 접수하였다. 7월 23일 계원식을 비롯한 장로들의 간곡한 권유로 이재규 담임목사는 피난을 떠났다. 종교를 인민의 아편이라고 여기는 인민군이 교회당을 접수하였고, 담임목사가 피난 간 상황이었지만 주일이 되면 안인호는 시아버지의 뜻에 따라 교인들과 함께 황등교회에 모여 예배를 드렸다. 안인호는 피난을 떠났다가 연로하신 시부모와 6남매를 남겨두고 혼자만 갈 수가 없어 되돌아왔었다.[540] 7월 26일 인민위원회는 안인호

---

538 미국 남장로교회는 안인호가 재직한 목포정명여학교를 설립한 곳이었다. 이 선교회 인돈 목사의 주선으로 계일승이 미국유학을 갔으니 미국 남장로교회는 안인호, 계일승 부부에게 고마운 곳이었다.

539 인돈 목사는 우리나라서 수많은 학교를 설립한 선교사였다. 그 대표적인 학교가 한남 대학교이다. 인돈에 대해서 자세히 나온 책이 있다. 오승재, 『지지않는 태양 인돈』(바울, 2012) 참조.

540 안인호가 1차 피난을 갔다가 돌아왔다는 봉기성과 노상열의 증언(1989년 8월 13일)을 김수진, 『황등교회 60년사』, 157쪽; 계원식과 이자희 그리고 계이승과 김봉도는 피난을 가지 않으면서 안인호만 피난을 간 것에 대한 자료나 증언을 찾을 수가 없었다. 어쩌면 계일승이 우익활동을 하였고 미군정에서 통역도 하고 미국유학까지 갔으니 계일승

를 비롯해서 시부모와 변영수 장로와 북한의 국기國旗인 인공기人共旗[541]를 찢은 우익청년 이성권 등을 체포하였다.

안인호를 비롯한 많은 사람들이 포승줄에 묶여 황등농협 창고로 끌려갔다.

"제가 무슨 죽을죄를 지었다고 이렇게 끌고 갑니까?"

"여성동무! 당신이 믿는 예수는 무슨 죄가 있어서 죽은 줄 아시오?"

이 말에 안인호는 높고 푸른 하늘을 보면서 뭔가를 깨달았다는 듯이 알 듯 모를 듯한 미소를 지으면서 아무런 말도 없이 끌려갔다.

'그렇다! 예수님은 아무 죄가 없으셨으나 자기 백성을 구원하시기 위해 십자가를 지시고 죽으셨다. 교회를 지키다가 죽게 되었으니 여기서 죽으면 순교가 될 테니 감사한 일이다. 다만 늙으신 시부모님과 어린 6남매가 걱정이다. 오, 주님! 저는 죽어도 좋습니다. 시부모님과 어린 아이들은 살려주옵소서.'

황등농협 창고에 끌려온 안인호에게 심문이 시작되었다.

"본적이 어데요?"

"네. 평안남도입니다."

"응, 고향사람이군."

의 아내라는 이유로 안인호가 봉변을 당할까봐 계원식이 며느리를 피난 보냈는지 모르겠다. 이렇게 생각되는 이유이다. 계원식은 변영수가 피난을 권유하는데도 마다하면서, 이재규 목사를 극구 피난가라고 떠밀다시피 해서 피난을 보냈다. 그리고 안인호가 순교하고 난 후에는 그의 차남 계이승과 자부 김봉도를 피난 보냈다.

541 조선민주주의인민공화국의 국기는 1948년 7월 인민회의 제5차 회의에서 태극기를 폐지하면서 정한 국기이다. 별칭으로 홍람오각별기(紅藍五角星旗), 람홍색공화국기(藍紅色共和國旗)라고도 부른다. 대한민국에서는 인공기(人共旗, 인민공화국기(人民共和國旗)의 줄임말)라고도 부른다. 1980년대 이전 대한민국에서는 북괴기(北傀旗)라고도 불렀다. 1948년 소련에 의해 제작되어 푸른색, 붉은색, 푸른색 순으로 3개의 폭으로 구성되었다. 푸른 폭은 평화에 대한 열망을 나타내고, 붉은 폭은 공산주의를 쟁취하기 위해 투쟁하는 혁명 정신을 상징한다. 흰색은 한민족이 전통적으로 좋아해온 색으로, 국가 주권의 고결성을 나타낸다.

그러나 그들은 같은 고향이라고 호의적이지 않았다. 여자라고 배려하지도 않았다.

　"남편은?"

　"네. 계일승 목사님이십니다."

　"목사님은 빼고, 계일승 동무라고 하시오."

　"그래, 지금은 어데 있소?"

　"네. 지금은 미국에 가 계십니다. 미국 남장로교회의 장학생으로 신학을 공부하고 있습니다. 저는 죽어도 좋으니 제 시부모님은 풀어주십시오. 시부모님은 아픈 사람들을 돌보고, 가난한 사람들을 도와주셔야합니다. 저는 죽어도 좋으니 시부모님을 살려주셔서 어린 6남매를 돌보게 해주세요. 제발 시부모님은 풀어주세요."

　"여성 동무! 참 대단하오. 우리 인민군 전사戰士들도 그렇게 죽음을 두려워하지 않고 혁명과업을 위해 싸우면 좋겠소. 그러나 누굴 죽이고 안 죽이고는 우리가 알아서 할 일이오. 나도 고향에 부모가 있고 어린 자식들이 있소. 내 참고 하갔소. 여성동무! 지금이라도 여성 동무가 인민해방을 위해 협조준다면 여성 동무를 살려주갔소. 종교는 인민의 아편이오. 미 제국주의 앞잡이 예수를 버리고 인민해방의 편에 서시오. 그럼 동무는 물론 동무의 시부모도 다 살라주갔소. 어떻소?"

　"아닙니다. 예수님은 저를 단 한 번도 버리시거나 외면하지 않으셨습니다. 그런데 제가 어떻게 예수님을 배반할 수 있겠습니까? 이건 저희 시부모님도 마찬가지입니다. 그저 제 소원은 오직 시부모님을 풀어달라는 것뿐입니다."

　　인민군 장교는 안인호에게 겁을 주기도 하고, 달래기도 하면서 자기들 편에 끌어들이려고 하였지만 아무 소용이 없었다. 안인호는 무더운 여름철에 황등농협 창고에 감금되고 말았다. 더위와 흘러내리는 땀 때문에 그런지 온 몸이 간지럽고 몸에서 악취가 나는 것 같았다. 또 주변 사람들에게서 나는 악취는 코를 찌르는 것만 같았다. 그래도 옆에서 시어머니가 계시니 큰 위로가 되었다.

"어머니, 순교가 가장 귀한 상금을 받는다던데 저는 이번에 꼭 주님을 위해 죽을 것 같습니다."

"얘야, 걱정하지 마라. 너나 나나 무슨 죽을죄를 지은 게 있다고 그러니, 내일이면 우리 모두 나갈 텐데, 순교가 다 무슨 말이냐?"

고부간의 대화는 진지하였다. 이미 순교를 각오한 안인호는 기도하면서 하루하루를 살고 있었다. 안인호에게는 인민군의 총칼이 무섭지 않았다. 묶여있는 것이 오히려 영광으로 여겨졌다. 안인호는 성경을 떠올리면서 기도하였다.

"한 알의 밀알이 땅에 떨어져 죽으면 많은 열매를 맺느니라. 많은 열매를 맺느니라……."

안인호의 입술에서는 성경 구절이 되풀이 되어 흘러나왔고, 어느새 찬송을 흥얼거리고 있었다.

"하늘 가는 밝은 길이 내 앞에 있으니……."

7월 27일, 안인호와 계원식과 이자희는 인민재판을 받았다. 인민위원회는 사람들 앞에서 안인호와 계원식 내외를 악질 지주, 반동분자로 몰아 처단하려고 하였다. 그렇게 해서 계원식의 재산을 몰수하고, 주민들에게 인민위원회를 두렵게 여기게 하려고 하였다. 인민재판이 시작되니 주변은 죽은 듯이 조용했고, 모두들 두려움에 아무런 말도 못하였다. 그런데 이런 분위기를 순식간에 깨버린 사람이 있었다. 그가 바로 안인호였다. 안인호가 간청하다시피 말하였다.

"위원장님, 저희 시부모님을 살려주세요. 제가 모든 죄를 짊어지고 가겠습니다."

"아니 당신의 죄는 당신이 짊어지고, 시부모의 죄는 시부모가 짊어져야 하지 않겠소."

면사무소 뜰 안에 모였던 수많은 사람들은 수군거리기 시작하였다.

"젊은 여자가 참 대단하네."

"저런 며느리가 다 있어?"

"며느리가 저렇게 하는 걸 보니 역시 저 분들이 참 훌륭한 사람들이 확실한가봐."

안인호는 정신을 가다듬고 간청하였다.

"제발 부탁입니다. 늙으신 시부모님이 무슨 죄가 있겠습니까, 저희 시부모님은 평생을 병든 사람들 치료하면서 사셨고, 가난한 사람들을 돕고 봉사하면서 사셨습니다. 그런 분들을 이렇게 죽인다는 것은 말도 안 됩니다. 저희 시부모님은 앞으로도 아픈 사람들 치료하시고 가난한 사람들을 돕는 일을 하실 것입니다. 인민을 위한다는 분들이 누구보다 인민을 위해 살아오신 분을 죽이신다면 그건 말도 안 될 입니다. 나이 드신 시부모님을 살려주신다면 저는 죽어도 여한이 없습니다."

이 때 어느 노인이 지팡이를 내저으면서 앞으로 다가서며 말하였다.

"아니 이 사람들아, 계 의사 선생님을 재판한다는 게 말이 돼? 당신들 천벌 받아."

그러자 사람들이 수군대기 시작하였다.

"아니 인민을 위한다면서 성자를 죽인다니 말도 안 되지."

"그럼, 그럼, 계 의사님을 죽이면 전쟁 통에 아프면 누가 치료해?"

여기저기에서 이런 말들이 들려오자 인민위원회 사람들이 당황하기 시작하였다. 이들은 계원식이 의사요, 지주로 부자이기에 계원식을 처단하는 데 주민들이 찬성할 줄 알았는데 그게 아니었다. 계원식은 가난한 사람들을 괴롭혀서 재산을 늘린 적이 없고, 오히려 가난한 사람들을 도와준 사람이었던 것이다. 자칫 계원식을 죽였다가는 주민들의 인심을 잃을 수도 있었다. 그렇다고 유산계급으로 아들이 해방 후 우익활동을 하고 미군정에 협력하다가 미국유학까지 간 계원식을 자신들이 죄가 있다고 여겨 인민재판에 세웠는데 그냥 풀어준다면 자신들의 체면도 말이 아니고 상부에서 문책할 지도 모를 일이었다.

안인호는 계속해서 인민위원회 간부들을 향해 소리 높여 외쳤다.

"저는 여자의 몸으로 사회에 커다란 공익을 세우지 못했지만 저의 시아버님은 앞으로도 그 의술을 통해서 황등을 위해서 일할 수 있으니 살려 주세요. 시어머니도 늘 가난한 사람들을 가족처럼 여겨 오신 분이십니다."

이 말을 들은 계원식은 며느리를 두둔하고 나섰다.

"아닙니다. 저는 살 만큼 살았습니다. 제 아내와 며느리 살려주시기 바랍니다. 그저 남편 잘못 만나 고생한 죄밖에 없습니다. 어린 손주가 여섯이나 있으니 여자들은 살려주시고 저만 죽여주십시오."

이자희가 울면서 말하였다.

"아닙니다. 제 남편은 평생 가난한 사람들을 위해 살았습니다. 저를 죽이시고 제 남편은 앞으로도 의사로 사람들을 치료하게 하시고 며느리는 손주들을 키워야하니 저를 죽여주십시오."

세 사람이 서로 자신만 죽이고 다른 사람들은 풀어주라고 하니 사람들은 감동을 받았다. 인민위원회 간부들은 어찌할 바를 몰라 난감해하였다. 인민위원회 간부들은 안인호가 논리정연하게 시아버지를 풀어줘야 한다고 외치고, 주민들도 찬동하다보니 섣불리 계원식을 처단하기는 어렵다고 여겼다. 그리고 알아보니 계원식은 상해임시정부에 독립자금을 댄 애국자였고, 계원식이 그동안 주민들에게 베푼 호의好意가 많았다. 그러니 계원식을 죽였다가는 큰 낭패를 보겠다는 생각을 하였다. 그리고 계원식이 의사이기에 전쟁 상황에 이용가치가 있다고 여겼다. 인민위원회는 계원식 부부를 일단 풀어주고, 감시하기로 결정하고는 안인호는 다시 조사해서 결정한다고 하고는 인민재판을 마쳤다.

안인호는 무더위에 악취가 진동하는 황등농협 창고에서 감금되어 지내다가 8월 14일 황등산의 황등공동묘지에 끌려가 총살당하고 말았다. 어린 6남매와 미국에 가 있는 남편을 위한다면 도망을 가서라도 살아야겠지만 그렇게 되면 자신의 시부모가 곤경에 처할 수도 있었고, 시동생인 계이승과 동서인 김봉도가 위험에 처할 수도 있었다. 안인호는 자신의 희생으로 시부모와 시동생 가족을 살릴 것 같았다. 안인호는 목회자 집안에서 자라났고, 목사의 아내로 살아온 신앙인이었다. 안인호는 인민군과 인민위원회 사람들에게 싫은 소리 한번하지 않고 찬송하면서 순교하였다. 그 모습은 마치 성경에 나오는 스데반의 순교와도 같았다.[542]

인민위원회는 계원식과 이자희를 비롯한 여러 사람들을 풀어주고는 시부모 봉양 잘하고 어린 6남매를 양육하는 안인호를 총살시켰을까? 기독교신앙이라는 이유로는 계원식과 이자희가 더하면 더했다. 계원식 부부는 황등교회를 설립하는데 주도적인 역할을 한 이들이었고, 계원식은 아버지가 목사였고 아들이 목사였다. 또한 이들 부부는 장남인 계일승을 평양 숭덕보통학교[543], 신흥고보, 중국 로하고등학교, 연경대학을 거쳐 미국

---

542 정진석, "피살·납북된 목사·신부 등 358명 명단 발굴", 《조선》 (월간 조선, 2003년 10월호), 16쪽에 는 이렇게 나온다. "안인호 충남 부여군 황등교회 집사", 그러면서 이재규, 변영수와 같이 함께 피살(5쪽)로 나오는데 이는 잘못된 자료이다. 안인호는 이들과 함께 순교한 게 아니라, 황등에서 황등지역민들과 함께 총살당하는 순교를 한 것이다.

543 숭덕보통학교는 미국 북장로교회 선교사인 마포삼열(Moffet, S. A.)과 베어드(Baird, W. M.) 등이 교육을 통한 기독교보급을 위하여 1894년 4월 1일 평양의 흥남면 남산리에 설립하였다. 1912년의 기록에 의하면 교명을 숭덕소학교(崇德小學校)로 고쳤으며, 수업연한은 예비과 3년, 본과 3년으로 하였다. 학생정원은 60명이고 교장은 미국인 배위량(裵緯良)이 취임하였다. 1936년 수업연한을 6년으로 연장하고 6학급에 학생 434명, 교사 7명으로 편성하였다. 이후의 연혁은 미상이며, 남학생만의 초등교육기관으로 운영된 것으로 나타나 있다. 이 학교는 개화 초기에 설립된 기독교 민립학교의 하나로 평양지방의 초등교육 보급에 기여하였다. 이 학교는 기독교학교이면서 1919년 평양

유학 등으로 기독교학교로 공부시켰다. 차남 계이승도 기독교학교인 군산 영명학교에 진학시킬 정도로 철저한 기독교신앙인이었다. 그러니 기독교신앙인이라는 이유로 죽이려면 안인호보다 이들 부부가 먼저였다. 더욱이 이들은 인민군들이 싫어하는 유산자 계급으로 재력을 소유한 의사 집안이었고 땅을 소유한 지주였다. 그러니 인민의 적으로 간주하여 이들을 죽일 수 있었다.

안인호를 죽인 결정적인 이유 중 하나가 '친미반동분자'라는 이유였다. 이것도 안인호보다 계원식과 이자희가 더했다. 이들은 미군정 시대에 미국에 협조하고 미국의 도움으로 유학 간 계일승의 부모들이었다. 안인호는 오히려 계일승이 유학을 간 것으로 피해를 본 사람이었다. 시부모 봉양과 6남매를 양육하는 삶은 계일승과 그를 낳고 기른 시부모 때문이었다. 안인호가 친미행위를 한 적도 없었고, 남편의 유학을 도운 적도 없었다. 그저 시부모가 시키는 대로 순종하고, 남편의 뜻을 따랐을 뿐이었다. 아마도 인민위원회에서는 계원식이 의사로서 써먹을 이유가 충분하고, 계원식 부부가 지역에서 돈 없는 이들, 즉 이들의 표현으로는 무산계급에게는 무료로 진료해주고 의료봉사활동도 한 것이 호감好感으로 작용한 것으로 보인다. 그리고 지역에서 이들 부부를 존경하는 주민들이 많았다. 이런 이유로 일단 이들 부부는 나이 들었으니 쉽게 도망도 가지 못할 것이고, 의사로서 이용가치가 있으니 일단 풀어주고 감시하기로 한 것이다.[544] 대신에 자신들의 입장에서 볼 때, 누가 봐도 철저한 기독교집안이고 유산자계

3·1운동의 중심지였던 곳이다. 계원식은 장남 계일승을 이 학교에 입학시켰다. 계원식은 월남이후 장남 계일승의 중학교과정을 전주 신흥고보로 하였고, 차남 계이승을 군산영명학교로 하였다. 신흥고보와 군산영명학교 모두 기독교학교이면서 3·1운동의 중심학교였다.

544 김재두의 증언에 의하면, 이들 부부는 그 후로 피난도 가지 못할 정도로 감시가 심했다. 대신에 계이승 부부는 안인호가 순교한 이후, 자신들에게도 위험이 닥칠까봐 피난을 떠났다. 김재두와 만남(2016년 5월 1일 오후 3시 30분~4시 00분).

급이고 친미반동분자인 집안을 다 풀어준다면 자신들이 상부의 문책을 받을 수도 있고 하니 이 집안에서 한 사람 정도는 죽여야 할 것으로 보고 철저한 기독교신앙인의 자세를 굽히지 않고 자신들에게 넘어오지 않은 그녀를 죽인 것으로 보인다.

안인호가 순교한 이후 계일승은 신학박사가 되어 귀국하여 장로회신학대학 학장이 되었으며 안인호가 평생토록 기도하고 봉사했던 황등교회도 지역사회를 섬기며 성장하는 교회가 되었다. 안인호의 순교로 어머니 없이 자라게 된 성순, 은순, 양순, 지영[545], 지화, 지광은 거룩한 순교의 피를 헛되지 않게 믿음 안에서 잘 자랐다.

>>> 교회를 사랑한 이재규 목사의 순교

황등교회는 1950년 9월 28일 서울이 수복된 이후에도 이재규가 돌아오지 않자 같이 있었던 친척으로 추정되는 젊은 청년과 함께 있었기에 이 두 사람을 찾으려고 3만원이라는 거액을 들여 전단지를 뿌리고 수소문을 해봤지만 그들의 시신屍身이나 그들의 인상착의를 기억하는 사람이 없다 보니 행방불명으로 알고 있었다.[546] 김수진의 『황등교회 60년사』에서 말

---

545 계지영은 설립자 대표 계원식의 장손자요, 계일승 3대 담임목사 계일승의 아들이요, 순교자 안인호의 아들이다. 황등교회 역사는 황등교회 출신 목사로 기록하고 있다. 김수진, 『황등교회 60년사』, 328쪽; 계지영은 서울대 사학과를 졸업하고 미국 프린스턴신학교에서 목회학석사(M.Div.), 미국 UCLA대학원 사학과에서 공부하고 클레어몬트 신학교에서 목회학박사(D.Min.)와 신학분야 철학박사(Ph.D.) 학위를 수여받고 장로회신학대학교 신학대학원 청목과정을 수료하였다. 달라스 빛내리교회와 포항 기쁨의 교회 담임목사와 장로회신학대학교 신학대학원과 계명대학교와 한동대학교와 샌프란시스코신학대학원 강사를 거쳐, 영남신학대학교 설교학 교수를 역임하였고, 미국 장로교단(PCUSA) 은퇴목사이면서, 미국 풀러신학교와 멕코믹신학교 겸임교수와 미주장로회신학대학교 교수로 활동하고 있다. 저서로는 『하늘을 나는 물고기-시편강해』, 『현대설교학개론』등 다수가 있다.

546 김수진, 『황등교회 60년사』, 154쪽.

하는 "그와 친척된 젊은 청년"은 이재규의 사위는 한국순교자기념사업회 자료를 찾아보니 이재규의 사위 노명갑이었다. 이 두 사람은 행방불명이 아니라 함께 순교하였다.[547] 이에 대한 기록은 한국순교자기념사업회 홈페이지에서 확인할 수 있다.

이재규는 신앙의 자유뿐만 아니라 마음껏 목회하기를 원해서 이북에서 38선을 넘어왔고 당시 미국 유학 중이었던 계일승의 후임으로 황등교회를 담임하고 있었다. 이재규는 6·25 전쟁직후 인민군이 황등교회에 진입하자 교회를 지키겠다고 피난을 가지 않고 있다가 계원식을 비롯한 장로들의 간곡한 권면으로 인해 뒤늦게 피난을 가다보니 제대로 준비도 못하고 피난을 가데 되었다. 7월 23일 주일 예배를 인도하고는 이리 시내 쪽으로 갔다가 7월 31일에는 큰 아들과 셋째 딸이 서울에 있었기 때문에 서울로 행선지를 삼고 가던 중, 총과 흉기를 든 장정들에 의해 논산군 성동면에서 붙잡혔다. 내무서에 감금되어 재판을 받던 중, 신앙의 양심을 저버릴 수 없어 목사의 신분을 밝힘으로 사위 노명갑과 함께 처형을 당하고 말았다.[548]

노명갑은 장인 이재규 목사의 영향으로 체계적인 신앙생활을 하고 순교자의 길을 걷게 된 사람이다. 노명갑은 1920년 1월 8일 평안북도의 의주군 고진면 용상동 111번지에서 부친 노문곤과 모친 김학서의 6남 1녀 중 장남으로 출생했다. 노명갑의 집은 노명갑이 출생한 그 해부터 예수를 믿었다. 노명갑은 어릴 때부터 용상동장로교회에서 신앙지도를 받으며

---

547 그런데 정진석의 자료는 잘못된 기록이 나온다. "李載珪(이재규·50) 전북 황등교회(장로교) 목사. 1950년 7월26일 오후 5시 전북 익산군 황등면 황등교회 사택에서 내무서원 2명에게 연행 납치된 후 변영수(장로), 안인호(집사), 이성권(청년회장)과 함께 피살" 정진석, 위의 글, 5-6쪽.
548 『한국교회순교자기념사업회 홈페이지』, 「이재규」참조(2016년 5월 3일 02시 20분 검색). http://kcmma.org/

자랐다. 일찍이 서당에서 한문을 익혔고, 고진공립보통학교를 졸업한 후에는 신의주공립상업학교에 입학했다. 노명갑은 신의주공립상업학교 시절에 민족정신에 눈을 뜨기 시작하였다. 노명갑은 용상동교회에 처음으로 소년소녀면려회를 조직하여 낙후한 시골의 소년소녀들의 마음속에 신앙과 애국심을 불러일으켰다. 노명갑은 학창시절 용상동교회를 담임하고 있던 김석항 목사에게서 죽기까지 주님의 제자로서 변치 않는 신앙을 지킬 것을 맹세하며 세례를 받았다.

1938년 노명갑의 나이 19세가 되던 봄, 신의주공립상업학교를 졸업하고 흥업은행에 취직하여 1945년 봄 사임할 때까지 남신의주교회에서 청년회 임원으로 학생과 청년지도로 열심히 교회에 서 봉사하였고, 안수집사가 되어 제직회 재정부장과 청년회장으로 봉사하였다. 해방전후 남신의주교회는 6·25전 평양에서 공산당에 의해 순교한 이유택 목사의 열렬한 애국심과 투철한 신앙심에서 영향을 받았다. 후임 이학인 목사가 반공정치활동의 누명을 쓰고 투옥되어 있는 동안에는 노명갑을 중심으로 교인들이 교회를 지켰다. 이학인 목사가 출옥 한 후에는 공산프락치들이 이학인 목사와 교인들을 숨을 쉴 수 없을 정도로 감시하였다. 교인들은 하나, 둘 38선을 넘어 월남하였다. 노명갑을 중심으로 한 5명의 발기인이 이학인 목사를 중심으로 1948년 7월 11일 교회를 개척하였다. 이 교회가 충무교회이다.[549] 노명갑은 해방된 조국의 살 길은 정치에 있지 않고, 오직 예수그리스도의 십자가에 있다는 신념을 가지고 남산의 장로교신학교를 찾아가 입학했으나 1950년 6·25전쟁으로 목회자의 꿈을 이루지 못하였다.

충무교회 제직들과 신학생들이 교회를 떠난 6월 28일 새벽, 남로당으

---

549 "허일태, 김기보, 노명갑, 장익성 씨 등이 중심이 되어 이학인 목사를 모시고 허일태 씨 댁에서 창립예배를 드리다."『충무교회 홈페이지』, 「충무교회연혁」(2016년 8월 1일 오후 3시 10분 검색). http://www.chungmu.org/)

로 가장하고 교회생활을 한 임 모 청년과 무장한 두 사람이 교회당 문을 걷어차며 문을 열라고 소리소리 질렀으나 한발 늦은 후였다. 서울을 떠난 충무교회 청년들은 대전에서 그와 헤어져야 했다. 장인 이재규 목사가 황등교회 담임목사로 있었다. 그때까지만 해도 안전한 곳이라고 생각하고 그곳에 가서 장인을 도왔다. 그러나 삽시간에 황등지역도 공산군이 무혈입성無血入城하였고, 좌우익의 갈등이 심했다. 우익에게 억압받던 좌익들이 이번에는 우익들을 무차별 탄압하게 되었다. 노명갑은 존경하며 따르던 장인 이재규 목사를 마지막까지 섬기다가 함께 순교하였다.

1997년 1월 28일 캐나다 토론토 대학교 의대 정신과 교수 노삼열 장로가 황등교회 봉기성 장로와 함께, 이재규와 노명갑이 다른 희생자들과 함께 묻힌 공동묘지를 돌아보던 날은 살을 여미는 찬바람이 마음속까지 파고들었다. 노명갑의 유족으로는 미망인 이정순 권사, 캐나다 토론토대학 정신과 교수인 장남 노삼열 장로와 유명한 성악가이며 토론토 제일장로교회 찬양대 지휘자인 장녀 노해일 집사, 그리고 네 명의 손자녀를 슬하에 두고 카나다에서 남편의 소원이었던 교회를 섬기며 하나님께 영광을 돌리고 있다.

이재규 목사의 유족遺族으로는 장녀 이정순 권사가 캐나다에 거주하고 있다. 사위 노명갑 집사는 이재규 목사와 함께 6·25 당시 순교하였다. 차녀 이양순 사모와 사위 이경준 목사는 부산 광안교회를 섬겼다. 장남 이창갑 장로와 자부 박요지 집사, 차남 이성갑 목사와 자부 홍신회, 3남 이태갑 집사와 자부 이영희, 3녀 이영순 집사와 사위 강동성 집사는 캐나다에 거주하고 있다. 차남 이성갑 목사는 한국기독교순교자유족회 캐나다 지회장으로 활동하였다. 4남 이신갑 집사 그리고 4녀 이신자 집사와 사위 이응환 장로는 미국 나성한인교회를 섬겼다.[550]

550 『한국교회순교자기념사업회 홈페이지』, 「이재규」 참조(2016년 5월 3일 02시 20분 검색). http://kcmma.org/

⟩⟩⟩ 애국청년지도자 변영수 장로의 순교[551]

변영수는 1913년 음력 5월 7일 충청남도 부여군 규암 마을에선 제법 부농으로 알려진 변인환과 박신자 사이에서 태어난 4남매중 맏이로 출생하였다. 변영수는 규암보통학교를 졸업하였다. 변영수는 15세로 아직 보통학교 졸업 1년 전에 같은 또래인 김금례[552](1962년 7월 17일 권사)와 결혼하였다. 변영수는 충청남도 강경읍에 일본인들이 세운 강경상업학교(현재, 강경상업고등학교)에 응시하였다. 이 학교는 전라북도와 충청남도에서 머리가 뛰어난 아이들이 지원하는 학교였다. 변영수는 보통학교에서 공부를 잘해서 학교의 추천을 받아 수재들이 모인다는 이 학교의 입학시험을 치렀다. 1차 필기시험에서 합격의 소식을 들었다. 그런데 무뚝뚝하게 생긴 일본인 교사는 좋은 성적을 거뒀다면서 못마땅한 말투였다. 변영수는 성적이 좋다는 말을 듣는 순간 합격을 자신하였다. 그러나 합격을 결정하는 2차 면접에서 일본인 교사는 괜한 트집을 잡았다. 변영수의 얼굴에 버짐이 있다면서 이것으로 인해 인상이 좋지 않다고 하는 말을 하였다. 면접관의 자세에 마음이 상했지만 설마 그것이 문제가 되지는 않을 것으로 여겼다. 그런데 결과는 불합격이었다. 일본인 교사는 애초에 공부 잘하는 한국인을 합격시킬 마음이 없었던 것이다. 힘을 가진 일본인 교사에 의한 불합격에 식민지 농촌 소년으로서는 어쩔 수가 없었다.

변영수는 한창 감수성이 예민한 때에 나라 잃은 설움을 뼈저리게 느꼈다. 너무도 억울하고 화가 났다. 그 후 변영수는 당시 생각할 수 없던 서울

---

551 김수진, "6·25 전쟁시 시국대책위원장으로 활동하다가 순교한 변영수 장로"《한국장로신문》(2011년 6월 4일) 참조와 김수진,『자랑스러운 순교자』, 183-203쪽 참조.
552 김수진,『자랑스러운 순교자』, 172쪽에는 김금녀로 나오는데 이는 오기(誤記)이다. 김금례로 수정해서 밝힌다.

유학을 결정하였다. 변영수의 울분임을 잘 알기에 부모는 이를 반대하지 않았다. 변영수는 서울 배재학당에 진학하였다. 이 학교는 1885년 8월 미국 북감리교회 선교사 H. G. 아펜젤러가 설립했으며, 1886년 고종 황제가 배재학당이라는 교명校名을 내려주었다. 1909년 4월 배재고등학당으로 인가받았고, 1916년 배재고등보통학교(5년제)를 설립하여 함께 운영하였다. 이 학교는 이화학당, 경신학교와 함께 우리나라 근대 교육의 선구적 역할을 한 최초의 기독교학교이다. 초창기 학생은 20명 정도였고, 주요교과목은 영어였다. 1890년경에는 영어를 비롯해 한문, 천문, 역사, 지리, 생리, 수학, 수공 및 성경 등을 가르쳤다. 과외활동으로 연설회, 강연회, 토론회 등이 있었고 야구, 농구, 축구, 정구 등 운동경기도 활발하였다. 배재학당에서는 처음부터 학생들에게 복음福音에 대하여 의무적으로 강요하지는 않았지만, 학교생활에서나 가르치는 모든 교과에서 의식 혹은 무의식적으로 복음을 전하는 데 노력을 기울였다. 학당훈學堂訓으로 '욕위대자당위인역欲爲大者當爲人役', 즉 크게 되려는 사람은 마땅히 남에게 봉사하는 사람이 되어야 한다는 것을 내세운 것은 성경에 "너희 중에 누구든지 크고자 하는 자는 너희를 섬기는 자가 되고, 너희 중에 누구든지 으뜸이 되고자 하는 자는 너희 종이 되어야 하리라. 인자가 온 것은 섬김을 받으려 함이 아니라, 도리어 섬기려 하고 자기 목숨을 많은 사람의 대속물로 주려 함이니라."[553]에서 가져온 것이다. 그 후 이 학당훈은 배재의 정신이요, 교육의 목표이며, 실천이고, 또 생활 지침이 되었다.

변영수는 전국에서 모여든 학생들 틈바구니에서 열심히 공부했다. 또한 예배시간이 되면 맨 앞자리에 앉아 설교를 들으면서 미래의 큰 꿈을 그려가고 있었다. 그런데 당시 일제는 농민들을 꾀어 술과 화투로 세월을 보

---

553 마태복음 20장 26~28절.

내도록 유혹하였다. 바로 이러한 유혹에 변영수의 부친은 그만 그 덫에 걸리고 말았다. 이 일로 가산이 점점 기울어, 더 이상 공부를 계속 할 수가 없게 되어 귀가歸家하고 말았다.

변영수는 학업을 중단할 수밖에 없었고, 농촌에 머물고 있었지만 이를 악물고 혼자서 공부를 열심히 해나갔다. 그 중에서도 한국사를 통독하면서 민족의식을 키워갔다. 이러한 소문이 부여 규암에는 물론 부여군에 널리 퍼지면서 변영수는 민족주의 사상가로 여겨졌다. 변영수는 민족의식을 불어넣는 시국강연을 하고 다녔다. 결국 이 일로 부여경찰서에 체포되었고, 강경법원에서 재판을 받아 1년 8개월의 형이 확정되면서 군산형무소에 수감되고 말았다. 변영수는 감옥에서 수형생활을 하면서도 잘못한 일로 수형생활을 하는 게 아니라는 생각에 조금도 낙심하지 않고 형이 만료되면 출소한다는 소망 하나를 갖고 열심히 하나님께 기도하면서 하루하루를 보냈다.

드디어 형기를 다 마친 변영수는 고향 가까운 익산군 황등면 신정리로 이사를 하였다. 그곳에서 변영수는 계원식에 대한 소문을 들었다. 당시 계원식은 황등교회를 섬기면서, 매주 토요일이면 무의촌에 나가 환자를 치료하는 일을 하곤 하였다. 변영수는 계원식을 찾아갔다.

"아이고, 이른 새벽에 웬 일이세요? 젊은이가."

계원식은 낯선 젊은이에게 정중한 자세로 맞이해주었다. 계원식의 인품을 직감한 변영수는 고개를 숙이고 한 번 뵙고 싶었다고 말하고는 자신이 살아온 이야기를 전해주었다. 이야기를 다 듣고 나서 계원식은 이렇게 말하였다.

"잘 왔소, 젊은이. 사실 저도 독립자금 댄 협의로 고향 떠나 온 사람이오. 나라 잃은 설움이 어디 우리만이겠소. 성경에 보면 이스라엘도 애굽의 식민지였소. 예수님도 로마 제국의 지배에서 식민지 백성으로 사셨소. 우리가 살 길은 오직 예수 믿음밖에 없소. 예수님 없이는 우리에게 소망이 없소. 당장 우리 황등교회에 나와서 신앙생활하시오."

간절한 권면에 변영수는 그 자리에서 바로 약속하였다.

"감사합니다. 내일부터 당장 황등교회에 나가겠습니다. 제가 많이 부족합니다. 잘 지도해주시기 바랍니다."

변영수가 계원식을 따르게 된 것은 자신이 품고 있던 민족의식을 이해해주고, 겸손하게 대해준 계원식의 인품에 따른 것이었다. 변영수는 계원식의 민족의식과 깊은 신앙에 감동이 되어 자신도 계원식처럼 살겠다는 굳은 결심을 하였다. 그날부터 변영수는 새로운 소망으로 살게 되었다. 변영수는 계원식을 아버지처럼 따랐고, 존경하였다. 변영수는 황등교회에서 울려 퍼지는 종소리에 위로와 새 힘을 얻곤 하였다. 변영수는 자신도 모르게 찬송가를 즐겨 불렀고, 날이 새는지도 모르게 호롱불 심지가 꺼져가기를 몇 번씩 하면서 성경을 읽고 또 읽으면서 아침을 맞곤 하였다. 그뿐만이 아니었다. 변영수의 아내 김금례가 시집올 때 가져온 패물을 팔아 성경과 찬송가를 사서 가난한 교인들에게 나누어 주는가 하면 새벽기도회가 시작되기 전, 먼저 가서 불을 밝히면서 기도회 준비를 하였다.

그런 남편을 바라보는 아내 김금례는 이해할 수 없다는 표정으로 물었다.

"어니, 당신은 그렇게도 교회가 좋아요?"

"아무렴. 그곳은 우리가 이제껏 느껴보지 못한 진리의 양식이 들어 있는 하나님의 집이야. 당신도 나와 함께 교회 나갑시다."

변영수의 열정적인 신앙은 마침내 아내의 마음을 움직였다. 김금례는 누구보다 변영수를 잘 알았다. 변영수는 열심히 공부하고도 강경상업학교에 불합격되었고, 어렵게 서울에 가서 공부하다가 결국 중도에 포기할 수밖에 없었고, 민족의식을 전했다고 옥에 갇혀 지내야만 하는 불운한 사람이었다. 그런 변영수가 실의에 빠지지 않고 새 희망을 가지고 살게 되었으니 김금례로서는 변영수가 전한 기독교 신앙을 쉽게 받아들일 수 있었다. 부부는 주일에 나란히 교회에 출석하였다. 그러나 일제의 탄압은 점점 심해져 갔다. 1930년대 어느 날의 일이었다. 구연직 목사의 설교가 끝나고 찬송을 부를 때였다. 교인 중에 앉아있던 험상궂은 중년 남자가 일어서서 소리쳤다.

"야! 개새끼들아."

교회 안은 삽시간에 긴장감에 휩싸였다. 때를 놓칠세라 중년 남자는 미리 준비한 큰 잉크병을 휘저으면서 사방으로 쏟아버렸다. 교인들은 거룩한 주일에 예배드리러 오면서 하얀 옷을 깨끗하게 다리미질해서 입고 왔었다. 그가 어떤 인물인지 잘 알고 있는 교인들은 그저 멍하니 앉아 있을 수밖에 없었다. 일제는 흰색 옷조차 못 입게 하고 있는 상황이었다. 또한 신사참배를 거부하는 기독교인들은 순교를 각오하는 어려움으로 살아야만 했다. 일제는 교회마다 형사 한 명씩 파견하여 그들의 동태를 살피게 했다. 황등교회 안에서 난동을 부리면서 소리 지른 것도 출세에 눈이 먼 일본 앞잡이인 한국인 형사였다.

변영수는 누구보다 민족의식이 강렬하고 피 끓는 젊은이로서 항의하고 싶었지만 혹시라도 창씨개명創氏改名을 하지 않은 계원식과 교회에 불이익이 생길까봐 꾹 참았다. 이처럼 변영수는 앞뒤 상황을 파악해서 처신하는 신중한 성격이었고, 계원식을 존경하고 교회를 지켜나가는 일을 생각하였다.

일제의 횡포는 여기서 멈추지 않았다. 한 해 동안 피땀 흘려 가꾼 수확을 전쟁물자로 빼앗아가기 일쑤였다. 학생들을 단축수업을 하게하고는 집단노동소로 강제동원하기도 하였다. 이처럼 어려운 현실에서도 변영수는 신앙생활을 열심히 한 결과, 1936년 6월 21일 제1회 교사양성과를 수료해서 졸업하였다. 1936년 10월 11일에는 예배당 헌당식 준비위원회 위원으로 계이승과 함께 식장설비를 맡았고, 1938년 10월 9일 계이승과 김창무와 함께 안수집사로 피선되었다.

계원식은 극심한 일제의 탄압에 교회가 유지되려면 교회가 화합해서 운영되어야한다는 확신을 가지고 있었다. 계원식은 당회에서 학식이나 재력은 물론 최고 연장자였고 교회 설립의 주역이었지만 당회나 제직회에서 가급적 말을 아꼈다. 이런 계원식의 자세를 안 변영수도 교회가 화합되도록 가급적 말을 아꼈고, 궂은일에 앞장섰다. 1942년 4월 12일 변영수는 장로로 장립되었다. 이처럼 변영수는 교회에서 인정받는 일꾼이었다.

변영수는 또한 마을의 궂은일을 도맡아 하다 보니 마을 주민들에 의해 이장里長으로 뽑혔다. 변영수가 이장으로 있던 어느 날, 그의 집 대문을 신경질적으로 두드리는 사람이 있었다.

"변 이장 있소?"

"……."

"변 이장 있소?"

성경을 읽고 있던 변영수의 얼굴은 밖에서부터 들려오는 목소리에 불쾌감으로 경련이 일었다. 옆에서 바느질하던 아내 김금례가 변영수를 지켜보며 주저하다가 문을 열었다.

"어디서 오셨습니까?"

김금례는 상냥하게 말은 하고 있었지만, 할 수만 있다면 당장에라도 오물汚物을 가득 부어 그의 얼굴에 냅다 뿌리면서 이렇게 외치고 싶었다.

"사탄아! 썩 물러가라"

그러나 이것은 그저 순간적인 생각일 뿐 현실은 그럴 수 없었다. 불청객은 그런 김금례의 마음은 아랑곳하지 않고 능청스럽게 웃으며 입을 열었다.

"다 아시면서 뭘 자꾸 물어 보시오. 자꾸 물어 보면 피차 몸만 피로해질 거요."

침까지 튀겨가며 말하는 그 불청객을 바라보면서 김금례의 머릿속에는 한여름에 배를 다 채우지 못한 독사가 동면冬眠에 임박해서 독을 뿜으며 먹이를 향해 혓바닥을 날름거리는 독사를 연상하였다. 날카로운 인상에 빵떡 모자를 얹어 놓은 듯한 모습은 더욱 김금례의 마음을 구역질나게 하였다.

"무슨 말씀을 하는 거예요."

어디서 왔는지 대강 짐작하고 있는 김금례였지만 남편에게 어떤 화가 미칠지 몰라 시치미를 뚝 뗀 것이었다.

"잔말 말고 변 이장이나 나오라고 하시오."

"그 분은 장터에 나가고 안 계세요. 그리고 누군지 알지도 못하는 사람을 자꾸 아는 척하라니 이런 생떼가 어디 있어요."

"정말, 주재소 구경을 한번 해봐야 정신 차리겠소. 변 이장의 고무신이 보이는데… 시치미를 떼지 말고 변 이장 나오라고 하시오."

이 사람은 일본어에 능숙한 한국인으로 출세에 눈이 어두워 일본의 앞잡이 노릇을 하고 있는 형사앞잡이였다.

"변영수! 너, 빨리 나와!"

방 안을 향해 소리치는 말투는 반말로 바꾸어 있었다.

문이 열리며 문지방을 넘는 변영수의 얼굴은 두려움도, 분노도 없는 잔잔한 얼굴이었다. 변영수는 그동안 숱하게 곤욕을 치른 경험자로서 일본 형사 앞잡이에게 겁을 집어 먹을 사람이 아니었다.

"무슨 일이오?"

"우리 주재소 지서장님이 벌써부터 변 이장이 오기를 기다리고 있소."

이미 그의 요구가 무엇인지 알고 있는 변영수는 대꾸도 하지 않고, 다

알겠다는 듯이 앞장서서 싸리문을 나섰다.

"어서 오시오. 변 이장님."

살이 디룩디룩 찐 얼굴에 돋보기까지 낀 주재소 지소장은 변영수를 맞이하며 교태嬌態를 부리기까지 하였다.

"모든 마을 이장들은 솔선해서 공출에 앞장서고 있소. 그러니 변 이장님도 수고 좀 해주시오."

이미 생각했던 바였다. 지금 그들에게 무슨 소릴 해도 그들이 그것을 이해하고 받아들이기란 하늘에서 별을 따기보다 어렵다는 걸 알고 있었다. 변영수는 누구의 손으로도 결국 공출을 진행될 수밖에 없음을 잘 알았다. 자신이 피한다고 해결될 일이 아니었다. 차라리 자신이 나서서 조금이라도 공출 양을 줄여 보자는 계산을 한 지 오래였다.

"알았소."

변영수는 뒤도 돌아보지 않고 주재소 문을 나섰다. 막상 어쩔 수 없이 공출에 협조하기로 하였고, 그것이 자신의 이익을 위한 것이 아니었지만 양심은 도저히 자신을 용납할 수 없었다. 변영수는 밤하늘을 바라보면서 이렇게 기도하였다.

'하나님! 이 몹쓸 죄인을 용서해 주옵소서. 언제까지 이렇게 살아야 하나이까, 저희를 불쌍히 여기소서.'

변영수의 입에서는 어느덧 자신도 모르게 찬송이 흘러 나왔다. 이 찬송가는 539장 '너 예수께 조용히 나가'였다.

1. 너 예수께 조용히 나가 네 모든 짐 내려놓고 주 십자가 사랑을 믿어 죄 사함을 너 받으라 주 예수께 조용히 나가 네 마음을 쏟아 놓라 늘 은밀히 보시는 주님 큰 은혜를 베푸시리
2. 주 예수의 은혜를 입어 네 슬픔이 없어지리 네 이웃을 늘 사랑하여 너 받

은 것 거저 주라 주 예수께 조용히 나가 네 마음을 쏟아 노라 늘 은밀히 보
시는 주님 큰 은혜를 베푸시리

3. 주 예수를 친구로 삼아 늘 네 옆에 모시어라 그 영원한 생명샘 물에 네 마
른 목 축이어라 주 예수께 조용히 나가 네 마음을 쏟아 노라 늘 은밀히 보
시는 주님 큰 은혜를 베푸시리

4. 너 주님과 사귀어 살면 새 생명이 넘치리라 주 예수를 찾는 이 앞에 참 밝
은 빛 비추어라 주 예수께 조용히 나가 네 마음을 쏟아 노라 늘 은밀히 보
시는 주님 큰 은혜를 베푸시리.

변영수에게 찬송은 위로였고, 기도였다. 변영수는 공출을 하고 나면 마
을 사람들에게 반드시 자기가 지은 농산물로 마을 사람들에게 나누어 주
었다. 변영수의 이런 마음을 잘 알고 있는 마을 사람들은 변영수를 존경하
게 되었고, 변영수를 따라 황등교회에 출석하였다. 그러다보니 모두가 어
려운 생활이었지만, 서로 이해하고 사랑하면서 살 수 있었다.

1945년 8월 15일 해방이 되면서 변영수의 고통도 끝이 났다. 공출에 협
조해야만하였던 변영수로서는 해방의 기쁨이 남다를 수밖에 없었다.
1947년 4월 광복군의 총사령관이었던 지청천이 귀국하면서, 청년단체의
대동단결이라는 기치를 내걸고 우익계열의 32개 단체를 통합·결성하였
으나 얼마 지나지 않아 우익단체 간에 주도권 싸움이 발생했다. 이처럼 해
방이후 나라는 어수선하였다. 1948년 정부수립후 이승만은 자신의 지지
기반 확보라는 정치적 목적을 위하여, 통합청년운동단체인 대한청년단을
조직하였다.

변영수는 평소에 갖고 있던 민족의식을 발휘해야 한다는 생각을 갖고
익산군 대한청년단을 조직하고 단장으로 취임하였다. 변영수는 독립된
대한민국을 더욱 빛내기 위해서는 청년들의 의식 구조를 변형시켜야 한

다는 생각에서 여러 면으로 순회하면서 강연에 앞장서기도 하였다. 동련교회 백형남[554]과 협력하면서 민주주의를 뿌리내리는 일에 힘을 쏟았고,[555] 황등교회 12인조 관악대 대원으로 각 면에 있는 교회를 순회하면서 열심히 전도 운동을 전개하기도 하였다.

　그런데 1950년 6·25 전쟁이 일어나고 말았다. 많은 사람들이 혼란에 빠져 들었다. 변영수는 익산군 시국대책위원회를 조직하고, 위원장으로 선출되었다. 인민군의 뜻하지 않는 남침으로 남한 각 지역은 일대 혼란이 일어났다. 이러한 혼란을 사전에 방지하기 위해서 각 면을 돌아다니면서 군민들에게 큰 힘이 될 수 있도록 강연을 하고 다녔다. 그러나 인민군이 대전을 점령하고 익산 지역 가까이 올 무렵, 당시 전라북도 도지사 김가전 목사[556]가 병영수에게 함께 후퇴하여 부산으로 가자고 권유했다.

554　백형남(白亨南)은 1915년 11월 3일에 익산군 황등면 동련리 408번지에서 백낙규의 아들로 태어났다. 1936년 3월 전주 신흥중학교를 졸업하고 1937년 7월 일본대학 문과 중퇴했다. 1937년 9월~ 1938년 3월 영흥학교 교원으로 근무했고, 1938년 4월~1944년 3월 계동학교 교원으로 일했다. 1944년 4월~1945년 9월까지 계동학교 교장을 역임했다. 해방 후 1945년 9월 황등순국청년동맹 위원장이 되고, 1946년 1월에는 대한독립촉성국민회 황등지회 부위원장직을 맡고 2월 한국광복청년회 익산군위원장과 5월 한국광복청년회 전북감찰위원장을 역임하였고, 1947년 10월 대동청년단 황등면 단부 및 익산군 단부단장을 역임하고 1948년 5월 제헌국회의원(전북 익산갑구)이 되었다. 1950년 9월 29일 6·25전쟁중 순국하여 1969년 12월 17일 국민훈장 무궁화장 추서를 받았다. 그 내용은 "위는 제헌국회의원으로서 우리나라 헌법제정에 이바지한바 크므로 대한민국 헌법의 규정에 의하여 다음 훈장을 추서함. 공적조서내용: 우리 나라 헌법을 제정하고 정부수립의 기틀을 튼튼히 하는데 이바지함."이다. "익산시 순교자기념예배 자료집" '순교자 백형남' 참조.
555　김수진은 변영수에 대한 글에서 혼선을 빚는 문장을 서술하였다. "이와 때를 같이 하여 제헌국회의원으로 당선되었다. 백형남 장로를 협력하면서 민주주의를 뿌리 내리는 일에 힘을 쏟기도 하였다." 김수진, "6·25 전쟁시 시국대책위원장으로 활동하다가 순교한 변영수 장로"《한국장로신문》(2011년 6월 4일). 확인 결과, 제헌국회의원으로 당선된 것은 백형남으로 변영수가 아니었다. 김재두와 만남(2016년 5월 8일 오후 3시 10분~4시 0분).
556　김가전은 평양장로회신학교 출신의 목사이다. 전주에서 삼일운동의 주동자였던 서문외교회 김인전 목사의 동생으로 항일 정신이 투철하여 전혀 일본어를 사용하지 않았다. 당시 전주신흥학교 학생들은 모두 김가전이 일본말을 하는 것을 들어보지 못했다

변영수는 혼자서 피난갈 수는 없었다. 이재규 목사와 계원식 장로는 이 북이 고향이고, 그 누구보다 철저한 기독교신앙인이기에 자칫 인민군에 의해 죽임을 당할 지도 몰랐다. 들리는 소문에 서울에서도 한경직 목사를 비롯한 기독교 지도자들이 피난을 떠났고, 전라북도에서도 도지사 김가 전 목사를 비롯한 기독교지도자들이 앞을 다투어 피난을 떠나는 상황이 었다. 지체하다가는 무슨 봉변을 당할지 몰랐다. 변영수는 발걸음을 재촉 해서 목사관으로 행하였다.

"목사님, 빨리 피난 가셔야겠습니다."

"아닙니다. 저는 걱정 마시고, 장로님은 가족을 데리고 피난가세요."

"목사님, 이대로 계시다간 언제 죽임을 당하실지 모릅니다."

"장로님, 하나님 믿는 사람에겐 죽음은 그렇게 두려운 것은 아닙니다. 제가 떠나면 이 제단은 누가 지킨단 말입니까? 사람은 결국 한 번은 죽기 마련입니다. 저는 이 제단을 끝까지 지킬 것입니다."

변영수의 간청에도 이재규 목사의 태도는 변함이 없었다. 결국 변영수 는 목사관을 나와 기성의원으로 발걸음을 옮겼다.

"장로님, 빨리 피난가세요. 지금 인민군이 대전을 지나 익산 지역으로 오고 있다고 합니다. 피난 온 사람들의 이야기를 들으니까 인민군이 기독 교 지도자들을 핍박한다고 합니다. 이미 서울과 대전은 물론 우리 지역 목 사님들과 장로님들도 피난을 떠나셨습니다. 장로님, 여기 계시다가는 어 떤 봉변을 당하실지 모릅니다. 저와 같이 피난을 떠나시지요. 제가 모시겠

고 진술하고 있다. 해방 후에 북중학교 교장과 전라북도 도지사를 역임하였다. 김가전 은 입학시기가 되면 시골 각 교회의 목사, 장로들로부터 자기 자녀들을 입학시켜 달라 고 부탁을 받는데 부탁받은 학생들을 모두 수첩에 기록해 두었다 한다. 그리고 그 숫자 만도 두 학급이 될 수 있었다고 하며, 실상은 이들을 조금도 배려해 주지 않았다고 한다. 도지사 재직시절에도 "그분에게 부탁하면 안 되는 일도 없고, 되는 일도 없다." 는 말이 유행이었다고 하니 그 성품을 미루어 짐작할 수 있다.

습니다."

"변 장로님, 참으로 고맙습니다. 이제 제 나이 60이 다 된 이 사람이 살면 얼마나 살겠습니까, 제 걱정 마시고 장로님은 어서 피난을 떠나세요."

변영수는 피난을 가려다가 이재규와 계원식을 두고 자신만 살겠다고 피난을 갈 수는 없다고 생각하였다. 결국 변영수는 결심하였다.

'그래, 나도 교회를 지키고, 마을을 지키자.'

뜨겁게 내려 쬐이는 여름의 하늘을 보면서 그저 하나님께 기도할 수밖에 없었다.

'하나님! 제게 믿음을 주옵소서. 믿음은 금보다 더 귀하오니, 제게 믿음을 주옵소서. 다니엘을 사자 굴에서 살리신 하나님을 믿습니다.'

그로부터 며칠이 지나지 않아 바람결에 들려오는 소리가 있었다.

"우리 인민해방군은 여러분을 리승만 독재로부터 해방시키러 왔소. 그러니 여러분은 우리 인민해방군이 하는 일마다 협조하셔서 혁명과업을 완수하는 일에 동참해 주시기 바라오. 만일 그렇지 않으면 반동분자로 알고 즉각 처단할 것이오."

어린 아이로부터 노인에 이르기까지 마을 공터에 모아놓고 따발총을 어깨에 맨 인민군 장교로 보이는 사람이 연설을 하고 있었다. 매일 반복되는 연설에 모두들 혐오감을 느끼고 있었지만 누구 하나 입 밖으로 말을 꺼낼 수는 없었다. 그들의 거친 행동은 더욱 불쾌감을 가중시켰다.

농사지은 곡식은 모두 그들의 배를 채우는데 쓰였고, 횡포는 날이 갈수록 심해져 갔다. 가장 심한 고통을 받는 사람은 기독교 신앙인들이었다. 인민군들은 '예수쟁이들은 미 제국주의의 앞잡이'라고 욕설을 퍼붓기 일쑤였다. 그러던 어느 날의 일이다.

"이 반동 놈의 새끼들, 죽기 전에 썩 꺼져라."

"따르륵…따르륵…"

그렇잖아도 조마조마한 마음에 예배드리고 귀가하려던 교인들을 향해 욕설을 퍼부으며 강대상을 향해 따발총을 갈겼다.

졸지에 벌어진 일에 교인들은 겁에 질렸다.

"허구한 날 일은 하지 않는 않고 쓸데없이 교회에서 보이지도 않는 예수를 믿는 미친 것들아."

인민군 세 명이 눈을 부라리며 귀가 길을 방해하였다.

"우리를 곱게 돌려보내주시오."

"넌 뭐야! 가만있자, 네가 예수쟁이 대장인가 보구나! 그렇지."

"그렇다!"

변영수의 얼굴은 침착했다. 원래 이재규 목사가 예배를 주관해야하는데 출타중이어서 장로인 변영수와 임동혁이 대신 예배를 인도하던 중이었다.

"나는 하나님을 섬기며 불쌍한 사람을 위해 하나님의 양식을 전해주는 사람으로 이곳에서 살아온 사람이오. 여러분도 다 같은 민족이며 하나님의 아들입니다. 하나님을 믿으시오. 기쁨이 넘칠……."

"철썩…철썩…!"

"이 새끼 정신 있어, 없어."

"누굴 훈계하는 거야."

인민군 세 명이 서로 달려들어 따발총의 개머리판으로 변영수의 가슴을 짓이겼고, 옆에 있는 임동혁도 내리쳤다.

"이 새끼들 악질반동 놈의 새끼들."

쓰러져 신음을 토하는 변영수와 임동혁을 구둣발로 재차 짓이겼다.

변영수는 아내의 극진한 간호로 7일이 지나서야 겨우 몸을 추스를 수가 있었다. 변영수가 마음 아픈 것은 자신이 봉변을 당해서가 아니었다. 출세를 위해, 강압에 의해, 아무것도 모르는 청년들이, 많지도 않은 돈을 받고서 인민위원회의 앞잡이 노릇을 하고 있었다.

변영수의 농토에서 일을 하던 사람이 있었다. 그는 인민군에게 삼 만원의 돈을 받고 변영수를 팔아 넘겼다. 이건 꼭 예수님의 제자 가룻 유다가 자신의 스승 예수님을 은 30냥에 팔아넘긴 것과 같았다. 모두가 어려울 때에 일거리를 주고 잘해주었는데 은혜를 원수로 갚는 배은망덕背恩忘德한 일이었다. 출세에 눈이 멀어 모함해서 밀고密告한 것이었다. 변영수의 죄목은 인민의 적인 미 제국주의가 전해준 기독교 장로이고, 청년단장 등으로 우익활동을 하였고, 인민위원회를 비방하고 다니면서 협조하지 말라고 하였다는 것이었다. 변영수는 보안서로 끌려가서 심한 고문을 당하였다. 그로 인해 아내와 가족들이 면회 갈 때 해가는 주먹밥도 못 먹을 정도로 만신창이 몸이 되어 있었다. 변영수가 힘겹게 입을 열고 말한 것은 가족과 교회의 안부를 묻는 정도였고, 가족에게 기도 열심히 하라는 당부뿐이었다.

김금례는 인민재판에 회부되었다.

"자! 지금부터 인민재판을 시작하겠습니다."

인민재판은 마을 공터에 마을 사람들을 모아 놓고 자기들끼리 짜놓은 각본대로 진행하는 것이었다.

"악질반동분자 변영수의 처는 붙잡혀 남편이 감옥에 가 있음에도 마을 사람들의 돈을 빼앗아 집에 쌓아 놓고, 교인들에게 나누어 주며 호의호식好衣好食하고 있었소."

김금례는 험상궂은 남자들만 모여 있는 그 속에서도 정신을 잃지 않고 담대하게 입을 열었다.

"아니오. 그건 어렵게 농사지어 마련한 우리 집 돈이오."

밧줄에 꽁꽁 묶여 심판대위에 올려져 있는 김금례의 말에 귀 기울이는 인민위원회 간부는 아무도 없었다. 그들은 처음부터 그럴 마음이 없었다.

그저 변영수의 재산을 몰수하기로 결론을 내려놓고 하는 재판이었다. 변영수는 아주 큰 부자는 아니었지만, 일제 강점기에 마을 이장으로 공출을 담당하였으니 공출로 마을 사람들을 괴롭혔고, 공출 양을 속여 뒤로 빼돌렸을 지도 모른다고 생각하였다. 이미 변영수는 끌려가 심한 고문으로 만신창이 몸이 된 상태였다. 그런데 평소 변영수의 인품을 잘 아는 젊은 청년이 나와 해명하고 나섰다.

"아니오. 변영수 이장님은 마을 사람들의 것을 빼앗은 적이 없소."

인민위원회 간부들은 당황해하면서 청년을 노려보았지만 청년은 계속 말을 이어나갔다.

"변 이장님의 부인은 하나님을 믿는 사람으로 그 행실이 마을 곳곳에 알려져 있는데, 부인이 그런 짓을 했다는 것은 말도 안 되는 일이오. 우리 마을 사람들이 다 아는 일이오. 한번 마을 사람들에게 물어보시오."

겁에 질려 말을 못하던 마을 사람들이 청년의 용기 있는 말에 동조同調고 나섰다. 생각지도 않게 마을 사람들이 인민위원회를 편들기는커녕, 이구동성異口同聲으로 변영수 집안을 두둔하고 나서자 인민위원회로서는 당초 계획과 달리 어쩔 수 없이 김금례를 돌려보냈다. 천만다행千萬多幸한 일이었다. 그 소식을 들은 변영수는 하나님께 감사의 기도를 드렸다. 변영수와 같이 갇혀 있는 사람들 중에는 기독교 신앙인들이 많았다. 이들은 함께 찬송을 부르면서 서로 위로하면서 격려하였다.

인민재판에서 풀려난 김금례는 즉시 남편에게 면회를 갔다. 오랜만에 아내를 만난 변영수였다.

"그동안 얼마나 고생이 많았소."

남편의 얼굴을 바라보는 김금례의 얼굴은 눈물이 앞서고 있었다.

"고생은 무슨 고생이요. 당신이 이렇게 고생하는데 제가 무슨 고생이 있겠어요."

"참! 우리 교회와 교인들은 어떻게 지내고 있소?"

"네, 모두 하나님의 돌보심으로 무사하게 지내고 있어요."

"이재규 목사님과 계원식 장로님은 무사하시오?"

"이재규 목사님이 한사코 피난을 가지 않으시겠다는 것을 장로님들이 모두 나서서 설득하시고, 계원식 장로님이 '일단은 목사님이 살아계셔야 혹시 교회가 잘못 돼도 다시 교회를 일으킬 수 있다'고 간청하셔서 목사님과 목사님 친척인듯한 청년이 피난을 떠나셨어요. 계원식 장로님과 이자희 권사님과 안인호 집사가 모두 인민위원회에 끌려갔다가 다행히 장로님 내외분은 풀려나셨는데 안인호 집사는 아직도 갇혀 있어서 모두들 걱정이에요."

"이런, 이를 어쩌."

"아이들은 다들 잘 있소? 예배는 드리고 있소?"

"그렇잖아도 아이들이 따라 오려는 것을 못 오게 하고 그냥 왔어요. 예배는 아침과 저녁으로 계원식 장로님과 임동혁 장로님이 인도하고 계세요."

아내의 얘기를 듣고 있던 변영수는 뭔가 골똘히 생각하다가 말을 꺼냈다.

"시기가 시기인 만큼 혹시 무슨 일이 생길지 모르니 아이들을 데리고 부여 고모님 댁으로 가 있으시오. 그리고 아이들에게는 기도를 잊지 말라고 전해 주시오."

며칠이 지난 어느 날 저녁, 뜻하지 않게 변영수가 나타나서는 다급하게 말하였다.

"여보, 나 대전으로 좀 올라갔다 와야겠소."

변영수는 다급하게 김금례에게 말문을 열었다.

"당신 어떻게 된 일이에요."

김금례는 뜻하지 않게 나타난 남편을 바라보며 어리둥절해하였다.

"다행히 김영일 집사가 내무서장을 통해 노력해서 무사히 나올 수 있었소. 여기 그가 만들어준 증명서도 있소."

그랬다. 김영일 집사가 친분을 맺어둔 보안서장을 통해 변영수는 나올 수 있었고, 김영일 집사는 가짜 신분증도 구해 주었다.

"잠깐 들르러 온 것이니, 뒷일을 잘 부탁하오."

김금례는 변영수의 이 말이 마지막일 줄은 꿈에도 몰랐다. 그렇게 변영수는 떠났다. 그러나 대전에 좀 다녀온다던 변영수는 돌아오지 않았다. 그러던 어느 날, 김금례는 남편이 논둑에 피를 흘리고 죽어 있는 것을 보고 소스라치게 놀라서 잠에서 깬 적이 있었다. 분명히 꿈이었지만 어찌나 생생한지 두려움에 온 몸이 떨려서 꼼짝을 할 수가 없었다. 이런 꿈을 꾸고 나니 마음이 불안해서 견딜 수가 없었다. 그러던 어느 날 김영일 집사가 찾아왔다.

"집사님, 계십니까?"

"누구신가요?"

김금례는 김영일 집사를 보는 순간 왠지 모를 불길한 생각이 들어, 다급하게 남편의 안부를 물었다.

"집사님, 제 남편 소식을 좀 아시나요?"

"네, 저……."

김금례를 바라보는 김영일의 말문은 좀처럼 열리지 않았다. 가까스로 조금 제 정신을 차린 김영일의 목소리는 떨리고 있었다.

"집사님, 놀라지 마세요. 변…변…장로님이 순교하셨습니다."

김영일 집사의 설명을 들으니 놀랍게도 꿈에서 본 그대로였다. 대전으로 간다던 변영수는 1950년 8월 13일[557] 충남 논산군 성동에 있는 인민군

---

557 김수진, 『자랑스러운 순교자들』, 202쪽에서는 변영수의 순교가 8월 14일이라고 나온다. 그러나 이 날짜는 안인호가 순교한 날짜이고 변영수는 그 전에 피난을 갔기에 정진

에게 체포되어 조사를 받던 중 황등교회 장로로 우익청년활동을 하고, 미제국주의에 협력했다는 죄목으로 총살형을 받고 순교하였다.[558]

변영수의 장남 변의진은 아버지의 신앙을 이어 목회자가 되려고 계일승이 교수로 재직 중인 장로회신학교에 입학해서 수학하기도 하였다. 변의진은 중앙대 상과를 졸업하고, 황등중학교 교사와 교장을 역임하였고, 교장 퇴임 후 서울로 이주해서 진광교회를 거쳐 상도동교회 장로로 교회를 섬겼다.[559] 변영수의 딸 변혜진은 황등 신기교회(기장)에서 권사로, 사위 김영진은 신기교회 장로로 교회를 섬겼다. 오촌당숙 변경환은 대전 은광교회 담임목사로 교회를 섬겼다.

이재규와 변영수가 피난의 방향을 아래지역이 아닌 북쪽으로 간 이유가 있다. 이들이 남쪽으로 갈 경우, 아무래도 농촌이다 보니 누가누구인지 뻔히 알기에, 외지인으로 의심을 사기가 쉬웠다. 남쪽은 이미 공산진영인 경우가 많음에 반해 북쪽으로 가면 연고緣故도 있고, 서울 등 대도시의 경우는 인구가 많고, 외지인들의 왕래가 많으니 의심을 받지 않을 수 있고, 숨을 곳도 많을 것 같았기 때문이었다.[560] 이재규는 사위와 함께 서울 쪽으로 가는 중이었고, 변영수는 충남 쪽으로 가는 중이었다.

석이 밝힌 자료가 맞는다면, 8월 13일이 순교한 날로 여겨진다. 김수진은 안인호의 순교일을 착각하여 8월 14일로 말한 것으로 보인다.

558 변영수의 순교는 정진석의 자료에서도 확인되었다. "邊榮守(변영수·39) 충남 부여군 황등교회 장로. 8월 13일 논산군 성동면에서 공산군에게 체포되어 이재규 목사, 안인호 집사와 함께 피살." 정진석, 위의 글, 13쪽.

559 김수진, 『황등교회 60년사』, 466쪽에서는 변의진이 서울동일교회 장로로 나온다. 이 때는 김수진이 1989년에 쓴 것이고, 김수진이 2011년 《한국장로신문》에는 변의진이 진광교회를 거쳐 상도동교회로 나온다. 그러나 확인결과 상도교회이다. 변의진과 통화(2016년 5월 8일 오후 8시 30분~9시 00분).

560 김재두와 만남(2016년 4월 24일 오후 12시 10분~12시 30분).

》》》 두려움 없는 교인 사랑 백계순 집사의 순교

계원식의 집은 인민위원회의 감시가 심해서 드나드는 사람이 적었지만 평소 계원식을 존경하면서 가깝게 지내던 백계순은 그런 것에 아랑곳하지 않고, 수시로 드나들면서 계원식에게 바깥소식을 전해주곤 하였다. 백계순을 통해 계원식은 9월 15일 UN군이 인천상륙작전을 성공시키면서 전세戰勢가 변해서 인민군이 후퇴하게 되었다는 소식을 접하고는 이제 계이승과 김봉도가 돌아와도 되겠다는 생각이 들었지만 숨어 지낼 계이승과 김봉도에게 이 기쁜 소식을 전할 방법이 없었다.

이 당시 백계순은 과자 굽는 회사의 직공으로 일하면서 황등교회에서 신앙생활을 하던 서리집사였다. 백계순은 인민군이 후퇴한다고 하지만 아직 전쟁이 끝난 상황이 아닌 위험한 시기임에도 평소 존경하고 가깝게 지내던 계원식이 계이승과 김봉도의 안부를 걱정하면서 보고 싶어 하는 것을 목격하였다.

사실 인민위원회로부터 계원식 부부는 나이도 많고 지역의 인심도 있었고 의사라는 이용가치로 죽이지는 않고 일단 풀어준 상황이었지만 계원식 가족을 모두 풀어주기는 자신들의 입장도 곤란한 측면이 있고 하니 계원식 가족 중에서 한 사람을 죽였다. 그렇게 계원식 가족 중에서 한 사람으로 희생된 사람이 안인호였다. 안인호가 죽임을 당한 이유 중 하나는 안인호의 남편 계일승이 미군정 당시 적극적으로 협조하였고, 미국 선교사의 주선으로 미국유학까지 갔기에 '친미반동분자의 처'라는 것이었다. 그러니 계원식 가족은 안인호의 처참한 죽임을 슬퍼할 겨를도 없이 다음을 걱정할 수밖에 없었다.

안인호가 계일승의 아내라는 이유로 죽임을 당한 것으로 볼 때, 계원식의 가족은 불안할 수밖에 없었다. 계원과 이자희는 계일승의 부모였다. 계이승은 친동생으로 계일승과 함께 우익활동을 하기도 한 사람이었다. 계원식 부부는 감시가 심하고, 나이도 많아 피난 가기가 어려웠지만 계이승은 언제 죽임을 당할지 모르는 상황이었다.

계원식은 계이승과 김봉도에게 인민위원회의 눈을 피해 피난을 떠날 것을 권유하였다. 계이승과 김봉도로서는 생각조차 할 수 없는 일이었다. 계원식과 이자희가 연로한데다가 계일승은 미국 유학 중이고, 안인호가 처참하게 순교한 이유로 계원식과 이자희는 상심이 컸다. 거기다가 어린 조카들이 6명이나 되었다. 그러나 계원식은 완강하였다. 자칫 차남인 계이승 내외에게 무슨 일이 닥칠지 모른다는 생각에 일단 계이승 내외를 살려야한다고 생각하였다. 자신은 인민위원회에서 의사라는 이유로 이용가치가 있어서 쉽게 죽이지 않을 테니 피난을 가라고 강권하다시피 하였다. 계이승과 김봉도는 차마 발걸음이 떨어지지 않지만 피난을 떠난 것이었다.

백계순은 계이승 부부가 돌아올 것을 간절히 바라는 계원식을 보고는 곧바로 이들 부부를 찾아 나섰다. 이는 결코 쉬운 일이 아니었다. 아무리 존경하고 친하게 지낸다고 해도 전쟁 상황이었다. 불과 얼마 전에 인민위원회는 황등산에서 17명을 무참하게 학살하는 만행을 저질렀다. 더욱이 후퇴하는 인민군은 제정신이 아니었다. 백계순이 어디로 갈 지도 모르고 무작정 떠난 것이 아니라면 계원식이 계이승 내외가 숨어있는 곳을 백계순에게 알려주었을 것이다.

그렇다면 계원식과 백계순은 매우 가깝게 지내던 사이였을 것이다. 그렇기에 백계순은 목숨을 건 일을 감행했는지도 모른다. 계원식과 백계순이 어떤 이유로 친하게 지내는 사이였는지는 알 수 없으나 백계순이 계원식을 위해 계원식의 아들 내외를 찾아 나설 정도인 것으로 보면 두 사람의 친분은 매우 두터웠을 것으로 보인다. 계원식은 철저한 신앙인이었다. 계원식과 깊은 사귐을 가진 사람들은 모두가 철저한 신앙인들이었다. 순교자 변영수가 그랬고, 계원식이 파송한 농촌선교사 김은기와 이대호가 그랬다. 백계순도 계원식을 깊이 존경하며 따르면서 깊은 신앙을 흠모한 것 같다. 그러면서 자신도 신앙의 깊이를 더해갔을 것이다. 백계순의 신앙을 본받아서 백계순의 아내 김옥녀 권사는 장녀 백해자와 차녀 백숙자와 삼남 백상현을 신앙으로 양육하였다. 백계순의 처조카 김신중과 삼남 백상현은 목사가 되었다.

안타깝게도 백계순의 두려움 없는 사랑[561]은 결실을 맺지 못하고 말았다. 백계순은 계이승과 김봉도를 만나지 못하고 그만 충남 논산 지역에서 순교로 추정되는 행방불명이 되고 말았다.[562] 백계순이 행방불명된 충남 논산 지역은 인민군이 기독교인들을 무자비하게 학살하던 지역으로 이곳에서 이재규와 이재규의 사위 노명갑 그리고 변영수가 순교하였다. 백계순은 같은 황등교회 목사와 장로가 순교한 지역에서 기독교신자라는 이유로 순교한 것으로 추정하고 있다. 정진석 따르면 백계순이 논산 바로 옆

561 사랑 안에 두려움이 없고 온전한 사랑이 두려움을 내쫓나니 두려움에는 형벌이 있음이라 두려워하는 자는 사랑 안에서 온전히 이루지 못하였느니라(요한일서 4장 18절).
562 백계순이 미리 피난 갔던 안인호 집사를 다시 안내해서 황등으로 돌아올 수 있도록 심부름을 보냈던 것이다. 김수진, 『황등교회 60년사』, 154쪽; 그러나 그 당시 상황으로 볼 때 이는 아닌 것 같다. 1950년 7월 19일 인민군이 황등교회당을 접수하고 7월 22일 계원식 부부와 안인호를 비롯한 많은 사람들이 붙잡혀 갔다. 계원식 부부는 풀려났지만 안인호를 비롯한 많은 사람이 학살당하였다. 그러니 안인호가 1차 피난을 갔다가 돌아왔다는 봉기성과 노상열의 증언(1989년 8월 13일)을 김수진, 『황등교회 60년사』, 157쪽을 염두에 볼 때 안인호를 데리러 나갔다고 보기엔 시기나 여건상 설득력이 부족하다. 또한 충남 논산에서 마지막으로 본 사람이 있다는 증언(김신중과 통화 2016년 5월 13일 오후 9시 20분~40분)과 정확한 근거는 확인되지 않았지만 정진석의 자료에 따르면, 충남 금산군에서 9월 25일 납북이라고 하니 8월 14일 안인호 순교 이후에 계이승 부부가 피난을 떠났고 백계순이 계이승 부부를 찾으러 갔다고 보는 게 타당한 것으로 보인다. 백계순이 안인호가 아닌 계이승과 김봉도를 찾으러 간 것으로 들었다고 하는 증언은 김재두(2016년 5월 8일 오후 9시 10분 통화), 변의진(2016년 5월 13일 오전 10시 30분 통화), 김신중(2016년 5월 13일 오후 9시 20분~9시 40분 통화)로 일치한다. 1983년 8월 13일 당시 KBS 특별방송 '이산가족찾기'에서 백계순(25164)을 찾아본 기록이 있으나 이 방송에서 백계순을 찾지 못하였다. 백계순의 처조카 김신중과 유족은 백계순이 순교한 것으로 굳게 믿고 있다.

인 금산에서 납북되었다고 나온다. 그러나 정진석의 자료는 여러 가지 오류가 보여 이를 다 믿기는 어렵다. 그러나 백계순을 마지막으로 본 사람이 논산이라고 하고, 금산이 바로 옆이기에 9월 25일 즈음 논산이나 금산에서 순교한 것으로 여겨진다.[563]

● ● ● ●

순교자를 이어 계승자로, 화해와 용서의 실천

6·25전쟁으로 손상(損傷)된 교회수는 장로교회가 152곳, 감리교회가 84곳, 성결교회가 27곳, 구세군이 4곳 등이었다.[564] 전남 영광군은 순교한 교회가 많다. 염산교회는 김방호 목사를 비롯해서 77명의 교인들이 모두 순교하였고, 교회는 완전히 소각되고 말았다.[565] 야월교회는 65명교인 전

---

563 정진석의 자료에 나오는 내용이다. "白桂淳(백계순·32) 9월 25일 금산군에서 납북." 그런데 정진석의 자료는 틀린 것들이 많다. 안인호와 이재규가 틀리게 나오고, 신황등교회 김봉재도 틀리게 나와 있다. "金奉在(김봉재·29) 9월 25일 전북 이리에서 납북. 주소는 경남 거제도" 정진석, 위의 글, 29쪽; 백계순의 경우도 믿을 수 있는지 의심스럽지만 일단 수긍한다면, 백계순은 납북으로 이해해야한다. 백계순을 그동안 이해한대로 행방불명으로 이해하거나 정진석의 자료에 근거해서 납북으로 이해한다면 백계순을 순교자로 추존(追尊)함이 어렵게 된다. 이런 사안으로 한국기독교 100주년기념사업회에 문의해 보았다. 이에 대한 답이다. "조만식 장로도 마지막 소식이 불분명하나 행방불명이지만 순교자로 추존하고 있다."면서 "행방불명이나 납북도 순교자로 볼 수 있기는 하다. 그러나 생사가 불분명하고 순교를 증언할 자료나 증언이 정확하지 않기에 모호한 측면도 있다." 정한조와 통화(2016년 5월 2일 오전 11시 10~20분).

564 민경배, 위의 책, 463쪽.

565 김수진, 『6·25 전란의 순교자들』(대한기독교출판사, 1981), 29-34쪽 참조; "염산교회 입구에 세워져 있는 「77인 순교기념비」는 77명의 순교자들이 몽둥이에 맞고 죽창에 찔려 살이 터지고 피를 흘리면서도 터져 나오는 비명을 삼키며 기도하던 모습과 새끼줄에 묶여 무거운 돌을 목에 매달고 바다에 빠져 허우적거리며 죽으면서도 부르던 찬송이 배여 있고, 교회당을 사르던 그 불길이 어떤 역경과 시련 속에서도 변함없는 숭고한 순교의 넋을 지켜온 그들의 순교신앙을 전승해 주고 있다." 『한국교회순교자기념사업회』, 「염산교회」(2016년 8월 4일 오후 3시 20분 검색). http://www.kcmma.org/

체가 순교하였다.[566] 상월리교회는 신덕철 전도사와 34명의 교인이 순교하였다.[567] 놀라운 것은 상월리가 85세대에서 5세대만 비신자가정일 정도로 부흥하였다. 또한 야월리교회는 전체 부락이 신앙인이 되었다. 교회 재적교인이 250명이나 되는 교회가 되었다. 전북 옥구군 해성교회도 10명의 교인들이 순교하였다. 해성교회는 교인 재적이 2,000여명으로 출석교인이 1,500여 명에 이른다.[568] 이런 결과는 순교의 피가 교회를 강하게 하고 성장하게 하는 힘이 된 것이라고 말할 수 있다. 넬슨은 "교회성장의 비밀이 핍박"이라고 말하였다. 이 말은 순교자들의 피는 교회의 길은 영성적 토대를 형성해서 교회가 믿음 위에서 굳건히 서게 되어 성장의 씨앗으로 작용함을 말한 것이다.[569]

1950년 9월 15일 유엔군의 인천상륙작전이 성공하였다고 알려지자 황등에서도 유엔군과 국군을 맞이할 준비를 하고 있었다. 9월 28일 서울이 수복되면서 황등도 곧 수복되어 그 지루한 3개월간의 인민군 통치가 물러가고 다시 국군과 유엔군이 진주하면서 황등에도 새날이 왔다. 황등교회 교인들은 비록 금이 간 종이지만 몸이 부서져라 소리를 내는 종소리를 듣고 감격스러운 마음으로 예배당 갈 준비를 하면서 이재규 목사의 소식을 모두 기다리고 있었다. 종은 해방 직후 그 기쁨을 전하던 종이었고 이제 처참한 6·25전쟁의 악몽이 끝났음을 알리는 소망의 종이었다. 그런데 소망의 종소리와 함께 소망을 이야기할 얼굴들이 보이지 않았다. 교회를 지

---

566 김수진, 『6·25 전란의 순교자들』, 144쪽; "대한예수교 장로회(통합) 광주노회에서는 공산군에 의해 희생당한 야월교회 전교인 65명을 기념하기 위하여 1990년 11월 29일 '야월교회 순교기념탑'을 건립하였다."『한국교회순교자기념사업회』, 「야월교회」 (2016년 8월 4일 오후 3시 20분 검색). http://www.kcmma.org/
567 "상월리교회수난사건", 『기독교대백과사전』(8권), 862쪽을 김수진, "평신도 운동이 한국교회 성장에 미친 영향에 대한 연구-교회사적 측면에서", 220쪽에서 재인용.
568 김수진, "평신도 운동이 한국교회 성장에 미친 영향에 대한 연구-교회사적 측면에서", 220-221쪽 참조.
569 나일선, 『교회성장의 원리』(크리스챤헤럴드, 1976), 22쪽 참조.

키며 교인들과 동고동락同苦同樂하던 이재규 목사가 보이지 않았다. 또한 그렇게 교회 일이라면 열심이고 교인을 영접하고 장년부 교사로서 성경을 잘 가르치던 변영수가 보이지 않았고, 늘 인자하게 교인들을 대하던 안인호도 보이지 않았고, 다정다감하던 백계순도 끝내 보이지 않았다.

6·25는 동족상잔同族相殘의 비극뿐만 아니라 인류에게 참혹한 상처를 입힌 수치스런 범죄행위로 기억되고 있다. 하지만 아직 남한과 북한의 6·25 전쟁은 끝나지 않았다. 남북한은 여전히 정전停戰상태일 뿐만 아니라 천안함 사태 등으로 남북한 경색국면은 한층 더 가중되고 있는 상황이다. 여기에 현 정부는 천안함 침몰이 북한의 어뢰공격에 의한 것임이 민군합동조사단에 의해 드러났다며 유엔 안보리에 북한의 군사적 도발에 엄중하게 대응해 줄 것을 요청, 정치·경제적으로 북한을 강하게 압박하고 있는 상황이고 평화의 상징인 개성공단을 폐쇄하기에 이르렀다. 이유야 어떻든 박근혜 정부가 취하고 있는 행동은 매우 강경적인 태도이다.

심리용어 중에 '포비아Phobia'라는 단어가 있다. 공포의 감정이 강박적으로 특정대상에 결부되어 행동을 저해하는 이상반응을 말한다. 자신의 불안을 특정대상에게 투사해서 그 대상을 볼 때마다 공포를 느낀다. 그러나 문제는 대상에게 덧씌운 불안과 공포가 그렇게 한다고 해서 없어지는 것은 아니다. 잠시나마 투사한 그 대상을 혐오하고 있을 땐 내 안에 불안이 아니라 '저것 때문'이라고 하는 책임 회피, 합리화, 핑계가 가능하다는 것일 뿐이다. 문제는 내면의 불안이 극대화되면 될수록 해결되지 않은 현상이 더 깊고 빈번하게 일어난다. 그렇다면 성경은 이러한 상황에 대해 어떻게 기록되어 있으며, 또한 기독교인들은 어떤 태도를 취해야 할까?

창세기 45장은 그 어떤 드라마보다도 극적이며 경이로운 장면을 보여준다. 지난 20여 년간 단절되었던 벽이 무너지고 형제들 간의 극적인 화해의 드라마가 펼쳐지고 있다. 하나님은 인간의 모든 연약함과 악함마저도 바꾸셔서 합력하여 선을 이루어 가시는 분이시다. "당신들은 나를 해하려 하였으나 하나님은 그것을 선으로 바꾸사 오늘과 같이 많은 백성의 생명을 구원하게 하시려 하셨나니"[570] 이 하나님의 뜻을 알았던 요셉은 자신의 삶을 돌아보면서 신비로운 하나님의 섭리를 고백할 수 있었다. 하나님의 섭리를 이해할 때 비로소 우리의 마음에 가득했던 독소가 정화된다. 하나님의 절대 주권과 섭리를 믿는 신앙은 모든 시련을 극복할 수 있는 원동력이 된다. 영적으로 철이 든다는 것은 바로 이 신비로운 하나님의 섭리를 깨닫는 것을 말한다.

인간적인 생각으로는 요셉이 형들을 용서한다는 것은 불가능에 가까운 일이었으나, 하나님의 섭리를 깨달은 요셉이었기에, 요셉은 형제들을 용서하는 것이 가능했다. 하나님의 섭리에 대한 인식이 결여되어 있을 때는 상처를 준 사람을 용서하기 어렵지만, 그것을 깨닫게 되면 용서가 쉬워진다. 문제보다 더 중요한 것은 그 문제를 어떻게 해석하고 바라보느냐이다. 하나님을 신뢰하고 사랑하는 자는 어떤 문제를 만나든 결국 하나님의 섭리를 이해하게 되고 하나님의 구원을 경험하게 된다. "우리가 알거니와 하나님을 사랑하는 자 곧 그의 뜻대로 부르심을 입은 자들에게는 모든 것이 합력하여 선을 이루느니라"[571]

요셉은 지난날의 힘들었던 과거를 회상하며 형들을 향해 복수와 보복의 칼을 들었을 수도 있었다. 하지만 요셉은 죽음의 위협 앞에 두려워하고 있는 형들을 향해 근심하거나 한탄하지 말라고 위로하며 가족 해체의 위기를 희망으로 바꿔놓았다. 즉 성경의 기록은 자칫 복수와 보복으로 끝날 수 있는 사건을 아름다운 화해의 장으로 마무리되어 있다. 신약성경도 악을 악으로 갚지 말고 선으로 악을 이기라고 권면하고 있다.

570 창세기 50장 20절.
571 로마서 8장 28절.

바로 이러한 요셉의 태도를 정부나 신앙인들이 본받는 것은 어떨까? 아무리 총체적인 난국에 처해있다고 할지라도 하나님이 주시는 화평을 추구하는 노력은 포기해서는 안 된다. 요셉이 형들에게 취한 행동은 악을 선으로 갚는 것이었다. 북한 당국에 천안함 사태에 대한 책임은 물어야 하지만 그 책임이 복수와 보복으로 연결되어야하는 것은 아니다. 복수와 보복은 사람의 마음을 좀먹는 일일 뿐이다. 용서와 화해로 요셉과 형들이 대면하는 모습을, 같은 민족인 남한과 북한의 관계에서도 찾아볼 수 있기를 소망한다. 흑인인권운동가 마틴 루터 킹의 말이다. "어둠으로 어둠을 몰아낼 수는 없다. 오직 빛으로만 할 수 있다. 증오로 증오를 몰아낼 수는 없다. 오직 사랑만이 그것을 할 수 있습니다."[572] 용서는 가끔 발생하는 행위가 아니라 지속적으로 우리가 지녀야할 태도이다.[573]

용서한다는 것은 과거를 얼버무리는 것이 아니다. 과거의 상처에 더 이상 매이지 않고, 나의 현재를 과거의 부정의 힘에 의해 휘둘리지 않겠다는 하나의 선언이자 하나님이 이끄시는 새로운 미래를 향해 어두웠던 과거를 떨치고 일어서겠다는 결단의 행동이다. 용서할 수 없는 이유는 얼마든지 있다. 그러나 용서하지 않는다면 우리는 더 이상 앞으로 나아갈 수 없다.

피난을 떠난 이재규 목사가 돌아오지 않자 황등교회 당회원은 물론 전교인들은 어찌할 바를 몰랐다. 1950년 12월 2일 이재규 목사를 찾는 전단지傳單紙를 제작하여 각 교회, 각 면사무소에 배포하였다. 황등교회 교인들은 혹시라도 인민군에 의해 학살되지 않았을까 하는 마음으로 학살되던 현장으로 달려가 보았지만 이재규의 시신은 찾을 수 없었다. 안인호와 변영수가 학살을 당하고, 이재규와 백계순의 생사生死를 알 수 없는 상황

---

572 Darkness cannot drive out darkness, only light can do that. Hate cannot drive out hate, only love can do that.
573 Forgiveness is not an occasional act, it is a constant attitude.

속에서도 황등교회 교인들은 다시 교회로 모여 들었고, 6·25로 인하여 상처받은 사람들을 찾아 다니면서 위로하고 나섰다.

　6·25전쟁 당시 강제가 되었든 자발적이 되었든 인민위원회에 협조한 사람들이 많았고, 또 인민공화국시대가 왔다고 함부로 행동했던 사람들이 많았다. 이들은 갑자기 인민군이 국군의 반격에 놀라 예고도 없이 철수해 버렸기 때문에, 난감한 처지가 되고 말았다. 이 때 인민군을 따라 간 사람들이 있었지만 갑작스런 상황에 인민군을 따라가지 못한 사람들도 있었다. 만일 이 때 우익진영사람들이 이들에게 보복을 가했다면 돌이킬 수 없는 비극이 이어졌을 것이다. 이 때 황등교회 교인들은 우익진영에 있는 사람이나 경찰들을 설득해서 보복만은 하지 않도록 최선을 다해서 설득하고 다녔다. 사실 이들 중에는 사상思想이 뭔지도 모르고 그저 갑작스런 세상의 변화에 휩쓸려 설치고 다닌 이들이 많았다.[574] 황등교회는 교인들이 순교를 당하고, 인민공화국 시절에 견딜 수 없는 모멸을 당하였지만 그 일에 대해서 보복하지 않고, 사랑으로 화합하도록 하는 일에 앞장섰다. 이 일로 황등지역 사람들로부터 칭송을 받았다.

　1950년 12월 성탄절을 즈음해서 추운 겨울에 시작해서 다음 해 1월까지 황등고등공민학교 김영식 교장과 황등교회 청년들이 함께 손양원 목사[575]를 모델로 한 '사랑의 원자탄'이란 연극을 황등교회와 농업창고와 용

---

574 김재두 증언(2016년 5월 15일 오후 12시 30분~1시 00분).
575 손양원은 한국교회사에 길이 빛날 사랑의 실천자요, 순교자이다. 손양원의 일화중, 손양원이 교회에서 기도를 하고 있던 중, 1948년 10월 25일 두 아들의 순교 소식을 듣고 하나님께 기도한 9가지 감사 기도 내용이다. "1. 나 같은 죄인의 혈통에서 순교의 자식들을 나게 하시니 감사. 2. 허다한 많은 성도들 중에서 이런 보배를 나에게 주셨으니 감사. 3. 3남 3녀 중에서 가장 귀중한 장남과 차남을 바치게 하였으니 감사. 4. 한 아들의 순교도 귀하거늘 하물며 두 아들이 순교하였으니 감사. 5. 예수 믿고 와석종신해도 복이라고 했는데 전도하다 총살 순교했으니 감사. 6. 미국 가려고 준비했던 아들이 미국보다 더 좋은 천국 갔으니 내 마음이 안심되어 감사. 7. 내 아들을 죽인 원수를 회개시켜 아들을 삼고자 하는 사랑의 마음을 주신 하나님께 감사. 8. 내 아들의 순교의 열매로서

산교회에 가서 공연을 펼쳤다. 이 연극에서 손양원 목사 역할은 강영철이 맡았고, 손양원 목사의 두 아들을 죽인 안재선 역할은 이한일이 맡았고, 장남 순교자 손동인 역할은 변의진이 맡았고, 차남 순교자 손동신 역할은 박소동이 맡았고, 손양원의 딸 역할은 정경자가 맡았다.

이 연극은 황등기독학교와 황등교회 역사에서 매우 중요한 의미가 있다. 김영식은 자신이 6·25전쟁의 비극으로 고향을 잃고 황등으로 피난을 온 처지였다. 그 당시는 손양원 목사의 일대기를 그린 사랑의 원자탄 대본을 구하기가 쉽지 않은 때였음에도 김영식이 어디서 구한 것인지는 확실치 않으나 손양원 목사를 모델로 한 '사랑의 원자탄' 대본을 각색해서 연출을 맡아 황등교회 청년들을 모아 연극공연단을 만들었다. 손양원은 1902년 경상남도 함안에서 출생하였다. 아버지가 장로인 독실한 기독교 가정에서 성장하였다. 1915년 칠원보통학교 재학 중 궁성요배를 거절하

무수한 천국의 열매가 생길 것을 믿으면서 감사. 9. 역경 속에서도 하나님의 사랑을 깨닫게 하시고 이길 수 있는 믿음을 주신 하나님께 감사." 손양원은 이 기도와 함께 당시 80원의 생활비를 받고 있던 때에, 1만원의 주일 감사헌금을 드렸다. 그러면서 한 말이다. "나에게 분에 넘치는 과분한 큰 복을 내려 주신 하나님께 모든 영광을 돌립니다. 이 일들이 옛날 내 아버지, 어머니가 새벽마다 부르짖던 수십 년간의 눈물로 이루어진 기도의 결정이요, 나의 사랑하는 나환자 형제자매들이 23년간 나와 내 가족을 위해 기도해 준 그 성의의 열매로 믿어 의심치 않으며 여러분께도 감사드립니다." 손양원의 생애를 다룬 책으로는 딸인 손동희가 쓴 『나의 아버지 손양원 목사』와 안용준 목사가 『사랑의 원자탄』이라는 제목으로 저술했고, 영국에서는 『씨앗은 죽어서』로 번역·출판되었다. 그리고 이것은 홍형린 장로의 기획으로 1966년 영화로 만들어졌다. 저서로는 『산돌 손양원 목사 설교집』이 있다. 2012년에는 생애를 다룬 창작 오페라 〈손양원〉이 제작되기도 했다. 2013년 12월 25일 성탄 특집으로 KBS가 특집 다큐멘터리를 만들기도 하였다. 2015년 10월 고향인 함안군에 손양원 목사 기념관이 개관되었다. 대한예수교장로회 총회 산하 손양원목사순교정신문화계승사업회(회장: 이성희 연동교회 담임목사)는 장로회신학대학교에 손양원목사 순교기념비를 건립하였다. "손양원 목사 기념비는 2m 높이로 포천석을 사용해 한 톨의 씨앗이 고난을 받아 깎이고 찌그러진 모습을 사랑의 원자탄의 변형된 형상을 하고 있으며, 손양원 목사의 얼굴이 브론즈로 부조돼 있고 아홉가지 감사의 기도, 약력, 취지문을 담고 있다. 손양원목사순교정신문화계승사업회는 지난해 손 목사의 친필 옥중서신을 발간한 데 이어, 두번째 사업으로 장신대에 손양원 목사 기념비를 건립해 순교신앙 정신 계승에 앞장서고 있다." 이수진, "죽음도 감사한 손양원 목사의 순교정신 기린다" 《한국기독공보》 (2016년 5월 12일).

여 퇴학을 당했으나, 선교사 맥레이Macrae, L.의 항의로 복교되었다. 3·1운동에 가담했다는 죄목으로 아버지가 마산형무소에 수감되자, 학업을 중단한 후, 1921년 일본으로 건너가 스가모중학교巢鴨中學校를 졸업하고 귀국하여 경남성경학교에서 공부하였다. 부산 나병원교회, 울산 방어진교회·남창교회 및 양산의 원동교회 등에서 전도사로 활동하였고, 동양선교회에서 일하던 중 초량교회 주기철 목사와 친교를 맺기도 하였다. 1938년 평양 장로회신학교를 졸업한 이후 줄곧 여수의 나병환자 요양원인 애양원愛養院교회에서 봉사하였으며 신사참배의 강요에 굴복하지 않음으로써 1940년 체포되어, 광복이 되어서야 출옥하였다. 그 후 애양원교회에서 다시 일하다가 1946년에는 목사 안수를 받았다. 1948년 10월 여수·순천반란사건 당시 두 아들이 공산분자에 의하여 살해되었다. 계엄군에 의하여 살해자가 체포되어 처형되려는 순간에 구명운동을 전개하여 안재선이라는 살해범을 살려내고 양아들로 삼았으나 곧 6·25전쟁이 일어나면서 공산군에 체포되어 미평에서 그들의 총탄을 맞고 순교하였다. 손양원의 삶은 『사랑의 원자탄』이라는 일대기가 출판되어 영어와 독어 등으로 번역되었고 영화와 연극으로도 알려진 것이었다.

이 공연은 6·25 전쟁직후 암울한 황등교회와 황등지역에 기독교신앙을 담은 문화공연으로 큰 호응을 얻었다. 이 때 김영식의 지도로 연극공연을 펼친 황등교회 다음 세대들은 김재두, 이대호, 이한일[576], 강영철[577], 변

---

576 이한일은 1935생으로 황등교회 박긴호 권사의 아들로 청년시절에 황등교회에서 봉사하였고, KBS에 근무하다가 미국으로 이주해서 살고 있다. 김수진, 『황등교회 60년사』, 218쪽 참조; 김재두는 이한일이 미술에 남다른 재능이 있어 교회의 성탄절이나 감사절 등의 행사시 벽보를 그리고 배경그림을 그렸다고 하였다. 연극할 때도 이한일이 배경그림을 그렸다고 하였다. 김재두와 만남(2016년 8월 4일 오후 2시 20분).

577 강영철은 1930생으로 황등교회 출신 교육자로서 초등학교 교사로 출발하여 옥구군 교육장과 전주 동신초등학교 교장을 역임하고, 전주 동인교회 장로로 교회를 섬겼다. 김수진, 『황등교회 60년사』, 218쪽 참조.

의진[578], 김용선[579], 박소동,[580] 정경자[581] 등이 있었다.[582] 이 공연단에 참여한 이들 중에는 황등고등공민학교 교사와 그 후에 황등중학원과 황등중학교 교직원으로 봉직한 이들이 많다.

'사랑의 원자탄'은 손양원 목사의 순교를 주제로 한 것이었다. 두 아들을 죽인 원수를 아들로 삼고, 신앙을 지키다가 6·25전쟁 때 순교한 손양원 목사의 삶은 감동적이다. 아울러 신앙을 지키다가 먼저 간 손양원 목사의 두 아들도 감동적이다. 주목해볼 사실은 손양원은 계일승과 평양장로회신학교 동기동창인 사람이었고, 손양원이 순교한 것은 계일승의 아내 안인호가 순교한 6·25전쟁이었고, 두 사람의 순교 장면은 비슷한 점이 있어 연결해서 이해해볼만하다.

안인호의 순교와 손양원의 순교는 비슷한 시기에 같은 사건(6·25전쟁)으로 순교하였다. 이들은 모두 고향을 떠나 낯선 곳에서 살았고, 오직 신앙으로 살아간 사람이었다. 두 사람 모두 1950년 6·25전쟁으로 순교하였다. 손양원은 1950년 6·25전쟁으로 북한군이 호남 지역으로 진격해 오자 모두들 피난을 준비하는 동안에도 환자들을 내버려 두고 갈 수는 없다며 끝까지 애양원에 남았다. 당시 환자들은 한센병 환자인 자신들을 북한군이 해치지는 않을 테니 손 목사에게 떠나라고 종용했으나 이를 듣지 않았

---

578 변의진은 1950년 6·25전쟁 직후 순교한 변영수의 아들이다. 변의진의 학력은 김수진의 『황등교회 60년사』, 208쪽에는 중앙대 상과로 나오고, 238쪽에는 전북대로 나온다.; 변의진을 통해 확인결과 변의진은 중앙대 상과를 졸업 후 황등중학교 교사와 교장으로 재직 중(1961년 4월 1일~1972년 3월 16일), 전북대 경영대학원을 1972년 졸업하였다. 교장퇴임 후 서울에서 세무법인 지성 대표세무사로 활동하면서 서울 상도교회 장로로 교회를 섬기다가 은퇴하였다. 변의진의 차남은 경기도 김포시 삼보교회 변 철 담임목사이다. 변의진과 통화(2016년 5월 8일 오후 8시 30분~40분).
579 1962년 3월 31일 황등중학교 서무과 재직하다가 1963년 12월 3일 퇴임하였다.
580 황등교회 찬양대 등으로 봉사하다가 1957~8년경 군복무중 사망하였다.
581 황등교회 유년부 교사 등으로 봉사하였다.
582 김재두와 만남(2016년 5월 1일 오후 3시 30분~4시 00분).

다. 손양원은 여수로 진격한 북한군에게 체포되었다. 북한군에게 붙잡혀 다른 사람들과 함께 감금되어 있을 때에도, 식사 시간 때마다 들어오는 주먹밥 중 가장 작은 것을 집어먹었고 그마저도 반으로 쪼개서 감방의 사람들 중 가장 굶주리고 있던 사람에게 "나는 본래 소식가라서 이것만으로도 족합니다."라며 나눠주곤 했다고 한다. 그리고 모진 고문을 받은 끝에, 같이 갇혀있던 사람들과 함께 1950년 9월 28일 총살당했다.

김영식과 황등교회 청년들은 의도적으로 황등교회의 다음 세대들에게 순교자 정신을 일깨워주는 교육을 연극이라는 문화로 형상화하였다. 이 것은 오늘날 황등기독학원(황등중·성일고)의 전신인 황등고등공민학교와 황등교회와 황등지역이라는 세 가지가 한 데 어우러진 문화행사이기도 하였다. 이처럼 순교자 정신을 함양하는 문화행사는 오늘날에도 되살려봄직한 교육과 지역 화합의 프로그램일 것이다.

이 공연은 일제강점기에 성탄절 행사를 축소해야만하였던 때에 성탄절 행사가 부활한 듯한 행사였다. 황등교회는 해방직후 황등에 거주하던 일본인들에게 보복하지 않고 그들이 안전하게 고향으로 돌아가도록 도왔다. 또한 4명의 순교자가 나온 아픔이 있었지만 용서와 화해를 실천한 것과 맥脈이 닿아 있다. 또한 손양원목사가 순교한 것은 6·25전쟁의 결과에 따른 비극이었다. 황등교회는 6·25전쟁의 결과로 4명의 순교자를 낸 아픔이 있었다. 그러니 손양원의 순교 장면은 황등교회의 4명의 순교자를 연상시킨다. 김영식이 황등고등공민학교 학생들에게 어떤 교육을 하였는지는 기록이 남아 있지 않기에 알 수는 없다. 그러나 김영식이 황등교회에서 신앙생활을 하였고, 용서와 화해의 주인공인 손양원을 모델로 한 연극을 황등교회 청년들과 한 것으로 볼 때, 김영식이 철저한 순교자 신앙과 참된 기독교신앙을 바탕으로 교육한 것으로 짐작해볼 수 있다.

교사는 학생들에게 지식과 정보를 제공해 주는 역할을 하는 사람의 차원을 넘어서, 학생의 재능을 발견하고 그 재능과 역량을 키워줄 수 있는 사람이다. 교사는 단순한 지식전달자가 아닌 스승으로서 학생들 개개인을 인격적으로 만나고, 사랑으로 교육을 진행해야한다. 교사와 학생 간의 신뢰를 형성하는 것이 가장 좋은 교육이다. 인격적 교육의 실현을 위해 교사가 학생의 얼굴을 알고, 학생도 교사를 찾아와 고민을 털어놓을 수 있을 정도가 되어야 한다. 더욱이 기독교학교에서 교사는 학생들에게 지식전달 뿐만 아니라 신앙적 성숙을 이끌어 주는 매우 중요한 역할을 하는 사람이다. 따라서 교사가 얼마나 성숙하고 준비되어 있는가의 여부에 따라서 기독교학교의 성패가 좌우된다. 이런 점에서 6·25의 비극을 겪은 상황에서 순교자의 영성을 가슴 속에 되새기게 한 이들의 교육은 매우 의미 있는 일이었다. 황등고등공민학교와 황등교회가 유기적으로 연결되어 있었음을 짐작해볼 수 있다.

순교자 중 한 사람인 변영수의 아들 변의진이 이 연극에 출연하였다. 그것도 변의진이 맡은 역할은 순교자 손양원의 장남으로 순교자인 손동인의 역할이었다. 사실 변의진 자신이 순교자 변영수의 장남이다. 변의진은 후에 황등중학교가 정식으로 인가를 받았을 때 교사와 교장을 역임하였다. 변의진은 황등교회 안수집사를 거쳐, 서울 상도교회 장로로 교회를 섬겼고, 차남 변 철은 현재 경기도 김포 산보교회 담임목사로 교회를 섬기고 있다. 황등중학원 시절부터 황등중학교 교사와 교장으로 봉직한 김재두는 66년이 지난 지금도 이 연극을 지금까지 소중한 추억으로 간직하고 있다.

이들 이외에도 앞서 밝힌 것처럼 이 연극에 참여한 이들은 6·25 전쟁의 아픔을 치유하고 새로운 희망으로 황등교회를 이끌어갈 다음세대들이었고, 또한 황등교회가 황등고등공민학교를 재건하고 새롭게 만들어가는 황등중학교의 주역들이 많았다. 그러므로 손양원의 일대기는 황등교회와 황등중학교의 중요한 교육적 자료로 이해될 수 있을 것이다.

이처럼 용서와 화해로 사랑을 실천하던 황등교회에 하나님의 선물이 전해졌다. 이것은 저 멀리 미국에서 건너온 종이었다. 이 종은 마치 알지도 못하는 나라의 전쟁에 참전해서 평화를 위해 희생한 수많은 외국의 군인들 같기도 하였다.[583] 황등교회는 기다려도 오지 않고 수소문을 해도 찾을 수 없는 이재규를 무한정 기다릴 수는 없었기에, 새로운 목회자를 청빙하기로 결정하였다. 1951년 오일봉이 경남 거제도까지 가서 허덕화 목사를 청빙하였다.

허덕화는 평안북도 용천에서 출생하였으며, 아버지 허중보의 신앙을 따라 여섯 살 때부터 기독교인이 되었다. 허덕화는 그 지방의 광명학교를 졸업하고 미국 북장로교회 선교부에서 세운 선천 신성중학교에 진학하였으며, 1919년 3·1운동에 참가하여 주동자로 판명을 받자 곧 만주지방으로 피신하였다. 1920년에 국내로 돌아와서 교사로 활동하다가 1924년 평양숭실전문학교에서 수학하였다. 1926년에 용천에 있는 장산교회 조사로 목회 사역에 참여하였다. 그 후 평양에 가까운 진남포 비석리교회 조사로 활동하면서 평양장로회신학교에 진학하여 1931년 졸업한 그해 평서노회에서 목사안수를 받고, 진남포읍교회 위임목사가 되었다. 비석리교회 담임목사로 그곳에서 교회당을 신축했고, 1939년 평서노회장을 역임하였다. 철산읍교회 담임목사 시절, 일제의 갖은 탄압을 극복하던 중 해방을 맞이하였다. 해방 후 공산치하에 평북노회장을 역임하였고, 1950년 동족상잔의 비극인 6·25전쟁시 피신해 있다가 12월 북한에 진주했던 국군의 뒤를 따라 후퇴하여 경남 거제도에 머물던 중이었다. 허덕화는 우선 거제도에 피난 나와 있는 피난민들의 교회를 담임하는 한편 피난민목회자

583 이 종이 세번째 종인 지금의 '사랑의 종'이다.

회 회장도 역임하면서 서울 대광중학교 거제도 분교를 설립하였다. 그러던 중, 황등교회의 청빙을 받고 황등교회에서 목회를 하게 되었다.

엄청난 6·25의 전란으로 우익과 좌익으로 서로 나누어지면서 보복이 극심하자 많은 사람들이 희생을 안게 되었다. 황등교회는 아주 연약한 상태였다. 담임목사는 행방불명 상태였고, 좌익들로부터 심한 탄압을 받자 앞으로 어떤 일이 또 일어나지 않을까 하는 상태에서 믿음이 연약한 사람들은 스스로 신앙을 포기해 버렸던 때였다. 이런 때에 담임목사로 부임한 허덕화는 그 어떤 것보다 하나님 중심의 기도와 말씀증거에 힘을 기울였다. 허덕화는 하나님의 말씀으로 굳건히 서야한다면서 철저하게 성경 공부를 강화하였다. 또한 황등교회 교인들을 일일이 찾아다니면서 위로에 힘썼다. 허덕화는 교인들의 손을 어루만지면서 기도로 위로하고 격려하는 일에 최선을 다했다. 허덕화의 준비된 말씀과 기도와 심방으로 교인들은 새 힘을 얻기 시작하였고, 새로운 신자들도 모여 들었다.

6·25 전쟁으로 순교한 이들은 황등교회 설립자 대표인 계원식과 직·간접적으로 연결되어 있었다. 안인호는 첫째 며느리였고, 이재규는 자신과 같은 이북이 고향으로 자신의 부친과 아들이 졸업한 평양장로회신학교 졸업생이었고 자신의 아들 계일승이 미국 유학가면서 부임한 고향 사람이었다. 변영수는 자신을 따르던 후배 장로로 오랫동안 손발을 맞춰온 사이였다. 그리고 백계순은 자신의 둘째 아들 내외를 찾으러 갔다가 그만 행방불명이 된 아픔이 있었다. 그리고 자신과 아내 이자희도 죽을 뻔하였다가 일단 풀려났던 경험이었으니 계원식의 마음이 오죽했을까 싶다.

계원식의 장남 계일승은 황등으로 돌아오지 않고 일본에 머물다가 대구에서 임시로 속개된 장로회신학교 교수로 갔다가 서울로 옮겨가서 장로회신학교를 장로회신학대로 개편하는 일을 해냈다. 계원식에게 장남 계일승의 주선으로 전해져온 종소리는 위로와 희망이었을 것이다. 계원식은 종소리를 들으면서 위로를 받고, 새 희망으로 다시금 교회를 섬기는 일에 매진하였다.

계원식에게는 아들처럼 아끼는 두 사람이 있었다. 이들은 계원식을 친아버지처럼 따랐고, 스승으로 여기면서 깊이 존경하였다. 그런 이유로 이들은 계원식을 위로하면서 새 힘을 불어넣은 양아들과 같았다. 계원식은 자신의 소중한 자부 안인호를 하늘나라로 보냈고, 장남을 전쟁이후의 어려움에 처한 장로회신학교 교수로 보낸 상황에서 새로운 일을 펼쳐갔다.

계원식은 미국으로부터 복음을 전해 받고 1951년 6월 10일 미국교회로부터 사랑의 종을 무상으로 전해 받은 것처럼, 우리도 복음을 전하는 일을 펼쳐가야 한다는 생각을 하였다. 계원식은 믿음으로 낳은 두 아들을 어렵고 힘든 농촌 지역에 교회를 설립하는 '농촌지역선교사'로 파송하였다. 이들 두 사람이 바로 김은기와 이대호이다. 이들은 믿음의 아버지 계원식의 뜻에 그대로 순종하여, 어렵고 힘든 길을 걸어갔다. 이 순종은 결코 쉬운 일이 아니었다.

김은기는 계원식과 같은 평양 출신으로 1914년 11월 3일에 출생하였다. 김은기는 1928년 토마스기념교회 전신前身인 조왕리교회에서 청년신앙운동을 하고, 1934년 평안남도 대동군 남관면 두단리에서 농촌부흥운동을 하였다. 1945년 3월 조국해방단사건[584]으로 체포되어 전기고문을 받는 등 고초를 겪다가 1945년 8월 15일 해방으로 석방되었다. 1951년 1월 4일 이른바 1·4후퇴시 월남하여 1951년 전주고아원에 재직하다가, 전주 사랑의교회를 설립하였다. 김은기는 계원식의 차남 계이승을 통해 시계제작 기술을 배우기도 하면서 고향 선배인 계원식의 집에 드나들면서 계원식을 아버지처럼 따랐다. 김은기는 1953년 12월 13일 계원식의 권면

---

584 일제 강점기 말기에 평안남도·황해도 일대에서 활동한 비밀결사단체로 독립운동을 펼친 단체이다.

으로 당시 월남한 이북출신들이 모여 살던 황등 농원지역에서 36명을 전도해서 후생농원 사무실을 빌려 예배드렸다. 이것이 농원교회(현재, 황등신흥교회)의 창립이다. 김은기는 1966년 9월 1일 계원식과 함께 이 교회를 군산노회에 가입시켰다. 그 후 1960년 충남 대덕군 유성면 구성리에 농원교회를 설립하고는 다시 황등으로 돌아와, 1968년 10월 27일 도촌교회(현재, 흰돌교회)를 설립하였다. 1981년 12월 13일 김은기의 오랜 동지인 이대호와 함께 도촌교회 초대 장로로 임직하였다.[585] 1994년 3월 1일 김은기의 장례는 김은기가 설립한 황등신흥교회와 황등신흥교회에서 분립한 번영교회와 김은기가 이대호와 함께 설립에 주도적인 역할을 흰돌교회로 3개교회가 연합으로 진행되었다. 이날 조사弔詞는 김은기의 평생지기 이대호가 썼고, 낭독은 이대호의 아내 김금자가 맡았다. 이대호가 쓴 조사에는 김은기를 가리켜, 황등교회 박긴호 권사의 말을 인용해서 '세례 요한 같은 분'이라고 하였고, 이리신광교회 안경운 목사의 말을 인용해서 '성자'라고 하였다.[586]

이대호는 1926년 음력 8월 30일 황등면 황등리 시북에서 출생하였다. 어머니를 3살 때 여의고, 가난한 유년시절이라 홀아버지 밑에서 겨우 계동학교에 입학하였다가 황등국민학교 4학년을 수료한 것이 공식적인 정규 교육을 받은 전부였지만 6·25전쟁 당시 기혼자임에도 자청해서 육군에 입대한 애국청년이었다. 이대호는 계원식의 차남 계이승을 통해 시계 제작 기술을 배워 아들 이의선에게로 시계기술을 전수하였다. 이의선은

---

585 김수진, 『황등교회 60년사』, 417–418쪽 참조; 『황등지역 교회 연혁』(2009년 2호), 「황등신흥교회 연혁」, 43쪽; 『황등지역 교회 연혁』(2009년 2호), 「흰돌교회 연혁」, 62쪽; 이대호 작성, "조사"(김은기 장로 약력), 『교회 연합(황등신흥, 번영, 흰돌) 장례식』(1994년 3월 1일) 참조.

586 이대호 작성, "조사"(김은기 장로 약력), 『교회 연합(황등신흥, 번영, 흰돌) 장례식』(1994년 3월 1일) 2쪽 참조.

지금도 황등에서 선친의 가업을 이어 이시계점을 운영하고 있다. 이대호는 동경국제음악학교를 수료한 계이승과의 친분으로 음악도 배울 수 있었다. 이대호는 타고난 영민함과 성실함으로 나팔, 트럼펫, 코넷을 독학으로 연마할 정도로 음악분야에 뛰어난 재능을 보였다. 트럼펫과 코넷을 가지고 전북은 물론 충남북 일원에 걸쳐서 부흥회 때마다 '하나님의 나팔소리'를 불러서 찬양을 올렸다. 이대호는 정규신학교육을 받지 않았지만 성경을 깊이 묵상하고 기도하고 악기 연주를 해가면서 목회를 하기도 하였다. 함라교회 전도사로 시무하였고, 황등신흥교회 초창기 기초를 닦았고, 1981년 12월 13일 김은기와 함께 도촌교회(현 흰돌교회) 초대 장로로 임직하였다. 이대호는 전국교회를 다니면서 유명한 '바늘꼬지 전도'로 모금활동을 전개하여, 도촌교회 부지와 교회당 및 목사관 건축을 완공하였다. 그 후 황등면 시서 마을에 '갈보리교회'를 설립하였고, 2000년 4월 13일 전교인과 함께 황등교회에 통합하면서 대지 78평과 5,400만원을 헌금하였다. 이대호는 믿음의 아버지 계원식의 권면에 따라 믿음의 고향인 황등교회를 떠나 수많은 농촌교회를 개척하고, 섬기고, 전도활동을 하다가 이제야 고향에 돌아온 것이다.[587]

황등교회는 1953년 5월 3일 팔봉전도소 삼성교회를 분립하였고, 1958년 12월 17일 농원교회를 김은기의 요청으로 황등교회 지교회支敎會로 가결하였다. 12월 23일 농원교회에서 오일봉이 예배를 인도하고, 김희갑이 황등교회 지교회임을 선포하였다.[588] 오늘날 황등신흥교회는 황등교회 지교회에서 독립해서 지역복음화에 힘쓰고 있다. 계원식은 1959년 황등

587 김수진, 『황등교회 60년사』, 421–423쪽 참조; 『황등지역 교회 연혁』(2009년 2호), 「황등신흥교회 연혁」, 43쪽; 『황등지역 교회 연혁』(2009년 2호), 「흰돌교회 연혁」, 62쪽; 석춘웅 초안 작성, "조사"(이대호 장로 약력), 『황등교회 장례식』(2009년 2월 28일) 참조.
588 김수진, 『황등교회 60년사』, 479쪽과 482쪽 참조.

교회 성전건축기성회 회장이 되었다. 이 일을 마지막 교회봉사로 여겨 성실하게 이 일을 해나갔다. 1969년 4월 29일 계원식은 심신이 쇠약해져서 장남인 계일승이 거주하던 서울 장로회신학대 학장 사택으로 이주하였다. 그 후 1970년 2월 27일 노환으로 별세하였다.

이처럼 계원식은 용서와 화해와 사랑의 실천자로서 늘 성실하게 교회와 지역을 섬겼다. 계원식의 삶에서 쉽게 찾아볼 수 있듯이 계원식은 혼자서 일을 주도하기보다 더불어 함께 일을 해나가는 협력의 지도력을 발휘하였다. 계원식은 늘 아내 이자희와 함께하였고, 동련교회 장로로서도 백낙규와 황계년과 3총사로 불릴 정도로 협력하였다. 그 후로도 계원식은 평생을 목회자와 동료 장로들과 협력하였다. 계원식은 학교설립운동에 우려의 뜻을 지녔음에도 당시 김형우 목사와 후배요, 동료들인 장로들이 간청하니 따랐고 계원식 자신을 필요에 따라 학교 이사로 추대할 때도 그 뜻을 따라주었다.

계원식의 협력은 놀라웠다. 계원식은 자신의 학력과 지위와 나이와 경력을 내세우지 않았다. 또한 계원식은 자신의 신앙과 지식과 재능과 재산을 자신의 것이라고 여기지도 않았다. 아낌없이 다 내어주는 삶이었다. 계원식의 정신은 황등교회는 물론 계원식의 영향을 받은 인근교회로 이어지고 있다. 계원식의 정신을 오늘에 되살려 제 2, 제3의 계원식을 기대하는 노력들이 펼쳐지고 있다. 1962년 7월 17일 황등교회 창립 34주년을 맞이해서 계원식 장로근속 40주년과 제8대 장로 장립식, 안수집사 장립, 권사 취임식을 거행하였다. 이 날 조길동 장로가 읽은 기념사의 내용이다.

어린이에게 어려서부터 하나님을 기억케 하기 위하여 주일학교를 조직하여 종교교육에 일관하심과 앨버트 슈바이쳐 박사와 같이 병자를 치료하시며 복음전도에 여념이 없으셨으며, 이에 따라 장로님의 하시는 사업에 힘을 합하기 위하여 이자희 권사님께서는 아해를 업으시고 심방하는 일, 밭을 매면서 복음 전도하시는 일 어찌 여호와께서 숨겨 있지 않으랴, (중략) 장로님 내외분께서는 교회의 아버지로서 어머니로서 인자하시고 엄하시고 신앙 중심으로 사랑 많은 교훈으로서 기르시고 가르쳐 주시며 이와 같이 큰 교회를 이루어 주심과….[589]

서술자 또한 이번 글 작업을 하면서 계원식을 되새겨보곤 하였다. 지금까지 계원식을 제대로 알지 못한 것이 못내 아쉬웠고, 부끄러웠다. 이제라도 그의 정신을 이어가려는 마음 간절하다. 서술자의 집 근처에 있는 기성의원 자리를 보면 어렴풋하게나마 계원식을 떠올려보기도 한다. 황등교회 제 10대 담임목사 송현상은 계원식을 통해 창립 50주년을 맞은 황등교회를 떠올리면서 이렇게 말하였다. "인간은 분명 역사적인 존재입니다. 우리 모두가 전통이라는 요람 속에서 자신을 형성하여 왔습니다. 뚜렷한 전통이 있는 자에게 강한 저항도 있을 수 있는 것입니다."[590]

황등교회는 황등교회 설립정신과 순교자를 이어 용서와 화해를 잇는 뜻 깊은 행사를 하였다. 1984년 10월 27일(토)~28일(주일) 제2남선교회[591] 주최로 하여, 강영춘 회장의 사회와 유삼용 총무의 기도로 '제1회 계원식 장로 기념 선교대회'가 열렸다. 이 날은 황등교회 사랑의 종이 만들어진지 꼭 100년이 된 시점이었고, 계원식이 별세한 지 14년이 지난 시기였다. 이 날 행사는 청년회와 연합으로 진행하였고, 남선교회 전국연합회

---

589 계원식 장로 근속 40주년 기념사(1962년 7월 17일)을 김수진, 『황등교회 60년사』, 169-170쪽.
590 송현상, "기념사-교회창립 50주년 연혁 화보를 내면서", 2쪽.
591 이 당시 제2남선교회는 만 30세부터 35세 기혼 남자들로 구성되었다. 1984년 회장 강영춘, 부회장과 총무에 유삼용, 회계 장진석, 서기 한행수, 예배부장 이의선, 차장 조현구, 체육부장 김 철, 차장 김해수, 봉사부장 최성갑, 차장 국민호, 음악부장 박정식, 차장 정정한이었다. 김수진, 『황등교회 60년사』, 286쪽.

도 적극 협력한 큰 행사였다.

첫째 날은 당시 서울 연예인교회 구봉서 장로의 간증으로 토요일이었지만 본당은 물론 2층까지 좌석을 채운 대성황을 이뤘다. 구봉서는 평양이 고향으로 어릴 때부터 평양에서 신앙생활을 하면서 성장한 사람으로 서울 연예인교회 장로였다. 구봉서는 오직 하나님 사랑으로 우리의 이웃을 사랑하는 삶을 강조하였다. 이 날 간증의 내용은 알 수 없으나 그 내용을 짐작할 수 있는 내용을 소개하면 다음과 같다.

간증/ 코미디언 구봉서 장로 "인간이 변하지 않으면 아무 소용없다"[592]

나는 어머니가 그러시는데 세 살 때부터 교회에 다녔다고 합니다. 세 살 때니 기억이 없습니다. 집에 변색된 사진이 한 장 있었어요. 다 쓰러져가는 집에 거지 소년 열댓 명이 서 있어요. 내가 거지수용소와 거지들 사진을 왜 돈을 들여 찍었느냐고 물으니 어머니는 죄 받을 말 하지 말라며 그게 교회고, 너도 그 속에 들어 있다고 그러셔요. 저도 거지 중 상거지였어요. 어머니는 교회에서 반주를 했어요. 지금 생각해 보니 신식여성이셨던 것 같습니다. 중학교 때는 감리교회에 다녔습니다. 탁구 치러. 탁구치려면 교회 다니라고 해서. 탁구대가 부서지자 그만 두었어요. 결혼해서 어머니를 교회에 모셔다 드리려고 교회에 가서 맨 뒤에 앉아요. 설교와 기도가 왜 그렇게 지루한지 미치겠어요. 교회 가면 몰려드는 잠을 참기 힘들어요, 목사 설교시간이 자는 시간이에요. 뒤에서 옆구리를 찌르며 자지 말라고 조사하러 다니는 사람도 있어요. 졸린다고 하니 성경책을 보라고 합디다. 첫 페이지를 열어 보니 태초에 하나님이 천지를 창조하시고… 속으로 '허, 누가 봤나' 했어요. 끝까지

---

592 김정호, "코미디언 구봉서 장로의 간증: 인간이 변하지 않으면 아무 소용없다"《매일종교신문》(2013년 5월 16일).

거짓말로 알았어요. 믿음이 없으면 잠자코 앉아있으면 될 텐데…….

다음날 영화촬영이 있고, 밤 9시에는 미국에 가기로 돼 있었어요. 내가 미국 간다고 하니 어느 여배우가 뭘 부탁하여 어머니에게 거짓말 했어요. 주일인데 영화촬영 간다고. 여배우를 만나고 오후 2시 관악산 현장에 도착했어요. 그런데 바위에 모래가 있는지 무척 미끄러워 조심하라고 했는데 결국 내가 떨어지고 말았어요.

의사는 다리를 잘라야 한다고 했어요. 눈물이 났어요. 진통제 한 대 맞으니 다리를 자르든지 말든지 만사가 귀찮아지고 거미줄에 올라가 앉아 있는 것 같이 기분이 좋아요. 의사는 미국에서 의사생활 20년 하고 왔으나 이렇게 심하게 다친 다리는 처음 봤다면서, 의사도 간혹 기적을 보지만 다리를 자르지 않는다고 장담 못하겠으니, 반은 나에게 맡기고 반은 예수가 책임지게 하자고 해요. 각서에 지장을 찍고 수술을 했어요. 도구를 보니 괜히 왔다 싶었어요. 톱, 칼, 망치, 송곳, 못, 끌, 자귀 등 끔찍해요. 전신마취를 하고 6시간 수술을 받았어요. 정신을 차리고 먼저 다리가 있는가 보니 있어요. 병상에 누워있을 때 어머니가 다니는 교회 목사님이 병문안 오셔서 울며 발등에 입을 맞추고 기도하시는데 얼마나 고마운 지 울었어요.

첫 수술을 받은 뒤 40일 만에 다시 엑스레이를 찍었어요. 의사가 필름을 들고 와서 아무래도 다리를 잘라야겠다는 거예요. 그 말을 듣는 순간 어머니는 졸도하셨고, 나 또한 절망감에 빠져 가슴을 치고 소리 지르며 울었어요. 그러자 의사가 어렵겠지만 다시 한 번 시도해 보자고 위로해요. 수술비가 집 한 채 값이고, 성공할 확률은 30%밖에 되지 않는다고 해요. 7시간이나 걸리는 대수술을 받았어요.

한 달 뒤 엑스레이를 찍었는데, 다리를 잘라야 한다는 말이 나올까봐 물어보지도 못 했어요. 의사가 주님이 도왔다며 다리를 안 잘라도 된다고 말한 순간 눈물이 앞을 가렸어요. 얼마나 감사한지 창피해서 이불을 뒤집어쓰고

"하나님 아버지, 감사합니다."라고 기도 했어요. 이게 나의 첫 기도에요. 병원에서 10달을 지냈어요. 하나님과의 만남은 그때가 처음이었는데 그 순간뿐이었어요.

퇴원하는 날이 마침 주일이었어요. 어머니는 싫다는 나를 끌고 교회로 가셨어요. 1,000명쯤 되는 교인들이 일제히 나를 쳐다봐요. 마치 내가 예수라도 된 듯한 기분이었어요. 목사님이 감사 인사하라고 하여 인사하고 내려오니 어머니가 화를 내요. 헌금 한다고 말하지 않고 내려왔다고. 돈이 어디 있어요. 작정만 해라. 약속만 하면 된다는 거예요. 헌금 긁어가는 방법도 여러 가지다 생각했어요. 그런데 어머니가 제시한 헌금액은 작은 교회 하나 지을 만큼 큰돈이었어요. 어머니의 성화에 못 이겨 돈을 내겠다고 약속은 했지만 마음속에 뜨거운 불길이 일어났어요.

'뭘 예수가 고쳐줘, 의사가 고쳐줬지' 이렇게 생각돼요. '예수가 고쳐줬으면 공짜로 고쳐줘야지, 돈 다 받으면서⋯⋯.' 그 일이 있고나서 교회에 발을 끊었으나 어머니가 교회에 가실 때는 언제나 차로 모셔다 드렸어요. 어머니는 어떻게 내 속에서 너 같은 아들이 나왔는지 모르겠다면서 나에게 유다 같은 놈이라고 하셔요. 어머니는 석 달 뒤 세상을 뜨셨어요. 얼마나 울었는지 몰라요. 어머니를 잃고 세상에서 성공하면 뭐하냐는 생각에 일주일 동안 밥 안 먹고 술만 마셨어요. 나 같이 어머니의 사랑을 받고 산 사람은 없을 겁니다. 내가 6·25때 지명수배를 받아 인민군에 붙들려 이북으로 끌려가는데 어머니가 인민군 손을 붙잡고는 "나도 같이 데려가 주세요. 내가 시중 들어줘야 합니다."며 애걸복걸했어요. 인민군은 어머니를 발로 찼어요. 기절하셔서 돌아가신 줄 알았어요. 도봉산까지 갔을 때 어머니가 나를 부르며 달려오시는데 치마가 벗겨지고 얼굴에 피가 나고 발바닥이 시뻘개요. 그런 어머니가 죽었으니 얼마나 울었겠어요.

교회에서 장례를 치르고 나오는데 어머니가 잘 부른 찬송이 있대요. '내 주의 보혈은…' 속으로 얼마나 화가 나는지 모르겠어요. '실제로 있는지도 모르는 예수가 도대체 뭐기에 어머니를 데리고 가셨나.' 생각이 여기에까지 미치자 화가 치밀어 찬송가를 찢어 버렸어요. 설상가상으로 29일 만에 병상에 누워계시던 아버지도 세상을 떠나셨어요.

그때 무슨 마음에서 그랬는지 모르겠어요. 임종을 앞둔 아버지께 천국에 올라가 어머니를 만나야 하니 숨 끊어지기 전에 예수 믿는다고 해야 목사님 모셔 와서 기도 받을 수 있다고 설득했어요. 아버지가 고개를 끄덕여서 어머니가 다니던 교회 목사님을 모셔 왔어요. 그런데 목사님이 아버지의 손을 붙잡고 간곡히 기도 하는 중에 숨을 거두고 말았어요. '기도하는 동안은 살아 계셔야지. 예수가 없는 게 확실해' 약이 올랐어요. 십자가 아래 사람 모아놓고 헌금이나 착취해 가려는 설교나 한다고 생각됐어요.

아버지가 돌아가시고 넉 달 뒤 처남과의 사업이 망했어요. 8억이 부도나서 집을 날리고 경제적으로 어려움에 빠졌어요. 후라이보이 곽규석 씨가 내 뒷집에 살았어요. 그 사람도 부도가 나서 집을 뺏기고 일본으로 도망갔어요. 부인도 낙담해 앓아눕고 있다가 교회에 발을 들여놓고 기도 받은 지 열흘 만에 치유 되어 예수에 미쳤어요. 부부가 방언하고 그런 케이스예요.

하루는 방송국 문 앞에서 젊은 전도사가 성경공부하재요. "그런 소리 마라. 이래봬도 내가 예수 믿다 대표로 망한 사람이다"라고 핀잔을 줘도 예수 믿으라고 권해요. 나를 전도하라는 응답을 받았대나. 열흘을 안 오니 내가 궁금해요.

한 달에 닷새 정도 집에 들어가요. 영화촬영 때문에. 어느 날 집에 일찍 들어가니 못 보던 구두가 있어요. 빚쟁이인 줄 알았는데 전도사와 곽 씨 부부가 아내와 성경공부를 하고 있어요. 열 받대. 며칠 됐냐고 물으니 다섯 달 됐대요. 못 내쫓겠대요.

어느 겨울날 전도사가 인도하는 성경공부 팀이 안방에 들어와 공부를 하겠다는 거예요. 당시 돈암동 우리 집은 저택이라고 할 만큼 컸어요. 기름이 엄청나게 들어 겨울에는 안방만 불을 넣었어요. 거실로 갔어요. 내가 왜 안방을 놔두고 거실에서 떨어야 하는지 은근히 화가 났어요. 아내에게 불을 넣으라고 해도 넣지 않아 안방에 들어가 드러누워 버렸어요. 한편으론 마음이 불편했지요. 눈을 감으려고 하면 기도 하면서 방바닥을 치고, 소리를 지르고, 훌쩍훌쩍 울어 약이 올랐어요.

전도사가 말했어요. "세례 요한은 광야에서 메뚜기와 석청만 먹으며 예수님을 증거 했습니다. 헐벗고 굶주리면서 말입니다" 속이 뒤틀린 나는 이렇게 받아쳤어요. "쳇, 메뚜기와 석청이라. 그야말로 고단백 영양식에 로열젤리만 자셨는데 뭐가 헐벗고 굶주린 거야!" '아브라함이 100세에 아들을 낳았다니 정력도 좋다.' 전도사를 패주고 싶었어요. 전 지금도 그래요. 장로나 목사에게 좋지 않은 감정 가지면 꼭 아파요. 내게 믿음의 가시가 있다고 그래요.

10년 동안 아프지 않았던 다리가 왜 그때 재발합니까? 고통이 심해 병원에 업혀가서 진통제를 맞았어요. 아내는 꿈을 꾸고 나서는 내 다리가 낫는다고 안수기도를 받자고 해요. 도저히 안 되겠다 생각되어 그날 저녁 기도를 받으려는데 숨이 넘어가는 줄 알았어요. 사지가 떨리며 눈물이 나오다가 깜박 잠이 들었어요. 찬송가 405장이 들리고 안개가 자욱한 가운데 누가 걸어오고 있어요. 예수인 줄 알았는데 내가 아는 세무서 직원이 인자한 모습으로 나났어요. 깨어보니 베개가 폭삭 젖어 있었어요. 기적은 3~40분 후에 나타났어요. 아픔이 완전히 사라진 거예요.

전도사가 성경공부하자고 하면서 '주님이 당신 옆에서 지켜보실 것입니다.'라고 하여 우리 집 안방에서 시작하여 두 달 만에 40명이 모였어요. 한 달에 쌀 네 가마가 들어요. 쌀값은 아깝지 않은데 시끄러워서 살 수가 없어요. 이럴 바에 차라리 교회를 만들자고 하여 서교동에 집을 빌려 세계 최초로 연예인교회를 만들어 첫 예배를 드렸어요. 나는 예수 믿고 늘어난 것은 눈물밖에 없어요. 뻑 하면 눈물이 나와요. 기도가 중요합니다. 믿는 사람들은 기도는 우리의 호흡과 같아요. 잠을 자거나 밥을 먹거나 '우리 주님은 살아 계신다.' 이게 쉬지 않고 기도하는 겁니다. 믿음이란 무엇인가. 참다운 믿음은 나는 이웃을 내 몸과 같이 사랑하며 사는 겁니다. 인간이 변하지 않으면 아무 소용이 없어요.(녹취 및 정리: 김정호 기자)

간증 시간 이후에는 '심장병 어린이 돕기 헌금'도 이어져 하나님 사랑과 이웃사랑의 정신을 실천하였다.

둘째 날은 주일 오후 시간으로 특별한 행사가 있었다. 그것은 6·25전쟁으로 순교한 안인호의 순교 일대기를 연극으로 표현하였고, 전기년의 간증으로 초창기 교회 역사를 되새겼고, 전교인이 참여하는 순서로 전교인의 축제가 되도록 진행하였다.

이 행사가 의미 있게 진행되어서인지 다음 해 같은 시기에 다시 한 번 제2남선교회 주최[593]로 1985년 10월 20일 주일 오후예배 시간에, '제2회 계원식 장로 기념선교대회'가 개최되었다. 이 날은 당시 고향방문단[594]의

---

[593] 1985년에는 회장 강영춘, 부회장 김기성이었다. 김수진, 『황등교회 60년사』, 287쪽.
[594] 1984년 9월 북한측의 대남 수재물자제공 제의와 남한측의 수락을 계기로 재개된 남북대화는 1985년에 남북적십자회담·경제회담·국회회담 예비접촉·체육회담 등으로 활발히 전개되었다. 12년 만에 다시 열린 남북적십자회담은 5월 27~30일 서울에서 개최된 제8차 본회담에서 "8·15해방 40주년을 전후하여 이산가족 고향방문단과 예술공연단의 교환방문을 추진"하기로 합의함으로써 분단 이후 처음으로 이산가족의 재회·상봉이 가능하게 되었다. 합의사항에는 50명의 고향방문단 외에 남북한 문화의 이질성을 회복하기 위해 50명으로 구성된 예술공연단도 각각 서울과 평양에서 교환공연을 갖기로 하는 내용도 포함되어 있었다. 이를 실무적으로 이행하기 위해 이후 3차례의 예비접촉이 있었다. 여기에서 방문단 규모를 151명으로(단장 1, 고향방문단 50, 예술공연단 50, 기자단 30, 지원인원 20) 하고, 방문지역은 서울과 평양으로 국한하며 방문기간은 9월 20~23일로 한다는 구체적 사항들이 합의되었다. 이에 따라 남북적십자사 총재(남한: 김상협, 북한: 손성필)들이 인솔하는 151명씩의 방문단은 9월 20일 판문점을 경유하여 서울과 평양에 도착했고, 곧바로 3박 4일간의 방문일정에 들어갔다. 이틀간에 걸쳐 이루어진 상봉에서 평양을 방문한 남한측 방문단 중에서는 35명이 41명의 가족·친

일원이 되어 평양을 방문하고 돌아온 서울혜성병원 임용의 원장을 초청해서 평양에 대한 이야기[595]를 듣고, 대화의 시간을 가졌고, 이 날 청년들은 흥겨운 공연을 펼쳤다.

평양은 황등교회로서는 잊을 수 없는 감사한 곳이면서 미움의 대상일 수 있는 곳이었다. 계원식과 계일승을 비롯해서 여러 담임목사들이 평양 출신이었고, 평양장로회신학교 출신이많았다. 평양은 6·25를 계획하고 총괄한 북한의 수도로 6·25 당시 4명의 순교자를 낸 황등교회로서는 잊을 수 없는 곳이 바로 평양이었다. 그런데 이 날 황등교회에서는 북한의 수도인 평양을 품고 나갈 용서와 화해를 다짐하면서 전통문화를 통해 교회가 하나 됨을 다짐하는 행사를 하였다. 이제는 평양이 고향이거나 평양장로회신학교 출신 목사가 없는 시대가 되었다. 이제 평안도 사투리도 들려오지 않는 시점에 평양을 떠올린 것은 황등교회 초창기를 되새기는 의

척들과, 북한측은 30명이 51명과 재회했다. 한편 예술공연단도 9월 21~22일 양일에 걸쳐, 서울예술단은 평양대극장에서, 평양예술공연단은 국립극장에서 각기 2회의 공연을 가진 뒤 23일 판문점을 통해, 각자 자기측 지역으로 돌아갔다. 남북한 고향방문단은 남북 당국자들의 공식적 합의 도출에 의해 이루어진 최초의 이산가족상봉이라는 역사적 의미를 가짐과 동시에 이것을 계기로 인위적으로 갈라진 혈육의 정을 다시 이어야 한다는 전민족적 공감대가 널리 형성됨으로써 민족통일의 당위성을 새삼스럽게 불러일으켰던 사건이었다. 1992년 5월 평양에서 열린 제7차 남북고위급회담에서 '이산가족 노부모 방문단 및 예술단 교환'이 합의되었다. 그러나 7월 25일 남북적십자 제7차 실무접촉에서 북한측이 이인모(李仁模) 송환, 핵사찰 등을 제기하면서 사실상 무산되었다.

595 1985년 9월 20일 남측 고향방문단 50명이 평양을 방문해 북녘 가족을 만났다. 광복 40주년을 맞아 남북적십자회담을 통해 성사된 분단 이후 최초의 이산가족 상봉이었다. 이들은 '평양에 처음 가다'란 의미로 '일평회'(一平會)란 모임을 만들고, 정기 모임을 갖고 있다. 임 원장은 당시 평양에서 사촌동생들만 만날 수 있었고 두 친동생이 상봉장에 나오지 못한 이유에 대한 아무런 설명이 없었다고 말했다. 1985년 평양은 '어두운 회색도시'였다. 평양 주민들은 하나같이 "위대하신 어버이 수령님 은덕으로 컬러텔레비전과 냉동기를 가지고 살고 있습네다"라고 말한 뒤 대화를 시작했다. 추석 직후여서 "명절은 잘 지냅니까"하고 묻자 "명절이 뭘네까"라고 되묻는 이도 있었다. 정동권, "광복절 전국 표정-1985년 첫 방북상봉 '일평회' 회원들의 남다른 감회" 《국민일보》 (2005년 8월 15일); 이 기사에서 임 원장이 1985년 황등교회에서 초청되어 특강한 임용의 원장이다.

미였을 것이고, 다시는 이 땅에 6·25와 같은 비극이 벌어지지 않게 하기 위한 평화통일을 다짐하는 뜻 깊은 시간이었다.

계원식 장로 기념선교대회는 계원식 개인을 우상화하려는 것이 아니었다. 교회의 창립정신으로 '하나님 사랑, 이웃사랑'을 되새겼고, 순교자 계원식의 자부 안인호의 일대기를 연극으로 펼쳐, 순교자의 영성을 계승한 뜻 깊은 행사였다. 이 때 대본을 쓰고 연극 연습을 하면서 제2남선교회 회원들은 황등교회의 설립정신과 순교자의 영성을 가슴 깊이 되새겼을 것이다. 이는 행사에 참여한 교인들도 마찬가지였을 것이다.[596]

아쉽게도 이 행사가 2회로 그치고 말았다. 만일 이 행사를 교회 전체 차원으로 발전시켜 황등교회의 자랑으로 특색으로 만들어갔으면 하는 아쉬움을 가져본다. 오늘날 이 행사를 기억하는 이들도 거의 없다. 그로부터 30여년이 지난 시점에 순교자를 되새기는 행사가 재개되었다. 2015년 6월 21일 오후 2시 전북기독교역사연구회 주최, 익산지역순교자기념예배가 황등교회에서 열렸다. 이날 제 80회 총회장을 역임한 전주, 전성교회 정복량 원로목사가 행한 설교이다.

순교자의 영성

그들이 이 말을 듣고 마음에 찔려 그를 향하여 이를 갈거늘, 스데반이 성령충만하여 하늘을 우러러 주목하여 하나님의 영광과 및 예수께서 하나님 우편에 서신 것을 보고, 말하되 보라 하늘이 열리고 인자가 하나님 우편에 서

---

596 행사를 주최한 당시 제2남선교회 회장 강영춘은 당시 황등교회 담임목사 김수진이 이 일을 기획하여 자신이 주최하였다고 하였다. 그러면서 서울 연예인교회 구봉서 장로 섭외와 안인호 일대기 연극 대본도 써주었고 석춘웅이 협력하였다. 강영춘과 통화(2016년 5월 12일 오전 11시 20~40분)와 김수진과 통화(2016년 5월 13일 오후 9시 20분~40분).

신 것을 보노라 한 대, 그들이 큰 소리를 지르며 귀를 막고 일제히 그에게 달려들어, 성 밖으로 내치고 돌로 칠새 증인들이 옷을 벗어 사울이라 하는 청년의 발 앞에 두니라, 그들이 돌로 스데반을 치니 스데반이 부르짖어 이르되 주 예수여 내 영혼을 받으시옵소서 하고, 무릎을 꿇고 크게 불러 이르되 주여 이 죄를 그들에게 돌리지 마옵소서 이 말을 하고 자니라[597]

2세기 서머나 교회의 감독 폴리캅이 순교할 때 형 집행관이 폴리캅을 회유했습니다. "나이도 많은데 한 번만 예수를 욕하면 자유를 주겠다." 그때 폴리캅은 단호히 말했습니다. "내가 86년 동안 그 분을 섬겨왔지만 그 분은 내게 절대로 해를 입히신 일이 없습니다. 그런데 내가 어떻게 나의 왕이요 나의 구주이신 그 분을 욕할 수 있겠습니까?" 주님의 길을 따라 순교하신 사도들, 기독교역사의 순교자들, 이 익산지역의 순교자들은 모두 하나같이 그리스도를 향한 신앙의 정절을 끝까지 지키다 순교의 잔을 마셨습니다. 예수님이 빛으로 오셨기에 악인들은 그 빛을 싫어하고 박해했습니다.[598]

그분의 말씀은 명쾌한 진리의 빛이요, 그분의 사역은 따뜻한 사랑의 빛이었습니다. 예수님의 존재자체가 권력자들의 위선과 죄악을 드러내니 십자가에 처형했습니다. 한을 가진 인간의 죽음과 달리 예수님의 죽으심은 사랑과 평화와 기쁨의 절정이었습니다. 기독교의 첫 순교자 스데반의 말씀은 유대인의 마음에 찔림을 주어 이를 갈게 했습니다. 그때 스데반은 성령이 충만하여 내면에서 하나님과의 서로 교감하는 영광에 쌓였습니다. 돌을 맞아 죽으면서도 주님처럼 원수를 용서하고 평안하게 주님께 그 영혼을 맡겼습니다.

597 사도행전 7장 54절-60절.
598 그 정죄는 이것이니 곧 빛이 세상에 왔으되 사람들이 자기 행위가 악하므로 빛보다 어둠을 더 사랑한 것이니라, 악을 행하는 자마다 빛을 미워하여 빛으로 오지 아니하나니 이는 그 행위가 드러날까 함이요, 진리를 따르는 자는 빛으로 오나니 이는 그 행위가 하나님 안에서 행한 것임을 나타내려 함이라 하시니라(요한복음 3장 19절-21절).

그것이 순교자들이 가진 기독교 영성의 표지標識[599]이며 가장 아름다운 모습입니다.

폴리캅은 집행관이 화형대 위에서 몸이 움직이지 못하게 못을 박으려 하자 이렇게 말했습니다. "나를 그대로 두시오. 불길을 참아 견디도록 내게 힘을 주실 그 분께서, 그대들이 못으로 나를 고정시키지 않아도 내가 장작더미 위에서 꼼짝하지 않고 끝까지 있도록 해주실 것입니다." 그리고 다음과 같이 기도하고 평화로운 마음으로 그 쓴 순교의 잔을 마셨습니다.

"오오, 전능하신 주 하나님이여, 주의 사랑하는 아들 예수 그리스도의 아버지시여, 주께서 저를 오늘 이 시간을 위해 합당한 자로 여기시고, 그리스도의 잔을 함께 마시고 수많은 주의 순교자들의 반열에 들어가게 해주시고, 또한 성령의 능력으로 썩지 않고 영원한 생명의 부활을 기다리게 해주시니 참으로 감사하옵니다. 오늘 저를 주 앞에 향기로운 제물로 받아 주시옵소서. 이 모든 일에 대해 주를 찬송하오며 주께 영광을 돌리옵니다. 아멘."

순교자들은 하나님과 재물, 섬김과 지배, 희생과 쟁취, 용서와 보복의 기로에서 이기적인 욕심을 버리고 가난하고 힘들지만 이타적인 사랑의 길을 선택하여 살았습니다. 하나님의 끊을 수 없는 사랑에 압도되어 사랑의 교제를 나누며 평화를 누리는 영원한 나라를 사모했습니다. 그래서 순교자들은 믿음의 정절을 지켰습니다. 평화를 사랑했습니다. 성결을 지키려 목숨을 바쳤습니다. 그 순교자의 피가 교회의 씨앗입니다.

오늘 세태는 자기중심적이고 이기적인 욕심을 채우려고 세상을 무한경쟁의 전쟁터로 만들었습니다. 풍요가 주는 육신의 향락에 빠져 방향감각을 잃었습니다. 재물을 위해서는 온갖 불법을 자행합니다. 교회마저도 이 세상 것에 취해 있습니다. 사람들이 육신적인 감정을 참지 못하여 커다란 사회문제가

---

599 다른 대상과 구별하여 어떤 대상을 확정하고, 그것을 인식할 수 있게 하는 표상적(表象的) 또는 개념적 특성을 말한다. 같은 의미로 표징(標徵)이라는 말이 있다.

되고 있습니다. 자연을 파괴하고 생명을 죽이고 있습니다. 슬픈 현실입니다. 우리 앞에는 남북통일, 국제적 평화공존, 하나님나라 실현 등 해결해야 할 산적한 과제가 놓여있습니다. 그 과제들을 풀어나가기 위해 우리 교회는 순교자들의 강한 영성을 이어받아 새로운 각오로 하나님의 마음에 합한 삶을 결단해야 하겠습니다.

익산지역순교자기념예배후 1개월가량 지난 후, 정동운 담임목사는 황등교회가 속한 교단신문 《한국기독공보》에서 황등교회를 특징짓는 용어로 '순교자 정신 계승'을 세 번이나 강조하였다.

> 황등교회는 순교자의 정신이 깃든 교회로써, 교회를 지켜온 선배들의 신앙의 정신을 계승하기 위해 땀 흘리고 있다 예수님을 닮아가는 교회와 성도가 되기 위한 방향과 중심이 자리 잡고 방향을 제시하고 있다. 신앙의 선배들이 남긴 순교정신, 그 신앙을 이어가고자 노력하고, 그것을 실천하기 위해 흘리는 황등교회 성도들의 땀방울은 앞으로 신앙의 기쁨과 큰 열매가 될 것이고, 순교신앙 계승과 이를 위한 실천 위에 영혼구원, 익산지역 복음화에 앞장서는 교회가 되겠다.[600]

황등교회는 2016년부터 매년 8월 둘째 주일을 '순교신앙계승주일'로 정해서 전교인이 연합예배를 드리면서 순교신앙계승을 되새기기로 하였다. 2016년 8월 14일 대한예수교장로회총회(통합) 역사전문위원인 황기식(아산 동산교회) 목사를 설교자로 초청해서 예배드렸다.

황등교회는 순전한 믿음을 지켜온 순교영성이 깃든 곳이다. 피 흘리며

---

600 임성국, "정동운 목사와 인터뷰기사–순교자의 피를 헛되게 하지 말라!, 순교자 정신 계승하는 황등교회" 《한국기독공보》 (2015년 7월 14일).

목숨 바쳐 신앙의 변절을 거부하며 처절한 몸부림으로 신앙을 지킨 순교자의 영성이야말로 우리가 회복해나갈 영성의 핵심이다. 순교자들의 신앙은 교회의 자랑이고, 긍지이며, 진정한 모델이다. 두려움 없이 죽음의 길을 걸었던 순교자들의 그 숭고한 발걸음이 헛되지 않도록 계승해나가는 것이 오늘 황등교회의 사명이다. 순교는 죽음이 아니라 새로운 시작이다. 순교자 영성을 되새김은 교회사랑(이재규 목사), 나라사랑(변영수 장로), 가정사랑(안인호 집사), 교인사랑(백계순)의 거룩한 유산遺産을 오늘에 되살리는 사랑의 수고와 소망의 인내와 믿음의 역사를 이루어가는 영성회복운동일 것이다.

사람은 자신의 목숨을 가장 소중하게 여긴다. 목숨은 자신의 존재와 비존재를 가름하는 기준이기 때문이다. 그러나 순교자들은 자신의 신앙에 목숨을 걸었다. 이는 신앙이 목숨보다 더 중요하다고 판단한 결과였다. 이처럼 신앙은 자신이 가지고 있는 것들 가운데 가장 중요한 요소였다. 신앙은 그들이 자신의 목숨을 걸어도 아깝지 않을 소중한 것이었다. 그리고 그들은 신앙을 가지고 자신의 전 생애를 바꾸어갔다.

오늘날은 몇몇 특별한 경우를 제외한다면 그리스도에 대한 신앙을 고백한다고 하여 죽음을 당하지 않는다. 이 상황에서 믿음으로 인한 죽음을 강조하던 종전의 순교개념은 신앙인들의 일상생활과 무관한 존재로 변질되어 갔다. 순교에 대한 기존의 개념은 순교자들을 우리 평범한 신앙인들과는 다른 특이한 존재로 이해되어갔다. 이 과정을 통해서 순교자는 점차 우리에게 타자화他者化되어 갔다.

그러나 오늘의 교회에서는 순교자를 타자화시켜온 것에 대해서 스스로 반성하고 이를 바로 잡아가는 작업을 하고 있다. 즉 순교의 핵심인 믿음을 넓은 의미로 규정하게 되었고, 믿음을 더욱 구체적으로 해석하게 되었다. 즉, 오늘의 교회는 신앙이 사랑을 통해서 표현되며, 사랑이 없으면 믿음도 소용이 없다는 가르침을 새롭게 주목한다. 이 때문에 믿음의 실체를 성경에서 증언된 하나님의 가르침을 생활화했던 데서 찾아야 된다고 본다. 오늘 우리는 순교자들의 믿음과 삶을 새롭게 조명해야 한다. 그들의 굳은 믿음은 그들의 삶을 사랑으로 바꾸어놓았음을 결코 잊어서는 안 된다.

오늘을 살아가는 신앙의 후손들은 순교자들의 피로 그 씨앗이 뿌려지고 그들의 땀방울로 뿌리를 내린 교회의 모습을 끊임없이 되새기고 성찰함으로써 현대적 의미의 순교적 삶을 살아가야한다. 이런 관점에서 오늘을 돌아보면 교회가 맞닥뜨린 현실은 결코 녹록치 않아 보인다. 일상적으로 신앙적 위기가 거론되고 이에 대한 반작용으로 신앙의 갱신을 부르짖는 목소리가 높아만 가고 있는 것이 현실이다. 특히 갈수록 거칠어지고 있는 세속화 파고波高는 교회마저 파고들어 깊은 시름을 안겨주고 있다. 오늘날 순교영성을 살아내기란 쉽지 않다. 순교영성의 실체마저 제대로 인식하지 못하고 있다. 그래서 오늘을 살아가는 신잉안들에게는 더욱 순교영성을 새롭게 할 의무와 권리가 있다.

교회가 놓인 이러한 현실을 극복할 수 있는 해답이 바로 순교자들이 보여준 삶과 영성에 있다. 순교자들은 신앙을 단지 앎의 차원에 머물지 않고, 위협과 협박과 박해라는 생생한 현실 속에서 온 몸을 내어놓는 결단으로써 오늘의 교회를 후손들에게 물려주었다. 순교자들이 발 디디고 살았던 현실은 오늘보다 더 혹독했지만, 진리를 안에서 자유를 누렸기에 그들의 걸음은 죽음마저 넘어설 수 있었다.

2016년 5월~6월에는 제1회 기성箕城[601] 계원식 기념 화해문예제전이

---

[601] 계원식은 생존시 즐겨 쓰던 호(號)가 없다. 이번 행사를 준비하면서 호를 추존해서 붙이는 의미인 추호(追號)로 '기성'(箕城)이라고 하였다. 그 이유는 계원식의 고향이 평양 교외에 있는 기성(箕城)이었고, 계원식이 1908년 그의 고향 기성에 있는 기성측량학교(箕城測量學校)를 졸업하기도 하였고, 계원식이 경성의학전문학교를 졸업하고 처음 개업한 의원의 이름이 '기성의원'(箕城醫院)이었다. 기성은 평양의 옛 이름이기도 하다.

있었다. 이 행사를 1회라고 하였지만 이는 화해문예전의 의미이고, 계원식을 기념하는 의미로는 제3회가 된다. 계원식을 기념하는 사업으로는 35년여 만에 이루어지는 행사이다 이 행사를 제1회라고 한 것은 이 행사를 매년 실시하려는 뜻이고, 이 행사는 황등교회 구성원은 물론 황등기독학교와 지역사회가 모두 참여하는 행사였다.[602] 이 행사의 취지는 다음과 같다.

> 우리가 딛고 서 있는 삶의 자리인 황등을 자랑스럽게 한 선구자로 기독교신앙
> 을 바탕으로 나라사랑 이웃사랑을 실천한 기성箕城 계원식을 기념해서 우리
> 지역의 역사와 전통을 계승하는 기념사업으로 문예전을 펼친다. 이는 실천적
> 기독교신앙으로 지역을 살리고 지역과 함께한 계원식의 정신을 오늘 우리의
> 삶으로 재현하려는 우리의 다짐이요, 의지이다. 오늘 우리 사회는 갈등과 반
> 목과 불신이 팽배해 있다. 그로 인해 부모와 자식, 국가와 국민, 선배와 후배
> 등이 불화로 치닫고 있다. 이에 나를 넘어 우리가 되어 모두가 행복한 세상을

기성의원이름은 계원식이 직접 지은 이름이었고, 여기서 나온 수입으로 독립자금을 대고 교회를 섬기다가 일본경찰로부터 고초를 겪었다. 그리고 계원식이 황등에서 문을 연 것도 기성의원이었다. 그러니 계원식은 평양 기성마을에서 출생해서 평양 기원의원에서 시작해서 황등 기성의원으로, 평생을 기성이라는 이름과 함께하였기에 기성이라는 이름으로 추호(追號)를 붙였다. 졸고, 『제1회 기성 계원식 기념 화해 문예제전』, 「기획안」(2016년 4월 24일), 2쪽.

602 "비영리민간단체 이웃사랑나눔회(이사장 정동운, 상임이사 이석일)는 지난 12일 '제1회 기성 계원식 기념 화해문예제전'을 개최했다고 밝혔다. 이번 행사는 기성 계원식을 기념키 위한 화해의식개혁운동의 형태로 진행됐으며, 장애인과 화해, 부모와의 화해, 남북 간의 화해라는 세 가지 주제를 선택해서 지난 4월 25일~5월 21일까지 접수를 받아 허정순 심사위원장을 비롯한 국어전공자 4인의 공정한 심사를 거쳐 수상자를 선정했다. 작품투고는 초·중·고·일반 4개 분야로 나눠 수상자를 선정했다.…이날 행사를 주관한 정동운 이사장은 '계원식의 나라사랑과 이웃사랑을 본받아 모두가 행복한 세상을 만들어 가는 용서와 회해가 우리 사회에 가득하길 바란다'고 말했다. 실무를 총괄한 이석일 상임이사는 '초등학생부터 어른에 이르기까지 참여해 줬고 많은 기관장들이 상장과 부상으로 협조해 준 행사로 화합의 한마당이 된 것 같아 기쁘다'고 말했다. 우리사회의 갈등과 반목을 해소할 용서와 화해의 모델이 바로 기성 계원식이다. 그는 이웃사랑나눔회가 태동한 황등지역의 성자로 추앙받는 인물이다." 조경환, "제1회 기성 계원식 기념 화해문예제전" 《전라매일신문》 (2016년 6월 12일).

꿈꾼 우리 지역의 스승 계원식의 나라사랑 이웃사랑의 정신을 실제화하는 지역사회계몽교육운동을 펼치기 위해 나라사랑 이웃사랑으로 모두가 화해하는 의미로 '제1회 기성箕城 계원식 기념 화해 문예제전'을 펼친다.[603]

순교자 기념사업과 계원식 기념 화해문예제전이 갖는 의미는 이 두 행사가 교회 전체 차원에서 진행되었다는 점이다. 겉으로 드러나는 모습은 순교자기념예배를 황등교회가 아닌 전북기독교역사연구회가 주최하는 것으로 보이나 순교자기념사업에 열정을 쏟고 진행한 이는 다름 아닌 정동운 담임목사였다.[604] 정동운은 서둘지 않고 하나하나 분위기를 조성해나가면서 순교자의 영성이 분명하게 자리매김하도록 진행해나갔다. 제1회 기성 계원식 기념 화해문예제전의 주최를 비영리민간단체 이웃사랑나눔회가 하는 것으로 되어 있지만 이 단체가 황등교회 산하 기관이고 이 단체의 이사장이 정동운이다.

황등교회 사랑의 종은 대한예수교장로회 101회기 총회(2016년 9월 26~29일)에서 역사유적으로 인정받았다. 종교의 권위는 그 종교가 갖는 내면적 충실성이라고 볼 때, 4명의 순교자를 배출한 황등교회는 '내면의 충실성', '내면적 신앙 완성'을 지향함으로써 교회의 정체성을 분명히 하면서 교회를 내부적으로 결속해나가고 있다.[605]

603 같은 글, 『제1회 기성 계원식 기념 화해 문예제전』, 「기획안」, 2쪽.
604 정동운 목사는 황등교회가 만들어갈 신앙적 근간으로 순교자영성을 계승해나가야함을 강조하였다. 이를 위해 순교자기념주일(2016년 8월 14일)을 지키면서 전교인대상으로 순교영성을 되새기는 자료집을 발간하였다. 여기서 정동운은 순교신앙이 다음세대에 전해지도록 사랑의 수고와 소망의 인내와 믿음의 역사를 이어가야 할 것임을 밝혔다. 정동운, "순교자의 영성이 깃든 우리교회", 《순교자를 넘어 계승자로》 (황등교회역사정리보존부, 2016년 8월 14일), 3~4쪽 참조.
605 차종순, 위의 책, 92쪽 참조.

황등교회 그 뿌리와 **기독교** 역사 정립

사랑의 종, 그 언저리에서 길을 묻다

10

교회의 사명과 과제

황등교회 그 뿌리와 기독교 역사 정립
사랑의 종, 그 언저리에서 길을 묻다

교회의 사명과 과제

한국교회의 과제

교회는 사회와 함께하는 사회적 공공성과 사회를 위한 공동체성의 긴장관계에서 교회의 정체성을 이해해야한다. 이것은 더불어 살아야 하지만 자기 정체성을 상실하지 않는 관계를 의미한다. 교회는 사회와 함께 믿음과 사랑의 긴장관계를 현실에서 이해해야한다. 이것은 교회가 믿음의 주체이지만 세상에서 더불어 살아야 하는 사랑으로 표현해야한다. 즉 행함이 있는 믿음을 보여야 한다. 교회는 사회와 함께 외부와 내부의 긴장관계를 현실에서 이해해야한다. 그러므로 교회는 성聖과 속俗의 긴장관계를 현실에서 이해해야한다. 교회는 하나님과의 관계로 볼 때 성聖으로부터 출발해야한다. 그러나 교회는 하나님이 세상을 사랑하사 독생자를 주셨고 당신이 직접 사람이 되어 이 땅에 오심으로 세상과 함께하심을 믿는다. 그러니 교회는 성聖에서 속俗으로 속俗에서 성聖으로 순환하는 연결점이다.

현대사회는 교회가 사회적 책임을 감당해주기를 기대하고 있다. 이것이 교회가 감당할 사회적 책임이다. 교회의 사회적 책임이란 사회 구성원들 사이의 여러 가지 긴장들을 해소하고 규범이나 가치관의 형성을 통해 사회의 기본적인 패턴이 유지되도록 하는 것이다. 이것은 사회 가치관, 통제의 기능, 화해의 기능 등을 규범화하고 그 문제점을 감지, 비판하는 예언자적 기능을 말한다. 그러기에 종교의 사회적 책임은 그 사회의 도덕적, 정신적(영적) 책임을 뜻한다. 즉 교회가 이것을 잘 감당할 때 사회의 바른 가치관과 규범이 확립, 사회 속에서 나타나는 여러 가지 심리적 문제와 인간 관계적 문제 그리고 사회의 불의한 문제들이 해결될 수 있다. 그러므로 인간이 하나님의 형상을 닮은 모습으로 회복되는 것이 교회가 마땅히 수행할 사회적 기능이다.

이런 기본적 시각에서 한국 사회의 문제들을 생각해 보고자 한다. 우리 사회의 근본적 문제는 물질적인 문제라기보다는 정신적인 문제이다. 그러기에 현대 교회는 이것을 책임지고 해결해야만 한다. 왜냐하면 한국 사회를 대표하는 종교가 기독교이기 때문이다. 그러나 한국 교회는 이런 사회적 책임을 감당할 능력이 부족하다. 그 이유는 한국 교회가 자체적인 문제들을 갖고 있기 때문이며, 대외적으로 사회적인 공신력이 저하되었기 때문이다.

먼저 한국 교회내의 문제를 살펴보면 다음과 같다. 첫째, 한국교회는 경제 성장과 아울러 물질적, 인적 성장을 해 왔다. 그러나 개별 교회의 수와 교인 수를 감안할 때 필요 이상으로 많다. 이것은 신학교와 신학생의 증가와 교회의 성장 둔화와 교인수의 감소와 개척 교회의 증가에서 그 원인을 찾을 수 있다.

둘째, 장로와 목사로 구성되는 당회에 문제가 있다. 긍정적으로 보면 감독제보다 민주적 정치체제를 만들 수 있지만 부정적으론 비효율적이며, 독점적인 성격이 나타날 수 있다. 즉 교회 자체에 문제가 생길 때 그것을 책임질 구체적 대상이 없으며 의견이 대립될 경우 해결 방안을 찾을 수 없다.

셋째, 당회 제도의 또 다른 문제는 교회를 대표하는 당회가 청년이나 여성의 의견을 반영하지 못하기 때문에 그 대표성에 문제가 있다. 즉 교회 전체적인 문제들을 제대로 진단하고 해결할 수 없다는데 있다.

넷째, 장로의 계급적·계층적 지위 상승에 교회와 당회의 문제점이 있다. 가난하고 약한 서민층의 의견이 교회 안에서 사라지게 되고 소외된다. 이것은 교회의 궁극적 기능인 복음과 구원의 문제를 다시 생각하게 한다. 즉 한국 교회는 중산층에 초점이 맞춰져 있다.

다섯째, 한국 교회의 재정 구조 문제이다. 교회재정의 대부분이 교회 건축과 교회 자체 유지비이다 보니 교회가 수행할 사회적 기여를 위한 사회봉사비가 너무나도 적다. 그러다보니 교회의 사회적 공신력이 떨어지고, 선교와 복음 사업이 원활하지 못해 교회의 긍정적인 이미지가 실추하다보니 교회의 성장률이 둔화된 실정이다.

여섯째, 이촌향도移村向都의 문제이다. 사회 구조가 도시 중심이다 보니 교회도 도시권 교회는 성장하나 농어촌교회는 하락세를 보이고 있는 실정이다. 그러다보니 농어촌은 고령자만 남고, 다음 세대를 찾아보기 어렵게 되었다.

한국교회의 외적 문제들을 좀 더 살펴보면 다음과 같다. 첫째, 우리의 삶은 자본주의체제의 경제 구조이다. 이런 자본주의적 논리가 교회 안에서 물량주의로 나타나고 있다. 오늘날 교회의 자랑이 교인 수, 건물의 크기, 많은 예산인 지경에 이르렀다. 둘째, 물량주의는 복음의 정신을 왜곡시킨다. 즉, 영혼보다는 물질적 가치를 더 중요시한다. 그러므로 가치 기준의 변화는 도덕성의 위기를 가져와 교회가 물량주의에 빠져 교회의 시대적 사명을 감당할 수 없게 한다. 이에 따라 하나님 나라의 확장을 질적인 면에서보다는 외적·양적인 면으로 받아들이고 있다. 셋째, 오늘날 한국 사회는 다종교 사회이다. 경쟁적으로 타종교가 한국 사회 안에 공존한다. 이들의 갈등과 대립이 존재한다. 넷째, 한국교회는 지나치게 많은 교파분열이 벌어졌다. 같은 신앙이면서도 교파분열이 발생했고, 이로 인한 불필요한 분열로 사회적 신뢰를 얻지 못하고 있다.

이런 문제들 속에서 우리는 한국 교회가 해결해야 할 많은 문제들을 복음에 입각한 선교적 차원에서 깊게 생각해보아야한다. 또한 한국 사회와 함께하는 역사적 책임을 감당해야한다. 모세에게 있어서는 출애굽이, 다윗에게 있어서는 국가의 수립이, 예레미야에게 있어서는 이스라엘의 패망의 경고가 그 시대의 구체적 역사적인 책임이었던 것처럼 역사적 책임이란 시대적·객관적 분석과 처방이 있어야 한다.

한국 교회의 역사적 사명은 어떻게 수행되어야할까? 첫째, 하나님으로부터 받은 역사적 소명의식을 갖고 있어야한다. 둘째, 민족의 일원으로서 민족적 아픔의 문제도 동시에 느끼고 있어야한다. 셋째, 국가의 시민으로서 살아가는 근대적 시민 의식이 있어야한다. 넷째, 기독시민으로서 그 책임과 의무를 하나님과 교회와 사회와 국가와 민족 앞에서 성실히 수행해야한다. 여기서 기독시민의 이해란 기독교 신앙이 무지와 독단으로 흘러서는 안 되고, 이를 극복하기 위하여 믿음과 삶이 일치해야 함[606]과 실천함[607]을 말한다.

한국 사회의 구조는 왜곡되어 있다. 첫째, 오랜 군사정권에 의한 역사적 왜곡이다. 이는 경제 개발을 통해 복지 국가의 국가적 발전을 목표로

---

606 복음에는 하나님의 의가 나타나서 믿음으로 믿음에 이르게 하나니 기록된 바 오직 의인은 믿음으로 말미암아 살리라 함과 같으니라(로마서 1장 17절).
607 하나님 앞에서는 율법을 듣는 자가 의인이 아니요 오직 율법을 행하는 자라야 의롭다 하심을 얻으리니(로마서 2장 13절).

했으나 사회적으로 나타나는 삶의 현상에 대해서는 전혀 예측하지 못한 엄청난 부정적 결과를 가져왔다. 그 예가 경제 개발을 빌미로 한 인권 유린, 부정부패, 지역감정 심화, 권위주의적 사고, 기회주의 팽배, 도덕적 타락, 윤리적 가치관에서 경제적 가치관의 변화 등이다. 물론 경제 성장과 산업 구조의 고도화 등 긍정적 부분도 있다. 그러나 문제는 민주주의와 올바른 사회정의를 사회적·국가적·민족적으로 왜곡시킨 것이다.

둘째, 정경 유착을 통한 금권 정치와 천민자본주의이다. 이것은 건전한 자본주의적 경제구조로 생산과정을 통한 자본의 투자와 잉여의 생산→판매→이익의 구조를 무시했고, 정경 유착과 금권 정치는 중소기업을 몰락시키고 대기업 중심의 생산과 유통, 소비과정을 독점하는 기형적 경제 구조를 낳았고, 천민상업 자본주의는 산업 자본주의가 형성되기 이전인 산업혁명 이전의 투기적 상업 자본과 그 특성을 같이했다. 즉 생산물이 없는 불로소득과 이자 소득을 형성해서 빈부차이를 심화시켜 사회 전반의 고용 문제에 영향을 주었다.

셋째, 투기 소득 증가에 따른 사회 윤리 타락이다. 이것은 과소비로 이어져 사회 구성원간의 소비 소외계층을 만들었다.

넷째, 이런 사회적 소외계층은 경제적 효율성과 직업의식을 저하시켜 생산성을 하락시켰다. 이로 인해 사회계층간의 갈등을 야기 시켜, 국가의 경제적 자생력이 실추되었다. 이것은 매우 심각한 문제이다.

다섯째, 맹목적 반공주의가 가져오는 통일의 위험성이다. 반공에 따른 사고의 경직성과 포용성의 상실이다.

한국사회가 나아갈 방향은 첫째, 민주국가의 확립이다. 이것은 국민소환, 국민 발안이 가능한 민주주의적 정치 체제를 만드는 것이다. 둘째, 실용주의적 건전한 복지국가 체제를 만드는 것이다. 즉, 생산과 분배와 소비가 균형 있게 모든 국민에게 주어지는 것을 말한다. 셋째, 골이 깊은 지역

감정의 극복이다. 넷째, 평화적 민족 통일의 실현이다.

이에 따라 한국교회가 나아갈 방향은 첫째, 개별교회주의 타파와 하나님의 뜻으로 복귀이다. 둘째, 지나친 구조주의를 경계하고 금권주의를 추방하는 것으로 먼저 한국 교회부터 회개하고 개혁하는 자체적 각성이다. 셋째, 선교 사업을 분업하고 연합하고 참여하는 시스템 구축이다. 넷째, 기독시민으로서 사회 구성원으로서 실천해야 할 책임적 의무를 다하는 것이다.

세례와 성찬식을 라틴어로 Sacraments성례전라 부르는데, 이 단어는 로마군인의 충성 맹세식을 의미한다. 따라서 교회의 세례는 초대교회의 전통에 따른다면 하나님의 자녀로 인정을 받는 거룩한 예식으로서 불의한 세상을 향해서 예수의 군인이 되어 죽음을 각오하고 싸울 것을 맹세하는 것과 같다. 성경의 기록은 예수님이 세례 받으실 때 하늘에서 비둘기 모양의 성령이 임했다고 되어 있다. 당시 비둘기는 군대의 전령 역할을 했다. 곧 하늘의 명령이 예수님에게 임했다는 것이고, 이 안에는 이미 십자가의 죽음이 숨어 있다. 불의한 세상을 향해 올곧은 정의를 외치는 예언자의 영성이 오늘 우리에게 있어야 한다.

오늘 우리가 사는 시대는 '문화 전쟁시대'이다. 현대사회일수록 대중문화에 대한 관심이 증가한다. 그 이유는 다음의 여섯 가지로 말할 수 있다. 첫째, 현상적 측면으로 젊은이들의 대중문화에 대한 관심 증가이다, 둘째, 민주주의와 인권적인 시각이 확산된 점이다. 셋째, 신문과 방송과 영화와 비디오 등 대중매체에 대한 관심 증가이다. 넷째, 문화의 국제화·개방화에 따른 외국 문화의 도입이다. 다섯째, 컴퓨터와 통신 기술 즉 영상매체의 발달로 인한 뉴미디어의 확산이다. 여섯째, 이런 대중문화를 뒷받침해주는 문화 이론의 학문적 영향들이다.

대중문화가 갖는 문제점은 현실적인 영향력에 대한 우려에서 나온다.

폭력과 선정적인 내용을 담고 있다. 이런 것들은 문화를 저급하게 만들고, 자라나는 세대에게 나쁜 영향을 준다. 또한 대중문화가 제시하는 반기독교적 내용도 문제이다. 무당, 점성술, 역술 등이 전통문화라는 이름으로 전파되고 있다. 여기에 대중문화에 스며든 뉴에이지적인 요소도 문제이다. 이것은 하나님 나라 확산에 부정적 요소로 작용한다. 마지막으로 매체가 가져오는 가정대화의 단절도 심각한 상황이다.

대중매체는 다양한 사고와 가치관을 만들어 주고 있다. 즉, 기존의 모든 아름답고 전통적인 가치관과 가족관과 사회관과 신앙관을 새로운 각도에서 바라보게 한다. 문화란 한 사회를 구성하는 사람들의 결과물이다. 그러므로 우리의 문화가 저질이라면 그것은 우리의 사회가 그렇다는 것이요 바로 우리가 그렇다는 것이다. 이것을 바로 잡는데 한국교회의 책임이 있다. 왜냐하면 교회도 세상가운데서 세상에 토대를 두고 세상을 전도의 대상으로 삼고 그런 세상에 영향을 받기 때문이다. 그러므로 세상의 문화를 교회의 문화로 바꾸는 것이 바로 교회의 성경적·복음적 책임이다. 문화는 허상이 아니다. 세속 문화는 세속적 가치관이 아닌 교회적 가치관으로 바뀔 수 있다. 작은 것부터 작은 일부터 실천한다면 말이다.

우리가 사는 시대는 가속적 사회 변동으로 예측하기 어려운 불확실한 시대이며, 동시에 모든 분야에서 무한경쟁의 시대이다. 또한 탈냉전을 통한 결과로서 자국이기주의와 민족분리주의로 나갈 수 있는 경제 전쟁의 시대이다. 한국교회는 바로 이런 사회적 구조 속에서 존재하기에 시대 변화와 나아갈 방향에 대해서 더욱 체계적이고 구체적인 장향을 모색해야만 한다.

이를 위해서 교회는 상향으로 하나님께 예배하고, 내향으로 교육과 수양을 통해 사회에서 자기 책임을 감당하는 사도使徒가 되도록 훈련하며, 외향인 돌봄과 섬김을 실천해야 한다. 한국교회는 이 세가지중 사회(외향)에 대한 책임이 약했다. 교회는 일반 사람들의 피난처가 되어야한다. 왜냐하면 선교의 현장이 세상이기 때문이다. 한국 교회는 디아코니아(사회봉사)를 통한 성숙한 교회상을 정립해야한다. 교회는 모이는 교회가 아니라 흩어지는 교회의 사명, 단지 선교하는 교회가 아니라 교회가 세상으로 파송됐다는 선교적 교회로 이해되기 시작하였다. 교회가 더 이상 '오는 곳'이 아니라 '세상으로 파송된 곳'이라는 인식에서 목회자와 평신도의 역할에 대한 새로운 모색이 시작되고 있다.

오늘 우리 시대를 가리켜, '포스트모더니즘 시대', 'SNS 시대'등으로 일컫는다. 이는 탈권위주의 시대이다. 오늘의 한국교회가 쇠락을 피할 수 없는 것은 전통적인 신앙에 기초한 모더니즘 사고의 틀에 갇혀 있기 때문이다. 기독교가 수많은 종교 가운데서 그 생명력을 잃지 않고 2천년동안 계속 성장할 수 있었던 것은 신이 인간의 자리 그것도 가장 낮은 자리인 말구유로 내려오고, 십자가에 죽기까지 스스로를 희생한 자기 비움과 낮아짐 그리고 할례와 신분의 벽을 깨고 남자와 여자 젊은이와 어른, 주인과 종이 그리스도 안에서 하나됨을 강조했던 가르침과 실천 때문이다. 바로 이점에서 한국교회는 변화되어야 한다. 교회 안의 자신의 벽이 무엇인지를 보고 그 벽을 깨야한다. 교회에서 제대로 믿음생활을 하고 있느냐는 잣대는 자신이 얼마나 많은 사람들과 소통하고, 그래서 그들의 숨겨진 삶의 고통을 이해하고 이를 위해 기도하고 있느냐는 것이다.

주일 예배후 가족이나 지인들이 교회생활에 대해서 물어본다. "오늘 교회에서 특별한 일이 있었어?" "뭐 별로, 평범했어." 헬렌 켈러가 한 말이다. "내가 대학교 총장이라면 눈 사용법이라는 필수과목을 만들겠다. 왜냐하면 눈을 뜨고도 보지 못하는 자신보다 더 못 보기 때문이다." 헬렌 켈러가 쓴 『삼일만 볼 수 있다면』이라는 수필 첫 부분에 나오는 말이다. "숲을 다녀온 사람에게 당신은 뭘 봤느냐고 물었더니, 그가 답하길 '별 것 없었어Nothing special.'라고 답하는데, 어떻게 그럴 수가 있냐? 자기가 숲에서 느낀 바람과 나뭇잎과 자작나무와 떡갈나무 몸통을 만질 때의 전혀 다른 느낌과 졸졸졸 지나가는 물소리를 왜 못 보고 못 들었냐?" 헬렌 켈러의 말대로 진리는 일상 속에 숨어 있고, 비범非凡은 평범平凡 속에 숨어 있다. 바라기는 주일 예배후 교회생활에 대해서 누군가 묻거든 "아, 난 오늘 교회에서 새로운 사람을 만났는데, 긴 얘기는 못했지만, 마치 오래된 친구를 만난 것 같았어, 참 좋았어. 주중에 시간 내서 한번 저녁 먹자고 할 거야." 라고 말할 수 있으면 좋겠다.

어린이들은 학교에 갈 때, 기대감과 흥분으로 발걸음을 재촉한다. 매일 만나는 친구들이지만 너무 너무 좋은 것이다. "엄마 엄마, 걔가 이렇게 말했어. 아빠, 걔는 참 웃겨." 그런데 점점 나이가 들어가면서 그런 감동이 사라진다. 그건 만나는 사람들에게 문제가 있는 것이 아니라, 사실은 자기 자신이 그렇게 굳어져가기 때문이다. 굳어진 마음 밭을 갈아야 한다. 돌도 드러내고 가시나무도 쳐내야한다.

오늘날 기독교의 불명예스러운 평판들은 상당부분 기독교가 직면한 지성의 위기에서 기인한다. 부흥주의Revivalism는 학문과 지성의 헌신을 통한 객관적 진리의 인식과 사상을 강조하기보다는 열정과 신비를 통한 주관적 경험을 강조했다. 사실, 신앙에 있어서 성경과 학문에 대한 진지한 탐구의 지적 전통을 무시하고 그 중심축을 주관적 체험과 신비의 강조에 두는 경향은 늘 있어 왔다.

2세기 중엽에 시작된 몬타누스주의Montanism와 3세기에 시작되어 천년이 넘도록 영향을 끼친 수도원주의, 14~15세기 마이스터 에크하르트M. Eckhart, 요한 타울러J. Tauler, 하인리히 주조H. Suso 등으로 대표되는 중세후기의 신비주의, 17~18세기에 일어났던 친첸도르프N. L. Zinzendorf, 슈페너 P. J. Spener와 프랑케A. H. Franke에 의한 경건주의, 18~19세기 미국의 제1,2

차 대각성운동과 이후에 전개된 무디의 부흥운동과 오순절 운동이다. 그러나 청교도들과 존 웨슬리, 조나단 에드워즈와 같은 18세기 복음주의대각성운동의 지도자들 그리고 19세기 북미의 프랜시스 에즈버리, 찰스 핫지, 몬로 그랜트 이들 모두는 부지런하고 엄격한 지성의 활동이 하나님을 영화롭게 하는 하나의 방법이라고 주장했다. 그들은 지성적인 삶을 믿었다.

기독교의 전통은 철저한 지성의 헌신이었다. 아우구스티누스가 강조한 것처럼 신학이 포괄해야할 지식의 범위는 "하나님, 세계, 인간"이다. 성경과 학문에 대한 진지한 탐구와 성실한 경건은 결코 분리되지 않는다. 지식과 사랑이 분리되지 않는 것은 기독교 정통 신앙에 있어서 오래된 전통이었다. 그런데 오늘날 한국교회는 이런 지성적 깊이를 찾아보기 어렵다. 깊은 성경에 대한 탐구와 인문학적 소양을 통한 세상을 바라보는 성찰을 위한 모임이 교회 안에 활성화되어야한다.

신앙과 인문학의 결합, 인문학적 신앙이 필요하다. 매주 말씀 선포가 있지만 지속적이며 체계적인 성경 공부가 필요하다. 성경의 의도와 맥락을 읽어내고, 성경의 사회·역사적인 배경을 알고 그리고 이 땅에 발 딛고 있는 우리의 눈으로 성경을 볼 때 인간과 세계에 대한 하나님의 뜻을 해석해 낼 수 있는 통찰력을 얻을 수 있다. 히틀러의 파쇼정권의 주구走狗노릇을 했던 비밀경찰 게쉬타포들과 유태인 학살을 감행한 이들은 결코 무식한 사람들이 아니었다. 당시 유럽 사상을 지배했던 독일 최고의 학부를 나온 사람들이었다. 그들이 무식해서 유대인 600만을 학살한 것이 아니다. 게르만족의 순수 혈통을 강조하는 전체주의 독재 정권의 끊임없는 교육과 훈련에 자기도 모르게 노예가 된 것이다. 그들은 600만의 유대인만 살해한 것이 아니다. 또 다른 600만의 슬라브족과 집시들과 동성애자들과 장애인들과 정치적 반대자뿐만 아니라 하나님의 사람들을 제거했다. 이들 중 대표적 인물인 아이히만은 기독인이었고 평범한 가정의 가장이었다. 아이히만은 자기가 맡은 일을 열심히 했을 뿐이라고 재판에서 강변强辯했다. 독일 전쟁범죄자들의 재판을 참관했던 정치철학자 한나 아렌트가 한 말이다. "악은 다른 곳에 있지 않고 사유하지 않고 성찰하지 못한 데서 온다."

교회 안에서 성경을 공부함 에 있어, 인간과 세계에 대한 이해·인간의 정신·인류의 문명 등 여러 가지로 설명할 수 있는 인문학에 대한 공부가 같이 이루어져서 자칫 맹목이나 맹신으로 흐를 수 있는 신앙을 바로 잡아 주어야 한다. 모이는 교회로 예배공동체로 그칠 것이 아니라 참된 교제의 영역 안에 기독교고전읽기반이나 기독교인문학탐구반 같은 모임들이 진행되어야한다. 이런 모임은 설교를 보다 깊이 있게 하고 설교를 참된 삶의 적용으로 이끌어갈 것이다.

하나님은 당신의 형상을 따라 지으신 인간에게 이 땅의 통치권을 이양하셨다. "하나님이 그들에게 복을 주시며 하나님이 그들에게 이르시되 생육하고 번성하여 땅에 충만하라, 땅을 정복하라, 바다의 물고기와 하늘의 새와 땅에 움직이는 모든 생물을 다스리라 하시니라"[608] 그러나 이 말씀이 지구상의 모든 생물과 땅의 토산물을 우리 마음대로 쓰고 버리라고 하신 것이 아니다. 하나님을 대신하여 관리하는 권한과 책임을 주신 것이다. 또한 하나님을 믿는 백성인 우리에게 특별히 맡기신 것이 있다. 바로 교회다. 기독교신앙인은 어떤 사람인가? 바로 예수의 삶을 따라 사는 사람들이다.

"남편들아 아내 사랑하기를 그리스도께서 교회를 사랑하시고 그 교회를 위하여 자신을 주심 같이 하라"[609] 예수님은 교회를 위하여 자신을 내어주셨다. 그렇다면 우리도 교회를 위하여 자신을 내어주는 것이 당연하

608 창세기 1장 28절.
609 에베소서 5장 25절.

지 않을까? 그러나 지금 우리의 상황은 어떤가? '교회를 위하여'가 아니라 '교회를 가지고'가 되어버렸다. 저마다 교회를 '가지고' 자신의 경험과 판단에 따라 교회의 영적 에너지를 착취하고 있다. 이로 인하여 교회의 영적 에너지는 점점 고갈되어가고 있다.

그렇다면 우리에게 희망은 없는가? 다시 한국교회가 살아날 소망은 없는가? 아니다. 바로 한국교회의 위기가 희망이다. 한국교회가 무너져간다는 그 소식에 소망이 있다. "손에 키를 들고 자기의 타작 마당을 정하게 하사 알곡은 모아 곳간에 들이고 쭉정이는 꺼지지 않는 불에 태우시리라"[610]

세례요한은 예수님이 알곡과 쭉정이를 가리실 것이라 말하였다. 오늘 한국교회도 마찬가지다. 알곡 목사만 남을 것이다. 알곡 신자만 남을 것이다. 한국교회는 더 순수해지고 더 진지해지고 더 예수를 사랑하는 사람들이 남을 것이다. 외적인 숫자는 줄어들고 사회적 영향력은 감소할 수 있다. 그러나 그것이 교회의 본질이 아님을 우리는 잘 알고 있다. 바닷물의 염분은 평균 3%다. 그 3%가 바닷물을 짜게 만들 듯, 세상에서 소금의 역할을 감당할 교회가 이 세상에서 3%만 되어도 하나님의 동산지기의 소명을 감당할 수 있다. 연단煉鍛은 말 그대로 '불에 넣어 쇠를 부드럽게 하고煉 두드리는 것鍛'이다. 신앙생활의 장애물이 많으면 많을수록 우리는 세상의 헛된 것이 아니라 오직 그리스도를 목적으로 하는 거룩한 신앙인으로 변모할 것이다. 이제 한국교회는 새로운 전환기에 들어섰다. 지금 하나님이 쓰실 도구는 누구인가? 말 잘하는 설교자? 능력 있는 행정가? 아니다. 하나님의 말씀을 그대로 실천하고 사는 참된 영성을 가진 사람들이다.

• •

610 마태복음 3장 12절.

황등교회의 과제

　이상으로 살펴본 한국교회의 과제는 고스란히 개별교회로서 황등교회에도 적용 가능한 이야기이기도 하다. 물론 황등교회가 이 모든 거시담론을 끌어안고 책임져야할 한국교회의 대표적인 교회이거나 그런 규모와 역량을 지닌 교회는 아니다. 그러나 설립 때부터 지역과 함께해온 황등교회이기에 한국사회의 문제와 현실인식과 그에 따른 대사회적 책임수행은 지극히 당연한 일이다.

　그러나 오늘날 황등교회는 대사회적인 사명을 감당하기 이전에 내부적인 문제를 안고 있는 현실이다. 이른바 핵폭탄보다 더 무섭다는 저출산·고령화의 사회현실은 황등교회도 고스란히 떠안을 수밖에 없었고 여기에 더해서 이른바 이촌향도移村鄕都[611]로 인한 어려움도 더해지고 있다. 그로 인해 그동안 추진해온 황등기독학교와 황등교회 어린이집 등의 운영도 점차 어려워지고 있다. 그렇다면 이제 황등교회는 그동안 교회와 하나 되어 추진해온 지역사회선교기관들을 포기해야 만하는 것일까? 그럴 수 없다. 황등교회의 지역사회선교기관은 황등교회와 분리된 것으로 구조조정의 대상이 아니다. 이들 기관은 교회를 교회답게 하고 교회를 활성화하게 하는 기관들이었다. 그러니 이들 기관은 여유가 있으면 하고, 어려우면 언

---

611 산업화와 도시화에 따라 일자리가 풍부한 도시로 농촌 인구가 이동하는 현상을 말한다. 도시는 부가가치가 높은 2, 3차 산업의 발달로 일자리가 많이 창출되고, 관공서나 병원, 문화시설 등 생활편의시설이 집중되어 있으므로 특히 젊은 연령의 이탈이 높게 나타난다. 이로 인해 농촌은 노년층이 많은 고령화 현상이 나타난다. 경제 발전에 따른 도시화와 공업화는 세계적으로 보편적인 현상이다. 한국의 경우 전체 인구 가운데 농가비율이 1965년 55％에서 1990년 15.3％로 급감한 것이 특징이다. 결과적으로 전통적인 벼농사 중심의 촌락 공동체가 해체되었고, 노동력 부족으로 인해 농촌 경제의 전반적 침체를 가져왔다. 또 도시는 과다한 인구와 산업의 집중으로 주택난과 교통난 등의 문제를 겪고 있다.

제든 정리해버리면 되는 것이 아니다. 그렇다면 어떻게 해야 할까? 이제 설립 90주년을 바라보는 역사와 전통을 자랑하는 교회로서 변화된 사회에서 끊임없이 변혁을 지향하면서 성장을 거듭하는 교회가 되도록 각오를 새롭게 해야 한다. 이를 위해서는 교회의 설립정신을 바탕으로 화합해서 지역사회선교를 해나가도록 교회구조와 조직구성을 재점검해야한다. 이를 위한 기초 작업으로 역사의식이 필요하다.

성경의 기록은 교회를 바다같이 요동치는 험한 세상 속에서 항해하는 배로 상징한다. 교회는 포구에 정착하기 위해서 만든 것이 아니다. 험한 세상을 항해해야할 운명이다. 따라서 끊임없이 교회는 세상이 주는 고난 속에서 하나님 나라를 열어가야 한다. 고난과 사랑의 실천은 이 세상 속에서 하나님의 교회가 전진하고 성장하는 표징標徵이다.

90여년을 숨 가쁘게 이어온 황등교회 역사를 보면 힘든 시간만큼이나 하나님의 사랑을 받은 시간이었음을 실감한다. 사랑과 정의의 하나님이 함께 해주신 감사의 시간이었다. 오랜 세월 교회를 지켜온 선진들의 신앙과 삶은 정말 놀랍고 자랑스럽다. 그러나 다른 한편으론 회환과 안타까움도 있다. 온고지신이라는 말처럼 전통을 오늘에 되살려 새로운 황등교회의 역사를 끊임없이 만들어 가야한다. 시시각각 변하는 역사의 현실 속에서 하나님이 우리를 부르시고 여기에서 살라고 우리를 떠밀고 계시기에 우리의 운명은 현실을 떠나서 있을 수 없다. 뒤로 물러서거나 제자리걸음이 아닌 앞으로 전진하기 위해서는 먼저 목표가 분명해야 한다. 아니 다시 목표를 분명히 설정해야한다.

황등교회는 세상의 많고 많은 교회 가운데 그저 또 하나의 교회를 세우기 위해서 세운 것이 아니었다. 교회만을 위한 교회만이 아닌, 지역사회를 책임지는 교회 그리고 세상 사람들에게 오직 예수정신으로 살아가는 사람들의 모습을 보여주는 교회로 시작하였다. 그러나 오늘 초창기 설립정신이 어느 만큼이나 이루어졌나 점검해봐야 한다. 교회가 늙어지는 것은 노년층이 많아서가 아니라 새로운 청년예수의 꿈, 그리고 열정이 식어지기 때문이다. 황등교회의 열정은 계속되고 또 계속되어야 한다.

오늘날 한국교회는 특색이 없다. 종합선물세트 같다. 백화점 같다. 이 교회를 가든 저 교회를 가든 특색이 없다. 뭔가 특색이 있는 개별화된 교회 공동체로서 우리의 구조를, 형태를, 이미지를 바꿔가야 한다. 황등교회는 어떤 특징이 있으며 어떤 독자성이 있나? 이제는 교회도 캐릭터가 분명해야 한다. 모든 것을 종합선물세트처럼 끌고 갈 수 없다. 좀 더 단순화하고 집중화해야 한다. 삶도 신앙생활도 좀 더 단순화되어야 한다. 오늘날 정보가 넘치는 풍요 속에서 이것도 아니고 저것도 아닌 모든 것을 종합해 놓고 섞어 놓을 것이 아니라 버릴 것은 버리고 떼어 버릴 건 떼어버려야 한다. 그래야만 우리가 가지고 있는 것이 명확하게 보이게 된다. 황등교회는 좀 더 명확한 목표의식을 가지고 앞으로 나아가야한다.

황등교회 설립은 외국선교사나 특정 목회자가 아니라 자발적인 평신도들의 역량으로 이루어졌다. 이기적인 신앙이 아닌 민족과 이웃을 생각하고 자기 것을 내놓을 줄 아는 이타적이고 공동체적 정신을 지닌 선구자 계원식과 계원식이 평양사투리를 쓰는 이주민임에도 그를 받아들이고 함께 하면서 지역을 부둥켜안고 살아온 황등교회 초창기 교인들의 헌신을 되살려야한다. 이들은 일제강점기와 해방정국과 6·25 참사를 견뎌낸 사람들이었다. 아무리 한국 사회와 황등교회가 어렵다고 해도 그 시절에 견줄 수는 없다. 그 당시는 기독교신앙을 고수한다는 것과 교회를 지킨다는 것은 목숨을 내놓는 일이기도 하였고, 개인의 도덕적 순결함을 내놓는 아픔이기도 하였다. 이를 되새겨야한다.

황등교회는 1907년 평양대부흥운동에서 일어난 통회자복痛悔自服의 기도와 성경공부와 공동체 정신이라는 세 가지가 재현되어야한다. 이 세 가지는 황등교회가 노회 승인으로 창립예배를 드리기 전, 계원식이 밝힌 교회의 정신과도 같다. 계원식은 그 누구도 교회의 주인이 아닌 하나님 중심, 성경중심, 공동체정신으로 교회가 주어진 사명을 잘 감당해야함을 강조하였다. 그러면서 그 자신을 작은 종이라고 칭하면서 겸손히 교회의 주인 되시는 하나님의 이끄심을 간절히 기도하였다.

현대사회는 이혼율이 급증하는 등 가정의 해체가 심각한 사회문제로 대두 된 지 오래이고, 불안정한 사회로 인해 정신적인 공황과 불안으로 자살률이 높고 우울증에 시달리는 사람들이 많다. 여기에 이른바 신흥사이비종교들이 현대인들을 현혹하고 있다. 가족이라는 이름으로 한집에서 살지만, 함께 먹지도, 함께 자지도, 함께 생활도 하지 않는 가정이 늘고 있다. 가장 작은 공동체인 가정이 그 역할을 못하기 때문에 그 구성원들은 가족의 필요성을 느끼지 못하고 개인의 편리함을 위해 더 이상 공동체 생활을 추구하지 않고 있다. 이런 흐름이 보여주듯 젊은이들은 '1인 가구', 혼자 밥을 해결한다는 '혼밥족' 등을 추구하고 노년층은 '황혼이혼'을 하고 최근 일본에서 일어나는 이른바 결혼을 졸업한다는 의미에 '졸혼'이 우리사회에도 유행하고 있다.

시대를 반영하듯 홀몸 노인의 고독사孤獨死 비율이 해마다 증가하고 있으며, 젊은 부부들이 갓난아기를 유기遺棄하는 일도 적지 않다. 왜 이런 현상들이 급증하고 있는가? 우리나라가 한때 '동방예의지국'이라 불렸던 것이 의심스러울 정도다. 이는 가정교육이 실종했기 때문이다. 책임지고 배려하는 자세는 가정에서 배운다. 가족 구성원들과 살며 서로 다름을 존중하며 인내하며 돌보는 것을 배워 사회에 나가게 되는 것인데, 그런 교육이 없이 자기중심적인 삶의 자세로 살아가니 가정의 해체와 각종 사회문제가 끊이지 않고 있다.

하나님을 믿는 신앙인의 가정은 어떠한가? 불행하게도 일반사람들과 다르지 않다. 주일은 하나님을 예배하며 교제하는 특별한 날이다. 하지만 주일에 상급학교 진학을 위해 학원에 보내야 하므로 신앙생활은 대학에 들어가고 나서 해도 된다는 이상한 합리화가 이른바 항존직분자恒存職分者[612]에게도 퍼져 있다. 우리 자녀들이 가정에서 신앙인의 가치관을 배우지 못한다면 어디서 이를 배울 수 있을까? 하나님 나라 가치관은 교회뿐만 아니라 가정에서도 자연스럽게 함양되어야 한다.

모든 관계 가운데 가장 소홀히 여길 수 있는 것이 가족이다. '가족이니 이해해 주겠지', '말 안 해도 알겠지'라는 인식이 팽배하다. 만약 '한 달에 몇 번을 식구들이랑 함께 식사 하는가?', '하루에 몇 분을 가족들이랑 대화하는가?'에 대한 질문에 접한다면 어떻게 답변을 하겠는가? 예전에 한 초등학교 2학년 아이가 쓴 '아빠는 왜?'라는 동시童詩가 소개되어 화제가 된 적이 있었다.

> 엄마가 있어 좋다.
> 나를 이뻐해 주어서
> 냉장고가 있어 좋다.
> 나에게 먹을 것을 주어서
> 강아지가 있어 좋다.
> 나랑 놀아주어서
> 그런데 아빠는 왜 있는지 모르겠다.

어린 자녀의 눈에 비친 아빠의 모습을 솔직하게 보여주고 있다. 몇 년 전, 통계청의 한 자료에 의하면 자녀와 하루에 10분도 대화하지 않는 사

---

612 항존직이란 교회에서 중요한 평신도 지도자로 인정된 직분자를 말한다. 한번 선임되면 만 70세까지 이어진다. 대개의 경우, 장로와 권사와 안수집사가 이에 속한다.

람이 33%, 가족과 함께 여가 활동을 하는 사람이 30% 미만, 한 달에 1~2
회도 같이 식사 하지 않는 가정이 32%, 부모님과 1년에 10회 미만으로 만
나는 사람 32%나 된다고 한다. 가정불화로 이혼율과 청소년 범죄 그리고
자살률이 매년 증가하고 있는 것이 우리의 현실이다.

성경은 처음부터 끝까지 가족에 관한 이야기라고 말할 수 있을 정도로
가족을 강조하는 구절이 많다. 가족의 중요성은 구약뿐만 아니라 신약시
대에까지 이어져 교회는 '믿음의 식구들'[613]로, 신앙인은 '형제', '자매'로
불린다. 또 역사의 종말에 예수님은 교회를 '신부'로 맞이하신다고 표현
한다.[614]

하나님은 '가족'이라는 최소 단위의 공동체를 주셨다. 그 안에서 행복
의 기초를 세우고 작은 천국을 이루어가길 원하신다. 한 가정을 이끄는 가
장의 책무도 중요하다. 하지만 돈과 명예에 급급한 나머지 가족들과 함께
할 귀한 추억의 시간을 놓치는 어리석음을 범하지 말아야 한다.

경제용어사전에 의하면 '골든타임Golden Time'은 사고나 사건에서 인명
을 구조하기 위한 초반 금쪽같은 시간을 지칭한다. 마찬가지로 가족들과
함께 소중한 추억을 남기며 공감대를 형성하는 시간이야말로 '골든타임'
이다. 이 시간을 통해서 가족 구성원들이 더 건강한 사회 구성원이 될 수
있다.

신앙인이 가정의 '골든타임'을 소중하게 여겨야할 또 다른 이유가 있
다. 하나님이 주신 가장 작은 공동체인 가정의 건강함은 교회의 건강함과
도 밀접한 연관이 있기 때문이다. 가정이 살아야 교회가 살고, 교회가 살

---

613 그러므로 우리는 기회 있는 대로 모든 이에게 착한 일을 하되 더욱 믿음의 가정들에게
   할지니라(갈라디아서 6장 10절).
614 또 내가 보매 거룩한 성 새 예루살렘이 하나님께로부터 하늘에서 내려오니 그 준비한
   것이 신부가 남편을 위하여 단장한 것 같더라(요한계시록 21장 2절).

아야 가정이 산다. 건강한 가정과 건강한 교회는 뗄 레야 뗄 수 없는 관계이다. 이것이 우리가 건강한 가정을 이루어야 할 필연적인 이유 중 하나인 이유이다. 아울러 교회 안에서 예수 그리스도의 보혈로 하나 된 영적인 가족과의 골든타임 또한 결코 소홀히 하지 말아야 한다. 황등교회는 교인들의 가정이 온전하게 잘 가꿔지도록 지원하고, 교회가 마치 가정과 같은 평안함을 연상시키는 공동체가 되어야한다. 신앙적 삶은 결코 홀로 살아질 수 없다. 그것은 공동체를 통하여 살아지는 것이다. 삼위일체 하나님을 담아 지어진 인간들이기에 인간의 삶은 근본적으로 공동체적이다. 그러므로 공동체로서 교회의 중요성은 아무리 강조해도 지나치지 않다.

어느 순간 교회의 예배시간과 방식이 사람들의 편리로 바뀌고 모임이 줄었다. 아무리 시대와 사회가 변해도 변치 않는 것은 영적인 요소이다. 또한 그 중요성은 변할 수 없다. 유대교와 이슬람교와 천주교회는 그들의 예배방식에 어느 정도의 변화는 있으나 예배의 중요성과 엄숙함은 결코 양보하지 않고 있다. 그것이 종교의 힘이다. 유대교는 무려 2천여 년 간 나라를 잃고 전 세계에 흩여졌지만 어디를 가든지 회당會堂[615]을 만들어 하나님을 섬기고 예배하고 신앙교육을 하는 것을 포기하지 않았다. 이슬람교는 지금까지 그들의 경전인 『꾸란』을 각 나라 언어로 번역하지 않고 이

---

615 회당의 전통적인 기능은 그것이 갖고 있는 3가지 히브리어 이름인 베트 하테필라(기도하는 집), 베트 하크네세트(집회하는 집), 베트 하미드라시(학습하는 집)에 반영되어 있다. 회당이라는 말은 그리스어로 '함께 모이다'라는 뜻의 synagein에서 유래한 것으로서 집회 장소를 뜻한다. 오늘날 일부 개혁파와 보수파 회중들은 성전이란 말을 쓴다. 회당의 기원은 BC 3세기 이전이 틀림없지만 AD 70년 티투스가 제2성전을 파괴하자 회당의 중요성은 훨씬 더 커져서 누구도 부인할 수 없는 유대인들의 종교 생활의 중심지가 되었다. 회당은 자율적으로 움직이므로 회당을 세우고 유지할 때 랍비와 직원들은 지역공동체의 요구들을 반영한다. 회당 건물에는 일정한 표준이 없다. 전형적인 회당에는 궤(율법 두루마리들을 보관한 상자), 궤 앞에서 타오르는 '영원한 빛', 즉 2개의 촛대, 교도들이 앉는 자리, 성경을 낭독하고 종종 사회자가 예배를 인도할 때 올라서는 조금 올라간 강단(bimah)이 있다.

를 암송한다. 또한 하루 5번 그들의 성지를 향해 절을 하는 종교예식을 하고 라마단과 같은 절기를 지킨다. 천주교도 변화에 민감하지만 그들의 영성적 가치는 그대로 유지해나가고 있다. 황등교회 역사에서 자랑스러운 전통들을 계승해서 오늘에 되살리고 변화되는 미래를 정확히 예측해서 이를 대비해나가는 지혜가 필요하다. 또한 목회자와 평신도 역량을 강화하고 협력하는 관계가 구축되어야한다.

세속화 이론에 따르면, 근대화가 진행될수록 종교는 급격한 변화를 경험하게 된다. 근대화의 중요한 특징 중 하나는 사회적 분화이다. 이는 그동안 하나의 특정한 공동체가 담당했던 많은 사회적 역할들을 세분화되고 전문화된 기관이 담당하는 것이다. 한국사회가 더욱 다원화되고 전문화됨에 따라 소수의 목회자가 교회 공동체의 모든 일을 감당할 수 없는 상황이 되었다. 즉 한국교회 안의 각 영역에서 전문성이라는 새로운 권위가 등장하게 되었다. 이런 사회변화에 따라 교회도 변화하게 되었다. 변화된 사회에 따라 교회를 둘러싸고 있는 다양한 사회적 요구와 교인들의 필요를 충족시킬 수 있는 평신도 전문가들이 요청되고 있다. 이들은 자신들의 직업적인 전문성 또는 제자훈련과 같은 교육을 통해 목회자에 준하는 역할로 전문적인 성경교사로, 선교사로, 상담가로, 행정가로, 복지사로, 시민사회운동가로 활약하게 되었다.

최근 목회자의 이중직二重織도 깊이 생각해봐야 할 문제로 대두되고 있다. 이는 교회성장이 둔화를 넘어 감소 추세를 보이면서 주요 교단들이 고민하기 시작한 문제이다. 황등교회가 속한 대한예수교장로회(통합)는 물론 기독교대한감리회 등이 이런 문제를 깊이 있게 다루고 있는 현실이다.

급변하는 시대 상황 속에서 목회자의 목회 영역을 보다 폭넓게 이해해야할 시점에 이르렀다. 최근 교회가 감소추세에 들어섰지만 오히려 목회자들은 더 많이 배출되고 있어 목회자 수급에 차질을 빚고 있는 실정이다. 이로 인해 이들은 경제적인 어려움마저 호소하고 있는 상황이다. 결국 경제적인 어려움을 겪고 있는 목회자들은 음성적으로 다른 일을 병행하고 있는 것으로 나타났다.[616]

목회윤리연구소 김승호 소장은 "이번 포럼은 현재 이중직 목회를 수행하고 있는 목회자들에게 이중직 목회에 대한 뒷받침을 제공해 주기 위해 마련했다"며 "구체적으로 생계형 이중직 목회자들 중에서 경제적 자립을 하면 전임제 목회로 전환하려는 분들이 있는 반면, 경제적 자립을 한다 해도 이중직을 통해 얻을 수 있는 다양한 목회의 기회를 계속 유지해 나가려는 분들이 있다. 이런 다양한 방향에 대해 다양한 대책 마련이 필요한 것이 현실이다"며 포럼에 대한 관심과 참석을 요청했다.[617]

기독교대한감리회(감독회장: 전용재)가 자립대상 교회의 목회자들이 이중직업을 가질 수 있도록 하고, 여성과 젊은층이 보다 많이 총회에 참석할 수 있도록 할당제를 통과시켰다.[618]

한국교회의 정체와 둔화로 많은 목회자들이 경제적인 위기를 경험하고 있다. 이들에게 목회와 일반 직업을 겸하는 이중직 문제는 생존을 위한 불가피한 선택이기도 하다. 이제 교회 일에 전념하는 목회자를 요구하거나 기대하기 어려운 시대이다. 이런 목회자 이중직 문제는 황등교회에도 생

616 김성진, "현실 감안한 '목사이중직', 이젠 논의할 때?" 《한국기독공보》 (2015년 8월 23일).
617 임성국, "목회윤리연구소 '목회자 이중직 신학적 분석과 대안 모색'" 《한국기독공보》 (2015년 11월 30일).
618 표현모, "목회자 이중직업 및 여성 · 청년 대의원 할당 통과" 《한국기독공보》 (2016년 1월 18일).

각해볼 일로 다가올 것이다. 이처럼 이전에는 생각조자 해본 적이 없는 목회자이중직이 논란이 될 정도의 상황은 평신도들도 마찬가지이다.

새로운 시대에 따라 새로운 교회상敎會像 그리고 가정과 직장에 대한 생각을 할 수밖에 없다. 이는 세대 변화에서 나타난다. 부모 세대와는 다른 시대와 사회구조를 경험하는 세대는 신앙생활의 양상도 다르다. 부모 세대는 거주지 가까운 거리에 있는 교회에 출석하면서 교회에서 수동적으로 주어진 설교를 경청하고, 시키는 대로 순종하면서 교회봉사를 해왔다. 그러나 현대인으로 지칭되는 세대는 이주移住가 많아졌고, 교통수단의 발달로 공간거리 개념보다 시간거리 개념이 강해졌다. 그에 따라 그냥 부모 세대를 이어서 교회를 출석하는 게 아니라 출석 교회를 바꾸거나 자신과 신앙적 가치관이 맞거나 자신의 영적 갈급함을 채워주는 교회를 선택하는 경향이 강해졌다. 또한 인터넷과 각종 미디어 매체의 발달로 언제 어디서나 교회를 쉽게 접할 수 있고, 다양한 교회를 비교·대조·분석할 수 있다.

이런 현대인들에게 오늘날 황등교회는 매력적으로 인식될 수 있을까? 오늘날 황등교회는 농촌지역 교회라는 한계가 있고, 교인의 대다수가 고령자高齡者인 상황이다. 이는 황등교회가 큰 위기에 직면해있음을 의미한다. 이를 보완해나가고 발전적인 교회상을 정립하고 활성화 방안을 찾기 위해서는 무엇보다도 변화된 시대를 파악하고, 그에 발 빠르게 대처해나갈 지혜로운 전략과 전술이 필요하다. 새 술을 새 부대에 담으라는 성경에 기록된 말씀을 절실하게 받아들여야만 황등교회가 희망찬 내일을 기대할 수 있을 것이다.

구약시대의 이스라엘 공동체 안에 백성들 사이에서 벌어지는 일들을 중재하고 적절한 조언과 충고를 했던 평신도들이 있었다. 이들은 지역을 행정적으로 관할하기도 하고 재판을 맡기도 하였다. 신약시대의 예루살렘교회도 치리와 사역을 담당할 특별한 은사를 가진 이들을 세웠다. 신약의 교회들은 교회를 이끌어 나갈 지도자의 자격을 면밀히 따졌으며 그 책무를 수행할 사람을 세우기 위해서 고심하였다. 이렇게 목회자와 평신도의 사역은 질서 안에서 이루어졌다. 하나님은 무질서의 하나님이 아니시며 질서를 세우시는 화평의 하나님이시다.[619] 하나님은 모든 교인을 사역의 자리로 부르신다.[620] 목회자만이 사역자이고 제사장일 수는 없다. 모든 신앙인이 그리스도의 위임 명령을 받아 서로 섬기면서 하나님 나라를 세워가야 한다. 목회자와 평신도는 서로 부정하는 갈등의 관계가 아니라 상생의 관계가 되어야 한다. 서로 한쪽을 부정함으로써 자신의 정당성을 입증하기 위해 소모적인 논쟁을 벌일 게 아니라 합력해서 선을 이루어가야 하는 동반자관계여야 한다.

종교개혁자들은 교회의 직제와 그에 따른 직분과 만인제사장직萬人祭司長職을 상호배타적이 아닌 상호보완적 관점에서 이해했다. 즉, 모든 신자는 하나님 앞에 직접 나갈 수 있는 제사장들이지만 각 신자는 성령의 은사恩賜에 따라 교회 안에서 다른 직분을 맡을 수 있다는 것이다. 루터가 어린 아이도 제사장이 될 수 있다고 주장한 것은 목사직이 필요 없다는 뜻으로 한 말이 아니다. 이는 성직자만이 제사장이 될 수 있다고 주장하는 로마가톨릭교회를 비판하고 만인제사장직을 강조하기 위함이었다.[621]

칼뱅은 교회의 네 직분론(목사, 교사, 장로, 집사)을 비판적으로 발전시켰고 이 직분의 질서를 제네바 교회에 접목하고자 했다. 칼뱅은 성직자가 아닌 평신도에게 장로직을 허용했다. 칼뱅의 시대이전만 해도 세속적인 직업을 지니지 않은 사람들만이 직분자가 될 수 있었으나 칼뱅은 평신도

619 고린도전서 14장 10절.
620 로마서 1장 6~7절.
621 최윤배, "칼뱅의 장로교회 정치", 임성빈 외, 『교회를 섬기는 청지기의 길 2』(성안당, 2008), 114-115쪽 참조.

에게 장로직을 개방해서 장로가 목사와 연합해서 당회를 구성할 수 있도록 하였다. 또한 칼뱅은 공동체를 돌보는 사람으로서 집사직을 개혁하였다. 당시 집사는 가톨릭에서는 사제司祭를 섬기는 직분으로, 루터교회에서는 유명무실한 직분이었다. 그러나 칼뱅은 집사를 교회 안팎의 가난한 사람을 위한 청지기이며 교회의 구제금을 관리하고 배분하는 사람으로 봤다. 칼뱅은 예배와 교회의 삶에서 이웃사랑을 배제하지 않으려했고 집사직을 받은 사람에게 이 역할을 맡겼다. 이를 오늘날의 관점에서 보면 당시 집사는 교회의 대사회적 봉사의 책임을 맡았다고 볼 수 있다.[622]

어느 조직이나 지도자의 안정적인 위상에 따라 조직이 안정적으로 운영된다. 그런 점에서 황등교회 담임목사들의 재임연수가 제10대 송현상 목사가 14년여 장기목회를 한 경우 이외엔 평균 3~5년에 그친 것은 아쉬움이 많다. 그러다가 현재 정동운 목사가 15년 근속을 이어가고 있으니 안정적인 목회로 평가될만하다. 그러나 이제 6년 후인 2022년이면 정동운 목사가 정년을 맞게 된다. 이 경우 오랜 세월 한 사람의 담임목사 체제에 익숙해진 교회는 후임 목사를 맞으면서, 선임목사先任牧師와 후임목사後任牧師의 방식이 달라 적응하는 어려움이 뒤따르기도 한다. 최근 한국교회의 몇몇 교회에서 담임목사 교체 이후, 교회가 분쟁에 휘말리는 경우가 있었다.

이런 이유로 몇 몇 교회들은 이른바 동사목사同事牧師[623]라는 제도를 활

622 최윤배, 같은 책, 102-104쪽 참조.
623 동사목사는 한 교회를 같은 권리를 가진 두 명의 목사가 목회하는 경우의 목사를 말한다. 이는 대체로 교회의 성장으로 교인들이 많아져 한 명의 목사가 목회를 감당하기 어려운 경우에 두는 경우이다. 한국 초대 교회에서는 선교사와 한국 목회자를 동시에 두는 예가 많아 이러한 제도가 필요했다. 그러나 현재는 일반적으로 시행되지는 않으나 담임 목사의 결정이 불확실할 때 한시적인 기간에 , 필요에 따라 두는 경우가 있다. 그 예로 영락교회에서 한경직 목사와 강신명 목사가 동사한 적이 있다. 근래에 후임으로 임명하는 과정에서 소망교회, 여의도순복음교회 등이 동사목사의 제도를 활용하였다. 하지만 일각에서는 현재 교단 헌법에도 없는 이 규정은 후임자에게 교회의 전권을

용한다. 이는 담임목사가 차근차근 퇴임을 준비하도록 시간을 배려하고 예비 담임목사를 선정해서 그가 기존 담임목사를 통해 목회경륜을 배우고 교회를 파악하는 시간을 제공하는 형태이다. 그러니 둘의 협력관계를 통해 교회는 담임목사 교체가 갑작스럽지 않고 점진적으로 진행되도록 하여 그에 따른 준비와 부작용을 예방하고 최소화해나갈 수 있다.

황등교회는 그동안 열정적인 부교역자(부목사, 전임전도사, 심방전도사)들의 헌신이 돋보였다. 이에 따라 농촌교회로서는 어렵고 힘든 일들을 진행해나갈 수 있었다. 그러나 부교역자들의 우수함과 헌신과 열정에 지나치게 의존할 경우, 바람직하지 않은 결과를 가져올 수도 있다. 한국교회 특성상 부교역자는 언제든 다른 교회 담임목사 자리나 다른 교회에서 부교역자 경험을 쌓기 위해 퇴임할 가능성이 있다. 부교역자는 그 자리에서 만족하는 것이 아니라 담임목사가 되기 전의 '경험 쌓기'라는 목회수련의 측면이 강하다. 이런 점에서 우수한 부교역자의 기획과 실행으로 교회 일이 진행되는 것은 바람직하지 않다. 물론 가정과 직장에서 분주하게 살아가는 평신도보다는, 전문적인 신학교육을 받고 전임全任으로 교회 일을 하는 이들이 교회 일을 더 잘하고 효과적인 것은 사실이다. 그러나 이것이 지나칠 경우는 문제가 발생할 수 있다. 만약 부교역자가 다른 교회로 떠날 경우, 그가 해온 일이 마비될 수 있다. 그러니 부교역자도 중요하지만 그에 못지않게 이를 같이 해나갈 평신도 지도력이 더 중요하다.

가톨릭은 신부와 수녀의 이동이 당연시되는 시스템이다. 그러니 지역 성당이나 가톨릭 기관에서 신부와 수녀의 임기는 평균 5년 내외가 된다. 그런 이유로 가톨릭은 평신도 지도력 함양을 강조한다. 그래서 신부와 수녀가 바뀌더라도 해오던 일이 마비되거나 폐지되지 않는다. 신부와 수녀

이전하지 못하여 임시방편으로 두는 것이라고 비판하기도 한다.

는 기존의 일을 주도하기보다는 해오던 일에 자신의 새로운 경험을 보충해서 일이 더욱 활성화될 수 있도록 촉매 역할을 하고 종교지도자 본연의 사명에 충실해서 평신도들이 깊은 영성을 체험하도록 이끈다. 평신도들은 그런 영성적 힘을 되새김으로 조직을 더욱 활성화해나간다.

향후 황등교회는 전업全業 목회자 수나 직원 수가 줄어들 수 있다. 이는 저출산과 고령화와 농촌교회로서 피할 수 없는 현실이다. 그렇다면 유치부부터 청년부에 이르는 교육파트목회자도 두기 어려워질 수 있고 교인들의 대소사를 챙길 심방전도사도 두기 어려울 수 있다. 이를 대비하는 노력과 방안이 시급히 요청된다. 황등교회 역사를 보면 다른 교회와 공동담임목사나 무담임목사제 시기가 많았다. 이런 시대에 황등교회는 별다른 어려움이 없었다. 이는 앞서 살펴본 것처럼 평신도 역량이 돋보인 결과였다. 당시 당회원(장로)의 학력은 설립자 대표인 계원식을 제외하고 보면, 대부분 요즘 학력으로 보면, 초등학교 졸업자들이었고 사회적 지위나 직업도 특별하지 못하였다. 그리고 시대와 사회의 현실은 견디기 어려운 상황이었다. 그럼에도 이들은 자체 규정을 만들어 성경적이고 복음적인 예배공동체를 이어갔고, 이를 바탕으로 교회를 활성화하고 지역사회선교를 펼쳐갔다. 이런 초창기 전통을 되살려 평신도 역량 강화를 모색해 나가야 한다.

황등교회는 전업목회자의 역할을 수행할 평신도 지도자를 길러내고 당회원의 역량과 교회학교 교사들의 교육도 중요하게 다뤄야한다. 평신도들의 역량을 효과적이고 효율적으로 극대화하기 위해 신자들의 학력과 직업과 특성을 면밀히 살펴보고, 그에 따른 교회 조직구성을 해나가야 한다. 그동안의 교회 조직을 단순한 방식으로 나이별로, 지역별로 편재하는 방식이어서는 안 된다. 교인들 저마다의 강점과 역량이 효과적으로 발휘되도록 교인들의 신상과 특성을 데이터베이스[624]로 갖춰야한다. 인사人事

가 만사萬事라는 말처럼 적재적소에 배치하고 이를 지원하고 독려해나가야 한다.

황등교회가 수행할 중요한 과제는 영적인 측면이다. 황등교회가 지금껏 수행해온 지역사회섬김과 봉사에 영성이 뒷받침되지 않는다면 그것은 복지단체나 시민사회단체와 다를 바가 없다. 영성은 하나님을 믿고 새롭게 되는 신앙체험으로 이루어지는 것이다. 얼마 전, 바둑기사 이세돌 9단과 인공지능AI을 갖춘 알파고의 세기의 대결로 온 나라가 떠들썩했다. 예상과 달리 인간을 대표한 이세돌 9단이 알파고에 1:4로 완패했다. 상상을 초월한 기술 발전에 경이로운 반응을 보이는 동시에, 향후 인간이 기계에 지배를 당할 수도 있으며 인간의 존재가치가 약화될 것이라는 우려도 들려온다. 기다렸다는 듯이, 벌써부터 국가적 차원에서 제4차 산업혁명을 들먹일 정도로 새로운 성장 동력을 이야기하고 있다. 그러나 기술발전에 따른 비인간화를 극복시킬 방안에 대해서는 논외가 되어 버린 것만 같다.

시각을 돌려 교회를 보자. 하나님 사랑하는 것만큼 인간을 사랑하라는 것이 기독교의 기본 정신이다. 그럼에도 교회에서 사람 냄새 맡기가 힘들다고들 말한다. 한국교회는 소외된 사람의 이웃이 아니라 기득권의 종교

624 자료 기지 또는 자료의 틀. 보통 DB라는 약자로 쓴다. 동시에 복수의 적용 업무를 지원할 수 있도록 복수 이용자의 요구에 호응해서 데이터를 받아들이고 저장, 공급하기 위하여 일정한 구조에 따라서 편성된 데이터의 집합이다. 기업이나 조직체의 활동에 필요 불가결한 자원이 되는 정보에 대한 다양한 요구에 응하기 위하여 대량의 정보를 수집, 관리하여 공동으로 이용할 수 있게 한 것이다. 데이터베이스의 특징을 열거하면 다음과 같다. ㉠어느 특정한 적용 업무나 응용 시스템이 아니라 동시에 복수의 적용 업무나 응용 시스템에 대한 데이터의 공급 기지로서 공유할 필요가 있는 데이터를 보관, 관리한다. 이 점에서 특정 목적을 위한 데이터를 관리하는 파일(file)과는 근본적으로 다르다. ㉡데이터의 특성, 실체 상호 간의 의미 관계와 형식 관계를 기술한 개념적인 구조에 따라서 편성된 데이터의 집합이다. ㉢동일한 내용의 데이터가 중복되어 있지 않아야 하고, 다양한 접근 방식이 마련되어 있어야 하며, 검색이나 갱신이 효율적으로 이루어질 수 있도록 해야 한다. ㉣자기 디스크나 자기 테이프 등 컴퓨터에서 사용할 수 있는 보조 기억 장치에 저장된다. ㉤데이터의 완전성(data integrity)이 보증되어야 하고 안전 보호(security), 동시 접근이나 장애 회복 기능 등이 마련되어야 한다.

로 인식되고 있어 큰 걱정이다. 교회에서 행하는 많은 훈련과 사역들이 진정성 있게 사람을 사랑하는 마음으로 하는지, 아니면 교회라는 구조를 지탱시키기 위한 방편으로 삼고 있는지 진솔하게 자문해 볼 시대이다. 성장, 효율성, 시스템, 세련미를 따지면 자연스레 인간의 존엄성은 뒷전이 되고 만다. 인공지능이라는 새로운 차원의 기술발전은 이전보다 더 큰 충격의 인간소외 현상을 불러일으킬 것이다. 인간을 대체할 것은 따뜻한 온기溫氣를 가진 인간 밖에는 없다. 하나님의 형상을 지닌 인간을 귀하게 여기는 기독교야말로 사람에게 꼭 필요한 종교여야 한다. 이 땅에 독생자를 보내주신 하나님, 가장 낮은 자리를 복음의 출발점으로 삼으시고 자신의 몸을 기꺼이 십자가에 내어 주신 예수님, 하나님과 세상을 소통하도록 이어주시는 성령님은 '사랑'으로 하나 되어 우리와 함께하신다. 이처럼 삼위가 하나 되어 일하시는 분이 하나님이시다. 이 하나님은 하나 되어 사랑을 이루어가기를 바라신다.

현대인은 하나님께 묻듯이 인공지능에게 모든 것을 묻는 시대가 되었다. 이런 시대에 우리는 인공지능을 연구할 것이 아니라 인공지능이 할 수 없는 인간의 능력을 연구해야 한다. 알파고 신드롬으로 인공지능에 대한 두려움이 높아진 시대에 인공지능을 뛰어넘을 수 있는 것은 영성이다. 위기가 왔을 때만 하나님을 생각하는 것이 아니라 매일 매일 끝없이 되풀이해야 한다. 오늘 우리가 사는 이 시대는 인공지능과 영성의 대결이 펼쳐질 것이다. 오늘 황등교회가 교회다움을 유지하고, 교회로서 그 정체성을 분명히 하는 길은 바로 영성이다.

영혼에 대한 사랑은 곧 그리스도에 대한 사랑이다. 교회가 구원받지 못한 영혼에 대해 흘리는 눈물은 하나님을 위한 최고의 봉헌이다. 어떤 의미에서 교회 안에 있는 비회심자들은 교회 밖에 있는 비신자들보다 더 안타까운 사람들이다. 구원받은 신자들의 공동체 속에서 많은 유익을 누리면서도 회심하지 않은 상태에 머물러 있기 때문이다.

성경의 관점에서 한 사람의 회심悔心 여부는 구원과 직결된다.[625] 회개와 믿음 없이는 구원도 없다. 그렇다면 회심에 대한 촉구는 성화聖化와 함께 설교자가 천착穿鑿해야 할 가장 중요한 주제이다. 하나님의 성품과 은혜를 경험하고 진리의 맛을 안 사람들만이 참된 신앙공동체에서 질서를 따라 성숙한 신자로 성장할 수 있다.[626] 그런데 단지 교회에 출석하는 이유만으로 당연히 구원 받은 사람으로 간주되어 세례를 받고 교회의 회원이 되지는 않는가?

기독교의 힘은 확고한 구원신앙에 있다. 목회자가 주일 예배에 모인 교인들이 모두 회심한 신앙인이라고 여기는 것은 교만이거나 착각이다. 애끓는 탄식 기도와 그리스도께 돌아오도록 눈물로 호소하는 설교가 절실하다. 거듭남과 회심이 중요하다. 그 누구도 거듭남과 회심이 없이는 변화될 수 없다. 그런 점에서 교회 안의 비회심자들에 대해 관심을 가지고 돌보지 않으면 안 된다. 무엇보다도 그들이 참된 복음을 듣고 성령의 은혜로 회심하게 되도록 간절히 기도해야 한다. 신앙인의 삶은 '거룩함'을 추구하는 것이다. 인간에게 적용된 거룩함은 모든 만물 위에 뛰어나신 하나님의 존재 앞에서 자신이 얼마나 하찮은 존재인지를 아는 것이며, 또한 도덕적으로 완전하신 하나님의 성품 앞에서 자신이 죄인이라는 사실을 깨닫

---

625 베드로가 이르되 너희가 회개하여 각각 예수 그리스도의 이름으로 세례를 받고 죄 사함을 받으라 그리하면 성령의 선물을 받으리니 이 약속은 너희와 너희 자녀와 모든 먼 데 사람 곧 주 우리 하나님이 얼마든지 부르시는 자들에게 하신 것이라 하고 또 여러 말로 확증하며 권하여 이르되 너희가 이 패역한 세대에서 구원을 받으라 하니(사도행전 2장 38절-40절).

626 이 섬긴 바가 자기를 위한 것이 아니요 너희를 위한 것임이 계시로 알게 되었으니 이것은 하늘로부터 보내신 성령을 힘입어 복음을 전하는 자들로 이제 너희에게 알린 것이요 천사들도 살펴 보기를 원하는 것이니라(베드로전서 1장 12절), 하나님이 우리를 사랑하시는 사랑을 우리가 알고 믿었노니 하나님은 사랑이시라 사랑 안에 거하는 자는 하나님 안에 거하고 하나님도 그의 안에 거하시느니라(요한일서 4장 16절).

는 것이다.

황등교회가 갖춰야할 능력으로 '현실 적응 능력'도 중요하지만 그 이전에 '영혼을 뒤엎는 영적인 능력'이다. 황등교회 구성원들은 교회의 영적 상황을 직시하고 담대히 맞설 각오를 해야 한다. 교회의 영광은 더 크게 되는 것이 아니다. 더 강하고, 더 높게 되는 것도 아니다. 교회의 영광은 많은 사람들이 영성을 바탕으로 하면서, 진실하게 회심하는 데 있다.

> 그러므로 나의 사랑하는 자들아 너희가 나 있을 때뿐 아니라 더욱 지금 나 없을 때에도 항상 복종하여 두렵고 떨림으로 너희 구원을 이루라, 너희 안에서 행하시는 이는 하나님이시니 자기의 기쁘신 뜻을 위하여 너희에게 소원을 두고 행하게 하시나니, 모든 일을 원망과 시비가 없이 하라, 이는 너희가 흠이 없고 순전하여 어그러지고 거스르는 세대 가운데서 하나님의 흠 없는 자녀로 세상에서 그들 가운데 빛들로 나타내며[627]

> 그의 십자가의 피로 화평을 이루사 만물 곧 땅에 있는 것들이나 하늘에 있는 것들이 그로 말미암아 자기와 화목하게 되기를 기뻐하심이라, 전에 악한 행실로 멀리 떠나 마음으로 원수가 되었던 너희를, 이제는 그의 육체의 죽음으로 말미암아 화목하게 하사 너희를 거룩하고 흠 없고 책망할 것이 없는 자로 그 앞에 세우고자 하셨으니[628]

스펄전 목사의 일화이다. 어느 날 스펄전이 울고 있었다. 그러자 스펄전의 아내가 그 이유를 물었다. "여보, 무엇 때문에 울고 계세요?" 스펄전은 이렇게 대답했다. "여보, 왜 그런지 나는 십자가에 대한 감격이 사라진

---

627 빌립보서 2장 12절-15절.
628 골로새서 1장 20절-22절.

것 같아. 옛날에는 십자가만 바라보면 눈물이 나고 감격이 넘쳤는데 내가 너무 달라진 것 같아 울고 있는 거요." 스펄전의 고백이 바로 우리의 고백은 아닌가? '지금 나는 누구인가, 어떤 사람인가, 하나님께 감사해야 되는데, 하나님을 사랑해야 하는데, 어느 순간 감사와 사랑의 눈물이 메말라버린 것은 아닌지……'

우리 안에 십자가의 의미를 되새기는 감동의 영성이 있다면 눈물이 마를 수가 없다. 무조건 감격하고 감사할 수밖에 없다. 특별히 하나님 사랑의 절정인 예수 그리스도의 십자가를 바라볼 때마다 하염없는 눈물을 흘릴 수밖에 없다. 오늘 우리는 십자가를 바라볼 때마다 이런 감격의 눈물이 얼마나 흘러내리는가? 우리의 삶을 선한 길로 인도하시는 하나님의 은혜에 대한 감격이 얼마나 있는가? 아니, 십자가를 바라볼 때마다 뜨거운 목젖과 젖은 눈시울로 감격하고 있는가? 십자가를 바라볼 때 우리의 눈동자는 메말라있는가, 아니면 그 사랑에 감사하여 뜨겁게 젖어 있는가?

우리는 하나님을 사랑하며 거룩한 삶으로 이 세상에 '존재의 울림'을 들려주는 거룩한 공동체를 이루어가야 한다. 영적인 점검은 당장 눈에는 보이지 않는다. 그리고 당장 변화를 볼 수도 없다. 그럼에도 영적인 공동체를 회복하는 교회를 위해서 놓쳐서는 안 되는 부분은 교회가 성경적으로 가고 있는지, 하나님이 기뻐하시는 뜻대로 가고 있는지를 점검해야 한다.

여기에 중요한 것이 기도운동이다. 조지 허버트는 "기도는 영혼의 피"라고 말했다. 우리가 빈혈貧血이 생기면 쓰러지는 것처럼 신앙생활을 하다가 때로는 현기증이 나고 쓰러지는 것은 영혼의 피인 기도가 모자라기 때문이다. 황등교회가 잊지 말아야 할 사실은 황등교회의 시작이 기도회였다는 사실이다. 1921년 10월 13일 황등의 기성의원에서 4일기도회로 모인 것이 교회의 시작이다. 기도는 영성 함양의 핵심이다. 그런데 황등교회는 2003년 하반기부터 알파[629] 프로그램을 금요일 밤에 진행하면서 같은 날인 금요철야기도회가 자연스럽게 잠정 보류되었다. 그런데 알파 프로그램이 주일로 옮겨졌고, 현재는 보류된 상황인데도 잠정 보류된 금요철야기도회는 속개되지 않고 있다. 이는 은근히 교인들이 금요철야기도회 참석을 꺼리다보니 속개됨을 바라지 않는 분위기에 따른 것으로 보인다. 물론 시대적 변화와 교인들의 필요에 따라 금요철야기도회가 폐지될 수도 있다. 그러나 한 번, 두 번 교인들의 필요에 따라 예배와 기도회와 교회 행사를 줄이기 시작하다보면 그 끝을 가늠하기 어렵게 된다. 언젠가는 수요기도회, 주일 오후예배, 새벽기도회도 폐지될지 모른다. 이런 현실에 되새겨 볼 성경 구절이 있다.

> 또 약속하신 이는 미쁘시니 우리가 믿는 도리의 소망을 움직이지 말며 굳게 잡고 서로 돌아보아 사랑과 선행을 격려하며 모이기를 폐하는 어떤 사람들의 습관과 같이 하지 말고 오직 권하여 그 날이 가까움을 볼수록 더욱 그리하자[630]

황등교회는 안팎으로 심한 도전에 직면해 현기증을 느낄 지경이고, 앞으로도 그럴 것이다. 이를 해결할 방법은 외부적인 지원이나 유기적인 행정체계나 재정적인 효율도 필요하지만 근본적인 문제 해결은 아니다. 이는 오직 기도에서 시작되어야 한다. 황등교회는 개인경건의 중심수단인 기도생활을 보다 다양하게 계발시켜 주어야하고, 교회에서 기도운동을 활성화해 나가야한다.

---

629 알파는 기독교의 기본 진리를 알기 쉽게 전하기 위한 전도프로그램이다. 황등교회는 이 프로그램을 도입해서 새신자 유입과 기초신자양성교육 프로그램으로 실시해오고 있다. 알파가 무엇인지는 알파코리아 사이트를 참조하기 바람.
http://www.alphakorea.org/src/main/indexpage.php
630 히브리서 10장 23절-25절.

기독교 신앙인으로 살아갈 때, 영적으로 피로해질 수 있다. 기도할 때에 집중이 되지 않고 마음이 흐트러질 수도 있다. 신체의 연약함 때문에 기도하다가 졸수도 있다. 그러나 기도에 집중하지 못하고 기도를 중단한다면 우리는 영적 싸움에서 질 수밖에 없다. 하나님께서 르비딤 전투 이전에 이스라엘 백성에게 반석의 생수를 먹이신 것처럼, 우리에게 주신 하나님 말씀을 영적 양식으로 먹어야 한다. 그 말씀에 힘입어 싸우기 위해서는 성령의 도우심을 구하는 기도를 그치지 않아야 한다. 우리는 "하나님의 말씀과 기도로 거룩"[631]해져야 영적 승리를 거둘 수 있다.

우리가 연약해서 기도를 중단할 때, 하나님은 모세를 도운 아론과 훌처럼 우리를 돕는 사람들을 세워주신다. 신앙 공동체 안에서 우리를 위해 기도하는 이들을 세우신다. 모세는 연약하기에 모세의 손이 피곤했지만, 하늘 보좌 우편에서 우리를 위해 중보기도하시는 예수 그리스도의 손은 강력하고 지치지 않는다. 예수 그리스도는 우리를 위한 중보기도를 한 번도 중단하지 않으신다. "누구든지 주의 이름을 부르는 자는 구원을 받으리라"[632] "성령도 우리의 연약함을 도우시나니 우리는 마땅히 기도할 바를 알지 못하나 오직 성령이 말할 수 없는 탄식으로 우리를 위하여 친히 간구하시느니라"[633]

교회에서 모든 사람이 모세가 될 수는 없다. 하지만 아론과 훌처럼 모세를 돕는 역할도 중요하다. 지도자를 인정하고 그를 돕는 사람이 필요하다. 공동체 안에서 가장 주목받는 자리에 있지 않더라도 그 공동체에 꼭 필요한 일을 한다면 그 사람이 공동체의 핵심 인물이다. 기도는 협력으로 이끈다. 예수님은 "진실로 다시 너희에게 이르노니 너희 중의 두 사람이

---

631 디모데전서 4장 5절.
632 로마서 10장 13절.
633 로마서 8장 26절.

땅에서 합심하여 무엇이든지 구하면 하늘에 계신 내 아버지께서 그들을 위하여 이루게 하시리라."[634]고 약속하신다. 모세를 도운 아론과 훌의 합심 기도는 이스라엘 공동체가 하나님의 사랑 안에서 하나가 되었음을 잘 보여준다. "너희가 부르심을 받은 일에 합당하게 행하여 모든 겸손과 온유로 하고 오래 참음으로 사랑 가운데서 서로 용납하고 평안의 매는 줄로 성령이 하나 되게 하신 것을 힘써 지켜야 한다."[635]

"야베스가 이스라엘 하나님께 아뢰어 이르되 주께서 내게 복을 주시려거든 나의 지역을 넓히시고 주의 손으로 나를 도우사 나로 환난을 벗어나 내게 근심이 없게 하옵소서 하였더니 하나님이 그가 구하는 것을 허락하셨더라"[636] 역대상 1장부터 9장은 아담으로부터 사울 가문의 족보까지 쓰여 있다. 이 족보에는 한 가지 특이한 점이 있다. 4장에 소개되고 있는 유다 자손인 '야베스'라는 인물이다. 1장부터 9장까지는 누구의 자손은 누구이며 누가 누구를 낳았다 정도만 적혀 있다. 그런데 유독 야베스라는 인물을 소개할 때는 그냥 넘어가지 않고 야베스의 삶과 인생의 결과에 대해 설명하고 있다. 왜 하나님은 500명이 넘는 수많은 사람들 가운데 유독 야베스라는 한 사람의 인생을 소개하셨을까?

야베스라고 하는 이름의 히브리어의 뜻은 '환란, 수고, 고통'이라는 의미를 가지고 있다. 아이의 이름을 왜 이렇게 지었을까? 9절을 보면 야베스의 어머니가 수고로이 낳았기 때문에 야베스라는 이름을 지어주었다고 쓰여 있다. 더욱 특이한 것은 어머니가 야베스의 이름을 지었다는 것이다. 야베스가 살던 시대에는 어머니보다는 아버지가 이름을 짓는 것이 보통이다. 아버지가 아닌 어머니가 이름을 지었다는 것은 야베스가 태어날 때

634 마태복음 18장 19절.
635 에베소서 4장 1절-3절.
636 역대상 4장 10절.

에 아버지가 없었다는 것을 의미한다. 야베스의 어머니가 야베스를 수고롭게 낳았다는 것은 난산難産만을 뜻하는 것이 아니다. 야베스의 가정에 환경적인 슬픔과 고통도 있었다는 의미이다. 이처럼 야베스의 출발은 불행이었지만 불행을 이기고 멋진 승리의 삶을 살았다. 성경은 야베스가 형제 중에서 귀중한 자라고 증언한다. 고통과 불행으로 시작한 사람이 귀중한 사람이 되었다. 어떻게 이런 일이 일어날 수 있었을까?

야베스는 자신의 삶의 문제를 가지고 하나님께 기도하였다. 우리가 하나님께 부르짖고 기도할 때에 하나님은 모른 척 하지 않으신다. 하나님은 우리의 인생 속에 응답하시고 우리의 삶에 놀라운 것으로 채워주신다. "네가 부를 때에 나 여호와가 응답하겠고 네가 부르짖을 때에는 내가 여기 있다 하리라"[637] 하나님은 나의 부르짖음에 응답하시는 분이시다. 성경에 나오는 많은 인물들과 믿음의 선배들은 동일하게 하나님은 도우시는 하나님이라고 증언하고 있다.

하나님은 하늘의 보물창고寶庫를 여시고 사랑하는 자녀들에게 복 주시기를 기뻐하신다. 야베스는 '나의 지역을 넓혀주시고, 주의 손으로 나를 도우사'라고 기도하였다. 지역을 넓혀달라는 기도는 더 넓은 땅을 차지하기를 기도한 것이다. 더 넓은 땅을 차지한다는 것은 주변에 더 많은 영향력을 행사하게 되는 것을 의미한다. 사람들은 자신의 영향력이 더 커지기를 원한다. 그러나 어떻게 하면 자신의 영향력이 커지는지를 알지 못한다. 야베스는 자신의 영향력을 어떻게 넓히는지 알고 있었다. 바로 하나님의 도우심을 받는 것이다.

야베스는 단순히 자신의 영향력이 커지는 것만을 바라지는 않았다. 자신의 지역을 넓혀달라는 기도와 함께 주님의 손으로 붙잡아 도와달라고

---

637 이사야 58장 9절.

기도한다. 다스리는 지역이 좁고 내 영향력이 별로 없을 때는 내 힘으로 할 수도 있다. 그러나 다스리는 지역이 넓어지고 영향력이 확대되면 확대 될수록 내 힘으로는 할 수 없다. 오직 하나님의 손으로 이끌어주시고, 붙 잡아주시고, 지켜주셔야만 가능하다.

현대인은 이전 세대가 경험한 이른바 보릿고개를 모를 정도로 풍요를 누리는 세대이다. 물론 아직도 빈곤층이 많고 실업으로 고통 받는 이들이 많지만 분명 이전 세대보다는 잘 사는 세대이다. 이들은 생존을 위해 먹고 입고 거주하는 세대가 아니다. 그건 기본이고 이를 삶의 질로 연결하는 세 대이다. 하나의 예로 식사를 하려고 식당을 가면 이전 세대의 기준은 값이 싼 것 위주였다. 그리고 시간에 쫓기니 가까운 곳이었고 익숙한 것이었다. 그러나 현대인은 다르다. 조금 비싸고 멀고 낯선 곳이라도 건강식(유기농 산물)이거나 맛이 특별하다면 거리나 비용이나 낯섦은 문제가 아니다. 그 러다보니 잘되는 식당은 거리가 먼 농촌 외곽지역에 있어도 문전성시를 이루고, 반면 교통이 편리한 곳에 있어도 폐업에 이르는 식당이 많다.

서술자가 잘 아는 교사는 영적인 깊이를 담아낸 설교를 듣고 싶어서 인 터넷과 서적을 찾은 결과, 몇몇 목사의 설교를 흠모하여 인터넷에서 시청 하거나 저서를 구입해서 읽고 있다. 서술자도 이들 목사들이 누구인지 잘 안다. 이들 목사 중에 한 사람을 접해보니 놀라웠다. 이 목사는 특별히 교 회를 설립하려는 것이 아니었다. 이른바 초대형교회 담임목사직을 내려 놓고 조용히 영적인 공동체를 꿈꾸며 그 일에 매진하려고 하였다. 그러다 가 그를 따르는 이들과 영적인 공동체를 하면서 이들과 같이 예배를 드림 이 알려졌다. 이 공동체는 교단도 없고, 교회당도 없고, 시설도 미비하다. 특별히 교회 이름도 없고, 동시에 예배를 드릴 수 있는 인원이 100명도 되 지 않는 협소한 공간이었다. 그런데 이 목사의 설교를 갈망하는 이들이 많 아지다 보니 설교를 여러 차례 나누어 하게 되었고, 이도 모자라 인터넷으로 공개하게 되었다. 서술자도 가끔 들어가서 이 목사의 설교를 시청한다. 아무 때나 아무 시기의 설교를 시청할 수 있다. 놀라운 사실은 이 목사의 설교조회수가 수천 건에 달한다. 황등교회가 영적인 깊이를 담보하는 예배와 말씀과 교제와 교육과 나눔과 섬김과 봉사를 실천하는 공동체성을 분명히 한다면 농촌이라는 지역적 한계와 고령화인구가 다수인 교회의 한계도 극복할 수 있다.

황등교회가 중점적인 과제로 삼을 영역은 지금까지 해온 것처럼 지역사회를 섬기는 일과 교인들의 삶을 지원하고 위로하고 격려하는 심방과 내적인 화합과 친교일 것이다. 어느 조직이나 가장 큰 어려움은 외부의 변화된 상황이나 공격이 아니다. 이런 어려움은 내부의 결속이면 얼마든지 이겨나갈 수 있다.

황등교회 초창기 역사를 보면 혹독한 일제강점기의 강압에도 교회를 지켜나갈 수 있었던 힘이 바로 내부의 결속이었다. 계원식은 멀고 먼 이북 출신의 이주민이었다. 황등 사람들은 이주민인 계원식을 배척하지 않았다. 오히려 환영하며 계원식을 존경하고 따랐다. 그로 인해 황등이 새롭게 되고 새로운 문화를 접할 수 있었다. 이것이야말로 황등교회의 자랑스러운 전통이다. 이런 저런 이유로 인해 황등지역으로, 황등교회로 들어온 이들이 소외감을 느끼지 않도록 보듬어 주고 함께하면서 이들과 함께 하는 화합이 절실하다.

지역과 함께하는 방식으로 기존에 해온 지역선교사역과 함께 최근 법인 구성으로 지역봉사와 시민사회단체의 틀로 사역을 담당하려고 만든 비영리민간단체 이웃사랑나눔회를 보다 활성화해나갈 수 있다. 이 조직이 활성화되려면 교회 화합과 전문 인력 확보와 독려가 중요하다. 이렇게 되면 보다 체계적이고 효과적으로 지역사회 섬김이 가능해진다. 또한 개별 교회 이익으로 비치거나 전도로 비쳐서 오해받고 외면 받을 일들을 교회 이름이 아닌 법인의 이름으로 접근할 수 있으니 효과적이다. 이것은 기독교신앙의 순수성을 바탕으로 변화된 세상에서 법과 제도와 여건을 지혜롭게 활용할 현실대처 능력의 핵심이다. 예수님이 제자들에게 하신 말씀이다. "뱀같이 지혜롭고 비둘기 같이 순결하라"[638] 이런 지혜로운 교회 운영 방안의 사례이다.

초동교회는 항상 재정적인 어려움을 겪고 있다. 1년에 교인들의 헌금은 400만원 전후다. 이것으로는 하나님의 사랑을 보여주는 어떠한 일도 하지 못한다. 오히려 교회 존립에 관한 문제가 심각하게 받아들여진다. 수년 동안 자립을 하기 위해 노력 한다고 해도 그 이후에도 역시 봉사, 구제, 섬김은 할 수 없는 상황이 현실이다. 교회 안에서 모든 재정이 소비되기 때문에 지역을 섬기는 것 역시 어렵다. 재정이 넉넉한 교회라고 해서 지역을 섬기는데 많은 재정을 사용할 수 있을까? 이것도 어렵다. 순수하게 구제와 섬김을 위해 쓰는 재정은 그리 많지 않다. 이제 각 교회마다 재정적인 어려움을 겪게 되는 시기라고 많은 통계와 예측을 이야기하고 있다. 존립 문제 앞에 직면한 자립 대상 교회와 일반 교회들은 어떻게 하면 이 문제를 해결할 수 있을까? 특히 질병으로 인해 외부활동을 하기 힘든 상황에서 이 문제를 고민하며 살펴보게 되었다…올해 5월 농어촌희망재단에서 2000만원을 지원받아 밑반찬 나눔, 병원 모셔가기, 목욕탕 모셔가기, 한글교실을 각각 500만원씩 배분하여 사업을 진행하고 있다. 전액 지역을 섬기는데 모두 사용되고 섬기는 이들도 최소한의 인건비를 보장하기 때문에 섬김을 받는 사람이나 섬기는 사람 모두가 행복한 사업이 된다.[639]

---

638 마태복음 10장 16절.
639 이용호, '공모사업'으로 지역 돌봄, 《한국기독공보》 (2016년 7월 6일).

초동교회는 황등교회와 같은 교회로 이 교회 담임목사 이용호는 현실적으로 교회 규모와 재정적 여건으로 지역사회 섬김이 어려웠다. 이런 현실에서 방법을 찾은 것이 공모사업 형태이다. 위의 글에서 이용호 목사가 밝힌 대로 농어촌희망재단을 통해 2000만원을 지원받아 효과적으로 지역사회 섬김을 펼쳤다. 이용호는 《한국기독공보》에 2016년 7월 7일부터 2016년 7월 26일까지 매주 교회가 공모사업 등으로 적절히 재정을 확보하면서 지역사회 섬김이 가능함을 실제적인 사례로 제시하였다. 초동교회와 같이 효과적으로 지역사회 섬김을 펼치는 교회들이 많이 있다. 이들 교회의 사례를 살펴보고 이를 황등교회의 방식으로 개량해서 펼쳐나가는 것도 유익할 것이다. 오늘 이 시대는 필요한 자료를 구하는 것이 그다지 어렵지 않은 시대이다. 새로운 것을 만들기는 어려우나 같은 교단, 같은 신앙공동체의 사례를 구함은 협조 요청시 어렵지 않을 것이다.

황등교회 역사에서 탄탄한 구역조직과 권찰의 역할은 아무리 강조해도 지나치지 않을 정도로 빛나는 전통이다. 이를 통해 교인들의 관계는 가족에 버금가는 사랑과 화합을 이룰 수 있었다. 이런 전통을 오늘에 맞게 재구성해서 예배공동체를 넘어 가족과 같은 화목하고 친근한 교제공동체가 되도록 구역을 조직하고 관리해나가는 시스템을 구축해나가야 한다. 최근 구역의 변형된 틀로 셀이나 목장이라는 개념을 도입하는 교회들이 늘고 있다. 이런 새로운 시대, 새로운 교인들의 구역 형태도 논의해 나가야 한다.

기독교 신앙인이 세상 사람과 구별되는 것이 무엇인가? 그것은 진실함과 겸손함과 따뜻함이다. 교회에서 모든 일에 겸손함을 드러내고 진실함을 담아내고 따뜻함을 표현해나가자. 교회에 출입하면서 따뜻함을, 진실함을, 겸손함을 경험한다면 교인들의 얼굴에서 예수님의 얼굴이 빛나게 될 것이다. 따뜻한 교회, 겸손한 교회, 진실한 교회 속에 예수님의 얼굴이 드러나게 된다. 세상의 지치고 피곤한 사람들이 황등교회에 와서 위로받고 새 힘을 얻고 가야한다. 교회는 자신을 자랑하러 오는 것이 아니다. 자신의 능력을 과시하러 오는 것도 아니다. 교회는 '하나님 앞에서 모두 죄인입니다' 라고 스스로를 낮추는 사람만이 예수 그리스도의 십자가 앞에 의인義人으로 인정義認받게 되는 곳이다. 그러므로 교회는 겸손해야한다. 그리고 진실해야하고 따뜻해야한다.

황등교회는 교회의 상징이 십자가에 담겨 있듯이 십자가 정신을 되새기는 두 가지 일에 역점을 두고 이를 실천해야한다. 십자가의 수직적 축은 하나님 사랑이다. 세속적 가치에 때 묻지 않은 영성의 공동체가 되어야한다. 이를 위해 초창기 교회설립 정신처럼 사람이 주인 됨이 아닌 하나님이 주인 되시고 교회의 순수성을 지켜나가야한다. 또한 6·25전쟁 당시 숭고한 순교자의 피를 헛되지 않게 하고 해방과 6·25전쟁 직후 보복하지 않고 용서와 화해로 나아간 정신을 재현해 나가야한다.

십자가의 수평적 축은 이웃사랑이다. 황등교회가 설립당시부터 교회가 직면한 식민지 현실에서 자포자기하려는 것을 경계하면서 황등시장터 사람들에게 금주와 금연을 촉구하는 의식개혁운동을 펼치고 가난한 지역의 아이들을 가르치고 황등기독학교를 설립운영하는 등 지역과 함께 지역의 필요를 채워간 사랑의 실천을 보인 것처럼 이를 더욱 전문화하고 활성화해 나가야 한다.

한국사회의 위기와 한국교회의 위기와 황등교회의 위기에 다른 사람이나 공동체를 탓하기 전에 나로부터 작은 실천을 펼쳐보자. 잔뿌리들은 서로 단단히 여러 방향으로 얽어가고 얽혀짐으로써 흙이 흩어지지 않게 한다. 이런 관계 때문에 땅이 된 흙들은 물과 영양을 머금어 생명을 지어내는 창조적 공간이 탄생하게 된다. 다른 뿌리가 자신을 감도록 자신을 열고 내맡기는 용기, 다른 뿌리를 확 감아 자신의 삶을 책임 영역 안에 밀어 넣는 적극적인 포용, 이 열린 용기와 적극적인 포용의 일상적 실천이 교회를 살리고 사회를 살린다. 이것이 바로 한 알의 밀알 정신이다.

황등교회는 설립 100주년을 대비하는 역사 앞에서 지금까지 잘해온 것들이 많지만 반성할 것은 반성하고, 초창기 교회 설립 정신을 되새기면서 공동체성을 회복해야한다. 교회가 마지못해 억지로가 아니라, 즐겁고 신나고 행복한 가족과 같은 분위기로 여겨지도록 교회 안에 다양한 동호회와 흥겨운 문화공연과 행사가 펼쳐져야한다. 황등교회의 역사와 전통을 계승해서 오늘 우리의 당면 과제를 해결해나갈 황등교회의 일꾼은 담임목사나 부교역자나 장로와 같은 항존 직분자만이 아니다. 황등교회를 구성하는 한 사람, 한 사람이 작은 것부터 시작하는 것이다. 내가 먼저 기도하고, 내가 먼저 반성하고 내가 먼저 손 내밀고 내가 먼저 실천적 발걸음을 내딛는 것이다.

담쟁이

도종환

저것은 벽
어쩔 수 없는 벽이라고
우리가 느낄 때
그때,
담쟁이는 말없이 그 벽을 오른다.

물 한 방울 없고,
씨앗 한 톨 살아남을 수 없는

저것은 절망의 벽이라고 말할 때
담쟁이는
서두르지 않고 앞으로 나간다.
한 뼘이라도 꼭 여럿이 함께
손을 잡고 올라간다.
푸르게 절망을 잡고 놓지 않는다.

저것은 넘을 수 없는 벽이라고
고개를 떨구고 있을 때
담쟁이 잎 하나는
담쟁이 잎 수천 개를 이끌고
결국 그 벽을 넘는다.

11

기독교학교
설립의 의미

황동교회 그 뿌리와 기독교 역사 정립

사랑의 종, 그 언저리에서 길을 묻다

기독교학교
설립의 의미

　황등교회 초창기는 교육이 무엇인지 교육학적 깊이를 알거나 체계적인 교육 사업을 진행한 것은 아니지만, 교회에서 교인만을 대상으로 교회만 위한 교육이 아니라 이를 넘어서서, 지역과 함께하려는 교육이 실제로 진행되었다. 이런 교육이야말로 오늘날 황등교회 학교운동의 태동胎動이라고 말할 수 있다. 이는 앞에서 살펴본 바와 같이 황등교회가 지역성을 분명히 해온 모습에서 쉽게 이해된다. 이 글에서 다룰 학교교육 운동에서는 황등교회가 설립해서 운영하는 현재의 황등교회 어린이집은 다루지 않는다. 그 이유는 이 글의 주된 목적이 황등교회 사랑의 종이 울려 퍼지면서 지역사회 섬김의 모델로 자리매김한 황등교회의 뿌리를 찾아 떠나는 일종의 여행스케치였기에 해방이후 논의가 활성화된 학교 설립 논의를 통한 현재의 학교법인 황등기독학원 산하 학교만을 다루고자 한다. 황등교회 어린이집도 법인체이나 학교법인이 아니라 사회법인으로 황등기독학원인 중등교육기관임에 비해 보육기관이기에 이 글에서는 다루지 않을 것이다. 황등교회 어린이집의 역사와 의미는 다음의

과제로 넘긴다.[640]

●
한국근대화와 학교설립운동

　문호가 개방된 이후 서양교육에 대한 민중의 열망은 높아지고 있었다. 조선 정부의 노력이 비록 활발하지는 못하였지만 근대교육을 도입하는데 앞장섰던 것은 사실이다. 정부는 한인 유학생을 80명씩 몇 차례에 걸쳐 일본으로 보냈고, 1881년에는 일본과 중국에 학생들과 시찰단을 파송하여 세계정세를 공부하게 하였다. 우리나라의 근대교육은 19세기 후반 조선 사회가 제국주의 세력에 맞서 근대적 국민 민족국가로 발돋움하는 과정에서 성립 발전되었으며 "아는 것이 힘이다." "배워야 산다"는 당시 교육운동가들의 구호처럼 교육운동은 국권수호를 위한 결의와 생존을 위한 실력배양이었다.

　우리나라 최초의 근대학교는 원산학사元山學舍이다. 원산학사는 1880년 4월 개항 이후 함경도 원산에 일본영사관[641]이 설치되고 일본인 거류지가

---

640 이 글에서 다루지 않는 이유가 황등교회 어린이집의 중요성이 황등중학교와 성일고등학교보다 부족해서는 아니다. 현재 황등교회 어린이집은 보건복지부가 실시하는 평가인증을 받아 교육과정우수기관으로 선정될 정도로 교직원의 노력이 돋보이는 모범적인 보육기관이다. 기관명에서 알 수 있듯이 황등교회 어린이집은 황등교회가 설립의 모체이고 신앙교육이 우선임을 분명히 하는 기관이다. 사회법인으로 이사회는 황등교회 당회에서 교인 중에서 선임하고 있다. 현재 이사장은 조규대 안수집사로 익산시의 시의원이다.

641 대사관은 정치, 경제, 사회, 문화 전반에 걸친 양국 간의 관계 증진 또는 통상 관련 일도 하고 정치인들도 만나고 문화 행사도 주최한다. 상무관, 문화원, 영사관 등이 따로 있다 하더라도 대사관의 통제를 받을 정도로 모두 대사관의 하부 기관들이다. 영사관 (Consulate)은 자국민을 보호하는 업무를 하게 된다. 자국민이 경찰서로 연행되면 영사관으로 연락이 오면 영사관 직원이 출동한다. 해외 거주민들이 투표할 경우 부재자

만들어지자 덕원부德源府의 주민이 일본에 대응하기 위해 설립한 학교로, 1883년 8월 28일 덕원부사 정현석鄭顯奭은 서북경략사西北經略使 어윤중魚允中과 원산항의 통상을 담당하던 통리기무아문統理機務衙門의 주사 정헌시鄭憲時의 지원을 받아 원산학사를 설립했다. 원산학사는 1904(광무 8)년 원산학교로 개칭되었으며 설립 초기에는 문예반과 무예반으로 반편성을 했는데, 학생 수는 문예반 50명 정도, 무예반 200명 정도였다. 교과과정은 문무반 공통으로 산수·물리·기기·농업·양잠·채광採鑛·법률·지리·국제법 등 실용적인 과목이 있었고, 특수과목으로 문예반은 경의經義를, 무예반은 병서兵書를 가르쳤으며 일본어 등 외국어와 법률·지리 등 근대 학문도 포함되어 있었다.

1883년 김윤식이 한성漢城에 세운 관립영어학교 동문학同門學은 통역관 양성소이며 서양 여러 나라와 조약을 맺게 되고 교섭을 갖게 되자 영어를 할 줄 아는 통역관이 필요하게 되었다. 통리교섭통상사무아문 협판 겸 해관海關의 사무를 관장한 총세무사로 부임하게 된 독일인 묄렌도르프(목인덕穆麟德)가 통상사무아문의 부속기관으로 재동에 동문학同門學을 설치했으며 1886년에 육영공원育英公院이 생기면서 폐교되었다.

민영익이 보빙사報聘使로 미국에 다녀온 뒤, 1882년에 영어를 본격적으로 가르칠 수 있는 근대식 교육기관 설립을 계획했다. 이 요청에 따라 뉴욕에 있는 유니온신학교 학생인 길모어G. W. Gilmore, 벙커D. A. Bunker, 헐

투표 같은 것도 하고, 혼인신고도 받고, 출생 신고 등의 법적 신고도 받는다. 여권 발급 또는 각종 증명서 발급도 받을 수 있고 자국으로 여행하는 외국인들에게 사증 발급하는 일도 하는데 거의 모든 대민 업무는 영사관에서 한다. 대사관이 주재국의 수도에만 두는 것과는 달리 영사관은 주재국의 수도에서 떨어져 있는 도시에 설치된다. 또한 대사관은 국가승인을 해야 설치할 수 있지만 영사관은 국가승인 없이도 설치할 수 있다. 대사관 안의 영사과에서는 대사관의 회계 업무도 맡아서 한다. 영사관의 최고 책임자는 영사, 총영사관(Consulate-General)의 최고 책임자는 총영사, 대사관의 최고 책임자는 대사이다.

버트H. B. Hulbert가 추천되어, 이들은 1886년 7월 4일 한국에 와서 9월부터 수업을 시작하였다. 그러나 신교육운동의 시도로써 육영공원은 그 설립 자체가 예로부터 내려온 전통과 특권을 찾고, 새사회의 적응이 없는 양반 고관의 자제들만 입학시켰으므로, 이 기관을 통해 새문화를 받아들이기란 매우 힘들었다. 뿐만 아니라 양반 자제들은 공부도 제대로 하지 않았다. 여기에다 관리들이 학교공금을 사용화私用化하기도 하는 등 한심한 상황이 되자 초빙해 온 교사들 가운데 먼저 길모어가 그만 두고, 차례로 헐버트와 벙커까지 본국으로 돌아가 버리고 말았다. 이렇게 해서 육영공원은 1894년에 완전히 폐지되고 말았다. 이와 같이 우리 나름대로 현대식방식으로 근대교육을 시도한 노력은 결실을 거두지 못하였다.

1894년 갑오유신甲午維新을 통하여 학무아문學務衙門에서 교육행정 업무를 전담하도록 했고, 학무아문學務衙門은 총무국, 성균관成均館 및 상교庠教, 서원書院 사무국, 중학교·대학교·기예학교·외국어학교 및 전문학교를 관장하는 전문학무국, 소학교·사범학교를 관장하는 보통학무국, 편집국, 회계국의 부서가 조직됐으며 소학교·중학교·전문학교·대학교로 이어지는 근대적인 학제를 도입하려 했다. 1895년 2월 26일 고조 광무제高祖 光武帝[642]의 교육입국조서教育立國詔書를 통하여 교육으로 부국강병을 실현하고

642 러시아의 영향력이 막강해지고 열강의 이권 각축 경향을 보였으나, 고종은 1897년 경운궁으로 환궁하여 원구단을 지었다. 그리고 하늘에 고하는 제사를 지낸 후에 국호를 대한제국, 연호를 광무(光武)로 새로 정하고 대한제국의 제 1대 황제 '광무제'로 즉위하였다. "봉천승운황제(奉天承運皇帝)는 다음과 같이 조령(詔令)을 내린다. 짐은 생각건대, 단군(檀君)과 기자(箕子) 이후로 강토가 분리되어 각각 한 지역을 차지하고는 서로 패권을 다투어 오다가 고려(高麗) 때에 이르러서 마한(馬韓), 진한(辰韓), 변한(弁韓)을 통합하였으니, 이것이 삼한(三韓)을 통합한 것이다. 우리 태조(太祖)께서 왕위에 오르신 초기에 국토 밖으로 영토를 더욱 넓혀 북쪽으로는 말갈(靺鞨)의 지경까지 이르러 상아, 가죽, 비단을 얻게 되었고, 남쪽으로는 탐라국(耽羅國)을 차지하여 귤, 유자, 해산물을 공납(貢納)으로 받게 되었다. 사천 리 강토에 하나의 통일된 왕업(王業)을 세웠으니, 예악(禮樂)과 법도는 당요(唐堯)와 우순(虞舜)을 이어받았고 국토는 공고히 다져져 우리 자손들에게 만대토록 길이 전할 반석같은 터전을 남겨 주었다. 짐이 덕이 없다 보니

민족의 자립을 실현하려 했고 1895년 한성사범학교漢城師範學校 부속소학교의 설립을 시작으로 관립소학교들이 세워지고 아동들에게 교육 기회가 확대되었고, 1896년 7월 설립한 독립협회獨立協會도 아동과 여성교육에 초점을 맞추어 교육기회를 확대해야 한다는 계몽활동이 이루어졌다.

　대략 러·일전쟁 직후인 1904년 교육구국운동이 서울에서 시작되어 전국으로 확산되었다. 이 운동은 애국계몽운동의 차원에서 시작되었고 구체적으로 신식학교 설립을 통해 추진되었다. 이 운동의 목적은 교육으로 위기에 빠진 나라를 구하고 살리자는데 있었다. 러·일전쟁에서 승리한 일본이 조선에 대한 식민지 야욕을 노골적으로 드러낸 상황에서 나라를 구하기 위해 대중들을 깨우치려는 교육에 초점이 있었다. 이 운동은 몇 가지 점에서 그 이전까지의 계몽운동과 달랐다. 이전의 계몽운동은 대체로 정치개혁을 통한 사회계몽에 초점이 맞춰졌고 또 정부의 보조와 지원을 자주 받았던 반면에, 정치활동이 법적으로 봉쇄된 상황에서 정치적인 색채를 띨 수 없거니와 정부의 힘을 입을 수도 없게 되었다. 그 까닭은 러·일전쟁에서 승리한 일본이 대한제국과 '한일의정서'를 체결해서 내국인의 정치활동을 법적으로 금지시켰기 때문이었다. 더구나 대한제국은 1905년

어려운 시기를 만났으나 상제(上帝)께서 돌봐주신 덕택으로 위기를 모면하고 안정되었으며 독립의 터전을 세우고 자주의 권리를 행사하게 되었다. 이에 여러 신하와 백성들, 군사들과 장사꾼들이 한목소리로 대궐에 호소하면서 수십 차례나 상소를 올려 반드시 황제의 칭호를 올리려고 하였는데, 짐이 누차 사양하다가 끝내 사양할 수 없어서 올해 9월 17일 백악산(白嶽山)의 남쪽에서 천지(天地)에 고유제(告由祭)를 지내고 황제의 자리에 올랐다. 국호를 '대한(大韓)'으로 정하고 이 해를 광무(光武) 원년(元年)으로 삼으며, 종묘(宗廟)와 사직(社稷)의 신위판(神位版)을 태사(太社)와 태직(太稷)으로 고쳐 썼다. 왕후(王后) 민씨(閔氏)를 황후(皇后)로 책봉하고, 왕태자(王太子)를 황태자(皇太子)로 책봉하였다. 이리하여 밝은 명을 높이 받들어 큰 의식을 비로소 거행하였다. 아! 애당초 임금이 된 것은 하늘의 도움을 받은 것이고, 황제의 칭호를 선포한 것은 온 나라 백성들의 마음에 부합한 것이다. 낡은 것을 없애고 새로운 것을 도모하며 교화를 시행하여 풍속을 아름답게 하려고 하니, 세상에 선포하여 모두 듣고 알게 하라."『고종실록-광무 1년』(고종 34년) 10월 13일.

의 을사늑약과 함께 외교권을 박탈당한 무력한 정부였다. 이러한 상황에서 애국계몽운동은 국권회복國權回復과 구국救國에 목적을 두었고, 신식교육제도의 설립과 산업진작을 통해 이 목적을 이루고자 했다. 이 운동은 실력양성實力養成을 통해 나라를 구하고 자력신장自力伸張을 통해 나라의 주권을 회복하고자 했다. 이렇게 교육구국운동의 차원에서 전국적으로 민립신식학교가 설립되었다.

교육구국운동을 위해 경상북도 안동에서 신식학교의 설립을 추진한 유인식柳寅植을 소개하고자 한다. 유인식은 서울에서 이제 막 시작된 애국계몽운동을 관찰하고 귀향했다. 이제부터 고향에서 젊은이들에게 새로운 문물을 소개하고 신식교육을 시켜서 애국계몽운동에 참여하려 했다. 유인식의 계획은 그에게서 일어난 변화를 대변하는 것인데, 이것을 설명하기 위하여 안동지역의 유림과 유인식의 변화를 엮어서 얘기하고자 한다.

안동의 유림은 원래 위정척사론을 강하게 붙잡고 있었다. 그들은 18세기 말 위정척사론에 근거해 천주교를 배척했다. 특히 1791년에 진산사건珍山事件을 계기로 척사론은 정치적 쟁점으로 선명하게 부각되었고, 이 때 안동의 척사유림은 도산서원 근처에 있는 시사단試士壇, 곧 과거시험을 보던 곳에 비석을 세우고 위정척사에 대한 내용을 비문으로 새겨 넣었다. 1876년 정부가 문호개방을 결정하였을 때, 안동 유림은 왜양일체론倭洋一體論 논리로 정부가 일본과 외교관계를 맺는 것에 반대했다. 정부가 1880년이래로 『조선책략朝鮮策略』[643]의 권면을 받아들여서 서양의 문물을 받아

---

[643] 조선책략(朝鮮策略) 주일(駐日) 청나라 외교관 황준헌(黃遵憲)이 1880(고종 17)년경에 저술한 책이다. 러시아의 침략에 대비하기 위하여 조선, 일본, 청나라가 장차 펴야 할 외교 정책을 논술한 책이다. 당시 수신사로 일본에 갔던 김홍집(金弘集)이 저자로부터 직접 받아 가지고 와서 고종(高宗)에게 바쳤다. 김홍집이 가져와 고종에게 바친 조선책략은 고종과 조정 중신들에게 대체로 그 내용이 이해되고 김홍집의 복명을 통해서 더욱 구체적으로 당시의 실정을 알 수 있게 되었다. 조선정부는 많은 어려움에 부딪쳐 그것을 극복해 가면서 좀 더 개화된 의식 속에서 1881년에는 여기에 적응할 만한 통리기무

들이고자 했을 때, 안동 유림은 같은 해 11월 '영남만인소嶺南萬人疏'운동을 일으켜서 이 정책을 반대했다. 영남만인소는『조선책략』에서 주장된 외교정책을 강하게 비판하면서, 조선에는 예로부터 훌륭한 법규가 있으므로 서학을 수용할 필요가 없다고 주장했다. 이 상소운동이 반정부운동으로 발전해서 민씨 정권과 개화파를 공격했고, 이에 정부는 강경책을 써서 탄압했다. 또한 이 운동은 점차 반외세투쟁의 성격으로 바뀌어갔다. 위정척사운동의 바닥에 깔려 있는 기본적인 생각은 복고적 보수주의였다. 여기에 가담한 유생들은 기존 봉건사회체제를 옹호했다. 그런데 동시에 이것이 자주의식을 고취했으므로 대중의 지지를 얻고 있었다. 이를 바탕으로 하여 위정척사운동은 나중에 의병운동으로 발전했다.

1895년 을미사변으로 전국의 여론이 들끓었다. 유생들은 국모國母인 황후를 시해한 일본에 대하여 크게 격분하며 이에 대한 대책을 논의했지만 적절한 대책방안을 마련하지 못하고 있었다. 그러던 차에 또다시 1895년 을미개혁에 따라 단발령이 공포되자 전국에서 일제히 의병이 일어났다. 이것이 을미의병이다. 이 을미의병은 척사유림斥邪儒林이 주도했다. 유생 유인식은 을미의병 때에 청량산에서 의병을 일으켰다. 유인식은 빠르게 변하는 국내외의 상황을 직시하였다. 유인식은 임금이 러시아 공관으로 피신한 1896년 아관파천俄館播遷의 난감한 나라현실을 목도했다. 1897년 나라의 이름이 대한제국大韓帝國으로 바뀌면서, 황제즉위식을 있었다. 연이어 독립협회獨立協會가 개화개혁운동을 위해 계몽강연회·언론활동·정치운동을 펼치는 상황, 그리고 일본의 국권침탈과정을 직시했다. 이러한 변화

아문(統理機務衙門)이 신설되고, 동시에 신사유람단(紳士遊覽團)과 영선사(領選使)를 각각 파견(派遣)하고, 별기군(別技軍)을 편성해 신식 교련(敎鍊)을 하는 등 개화혁신책 (開化革新策)을 수립해 나갔다. 그리고 이 과정에서 구미(歐美) 여러 나라의 문물을 받아들일 수 있는 자세를 가다듬고 근대화에 매진하고, 점차 구미 열강과 조선은 드디어 쇄국(鎖國)의 문호를 개방하기에 이르는 계기를 마련하게 되었다.

가 유인식으로 하여금 자기를 성찰하게 했다. 유인식은 위정척사사상과 무력항쟁만으로는 외세의 침략을 막아낼 수 없음을 확신하였다. 그러면서 유인식은 개화파의 주장인 자력신장自力伸張과 실력양성론實力養成論을 받아들이기 시작하였다.

유인식은 서울의 성균관으로 와서 학문을 닦았다. 새롭게 달라진 성균관의 학제와 교과과정을 통해 유인식은 세상의 변화를 체득하게 되었다. 당시 지식인의 필독서인 양계초梁啓超[644]의 『음빙실문집飮氷室文集』을 읽었으면서 사회진화론적 계몽주의사상과 개화파의 생각을 잘 이해하게 되었다. 유인식은 또한 신채호, 장지연, 유근 등의 혁신유림들과 사귀면서 생각과 사상에 큰 변화가 일어나기 시작하였다. 유인식과 안동의 유생들인 이상룡, 김동삼 등은 조선이 외세의 부당한 간섭과 침략야욕을 막아내고 독립국가로 남아 있기 위해서는 나라의 힘을 길러야 한다고 보았다. 이를 위해서는 인재양성에 최우선적으로 힘을 쏟아야 한다고 생각하였다. 이들은 신문명(서양문물)을 가르치는 학교교육을 통해서 새 시대에 필요한 인재를 양성함으로써 가능하다고 생각하였다. 이러한 인식과 의식은 당시에 전국적으로 활발하게 일어난 교육구국운동敎育救國運動과 같았다.

그러나 그들의 고향의 정서는 유인식의 뜻에 선뜻 호응해 주지 않았을 뿐만이 아니라 거세게 반대했다. 대다수의 유생들은 위정척사 사상을 굳

644 량치차오(梁啓超) 캉유웨이의 제자로 캉유웨이와 함께 광서제 때의 백일혁명 추진의 계기를 제공했으며, 중화민국 수립 후에는 위안스카이를 몰아내는데 앞장섰다. 중국이 일본에게 치욕적인 패배(1894~95)를 당한 뒤, 캉유웨이와 량치차오의 상서가 광서제의 관심을 끌었다. 1898년 여름에 광서제는 이들의 조언에 따라 전제정치를 혁신하는 조치를 취했다. 제안된 개혁안 중에는 현대식 학교의 설립, 과거제도의 갱신 등이 포함되어 있었다. 그러나 서태후의 저지로 개혁운동은 실패로 끝났다. 그후 일본으로 도피하여 망명 중에 언론활동을 통해 봉건적인 인습을 타파하고 입헌군주제를 세우자고 주장해 중국의 젊은이들에게 큰 영향을 주었다. 중화민국이 수립된 후 국민당 세력에 반대하고, 공화국의 대총통 위안스카이를 지지했다. 그러나 위안스카이가 공화국을 전복하고 스스로 황제라 칭하자, 그를 몰아내는 데 앞장섰다.

게 지키는 배타적인 자세로 일관해 있었고, 또 이들 가운데서 많은 이들이 서당을 운영하며 후진을 양성하고 있으므로 신식 교육을 거부했다. 유인식이 교육구국운동에 관하여 그들에게 아무리 설명해도 먹혀들지 않았다. 심지어, 유인식은 스승 김도화로부터 파문을 당하고, 아버지 유필영으로부터 부자의 인연을 끊기는 고통을 겪어야 했다. 이처럼 척사유림과 혁신유림 사이에는 민립학교 설립을 놓고 의견 대립이 극심한 상황이었다.

유인식과 혁신 유생들의 민립학교 설립운동이 벽에 부딪쳐 있을 때에, 이 상황을 타개할 수 있는 좋은 기회가 생겼다. 경상북도 관찰사 신태휴申泰休가 민립학교의 설립을 독려하는 '흥학훈령'興學訓令(1906)을 반포해서 관내 41개 군에 민립학교가 설립되도록 장려했다. 관찰사는 각지의 서당을 모두 폐지하게 하고, 그에 따른 수입으로 들어오는 곡식과 서당토지를 신식학교의 재원으로 활용하게 하였다. 이 훈령은 신교육체제를 거부하고 있던 안동의 유림들에게 커다란 타격을 주었다. 때마침 고종 황제도 흥학조칙興學詔勅을 반포해서 민립학교의 설립을 지원했다. 이 조칙은 학부-관찰사-군수를 통해서 전국적으로 면 단위까지 전달되었다. 황제는 경북의 관찰사가 학교설립을 위해 노력한다는 소식을 전해 듣고 유인식에게 칙유문勅諭文을 보내 격려하면서 경상도 관찰부에 학교설립자금으로 1,000원을 지원했다. 1906년 6월경에 경상북도 지역 41개 군에 370개의 민립학교가 설립되었고 학생의 수는 4,500명에 이르렀다.

이 같은 정부의 지원에 힘입은 혁신유생들의 노력으로 1907년 봄에 안동 최초의 신식학교인 민립 협동학교協東學校가 문을 열었다. 이 학교는 유인식과 더불어 김후병金厚秉, 하중환河中煥, 김동삼 등이 함께 설립에 참여했다. 학교의 명칭은 나라의 지향志向이 동국東國이며, 면의 지명이 임동臨東이어서 '동東'을 선택했고, 또한 7개 면이 힘을 합쳐 설립했다는 뜻에서 '협協'을 선택한 것이었다. 이 학교는 임하천 앞에 있는 김대락金大洛의 사랑채를 임시교사로 사용하면서, 가산서당可山書堂을 수리해 학교 건물로 만들었다. 협동학교는 당시 일반 민립학교가 초등교육과정이었는데 비해서 3년의 고등교육과정으로 시작했다. 따라서 이 학교는 지역의 최고학부로, 학생들의 나이가 평균 20세를 웃돌았다. 이 학교는 애국계몽운동을 통한 국권회복을 지향하는 교육을 시켰다. 이러한 맥락에서 이 학교는 신민회의 교육구국운동과 호흡을 함께했다. 이 학교의 제1회 졸업생은 1911년 3월에 배출되었다. 이처럼 이 지역에서 설립된 민립 신식학교는 기독교와 상관이 없었다.

일제의 보통학교교육

통감부 시기인 1906년 8월, 일제는 보통학교령을 발표했다. 왜 '보통학교'였는가? 대한제국 정부에서도 '소학교'라고 했으며 일본에서도 '소학교-중학교-고등학교-제국대학'으로 이어지는 교육체계가 있었다. 그럼에도 굳이 '보통학교'라고 이름을 지은 것은 중등과 고등교육을 억누르고 초등교육으로 끝내려고 하는 식민지 교육 정책의 의도가 담겨 있었다.

보통학교에 들어간 어린이는 교과서를 배울 뿐만 아니라 갖가지 규칙과 '심득心得'을 익혀 국가와 사회가 바라는 인간이 되어야 했다. 무엇보다 시간 통제가 가장 엄격했다. 학교에서 학생은 정해진 시간에 따라 규정된 행동을 해야만 하였다. 훈육과정에는 처벌을 통한 강제나 반복 훈련 또는 집단 활동이 있었다. '황국신민화' 교육정책 탓에 보통학교는 군국주의 전시장이 되었다.

1930년대에는 70명 남짓한 학생이 이 교실에서 모두 교단의 선생님을 바라보며 교사의 통제아래 수업을 받았으며 모두가 똑같은 내용을 한꺼번에 전달받았다. 교사는 학생을 자주 검열했다. 교사는 복장검사, 용의검사, 학용품감사를 주 또는 월별로 했다. 와 같은 단속과 검열은 학생들이 식민지 지배체제의 일상적인 감시에 익숙하게 하려는 것이기도 했다. 학교에서는 '인고단련'이라는 구호 아래 건강 체조, 군가 부르기, 집총교련, 황국신민체조를 했다. 그밖에 상급생이 하급생에게 훈시를 하는 등의 '복종훈련'이 학교에서 이루어졌다.

보통학교의 여러 규율 가운데 학교에서 가장 중요하게 여긴 것은 '조회朝會'였다. 조회는 날마다 학과 수업 전에 전교생이 군대식 대열을 이루어 운동장에서 열었던 집단 훈련이었다. 조회에서는 경례, 호령, 훈화, 검열 따위가 있었다. 조회가 이루어지는 교정은 질서 정연해야 했다. 그것은 엄격한 명령과 복종의 상하질서였다. 터무니없는 '칙어 봉독'과 교장의 긴 훈화가 이어지는 조회는 아이들에게 견디기 힘든 시간이었다.

식민지 한국의 보통학교는 대부분 공립이었다. 그러나 실제로 운영하는 자금은 학생들이 달마다 내는 월사금과 소득에 따라 집집마다 할당되었던 학교비에 의존했다. 달마나 내는 월사금을 내지 못해서 학교를 그만두는 학생도 많았다.

상급학교로 갈수록 학비가 더 많이 늘었다. 보통학교 졸업생 가운데 10~13% 정도만 중등학교에 다닐 수 있었다. 그나마 끝까지 학교를 다녀 졸업할 수 있었던 사람들은 입학생 가운데 70%남짓밖에 되지 않았다. 학생운동으로 퇴학을 당한 학생도 적지 않았지만, 경제 사정으로 중간에 학업을 그만둔 학생이 많았기 때문이다.

위에서 살펴본 것처럼 일제가 시행하는 교육정책은 식민지 정책에 따른 우민화愚民化교육이었고, 일제에 순응하는 인간형 육성이었다. 이에 따라 깊은 교육을 받기 어려웠고, 학교교육을 받으면 받을수록 친일형 인간이 되는 형국이었다. 그러므로 일제의 공교육 체제로는 민족주의 인재양성이 불가능하였다. 이런 이유로 선구자들은 사재私財를 털어 학교를 설립하거나 뜻을 같이 하는 지사志士들과 함께 학교를 설립해나갔다. 이런 학교설립을 통한 민족운동을 애국계몽운동이라고 한다. 이는 기독교정신을 바탕으로 하는 인재양성도 불가능하였다. 이런 이유로 외국 선교사들과 한국인 기독교 선구자들도 기독교학교 설립운동을 펼쳐나갔다. 주목할 점은 기독교학교들이 기독교인을 양성하려는 전도목적도 있었지만 민족운동의 이념을 병행하거나 근대화를 통한 한국의 역량강화를 교육의 주된 목적으로 삼기도 하였다.

●●●
기독교학교의 설립정신

기독교학교가 설립되던 당시의 우리나라는 정치적으로 조선왕조가 몰락해 가던 상황이었고, 이와 더불어 기존 사회경제질서는 물론이고 전통종교와 정신문화까지 그 뿌리째 흔들리고 있었다. 이러한 상황에서 의식이 깨어있어 앞을 내다보는 지식인들은 이른바 "신新문명"이라 일컫는 서양문명을 받아들여서 무너져가는 나라를 다시 일으켜 세워 보고자 했다. 그들은 또한 신문명을 받아들이는 통로가 이른바 "신식학교"라고 파악했다. 그런데, 신식학교를 세운 선교사에겐 이 학교가 그냥 신문명의 서양문물을 소개하고 가르치는 학교가 아니라 '기독교학교'였다. 기독교학교는 서양의 과학기술과 학문을 가르치는 한편, 학교의 정체성을 기독교의 복음전파에 더욱 크게 의식했다. 그러나 이를 받아들이는 사람들의 생각은 기독교 복음보다는 민족의 계몽과 근대적 역량을 길러가려는 주체적 의식 강했다.

1876년 조선정부가 쇄국정책을 풀고 문호를 개방했는데, 이것은 조만간 서양문물이 우리나라로 들어온다는 점을 예견하게 하는 개방이었다. 이 정책을 반대하는 위정척사론자들이 거세게 상소를 올렸다. 그러나 그 결정을 뒤 짚을 수는 없었고 이제는 서양문물을 받아들이는 방안을 얘기해야 했다. 문호개방정책은 서양문물을 총체적으로 수용하는 것이 아니라 부분적으로 받아들이되 유교국가의 약점을 보완하자는 것이었다. 이 것은 서양의 동점東漸이래 실용주의적 관점에서 서양의 자연과학·군사·기술의 우수성과 유용성을 인정하고 이를 수용하는 방안인데, 이 방안을 동도서기론東道西器論이라 불렀다.

조선정부는 서양문물을 받아들이되 서양의 종교는 수용하지 않는 정책을 정했다. 그런데, 급진개화파는 서양문물을 받아들이는 방편으로 개신교(야소교耶蘇敎, 기독교)를 이용하고자 했다. 이 구상은 일본 동경주재 청라나 공사관 참찬관이었던 황준헌黃遵憲이 지은 『조선책략朝鮮策略』을 통해 착안되었다. 이 책은 일본에서 2차 수신사로 일하던 김홍집金弘集이 1880년에 국내로 가져와서 소개했는데, 그 책에는 서양의 제도와 기술을 받아들여서 부국강병을 이루고 친중국親中國·결일본結日本·연미국聯米國하여 러시아의 남하를 막아야 한다는 주장이 담겨 있었다. 그러면서 개신교(야소교耶蘇敎,기독교)와 천주교를 구분하고 개신교의 신앙은 무해유익無害有益하다고 덧붙였다. 이 책은 오랜 세월 동안 조선의 지배층이 갖고 있던 관점, 즉 천주교와 기독교를 동일시 해 온 관점을 바꾸게 했다. 게다가 중국의 이홍장李鴻章[645]이 조선정부에게 기독교의 나라인 미국과 통상관계를 맺도

---

645 이홍장(李鴻章)은 청 말기의 한족계 중신으로 청의 부국강병을 위한 양무운동 등을 주도한 사람이다. 태평천국의 난 이후 정계의 실력자로 등장하였으나, 청·일 전쟁을 계기로 실각하였다. 이홍장은 일본과 영국 등 밀려드는 외세에 대항하여 양무운동을 펼 것

록 권유했다. 이를 받아들인 조선정부는 1882년 미국과 통상조약인 조미조약朝美條約을 맺었다. 이와 더불어 천주교를 앞세운 프랑스 등 유럽의 제국들을 멀리했고, 반면에 기독교 나라인 미국을 호의적으로 평가하게 되었다.

18세기부터 조선에서 포교된 천주교는 서양을 표상하기는 했으나 대체로 교리로 받아들여졌고 조상제사를 거부하면서 충돌을 빚으며 정치적 박해를 받아왔다. 이와 달리 근대 계몽기에 등장한 기독교는 서구 문명을 등에 업고서 '문명의 빛'으로 다가왔다. 오랫동안 조선 정부와 갈등관계에 있던 천주교와 달리, 기독교는 정치에 직접 개입하는 일을 자제하면서 의료·교육 등의 간접선교를 통해서 구한말 계몽기에 기여했다. 이를 통해서 기독교는 근대 문명을 상징하는 종교로 비춰졌고, 또한 근대문명과 동일시되었다.

을 강력히 주장하였다. 양무운동은 청나라 본래의 정치체계는 유지한 채, 군사·과학 등의 분야에서는 서구화를 추진하여 외세에 당당히 맞서려는 자강 운동이었다. 양무운동은 청나라의 만주족 지배층에게도 지지를 받았다. 조정의 실권자인 서태후가 그를 후원하였으며, 그 역시 한족이기는 하나, 청나라의 유지를 위해 노력했기 때문에, 양무운동은 순조롭게 이루어졌다. 독일, 영국 등 외국에서 파견된 장교들이 이홍장의 북양군을 훈련시켰으며, 서양에서 들어온 무기와 기술을 이용하여 이홍장은 강력한 군사력을 자기의 손에 쥐게 된다. 그리고 무기와 탄약을 만드는 군수공장을 각지에 설립하고, 경제 분야에서도 전국에 여러 회사와 공장을 세웠다. 또, 각종 서적을 번역하고 신식학교를 설립하였으며, 미국과 유럽에 많은 유학생을 보냈다. 이홍장의 북양군은 북양함대를 구성하고, 청나라의 수도인 베이징과 톈진 주위에 포대를 설치하였다. 청 내부의 보수파 관료들이 양무파의 활동을 견제하면서 자신의 권위를 지키는데 치중하였다. 그래서 행정과 정치 제도의 개혁은 원활하지 않았고, 새로 세워진 회사와 공장에 대한 관리들의 부당한 경영 간섭, 자금과 판매망 부족 또한 문제가 되었다. 그 결과 양무운동은 일관성 있게 추진되지 못하였다. 이홍장의 북양군이 청·일 전쟁에서 대패한 후, 북양군은 몰락했으며, 이홍장을 비롯해서 양무운동을 주장한 세력들의 발언권은 크게 쇠퇴한다. 이러한 상황에서 청나라의 광서제와 함께 청나라의 정치체제 자체를 개혁하려는 세력들이 변법자강운동을 펼친다. 그러나 서태후를 비롯한 청나라 귀족들에게 쫓겨난 후, 이홍장은 다시 기용된다. 그러나 이미 70살이 넘었기에 예전처럼 막강한 군사력을 가진 대장이 아닌, 외교관 역할을 수행하며 일본과 서구 열강과의 평화를 정착하기 위해 노력하다가 1901년 사망하였다.

세계에서 가장 부강하고 문명한 나라는 모두 기독교를 믿는 나라이고, 기독교가 문명을 이루게 한 근본이므로 기독교를 믿어 문명을 이루어야 한다는 인식이 널리 퍼져나갔다. 당시 언론들은 공공연하게 이를 언급하였다. "서양각국에 구세주를 신봉하는 나라들은 하나님을 공경하고 사람을 사랑하는 고로 법률을 실시하고 정치가 문명하여 백성이 요족하고 나라가 부강하여지며"[646], "오늘날에 이르러 예수를 믿고 신구약을 펴놓은 나라는 사람마다 본분 지킬 줄을 알아서 부강함을 이루었으니"[647] 문명개화를 열망하는 한국인들에게 선교사들이 살고 있는 근대식 건물, 과학기구, 생활용품 등이 기독교와 서양문명을 동일시하게 했다. 여기에 눈을 뜬 사람들은 기독교를 받아들임으로써 서양의 부강한 나라와 같은 수준의 문명을 달성할 수 있다는 기대감을 갖게 되었다. 이 시기의 조선 기독교의 역할을 그린피스는 이렇게 말하였다. "조선 사람의 가슴 속에 기독교가 스며들자 그들은 민족을 생각하게 되었고, 자신과 이웃의 복리 증진을 시도하게 되었으며, 조선에 자유 경쟁의 사상이 주입되었다."[648]

조선에 기독교가 들어올 때 상황은 특수했다. 대개 서구 문명이나 제국주의적 확장과 함께 전파된 기독교는 한국의 경우 침략자는 반기독교적인 일본이었고, 서양 기독교는 한국인의 민족적 비탄에 함께 흐느끼는 벗, 동맹자의 모습을 하고 들어왔다. 서구에 대한 나쁜 이미지가 없었고, 기독교는 제국주의와 동시에 소개되어 오지 않았다. 일본과 맞선 상황에서 서양문물을 수용하여 조선을 부강한 나라로 만들려는 꿈을 가진 '개혁적 조선 사람들'이 학교와 병원을 세우고 서양문물을 전하고 가르치는 기독교로 줄이어 들어온 것이다. 그러므로 이 때의 한국교회는 반일본적인 개혁

---

646 《독립신문》 (1898년 12월 24일), 3면.
647 《그리스도신문》 (1901년 5월 23일), 5면.
648 W.E. 그린피스, 『은자의 나라』, 신복룡 역(탐구당, 1976), 582쪽.

세력이 응집된 곳이 되었다.[649] 기독교가 대중에게 신新문명의 빛으로 다가오자, 그 빛의 눈부심에 매료되어 기독교에 호감을 갖고 교회 다니며 성경을 읽고 배우는 사람들이 날로 늘어났다. 교인들 다수가 기독교를 신문명으로 이해하면서 기독교와 서양 문명을 동일시해서 교회에 발을 들여놓았다.[650] 그들은 자연스럽게 신문명의 서양문물을 가르치는 신식학교에도 관심을 가졌다. '교회 곁에 학교설립'은 기독교 전통에서 칼뱅 개혁교회의 유산이기도 하다.

한편 일본에서는 김옥균이 미국 기독교선교사들과 접촉하였고, 김옥균은 이들에게 조선선교를 요청했다. 이것은 기독교신앙에 대한 관심이 아니었고, 오직 조선의 개화를 효과적으로 추진하려는 방안에서 비롯되었다. 우여곡절 끝에, 미국 감리교회는 일본에서 사역하는 선교사 맥클레이 Robert S. Maclay에게 조선 왕실을 방문하도록 했다. 맥클레이는 1884년 6월에 조선으로 갔고, 고종으로부터 학교사업과 병원사업의 허락을 받았다. 그리고 1885년에 미국의 장로교회, 감리교회가 첫 선교사 6명을 조선에 파송했다. 아펜젤러Henry G. Appenzeller 부부, 스크랜턴William Bention Scranton 부부 및 스크랜턴의 모친M. F. Scranton(스크랜턴의 어머니) 그리고 언더우드Horace G. Underwood였다. 이들은 그해 4월 5일(부활절)에 인천 제물포에 도착했다. 조선정부가 허락한 선교활동의 범주는 교육과 의료부문으로 제한되었으며 공개적인 선교는 금지되었다. 비자에 명시된 이들의 신분은 의사나 교사로, 선교사가 아니었다.

이렇게 조선정부의 문호개방(1876년)에서부터 미국 선교사들의 조선

---

649 박태영, "구한말과 일제식민통치 시대의 선교사들의 정교분리 연구", (숭실대학교 대학원 박사학위논문, 2014), 52쪽.
650 독립운동을 하던 이승만, 이상재, 홍재기, 김정식, 유성준, 안국선 등으로 수많은 한국 젊은 청년들이 게일 선교사가 목회하던 연동교회에 출석하였다. 김양선, 위의 책, 89쪽.

입국(1885년)까지 약 10년의 과정을 정리해 보면, 조선정부는 동도서기
론의 차원에서 '신문명'이라 일컫는 서양문명을 수용하고자 미국 선교사
의 입국 허락했다. 조선정부가 미국을 신뢰하게 되었던 까닭이 본래 선교
사들의 헌신적 선교와 정신에서 유래했다. 미국 기독교 파송 내한 선교사
들은 이제부터 조선정부의 입장으로는 서양문명을 소개하고 전달하는 노
릇을 하게 된다.

아펜젤러가 1885년에 배재학당培材學堂(배재중·고등학교)을 세웠고, 그
이듬해에 스크랜턴 모친이 이화학당梨花學堂(이화여자대학교)을 세웠고,
언더우드가 언더우드학당을 세웠다. 1884년 9월에 입국한 알렌Horace N.
Allen은 주한미국 공사관 공의公醫의 자격으로 활동하였다. 알렌은 서양식
병원 광혜원廣惠院을 1885년 4월 3일을 설립했다. 스크랜튼은 1886년 시병
원施病院을 설립했다. 선교사들의 활동에 대한 왕실의 관심과 지원이 매우
컸다. 고종 황제는 직접 배재학당培材學堂의 이름과 시병원施病院의 이름을
지어 주었다. 명성황후도 첫 여학교의 이름을 이화梨花로 지어주었고 또
첫 여성병원의 이름을 보구여관保救女館으로 지어 주었다. 이런 식으로 황
실의 입장 역시 선교사들이 세운 학교는 신문명을 소개하고 가르치는 신
식학교였다.

이처럼 조선정부가 선교사들에게 요청한 학교설립은 신문명을 소개하
고 가르치는 신식학교였지만, 선교사들은 이 학교의 정체성을 기독교 전
파에 두었다. 선교사들은 서양식 병원과 학교를 설립했다. 그런데 선교사
들은 그들이 세운 기독교 기관에서 예배도 드릴 수가 없었다. 그만큼 조선
정부의 입장이 확고했다. 그러다가 신식병원 제중원이 개원된 지 두 달이
지난 6월 21일 비로소 알렌의 주관으로 몇몇 선교사들이 이곳에서 예배
를 드렸다. 첫번째 공식예배였다. 그 날 이후부터 매주일 제중원에서 선교
사들의 '예배공동체'가 성립되었다. 이 예배에 선교사 언더우드와 아펜젤

러, 그리고 미국 공사관의 대리공사 포크 등이 참석했다. 언더우드와 아펜젤러 역시 선교사인데도 드러내놓고 예배드리기가 어려운 상황이었다. 제중원은 조선한국의 법에 적용되지 않는 치외법권治外法權 구역이므로, 국법으로 금지된 종교행위인 기독교 예배를 이곳에서는 드릴 수 있었다.

구한말에 신식학교 내지 기독교학교가 설립된 배경은 근대화가 시작된 시기와 겹쳐있다. 청·일전쟁(1894년) 직후부터 대략 10년 동안은 우리나라에서 근대화가 시작된 시기였다. 이 때의 근대는 외형의 체제변화를 넘어 사유체계와 삶의 방식, 규율과 관습 등을 포함한 변화였다. 이 전쟁이후 시대정신은 근대화가 당위론으로 본격화되었다. 여기에 《독립신문》과 독립협회가 이런 논의를 활성화시켰다. 이 당시에 서양문명은 기독교의 나라로 동일하게 이해되었고, 나라의 독립과 개인의 자유가 하나님으로 동일시되었다.

이 무렵에 일부 지식인들이 애국과 부국강병富國强兵을 위하여 기독교수용론을 펼쳤다. 1903~1904년에 간행된 감리교 신문인 《신학월보》에 "부자되는 법"이란 글이 실렸는데, 이 글에서는 우리나라의 우상 신앙, 미신, 타락한 전통종교야말로 개인과 국가의 경제를 거덜 내고, 사람들의 정신을 썩게 만드는 것이라고 질타하였다. 그에 반해 오늘날 서양이 부강하게 된 이유는 무엇보다도 그들 나라의 기독교 정신이 바탕이 되어, 정치질서와 법제도와 사회도덕과 풍습을 이루었다고 주장하였다. 그러니 우리나라가 이제부터는 주색잡기와 미신에서 벗어나 예수 믿고 새로운 삶을 시작한다면 삶이 달라져서 경제적으로 윤택하고 도덕적으로 모범이될 것이라고 주장하였다.

이처럼 기독교학교는 그 당시 사람들의 의식개혁과 생활 개선에 이바지하였다. 기독교학교는 서양에서 들려온 근대지식과 사상을 가르쳤는데, 이것을 배운 학생들이 나중에 개화운동에 앞장섰다. 그 무엇보다도 여성교육이 여성의 의식개혁과 가부장적 가족 질서를 개선하는데 기여하였다. 남녀평등, 과부의 재가허용, 조혼早婚 폐지, 축첩 폐지, 여아 매매 금지 등을 펼쳐나갔다.[651]

● ● ● ●
기독교학교 설립

1885년 우리나라에 입국한 선교사들이 여러 학교를 설립했다. 그런데 처음에는 선교사들이 세운 학교에 학생이 입학하려고 하지 않았다. 일반 대중에겐 외국인 선교사들이 매우 낯선 "양귀자"(서양귀신)로 비쳤다. 이런 이유로 자기 자식을 그들이 세운 학교에 보내려고 하지 않았다. 그러나 선교사들이 해마다 여름철이면 사망자가 속출하는 전염병(예, 콜레라)에 맞서서 목숨 걸고 환자를 돌보며 치료하자, 그 희생적 돌봄에 감동을 받은 사람들로 인해 선교사들에 대한 인식이 바뀌었다. 또한 결정적으로, 서양 문명을 통해 근대화를 이룬 일본이 세계를 지배하던 중국(청)을 군사력으로 물리친 청·일전쟁의 결과에 충격을 받은 대중이 기독교에 대한 거부감에서 호기심으로 돌아섰다.

1895년에 서울의 새문안(신문내)교회가 기독교학교인 영신학당永信學堂을 세웠다. 이 학교의 설립은 1887년에 미국 선교사들이 교회 안에 세운 구세학당救世學堂의 발전에 힘입었다. 구세학당의 학생이었던 송순명松淳明이 영신학당의 선생으로 가르쳤다. 그러면서 선교사들이 운영하는 기존의 기독교학교와 토착기독교인들이 세운 기독교학교가 나란히 양립하게

651 임희국, "한국교회, 시대정신의 인도자로", 『한국교회, 개혁의 산을 넘어서』(대한예수교장로회 전국은퇴목사회, 2013), 69쪽.

되었다. 같은 해에, 평안도 용천군의 신창新倉 교회, 정주군의 정주읍定州邑 교회, 박천군博川郡의 남호南湖 교회도 각각 사숙私塾을 설립하였다. 사숙 혹은 학당은 정부학부의 인가와 함께 정식 학교로 발전하였다.

기독교학교의 설립이 활발하게 확산되었고, 1897년 8월에 미국 북장로교회 선교부 연례회의가 열렸다. 여기에서 선교사 배위량Baird이 입안한 교육정책 "우리의 교육정책Our educational policy"이 채택되었다. 그 내용은 다음과 같았다. "기독교학교 설립과 운영의 기본이념은 학생들에게 유용한 지식을 다양한 방법으로 가르쳐서 실제생활에 기여하고 더 나아가서 이들이 장차 책임 있는 일꾼으로 자라게 하는 것이다. 이를 위하여 학교는 학생들의 신앙증진과 정신함양을 위해 교육시켜야 할 것이며, 그 무엇보다도 이 학생들이 교회의 주류가 되어서 토착교회를 형성하게 해야 한다. 이 학생들이 장차 농부나 대장공이 되건, 의사나 교사가 되거나 혹은 정부의 관리가 되든 간에 복음을 전하는 능동적인 복음전도자가 되어야 한다."

이 교육정책 아래에서, 한 걸음 더 구체적인 방안이 마련되었다. 첫째, 각 지역교회 지역구의 초등교육기관을 발전시킨다. 둘째, 이 초등교육기관 교원의 확보를 위하여 특별단기 사범과를 두어서 재직교원在職敎員과 기타 유망한 사람들을 모아 교원을 양성한다. 셋째, 특별히 선발한 학생들을 중학교와 나아가서는 전문학교에서 철저한 교육을 받도록 한다. 넷째, 부대적으로 교과서를 준비한다.

그러면서 선교부는 배위량을 평양선교지부로 전임轉任시키기로 결의했다. 배위량은 그 해 10월에 평양으로 이주했다. 평양의 선교사역은 이 무렵에 비약적인 성장을 거듭하고 있었고, 이 사역은 평안도지역과 황해도의 북부지역으로 확산되어 나갔다.

1898년 서울 연동교회가 연동소학교를 설립했다. 또한 평안도에서는 평양의 장대현(널다리골, 장대재)교회와 의주군의 남산교회가 각각 사숙을 설립하였다. 1900년에는 의주읍교회, 선천읍교회, 황해도 황주군 용연교회가 각각 사숙을 설립하였다. 교회들이 학교를 설립한 동기는 하나같이 교인 자녀들을 교육하기 위함이었다. 이런 교회설립 학교들은 성경과 영어·산수 등의 신新지식교육과 전통 한문교육을 병행한 교육을 펼쳤다. 많은 경우, 토착 교인들이 재정을 부담하면서 직접 학교를 운영하면서 교인들이 선생으로 일하였고, 선교사들은 그 곁에서 협조하였다.

대구에서는 1900년 남문안교회(현 제일교회) 교인들이 남자 소학교를 설립했다. 대구의 첫 장로교회인 남문안예배당이 1897년 설립된지 불과 만 3년 만이었다. 교회가 지역의 첫 기독교학교를 설립했다. 학교의 공식 이름이 민립 대남학교大南學校 또는 예수교 대남소학교耶蘇敎 大南小學校였다. 여자 소학교도 이 무렵에 설립되었고, 그 이름이 신명여자소학교였다. 학교설립에 필요한 재원의 절반을 교인들이 마련했고 나머지 절반의 재원을 선교사들이 개별적으로 헌금하였다. 계속해서, 학교운영을 위하여 교인들 스스로 헌금했고, 이들이 운영비 절반 정도를 담당했다. 학생 수가 점점 늘어나서 1904년에는 학생수가 28명이었고, 1905년에 47명, 1908년에 167명일 정도로 급증하였다.

호남지역에서도 1907년 7월 6일 호남학회가 창립되었다. 서울에서 자강운동과 계몽운동에 참여했던 호남출신 인물들이 자기 지역으로 돌아가서는 기독교정신에 따른 신식학교 설립을 추진했다. 호남학회는 제주도에도 지역 회원을 두었고, 1908년 설립된 성내교회가 남녀소학교를 설립했다.

● ● ● ● ●
해방후 기독교학교운동

8·15해방이후, 남한에서는 1948년 남한만의 정부수립 직후부터 한글 전용화 정책과 의무교육(6년)이 제도적으로 도입되었다. 의무교육에 대한 계획은 이미 미군정청이 1946년 2월에 발표했었다. 그러나 예산부족 때문에 그 계획이 제대로 실행되지 못하였다. 미군정청이 1946년 교육재정의 68%를 초등학교 교육에 할애했는데도, 1947년 6월 학교재정의 38.6%를 학부모가 찬조금으로 채워야만 했다. 정부는 1949년 12월 31일에 '신교육법'을 공포하고 1950년 6월 1일부터 의무교육을 전면적으로 시행하기로 했다. 그러나 정부가 공포한 의무교육은 한국전쟁으로 말미암아 한동안 시행할 수 없었다.

1950년 6월 25일 한국전쟁이 일어났고, 전쟁의 소용돌이 속에서 자녀교육에 대한 국민의 의식이 크게 달라졌다. 살던 집이 포탄을 맞아 잿더미가 되고 평생 모은 재산이 하루아침에 공중분해가 된 현실에서 사람들은 자녀에게 재산을 물려주는 것보다도 교육을 시키는 것이 훨씬 더 안전한 유산상속이라는 점을 파악하게 되었다. 이런 이유로 전쟁의 아픔은 자녀에 대한 교육열을 뜨겁게 하였다.

8·15해방 직후, 북한에서는 공산당 정권이 교육제도의 개선과 교육내용의 추진하는 교육국을 설치했다. 1946년 2월 8일 북조선임시인민위원회는 민주교육에서 인민교육의 발전이 중요하다고 판단하여 교육제도의 민주주의적 개혁을 결의했다. 이에 따라 교과서편찬집단(위원회)이 조직되어 모든 교과서를 편찬했다.

북한에서 1947년에 교육제도가 새로이 조정되고 정비되었다. 9월 1일부터 인민학교와 중학교의 학년이 단축되었고, 학령기전 아동을 위한 유치반이 신설되었고, 고급 중학교가 창설되었다. 기술교육의 진흥을 위하여 야간학교·직장학교·성인교육기관이 설치되었다. 이에 따라 북한의 교육체계는 유치반(1년, 만 6세), 인민학교(5년), 중학교·기술학교(3년), 고급 중학(3년)·전문학교(3~4년), 대학(4~5년), 교원대학(2년), 연구원(2년)으로 구성된 학교교육체계로 정비되었다.

이와 더불어 새로운 교과과정은 학생에게 공산당 정권의 이데올로기 정치의식을 주입했고, 일제시대 항일유격대의 활동에 대한 미화美化작업도 함께 주입했다. 인민학교의 역사교육은 항일유격대 경험을 혁명전통으로 격상시켰다. 인민학교 5학년이 배우는『조선력사』과목에서는 일제하 민족해방운동의 주류로서 "김일성장군의 민족해방투쟁"에 관하여 가르쳤다. "애국주의교양"도 가르쳤는데 학생들이 알아듣기 쉽도록 단순한 주변사실에서부터 강의를 출발했다. 예컨대 자기 가정, 동네, 지역 등에 관심을 가지도록 유도하면서 전체 국가와 인민을 사랑하도록 이끌면서 그 중심에 김일성이 있다고 가르쳤다. 이처럼 북한의 교육개혁은 유물주의 사상교육과 김일성에 관한 미화에 초점이 맞추어져 있었고, 이 교육은 반드시 기독교 신앙과 충돌할 수밖에 없었다.

1947년 북한에서는 공산당 정권이 새로운 교과과정을 통해 학생에게 현실 공산주의 이데올로기를 주입시켰다. 특히 인민학교의 역사교육은 항일유격대 경험을 혁명전통으로 격상시키면서 김일성의 항일투쟁을 미화시킨 내용이었다. 이러한 학교 교육이 기독교 신앙과 정면으로 충돌했으므로, 교회와 공산당 정권의 갈등이 더욱 첨예화되었다. 이러한 경험을 안고서 북한에서 남한으로 피난 온 교인들은 어느 정도 정착하게 되자 그동안 중단된 자녀들의 학교교육에 관심을 크게 가졌다. 그 무엇보다도 가정의 미래가 자녀의 성공여부에 달려 있다는 점을 파악한 피난민들은 자녀교육에 대한 의지가 아주 강했다. 또한 기독교인들은 북한에서 다녔던 기독교 학교를 회상하며 기독교 신앙을 잘 가르치는 학교를 남한에서 재건하고자 했다.

기독교 중등학교를 설립하자는 의견이 영락교회 안팎의 피난민들 사이에서 제기되었다. 이 무렵, 월남한 교인들이 1946년 4월에 '이북기독교신도연합회'를 조직했는데 한경직이 이 단체의 회장이 되었다. 이 신도연합회가 기독교학교를 설립하기로 결의했다. 1947년 봄, 미국정부시찰단이 서울에 도착하여 교회 상황과 학교교육 상황을 살펴보고 교육의 장래에 관하여 논의하였는데, 이 기회에 이북기독교신도연합회의 한경직·이인식 목사는 시찰단에게 월남 피난민의 자녀교육이 매우 시급한 상황임을 설명했고 이어서 중학교설립을 위한 원조를 요청했다. 이 요청을 받아들인 시찰단과 미국 북장로회선교부는 학교 설립에 필요한 재정을 보조했다. 그 결실로 1947년 11월 25일 대광중학교가 설립되었다. 이 학교는 12월 4일 임시 교사로 정한 서대문 피어선성경학교에서 개교했다. 신입생이 1학년에서 5학년까지 291명 선발되었다. 한경직이 이사장으로 취임했고, 백영엽 목사가 교장으로 취임했다. 학교의 건축기금을 모금하기 위하여 한경직은 1950년에 미국으로 갔다. 아침에 벌어서 저녁에 먹고 사는 일용직에 종사하는 피난민들의 경제력으로는 학교의 건축을 감히 엄두조차 낼 수 없는 형편이기에, 한경직은 미국의 기독교계에 협조를 구하여 상당한 액수의 건축기금을 모금했다. 이렇게 시작된 대광학교가 어느 정도 자리를 잡고 안정되자, 한경직은 또 다시 중등여학교 설립문제를 추진하였다.

1950년 6월 한경직은 영락교회의 부속건물을 임시 교사로 하여, 북한 선천에 있었던 보성학교를 개교하게 하였다. 초대 교장에 김양선 목사가 취임했다. 한국전쟁 중에도 한경직의 학교교육에 대한 열정은 뜨거웠다. 1952년 3월 1일 북한 정주에 있었던 오산학교의 재건을 위한 모임을 가졌다. 한경직은 모교 재건의 발기인과 상임위원으로 참여했다. 같은 시기, 평양에 있던 숭실대학을 재건하고자 서울에서 '숭실재건확대위원회'가 구성되었다. 여기에도 한경직은 일제강점기 신사참배강요로 폐교당한 학교를 재건하는데 적극 참여하였고, 숭실대학이 1954년 영락교회에서 개교할 때 한경직이 학장으로 취임하였다. 부산으로 피난 갔던 보성여학교도 1953년 9월 영락교회의 서울 복귀와 함께 교회 안으로 복귀했다.

뜻있는 목회자들이 전쟁으로 말미암아 학교교육의 기회를 놓친 청소년들, 부모 잃고 거리에서 방황하는 청소년들을 모아 야간에 기독교정신으로 중학교 과정을 가르치려고 했다. 이북출신 김찬호 목사가 1951년 8월에 서울에서 성경구락부Bible Clubs(공민학교)를 열어 운영하였다. 김찬호는 1952년 5월 백상용과 함께 한경직을 찾아가서 성경구락부의 운영에 관하여 의논했다. 한경직은 교회 건물에서 야간 성경구락부 중등부 과정을 시작하도록 지원하였다. 이 성경구락부가 영락학원으로 발전했다.

당시에 전국적으로 왕성했던 성경구락부의 설립은 한국의 교육사敎育史와 한국 교회의 교육사에서도 크게 주목할만한 교육운동이었다. 1952년 11월에 성경구락부의 재학생이 서울에 약 7,000명, 충주에 약 1,000명, 거제도에 약 2,000명, 인천에 1,500명이었다. 1953년 2월에 전국적으로 300~400개의 성경구락부가 있었고 전체 재학생이 약 30,000명이었다. 이 무렵, 서울에는 93개의 성경구락부가 운영되었고 남녀 재학생이 9,750명이었다. 성경구락부는 초등학교 수준의 교과목을 가르치면서 성경과 생활신앙도 함께 가르쳤다. 1954년 6월에는 전국적으로 약 1,500개의 성경구락부가 있었고 재학생이 약 55,000명이었다. 그해 11월에는 장로교회 소속 성경구락부 학생이 약 70,000명에 이를 정도였다. 성경구락부에서 가르치는 교사는 대부분 신학교의 졸업생이거나 재학생이었다.

성경구락부의 기원은 일제식민지배 시대 평양의 교회에서 시작되었다.

1920년대 말 평양에서 성경구락부가 '소년개척구락부'로 시작되었다. 1929년에서 1930년으로 넘어가던 겨울 평양에서 선교사 권세열F. Kinsler 부부가 잠잘 곳이 없는 거지소년들에게 사택 2층에다 따뜻한 잠자리를 마련해주며 함께 찬송 부르고 성경이야기를 들려주면서 이 구락부가 시작되었다. 다음 해 봄이 되기까지 겨울 내내 이 모임이 이어졌고, 그 동안에 입소문이 퍼지면서 계속 찾아오는 소년들이 늘어났고, 이에 프로그램도 조금씩 늘어났다. 더 이상 수용할 수 없을 정도로 아이들이 늘어나자, 구락부는 여름부터 노회와 선교부가 경영하는 성경학교 건물을 빌렸다. 이 건물에 청소년 300명 이상이 모였다.

선교사 부부의 작은 봉사활동이 청소년 교육을 겸하는 기관으로 발전하였다. 제법 체계를 갖춘 교육기관으로 거듭나면서 이 때부터 정식으로 '개척구락부'로 불렸다. 이 단체의 정신적 기반이 된 성경본문은 누가복음 2장 52절[652]이었다. 구락부에서는 성경교육을 중심으로 읽기와 쓰기 교육을 시켰다. 일반 학교와 마찬가지로 월요일부터 토요일까지 엿새 동안 공부시키지만 이 가운데서 하루는 특별한 날로 정하여 신앙교육과 정서교육에 주력했다. 이것은 청소년들의 신앙인격 함양과 이들을 지도자로 키우는 자질향상을 위함이었다. 구락부운동이 평양의 성경학교를 중심으로 연화동교회, 여자 성경학교, 신암교회, 서성리교회, 경창리교회 등에서 활발하게 일어났다. 가르치는 선생들은 숭실전문학교와 장로회신학교 그리고 여자성경학교의 학생들로 구성되었다.

약 3,000명 이상으로 늘어난 구락부의 학생들에게 신앙교육과 함께 나라사랑의 정신도 불어 넣었다. 그러나 일제의 신사참배강요에 항거하던 미국 선교사들이 본국으로 돌아가자, 구락부의 교육사업이 중단되고 말

---

652 예수는 지혜와 키가 자라가며 하나님과 사람에게 더욱 사랑스러워 가시더라.

앗다. 1945년 8·15광복 이후, 선교사 권세열이 1949년 봄에 다시 한국으로 돌아왔다. 권세열은 서울에서 장로회신학교의 학생들과 구락부운동을 재건하였다. 이 때 여러 교회에서 구락부가 세워졌다. 6·25전쟁 기간에 제주도에서는 성경구락부가 피난민 자녀들을 교육시키는 "봉사훈련원"으로 전개되었고 또 부산에서는 이곳에 피난 온 장로회신학교를 중심으로 활발히 전개되었다. 당시에 신학교의 학감과 교장서리를 맡게 된 권세열은 피난민으로 넘쳐나는 이 도시에서 신학생들을 교사로 하여 이 운동을 펼쳐나갔다. 모든 실내 공간이 피난민들로 가득 차 있었기에, 신학생들은 칠판을 등에 지고 산으로 올라가서 학생들을 모집할 정도였다. 수 백 명씩 모여든 청소년들에게 노천수업을 실시하였다.

1952년에 성경구락부 사업이 전국적으로 확산되고 또 그 규모도 커졌다. 성경구락부는 전국 규모의 방대한 조직체로 발전했다. 그러나 1955년을 정점으로 하여 1956년부터 성경구락부의 학생 수가 점점 줄어들었다. 그 이유는 6·25전쟁의 상흔이 씻어지고 정부가 제자리를 찾게 되면서 공립학교 교육이 정상화되었기 때문이다. 이에 상응해서 성경구락부는 1957년에 기존의 초등부 과정을 줄이고 중등부과정을 신설하였다.

1954년 남한 정부는 1959년까지 취학률을 96%로 끌어올리는 목표를 세우고 '의무교육완성 6개년 계획'(1954년~1959년)을 수립했다. 실제로 1959년 초등학교 취학률이 82.5%였는데, 6년이 지난 1959년에는 취학률이 96.4%에 이르렀다. 의무교육제도가 정착되었다. 이렇게 정부가 주도한 의무교육제도가 정착되면서, 교회가 설립한 고등공민학교는 하나 둘씩 일반 학교로 편입되어 갔다. 1954년 이래로 6년 동안에 전국적으로 학교 설립과 더불어 학생의 수가 획기적으로 늘어났다. 이와 더불어 우리나라는 이른바 '교육 기적'을 일구어 냈다.

전쟁 직후부터 1950년대 내내 치솟아 오른 교육열풍과 의무교육의 완성은 우리나라의 발전에 매우 중요한 역할을 했다. 따라서 이것이 우리나라 현대사에서 매우 중요한 의미를 갖고 있다. 전쟁을 통해 기존 사회의 계층질서가 무너진 상황에서, 교육은 모든 국민에게 사회적 지위가 향상되는 계층상승의 기회를 제공했다. 학교 교육에서 가르치고 배운 민주주의와 민주의식은 학생들이 적극 참여한 1960년 4·19의거에서 그 효과를 드러내며 독재정부를 종식시키는데 기여했다. 학교 교육과 고등교육의 증대는 1960년대부터 시작된 우리나라의 산업화에 필요한 인재를 양성하는데 절대적으로 기여했고, 정부는 학생에게 냉전적 반공주의를 가르치고 주입시켰다.

12

황등기독학교
설립과 의미

황등교회 그 뿌리와 기독교 역사 정립

사랑의 종, 그 언저리에서 길을 묻다

황등기독학교
설립과 의미

기독교학교가 중요해진 현실

황등교회는 외국선교사나 특정 개인이 설립한 학교가 아니라 황등교회 교인들이 합심해서 지역에 필요한 인재양성을 위해 또한 기독교정신에 따른 인재를 양성해서 지역과 민족을 복음화하기 위해 학교를 설립해서 운영하고 있다. 황등기독학교[653]는 다음 세대 선교를 위해서 주목하는 학원선교의 중요성이 강조할 수 있기에 역사적 가치와 의미가 있다.우리나라의 근대화는 복음의 빛이 비추면서 시작됐다. 1885년 언더우드와 아펜젤러선교사가 제물포항에 첫발을 디딘 후 가장 먼저 시작한 것은 교육과 의료 활동을 통한 선교였다. 우리나라 근대교육사는 선교역사와 일치한

---

653 황등교회가 설립한 중등교육기관의 재단명칭은 학교법인 황등기독학원이다. 이 법인 산하에 황등중학교와 성일고등학교가 있다. 이를 총칭하는 용어로 편의상 '황등기독학교'라고 할 것이다.

다. 학교는 문맹퇴치와 민족정신 함양 그리고 정신교육의 산실이었을 뿐만 아니라 구원의 산실이었다. 여기에 학원선교의 의미와 가치가 있다. 그리고 지금도 여전히 기독교학교를 통한 복음전파는 그 유효성을 가지고 계속되고 있다. 그런데 이처럼 중요한 학원선교가 수년 전부터 심각한 도전과 위협을 받아왔다. 정부의 평준화교육 실시와 함께 기독교학교의 자율성이 침해를 받아왔으며, 이와 맥락을 함께하는 사건이 2004년 대광고등학교에서 발생됐다. 이 사건의 발단으로 2005년 국회의장의 직권상정으로 사학법개정안이 통과됐다. 이후 한국교회는 사학법재개정을 위해 범교파적 연합을 주도하여 대항한 결과 2007년 6월말 임시국회에서 사학법재개정안이 통과됐다. 그러나 정부는 구체적인 시행령을 하달하지 않고 있다. 총회가 다시금 교단적 차원에서 사학법재개정안이 정당성을 유지할 수 있도록 노력해야 할 일이 남아있다. 그런데 2007년 9월 5일 대광고와 강의석 손배소송에서 '대광학원은 원고인 강의석에게 1천5백만 원을 배상하라'는 원고 일부 승소 판결을 내렸다. 이처럼 기독교학교의 자존심이 훼손되고 학교의 기독교교육의 길이 어려워지고 있다.

더욱이 오늘날 이른바 다음 세대의 복음화에 대한 심각성이 제기되고 있다. 현재 한국 기독교계는 청소년 복음화율 3%대라는 심각한 사실에 직면해 있다. 오늘날의 기독교계에 있어 험악한 핍박보다 더 무서운 것은 쾌락과 평안을 가장하여 세상의 조류와 문화를 타고 교묘히 들어오는 유혹이라 생각된다. 끓는 물에 있던 개구리가 서서히 따뜻해지다가 삶아져 죽어간다는 사실을 잘 모르듯이, 어느새 기독교의 청소년복음화율이 3%대로 낮아진 엄청난 위기를 맞이하게 되었다. 2009년 뉴욕 프라미스 교회에서 360여명의 리더들이 모인 가운데 루이스 부시 박사와 김남수 목사가 주축으로 선포된 글로벌 운동이 바로 4/14운동이다. 4/14 운동이란 하나님을 알고 헌신하는 가장 중요한 시기인 4~14세의 청소년들을 대상으로 복음의 열정을 회복시키고, 이들을 인성과 영성을 겸비한 차세대 크리스천 리더로 양성하자는 취지의 운동이다. 4~14세를 비롯한 어린이, 청소년, 즉 우리의 다음 세대가 왜 중요한지, 얼마나 중요한지, 이를 위해 어른들로서 우리가 어떻게 해야 할지에 대한 논의가 매우 중요한 때이다.

대한예수교장로회(통합)은 지난 2007년 9월 열린 제92회 총회에서 학원선교의 중요성을 인식하고 전격적인 학원선교지원정책을 결의한 바 있다. 이에 따라 기독교학교 후원회를 조직하고 기독교학교 공동기금을 조성하기로 했으며, 기독교학교의 활성화를 위한 다방면의 노력을 기울이기로 했다. 지난 2001년 86회 총회에서 매년 11월 4일을 '학원선교주일'로 정해 학원선교 활성화 정책 추진을 위하여 최선을 다하고자 했다.

최근 학교 종교교육 여건은 어려움이 극에 달한 상황이다. 교육과정상 종교(성경) 교과목 개설이 어려워지다 보니 황등중학교는 종교(성경) 교과목조차 개설치 못하고 있는 상황이다. 교육재정이 줄면서 그에 따라 교사 정원 감축이 발생하면서 현재 성일고등학교는 교목 겸 종교교사마저 두지 못하게 되었다. 전북교육청에서 만든 학생인권조례에서 특정종교행사가 학생인권에 위배된다는 내용과 교육과정상 특정종교행사를 하기 어렵게 되는 등 국가 교육재정으로 종교(신앙)교육을 하기 어렵게 되었다. 이런 어려운 현실을 극복해나가는 노력은 교목혼자서나 학교당국만의 노력으로는 할 수 없다. 이사회와 학교를 지원하는 황등교회가 함께 고민하며 협력할 때 가능하다. 이를 해결하는 실마리랄까 해결의 단초를 모색하는 의미로도 황등기독학교의 뿌리를 이해하고 그 의미를 찾는 작업은 의미 있는 일일 것이다.

황등기독학교 정신의 기저基底

　　학교법인 황등기독학원 산하 황등중학교와 성일고등학교의 역사는 황등교회 초창기 역사의 정신과 그 맥을 같이 한다. 그러므로 황등기독학원의 설립정신을 이해하기 위해서는 황등교회의 설립정신과 당시 지역사회의 이해와 학교의 시대적 요청을 이해할 필요가 있다.

　　한국기독교 초기 선교사들은 이 땅에 들어와 지혜로운 선교를 위해 전도 사업만이 아니라 한국 사회에 필요한 계몽운동과 근대화를 위한 사회 구성을 위한 토대 구축에 힘을 기울였다. 이것이 바로 근대식 학교와 병원과 복지기관의 설립과 YMCA와 같은 기독교시민사회운동이었다. 이처럼 기독교가 수행할 사회적 책임정신이 황등교회에도 중요시되어 왔다. 또한 이른바 '네비우스 선교정책'에 따라 선교사들에게 의존하지 않고 교회가 지역 스스로 지역발전을 활성화할 기관을 설립해 나가야한다는 생각도 있었다. 그러나 이런 선교사와 선교정책보다 더 크게 영향을 미친 정신은 황등교회 초창기 선구자들이 말과 혀로만이 아니라 행함과 진실함으로 펼친 지역사랑의 실천이었다. 이것이 계승 발전시켜나갈 자랑스러운 황등교회의 전통이다. 이를 잊지 말라고, 황등교회 사랑의 종은 자신의 몸이 으스러져야 울림을 계속해왔다. 이 종소리는 광야에서 외치는 선구자의 소리처럼 과거를 되새겨 오늘을 사랑으로 수놓게 해왔다.

　　황등교회의 이름과 지역의 이름이 같다. 즉 교회는 지역 사회와 무관한 진공상태가 아니라 황등지역 속의 황등교회, 황등지역과 함께하는 황등교회, 황등지역을 섬기는 사랑의 황등교회이다. 이를 풀이하면 하나님 사랑과 이웃 사랑이라는 '경천애인敬天愛人'의 정신과 거룩함과 세속이 둘이 아니라 하나라는 의미의 '성속일여聖俗一如'의 성일聖一 정신이다. 이런 이유로 황등중학교는 건학이념으로 경천애인 즉 하나님 사랑·이웃사랑으로 하고 있고, 성일고등학교는 경천애인 즉 하나님 사랑·이웃사랑·자연사랑으로 하고 있다. 그러면서 황등중학교는 교훈으로 기독교정신을 바탕으로 "신의 있고 성실한 사람이 되자"를, 성일고등학교는 "경천, 성실, 노력"으로 기독교정신으로 세상에서 성실한 자세로 살아갈 것을 강조한다. 이런 성실한 정신에는 철저한 기독교신앙에서 구축되어야한다.[654] 성실한 삶에 대한 성경적인 근거는 무수히 많다. 이중 구약과 신약의 한 구절씩만 제시하면 다음과 같다.

> 게으른 자여 개미에게 가서 그가 하는 것을 보고 지혜를 얻으라, 개미는 두령도 없고 감독자도 없고 통치자도 없으되, 먹을 것을 여름 동안에 예비하며 추수 때에 양식을 모으느니라, 게으른 자여 네가 어느 때까지 누워 있겠느냐 네가 어느 때에 잠이 깨어 일어나겠느냐, 좀더 자자, 좀더 졸자, 손을 모으고 좀더 누워 있자 하면, 네 빈궁이 강도 같이 오며 네 곤핍이 군사 같이 이르리라[655]

> 우리가 너희와 함께 있을 때에도 너희에게 명하기를 누구든지 일하기 싫어하거든 먹지도 말게 하라 하였더니, 우리가 들은즉 너희 가운데 게으르게 행하여 도무지 일하지 아니하고 일을 만들기만 하는 자들이 있다 하니, 이런 자들에게 우리가 명하고 주 예수 그리스도 안에서 권하기를 조용히 일하여

---

654 기독교는 성실한 삶을 강조한다. 이에 대한 성경구절과 의미는 졸저,『현실사회윤리학의 토대놓기』(도서출판 박문사, 2013), 249-440쪽와 졸저,『어울누리를 꿈꾸며』(도서출판 박문사, 2014), 82-101쪽 참조; 서술자는 이 책에서 하나님과 예수님과 바울 등이 설실히 일해나감을 밝히고 성실히 주어진 일에 최선을 다해야하는 기독교윤리적 시각에서 노동의 긍정과 의미와 가치를 밝혔다.
655 잠언 6장 6절-11절.

자기 양식을 먹으라 하노라[656]

황등교회가 지역 이름을 딴 교회 이름이듯이 학교법인명에 지역이름인 '황등'을 넣고 '기독'을 넣었다. 이는 마치 교단명이 대한민국의 약자로 '대한'에 '예수'를 넣어 '대한예수교'로 한 것과 같다. 즉 지명을 먼저하고 기독교정신을 넣어 기독교 정신에 지역이 전제가 됨을 말한다. 또한 황등중학교 이름은 황등이라는 지명을 그대로 쓰고 있다. 성일고등학교도 설립 당시의 이름은 황등상업고등학교였으나 시대적 상황에 따라 상업계 고교가 어려워지자 인문계로 전환하면서 황등고등학교였다가 황등지역만이 아닌 익산시내권 학생 등이 입학하기에 황등이라는 지명을 넘어서면서 성경적인 이름을 고민한 끝에 성일聖—로 하였다.

● ● ●
황등기독학교설립의 배경

〉〉〉 고현교회 민립교육

고현교회古縣敎會의 오덕근吳德根은 1919년 4·4만세운동이 일어나자 기독교인이라고 교회당에서 예배만 보고 있을 때가 아니라고 강조하였다. 오덕은은 실제로 태극기를 제작하여 배포하다가 발각되어 옥고를 치르기도 하였다. 오덕근은 감옥에 가서도 우리 민족이 살아날 수 있는 길이 어떤 것인가를 하나님께 열심히 기도하였다고 한다. 오덕근은 출옥한 후,

656 데살로니가후서 3장 10절-12절.

가산家産을 정리한 후 학교를 세웠는데 이 학교는 민족교육을 위한 '백동학교柏東學校'였다.

　김한규는 1920년 '계문학교啓文學校'를 설립하고 민족혼을 불러 넣어주는 민립교육民立教育을 시작하였다. 이와 더불어 1918년 고현교회가 여학교인 '경신의숙'을 세웠으나 곧 남녀공학이 되었고, 재정이 확보되면서 '경신학교敬信學校'라는 명칭으로 바뀐다. 학제도 처음에는 4년제였으나 1936년에 6년제로 변경된다. 훗날 재정악화 문제와 한글중심의 민족혼 교육에 반하는 신사참배의 강요에 반대하다가 버티지 못하고 운영권 일체를 1938년 2월 27일 계문학교에 넘겨주었다. 그리고 1944년 정식 폐교하였다. 동련교회는 고현교회와 같은 선교사의 지도를 받았기에 고현교회의 학교운동을 동련교회 교인들로 황등교회 초창기 선구자들은 알고 있었다. 또한 고현교회가 설립하고 운영한 학교출신자들과의 교류도 있었다.

〉〉〉 동련교회 계동학교

　동련교회 백낙규는 사재私財를 털어 교회신축과 함께 학교도 설립하는 데 힘썼다. 동련교회에서 민족계몽을 위해 계동학교를 설립한 것이 1909년이고, 학교로 인가를 받은 날은 1910년 8월 15일이다. 동련교회는 학교 운영을 위해 1916년 학교후원회를 조직하고 지원을 해나갔다. 이에 대한 장근애의 증언이다. "우리말을 우리가 배우고 우리 역사를 우리가 배우자고한 것이 계동학교 설립의 뜻이지요. 이렇게 해서 계동학교가 설립되었습니다. 교회 살림이 무척 어려웠는데도 계동학교 재정은 늘 앞서 세웠지요."[657]

657 장근애 증언, 연규홍, 위의 책, 241쪽.

이 때 세웠던 학교의 국기봉 지주석地主石은 항상 감시하고 방해하던 일제가 가져갔다. 이 돌은 황등산 자락에 신사神社를 세우면서 '황기皇紀 2600년 기념석'으로 사용하였으니 그때가 1940년이다. 많고 많은 황등의 돌 중에 이 돌을 가져다가 사용했는지 정확한 이유는 모르나 황등의 첫 교회에서 지역민을 계몽하는 민족교육을 진행한 계동학교의 지주석을 가져다가 신사의 기념석으로 사용한 것은 통탄할 일이었다. 이 지주석은 해방후 어느 교인의 집에서 문설주로 사용하던 것을, 1988년에야 동련교회의 종탑 밑으로 옮겨 제자리로 돌려놓았다. 황등 신사였던 자리에는 거대한 돌기둥을 세웠던 흔적이 지금까지 남아있다.

계동학교는 1909년부터 1935년까지 4년제로 운영되면서 105명이, 6년제는 1936년부터 폐교되는 1947년까지 평균 매해 8~9명이 졸업해 총 266명의 졸업생을 배출하였다. 일제는 자생적인 민족학교인 계동학교를 방해하고 일제의 식민교육의 일환으로 1927년 6월 5일 황등공립보통학교[658]를 세워 황등면을 아우르게 되었다.

> 이 학교는 일제의 신민화臣民化 정책에 의해 한국인들의 민족정신을 말살하고 한국인을 일본인화하려고 하는 식민지 교육기관이었다. 그리하여 황등국민학교는 계동학교를 "개똥학교"라고 멸시하며 은근히 민족교육의 산실인 계동학교를 지역사회로부터 소외시키려 하였다.[659]

---

[658] 연규홍은 이를 '황등국민학교'라고 하였으나 이는 당시의 이름이 아니다. 일제 강점기의 공식 명칭은 '황등공립보통학교'이다. 채응묵과 통화(2016년 4월 11일 오후 9시 20~12분)와 『황등초등학교』, 「학교연혁」에서 확인한 결과 "1927년 6월 5일 황등보통학교 개교"로 나온 것을 확인하였다.
http://hwangdeung.es.kr/index.jsp?SCODE=S0000000238&mnu=M001001002
[659] 연규홍, 위의 책, 42쪽.

계동학교는 황등공립보통학교와 경쟁체제로 운영되면서 어려움이 많았고, 태평양전쟁이후 일제의 공출도 극심한데다 일제의 억압이 있다 보니 결국 해방이 되었음에도 1947년 폐교되기에 이르렀다. 황등지역민들은 계동학교 출신들이 많았다. 동련교회가 계동학교를 통해 보여준 것은 개별 교회만을 위한 교육이 아니라 지역을 위한, 지역과 함께하는 그러면서 바탕에는 기독교신앙으로 민족의식을 심어주는 교육이 얼마나 중요한가를 일깨워주었다. 동련교회는 계동학교 재정의 3분의 2를 책임지는 자세로 교육 사업에 전념하였다.[660] 황등교회 초창기 선구자들은 동련교회 교인들이었고, 계동학교 졸업생들도 있었다. 황등교회 시무장로로 1988년『황등교회 60년사』발행위원장을 역임한 봉기성도 어린 시절 동련교회에 출석하였고, 계동학교 졸업생이었다.

봉기성은 황등 동련교회에서 운영하는 개동학교에 입학하였는데 채플시간과 성경과목이 있어서 자연히 기독교를 접할 수 있는 기회가 되었다. 이 일로 주일이면 동련교회 주일학교 유초등부에서 성경을 배우고 또 찬송가도 열심히 부르면서 신앙이 점점 성장해 갔다. 1928년 7월 1일에 황등면 소재지에 황등교회가 설립되었고 황등 시내에서[661] 생활하던 부모님을 따라 황등교회에 출석하게 되었다.[662]

또한 황등교회 교인으로 황등중학교의 전신인 황등고등공민학교 교사로 봉사한 이대호도 계동학교를 다녔었다.[663] 황등교회 교인들은 동련교

---

660 연규홍, 같은 책, 96쪽.
661 황등 시내라는 표현은 모호하다. 황등이 면소재이니, 면의 중심지라는 의미인 듯하다.
662 김수진, "152. 열심히 트럼펫을 불렀던 봉기성 장로"《한국장로신문》(제1342호, 2012년 11월 3일).
663 석춘웅 초안작성,『조사』(이대호 장로 약력) 참조.

회가 설립하고 운영하던 계동학교를 보면서 황등교회도 그렇게 하면 좋겠다는 바람을 갖곤 하였다. 그러나 이런 생각들은 현실화하기에는 일제의 억압이 극심해지는 시대적인 현실 앞에서 번번이 좌절할 수밖에 없었다. 이런 현실이 '공출제'였다. 일제강점기의 공출제도는 1939년 대흉작으로 식량 사정이 악화된 가운데 전시戰時 군량을 확보하기 위하여 1940년부터 강제적으로 시행되었다. 일제는 1939년 '미곡배급조합통제법'을 제정하여 미곡의 시장 유통을 금지하고 농민의 자가 소비분 대부분까지도 헐값으로 강제 공출시켰으며, 그 대신 만주 등지에서 들여오는 콩이나 피 등의 동물용 사료를 배급하였다. 그 뒤 미곡 공출실적이 저조하자 1943년 '식량관리법'을 제정하여 맥류·면화·마류麻類·고사리 등에 이르기까지 40여 종에 대하여 공출제도를 확대하고, 강제 공출을 이행시키기 위하여 무력까지 사용하는 등, 전시군량 확보를 위하여 온갖 강압적 수단을 다 동원하였다. 일제강점기에 실시된 공출제도는 전쟁 수행을 해결하기 위한 부담을 농민에게 전가시키기 위한 강제적 수단의 성격이었다.

일제강점기 말기에는 군수 물자 확보에 광분한 일제가 공출이란 명목으로 전쟁 물자에 필요한 것들을 마구잡이로 빼앗아 갔다. 그러다보니 황등교회 첫번째 종도 자진 납부할 정도였다. 이런 폭압 속에서는 당장의 생존도 어려운 처지이다 보니 학교설립은 마음만 간절할 뿐, 구체적으로 실현할 수는 없었다. 급기야 해방의 기쁨에도 1947년 황등에서 유일한 민립학교인 계동학교가 자진해서 폐교에 이를 정도로 지역 경제는 피폐疲弊한 상황이었다.

그럼에도 황등교회는 해방의 기쁨을 교회만의 기쁨이 아니라 지역에 꼭 필요한 것을 만들어가려는 생각으로 산발적으로 논의되던 민립학교 설립의 꿈을 함께 나누기 시작하였다. 그러다가 계동학교가 자진해서 폐교되기에 이르니, 이제 황등지역 전체에 민립학교가 없어진 상황이 되었다. 계동학교와 같은 방식의 학교를 황등교회도 해보자는 생각들을 자연스럽게 하게 되었다. 누가 먼저랄 것도 없이 교인들이 모이면 이런 생각들을 꺼내놓곤 하였다. 왜냐하면 황등교회 교인들이 초창기에는 동련교회를 출석하면서 동련교회에서 계동학교를 운영하는 내용을 목격하고 그것이 교회가 지역 사회를 위해 해야 할 사명임을 알았다. 또한 황등지역민들중에 계동학교 졸업생들이 많았다. 이들은 계동학교가 폐교된 아쉬움과 황등보통학교 졸업이후 진학할 학교가 없는 것에 대한 아쉬움도 가졌다. 그러면서 이미 황등지역에 공립 초등교육기관이 굳건히 자리 잡은 이상, 초등교육기관의 필요성보다는 이 학교를 졸업한 이후 진학할 중학교의 설립으로 의견들이 모아졌다.

그렇다고 해서 계동학교를 재건하려는 것이나 계동학교를 모델로 삼은 것은 아니다. 그저 계동학교가 사라지니 그에 따른 아쉬움으로, 그래서 이제는 황등교회가 지역을 위해 기독교민립학교를 세워야한다는 생각들이 무르익었다. 또한 계동학교가 자진 폐교된 이유가 결국 재정적인 어려움이었기에 학교를 세움에 재정적인 뒷받침을 좀 더 확실히 해나가야겠다는 생각들이 있었다. 이렇게 볼 때 계동학교는 아쉽게도 폐교되어 역사의 그늘 속에서 사라지고 기록만 남았지만 그것을 참고로 하는 새로운 형태로 거듭나는 학교설립의 태동이 움트고 있었다.

》》》 황등가정여자중학교 설립

1948년 7월 4일 황등교회에서 분립한 신황등교회는 기독교정신을 바탕으로 한 중등교육이 절실히 필요함을 느껴 학교 설립에 힘을 모았다. 이를 위해 후임 목사를 청빙할 때, 학교도 운영하면서 교회목회를 할 수 있는 목회자를 염두에 둔 결과 안봉걸 목사를 청빙하게 되었다. 『신황등교회당회록』에 의하면, 1959년 3월 19일자에 "여자성경학교를 개교함에 있어서 고만영 장로의 동의와 김창섭 장로의 제청으로 가결되다"로 기록되었고, 1959년 3월 21일자에는 "3월 19일에 결의된 학교 명칭은 황등여자중학교라 정하고 당회원 4명, 집사 3명이 이사가 되어 이사장은 김선길 장로로, 서기를 강동회로 선정하다"로 되어 있다.[664]

학교명칭은 황등가정여학교로 전라북도 인가를 얻고 신황등교회 안봉걸 담임목사가 교장으로 취임하였다. 학교는 맨 처음 교회 자리인 지금의 임마누엘관 자리에 교실 3칸을 만들어 수업을 하였고, 홍익인간을 교육이념으로 삼고 '하나님을 사랑하자. 이웃을 사랑하자. 흙을 사랑하자'[665]라는 교훈으로 학생들을 가르쳤다. 이 학교는 기독교음악에 관심을 갖고 전교생으로 합창단을 조직하여 음악교육을 실시하였으며, 1인 1악기 지도로 전교생에게 오르간 레슨을 실시하여 졸업생들이 각 교회에서 반주자로 활동할 수 있게 되었다. 학교에서 신앙교육 시간으로 안봉걸 목사가 맡아 지도하면서, 영어성경으로 가르치기도 하였다. 안봉걸 목사는 1962년 12월 13일 청주제일교회 담임목사로 부임하게 되면서 교장직도 사임하였다.[666]

---

664 김승남, 『신황등교회 50년사』, 130쪽.
665 대개의 기독교학교의 건학이념이 경천애인(敬天愛人)으로 하나님 사랑·이웃사랑인데 여기에 '흙을 사랑하자'가 덧붙은 것은 농촌지역학교의 특성이 드러난 것 같다. 이는 지역 속에서, 지역과 함께, 지역의 필요를 고려한 것으로 주목을 끈다. 그러나 황등가정여학교를 이어서 발전한 진경여자중학교와 진경여자고등학교는 교훈을 이어가지 않았다. 진경여자중학교 교훈은 "박애(博愛)·신의(信義)·정숙(貞淑)"이고, 진경여자고등학교 교훈은 "박애(博愛)·숭실(崇實)"이다. 그런데 황등기독학교는 황등가정여학교의 교훈과 같은 내용을 담고 있다. 황등중학교의 교훈은 "신의있고 성실한 사람이 되자"이지만 그 전에 건학이념으로 "하나님 사랑·이웃사랑"을 분명히 하고 있다. 성일고등학교는 "하나님 사랑·이웃사랑·자연사랑"이다. 성일고등학교에서 자연사랑을 강조함은 하나님이 주신 생태환경을 보호함의 중요성을 일깨우는 것으로 '흙을 사랑하자'는 친지역·친환경적 특성을 담은 내용과도 맥이 닿아 있다.

황등가정여학교를 교회가 책임지고 정규학교로 발전시키기에는 재정적 한계가 있다고 보고 뜻을 같이 하는 교인들과 지역인사 등이 학교법인 반석학원을 설립하면서 교회와는 분리되었다. 1964년 11월 12일 학교법인 반석학원 설립인가를 받고, 1965년 3월 1일 진경여자중학교가 개교하였고, 1971년 3월1일 진경여자상업고등학교가 개교하였다.[667]

이처럼 황등지역에 여자중학교가 설립됨으로 인해 황등중학교에 영향을 미치게 된다. 일신중학교는 황등중학교로 통합되었고, 남녀공학이던 황등중학교가 남자중학교로 변경되었다. 또한 중학교 설립은 황등교회가 설립한 황등중학교가 먼저였는데 진경여자중학교를 운영하던 반석학원 재단이 1971년에 진경여자상업고등학교를 개교한 것에 자극을 받아 1980년 3월 1일 황등교회는 남자상업고등학교로 '황등상업고등학교'(현재 성일고 전신)를 개교하기에 이른다. 지금 황등지역에서 황등중학교와 성일고등학교는 남자중·고교이고, 진경여중·고는 여자중·고교로 상호 독립된 형태로 운영되고 있다.

이상으로 살펴본 교회학교들 이외에도 익산의 교회들은 기독교교육이 활성화된 지역이었다. 익산지역교회 학교설립은 다음과 같다.

---

666 같은 책, 131쪽.
667 학교법인 반석학원 산하 진경여자중·고교의 시작은 신황등교회인데 신황등교회 재단에서 신황등교회 장로 한용석으로 변경되면서 반석학원 산하 학교들은 신황등교회가 설립한 황등가정여학교의 역사를 드러내지 않고 있다. 진경여자중학교와 진경여자고등학교 모두 학교 홈페이지 학교연혁시작을 이렇게 하고 있다. "1964년 11월 12일 학교법인 반석학원 설립인가(설립자 故 한용석 장로)"『진경여자중학교 홈페이지』, 「학교연혁」(2016년 4월 30일 오후 9시 20분) http://jingyeong.ms.kr/index.jsp?SCODE=S0000000384&mnu=M001001003, 『진경여자고등학교 홈페이지』, 「학교연혁」(2016년 4월 30일 오후 9시 20분)http://jingyeong.hs.kr/index.jsp?SCODE=S0000000700&mnu=M001001003.

교회명	학교명	개교연도
남전교회	도남학교	1907년
제석교회	부용	1908년 4월 1일
동련교회	계동	1909년
모산교회	영신	1910년
부곡	간이	1912년 4월 10일
서두	삼신	1912년
용산	대동	1918년
제일	광희여숙	1922년
제일	보육학원	1946년 6월 10일
제일	이리가정여학교	1951년 3월(1966년 2월 폐교)
웅포	일신	1922년
두동	서영	1923년
고현	경신	1925년
두여리	신영서당	1928년
대장	몽산학교	
북창	대성중학	1951년
황등	황등중학교	1961년 3월 3일
황등	황등상업고등학교 (현, 성일고등학교)	1980년 3월 1일
신황등	가정여학교	1959년 3월 19일
신황등	진경여중	1964년 11월 12일 학교법인 반석학원
신황등	진경여고	1972년 3월 2일 5년 반석학원 (한용석 장로 인수로 변경).
신황등	일신중학	1961년 신황등교회장로 김선길 설립
평화	평신도 신학원 이리여자신학원	1989년 9월 오일환 목사
천광	동성신학원	최길동 목사-이리여자신학원 인수경영.

● ● ● ●
황등교회의 학교운동 역량 축적

황등기독학교 설립의 태동은 1921년 10월 13일 기성의원 기도처에서 시작된 '지역과 함께한 주일학교'에서부터이다. 서술자가 황등교회 초창기의 주일학교에 초점을 두는 이유는 이것이 주일에만, 교회에서만 교육한 게 아니기 때문이다. 기독교에서는 일찍부터 다양한 유형의 기독교교육이 실시되었으나 근대적인 주일학교는 감옥을 개혁하는 데 관심을 가지고 있었던 잉글랜드 글로스터 주의 신문 발행인 로버트 레이크스(1736~1811)의 활동으로 처음 시작되었다. 레이크스는 일요일을 제외하고는 매일 공장에 다녀야 하는 청소년들에게 일요일에 기본적인 교육과 기독교적인 교육을 실시하면 범죄에 빠지지 않게 될 것이라고 확신했다. 1780년에 영국성공회 교구 성직자와 협력하여 주일학교가 처음으로 문을 열었는데, 당시 평신도들은 수업료를 냈다.

수업은 교사의 집에서 이루어졌다. 3년 후에 레이크스가 자신의 신문에 글로스터 주의 주일학교에 관한 기사를 쓰면서 주일학교에 대한 관심이 일기 시작했으며, 이 체제를 모방한 유사한 학교들이 영국 전역으로 확산되었다. 몇몇 교회 지도자들은 이 주일학교가 안식일 엄수에 위배된다 하여 반대했으며, 또 어떤 이들은 빈민을 교육시키는 것은 그들을 혁명 세력으로 만들 위험성이 있다고 하여 반대했다. 그러나 결국 주일학교는 교회와 밀접한 연관을 갖게 되었다. 주일학교가 시작되고, 31년 후 레이크스가 죽었을 때 영국에는 약 50명만의 어린이들이 주일학교에 다니고 있었다.

주일학교는 유럽 대륙과 북아메리카로 확산되었다. 그러나 유럽의 경우에는 기독교교육이 정규 학교에서 이루어졌기 때문에 미국에서처럼 주일학교가 중요시되지 않았다. 미국의 경우, 교회와 국가가 분리되었기 때문에 공립학교에서 기독교교육은 금지되어 있었다.

미국에서는 각 교파가 일반적으로 고유의 그리스도교 교육정책을 확립했다. 그러나 범교파적인 협력도 이루어졌다. 미국 최초의 범교파적 주일학교 연합인 필라델피아 주일학교 조합이 1791년 결성되었다. 1922년 조직된 국제종교교육위원회는 1950년에 전국교회위원회의 일부가 되었다. 주일학교에서는 다양한 유형의 교육이 이루어졌다. 초기에는 성서와 교리문답서 등이 주교재로 사용되었으나 교육과정이 점차 각 교파의 교의적(그리고 사회적) 입장을 반영하게 되었고, 특별한 주일학교 교육자료도 개발되었다. 교사는 주로 평신도 자원봉사자였으며, 그들이 교육을 받는 경우도 있었다. 동방정교회에서도 주일학교가 실시되었으나 개신교에서만큼 중요한 비중을 차지한 것은 아니었다. 로마 가톨릭에서는 주일학교 체제를 채택하지 않는 대신 교회 부설학교에서 보통 교육과 함께 기독교교교육을 실시했다.

한국은 기독교선교초창기부터 전도와 교육을 병행하는 선교정책을 시행해 왔다. 교회가 있는 곳에는 학당學堂을 두어 목사와 교사가 분담하여 지도하도록 하였다. 학당에서는 주일뿐 아니라 평일에도 수업하여 일반 사회 교과목을 모두 가르쳤다. 그러면서도 교육의 목표는 성경에 기초한 신앙인을 양성하는 데 있었다. 이런 학당의 교육은 선교사들이 설립하거나 관여한 학교에서 민족의식을 지닌 교사들이 암암리에 민족의식을 불어넣는 교육을 하였다. 이런 측면은 기독교신앙과 나라사랑을 별개로 생각하지 않은 당시 선구자들의 공통된 교육관이었다.

한국 주재 선교사들은 1905년 선교사공의회The General Council of Protestant Evangelical Missions를 조직하면서 기독교교육을 진작시키기 위해 주일학교 위원회를 설치하였다. 한국 교회가 주일학교를 두어 성경을 가르쳐나갔다. 그 해에 서울의 연동교회를 비롯하여 평양의 장대현교회·남산현교회·선천의 북교회, 전주의 서문교회 등 여러 곳에서 소아회小兒會라는 이름으로 주일학교 사업이 전개되었다. 교재로는 『주일학교 공부』라는 책이 있었다.

주일학교위원회는 1911년 4월 세계주일학교연합회에서 파송한 브라운Brown, F. H.의 자문을 받아 세계기구와 연결을 맺고 조선주일학교연합회로 발전하였다. 초대 회장에 서로득徐路得, Swinhart, M. L., 부회장에 윤치호尹致昊, 서기에 장덕로張德櫓가 선출되었고, 허대전許大殿, Holdcraft, J. G.을 총무로 하여 전국의 주일학교를 통솔하게 하였다. 그러나 이 기구는 어디까지나 선교사공의회가 관장하여 사업을 진행하였다.

그 동안 한국의 주일학교가 세계 주일학교와 호흡을 함께하면서 운동한 내용을 보면, 1907년 로마에서 개최된 세계주일학교대회에 윤치호가 참석하여 한국 교회를 소개해서 갈채를 받았고, 실행위원으로 선출되었다. 윤치호는 다시 1911년의 워싱턴대회에서도 실행위원이 되었으며, 이때는 이승만李承晩도 참석하였고, 마포삼열Moffett, S. A; 馬布三悅 선교사가 명예부회장으로 추대되어 한국주일학교의 모습을 돋보이게 하였다. 1913년 스위스 취리히에서의 제7회 대회에서는 신흥우申興雨가 실행위원이 되었으며, 1920년 일본 동경 제8회 대회를 마친 다음에는 참석했던 여러 대표들이 한국을 방문하여 주일학교사업에 일대 자극을 주었다. 그래서 다음해인 1921년 제1회 전국주일학교대회를 서울 승동교회에서 개최했을 때는 5,000명의 많은 신자들이 참집하는 대성황을 이루었다.

황등교회 초창기 주일학교는 주일만 모이고 신앙만 가르친 것이 아니라 삶의 현장 속에서 지역의 다음 세대들에게 어떻게 살아야하는지를 일깨워준 지역사회교육운동이기도 하였다. 주일학교 교사와 아이들은 황등시장터에서 금주禁酒와 금연禁煙운동 캠페인을 벌이기도 하였다. 이런 일들로 교회를 다니지 않아도 주일학교에는 다니는 아이들이 많았다.

그래서 황등시장통에 사는 믿지 않는 사람들도 여간 기뻐하게 되었고, 교회가 서게 되면, 그 길로 금주·금연운동을 하는 것은 당연한 일로 여겼다. 바로 주일 학교가 개설되자 계원식 원장을 비롯해서 황등리 시장통에 사는 주일 학교 교사들은 학생들과 일심동체가 되어 금주·금연운동을 실시하고 나섰다. 이러한 일들을 목격했던 시장통 사람들은 자연히 교회에 대해 관심을 갖게 되어 주일학교는 매주일 학생들이 증가해 가고 있었다. 이러한 날이 한 해 두 해로 끝나지 않고 장장 1928년까지 8년이란 세월을 기성의원에서 예배를 드리고 주일학교를 실시해오고 있었다.[668]

1944년 제 3대 담임목사로 부임한 계일승은 영어를 잘하는 사람으로 영어의 필요성을 강조해서 일본인 세랑世郎 집을 접수하여 황등기독청년회관으로 사용하면서 밤마다 황등지역 청년들을 모아놓고 영어를 가르쳤다. 계일승은 해방후 미군정 시기에 자유자재로 영어를 사용할 수 있는 능력으로 미군 군목의 설교를 통역하기도 하였다. 그런 계일승이 뜻한 바 있어 머나먼 미국 땅으로 유학을 떠나게 되었다.

668 김수진, 『황등교회 60년사』, 52쪽; 마지막 문장은 이 글에서 밝힌 것처럼 그렇지 않다. 기성의원에서 기도처로 시작하였다가 1924년 11월 1일 초가 1동을 매입하고 나서 수리를 해서 1926년 5월 1일 목조건물을 완성하고 입당예배를 드렸다. 기성의원에서 모인 것은 1921년 10월 13일~1926년 4월 30일까지이다. 김수진, 『황등교회 60년사』, 469쪽; 김수진은 1921년 10월 13일 기성의원에서 기도처로 시작한 것이 1928년 7월 1일 노회승인 창립예배가 있을 때까지 기성의원에서 황등교회가 진행되었다는 이해를 갖고 있다. 이는 그의 목회학박사학위논문에 나오는 구절이다. "그런데 기성의원에 모였던 주일학교 학생들은 동련교회를 다니면서 신앙이 성장해진 평신도들이 주일학교를 봉사하면서 이들을 가르쳐 봉사하는 일이 얼마나 중요하다는 것을 체험케 되었다. 일반 평신도들인 장년과 청년들은 꼭 주일아침예배, 주일저녁예배, 수요일밤 예배는 동련교회에 출석하면서 신앙을 성장해 갔었다. 이들 평신도들은 7년 간의 긴 세월 속에서도 단 한 번도 잊은 일이 없는 황등교회를 설립하는 일이었다." 이 문장은 기성의원에서 7년간 예배를 드린 것으로 이해된다. 김수진, "평신도 운동이 한국교회 성장에 미친 영향에 대한 연구", 244쪽.

학교법인 설립의 역사

〉〉〉 학교설립추진기

황등교회는 오래전부터 교육기관을 신설해보자는 여론이 조성되어 있었으나 마음만 있지, 여러 가지로 여건으로 추진되지 못하였다. 1950년 6.25의 폭풍이 지나간 1951년 황등교회 청년들은 중학교설립을 목적으로 황등교회 청년회 소유의 논 1필지(1,200평)를 매각하여 후다바二葉창고로 양곡을 수탈하여 보관했던 60평의 창고를 얻었다.[669] 이 당시에 창고가 두 동이 있었는데 한 동은 황등교회 청년회가 맡았고, 한 동은 김선길이 건물과 토지를 불하받아서 소유하고 있었다.[670] 당시 청년회원들은 조길동, 김판옥, 최종옥, 옥판석, 전판석, 동상순, 박인석 등의 열혈남아들이었다. 이 창고를 기본 재산으로 해서 학교를 세우자는 안건을 가지고 당시 이항석 담임목사가 제직회를 진행하였다. 이 때가 1955년 3월 13일이었다.

> 교회 창고 매도 건에 있어서 수습위원 대표로 오일수 장로의 경과보고와 아울러 앞으로 본 창고를 이용하여 본교회 직영으로 중학교를 설립하기로 하자는 제의가 있자 동상순 집사의 전번 제직회시의 가결된 창고 매도 건을 해체하고 수습위원의 제의대로 본교회 직영으로 중학교를 설립하자는 동의와 봉기성 집사의 재청으로 거수가결하니 재적 27명(남 18명, 여 9명, 방청 1명)중 찬이 20명, 부는 없이 가결하다. 중학교 기성위원회가 조직되기 전까

---

669 현재, 황등 대영아파트 자리이다.
670 김선길은 신황등교회 장로(1958년 1월 3일 장립)로, 1960년 일신중학교를 정식인가 받아 이사장이 되었다.

지는 준비추진위원 5인을 구두호천으로 선정 가결하여 호천하니 피선위원으로 오일수[671], 옥판석[672], 조길동[673], 동상순[674], 김판옥[675] 제씨(諸氏)이러라.[676]

671 오일수(오일봉)는 계동학교 졸업하였고, 서울기독청년학원을 수학하였다. 1938년 황등교회 장로가 되었다.

672 옥판석은 1914년 익산 팔봉 출생으로 체신학교를 졸업하고 황등우체국 직원으로 시작해서 국장까지 역임하였다. 광복 청년회 황등단장과 익산군 선거관리위원장과 대한청년단 익산군 부단장과 자유당 황등면 위원장을 지냈다. 1972년 4월 21일 황등교회 장로가 되었고, 황등유아원 원장과 황등기독학원 12대 이사장을 역임하였다. 대통령 면려표창 등 여러 공로로 상을 받기도 하였다. 김수진, 『황등교회 60년사』, 172쪽 참조.

673 조길동은 조득수와 이화일의 장남으로 황등에서 태어났다. 집안의 반대로 배움이 여의치 않았으나 배움의 뜻을 중요하게 여겨 여러 학교를 전전한 끝에 함라보통학교를 졸업하였다. 조길동은 배움의 아쉬움으로 8남매를 모두 대학교육을 시켰고, 지속적으로 황등기독학교 설립과 운영에 열정을 쏟았다. 조길동은 황등면의원과 의장을 역임하고, 익산군 교육위원회 위원을 역임하였다. 1955년 12월 22일 황등교회 장로가 되었고, 함열제일교회가 설립되는데 크게 기여하기도 하였다. 조길동은 1950년 6·25전쟁으로 어려움이 직면한 황등고등공민학교가 재개될 수 있도록 자신의 창고와 땅을 무상으로 제공하였고, 황등기독학교 설립에 열정적으로 참여하였다. 황등중학교 교장직무대리와 황등기독학원 3~5대 이사장을 역임하였다. 아들 조춘성, 조춘식, 조춘구가 황등중학교 졸업생이다. 조춘성은 황등중학교 행정실에서 재직하였고, 조춘식은 2014년 3월 25일자로 황등기독학원 22대 이사장이고, 조춘구는 황등중학교 교사를 역임하고 숭실대 화학공학과 교수로 재직 중이다. 조길동의 사위 김병수는 황등중학교 교장을 역임하였다. 김수진, 『황등교회 60년사』, 172-423쪽 참조.

674 동상순은 익산 무형교회 동현수 장로의 아들로 태어났으며, 일제 말엽 일본에서 귀국하여 아내 강반석과 함께 황등리에 정착하면서 황등교회에 출석하였다. 1955년 12월 22일 황등교회 장로가 되었다. 동상순의 아들이 동정환 성일고등학교 교장을 역임한 황등교회 장로이다. 동상순의 자부 김순자는 초등학교 교사 출신으로 황등교회 권사로, 현재 황등기독학원 이사이다. 동상순의 집안은 3대 장로 집안이다. 2013년 5월 28일 전국장로회연합회(회장: 오정수 장로)는 제41회기 제3차 실행위원회에서 동정환이 3대 장로 집안 표창패를 받았다. 안지은, "전장연 41회기 3차 실행위원회"《한국장로신문》(2013년 6월 8일).

675 김판옥은 황등면 율촌 출생으로 김홍원과 전복례의 장남으로 모친의 권유로 황등교회를 출석하였다. 1955년 12월 22일 황등교회 장로가 되었고, 황등기독학원 2대 이사장을 역임하였다. 김판옥의 형제로는 김판봉 목사와 김판순 장로가 있고, 김판옥의 아들이 황등중학교 교장을 역임한 황등교회 김영일 장로이다. 김수진, 『황등교회 60년사』, 172쪽 참조.

676 『황등교회 제직회 회의록』(1955년 3월 13일)을 김수진, 『황등교회 60년사』 222쪽에서 재인용.

이 창고는 일본인 후다바[677]가 황등지역에서 나온 곡물을 수탈하여 보관하기 위해서 지어놓은 60여 평의 창고[678]였는데 해방이 되자 후다바가 일본으로 돌아가 버리게 되어 창고의 소유주가 없게 된 것이었다. 황등교회 계일승 목사는 탁월한 영어소통능력이 뛰어나 미군정 시절에 전북도청 자문위원으로 있었기에 그의 노력으로 후다바의 창고를 황등교회가 불하받을 수 있었는데 이를 관리하지 못하여 소유권이 모호하게 된 것을 황등교회 청년회 소유의 논을 팔아 다시금 소유권을 확보한 것이었다.

1956년 황등교회 교인들인 계원식, 임익주, 김판옥, 옥판석, 조길동 등은 옷감을 만드는 '개성베옷'을 만드는 직조 공장을 공동으로 운영하기 위하여 일본인 세랑世郎이 소유했던 일산가옥을 불하받았다.[679] 이들의 대부분은 황등교회 교인들로 일종의 주식회사株式會社처럼 운영하는 형태였다. 그러나 개성베옷 제조공장은 사업적으로 활성화의 시기가 지나다보니 수익을 내기가 매우 힘들었다. 이들은 직조 공장 운영이 잘되지 않는 현실을 받아들이고는 지역의 숙원사업인 중학교를 설립하는데 쓰도록 헌납하기로 하였다. 이렇게 해서 자신들의 주株를 해산하였다. 계원식, 김판옥, 조길동, 최종옥, 임익주 등이 한 주씩, 박위근·김길선은 반 주씩 소유하고 있었다. 계원식은 김길선, 박위근의 반주씩을 매입하였다. 이 직조공장이 해체되자 거기에서 얻어진 수입이 백미 73여 가마였다. 이들 직조공장 주주株主들은 이 수익금을 학교를 세우는데 쓰도록 하였고, 공장부지와 창고도 학교의 교실 등으로 쓰도록 기증하였다.

677 김수진의 『황등교회 60년사』에 나오는 후다바샤의 한자가 이엽사(梨葉社)인데 이는 한자가 잘못되어 수정한다. 이엽사(二葉社)가 맞다. 김재두와 만남(2016년 5월 8일 오후 12시 30분~1시 00분).
678 현재 황등 대영아파트 자리이다.
679 현재 황등 상동지역으로 들어가는 교차로 부근이다.

이를 바탕으로 1956년 1월부터 황등중학원 설립을 위하여 건물을 개조하여 교실 두 칸을 만들었다. 황등교회 당회는 4월 5일 개교할 것을 결의하였다. 이 때 당회장은 김형우 목사였고, 당회원으로는 계원식, 오일봉, 계이승, 김창무, 임동혁, 김판옥, 조길동, 동상순, 조길동이었다. 이 때 설립자 대표로 계원식으로 하고 매년 허가를 받는 사설 강습소 설립원을 제출하고 승인을 받았다. 교실과 교육비품 준비는 착실히 진행되었고, 황등교회 아래편에 교회가 소유했던 밭을 잘 골라서 직조공장 안에 있었던 20평 정도의 창고를 학교부지로 이동시켜 설치하였다. 이를 위해 교인들이 협력하여 신속하고도 정확하게 진행할 수 있었다.

김형우 목사는 1902년생으로 평남 용강에서 김신모 영수의 장남으로 출생하였으며, 부모의 신앙을 따라 해운 반석교회에서 성장하였다. 김형우는 숭실학교 중등과를 거쳐서 평양장로회신학교를 졸업하였다. 일제의 신사참배의 강요가 심해지자 더 이상 견딜 수 없어 1943년 만주로 목회지를 옮겨 만주 통화성 유화현 삼원포 교회에서 시무하였다. 해방이 되자 공산당의 탄압으로 그곳에 있지 못하고 1946년 가족을 이끌고 월남하여 강원도 동해시 동해교회를 개척하였고, 그후 원주 제일교회를 거쳐 1955년 11월 6일 담임목사로 부임하였다.[680]

1956년 2월 19일 『황등교회 제직회 회의록』에는 "중학교 설립 추진위원회 경과보고서 및 청원서를 받기로 가결하다."[681]라는 기록이 있다. 아쉽게도 그 내용은 별지로 처리되어 있다는 게 별지가 없어 알 길이 없다.

---

680 김형우는 황등교회에 재임 중 군산노회장을 역임하였고, 황등교회 사임 후 대전 등에서 목회 중에는 대전노회장도 역임하였고, 서울 등에서 목회하면서 서울여대, 장로회신학대, 대한기독교서회 등의 이사로 많은 활동을 하였다. 김수진, 『황등교회 60년사』, 166쪽과 172쪽 참조.
681 『황등교회제직회 회의록』(1956년 2월 19일)을 김수진, 『황등교회 60년사』 249쪽에서 재인용.

다만 1956년 개학 이후 교사들이 열심히 학생을 가르치고 신앙심이 돈독했음을 1957년 3월 3일 제직회의 보고에서 잘 말해주고 있다.

> 중학교 경영은 선생님들의 끊임없는 노력으로써 상상 이외의 성과를 거두고 있고, 과년 추수감사절에는 선생님들이 78,000환을 교회에 헌금해왔으며, 신앙상으로나 교육상으로나 열성적인 선생님들의 책상, 의자가 없어서 불편을 느끼는 바를 묵과할 수 없어 이를 갖추기 위하여 교회 소속 중학이니만치 회계보고에 나타난 대로 12,000환 보조함을 구두로 보고하시다.[682]

김형우 목사는 계원식과 같은 평안남도 출신에 계원식이 다닌 평양의 숭실학교 출신이고, 계원식의 선친과 그의 자부子婦 안인호의 조부 안봉주와 장남 계일승이 나온 평양장로회신학교 출신이다 보니 아무래도 계원식이 호감을 갖고 있었다. 그런 이유로 학교설립에 적극적이지 않았던 계원식이었지만 김형우 목사가 황등교회 장로들과 같이 학교설립을 적극 권면하니 계원식도 수용하게 되었다.[683] 그러나 계원식은 직조공장이 해체될 때 2주를 내놓기도 하였으나 여전히 학교를 설립하고 운영한다는 것에 대해 부정적인 생각을 갖고 있었다. 계원식은 학교를 경영한다는 게 말처럼 쉬운 게 아니고, 운영하다보면 이해관계와 입장들의 차이로 인해 분쟁이 발생한다고 생각하였다.[684] 그렇게 되면 자칫 학교는 물론 교회마저

---

682 『황등교회제직회 회의록』(1957년 3월 3일)을 김수진, 『황등교회 60년사』 249쪽에서 재인용.
683 김재두와 만남(2016년 4월 27일 오후 2시 10분~40분).
684 이 부분에 대해서는 조춘식과 김재두의 증언이 일치한다. "계원식은 학교를 운영하다 보면 거기서 분쟁이 발생한다고 생각해서 반대하였다." 조춘식 통화(2016년 4월 22일 오후 9시 10분~30분)와 김재두 만남(2016년 4월 27일 오후 2시 10분~40분).

어려워질 수 있다고 보았다. 계원식이 이처럼 교회가 학교를 운영하는 것이 결코 쉬운 일이 아니라고 본 경험적 근거나 객관적인 사례를 찾아볼 수는 없다. 계원식의 모교인 평양의 숭실학교나 계원식의 아들들이 졸업한 평양 숭덕보통학교나 전주 신흥학교나 군산 영명학교나 모두 기독교학교였다. 이들 학교는 모범적인 운영과 분명한 기독교정신으로 교육하고 있었다. 그러니 계원식이 교회설립학교가 분쟁에 휩싸인다고 본 이유가 계원식의 실제적인 경험에 따른 것은 아닌 것 같다.

아마 계원식은 자신이 다니고, 아들들이 졸업한 학교들이 기독교정신으로 운영되는 학교들이었지만 겉으로 드러난 모습과 달리 운영적인 측면에서는 알게 모르게 구성원간의 갈등을 본 것인지도 모른다. 아니면 계원식의 학창시절과 아들들이 다닌 학교들이 일제강점기에 3·1운동 등 민족주의적 경향으로 학교 운영의 어려움이 있었고, 이를 보면서 학교를 운영한다는 게 얼마나 행정적으로·재정적으로 힘든 것인지를 알기에 섣불리 학교를 설립하려는 것에 소극적이었는지 모른다.

이에 반해 김형우 목사는 교육에 뜻을 두고 학원을 운영해본 경험이 있었기에 이런 경험을 통해 학교를 운영하는 것에 대한 열의가 있었다. 또한 황등교회 교인들은 자신들이 배우지 못한 것에 대한 아쉬움에서 인지, 배움에 대한 열망들이 강했다. 실제로 이 당시 계원식을 제외한 대부분의 장로들은 배움에 대한 한恨이 있었다. 이 당시 황등교회 대표라고 할 수 있는 장로들의 학력에 대한 자료가 『황등교회 60년사』, 「부록편 4. 역대 자료 명단」에 나온다.

오일봉(1938년 장로장립, 서울기독청년학원 졸업), 계이승(1944년 장로 장립, 동경국제음악학교 수료), 박경양(1949년 장로 장립, 한문사숙), 김창무(1949년 장로 장립, 한문사숙), 임동혁(1949년 장로 장립, 장로회신학교 졸업후에 목사가 됨), 김판옥(1955년 장로 장립, 한문사숙), 동상순(1955년 장로 장립, 한문사숙)[685], 조길동(1955년 장로 장립, 삼기보통학교 졸업[686])[687]

　　정식인가가 아닌 1년 단위로 사설 학원 형태로 인가를 받아 운영하는 것은 교사들의 처우도 문제였고, 학생들의 진로에도 많은 어려움이 있었다. 이에 정식 인가를 얻어서 운영하자는 여론이 조성되면서 학교 인가를 얻기 위한 노력을 해나갔다. 같은 시기에 서울에서는 계일승이 장로교회의 분열로 이른바 연동측 신학교인 장로회신학교를 비인가교육기관에서 정규신학대학으로 개편하는 작업을 하던 중이었다.[688] 사설 황등중학원

685　이 부분은 오기(誤記)이다. 동상순은 일본의 신호신항중학교를 졸업한 것으로 황등기독학원 이사회 초대 이사 자료에 나온다. 학교법인은 교육당국에 재단이사(財團理事)의 학력 등을 정확히 자료로 제출해야하기에 동상순의 학력은 일본에서 중학교를 졸업한 것이 맞다.

686　조길동은 부친이 학교의 중요성을 반대하고 학교를 보내지 않았지만 배움의 열정으로 반대를 무릅쓰고 학업을 이어가다보니 보통학교를 세 번이나 옮겨, 함라보통학교를 졸업하였다. 삼기보통학교는 옮긴 곳들 중 하나이다.

687　김수진, 『황등교회 60년사』, 465쪽.

688　계일승이 장로회신학대 학장재임시 비서였던 최민수의 말이다. "혼란기에 장로회신학대학 측은 광나루에 학교를 세우고 대학의 면모를 다 갖추고 문교부 승인을 얻었다, 이 같은 일련의 학교행정을 갈무리하신 분이 계 학장님이셨다." 최민수, "계일승(桂一勝) 학장님을 그리며", 《새가정》(2015년 2월호), 51쪽; 계일승의 제자 김인수의 말이다. "통합, 합동측이 분열할 때 계 박사는 교무처장으로 많은 애를 썼으나 학교가 갈라지는 것을 막는 데는 한계가 있었다. 정부는 신학교가 있던 남산에 국회의사당을 짓는다고 학교를 철거하라는 명령을 내렸다. 계 박사 중심의 소위 에큐메니칼 운동을 지지한 통합측은 서울 성동구(현 광진구) 광장동에 1만 6천여 평의 부지를 매입하고 교사를 짓고 1960년에 신학교를 그곳으로 옮겼다. 황량한 산 중턱에 세워진 첫 교사는 예배당도 없이 교사 한 동과 남자 기숙사(현 엘림관)만 완공하고 이주하였다. 교명은 옛날 평양에 있을 때 사용하던 '장로회신학교'라는 이름을 다시 사용하였다. 박형룡교장 중심의 합동측은 용산에 임시 교사를 마련하여 강의하다, 후에 현 관악구 사당동에 교사를 짓고 이전하면서, 총회신학교라는 이름을 그대로 사용하였다. 계 박사는 분열의 혼란 속에서 1959년 교장 서리로 새 학교를 건설하는데 혼신의 힘을 다해 노력하였다. 1960년 장로회신학교 제9대 학장에 추대된 후 광나루에 교지를 매입하고 교사를 건축하고, 4년제 대학인가를 받는 모든 과정을 손수 이루어내면서 뛰어난 행정가의 역량을 보여주었다. 계 박사가 광나루에서 이룬 큰 사역중 하나는 한국교회의 먼 앞날을 내어다 보면서 신학교가 예과 2년 본과 3년으로 오래 내려오던 관행을 종식시키고, 미국과 같이

은 정규학교가 아니다보니 제대로 봉급을 줄 형편이 못되어 교사 수가 부족할 뿐만 아니라 경제적인 여건도 빈약하였지만 황등교회가 매년 50만 환을 지원하기로 약속하고 1959년 1월 9일 황등중학교 설립신청서를 제출하였으나 신청서가 반려되고 말았다. 이 때 설립자 대표는 조길동이었고, 사설 황등중학원의 3대 원장은 오일봉이었다.[689]

학원의 운영에 있어서 유일한 수입원收入源이 황등교회였으므로, 황등중학원은 황등교회 제직회 때마다 학원의 수지·결산을 보고하였다. 1958년 4월 21일 학교를 운영하는 원장은 항상 당회의 인준에 의해 학교를 운영하도록 결의를 하였다.[690] 그리고 1959년 2월 10일 당회에서는 매년 공동의회를 앞두고 실시되는 황등교회 회계감사시 학교의 감사까지 하기로 결의하였다.[691] 오늘날은 그렇게 하지는 않으나 매년 공동의회 시 양교 교장이 전교인 앞에서 학교의 현황을 보고하고 있다.

이 당시는 학원 운영을 위한 재정의 대부분을 교회가 책임지는 형태이기에 교회의 하부 부서처럼 회계감사를 하였으나 지금은 정규 학교로 운영되기에 그렇게 하지는 않고 있다. 그러나 매년 연말에 세례교인이상 교인들이 회집하는 공동의회 때 황등중학교 교장과 성일고등학교 교장은 학교 성과를 보고하고 있다.

일반대학 4년을 졸업한 학사학위 소지자로 하여금 신학교에 와서 3년간 신학과정(처음에는 B.D. 후에 M.Div.)을 마치고 졸업하는 제도를 한국에 있는 신학교 중 최초로 정착시켰다. 당시로서는 모험이었으나 오늘에는 대부분의 신학교가 이 과정을 택함으로 그의 선견자적 진면목을 보여 주었다. 그 후 그는 미국 교회들의 후원을 얻어 예배당, 도서관, 교수 사택 등을 건축하여, 격랑의 과도기에 장로회신학대학교를 안정된 토대 위에 바르게 세우는 일에 남다른 공헌을 하였다." 김인수, "(9) 계일승목사, 교수와 대외활동"《한국기독공보》(2009년 8월 13일).
689 김수진, 『황등교회 60년사』, 481쪽과 1959년 6월 29일 황등교회 대표 조길동 귀하로 온 공문내용 참조. 이 내용에 오일봉이 원장으로 나오고, 강사로 변의진과 황선묵의 이름이 나온다. 현재 성일고등학교 행정실 학교인사서류철에 원본이 보관되어 있다.
690 김수진, 『황등교회 60년사』, 482쪽.
691 『황등교회 당회록』(1958년 4월 21일)을 김수진, 『황등교회 60년사』, 224쪽에서 재인용.

비록 시설과 재정이 열악하고 학생들의 경제적인 여건이 말이 아니었지만 황등교회의 지원과 교사들의 열정과 학생들의 열의로 학생 수는 늘어만 갔다. 급기야 운동장이 비좁아 그대로 방치할 수가 없게 되었다. 이 무렵 학교 운영에 경험이 있던 정소근 목사[692]가 1959년 3월 16일 황등교회에 담임목사로 부임하게 되면서 이 일에 박차를 가하게 되었다. 정소근은 1907년 전남 해남군 화원면 금평리 출생, 민립 죽전학원에서 공부한 후 1926년 오사카 제미 제4심상소학교를 졸업하고, 1929년 관서공업전수학교를 졸업하였다. 1930년 목회자로 소명을 받고 오사카 자유감리교신학교에 진학해서 1년간 수학한 후 귀국하여 경성신학교(현재, 서울신학대)에 진학하여 1935년 졸업하였다. 1937년 성결교총회에서 목사안수를 받았다. 1941년 조선예수교장로회 전남노회로 이적移籍하여 장로교 목사가 되었다. 정소근은 경성신학교 재학 중 경기도 평택군 현덕면 인광리에 개명학원을 설립하여 원장으로 취임한 경험이 있었다.

1959년 7월 24일 목사관에서 열린 당회에서 정소근 목사의 사회로 황등중학원 운동장 부지로 이일남의 밭을 백미 15가마로 매수하기로 의결해서 실행하였고,[693] 8월 16일 임시제직회에서는 황등중학원 운동장을 확장하기 위해서 각 가정에서 1인씩 노력봉사를 하기로 결정하였다.[694] 9월 22일 목사관에서 회집한 당회에서는 황등중학원 교사校舍 증축을 위한 건축업자로 박인석의 말을 청취한 후 9월말에 착공하기로 결의하였다.[695]

692 김수진, 『황등교회 60년사』, 171쪽; 정소근 목사는 교회에서는 소근이라는 본명보다 희열이라는 이름을 사용하였으나 이 글에서는 본명인 소근으로 할 것이다. 정소근의 이름이 본명과 교회에서 사용한 이름이 다른 이유는 본명이 소근(小斤)으로 그 뜻풀이가 '작다 소(小)'에 '무게를 달다 근(斤)의 뜻으로 좋게 느끼지 않아 희열(熹烈)로 썼다고 한다. 김재두와 만남(2016년 5월 1일 3시 30분~4시 0분).
693 김수진, 『황등교회 60년사』, 224쪽과 483쪽 참조.
694 김수진, 『황등교회 60년사』, 483쪽.
695 김수진, 『황등교회 60년사』, 483쪽.

이처럼 황등교회는 황등중학원 설립과 운영을 위해 재정적인 지원과 교인들이 교사로 봉직하고, 각 가정에서 노력봉사까지 해나갔다. 그러므로 황등중학원은 어느 누가 주인이 아닌 모든 교인의 관심과 애정 속에서 운영하는 학교였다. 그러나 정식 학교인가는 그저 기도하면서 십시일반十匙一飯 재정을 부담하고 노력봉사를 한다고 될 일이 아니었고, 누가 대신해 줄 수도 없었다. 이 일을 하려면 반드시 법인法人을 설립해야만하였고, 이를 위해서는 실질적인 재정적 뒷받침이 마련되어야만 가능한 일이었다.

〉〉〉 법인설립승인

재단을 형성하기 위해서 만들어진 명칭은 "재단법인 황등학원"이었다. 재단을 형성하려면 기본적인 재산이 요청됨으로 1957년 4월 황등교회 교인들은 이 일에 적극 참여하여 대부분의 교인들이 쌀로 헌금하고 나섰다. 이 때 많은 교인들이 참여하였다. 그 명단은 다음과 같다.

> 조길동(백미 6가마), 오일봉(5가마), 최갑선(5가마), 강마리아(3가마), 김창무, 박경양, 노영선, 노준기는 백미 2가마를 냈다. 박광태, 김한규, 노상열, 박긴호, 김연애, 봉기성, 한창수, 김봉술, 엄용암, 전판석[696], 주영신, 김용준, 동상순, 임동혁, 김판옥, 진용근, 맹운해, 문윤종, 김금례, 이상은은 백미 1가마를 냈다. 김용선은 백미 5되, 김분이는 4되, 장부열은 5천환, 양이만은 3천환, 김봉현은 1천환이었다.[697]

---

696 전판석과 전백년은 같은 이름이다. 직접인용의 경우가 많아 두 이름을 그대로 사용한다. 전백년이 본명이고 교회에서 쓴 이름이 전판석이다.
697 김수진, 『황등교회 60년사』, 249쪽.

1957년 4월 황등교회 당회는 황등중학원의 부족한 교사증축을 위해 백미 50가마니를 후원하였고, 청년회 소유의 보삼리 60평 창고를 황등교회 아래편 지금의 황등중학교 자리인 626번지 대지로 이동하여 교실 2개와 교무실 1개를 마련하였다. 모두가 어려운 시절에 이렇게 참여한 일은 결코 쉬운 일이 아니었다. 그러나 인가 서류가 서류미비로 그만 반려되고 말았다. 농촌교회 여건으로 열심히 노력했지만 재단을 형성하기위한 재산 형성에는 역부족이었던 것이다. 그러나 포기하지 않고 황등교회는 황등학원을 위해 약정한 대로 지원을 계속하기로 하였다. 이는 학교 전체운영비인 1,582,000환 중 교회에서 500,000환을 매년 지불하는 것이었다. 이것만으로는 재단이 형성되지 못하므로 뜻있는 교인들은 자신의 재산을 대여해 주는 형식으로 해서 재단을 형성하게 되었다. 이 때 참여한 이들은 다음과 같다.

> 오일봉 논 세 필지, 동상순 논 두필지, 옥판석 논 두필지, 오순애 논 두필지, 김판봉 논 세필지, 김영완 밭 한필지, 전판석 밭 두 필지, 조길동 대지 두필지, 김희갑 대지 한 필지와 그외 교회가 소유하고 있는 일부 땅을포함.[698]

물론 농사는 자신의 경작지에서 자유롭게 지을 수 있게 되었다. 1960년 1월 12일 당회에서 다음과 같이 결의하였다. "황등교회 여전도회 소유답 및 성전건축기성회 소유답을 황등중학교 재단인가에 편입시키기로 가결하다. 계원식 장로를 중학교 재단이사로 추대하고 교회 대표로 정하다."[699]

---

698 김수진, 『황등교회 60년사』, 249쪽; 김재두는 이 자료에서 최종옥 논 두필지가 빠져 있다고 하였다. 김대두 교정(2016년 7월 31일 오후 2시 10분).
699 『황등교회당회록』(1960년 1월 12일)을 김수진, 『황등교회 60년사』, 226쪽 재인용.

사설 황등중학원 인가는 조길동을 교회 대표로 해서 인가신청을 제출하였지만 정규학교로인가를 받기 위해서는 그동안 소극적으로 참여했던 계원식을 적극적으로 참여시켜야할 필요성이 있었다. 이런 이유로 계원식에게 간곡히 요청해서 계원식을 대표로 해서 1960년 6월에 재단법인 황등학원 설립신청서를 문교부장관 앞으로 제출하였다. 사업목적은 "대한민국의 교육이념에 기하여 학교 교육을 실시할 목적으로 황등중학교를 유지 경영함"하고 제출을 하게 되었다.[700]

학교설립과 운영에 소극적이었던 계원식을 추대하다시피하면서 끌어들인 이유는 그의 학식과 덕망이 필요했기 때문으로 보인다. 문교부에 학교인가신청서를 낼 때 대표자의 학력과 경력과 재력을 기재하는데 그의 이력이 아무래도 유리하였을 것이다. 그 당시 황등교회에서 계원식에 견줄만한 이력을 갖춘 사람이 없었다. 또한 계원식이 찬동하고 함께하니 그동안 학교 설립과 운영에 소극적이었던 교인들도 참여하게 되었다. 이렇게 계원식이 함께하게 되면서 학교인가신청은 전교인이 합심하는 분위기 속에서 진행되었다.

만일 학교인가 신청 첫 해에 바로 인가가 났다면 학교는 소수의 사람들이 자만에 빠져 운영의 주체로 군림하게 되었을 지도 모른다. 그랬다면 계원식을 비롯한 다수의 교인들이 학교 운영에 소극적일 수 있었고, 그로 인해 학교 운영에 찬성파와 반대파로 교회가 분열되었을 지도 모른다. 이렇게 황등고등공민학교에서 황등중학원을 거쳐 오랜 시간이 지나도록 인가가 어렵게 되니 이를 해결하려고 지혜를 모으고 교회의 어른이라고 할 수 있는 계원식을 추대하는 등 화합하면서 힘을 모으게 되면서 학교 인가 승인이 이루어지게 된 것은 의미 있는 일이었다.

700 『재단법인 황등학원 설립신청서』(1960년 6월)을 김수진, 『황등교회 60년사』, 249쪽 재인용.

학교 인가신청서 제출에 앞서 자체 정관에 의해 임원이 선출되어야 하기에 "재단법인 황등학원 창립총회"를 1960년 4월 5일 황등학원 사무실에서 개회하였다. 이 때 출석자는 오일봉, 계원식, 동상순, 김판옥, 조길동, 전백년, 옥판석, 박인석, 김영완, 오순애였다.[701] 이어서 재단법인 설립을 위한 발기인과 이사진을 구성하였다.

> 발기인 대표 오일봉씨가 개회를 선언하고 의장 선거를 구한 바, 발기인 조길동씨로부터 의장에 오일봉씨를 천거함으로 출석자 전원 찬성하여 오일봉씨 의장석에 착하고 의사 진행에 들어감. 임원 선출에 있어서는 출석자 전원 무기명 투표로서 행한 결과 다음과 같이 선출됨. 이사장: 오일봉, 이사: 계원식, 동상순, 김판옥, 조길동, 전백년, 옥판석, 박인석 감사: 김영완, 오순애.[702]

학교 인가신청서 대표로 계원식으로 하면서 이사장에는 계원식이 아닌 오일봉이 된 이유가 있다. 계원식은 개인적인 의견으로는 학교설립과 운영에 찬성하는 입장이 아니었으나 후배 장로들과 교인들이 적극적으로 이 일에 매달리니 반대를 하지 않고 있었다. 그러다가 인가신청이 서류미비로 반려가 되고 나니 후배 장로들이 계원식에게 간곡히 부탁하니, 계원식도 이를 수용하면서 인가 신청 대표로 수용하고, 재단 이사로 참여하였다. 그러나 계원식은 이사장을 맡거나 하는 것에는 관심을 두지 않았고, 학교설립에 열심인 후배 장로들을 묵묵히 지켜보았다. 계원식이 이렇게

---

701 『재단법인 황등학원 창립총회록』(1960년 4월 5일)을 김수진, 『황등교회 60년사』, 226쪽 재인용.
702 『재단법인 황등학원 설립허가 신청의 건』(1960년 5월 25일)을 김수진, 『황등교회 60년사』, 226쪽 재인용.

학교설립운동을 수용한 것에는 장남 계일승의 영향도 있었을 것이다. 계일승은 아내 안인호가 1950년 6·25전쟁의 비극으로 순교를 당하고 장로회신학교 교수와 교장으로 일하면서 비인가인 학교를 정규대학으로 개편하려고 애를 쓰는 중이었다. 그러니 계일승을 통해 비인가학교보다는 정규학교가 중요함을 계원식은 알았을 것이다.

계원식이 이처럼 학교설립에 미온적이었지만 학교설립 초창기부터 협조를 한 것은 계원식의 인품이 드러나는 대목이다. 계원식은 황등교회 설립자 대표로 누구보다 공헌이 컸으나 혼자서 교회 일을 주도하지 않았다. 언제나 당회원들과 함께하였다. 동련교회에서도 계원식은 백낙규, 황계년과 함께 "동련교회 3총사"[703]로 불렸을 정도로 협동의 지도력을 발휘하였고, 황등교회에서도 자신의 후배들인 장로들과 언제나 협의해서 일을 진행해나갔다. 계원식은 학교 설립초기 직조공장의 주가 해체될 때 가장 많은 2주를 제공했다. 학교 설립 인가신청시 대표가 자신이었고, 자신이 교회에서 영향력이 큰 것은 사실이나 계원식은 학교설립과 운영에 적극적인 참여를 하지 않았다.

이렇게 조직이 되기까지는 이사로 선임된 황등교회 중요 직분자 뿐만 아니라 말없이 물질로, 또 기도로 봉사한 교인들이 많이 있었다. 문교부[704]에 황등학원 설립을 위한 서류를 제출했다는 말을 듣고, 교인들은 기도하였으며, 학생들도 꿈에 부풀었다. 그렇게 애쓰고 노력했던 결실이 드

---

703 연규홍, 위의 책, 222-223쪽 참조; 김수진, 『황등교회 60년사』, 52쪽.
704 당시 교육을 관장하는 부서명은 '문교부'였다. ○ 1948년 7월 17일 정부조직법 제정·공포-문교부장관은 교육/과학/기술/예술/체육/기타 문화 각반에 관한 사무를 장리한다. (정부조직법 제20조) ○ 2001년 1월 29일 국가수준의 인적자원개발정책의 수립 및 총괄·조정기능을 수행하기 위하여 교육인적자원부로 변경 ○ 2008년 2월 29일 교육과학기술부로 변경 ○ 2013년 3월 23일 교육부로 변경해서 오늘에 이름. 이 사항은 교육부 홈페이지에서 정리함(2016년 4월 29일 오전 11시 20분).
http://www.moe.go.kr/web/100106/site/contents/ko/ko_0139.jsp

디어 황등교회에 전해졌다. "단기[705] 4293년 5월 30일자로 신청한 재단법인 황등학원 설립을 허가한다. 단기 4293년 10월 26일 문교부 장관 오천석."[706]

이러한 허가서가 교회 대표로 서류를 제출했던 계원식 장로 앞으로 전해졌다. 이러한 결과는 그동안 그렇게 노래를 부르고 또 기도한 수많은 황등교회 교인들의 힘으로 이루어졌으며, 이 일은 가난한 농촌의 청소년들에게 큰 기쁨이었다. 그리고 그 다음해인 1961년 3월 5일 황등교회 최초의 대학생이요, 3대 담임목사인 계일승이 장로회신학대 학장에 취임하였다.[707] 계일승은 그동안 비인가였던 장로회신학대를 미국교회 등에 지원을 끌어내고 교단 교회들의 지원을 끌어내 정규대학으로 인가를 해내고

---

705 그 당시는 단기(檀紀)를 쓴 것으로 서기(西紀)로 하면, 1960년 10월 26일이다. 이 날짜는 현재 황등중학교와 성일고등학교 홈페이지 학교연혁에 모두 밝히고 있다. 단군기원(단군이 즉위한 해인 서력 기원전 2333년을 원년으로 하는 기원) 또는 단기는 우리민족의 역사가 시작되는 시점인 단군의 조선 건국 연대를 기준으로 하는 상징적인 기년이다. 그레고리력을 기준으로 기원전 2333년이 단기 1년으로, 서기 2016년은 단기 4349년이 된다.(단군기원=서기 기원+2333) 단기는 전설에 따른 것으로 사실인지는 확인되진 않았다. 근대이전 조상들이 우리 역사가 중국과 대등하게 오랜 전통을 가졌음을 나타내는 자긍심의 표현으로 사용하였으며, 현대에도 우리민족의 상징적인 기년으로 인정되고 있다. 1948년 9월 12일 국회 133명의 재석의원 중 106명이 찬성하여 "대한민국의 공용 연호는 단군기원으로 한다."는 내용의 '연호에 관한 법률'(법률 제4호)이 의결되었고, 같은 해 9월 25일부터 단기연호가 시행되었다. 그러나 1961년 5.16 군사정부가 12월 2일 "대한민국의 공용 연호는 서력기원으로 한다."는 내용으로 '연호에 관한 법률'(법률 제775호)을 다시 제정함으로써 1962년 1월 1일부터 단군기원이 폐지되고 서력기원이 채택되었다. 이후에도 사회 일각과 국회의원들 일부에서는 국제적으로 많이 쓰고 있는 서기와 함께 우리의 주체성을 함께 살리는 단기를 병용하자는 주장이 제기되어 왔다. 단기병용론자들은 분단된 남북의 동질성 회복과 민족 통일을 위해서도 개천절의 의의와 가치를 재조명해야 하므로, 단기 연호는 부활되어야 한다고 주장하고 있다. 그러나 법제처는 2012년 7월 8일 "대한민국의 공용연호는 서기이며, 단기를 함께 쓸 경우 불기(불교기원), 공기(공자기원)도 문제될 수 있으므로 혼란이 커질 것"이라는 이유로 단기연호를 공용연호로 쓸 수 없음을 발표하였다.
706 『문보』(제2969호, 1960년 10월 25일), 문교부장관 발행 공문을 김수진, 『황등교회 60년사』, 249쪽 재인용.
707 김수진, 『황등교회 60년사』, 484쪽.

이 날 비인가학교인 장로회신학교 교장에서 정규대학체제엔 장로회신학대의 초대 학장이 된 것이다. 그리고 같은 해 황등교회가 설립한 황등중학교도 1년 단위로 승인받아 운영하던 사설 황등중학원에서 정규중학교로 출발하였다.

재단법인 황등학원은 특정 개인의 학교가 아니고, 황등교회의 학교임이 분명하다. 이는 처음 학교를 설립하려는 의견이 모아지는 때부터 인가를 얻는 과정과 인가 결정이 난 모든 과정 하나하나에서 입증된 사실이다. 더욱이 사업계획서 및 수지예산서에서 그 사실을 명확하게 해주고 있다. "종내의 사립황등학원을 익산군 황등면 황등리 대한예수교 장로회 황등교회 설립으로 청소년으로 하여금 민족 민주 교육의 이념에 공민도덕의 함양 실천과 구신약성경 및 과학 지식의 연마를 목적으로 경영 유지 하였던 바…"[708]

위에서 분명하게 밝힌 것처럼 재단법인 황등학원을 설립한 주체는 황등교회로 국가의 교육이념에 따라 교육하면서 그 안에 기독교신앙을 바탕으로 하고 있다. 이런 이유로 1964년 4월 5일 법인 명칭이 "학교법인 황등학원"이었다가 1988년 11월 15일에는 법인 설립 정신을 보다 명확히 하기 위해 "학교법인 황등기독학원"변경하여 오늘에 이르고 있다. 이렇게 해서 법인은 황등이라는 지역적 토대를 분명히 하면서 기독교정신이 교육의 근본임도 분명히 하였다. 이런 법인 명칭은 황등교회의 교단명칭인 대한예수교장로회와도 유사하다. 대한민국이라는 국가명을 분명히 하고 예수를 믿는 종교라는 의미로 예수교로 하였다. 이는 학교법인이나 교회가 지역과 함께하고 국가와 함께하는 주체적인 기독교정신에 입각한 교육과 신앙공동체임을 분명히 하는 것이다.

---

708 『재단법인 황등학원 사업개요』를 김수진, 『황등교회 60년사』, 227쪽에서 재인용.

이처럼 처음 법인 설립부터 황등교회가 학교법인의 설립자임이 명확하게 규명되었고, 황등교회 교인들의 생각은 어디까지나 신앙적인 교육이 가장 중요하고, 학교운영에 재정적인 지원도 황등교회가 해야함을 당연하게 여겼다. 이는 학교에서 교육받는 학생들이 기독교신앙에 바탕을 둔 교육을 통해 학교복음화가 가능하고, 학원복음화를 통해 한국복음화도 가능하고, 기독교정신으로 교육받은 인재들이 퍼져나가 우리나라를 하나님의 뜻이 이루어지는 나라가 될 것으로 여겼기 때문이었다.

이제 정규학교로 인가를 받았으니 학생수도 늘어나게 되고, 그에 따라 교사도 더 필요하게 되었다. 교사들은 반드시 황등교회에 출석을 해야 하고, 그들은 자신들의 수입에서 얻은 생활비에서 십일조헌금과 기타 헌금을 하게 되니 이 헌금은 황등교회가 학교운영에 지원하는 재정에도 쓰이게 될 것이었다.[709]

학교를 교회가 설립하고 운영의 주체가 됨은 그만한 책임이 따른다. 학교 운영의 유일한 수익처로서 황등교회는 법인인가신청 승인 이후에도 학교를 발전시키기 위해서 교실도 신축하고, 운동장도 확장해나갔다. 법인설립에 이어 1961년 3월 31일 학교설립도 승인되었다. 이 때 황등교회가 재단 구성하기 위해 들인 돈은 3천 6백만환이었다. 이는 1962년 3월 26~29일에 열린 『군산노회 회의록』(노회장 정소근 목사)에 나오는 자료이다. "황등교회는 …사립중학교를 인가 신청하여 (3천 6백만환 재단 구성) 정식으로 문교부 승인을 얻어 현재 5백여 명의 학생을 수용교육하고 있는 일이오며.."[710]

1965년 6월 25일 황등중학교 신축기공예배가 이관영 목사의 인도로

709 김수진, 『황등교회 60년사』, 227쪽에서 재인용.
710 『대한예수교장로회 군산노회』제22회 회의록, 17쪽을 김수진, 『황등교회 60년사』, 171쪽 재인용.

드려지고, 교실완성을 하였다.[711] 그후 1969년 12월 5일 황등중학교 교사 신축(225평)이 있었고[712], 1977년 5월 2일 황등중학교 2층 증축기공식이 있었다.[713]

1972년 황등중학교 발전을 위한 기금조성을 위해 뜻있는 이들이 모여 저축계를 만들었다. 이 내용은 다음과 같다.

저축계 회칙

제1조 본 계의 명칭을 저축계라고 한다.(인원 15명 분으로 구성)

제2조 계의 위치를 익산군 황등면 황등리 626번지에 둔다.

제3조 계의 목적은 상호저축과 황등중학교의 육성발전에 협조하며 친목을 도모한다.

제4조 계장은 조길동·김재두 2인으로 하며, 동시에 재무를 겸하기로 한다.

제5조 본 계는 1972년 12월 31일부터 1977년 12월 31일까지 5개년으로 하고 계 원은 매년 12월 31일을 정기 계의 모임일로 정하고 출자와 급부의 일을 따르며 장소는 계장이 정한다.

제6조 계의 운영

가. 계원은 매년 별표 1과 같이 일정량의 백미(시판 중품으로 가마당 80kg들이)를 출자하여야 한다.

나. 계원은 순번에 따라 매년 2~3인에게 각각 백미 일백가마씩을 급부한다.

다. 급부를 받을 계원은 반드시 계의 위치에서 2km 이내에 있는 상답上 畓(높은 값)으로 1200평 이상의 논을 계장이 지정하는 계원의 이름

---

711 김수진, 『황등교회 60년사』, 234쪽.
712 김수진, 『황등교회 60년사』, 487쪽.
713 김수진, 『황등교회 60년사』, 493쪽.

으로 급부받기 전 근저당 설정 서류를 제출하고 급부를 받는다. 단, 저당 설정이 되지 않을 때는 백미의 급부를 저당 완료시까지 보류한다.

라. 학교법인 황등학원에 재산을 기증한 계원은 근저당 설정대신 제 6조 "다"항 상당의 전답으로 경작포기의 각서를 학교법인 황등학원 이사장 앞으로 제출하고 급부를 받아야 한다.

마. 백미 급부를 받은 계원은 계가 종료되는 1977년 12월 31일까지 매년 25가마의 백미를 납부하여야한다.

바. 계원으로서 계미를 기일 내에 납부하지 않을 때에는 계원의 자격이 상실함과 동시에 지금까지 납부한 일체의 계미를 최종년도에 불입한 원금만 반환한다.

사. 급부를 받은 계 원이 기일 내에 백미 25가마를 납부하지 못할 때는 근저당된 토지에 대해서는 계에서 완전 인수하고 처리한다.

아. 매년 출자와 납부한 백미에서 급부한 차액의 백미는 연 20%의 이자로 다음 순번의 계원에게 분할하여 지급하고 해당년도에 선불받은 원미 20%의 이자를 가산한 양을 공제하고 급부한다.

제 7조 매년 급부 받은 계원은 각각 백미 1가마씩을 계에 기부하여 당일 경비로 쓰고 잔미는 계장이 보관한다. 단, 보관시는 무이자로 한다.

제8조 기타 계에 기록되어 있지 않는 사항은 계의 총의에 의해서 의결한다.

제9조 계원은 전기(傳記) 각 조항을 준수하기 위하여 서명 날인한다.

1972년 12월 31일

조길동, 김재두, 최종옥, 김영일, 이상윤, 한정자, 김정임, 박정덕

각 서

본인은 저축계에서 백미 1백가마를 수령함에 있어서 학교법인 황등학원에 기증한 후 경작하고 있으니 전기한 부동산을 본인이 계의 종료연도인 1977년도까지 매년 납부해야할 백미 25가마를 단 1회라도 미납할 시는 경작권 일체를 포기하며 어떠한 대가의 요구도 학교법인 황등학원에 하지 않기로 하고, 이에 각서합니다.

1972년 12월 31일

학교법인 황등학원 이사장 조길동
저축계장 조길동·김재두 귀하

위의 저축계를 통해 학교발전을 위한 기금조성이 가능하였다. 저축계의 목적에 따라 황등중학교 발전기금을 조성할 수 있었다. 당시 황등중학교 운동장(현재 성일고등학교 운동장)에 위치한 수저공장 100여 평과 주변 50여 평을 저축계기금과 황등중학교 육성회비 조성기금으로 매입하였고, 약 6,000~7,000평에 이르는 논 3필지도 매입할 수 있었다.

지역사회 독지가 지원현황을 보면 황등기독학교 운영을 위해 기금과 재산을 아끼지 않은 이들이 기록되어 있다. 이재근은 국회의원이요, 황등산업사 사장으로 1976년 10월 10일 30만원을 장학금으로 지원하기도 하였다.[714]

---

714 김재두, 『지역사회 독지가 지원현황 자료집』(1979), 7쪽.

>>> 법인설립완성기

  송현상 목사는 1933년 옥구군 대야면 광교리 출신[715]으로 장로회신학교를 졸업하여 대장교회 담임목사로 재임중 전북대 철학과를 졸업하였고[716], 황등교회 담임목사로 재임중 일본 동경신학대학 대학원에서 1년간 연구할 정도로 학구적인 자세를 지닌 목회자였다.[717] 송현상은 비교적 장기목회를 한 사람으로 대장교회(1958년 3월~1967년 10월), 황등교회(1967년 10월 13일~1982년 7월 4일), 군산신흥교회(1982년 7월~2000년 12월)로 3교회에서만 목회하였고, 2001년 3월부터 군산 서해대학 교수 겸 교목으로 활동하였다. 송현상에 대한 대장교회의 평가이다.

  9년 7개월 동안 교세를 2배 증가시키고, 당회를 결속시키고 교인의 영적 각성을 촉구하고, 예배당을 건축하고, 장로와 안수집사 임직식을 거행하고 교육파트를 강화시키고, 구역을 정비하는 등 현재의 교회로 성장할 수 있는 기틀을 마련하였다.[718]

  송현상은 전북 농촌 출신으로 전북권 농촌 지역과 교회를 이해하는 목

---

715 김수진은 그의 고향을 익산군 남전리교회 출신으로 말하는 데 잘못된 것이다. 김수진, 『황등교회 60년사』, 207쪽; 이 글에서는 『대장교회 100년사』에 나오는 자료가 맞기에 이를 따랐다.
716 송현상이 얼마나 대장교회에서 성공적으로 목회를 하였는지 송현상에 대한 기록이 20여 쪽에 걸쳐 상세히 나올 정도이다. 차종순, 위의 책, 190-210쪽 참조.
717 송현상은 황등교회에서도 성공적으로 목회를 하여 송현상의 업적에 대한 기록이 자세히 나온다. 송현상은 대장교회의 경험을 바탕으로 예배당 헌당도 하였고, 1967년 3월 28~31일에는 제28회 군산노회 노회장으로도 활동하였고, 황등중학교 초대 교목(1972~1974년)과 학교법인 황등기독학원 7~9대 이사장(1976년 9월 16일~1985년 11월 25일)을 역임하였다.
718 차종순, 위의 책, 210쪽.

회자였고, 전북 익산지역 농촌 교회인 대장교회에서 십여년 간 목회경험을 쌓았기에 대장교회와 비슷한 규모와 지역적 특성을 지닌 황등교회에서 성공적인 목회사역을 펼치는데 유익하였다. 또한 송현상은 무엇보다도 영성을 바탕으로 하면서 진취적인 열정으로 도전적인 자세로 무한한 가능성을 갖고 목회사역을 펼쳐나갔다. 송현상은 성실한 성격과 침착한 성격이 강점이었다. 그런 성품으로 송현상은 서둘지 않으면서 교회의 장기적인 방향에 따라 교회를 운영해나가는 지도력을 발휘하였다. 그러면서 송현상은 당회원의 화합을 우선하면서 기도하는 교회, 화합하는 교회, 다음 세대를 양성하는 교회상을 구축해나갔다.

송현상은 치밀한 목회구상과 강력한 신념과 지도력으로 당회원을 믿음과 사랑으로 결속시켰고 온 교인들로 하여금 불평과 불만이 없이 순종하며 참여하게 하였으며 무엇보다도 새벽기도회와 예배 시간에 열정적으로 기도하는 영성이 뒷받침된 목회자였다.[719] 송현상은 당회원들의 의견이 분분하여 자칫 당회원간의 의견다툼이 발생할 것 같으면 특유의 방법을 제시하곤 하였다. 송현상은 당회장으로 당회를 진행하다가 감정다툼이 발생할 즈음에 당회를 중단하고는 당회가 기도하자고 제시하였다. 그리고는 당회원 한 명, 한 명씩 돌아가면서 기도하게 하여 스스로 자신을 돌아보고 반성하도록 유도하였다. 이런 송현상의 당회 운영만 봐도 송현상이 당회의 화합과 기도를 중시한 것인지 알 수 있다.[720] 송현상의 지도력은 마틴 루터 킹의 말을 연상시킨다. "진정한 리더는 합의를 찾는 사람이 아니라 합의를 만들어 내는 사람이다."[721] 송현상은 당시 교회는 당시로는

---

719 김재두와 만남(2016년 6월 13일 오전 10시 20~11시 10분).
720 김재두와 만남(2016년 6월 13일 오후 1시 10분~50분); 김재두는 송현상 목사가 당회를 화합으로 이끌고 학교발전에 열정적인 협조와 지원을 해주었다고 평가하면서 성일고등학교 설립에 공로가 지대하였다고 높이 평가하였다.
721 A genuine leader is not a searcher for consensus but a molder of consensus.

호남 제일의 교회를 지어 헌당하겠다는 강력한 열의로 1972년 4월 21일 교회를 대대적으로 증축하여 본당 2층을 포함한 옥탑까지 5층인 현재의 교회당을 완공하여 헌당식을 가졌다.[722]

송현상이 재임하는 동안 황등교회는 비약적인 성장을 하였다. 교인수가 증가하였고, 군산노회 상회비도 월등히 많은 금액을 감당하기도 하였다. 1980년 매주 출석인원이 446명이었고, 군산노회상회비도 성산교회가 440,000원이었고, 대장교회가 281,000원임에 비해 황등교회는 920,000원이었다. 1982년에는 성산교회가 1,100,000이었고, 대장교회가 450,000원임에 비해 황등교회는 1,600,000원이었다.[723]

송현상은 교회를 안정시키고 성장하는 것에 그치지 않고, 학교교육에도 남다른 열정으로 갖고 지원해나갔다. 송현상은 1975~1976년 유치원 및 탁아소를 추진하였다. 그런 결실로 1981년 3월 9일 황등유아원이 개원하여, 초대 원장을 역임하였다.[724] 송현상의 역량은 놀라웠다. 침착하고 치밀하며 계획적이고 추진력이 강하며 자신감에 넘쳤다. 황등교회에 재직하는 동안의 송현상의 업적은 후대에 길이 남을 것이다. 이처럼 지역사회교육에 송현상의 열정은 황등상업고등학교 개교로까지 이어졌다.

송현상은 1977년 2월 3일 대전 유성 국제장에서 당회를 개최하여 황등상업고등학교를 설립하기로 결의하였고,[725] 1977년 5월 2일에는 황등중학교 2층 증축 기공식을 가졌다.[726] 1977년 12월 15일은 당회장인 송현상과 당회원들의 강력한 뜻으로 고등학교 설립을 위한 모금운동을 펼쳤다.

722 김수진, 『황등교회 60년사』, 201-205쪽과 489쪽.
723 김수진, 『황등교회 60년사』, 212쪽.
724 황등유아원이 지금의 황등교회 어린이집의 전신이다. 황등유아원의 설립사는 김수진, 『황등교회 60년사』, 243-247쪽 참조 바람.
725 김수진, 『황등교회 60년사』, 492쪽.
726 김수진, 『황등교회 60년사』, 493쪽.

1978년 2월 5일 황등상업고등학교 설립인가를 위해 김희갑 장로가 헌납한 땅과 계일승 목사가 헌납한 임야, 교회 묘지를 재단에 희사하는 일에 당회와 제직회와 공동의회에서 결의하였다.[727] 황등교회에서는 장학계에 1좌를 가입하여 백미100가마니를 고등학교 설립 기금으로 쓰기로 결의하여 고등학교 설립의 기초를 다져갔다.

이 당시 비축한 재정은 없고 힘든 일이었다. 당시 고등학교 설립인가를 받기 위하여 서류를 제출하였는데 그 서류가 반려되고 말았다. 그 이유는 황등중학교도 교실이 부족하고 운동장 부지도 미완성인 상황이기에 고등학교 설립을 허가할 수 없다는 것이었다. 송현상은 학교재단이사장으로서 고등학교 설립을 해도 되고 안 해도 되는 일이 아니라 반드시 실현해야할 교회의 사명이라고 여겼다. 송현상은 이를 통하여 기독교신앙을 바탕으로 하는 유능한 인재를 양성해야한다고 확신하였다. 송현상은 어렵다고 힘들다고 피해가거나 포기하는 사람이 아니었다. 안 되면 되도록 방법을 찾아나가는 추진력으로 당회원들을 독려해나갔다.

송현상은 당회에서 학교 시설을 확충하기로 의결하도록 하였고, 1978년 봄 황등중학교 2층을 증축하기로 하였다. 이 때 건축설계비를 아끼기 위해서 예전에 박인석 장로가 건축사업가로 황등중학교를 건축하였던 그 설계도를 활용해서 건축을 시작하였다. 이를 위해 여전도회는 논 1필지 1,200평을 헌금하였다.

그 당시 2층 증축을 위해서 스라브콘크리트에 사용하는 자갈이 대량 필요하였는데 인건비를 감당하기가 어려웠다. 이 때 황등중학교 학부모들과 황등교회 교인들이 자발적으로 참여해서 이 일을 감당할 수 있었다. 황등산에서 버려진 패석을 운반하여 운동장에 운반해 놓으면 일일이 손

---

727 김수진, 『황등교회 60년사』, 493쪽; 그러나 실제로 이 결의가 실행되지는 않았다. 김재두와의 만남(2016년 7월 30일 오후 3시 10분~50분).

으로 망치질해서 콘크리트하기에 좋게 잘게 깨는 일이었다. 이 일에 손이 깨져 피가 나는 사람, 발을 다친 사람 등이 발생하였으나 모두가 한 마음 한뜻으로 서로 믿고 의지하면서 장차 세워질 중학교 교육시설이 확충되는 것을 기대하면서 정성껏 봉사하였다. 작은 농촌 면단위 교회에서 재정도 넉넉지 않고 또한 특정 재벌가나 자산가도 없는 미약한 교회가 이와 같은 큰일을 이룩한 일은 하나님의 사랑과 황등교회 당회를 중심으로 한 교인들의 참여와 희생과 학부모와 주민들의 성원의 결과였다.

1978년 12월 21일 황등상업고등학교 설립을 위해 교회결산액 3백만 원을 보조키로 결의하였다. 전교회적인 차원에서 협력을 얻고 또 교회가 그 일을 당연히 해야 했기 때문에 당회에서 다음과 같이 결의를 하였다. "황등고등학교 설립을 위해서 교회 결산액 3백만 원을 보조키로 결의하다."[728] 물론 고등학교를 세우는 데는 이사들도 모두 얼마의 특별한 금액을 헌금하고 나섰다. 왜냐하면 우선 학생을 모집하려고 하면 교실이 필요했기 때문에 교실을 건축할 수 있는 자금이 필요했다. 그래서 1978년 2월 3일에 모인 황등교회 당회에서는 재단설립에 필요한 재산이 요구되었기에 공동의회를 통해 황등교회 땅을 재단에 편입시키는 한편 고등학교는 건물이 요청되므로 장학회를 교회 내에 설립하고 교회에서 1구좌(1구좌는 백미 1백 가마)를 들여 고등학교 건축 기금으로 사용키로 하였다.

황등중학교 육성과 고등학교 설립에 대한 재단을 조성하여, 재단을 증설하기 위해서 김희갑 장로와 계일승 목사께서 교회에 바친 임야를 황등학원 재단에 등기 이전하자고 회장이 설명한 결과 재단법인 황등학원에 상

728 『황등교회 당회록』(1978년 2월 3일)을 김수진, 『황등교회 60년사』, 228쪽 재인용.

기 임야를 이전등기하고 고등학교 설립하기로 동의 재청하여 만장일치로 가결하다.[729]

이렇게 가결은 하였으나 실제로는 학교재단에 편입시키지는 않았다. 이렇게 황등중학교의 시설이 완비되고 나니 드디어 1979년 3월 27일 고등학교 설립 예비인가가 나왔다. 이제는 고등학교 설립을 위한 교실을 건축해야 했다. 목표는 학년당 4학급으로 총 12학급을 수용하는 계획으로 시설을 해야하였다. 이사장 송현상를 비롯하여 모든 당회원[730]이 하나되어 분주하게 일을 진행해나갔다. 우선 건축자금이 문제였다. 송현상 목사가 우선 자택 1동을 대전에 있는 은행에 저당 잡혀, 일천만원을 대출받았다. 그리고 자신이 이사로 참여하는 대전에 있는 기독교봉사회에서 백미 120가마니를 매년 25가마니씩 상환하는 조건으로 대출받았다.[731]

이재근은 1979년 10월 10일 황등상업고등학교 설립지원으로 300만원을 지원하였다. 이재근 이외에도 1979년 12월 25일 황등학원 재단이사들은 황등상업고등학교 설립을 위해 기금을 희사한 이들이 있었고, 황등교회도 기금을 제공하였다.

옥판석 장로 50만원, 전판석 장로 50만원, 이상윤 장로 1백만원, 송현상 담임목사(재단 이사장) 1백만원, 김영일 황등중학교 교사 1백만원, 강경철 황등중학교 서무과장(재단 이사) 건축자재 공여, 김재두 황등중학교 교장 3백

---

729 『황등교회 공동회의록』(1978년 2월 21일)을 김수진, 『황등교회 60년사』, 228쪽 재인용.
730 그 당시는 당회장 송현상 목사가 이사장이었고, 당회원 전원이 학교재단 이사였다. 그러니 당회가 곧 학교이사회와 같아서 교회 일과 학교 일이 다름이 아니라 하나였다.
731 김재두와 만남(2016년 6월 13일 오후 2시 00분~3시 00분); 기독교봉사회에서 대여 받은 기금은 후에 정동운 이사장(2003년 3월 8일~2007년 1월 19일) 재임시 갚았다. 정동운 증언(2016년 7월 20일 오후 3시 20분).

5십 만원, 황등교회 1233만 7백 3십 7원이었다.[732]

이런 노력으로 1979년 봄 역사적인 고등학교 신축 작업이 시작되었다. 우선 예전 학교건물校舍 6개 교실 반을 철거하는 작업을 하였다. 당시에는 지금과 같이 건축기계가 없어 모두 수작업일 수밖에 없었다. 수많은 트라스에다 기둥과 창틀, 함석 등이 목조 건물이다 보니 지난 번 황등중학교 증축 때처럼 노력 동원이 필요하였다. 이에 송현상을 비롯한 당회원과 많은 교인들이 나와서 건축에 몸을 아끼지 않았다.

다음은 건축설계였다. 송현상은 대전에 있는 정일건축의 설계사에게 설계를 의뢰하였다. 송현상의 노력으로 매우 저렴하게 설계를 할 수 있었다. 건축설계에 따라 거푸집이 지어졌다. 그런데 이제는 건축에 들어갈 시멘트가 품귀현상으로 문제였다. 이유는 그 당시 전라북도가 전국체전을 개최하는 지역으로 선정되어 전주에 공설운동장을 건설하느라고 전라북도에서는 시멘트를 구하기가 어려웠다. 이를 해결할 방법이 없었다. 고등학교 설립예비인가를 받아놓은 상태에서 건축이 중단되면 인가도 취소될 위기였다. 그렇다고 타 지역에서 거액을 들여 시멘트를 구입할 재정적인 여유도 없었다.

이런 때에 김재두는 마침 전라남도 광주에 있는 고려시멘트 회사에서 황등중학교 졸업생으로 실무를 담당하는 직위에 있는 제자를 생각해냈다. 김재두는 바로 광주로 내려가 제자를 만났다. 제자는 멀리서 찾아온 스승의 부탁을 듣고는 적극적으로 시멘트를 주선해줄 것을 약속하였다. 제자의 주선으로 1주일 만에 한 대의 대형시멘트차가 황등역에 도착하였다. 이렇게 해서 건축이 착착 진행되었다.

732 김재두, 『지역사회 독지가 지원현황 자료집』, 7-10쪽.

그러나 모든 일이 다 해결된 것이 아니었다. 건축허가 문제와 시설지구 설정 등 해야 할 어려운 문제들이 산적해 있었다. 이를 해결하기 위해 그와 여러 이사들이 모여서 기도하고 방법을 찾아나간 끝에 어려운 문제들을 해결할 수 있었다. 그렇게 해서 1층 5교실, 2층 5교실로 총 10개 교실이 완공할 수 있었다. 1979년 12월 19일 완공하고 나니 건축허가도 나왔다. 1980년 1월 14일 황등상업고등학교 설립과 동시에 각 학년당 2학급으로 6학급 설립 승인과 학생모집 승인이 되었다.

곧바로 학생모집에 들어갔다. 신입생 120명 모집에 336명이 지원하여 2.8대의 1의 좋은 결과로 우수학생을 모집하여 3월 5일 개교식과 개학식을 황등교회당에서 진행하였다. 그리고 3월 5일 10시에 도교육위원회 인사들과 학부형과 내빈 그리고 많은 교인들이 모인 가운데 이사장 송현상 목사의 설교와 이상윤 장로의 기도로 역사적인 황등사업고등학교 개교와 입학예배를 드렸다.

1982년 7월 4일 송현상 목사가 군산 신흥교회의 청빙을 받고 그곳으로 옮겨가자, 자연히 이사장직을 사임하게 되었고, 그 후임으로 전판석 장로가 1985년 11월 26일 학교법인 황등학원 제 6대 이사장으로 취임을 하였다. 전판석은 임시로 대여 받아 재단을 설립했던 개인의 소유들을 되돌려주는 일을 진행하였다. 이렇게 해서 명실상부한 황등교회가 재단의 주인이 되도록 하기 위해 당시 황등교회 담임목사 김수진 목사 앞으로 재정지원 청원서를 제출하였다. 이를 받아들여 황등교회 당회는 1986년 2월 12일 당회원, 안수집사, 권사 연석회의를 열고 아래와 같이 결의를 하였다.

1. 이사는 15명으로 증원하되 현 이사 8명 가운데 재단에서 교체되는 1명을 제외한 8명은 황등교회에서 파송한다.
2. 3천만원을 요구한 보조청원건은 교회가 책임지되 새로 선임된 이사 가운

데 재단에 기부하고 싶은 경우 교회에 헌금한다.(단 3천만원 중에는 여전
도회에서 경작하는 논도 포함된다)

3. 보조금 3천만원이 지원됨과 동시에 교회에서 파송한 이사가 학교재단 운
영에 참여한다.(단 교회에서 파송한 이사는 4년 임기로 교체한다)

4. 8명 파송이사는 당회에서 파송한다. 당회에서는 황등교회에 속한 재산을
관리하지만 재산을 처분할 때나 교체를 할 때는 최종적으로 공동의회의
결의를 얻어야만 법적으로 효력을 발생할 수 있다.[733]

그래서 당회와 또 연석회의를 통해서 합의된 사항을 1986년 5월 25일
공동의회를 소집하고 공동의회 의장 김수진 목사의 사회로 개회하였다.

1. 공동의회 회장이 연초에 위임받은 학교문제 안건을 당회에 맡겨 처리하
자는 회장의 보고를 석춘웅 집사의 동의에 강영춘 집사가 재청하자 회장
이 가부를 물어 가결하다.

2. 학교법인 황등학원 재단 교체를 위한 3천만원 지원건 및 황등학원을 돕
는 세부사항은 당회에서 결의하여 제직회에 통보하고 공동의회에 보고
처리하도록 김재왕 집사의 동의가 있자 바로 강영춘 집사의 재청으로 회
장이 다른 안건을 묻고 없으므로 회장이 동의안의 가부를 묻자 만장일치
로 채택 결의하다.[734]

황등학원에서는 개인의 대여로 되어 있는 재산과 학교법인 황등학원이
소유하고 있는 기본 재산 등 32필지(답 26필지, 대지 5필지, 전 1필지)의
"수익용 기본재산처분(교환) 허가신청서"를 전라북도 교육위원회에 제출

733 『황등교회 공동회의록』(1986년 5월 25일)을 김수진, 『황등교회 60년사』, 229쪽 재인용.
734 『황등교회 공동회의록』(1986년 5월 25일)을 김수진, 『황등교회 60년사』, 229쪽 재인용.

하였다.[735] 황등학원에서는 곧바로 도교육위원회로부터 허락을 받고 재단교환에 착수하게 되었다. 이미 황등교회에서는 재단교체에 필요한 재원을 지원하기로 공동의회에서 결의를 하였기 때문에 여전도회가 소유하고 있는 논 한 필지를 매각하여 11,100,000원을 확보하였다. 나머지 부족액은 1987년 2월 22일 주일 아침에 재단교체를 위한 헌금을 실시하여 거기에서 얻어진 헌금과 합쳐 8,800,000원을 교회에서 지원하였다. 이 때 재산을 정리해서 교회 지원금 30,000,000원과 재단이사회에서 준비한 22,000,000원과 또 기본재산을 매매하였고, 학교 논 3필지 반을 매각해서 55,000,000을 마련하였다. 이 돈은 재단 수익재산으로 이리 시내 어양동에 2층 건물 1동을 35,000,000원에 매입하였다. 25,000,000원과 교회에서 보조한 30,000,000원과 교인들이 헌금한 8,800,000을 합하여 마동에 있는 2층 건물 1동을 65,800,000원에 매입하고 개인소유의 전답을 모두 교체하였다.

학교법인 황등학원의 재단교체가 이루어지자, 그동안 여러 이사들이 자신의 소유였던 재산을 전부 회수해 갔다. 이 일로 완전무결하게 법인은 황등교회로 귀속하게 되었다. 이 일이 이루어지자, 당회원 전원을 이사로 보강을 하였으며, 재단교체에 공이 컸던 전판석은 이사장직을 개인 사정에 의해서 사임하였으나 황등교회 당회는 그의 공이 크다고 인정하여 명예 이사장으로 추대키로 결의하였다. 한편 당회에서 결의[736]했던 대로 후임 이사장은 장로 옥판석이 승계하였다.

전교인들이 학교법인 황등학원이 황등교회의 소유임을 강하게 나타

---

735 학교법인 황등학원 이사장 명으로 1986년 6월 23일 발송을 김수진, 『황등교회 60년사』, 229쪽에서 재인용.
736 『황등교회 당회의 결의』(1988년 7월 22일)로 옥판석 장로, 이상윤 장로, 봉기성 장로에 한하여 1회로 2년간 연장자로부터 차례로 취임하기로 한 결의가 있었다. 이 결의는 김재두도 알고 있었다. 김재두와 만남(2016년 5월 1일 오후 3시 30분~4시 0분).

내기 위해서 세례교인들의 서명을 받아, 전라북도 교육위원회에 제출했던 바 1988년 11월 15일자로 학교법인 황등기독학원으로 명칭을 변경하였다.

옥판석은 1988년 12월 20일 연말 당회에 5백만원을 요청하였고, 당회에서는 황등고등학교 학급증설과 새로 신축할 교실 증축에 대해서 적극 지원하기로 하였다. 이러한 결과로 1989년 6월 21일자로 황등고등학교에 한 학년에 1개 학급이 더 증설될 수 있도록 허락을 받고 1990년도 새 학기에는 1학년부터 3개 학급 학생을 모집하게 되었다. 또한 강영주는 황등석산을 경영하는 황등교회 교인으로 2개 교실을 증축하는데 협조해주었다.

제12대 최창의 담임목사는 황등기독학교가 황등교회학교로서 교회가 책임지고 지원해야한다는 생각으로 당회에서 황등고등학교를 위한 지원을 발의하였다.[737] 이 발의에 따라 1996년 9월에 30,000,000을 들여 원거리 학생과 면학에 집중하려는 학생들을 위한 2층 규모로 기숙사 1동을 건

---

[737] "토기장이학교는 학교교육 못지않게 가정교육을 중시하는 것이 특징이다. 전원이 아닌 도심에 자리를 잡은 것도 이 때문이다. 가정교육을 배제한 학교교육은 성경적 교육관에 비춰 바람직하지 못하다는 판단이 작용했다. 최 목사는 '정부 인가 중학교와 고등학교를 가지고 있는 익산 황등교회에서 담임목사로 활동하면서 기독교학교에 대해 관심을 가졌다'면서 '7년 전 전주에 하늘소망교회를 개척하면서부터 학교 설립을 준비해왔다'고 밝혔다." 박경원, "도심형 기독교학교 내년 전주에 개교"《전북중앙신문》(2007년 8월 29일); 최창의는 황등교회를 사임한 이후 전주에서 하늘소망교회를 개척하였다. 최창의는 기독교교육의 열정으로 하늘소망교회 운영으로 토기장이학교라는 대안학교를 운영하고 있다. 황등기독학교가 펼칠 기독교학교교육철학과 교육과정에 최창의의 초기장학교와의 교류협력은 양교에 도움이 될 것 같다. 최창의가 밝힌 토기장이 학교의 생각이다. "우리 자녀들은 상급학교 진학을 위해 공부하는 기계나 도구가 아니다. 공부는 우리 자녀들을 올바른 인격으로 세워가기 위한 하나의 도구일 따름이다. 그래서 하나님께서 우리 자녀들에게 주신 귀한 삶을 살게 하기 위한 진정한 공부를 해야 한다. 토기장이학교는 하나님께서 주신 재능과 은사를 따라 행복하게 공부할 수 있도록 돕고 협력하는 학교이다. 자녀들로 기쁘고 즐겁게 공부하도록 하는 학교이다. 토기장이학교 교육방법은 기독교 홈스쿨링의 원조인 '샬롯 메이슨'의 교육방법과 인지발달을 토대로 한 독일의 '발도르프 교육방법'으로 한 교육과정이다." 최창의, "토기장이학교에 대하여",《토기장이학교 입학설명회 미간행자료집》(2008년 10월 18일).

축하였다. 이 기숙사의 이름을 벧엘[738]관이라고 하여 하나님의 사랑 안에서 꿈을 키워가도록 하였다.[739]

황등기독학교는 설립과 운영의 주체가 황등교회로서 사립학교법령에 따라 황등교회는 재단이사진을 구성해서 학교를 운영해가고 있다. 그러다 보니 특정 개인 사립학교처럼 특정인이 주인이 아니다. 황등교회 전체 교인이 주인이다. 그런데 이사회는 인원이 제한되어 있다 보니 황등교회 교인 전원이 이사가 될 수는 없다. 이에 따라 황등교회의 최상위의결기구인 당회를 중심으로 해서 이사회를 구성해왔다. 오랜 세월 학교를 설립하고 운영하면서 이사들은 생각의 차이와 입장의 차이를 합의를 통해 극복해가면서 오늘에 이르고 있다. 그런 과정에서 합의를 통해 설정한 규정이 있다. 이는 다음과 같다.

---

738 벧엘이라는 이름은 구약성경에 나오는 지명(地名)이다. 야곱이 브엘세바에서 떠나 하란으로 향하여 가더니 한 곳에 이르러는 해가 진지라 거기서 유숙하려고 그 곳의 한 돌을 가져다가 베개로 삼고 거기 누워 자더니 꿈에 본즉 사닥다리가 땅 위에 서 있는데 그 꼭대기가 하늘에 닿았고 또 본즉 하나님의 사자들이 그 위에서 오르락내리락 하고 또 본즉 여호와께서 그 위에 서서 이르시되 나는 여호와니 너의 조부 아브라함의 하나님이요 이삭의 하나님이라 네가 누워 있는 땅을 내가 너와 네 자손에게 주리니 네 자손이 땅의 티끌 같이 되어 네가 서쪽과 동쪽과 북쪽과 남쪽으로 퍼져 나갈지며 땅의 모든 족속이 너와 네 자손으로 말미암아 복을 받으리라 내가 너와 함께 있어 네가 어디로 가든지 너를 지키며 너를 이끌어 이 땅으로 돌아오게 할지라 내가 네게 허락한 것을 다 이루기까지 너를 떠나지 아니하리라 하신지라 야곱이 잠이 깨어 이르되 여호와께서 과연 여기 계시거늘 내가 알지 못하였도다 이에 두려워하여 이르되 두렵도다 이 곳이여 이것은 다름 아닌 하나님의 집이요 이는 하늘의 문이로다 하고 야곱이 아침에 일찍이 일어나 베개로 삼았던 돌을 가져다가 기둥으로 세우고 그 위에 기름을 붓고 그 곳 이름을 벧엘이라 하였더라 이 성의 옛 이름은 루스더라(창세기 28장 10절-19절), 하나님이 야곱에게 이르시되 일어나 벧엘로 올라가서 거기 거주하며 네가 네 형 에서의 낯을 피하여 도망하던 때에 네게 나타났던 하나님께 거기서 제단을 쌓으라 하신지라(창세기 35장 1절), 야곱이 하나님이 자기와 말씀하시던 곳에 기둥 곧 돌 기둥을 세우고 그 위에 전제물을 붓고 또 그 위에 기름을 붓고 하나님이 자기와 말씀하시던 곳의 이름을 벧엘이라 불렀더라(창세기 35장 14절-15절).

739 현재는 새롭게 기숙사를 건립하였다. 벧엘관은 교직원 건강시설로 사용하고 있다.

임시당회 회의록[740]

◦ 일   시 : 1998. 12. 1. 20:30
◦ 장   소 : 당회실
◦ 참석자 : 주경일 목사, 노상열, 김영기, 최기섭, 김재두, 강경철, 김영일, 김
　　　　　재왕, 최덕용, 송영대, 김옥산, 최규섭, 최성남장로
◦ 기   도 : 주경일 목사
　　　　　재적 14명 중 12명이 참석하였으므로 개회성수가 되어 회장은 본
　　　　　회가 성회됨을 선포하며 아래와 같이 안건을 토의하며 결의한다.
◦ 안   건 : 어린이집 및 학교법인 이사선임관계로 헌법정치 제 68조2항에
　　　　　의하여 당회를 회집을 하다.
 - 김재두 장로 긴급당회로 회집된 배경을 설명 : 학교법인 이사는 시한이
　경과되어 상부기관으로 독촉을 받고 있어, 임시당회장에게 긴급당회 배
　경을 설명하니 약속이 있어 참석치 못하고 주경일 부목사에게 위임하였
　음을 보고하시다.
 - 사회자 : 안건에 대하여 의견을 말씀하여 주시기 바랍니다.
 - 당회원 : 먼저 토론후 결정하였으면 합니다.
 - 토론안건 : 우리교회에서 운영하는 3개 선교기관(황등신협, 어린이집,
　학교법인) 운영
　　1. 1인 1이사 단임제
　　2. 친인척 이사 배제
　　3. 친인척 1기관 2인 이사 배제
　　4. 단 현재 이사는 인정을 하되 임기만료시까지로 한다.

740 『황등교회 당회록』(1998년 12월 2일).

5. 어린이집, 학교법인, 신협 3개 기관장은 해당기관의 이사만 할 수 있으며 기관장과 이사는 단임제로 한다.

6. 정관변경은 기독교 교육 목적을 기입하고 재산처분 시, 황등교회 당회승인과 법인 이사는 황등교회 당회가 파송한다.

7. 어린이집 이사 선출은 당회원중 현재 이사를 제외한 당회원이 선출한다.

8. 학교법인 이사 선출은 당회원중 현재 이사를 제외한 당회원이 선출하고 현재 이사 9명을 3명 증원하여 12명 이사로 하며 현재 이사는 정관변경을 할 수 있도록(6번항 포함) 조속한 시일 내에 소집한다.

－토론후－

1) 위 8개항을 김재두 장로 동의에 최성남 장로 제청으로 동의 안이 성안되다.

2) 다른 문항은 찬동하나 8번항 학교법인 이사는 현재 정원으로 동결하자는 김영일 장로 개의, 최규섭 장로 제청으로 개의안에 성안되다.

3) 표결 결과 개의안 3표 동의안 6표로 동의안이 가결되다.

9. 선출위원(7번, 8번)이 추천한 위원은 아래와 같다.

어린이집 이사는 당연직(기관장)이사 박명석 장로와 송영대 장로, 윤기한, 김기성, 이현봉 집사로 추천하여 보고하다.

학교법인 이사는 현재 이사 김재왕 장로, 석춘웅 목사, 박명석 장로, 최기섭 장로, 김영기 장로, 김재두 장로, 조춘식 집사 7명(김영기, 최기섭, 김재두 장로 본인 의사 표명으로 이현덕, 김옥섭 권사 이윤선집사로 추천함)과 당연직(기관장)으로 김영일 장로, 동정환 집사와 최규섭 장로, 최영수 집사, 채응묵 집사로 추천하여 보고하다.

10. 선출위원이 추천한 이사를 강경철 장로 동의와 김재두 장로 제청하여 다른 의견이 없음으로 가결되다.

11. 폐회결의에 따라 김재두 장로 기도로 회장이 폐회됨을 선언하다.

　　폐회시간은 98. 12. 2. 02:40분이었다.

1998. 12. 2.

서　　　기　김 옥 산

임시당회장　허 공 석

　다음은 학교법인 황등기독학원 정관에서 황등교회와 기독교정신에 관
련된 것들만 발췌하였다.[741]

제 1 장 총　칙

제1조(목적) 이 법인은 대한민국의 교육이념 및 기독정신에 입각하여 중등
　　보통교육을 실시함을 목적으로 한다.

제2조(명칭) 이 법인은 학교법인 황등기독학원(이하"법인"이라 한다)이라
　　한다.

제7조(재산의 관리) ① 제6조 제2항의 규정에 의한 기본재산의 매도 · 증여 교
　　환 또는 용도를 변경하거나 담보에 제공하고자 할 때에는 황등교회 당회
　　의 동의를 받은 후 이사회의 의결을 거쳐 관할청의 허가를 받아야 한다.

　　② 기본재산과 보통재산의 운영과 관리에 관하여는 법령과 이 정관에
　　특별히 규정이 있는 경우를 제외하고는 이사회에서 따로 정한다.

741 『성일고등학교』「법인정관자료공개」(2016년 5월 9일 오전 9시 10분 검색).
　　http://seongil.hs.kr/index.jsp?mnu=M001007005&SCODE=S0000000699&frame=&se
　　arch_field=&search_word=&category1=&category2=&category3=&page=1&nPag
　　e=1&cmd=view&did=13120110

제20조(임원의 선임방법) ① 이사와 감사는 황등교회 당회의 동의를 얻어 이사회에서 선임한 후 관할청의 승인을 받아 취임한다. 이 경우 임원의 성명, 나이, 임기, 현직 및 주요경력 등 인적사항을 학교 홈페이지에 상시 공개하여야 한다.

② 임기전의 임원의 해임은 이사회의 의결을 거쳐 관할청의 승인을 받아야 한다.

③ 임원 중 결원이 생긴 때에는 2월 이내에 이를 보충하여야 한다.

④ 임원의 선임은 임기만료 2개월 전에 하여야 하며 늦어도 임기개시 1개월 전에 관할청에 취임승인을 신청하여야 한다.

제20조의2(이사의 자격) ① 이 법인의 이사(개방이사 포함)는 기독교인으로 항존직분자를 원칙으로 한다.

② 본 학원의 교직원(교장, 교감 포함)으로 근무한자는 퇴직 후 4년 이상 경과하여야 한다.

제36조(해산) 이 법인을 해산하고자 할 때에는 대한예수교 장로회 황등교회 당회의 동의를 거쳐 이사정수의 3분의 2이상의 찬성으로 전라북도 교육감의 인가를 받아야 한다.

제37조(잔여재산의 귀속) 이 법인을 해산하였을 때의 잔여재산은 합병 및 파산의 경우를 제외하고는 대한예수교 장로회 황등교회 당회의 동의를 거쳐 전라북도교육감에 대한 청산종결의 신고가 종료된 후 다른 학교법인이나 기타 교육사업을 경영하는 자에게 귀속한다.

제 2 절 고 등 학 교

제85조(교장등) ① 고등학교 교장 1인, 교감 1인과 교목 1인을 둘 수 있다.

② 교장은 교무를 통할하고 소속 교직원을 지휘·감독하여 학생을 지

도하고 학교를 대표한다.

③ 교감은 교장을 보좌하며 교장이 사고가 있을 때에는 교장의 직무를 대행하고 교목은 기독교 정신에 의한 신앙을 지도한다.

제86조(하부조직) 고등학교에 행정실을 두며 실장은 주사로 보하되 그 분장 업무는 규칙으로 정한다.

제 3 절 중 학 교

제87조(교장 등) ① 중학교에 교장 1인, 교감 1인과 교목 1인을 둘 수 있다.

② 교장은 교무를 통할하고 소속 교직원을 지휘 · 감독하며 학생을 지도하고 학교를 대표한다.

③ 교감은 교장을 보좌하며 교장이 사고가 있을 때에는 교장의 직무를 대행하고 교목은 기독교 정신에 의한 신앙을 지도한다.

제88조(하부조직) 중학교에 행정실을 두며 실장은 주사로 보하되 그 분장 업무는 규칙으로 정한다.

제115조(설립당초의 임원) 이 법인의 설립당초의 임원은 다음과 같다.

직 위	성 명	생 년 월 일	임기	최 종 출 신 학 교 명
이사장	오 일 봉	1898. 2. 8.	4년	계동학교 졸
이 사	계 원 식	1888. 9. 9.	〃	경성의학 전문학교 졸
〃	동 상 순	1906. 3. 28.	〃	일본 신호 신항중학교 졸
〃	김 판 옥	1910. 12. 20.	〃	삼기 보통학교 졸
〃	조 길 동	1913. 10. 7.	〃	삼기 보통학교 졸
〃	전 백 년	1915. 8. 21.	2년	황등 보통학교 2년 수료
〃	옥 판 석	1914. 5. 10.	〃	체신양성소 졸
〃	박 인 석	1912. 8. 20.	〃	삼기 보통학교 졸
감 사	김 영 완	1932. 12. 25.	〃	남성고등학교 졸
〃	오 순 애	1899. 8. 12.	〃	전주 기전여고 졸

부   칙

1. (시 행 일) 이 정관은 1988년 11월 15일부터 시행한다.

  (명칭 변경 : 황등학원을 황등기독학원)

부   칙

제1조(시행일) 본 정관은 2014.12.15일부터 시행한다.

●●●●●●
황등기독학교의 역사

》》》 **제1기 황등고등공민학교**

　해방을 맞이했던 황등지역 주민들은 중등교육을 받고자 하는 의욕은 강했지만 이들의 욕구를 충족할 만한 교육적인 환경이 마련되어 있지 않았다. 다행히 경제적인 여유가 있는 자녀들은 이리시[742], 군산시, 전주시로 진학을 했지만 가난한 대다수 농촌의 자녀들은 중등교육을 받을 수 있는 길이 막연하였다. 1950년 4월 1일[743]에 정부의 시책에 따라 황등국민학교[744] 이갑균 교장은 교실 한 칸을 마련하여 '황등국민학교 부설 황등고

---

742 당시는 익산시가 아니라 '이리시'였다. 익산군과 이리시가 1995년 통합되어 지금은 익산시라고 한다.
743 김수진은 1950년 봄이라고 표현하고, 정확한 날짜를 밝히지 않았다. 김수진, 『황등교회 60년사』, 220-221쪽; 채응묵의 증언에 의하면, 학교 시작이 당시는 지금과 같이 3월 2일이 신학기가 아니고 4월 1일이었다고 한다. 채응묵 통화(2016년 4월 29일 오후 5시 10분~20분); 황등중학교의 전신을 황등고등공민학교로 보면, 황등중학교의 개교연월일은 1950년 4월 5일이다.

등공민학교'를 개설하고 문을 열어 교육을 실시하였다. 이 당시 모든 초등학교 내에 고등공민학교를 설치해야만하는 것은 아니었다. 그런데 특별히 황등국민학교 내에 고등공민학교가 설치된 것은 황등국민학교를 졸업하고 진학할 중학교가 황등지역에 없는 현실을 보고, 고등공민학교를 만들었던 것 같다.[745] 이 당시 학생 수는 십 여명으로 출발하였다. 교사와 학생들은 혼연일체가 되어 원대한 꿈을 실현시키기 위하여 면학에 전력을 기울였다.

고등공민학교高等公民學校는 국민학교 또는 공민학교[746]를 졸업한 자를

---

744 당시 이름은 황등국민학교(國民學校)였다. 이 명칭은 1941~96년에 사용되었다. 최초의 초등교육기관은 소학교인데, 갑오개혁이후 근대적 교육제도를 도입하는 과정에서 생겨났다. 1906년 8월 27일에 공포된 보통학교령에 의해 소학교가 보통학교로 바뀌었으나, 일본인 자녀들이 다니는 학교에는 보통학교와 구별하기 위해 소학교라는 명칭이 계속 사용되었다. 1926년 7월 1일 소학교령에 의해 소학교, 보통학교 구분없이 심상소학교로 명칭이 바뀌었다. 이후 1941년 일제칙령 제148호 '국민학교령'에 의해 국민학교로 명칭이 변경되었는데 이는 황국신민을 양성한다는 일제강점기의 초등교육정책을 반영한 것이다. '초등학교'라는 명칭은 나치독일의 전체주의 교육을 상징했던 '폴크스 슐레'(Volksschule)에서 연원한다. 교육부는 광복 50주년을 며칠 앞둔 1995년 8월 11일 "일제의 잔재를 깨끗이 청산하고 민족정기를 바로 세우기 위해 국민학교의 명칭을 변경한다."고 발표하고 1995년 12월 29일 교육법을 개정하여 1996년 3월 1일부로 국민학교를 초등학교로 명칭이 변경하였다.

745 이는 매우 특별한 역사적인 의미가 있다. 당시 황등국민학교 이갑균 교장이나 교직원들이 고등공민학교를 개설한 이유는 명확치 않다. 그러나 황등국민학교가 설립된 이유 중 하나는 일제가 황등에 있던 민족의식과 기독교정신으로 교육하던 황등지역의 자생적 민립교육기관인 계동학교를 없애고 일제에 순응하는 인간을 육성하려고 것이었다. 그렇게 출발한 황등국민학교가 해방되고 5년후 이제 정부의 시책에 따라 지역을 위한 교육기관을 설치한 것이다. 이렇게 시작한 고등공민학교가 6·25 전쟁 발발로 오래 지속되지는 못했다. 그러나 황등국민학교에 설치되어 시작한 고등공민학교는 1년후 황등초등학교 후문에서 가까운 거리인 조길동 집 부근에서 재건되었다가 황등지역 여러 곳으로 이전을 거듭한 끝에 황등교회가 설립한 사설 학술강습회 형태인 황등중학원으로 흡수되어 그 맥을 잇게 되었고 황등중학원 교사(校舍)도 직조공장을 하던 자리에서 시작되었다가 지금의 황등교회 옆인 지금의 황등중학교 자리로 옮겨오게 되었다. 결과적으로 황등중학교의 전신인 황등고등공민학교가 시작된 지금의 황등초등학교 부근에 황등중학교가 자리 잡고 있으니 황등고등공민학교는 우여곡절 끝에 처음 자리 근처로 온 것이다.

746 공민학교(公民學校)는 초등학교 이하의 학력을 가진 청소년 또는 성인에게 초등학교 교육과정을 제공하는 준학교교육 기관이다. 초등학교를 졸업하고 중학교에 진학하지

입학 대상으로 한다. 1946년 공민학교가 발족할 당시, 국민학교를 졸업한 뒤 경제적 여건 혹은 기타의 사정으로 중학교에 진학하지 못한 자를 위하여 공민학교에 보수과를 두었다. 13세 이상의 국민학교 졸업자가 입학할 수 있으며, 공민·국사·국어를 1년 동안에 마치게 되어 있던 보수과가 1948년 발표된 "고등공민학교규정"에 의하여 고등공민학교로 개편, 발족되었다. 초기에는 지방의 유지 또는 독지가에 의한 구제적 교육기관 성격을 띠었으나, 1949년 "교육법"이 제정, 공포되면서 정식으로 법적 근거가 마련되었다. 규모는 보통의 경우는 매 학년당 4개 학급 이하로 하고, 1개 학급당 50명 이하의 학생을 수용하도록 되어 있다. 특별한 경우는 당해 교육위원회의 승인을 얻어 증가할 수도 있다. 교육 내용은 원칙적으로 완성교육 성격을 띠며, 경우에 따라 진학하는 학생을 위해서 고등학교입학 검정고시에 약간의 특전을 주고 있다. 설립은 개인 또는 사단법인도 할 수 있으며, 당해 교육위원회의 인가를 얻어야 한다.

그러나 개교한 지 두 달여 만에 6·25전쟁이 발발하였다. 그로 인해 피난민이 많아지다 보니 국민학교 학생들이 급증하면서 황등국민학교의 교실이 부족하게 되어, 황등고등공민학교가 뒷전으로 밀려나고 말았다. 이렇게 되어 황등고등공민학교 교실이 회수되기에 이르렀고, 황등고등공민학교는 폐교될 상황에 직면하였다. 이 때 6·25때 서울에서 피난 와서 황등교회에서 신앙 생활하던 김영식이 학교를 맡아서 운영해보겠다고 나섰다. 김영식은 부유한 재산가도 권력 있는 행정가도 아니었다. 다만 교육에 뜻이 있고 이 지방에 중등학교가 세워지기를 열망하는 사람이었다. 김영

못한 사람들에게 중학교 교육과정을 실시하는 학교는 '고등공민학교'라고 한다. 공민학교 교육의 근거는 교육법 제137조이다. 해방직후에는 정규교육기관이 부족했기 때문에 기초교육기관으로 큰 역할을 했으나, 초등학교의 의무교육제가 확대되면서 1960년대말부터 급격히 감소했다.

식은 마음만 있지 실제로 운영할 재력이 없었다. 그 자신이 피난민으로 생활도 힘든 시절이었다. 김영식은 서울 출신으로 1950년 6·25전쟁으로 그의 아내와 함께 황등에 피난을 온 사람이었다. 그렇게 황등에 이주해온 김영식은 황등교회에 출석하면서 황등고등공민학교 교장을 역임하였다. 김영식은 일제말엽 일본 명치(메이지)대학 법학부에서 수학하였던 수재였다.[747]

이 때 황등교회 장로 조길동이 25평의 자신의 집 헛간을 헐고 교실로 개조하고 나섰다. 그리고 책상을 넣어 배움의 터전을 제공하였다. 그리고 100여 평의 운동장도 마련해 주었다.[748] 지금으로 말하면 김영식 교장, 조길동 이사장의 형태였다. 교사로는 황등교회 교인으로 이대호와 황등 지역민으로 부유한 집안 출신으로 중앙대학 출신의 임현대와 서한용과 정00[749]가 있었다. 임현대의 집은 방앗간을 운영하는 비교적 여유있는 여건으로 조길동이 황등고등공민학교를 재개한 바로 앞이었다. 이런 이유로 임현대는 쉽게 황등고등공민학교 학생들과 교직원들과 어울렸다. 임현대는 황등에서는 보기 드문 수재로 중앙대학에 재학중이었는데 재능기부형식으로 학생들을 가르쳤다.

이렇게 황등고등공민학교가 재개되니 갈 곳을 잃어버린 학생들이 다시 배움의 터전으로 돌아올 수 있었다. 당시는 6·25전쟁 직후로 제대로 먹을 것도 없던 시절이었고, 딱히 문화적 공간이 없을 때였다. 학생들은 학교에 와서 배움의 기회를 이어갈 수 있었다. 아침조회 때마다 교사와 학생들의 얼굴에는 기쁨과 행복이 가득하였다. 어려운 여건이었지만 학교가 재개

---

747 김수진, 『황등교회 60년사』, 248쪽.
748 현재 황등성당이다.
749 김재두는 정씨이나 정확한 이름을 기억하지 못한다고 하였다. 김재두와 만남(2016년 6월 7일 오후 3시 30분~4시 0분).

되다보니 학생들이 속속 모여 들다 보니 이곳에 학교를 이어간다는 것이 어렵게 되었다.

1952년 김영식은 1~3학년으로 운영하려니 교실이 부족하다보니 좀 더 넓은 곳으로 이전하기를 원하였다. 김영식은 삼동에 위치한 일산 가옥 쓰스기鈴木 원예농장으로 이전하게 된다.[750] 가옥을 교실로 개축하여 여름에 그곳으로 이사하였다. 당시 교장은 김영식, 교사로는 황인묵과 서한용과 황선묵이었고, 학생 수는 100여명이었다.

1954년 봄, 학교를 다시 방교리 이마이今井 일산가옥으로 옮겼다. 그러나 김영식은 개인 형편에 의하여 서울로 이주하고, 교사 황인묵이 학교를 맡아서 운영하게 되어 교장에 취임하였다. 1954년 가을 황인묵은 가다끼리片銅[751]라는 일본인이 살던 집을 교실로 개조하였다. 교사로는 황선묵, 강제근, 김근호, 박길남, 정한란이 있었다.

조길동은 황등고등공민학교가 재정적인 어려움으로 이리저리 옮겨 다닐 정도로 어려움을 겪는 모습을 보면서 학교운영이 쉽지 않음을 깨달은 것 같다. 그러면서 조길동은 황등교회에서 학교를 설립해서 운영하면 좋겠다는 생각을 한 것으로 보인다.

〉〉〉 제2기 황등중학원

황등교회 교인들은 해방직후부터 학교를 설립하려는 마음들이 있었지만 여의치 않아 실행을 못하다가 황등교회 직영으로 중학교를 설립하기

---

750 현재 진경여자고등학교 뒤편길가 집이었다.
751 김수진,『황등교회 60년사』, 129쪽의 인명표기가 잘못되었다고 말했다. '기다끼리'가 아니고 '가다꾸리'이고 한자도 '片桐'이 아니고 '片銅'가 맞다고 하였다. 김재두와 만남 (2016년 5월 1일 오후 3시 10분~30분).

로 제직회에서 의견을 모았다. 이를 바탕으로 일단 1년에 한번씩 인가를 얻어서 운영하는 형태인 '사설강습회 황등중학원' 인가를 정부로부터 받아 개설하였다. 이 때가 1956년 4월 5일이다.[752]

황등중학원 시설은 60여 평의 직조공장시설을 임시방편으로 교실로 개조해서 1학년과 2학년으로 나누어 수업을 진행하였고, 3학년은 20여 평의 직조공장 창고를 그대로 뜯어다가 옮긴 곳에서 수업을 진행하였다. 이곳은 황등교회에서 제공한 300여 평의 밭이 있던 자리로 현재 황등중학교 본관 부근이다. 교무실 겸 행정실은 직조공장 창고 부근의 작은 방을 사용하였다. 이 때 공장창고 형태 시설을 교실로 개조하는 비용과 교육에 필요한 책상과 걸상과 칠판 등의 시설 마련에 황등교회의 지원이 있었다. 이렇게 해서 궁색하나마 기본적인 학교의 틀은 갖출 수 있었다.

황등지역에 중학교육기관이 두 곳으로 난립하면 학교운영이 어렵겠다고 판단한 황등고등공민학교 교장 황인묵은 고등공민학교 학생과 비품 등을 인계할 것을 제안하였다. 이에 따라 4월 5일 학생 60여명과 비품 등을 인계할 것에 동의하여, 백미 70가마를 주고 인수하였다.[753] 이렇게 해서 고등공민학교 학생들을 수용하였고, 1956년 3월 황등중학원 설립 승인을 받아 신입생을 모집하니 남녀 60여명의 학생들이 입학하였다. 이 때 학생들은 황등은 물론 삼기, 낭산, 함라, 서수, 팔봉, 강경에서까지 몰려왔다. 한 학년에 30~40명씩 3개 학년의 규모였다. 학원 명칭은 "사립황등학원"으로, 교육목적은 "청소년으로 하여금 민족 민주 교육의 이념 하에 공민도덕의 함양실천과 구신약성경 및 과학지식의 연마를 목적으로 함"이

---

752 황등기독학원 학교설립의 초창기에서 이 날은 중요한 날이다. 학교설립 제1기인 1950년 4월 5일 황등초등학교 내에서 시작한 황등고등공민학교 시절을 지내고, 사설학술강습회 형태로 '황등중학원'으로 인가를 받아 운영한 날이 1956년 4월 5일이다.
753 김재두와 만남(2016년 4월 27일 오후 2시 20분~3시 0분).

었고, 장소는 황등교회 부속 건물로 정했다.[754] 교장은 황등교회 김형우 담임목사가 겸직하였고,[755] 교사로는 김재두, 강재근, 라경섭, 황인묵, 윤정섭[756]이었고, 서무로는 서병석이 있었다. 이들 교사들의 봉급은 쌀 3말로 봉급이라고 하기도 어려운 형편이었으나 사명감으로 교직에 임하였다. 4월 5일에 첫 개교 및 입학예배를 전교인이 모인 가운데 성대하게 드리고 역사적인 황등중학원이 개교하였다.

입학 자격은 신청서에 명기되어 있는 대로 만 12세 이상에서 20세까지 초등학교 졸업자나 예정자로 하였다. 한편 학년은 1학년부터 3학년까지 중학교 과정으로서 남녀공학이었고, 교과목은 일반 중학교에서 배우는 과목에 준하면서 성경을 가르치고, 예배 시간을 가졌다.

〈교과 시간표〉

시간 요일	1	2	3	4	5	6
월	성경[757]	국어	역사	농통	수학	지리
화	공민	물상	영어	음악	음악	생물
수	지리	영어	공민	국어	한문	영어
목	역사	생물	물상	농통	수학	국어
금	영어	물상	보건	한문	수학	국어
토	생물	국어	영어	수학		

황인묵은 황등고등공민학교를 황등교회에 매도하였으나 교육을 포기하지는 않았다. 황인묵은 자신 소유의 시설을 활용해서 당시 황등에서 사

---

754 『사설학술강습회 인가신청서류』를 김수진 『황등교회 60년사』, 223쪽에서 재인용.
755 김형우 목사는 교장직에 따른 봉급을 받지 않고, 예배나 성경공부를 인도하였다.
756 황등중학원 시절 교사 5명중 김재두·황선묵·윤정섭은 황등교회 교인이었고 강재근·나덕수는 교인은 아니었다. 김재두와 만남(2016년 5월 1일 3시 30분~4시 0분).
757 월요일 첫 시간이 성경으로, 기독교신앙교육에 중점을 둔 것임을 분명히 하였다. 교장은 황등교회 담임목사가 겸하였고, 모든 교사가 황등교회 교인으로 기독교신앙이 교육 전반에 내재된 학교였다.

업수완이 남달랐던 재력가 김선길을 이사장으로 하고, 자신이 교장을 하는 형태로 '일신[758]고등공민학교'라고 해서 문을 열었다. 이것이 발전해서 문교부로부터 1960년 3월 31일 일신중학교로 인가를 취득해서 운영해 오다가 1973년 2월 28일 황등중학교에 통폐합되면서, 자신은 통합된 황등중학교 교감으로 부임하였다.

황등교회 당회에서는 황등중학원 운영을 전문가에게 맡기기 위해 기독교신앙과 교육적인 열정과 전문성을 지닌 전남대 농과대 출신의 열정적인 농촌운동가 김 준을 제2대 원장으로 영입하였다.[759] 김 준은 농원지역 황토방에서 기거하면서 학생들과 동고동락하였다. 새벽 일찍부터 학생들을 소집해서 함께 구보驅步하기도 하면서 자신감을 심어주었고,[760] 가난한 농촌학생들에게 기독교신앙 안에서 꿈을 갖고 살아가도록 촉구하는 교육을 펼쳤고, 늘 학생들을 존중해서 경어체로 말하였다.

1956년 당시 입학생 한동수는 전교생 2,500명이었던 황등국민학교에서 전교 자치회장을 했지만 가난한 집안 사정으로 중학교를 갈 엄두도 낼수 없었다. 그런데 마침 황등교회에서 황등중학원을 설립하게 되어, 입학시험에 응시한 결과 300점 만점에 283점으로 최고득점을 하여 입학금을 면제받고 교회에서 책과 교복을 마련해주어 중학과정을 시작하게 되었다. 한동수는 당시 김 준 원장을 통해 가난하지만 꿈을 가져야한다는 가르침을 가슴 깊이 새겨 오늘날 자신이 있게 되었다고 말한다. 한동수는 지금도 김 준 원장을 잊지 못하는 스승으로 추앙하고 있다. 김 준 원장은 퇴임하기 전 한동수를 불러 이렇게 말하였다.

758 일신의 한자는 한 일(一), 위아래로 통할 신(丨)으로 썼다. 김재두와 만남(2016년 4월 27일 오후 2시 10분~30분).
759 김재두와 만남(2016년 5월 13일 오후 3시 10분~4시 00분)과 변의진 통화(2016년 5월 14일 오후 9시 30분~10시 00분).
760 김재두와 만남(2016년 5월 13일 오후 3시 10분~4시 00분).

"동수는 말이야 공부를 많이 더 해서 이 나라에 큰 기여를 해야 되는데 지금 보면 너무 가난해서……. 내가 돈은 없고… 있는 것으로 닭을 사 줄 테니 잘 키워서 공부를 더 하도록 하고……."

그리고는 커다란 암탉 여섯 마리와 장닭 한 마리를 사주었다. 김 준 원장은 교장 퇴임사에서 인상 깊은 가르침을 주기도 하였다. 김 준은 돌멩이 두 개를 가지고 단에 올랐다. 아무 말 없이 돌 하나를 학생들 뒤쪽으로 아주 힘껏 던졌다. 그리고는 다시 단 끝에 서서 남은 돌 하나를 바로 밑을 향해 힘껏 던졌다. 그리고 이렇게 말하였다.

"여러분, 멀리 보고 던지십시오. 그러면 힘 있는데 까지 나갈 수 있지만 바로 밑을 보고는 아무리 힘껏 던져도 여기 밖에는 나가지 않습니다. 여러분, 멀리 보고 던지십시오."

한동수는 후에 재단법인 한국색채연구소를 개설할 때, 스승 김 준을 초대해서 김 준으로 인해 오늘의 자신이 있음을 고백하면서 감사를 표하였다고 한다. 김 준은 황등중학원 퇴임이후 초대 새마을연수원 원장을 역임하는 등 농촌개선사업에 열정을 쏟았다.[761]

김 준이 황등중학원 원장이던 시기에, 황등고등공민학교 김영식 교장과 교사가 주축이 되어 황등교회 청년들과 실시했던 사랑의 원자탄 연극을 교내 행사로 실시하였다. 이 당시 누가 기획하고 대본을 작성하고 연출을 맡았는지는 알 수 없으나 손양원 목사의 장남 역할은 한동수가 맡았고, 차남은 장일영이 맡았다. 이 공연은 황등중학원 교실에서 학교의 행사로 펼쳐졌다. 이렇게 보면 김영식이나 김 준 모두 열악한 학교 여건이었으나 학생들에게 분명한 순교의 신앙과 용서와 화해의 정신을 심어주려고 한 것으로 보인다.

761 한동수와 통화(2016년 5월 12일 오후 3시 20분~4시 00분).

김영식 교장과 김 준 원장이 펼친 '사랑의 원자탄' 연극은 학생들이 수동적인 자세로 관람하는 것에서 그치지 않고, 직접 대본을 외우고 배역을 담당하면서 배역의 입장에서 말하고 행동하면서 자신의 인격으로 받아들이게 한 것으로 보인다. 손양원 목사의 장남 역할을 한 한동수는 무려 60여년이 지난 지금도 이 연극을 생생하게 기억하고 있다. 지금 한동수는 재단법인 한국색채연구소 소장으로 서울 봉천제일교회에서 장로로 섬기다가, 지금은 분당 만나교회를 섬기고 있다.[762]

〉〉〉 제3기 황등중학교

1960년 10월 26일 재단법인 황등학원 승인에 이어 1961년 3월 31일(문보 제 1971호)자로 학년당 3학급씩 인가를 얻게 되었다. 황등중학교 인가는 황등교회만의 기쁨이 아니었다. 경제적 여유가 없지만 자녀교육을 위해 중학교 과정의 자녀들을 시내권이나 다른 지역으로 진학을 시킬 수밖에 없는 형편이었던 황등지역민들은 말할 것도 없이 인근 주변에 사는 사람들까지 통학할 수 있는 가까운 거리에 정규 중학교가 생기니 지역의 경사이기도 하였다.

그런데 이들 못지않게 좋아하는 이들이 있었다. 이들은 황등중학원에 다니는 재학생들이었다. 이들은 사설 학술강습회 형태로 인가받은 것이었기에 무인가교육기관은 아니었지만 이 학원에서 3년간 중학과정을 이수했더라도 고등학교에 진학 할 수 있는 길이 막혀 있었기 때문이다. 그래서 황등중학교 개교를 앞두고 대대적으로 학생모집에 나서게 되었으며, 드디어 학생들이 각 학년마다 채워지자, 1961년 4월 3일 황등교회당에서

---

762 한동수와 통화(2016년 5월 2일 오후 2시 20분~50분 통화).

황등중학교 개교기념 감사 예배를 갖게 되었다. 이 때 황등중학교 초대 교장으로는 정규학교로 인가받는 데 공헌한 황등교회 담임목사인 정소근 목사가 취임하였다.[763] 정소근은 1962년 3월 26일~29일에 열린 제24회 군산노회에서 노회장으로 피선被選되기도 하였다.[764]

1961년 4월 1일 재단법인 황등학원 이사회에서는 새로 출발하는 황등중학교가 정식으로 개교를 하자, 모든 조직을 완료하고 새로운 교직원들을 임명하였다. 이미 학교 운영의 경험이 있던 정소근 목사로 교장을 임명한 것은 학교가 기독교정신을 통한 인재양성이라는 목적으로 세웠기 때문에 목사로 하여금 교장의 직무도 담당하고 성경수업과 학생들의 예배를 인도할 수 있도록 한 것이었다.

이사회는 사설강습회의 인가 신청과 재단법인 설립과 황등중학교 설립의 실무를 맡아 관련서류를 작성하고 익산교육청과 전라북도 학무과를 다니면서 노고를 아끼지 않은 공로를 인정해서 김영기를 교감으로 하였다. 김영기는 1920년 김제 출신으로 군산 영명학교와 정읍농업고등학교를 졸업하고 김제군청에서 근무한 경력이 있고 수학을 잘하고 행정능력이 뛰어 났다. 김영기는 초대 교감이 되면서 학생들에게 수학을 가르치기도 하였다.[765] 그 외에 교사들은 이미 황등중학원 때부터 교사로 봉직했던 이들중, 황등교회에 출석하던 김재두, 황선묵, 윤정섭이 교사가 되었고, 이들 이외에 추가로 교사와 강사와 서무직원[766]도 임명하였다. 이 때 임명된 교직원명단은 다음과 같다.

---

763 김수진, 『황등교회 60년사』, 171쪽; 정소근 목사는 황등중학교 교장직(1961년 4월 1일~1962년 3월 23일)을 겸하였지만 황등중학교 교장으로 봉급을 받지는 않았다.
764 김수진, 『황등교회 60년사』, 171쪽.
765 1975년에는 그의 공로를 인정하여 전북교육감으로부터 표창장을 받았다. 김영기는 학교법인 황등기독학원 재단 이사를 역임하였고, 1979년 9월 16일 황등교회 장로가 되었다.
766 이 때는 행정실을 서무과로 칭하였기에 그대로 한다.

〈초창기 황등중학교 교사일람표 1〉[767]

사 령 월 일	사 항	직 명	씨 명
4294. 4. 1.	본교 교장을 명함	교 장	정 소 근
4294. 4. 1.	본교 교감을 명함	교 감	김 영 기
4294. 4. 1.	본교 교사를 명함	교 사	김 재 두
4294. 4. 1.	본교 교사를 명함	교 사	황 선 묵
4294. 4. 1.	본교 교사를 명함	교 사	윤 정 섭
4294. 4. 1.	본교 교사를 명함	교 사	변 의 진
4294. 4. 1.	본교 강사를 명함	강 사	신 조 자
4294. 4. 1.	본교 서무를 명함	서 무	동 영 채
4294. 4. 1.	본교 서무를 명함	서 무	소 은 영

이렇게 학교가 정식으로 개교하여 교육에 임하다가 뜻하지 않은 상황이 벌어졌다. 1961년 5월 16일에 이른바 5·16 군사정변이 일어났다.[768] 이 사건은 황등중학교가 정규학교로 개교한 지 한 달여 만에 발생한 엄청난 사건이었다. 이 사건으로 국가적으로도 엄청난 혼란이 발생하였지만 학교로서도 교직원 구성에 큰 파장이 발생하였다. 이에 5.16 군사정변에 대한 이해가 필요할 듯하여 서술하면 다음과 같다.

1960년 4·19혁명을 계기로 이승만李承晩 정부가 붕괴되고 대체 지배세력 내의 온건파인 민주당이 7·29총선을 통해 집권하며 민주주의를 표방했다. 당시 민주당은 신·구 양파로 분열되어 원색적인 권력투쟁을 벌이고 있었다. 이러한 정치구조 속에서도 국민의 정치의식이 성장함에 따라 이른바 '보수' 대 '혁신'이라는 대립구조의 양상이 나타나고 있었다. 국민은

---

767 재단법인 황등학원 사령원부(1961년) 1-2쪽 참조.
768 김수진의 『황등교회 60년사』 231-232쪽에는 5.16 군사정변이 일어난 내용이 전혀 없다. 그러다보니 1961년 4월 1일 개교당시 교직원이 1961년 6월 25일 변동이 생겼는데 그 설명이 전혀 없다. 이에 김재두와 만남을 통해 그 이유를 명확히 들을 수 있었다. 김재두와 만남(2016년 5월 1일 오후 3시 30분~4시 00분).

법적·제도적 수준의 형식적 민주주의를 넘어서서 정치적·경제적·이념적 수준의 실질적 민주주의를 요구하기에 이르렀고, 나아가 자립적 민족경제와 평화적 남북통일을 실현하기 위해 민족자주화운동과 통일촉진운동을 활발히 전개해나가고 있었다.

이처럼 성급하게 고양된 국민의 정치의식은 곧바로 반공분단국가의 기저基底를 흔드는 것이었다. 특히 그것은 남한을 보다 강력한 반공의 전초기지로 삼고, 한국·미국·일본 간의 정치적·군사적·경제적 통합을 추진하고 있었던 미국의 이해에 정면배치되는 것이었다. 이러한 상황에서 미군정과 6·25전쟁을 치르면서 급팽창한 군부는 반공 분단국가의 보루堡壘로서의 역할을 자임하고 나섰던 것이다.

한편 군부가 이 시기에 와서 정치개입을 시도하게 된 데에는 군부 자체의 상황적 요인이 내재하고 있었다. 당시 군부는 6·25전쟁 이후 필연적으로 직면할 수밖에 없는 군부 내부의 정군整軍과 충원문제를 둘러싸고 장교들 간의 반목이 심했고, 그들 가운데 일부 불만세력이 정치개입이라는 방법으로 불만의 탈출구를 찾고 있었다. 군부는 창설과정부터 파벌간 대립이 심화되어 있었고 이승만 정부는 이들을 정치적으로 이용했다. 이러한 군부의 파벌성과 정치 지향성은 일부 영관급 장교들로 하여금 고위 장성의 부정부패와 승진의 적체현상을 빌미로 이른바 '하극상'사건을 일으키게 했다.

이는 2군 부사령관이었던 박정희 소장과 육군사관학교 8기생들을 중심으로 쿠데타를 모의하는 데 결정적인 영향을 미쳤다. 군부의 쿠데타 시도는 이미 6·25전쟁 기간중 이종찬을 중심으로 한 반反이승만 세력에 의해 모의되기도 했는데, 당시는 미국의 간섭과 주도세력의 분열로 불발되고 말았다.

1961년 5월 16일 새벽, 2군 부사령관 박정희 소장 주도의 장교 250여명과 사병 3,500여 명 정도에 불과한 쿠데타 세력은 한강을 건너 수도의 주요기관들을 점령하면서 국가권력을 장악해나갔다. 이들은 방송국을 점령, '군사혁명위원회'를 조직하여 이 위원회가 입법권·사법권·행정권의 3권을 통합·장악한다고 선언하고, 이날 새벽 '군사혁명'이 성공했다고 발표했다. 당시의 군사혁명위원회는 '혁명'에 필요한 조치로 금융동결, 항구와 공항의 폐쇄, 정권의 인수, 의회의 해산, 일체의 정치활동 금지 등을 선포하고, 6개 항의 '혁명공약'을 내걸었다.

그 내용은 ① 반공을 국시로 삼고 반공태세를 재정비·강화할 것 ② 미국을 위시한 자유우방과의 유대를 공고히 할 것 ③ 모든 부패와 구악을 일소하고 청렴한 기풍을 진작시킬 것 ④ 민생고를 시급히 해결하고 국가자주경제 재건에 총력을 경주할 것 ⑤ 국토통일을 위하여 공산주의와 대결할 수 있는 실력을 배양할 것 ⑥ 양심적인 정치인에게 정권을 이양하고 군은 본연의 임무에 복귀할 것 등이었다.

이 쿠데타 과정에서 이들은 미8군사령관 C. B. 매그루더, 야전군사령관 이한림 등의 반대로 잠시 난관에 부딪히기도 했으나, 미국 정부의 신속한 지지표명, 장면 내각의 총사퇴, 그리고 대통령 윤보선의 군사정변 인정 등에 힘입어 정변의 합법성을 주장하게 되었다. 이어 이들은 '군사혁명위원회'를 '국가재건최고회의'로 개칭하고 3년간의 군정통치에 착수했다. 쿠데타 세력의 군정통치는 미봉적 개혁조치와 강압적 통치방식을 병행해나갔다.

이와 함께 이들은 새로이 구성될 민간정부를 장악하기 위해 대통령제로의 복귀와 기본권의 제한, 그리고 국회에 대한 견제를 골자로 하는 헌법을 개정했다. 이들은 군정을 4년 연장하겠다는 선언을 했다가 내외의 강력한 반대에 부딪치자 결국 '군복귀' 공약을 무산시키고 선거에 나서게 되었다. 따라서 5·16군사정변은 1963년 10, 11월의 양대선거의 승리를 통해 정당화되었고 제3공화국을 출범시켰다.

5·16군사정변은 4·19혁명을 계기로 심화되고 있던 반공 분단국가의 혼란과 위기를 해소하기 위해 국가 내 일단의 권력지향적인 군부세력이 불법적으로 합법정부를 전복시키고 권력을 장악한 정변이었다. 이것은 전쟁과 독재의 폐해에 시달리던 저개발국가에서 국민적 기반이 매우 취약한 소시민적 민족주의의 이중성과 주변정세의 위기의식에 기인하고 있었다는 점을 간과할 수 없다. 또한 4·19혁명 이후 일어나기 시작한 급진적 변혁세력을 탄압하고 억압적인 국민통제를 지속함으로써 이후 산업화로 인한 사회변동에 따른 민중운동의 대두를 상당 기간 지연시켰다. 그리고 군부의 불법적인 권력남용과 정치개입이라는 선례를 남겨 이후 평화적인 민간정권교체를 어렵게 만들었다. 그러나 그것은 이후 산업화·근대화의 기틀을 구축했다는 긍정적 평가를 무시할 수 없게 했다. 한편으로는 그에 따른 인적 충원구조를 지역적으로 편재하여 지역감정 문제를 유발시켰으며, 사회 일반에 군사문화를 강제 이식하여 국민의 의식을 왜곡시키는 계기가 되었다는 것을 부인할 수 없다. 1993년 문민정부 출범 이후 김영삼 대통령이 5·16군사정변을 '쿠데타'로 규정짓고 그 평가는 역사에 맡긴다고 했듯이 이에 대한 논란은 앞으로도 계속될 가능성이 없지 않다.

5·16 군사정변은 우리 사회에 강력한 군사 문화를 심어주게 되었다. 군사정부는 그동안 학교 재량으로 교사를 채용하던 것을 불허하고, 엄격한 기준을 제시하였다. 모든 학교 교사는 반드시 4년제 대학 졸업자로 반드시 교원자격증을 소지해야하고, 남자의 경우 반드시 국방의 의무를 필해야만하였다. 이 조건으로 인해 많은 학교에서 성실히 교직에 임하던 이들이 퇴출되었고, 이 조건을 갖춘 이들만이 교직에 종사할 수 있게 되었다. 여기엔 종교계 학교도 예외일 수 없었다.

황등중학교 초대 교장인 정소근 목사부터 자격에 문제가 생겼다. 정소근은 정규 대학 졸업이 아니었고 교원자격증도 없었다.[769] 그러나 교장에 대해서는 대학졸업과 자격증이 없어도 사회적으로 덕망을 갖춘 사람은 인정이 되었다. 그러니 현직 교장으로 이미 임명되었고, 황등교회 담임목사이기에 군사정권도 사회적 덕망을 갖춘 것으로 인정해서 교장직 재임이 가능하였다.[770] 오늘날도 교장직은 교원자격증이 없어도 초빙형 교장으로 가능하다. 이는 대학 총장직도 그렇다. 학력과 자격증과 무관하게 교장과 총장이 가능하다. 그런 이유로 사회적 지위나 학교경영에 유용한 경력자가 교장이나 총장으로 초빙되는 경우가 있다.

그런데 문제는 재단과 학교설립에 공헌이 큰 초대교감 김영기였다. 교감은 사회적 덕망이 허용되지 않았다. 이는 오늘날도 교감은 반드시 4년제 대학이상 졸업자로 교원자격증 소지 교사 경력이 있어야만 가능하다. 앞서 살펴본 것처럼 김영기의 학력은 고졸이었기에 학력과 자격에서 교감이나 교사가 될 수 없었다. 이에 재단이사회는 어쩔 수 없이 김영기의 공헌을 감안해서 교감에서는 해임하고, 대신 서무과장[771]으로 임명하였다. 김영기는 행정능력과 수학 실력이 뛰어났기에 서무과장에 적합하였다. 더욱이 서무과장은 황등교회에서 학교재정을 지원하고 재단의 행정사무와 재단의 재정지원 업무를 총괄하기에 김영기가 적격이기도 하였다. 그 당시 황등중학교 재학생 황형수의 증언에 따르면, 김영기가 가난한 여건에서 공부하는 학생들을 위해 새벽과 방과후와 저녁에 희망 학생들

---

769 정소근 목사는 경성신학교(현재, 서울신학대)에 진학하여 졸업한 것이 1935년이었다. 김수진, 『황등교회 60년사』, 171쪽; 그러나 정규 4년제 대학 졸업자가 아니었고, 교원자격증도 없었다. 서울신학대학이 정규대학이 된 것은 1959년 2월 26일이니 그전 졸업생은 정규 대학 졸업은 아니다. 『서울신학대학교 홈페이지』, 「연혁」(2016년 5월 5일 오후 5시 51분). http://www.stu.ac.kr/

770 김재두와 만남(2016년 5월 5일 오후 5시 30분~5시 40분).

771 현재로 말하면 행정실장으로 직제로는 교장과 교감 다음의 직위가 된다. 김영기는 1961년 4월 1일 교감으로 임명되었으나 5.16 군사정변으로 인해 6월 25일자로 서무과장으로 임명되어 1981년 2월 28일까지 재직하였다.

을 모아 무료로 수학을 가르쳤다고 하였다.[772]

　김영기가 교감에서 서무과장으로 바뀌면서 공석空席이 된 교감은 채우기 위해 교감서리로 김재두가 임명되었다. 김재두는 1933년 황등에서 출생해서 그 당시 황등교회 출신으로는 드물게 대학에 들어간 경우였다. 김재두의 부친 김창무 장로는 정규교육을 받지 못하고 한문을 공부한 사람이었다. 김창무는 장남이 6·25전쟁으로 사망하였고, 차남이 군복무로 집을 떠나 있다 보니(후에 육군소령으로 예편), 삼남인 김재두에게 거는 기대가 컸다. 그런 이유로 어려운 형편에서도 논을 팔아가면서 학비를 조달하였고, 황등교회 장로들이 김재두를 기특하게 여겨 장학금을 주기도 해서 대학을 졸업할 수 있었다. 김재두는 1956년 4월 1일, 전북대 농예과[773] 4학년 재학 중, 황등중학원 교사를 시작하였다. 김재두는 개인사정으로 휴학한 적이 있는데, 휴학이다 보니 군대 소집 영장이 나와 입대하였고 제대하고 나서 복학해서 학업을 마친 1960년에 졸업과 동시에 교원자격증을 취득하였다.[774]

　윤정섭은 삼례 출신으로 전북대 화학공학과를 졸업하고 교원자격증도 소지하였지만 군미필이 문제가 되었다. 그로 인해 윤정섭은 공과대 출신이었기에 대체복무로 건설단에서 8개월간 일을 하고 난 후 돌아와 정식으

---

772 황형수는 그 당시 중학생이었기에 교직원의 직제를 잘 몰라 김영기가 정식 교사로 알았다. 황형수와 통화(2016년 4월 22일 오후 6시 30분~7시 0분); 황형수는 1955년 8월 2일생으로 황등중학교 제9회 졸업생으로 명문 남성고등학교에 진학하였고, 졸업후 전북대 공대에서 학사와 석사와 박사를 취득하였다. 황형수는 원광대 전자 및 제어공학부 교수로 학과장, 공과대학장, 대외협력실장 등을 역임하였고 황등중학교 7대 총동창회장과 학교법인 황등기독학원 재단이사를 역임하였다. 2010년 12월 18일 황등교회 안수집사가 되었다.
773 이 당시는 전북대 농과대가 전주가 아닌 익산에 있었다. 오늘날도 전북대 익산캠퍼스에는 농과대와 수의과 대학이 있다. 그러므로 김재두는 전주가 아니라 익산에서 대학을 다녔다.
774 김재두와 만남(2016년 5월 8일 오후 3시 10분~30분).

로 교사가 될 수 있었다.[775] 윤정섭은 음악적 재능이 뛰어나 수년 간 황등교회 찬양대 지휘자로 활동하였다. 윤정섭은 공립학교로 옮겨 교직을 이어간 후, 정년퇴직하고 나서 황등에 돌아와 살면서 고령자들을 중심으로 구성한 황등교회 시온찬양대 지휘자로 활동하고 있다.

황선묵은 일신중학교 교장이던 황인묵의 동생으로 대학을 졸업하지 않은 상태였기에 정식교사로는 임용이 어려웠다. 이런 이유로 일단 서무과로 변경하였다가 황선묵이 원광대 국어국문학과를 졸업하고 나서 교사로 임용하였다. 황선묵은 그 당시 글씨를 잘 썼기에 동료교사들과 학생들에게 깊은 인상을 남겼다. 그 당시는 지금과는 달리 칠판에 글씨를 써서 교육하는 때였기에 그의 정갈한 글씨는 교사로서 큰 장점이었다. 변의진은 순교자 변영수의 아들로 중앙대 상과를 졸업하였고, 변의진이 외아들이기에 군면제로 교사직이 가능하였다. 이에 대한 변경이 간략하게로는 아래 표와 같이 나와 있다.

〈초창기 황등중학교 교사일람표 2〉[776]

사령시일	사 항	직 명	씨 명	비 고
4294. 6. 25.	본교교감 서리를 명함	교감서리	김재두	
4294. 6. 25.	본교 서무주임을 명함 교사 겸무를 명함	서무주임	김영기	
4294. 6. 25.	재단법인 황등학원 서무를 명함	서 무	황선묵	

775 윤정섭과 통화(2016년 5월 1일 오후 8시 10분~8시 30분).
776 재단법인 황등학원 사령원부(1961년) 1-2쪽 참조; 현재는 황등중학교와 성일고등학교 전교직원이 황등교회에 출석하지는 않는다. 대신 모든 교직원 채용시 반드시 세례증명과 출석교회증명서를 제출게 하여 기독교학교교사를 기본 자격으로 하고 있다. 교직원의 황등교회 출석은 교장과 교감과 행정실장과 행정실 부장으로 간부직과 교목은 반드시 황등교회에 출석해서 봉사하도록 하고 있다. 또한 법인이사회의 이사장 이하 모든 이사진은 황등교회 당회의 동의를 얻어 선임하고 모든 이사진이 황등교회 교인으로 하고 있다.

이들의 수고와 땀 흘려 애쓴 보람으로 1962년 2월 9일에는 황등중학원에서 3년간 교육을 받았던 학생들이 졸업을 하였다. 사실 이들은 황등중학원 시절인 1959년에 입학을 하였지만 졸업을 할 때는 황등중학교 제 1회 졸업의 영광을 얻게 되었다. 60명의 학생들은 상급학교로 진학을 하는가 하면 어떤 학생은 땅을 지켜야 한다면서 고향에 머무르는 학생들도 있었다. 이들은 엄밀히 말하면 정규인가로 졸업하는 것은 아니지만 어려운 시절을 감내한 이들이기에 이들 졸업부터는 1회로 하였다.

1963년 7월 12일 정소근 목사가 다른 교회의 청빙을 받아 황등교회를 사임하게 되면서 자동적으로 교장직도 사임을 하게 되었다. 정소근 목사가 떠나자, 1962년 3월 23일부터 조길동이 교장 직무대리를 맡았으나 교장이 되기 위한 자격요건으로 학력이 문제가 되어 1962년 11월 30일자로 사임하였다. 이사회는 황등중학교 교사 중에서 변의진을 1962년 12월 1일자로 교장서리로 임명하였다. "학교장 서리를 명함. 월급 4천원을 급함."[777] 변의진 교장 서리는 학생들과 동거동락同居同樂하는 희생적인 삶으로 학교를 운영하였기에 그의 지도력을 인정하여, 1963년 12월 1일자로 교장으로 임명하였다. 1964년 6월 7일 황등중학교 전교직원은 의무적으로 황등교회 출석하기로 당회에서 결의하였다.[778] 8월 16일 이관영 담임 목사 사회로 당회에서 구예배당을 황등중학교 교실로 임시 사용키로 결의하였다.

1968년에 문교부의 지시로 황등중학교는 남학생만 받기로 결정되자 여학생들은 할 수 없이 일부는 같은 황등지역에 있는 진경여자중학교로 전학하기도 하고 또 일부는 이리 시내에 있는 여학교로 전학하게 되었다.

---

777 『재단법인 황등학원 사령부』(1961~1978), 13쪽을 김수진, 『황등교회 60년사』, 233쪽 재인용.
778 김수진, 『황등교회 60년사』, 485쪽.

변의진 교장이 개인 사정에 의하여 1972년 3월 16일 황등중학교 교장직을 사임하게 되었고, 그 후임으로 그를 도우면서 교감의 직책을 수행했던 김재두가 1972년 3월 16일 교장직무의 직책을 담당하다가, 그해 8월 23일 제 3대 교장으로 취임을 하였다.

한편 황등면 보삼리에서 일신중학교를 운영하던 황인묵 교장은 일신중학교가 학년당 학급이 1학급으로 황등중학교에 비해 어려운 여건이었고, 황등지역 인구와 진학의 여러 여건을 참고하여 한 지역에 남자 중학교가 2개가 있다는 것은 서로가 학교 발전에 유익이 되지 못하다고 판단하여 통합을 요청해 와서 1973년 2월 28일 일신중학교가 황등중학교에 통합되었고 황인묵[779]은 황등중학교 교감으로 부임하였다.

황인묵이 자진해서 일신중학교를 황등중학교로 통합하기로 결정한 배경에는 중학교 평준화정책이 작용한 것이기도 하다. 평준화 이전에는 남녀공학으로 자유모집이었지만 평준화가되면서 지역 내에서 주소지 별로 자동 배정되었다. 그러면서 진경여자중학교가 있기에 황등중학교와 일신중학교는 이제 지역 내의 학생만 그것도 남학생만 입학할 수밖에 없었다. 그러니 황등지역내 남학생들만으로 황등중학교는 2학급, 일신중학교는 1학급만 가능하였으니 일신중학교로서는 절대절명의 위기였다. 도교육위원회 지시에 따라 일신중학교가 통합을 제의하였고 황등중학교는 이를 수용하기에 이른다.

중학교 무시험입학제는 1969년에 서울을 시작으로, 1970년에는 부산, 대구, 광주, 인천 등 10대 대도시로 확대된 데 이어, 1971년에는 전국적으

---

779 황인묵은 1925년 이리 북일 출신으로 동국대 사학과를 졸업하였다. 1973년 2월 28일 일신중학교가 황등중학교에 통합될 때, 황등중학교 교감이 되면서 황등교회에 출석하였다. 황등교회에서 수입회계와 남선교회 총무 등으로 봉사하였다. 그의 아내는 임정열 집사이다. 김수진, 『황등교회 60년사』, 372쪽 참조.

로 확대 실시되었다. 이에 따라 중학교 평준화 정책도 시행되어, 1969년에 소위 일류학교로 불리던 경기중·경복중·서울중·경기여중·이화여중이 폐쇄되었고, 1970년에는 서울과 지방 대도시의 명문학교들도 폐교되거나 교명이 변경되었고, 새로운 학교들이 신설되기도 하였다. 또 증가하는 중학교 진학 수요를 충족시키기 위해 지속적으로 중학교 시설 확충을 기하여, 377개의 학교를 신설하고, 8,579개의 교실을 신축하였으며, 11,517명의 교원을 증원하였다. 이처럼 중학교 무시험입학제의 도입과 정착을 위하여 일류학교를 폐지하고, 공·사립학교 간에 교원, 시설, 학생 등의 격차를 축소시키는 일련의 평준화 정책을 추진하였다. 이처럼 중학교 평준화정책에 따라 황등중학교 교직원의 처우도 공립교사와 같이 개선되었다. 사실 그동안 황등중학교 교직원들은 학교가 열악한 농촌이다 보니 학생들에게 육성회비도 제대로 받지 못하기도 하였고, 그나마 받은 육성회비도 교직원 봉급으로 지원되지 않고 학교발전기금으로 쓰이기도 하다보니 교직원 처우가 다른 학교에 비해 60%대의 봉급을 받고 봉직하였다.

황등교회 당회나 이사회는 교목校牧 제도를 확립해야 한다는 생각에 당시 황등교회 담임목사 송현상을 교목 겸임(1972~1974년)으로 임명하여 학생들과 교직원들의 신앙을 지도하였다.[780] 황등중학교의 전신인 황등중학원 초대교장은 당시 황등교회 담임목사인 김형우가 겸하였다. 이후에 정식인가를 받고 개교한 황등중학교 초대교장도 황등교회 담임목사 정소근이었다. 이는 황등중학교가 황등교회와 밀접한 관계 속에서 설립

---

[780] 송현상 목사는 당시 황등교회 담임목사 겸임으로 교목을 하였으니 전임교목은 아니었지만 이사회에서 교직원과 학생신앙지도로 정식으로 교목으로 임명한 것으로 보면 초대 교목이 된다. 이는 정소근 목사가 황등중학교 정식 개교당시 황등교회 담임목사 겸으로 교장을 하였음과 같다. 오늘날까지 황등교회는 정소근 목사가 초대 교장으로 기록하고 있다.

되고 운영되었음을 의미하고 학교의 교육이념이 기독교정신임을 분명하게 드러내는 의미이기도 하다. 현재 황등교회와 황등중학교는 바로 옆에 위치해 있으면서 두 기관의 행사시 상호 협력이 자연스럽게 진행되고 있다. 황등중학교와 성일고등학교는 월례예배 등의 기독교행사는 물론 입학식과 졸업식과 각종 특강을 황등교회당에서 진행하고 있고 중요행사시 황등교회 담임목사가 개회기도를 하거나 두 학교의 졸업식에 시작기도를 하고 있다.

황등중학교의 시작은 1950년 황등고등공민학교로서, 황등지역에서 최초로 중등교육기관으로 출발한 학교이다. 그러기에 황등고등공민학교의 모든 학적부가 현재 황등중학교 행정실에 보관되어 있다. 초창기 졸업 기록을 정리하면 다음과 같다.[781]

황등고등공민학교
제1회 졸업 1953년(졸업일자가 없음), 34명
제2회 1954년 2월 27일 26명 졸업

황등중학원
제1회 졸업 1957년 2월 25일 졸업생 41명
제2회 졸업 1958년 2월 22일 졸업생 35명
제3회 졸업 1959년 2월 24일 졸업생 25명
제4회 졸업 1960년 2월 20일 졸업생 27명

781 김수진은 황등고등공민학교와 황등중학원 졸업연도와 횟수와 인원과 날짜를 밝힌 수고를 하였으나 세세한 숫자를 기록함에는 무리가 따름이었는지, 실수가 있었다. 김수진, 『황등교회 60년사』, 233~236쪽 참조; 이에 현재 황등중학교 졸업생으로 행정실에 재직하는 강재석 부장(황등교회 안수집사)이 행정실에 보관된 학적부를 일일이 검토해서 정리해준 것을 밝힌다.

제5회 졸업 1961년 2월 28일 졸업생 36명

총 졸업생수 164명.

황등중학교

제1회 졸업 1962년 2월 9일 졸업생 60명

제2회 졸업 1963년 1월 24일 졸업생 132명

제3회 졸업 1964년 1월 24일 졸업생 154명

제55회 졸업 2016년 2월 4일 졸업생 33명

총 졸업생수 7,803명.

황등중학교는 저출산과 이농현상으로 학생수가 많이 줄어들었다. 그로 인한 어려움도 많다. 그러나 "밤이 깊으면 별은 더욱 빛난다"(夜深星逾輝; 야심성유휘)는 말처럼 무릇 기쁨은 어느 정도의 고통이 수반되어야 맛이 난다. 이는 마틴 루터 킹의 말이기도 하다. "어둠 속에서만 별을 볼 수 있다."[782], "한 사람에 대한 궁극적인 평가는 편안하고 안락한 순간에 그들이 어디에 있는가 하는 것이 아니라, 도전과 논란의 순간에 어디에 있느냐 하는 것이다."[783] 황등중학교는 2014년 3월 2일 전북 종교계학교 최초요, 유일한 특수학급 설치학교이다. 또한 4년 연속 전북교육청 선정 다문화사업과 3년 연속 국가보훈처 선정 나라사랑학교 등으로 다채로운 교육을 진행하고 있다. 황등중학교는 건학이념을 담아낸 글을 되새기고 있다. 이 글은 서술자가 쓴 것으로 학교 월보와 연보와 예배순서지에 게재하고 있다.

782 Only in the darkness can you see the stars.
783 The ultimate measure of a man is not where he stands in moments of comfort and convenience, but where he stands at times of challenge and controversy.

우리 학교는 기독교정신에 따라 학생의 인권을 존중하고, 더불어 함께 살아가는 평화감수성을 길러가는 사랑의 교육공동체를 이루고자 구성원 모두가 하나 되어 한마음 한뜻으로 모두가 행복한 학교를 만들어 가는데 최선을 다하고 있습니다. 이를 위한 우리 학교의 방향입니다.

일등만을 인정하는 교육
환경을 죽이고 물질을 숭상하는 교육
기계와 기술이 인간을 대신하는 교육
그런 메마른 교육으로는 새로운 세상을 열어갈 수 없습니다.
지금 우리에게 필요한 것은 한 사람의 지도자가 아니라
더불어 살 줄 아는 열 명의 사람입니다.

》》》 제4기 성일고등학교

황등지역에 진경여자중학교가 진경여자상업고등학교를 이어서 설립한 것에 자극을 받아 우리도 남자상업고등학교를 설립해보자는 의견들이 모아졌다. 이는 당시 국가시책과 지역 여건상 인문계고등학교 설립은 어려웠고, 농촌 지역의 특성상 대학에 진학하기 어려운 청소년들에게 일찍 사회에 진출해서 국가와 지역사회에 공헌하도록 하기 위해서 실업계고등학교 설립의 필요성이 제기된 것이다. 또한 이미 같은 지역에 여자 상업계 고등학교가 있기에 여자상업고등학교는 어려웠고, 황등중학교가 남자중학교이니 이어서 남자 상업계 고등학교 설립이 의미 있게 여겨졌다.

1979년 3월 31일 법인 산하에 황등상업고등학교 설립인가를 받았다. 5월 1일 신축교사를 기공하고, 1980년 1월 24일 황등상업고등학교 설립인가(6학급)를 받고, 1980년 2월 28일 교사 2층(10교실) 완공하고 1980년 3

월 1일 황등상업고등학교가 개교하였다. 초대 교장으로 황등중학교 김재두 교장이 겸직으로 취임하고, 초대 교감으로 황등중학교 이일호 교감이 겸직으로 취임하는 등 황등중학교 모든 교직원이 황등상업고등학교 교직원을 겸하였다. 부족한 과목에 한해서 이석일, 김대건, 김순선을 채용하였고, 황등교회 장로 강경철을 황등상업고등학교 서무과장으로 임명하였다.

그런데 시대의 변화에 따라 상업계열 고등학교 진학을 기피하고, 인문계열 고등학교를 선호하면서 황등상업고등학교는 매년 지원자수 감소가 나타나 1983년 12월 18일 황등고등학교로 학교명칭을 변경하였다. 1989년 10월 26일 보통과 1학급 증설 인가를 받았고, 1992년 3월 1일 성일고등학교로 교명 변경하였다. 성일고 교명校名 제정의 의미를 초대교장 김재두는 이렇게 밝히고 있다.

"너희가 흠이 없고 순전하여 어그러지고 거스리는 세대 가운데서 빛들로 나타나며 그리스도의 날에 나로 자랑할 것이 있게 하려함이라."[784] 이것은 우리 성일고등학교의 교육관이기도 합니다. 변화가 많고 확실치 못하여 패악悖惡하고 윤리의 도덕이 무너져 자신을 가늠하지 못하고 비틀거리는 이 세대에 우리 성일인은 "성일聖一"이란 교명에 담겨 있는 바와 같이 행동이 바르고 학업, 소질 등에 있어서 남보다 뛰어날 뿐만 아니라 사리가 분명하며 진선미眞善美와 정正과 사邪를 확실히 구분할 줄 알고 부정과 불의에 과감하게 맞서는 용기가 있어야 하겠습니다. 지식과 지혜도 우리에게 소중하나 우리가 이것에만 치우치게 되면 덕을 갖추는데 소홀하게 됩니다. … 우리학교는 성스러움을 근본으로 하여 하나님과 사람 앞에 한 점 부끄러움이 없는 훌륭한 인격체로 나설 수 있도록 교육하는 학교로서의 의미가 곧 성일의 참된

784 빌립보서 2장 15절.

실체라고 할 수 있습니다."[785]

김재두의 말은 잘 알려진 한 편의 시를 연상시킨다.

서시

윤동주

죽는 날까지 하늘을 우러러
한 점 부끄럼이 없기를,
잎새에 이는 바람에도
나는 괴로워했다.
별을 노래하는 마음으로
모든 죽어가는 것을 사랑해야지.
그리고 나한테 주어진 길을
걸어가야겠다.

오늘 밤에도 별이 바람에 스치운다.

이 시는 기독교정신으로 교육이 잘 이루어진 만주 기독교정신에 따라 자신의 전 생애에 걸쳐서 철저하게 양심 앞에 정직하고자 했던 한 젊은이의 내부적 번민과 의지를 잘 드러냈다. 앞의 두 행에서 시인은 "죽는 날까지 하늘을 우러러 / 한 점 부끄럼이 없기를"[786]바라는 그의 소망을 말한다.

785 김재두, "성일고 교명 제정의 의미"《인간적 만남의 성일》(1996년 2호).
786 기독교정신, '회심'을 떠올리게 한다.

이것은 인생을 오래 살아본 사람의 달관한 말이 아니다. 세상의 갖은 풍상을 다 겪어 본 나이 지긋한 사람이라면 감히 이렇게 말하지 않는다. 윤동주는 자신의 생애를 돌이켜보면서 사람이 부끄럼 없이 산다는 일이 얼마나 어려운 것인지, 그리고 자신 역시 얼마나 부끄러운 일을 많이 저질렀는지를 알기 때문이다.

세상은 불완전하며 갖가지 그늘과 어둠을 가지고 있다. 그것들은 많은 사람들로 하여금 쉽사리 자신의 순수한 마음을 버리고 세속적 삶에 타협하게 한다. 이 작품의 서두는 바로 이러한 가능성에 대한 단호한 거부의 선언이다. 그것은 젊은이의 순수한 열정과 결백한 신념에서 나온다.

그러나 한 점의 부끄러움도 없이 산다는 것은 얼마나 어려운 일인가! 더욱이 삶 자체가 치욕으로 여겨질 수도 있는 식민지의 상황 아래서 그것은 가능할 수 있는 것인가? 윤동주는 이에 대해 날카로운 반성의 언어로서 답한다. "잎새에 이는 바람에도 / 나는 괴로워했다."[787] 윤동주의 괴로움은 자신이 한 점 부끄럼 없이 살아오지 못했다는 자책감에서 생겨난다. 부끄러움이란 잘못을 저질러서만이 아니라, 마땅히 해야 한다고 생각한 일을 하지 못하였을 경우에도 올 수 있다. 그러므로 끊임없이 자신을 돌이켜보면서 결백한 삶을 추구하는 젊은이에게 있어서 부끄러움이란 윤동주 자신의 양심의 뜨거움에 비례한다고 말할 수 있다. 이 때문에 윤동주는 무심히 지나칠 수 있는 사소한 것에서조차 괴로움을 느낀다.

그러나 이 시가 보다 높은 경지를 이루는 것은 여기에 다음의 4행이 이어짐으로이다. "밤 하늘의 맑은 별을 노래하는 마음으로 이 세상에 있는 모든 생명들을 사랑하고 시인 자신에게 주어진 길을 걷겠다."[788]는 담담한 결의는 자칫 무모한 번민에 그칠 수도 있는 양심적 자각을 성숙한 삶의

787 기독교정신, '경건'을 떠올리게 한다.
788 기독교정신, '헌신'을 떠올리게 한다.

의지로 거두어들인다. 그것은 극히 담담하면서도 의연한 결의와 태도를 느끼게 한다.

별도의 연으로 따로 떨어진 마지막 행은 이와 같은 결의를 시적詩的으로 승화시킨 이미지이다. "오늘 밤도 별이 바람에 스치운다"[789]고 했을 때, 이 별의 암시적 의미는 어둠과 바람 속에서도 결코 꺼지거나 흐려질 수 없는 외로운 양심에 해당한다. 그것은 윤동주의 시에 자주 등장하는 젊은 이성의 상징이다. 바로 이 한 줄이 덧붙여짐으로써 양심의 결백함에 대한 그의 외로운 의지는 어두운 밤 하늘과 별, 그리고 바람이라는 사물들의 관계를 통해 더욱 또렷해진다.

윤동주의 시에 드러난 기독교영성이 '성일聖一'이라는 교명校名과 그 맥脈이 닿아 있다. 이는 윤동주가 기독교정신으로 교육이 이루어진 만주 출신으로 참혹한 일제강점기임에도 맑은 영혼으로 살아가려고 한 젊은이인 것처럼, 성일고등학교 학생들이 기독교영성으로 성스러움을 근본으로 하는 바른 인성을 갖춘 인재로 성장하기를 바람이 잘 표현되었다. 이런 생각으로 성일고등학교는 인문계고등학교로서 대학진학이라는 필수불가결한 과제를 충실히 수행하지만 그보다 먼저 기독교정신에 따른 인성교육을 중요하게 여긴다. 이런 정신에 따라 이웃돕기와 기부와 봉사와 나눔을 중요하게 여기는 교육을 펼쳐가고 있다. 마틴 루터 킹의 말이다. "교육의 목적은 집중적으로 생각하고 비판적인 생각을 가르치는 데 있다. 지성에 인성을 더하는 것-이것이 진정한 교육의 목표이다."[790] 성일고등학교는 2016년 2월 4일 제34회 졸업생으로 총 3,153명이 졸업하였다.

---

789 기독교정신, '성화'(성결)을 떠올리게 한다.
790 The function of education is to teach one to think intensively and to think critically. Intelligence plus character – that is the goal of true education.

황동교회 그 뿌리와 기독교 역사 정립
사랑의 종, 그 언저리에서 길을 묻다

13

마치는 글

황등교회 그 뿌리와 **기독교** 역사 정립
사랑의 종, 그 언저리에서 길을 묻다

마치는 글

사실 이 글은 들어가는 글에서 밝힌 것처럼 미리 계획하고 자청해서 시도한 것이 아니었다. 굳이 말하자면 타의에 의해서 해야 만하는 작업으로 주어진 하나의 과제였다. 그러니 이 작업에 자발적인 열정은 없었다. 전공도 아니고 잘 알지도 못하고 여유도 없던 처지에 섣불리 이 일에 임한다는게 주저되고 꺼려졌다. 그렇다고 그냥 대충할 수는 없었다. 하는 수없이 떠듬떠듬 자료를 찾아가면서 작업을 하는데, 신기하게도 어디서 나오는 것인지 불쑥불쑥 자료가 찾아지면서 꼬리에 꼬리를 물듯이 작업이 이어져나갔다. 그러다보니 처음 의도와 달리 이렇듯 책 한 권의 분량을 넘어섰다. 이 일을 하면서 힘든 일이 많았다. 집에서는 가사노동을 분담해야하는데 그렇지 못했고, 아이들과 놀아줘야하는 다정한 아빠의 역할을 수행하지 못했고, 이래저래 벌려놓은 학교의 사업들도 제대로 진행하지 못했고, 개인적으로 진행해온 학업과 글쓰기도 부담이었다.

이런 상황에서 엉성하나마 이 글을 마무리한 게 신기하고 스스로 대견스럽다. 물론 서술자의 역량이 부족함을 뼈저리게 느끼고 또 느꼈다. 역시 역사를 다룬다는 게 쉬운 일이 아니었다. 겁도 없이 역사서 비슷한 것을 다룬 게 두렵기도 하다. 이런 두려움으로 이 글을 덮어버릴까 하는 생각을 여러 번하였다. 그러나 고생한 게 아깝고, 이런 정도라도 정리를 해두는 게 서술자가 몸담은 황등교회와 황등기독학교의 발자취를 더듬어보는 것도 의미 있는 일이라 여겼다.

들어가는 글에서 밝혔듯이 서술자의 무모한 도전이었던 이 글이 제대로 역사서를 집필하는 데 작은 도움이나마 된다면 무한한 영광이요, 말할 수 없는 보람일 것 같다. 그 작업을 준비하는 작은 실타래로서 이 글이 의미 있기를 기대해본다.

이 자리를 빌려 다시 한 번 간곡히 말하고 싶다. 이 글에 드러난 서술상의 문제로 개인이나 단체에 누가 되었다면 머리 숙여 정중히 용서를 구한다. 이는 서술자의 개인적인 감정이 아니다. 서술자가 나름대로 들어가는 글에서 밝힌 것처럼 글의 방향을 전개하다보니 그렇게 된 측면이 많다. 또한 선행연구를 제대로 이해하지 못하였고, 자료가 불충분하고 서술자의 역량이 부족하다보니 좀 더 치열하게 연구에 전념하지 못한 결과이다. 더욱이 1차 자료를 구하기 어려웠고, 직접 경험하지 못한 것들이기에 이를 제대로 이해해서 서술하지 못하였다.

서술자는 '황등교회 사랑의 종'에 대한 글들을 보면서 이 글의 필요성을 느꼈다. 서술자가 찾은 많은 글은 이 종에 초점을 맞춰, 이 종이 언제 만들어지고 이 종을 기증한 교회가 어디이고 이 종을 보내준 사람들이 누구라는 등을 상세히 밝힐 뿐, 정작 이 종을 간절히 바라고 받아서 설치하고 이 종과 함께 살아온 황등교회 교인들의 이야기를 담아낸 글을 발견하지 못하였다. 서술자는 이런 역사이해가 바람직하지 않다고 본다. 이 글에서 제대로 담아내지 못했지만 종의 중요성 못지않게 종탑의 중요성도 있다. 이 종에 얽힌 그 당시 황등교회 교인들과 지역민들의 이야기야말로 진정한 의미의 역사인데 이런 기록을 찾기가 어려웠다. 그나마 2010년 12월

22일 당시 구순九旬의 봉기성이 《국민일보》측에서 인터뷰하면서 그 때의 이야기가 나온 게 천만다행이었다.

오늘을 사는 우리에게 역사는 무슨 의미가 있는지를 묻고, 또 물어본다. 역사는 끊임없이 후대가 기억하고 상기하고 되새김할 때 의미가 있다. 역사서를 읽는다는 것은 무엇을 의미하는 것일까? 역사서를 읽는다는 것은 우리의 과거를 음미한다는 것이고, 그것은 우리가 속한 세상과 공동체를 바로 본다는 것이다. 이 때 바로 본다는 것은 '객관적'으로, '총체적'으로 읽는다는 말이 아니다. 자신의 삶과 이어져 있는 삶을 자세히 관찰하고 토론하며 비판적이고 실천적으로 읽는다는 말이다. 또한 그것은 주관적으로 해석한다는 것이기도 하다. 여기에 대한 우려의 목소리가 충분히 있을 수 있지만 주관적으로 해석한다는 것은 역사를 자신의 삶 속에서 받아들인다는 것을 의미한다.

역사를 객관적으로 받아들인다는 것은 도대체 무엇을 의미하는 것인가? 물론 그것은 우리에게 하나의 객관적인 사실로서 역사를 소개하는 것일 수 있다. 그러나 주관적이라 해서 그것이 객관을 무시한, 그것에 근거하지 않는 주관일 수는 없다. 그러면 이는 역사가 아닌 소설일 뿐이다. 주관적으로 해석한다고 해서 아무런 다른 것과 관계하지 않는 독립적이고 고립된 해석 또한 아니다.

우리는 우리의 삶을 주체적으로 살고자 한다. 주체적으로 살고자 하는 것은 우리 모두에게 내재되어 있는 그러한 마음 아닌가? 그렇기 때문에 단지 역사만이 아니라 현재 일어나는 여러 가지 사회 현상에 대해서도 주체적으로 해석을 해야 한다. 우리에게 객관적인 것을 요구하는 사회는 우리에게 너무나 억압적이다. 그런 의미에서 본다면 역사는 주관적이고 해석된 역사이다.

국경없는 경제Borderless economy와 지구촌 한가족 시대에 나라사랑, 민족

사랑, 지역사랑, 교회사랑, 학교사랑이라고 하는 것의 의미는 무엇인가? 그것은 세계보편의 시대에 자칫 그 가치가 폄하될 수 있는 특별하고 특수한 개별 주체를 상기시키려는 것이다. 전체에 부분, 보편에 개별, 절대에 상대가 잇닿아 있다. 이는 지엽적인 것이 전체를 대표함을 의미하기도 한다. 이런 점에서 가장 지역적인 것이 가장 세계적인 것이기도 하다. 우리가 속한 공동체에 충실한 것이 곧 세계평화와 인류공영에 이바지하는 것이기도 하다. 이런 점에서 자신이 속한 교회 공동체의 뿌리를 찾고, 이해하고, 공유하는 일은 유익한 일이다. 이런 이유에서 이 글은 황등교회라는 농촌지역 하나의 교회 역사이야기를 넘어서는 의미가 있다. 황등교회 역사이야기는 한국역사와 시대상황과 지역적 토대 위에서 형성되었다. 그러니 황등교회역사이야기는 한국 역사와 한국사회를 이해하는 중요한 의미로서 이해할 수 있다.

황등교회의 역사를 되짚어 보면서 참으로 많은 감동을 받았다. 다른 것은 몰라도 서술자가 너무나 편하게 신앙생활을 하고 있다는 반성을 하였다. 올곧은 신앙을 지키기 위해 흔들리기는 했으나 죽음도 마다하지 않고 신앙을 지켰던 이들의 삶을 돌이켜 보면서 이들의 숭고한 신앙과 정신을 되새겨 보았다. 우리는 이들의 피를 먹고 자란 나무가 아닌가?

황등교회 역사는 분명 일제강점기에 신사참배를 거부하거나 저항하지 못한 연약함이 있었다. 놀랍게도 황등교회는 이를 감추거나 미화시키지 않고 있다. 김수진의 『황등교회 60년사』는 이 부분을 놀라울 정도로 자세히 다뤘고, 매년 제작하는 『황등교회 요람』에는 창씨개명한 목사와 장로들의 이름이 그대로 나오고, 황등교회 사무실의 복도에도 일제에 협력한 사진이 그대로 전시되어 있을 정도이다. 이는 황등교회 신앙이 사람을 우상화하거나 드높이지 않고 그 연약함 속에서 일하시는 하나님을 드러내려는 역사의식이라고 생각한다.

황등교회를 떠올리면 '풀'이 떠오른다. 바람보다 먼저 눕는 풀처럼, 바람보다 먼저 일어서는 풀처럼 그렇게 넘어지고 또 넘어지면서도 그 모습 그대로 자리를 굳건히 지켜왔다. 황등교회는 오랜 세월 한국근현대사의 아픔을 고스란히 감내한 교회이다. 상처가 아무는 곳에 굳은 살이 박히듯, 시련을 교훈삼아 더욱 굳세어진 황등교회의 미래를 기대해본다. 오늘날 황등교회에서 어르신들은 연로하다보니 특별히 교회에서 봉사를 하거나 지역을 위해 봉사를 하기는 어렵다. 그러나 교회의 예배나 지역 섬김의 행사에 참석해서 자리를 빛내주고 있다. 서술자는 이런 모습을 보면 왠지 모를 감동으로 힘이 솟곤 한다.

이번 작업을 하면서 역사적 가치가 있는 물건이나 인물을 기념하는 사업과 표석 등의 설치도 중요하다는 생각을 하였다. 눈에 보여야 마음에도 새겨지고 계승도 효과적이다. 학술적으로 사람이 동물과 다른 점을 강조하면서 사람을 '이성을 가진 동물' '동작하는 동물' '상징을 사용하는 동물' '종교적인 동물' '놀이하는 동물' 등이라 말한다. 이것을 라틴말로 표현하여 각각 호모 사피엔스homo sapiens, 호모 파베르homo faber, 호모 심볼리쿠스homo symbolicus, 호모 렐리기오수스homo religiosus, 호모 루덴스homo ludens라고 한다. 그런데 지금 우리가 말하고 있는 문맥에서 보면, '사람은 과거를 잊지 않는 동물'이라 할 수 있다. 현실에서 우리는 어쩔 수 없이 과거를 돌아보고 미래를 설계하며 현재를 살아간다. 우리 스스로를 비춰보는 거울로서 과거는 그만큼 우리에게 소중하다.[791]

미국이나 캐나다에서는 각 주의 자동차 번호판에 간단한 문구를 써넣어서 그 주의 특징을 선전하거나 주지시키는 일을 한다. 밴쿠버가 속한 브리티시 컬럼비아British Columbia, B.C주에는 'Beautiful British Columbia'라

---

791 오강남, "'과거를 묻지마세요' 대 역사의식 함양"《논객닷컴》(2016년 1월 22일) 참조.

는 말이, 토론토가 속한 온타리오 주에서는 'Keep It Beautiful'하는 말이 들어가 있다. 그런데 몬트리올이 속한 퀘벡 주는 주의 표어인 'Je me souviens'이라는 불어 문구가 들어가 있다. 이 말은 '나는 기억한다.'는 말로, 캐나다의 과거 역사에서 영광과 불운을 기억하고 거기서 교훈을 얻자는 뜻이라 보는 것이 일반적인 해석이긴 하지만, 실질적으로는 과거 캐나다에서 있었던 프랑스 계통의 사람들과 영국 계통의 사람들 사이의 싸움에서 자기네 조상들인 프랑스 계통 사람들이 패배한 역사를 잊지 않겠다는 뜻이라 새기기도 한다.

　유대인들의 유월절이나 이슬람인들의 라마단은 모두 어려웠을 때를 기억하자는 취지에서 마련됐다. 유대인들의 절기는 거의 모두 과거 자기들이 어려웠을 때를 상기하기 위해 마련된 것들이다. 이른바 유월절이라는 것도 자기 조상들이 이집트에서 종살이 하다가 탈출할 때를, 장막절이라는 것도 조상들이 사막에서 떠돌아다닐 때를 회상하기 위한 것이다. 수림절, 하누카 모두 비슷한 성격의 것이다. 이슬람교도 라마단이라고 하여 한 달 동안 낮 시간에 금식을 하는데 이것은 자기들의 종교적 지도자 무함마드가 수행할 때의 어려움을 잊지 않고 자기들도 그대로 실천해보겠다는 뜻이다.

　우리에게도 물론 삼일절, 광복절 등 일제 치하의 어려움을 잊지 않으려는 기념식이 있고 "아아 잊으랴 어찌 우리 그 날을" 하면서 6·25를 상기하는 노래도 있다. 그런데 지금 가만히 생각해보면 우리는 한동안 이런 기념식을 거행하고, 이런 노래를 불렀지만 사실은 우리의 과거를 잊어버리고 있었던 것이 아닌가 싶다. 일제강점기의 고난과 6·25전쟁의 아픔과 60~70년대의 보릿고개를 겪던 시절도 까맣게 잊었다.

　그 누구도 쓰라린 과거를 회상하기를 좋아하지는 않을 것이다. 우리 스스로도 잊으려 했고, 우리 자손들에게도 말하기 싫어하는 것이 당연한 일

인지도 모른다. IMF 한파라든가 현재의 경제적 부조리 같은 것도 따지고
보면 근본적으로 이렇게 과거를 잊은 데서 연유한 것이 아닐까 싶다.

『주역周易』에 나오는 말이다. "전승불복戰勝不復 안불망위安不忘危"이 말
은 전쟁에서 항상 승리는 반복되지 않으며, 편안할 때 위험을 생각하지 않
으면 안 된다는 뜻이다. 지혜로운 사람과 공동체는 편안할 때 위기에 대처
할 줄 안다. 우리는 고난과 수치의 역사와 자랑스러운 믿음의 전통을 기억
해야 한다. 하나님은 이스라엘 백성들에게 옛날을 기억하고 역대의 연대
를 기억하라고 하셨고,[792] 유월절을 기억하라고 하셨다.[793] 예수님도 제자
들에게 자신의 죽음을 기념하라고 하셨다.[794] 우리는 역사를 기억해야 한
다. 고난과 수치는 잊지 말아야 한다.

오늘 우리에게는 기억함의 영성이 있어야 한다. 먼저 하나님의 은혜를
기억하고, 예수님의 십자가 기억하고, 우리의 과거를 기억하고, 하나님의
섭리를 기억해야 한다. 바로 그 기억함의 영성이 시대정신과 사명을 이끌
어 간다.

기억은 싸움이다. 기억은 이미지를 갖게 되어 하나의 상징이 된다. 그
렇게 만들어진 상징은 힘을 가지게 되고, 바로 그 상징은 사람을 움직이고

---

792 옛날을 기억하라 역대의 연대를 생각하라 네 아버지에게 물으라 그가 네게 설명할 것이
요 네 어른들에게 물으라 그들이 네게 말하리로다(신명기 32장 7절).
793 너희는 여호와께서 허락하신 대로 너희에게 주시는 땅에 이를 때에 이 예식을 지킬 것
이라 이 후에 너희의 자녀가 묻기를 이 예식이 무슨 뜻이냐 하거든 너희는 이르기를 이
는 여호와의 유월절 제사라 여호와께서 애굽 사람에게 재앙을 내리실 때에 애굽에 있는
이스라엘 자손의 집을 넘으사 우리의 집을 구원하셨느니라 하라 하매 백성이 머리 숙여
경배하니라(출애굽기 12장 25절-27절).
794 내가 너희에게 전한 것은 주께 받은 것이니 곧 주 예수께서 잡히시던 밤에 떡을 가지사
축사하시고 떼어 이르시되 이것은 너희를 위하는 내 몸이니 이것을 행하여 나를 기념하
라 하시고 식후에 또한 그와 같이 잔을 가지시고 이르시되 이 잔은 내 피로 세운 새 언약
이니 이것을 행하여 마실 때마다 나를 기념하라 하셨으니 너희가 이 떡을 먹으며 이 잔
을 마실 때마다 주의 죽으심을 그가 오실 때까지 전하는 것이니라(고린도전서 11장 23
절-26절).

세계를 움직이는 힘으로 작동한다. 역사는 반복된다. 과거를 반성하고, 오늘을 진지하게 살아 내일을 지혜롭게 맞이하는 작업이 바로 역사를 의식하는 일이다. 그러기에 역사서는 끊임없이 우리에게 말을 걸어 올 것이다. 그리고 끊임없이 다시 쓰일 것이다. 왜냐하면 역사는 살아 숨 쉬는 생명과도 같기 때문이다. 독립운동가요, 민족역사학자인 단재 신채호의 말을 되새겨본다. "역사를 잊은 민족에게 미래는 없다."

이 글을 쓰기 전, 매일같이 학교로 출퇴근하면서 교회에 출석하러 오고 가면서 바라보는 종은 하늘높이 우뚝 솟아 있는 위용을 자랑하는 것만 같아 보기가 불편하기도 하였다. 종을 보려면 고개를 쳐들고 우러러봐야만 하였다. 높은 곳에 있기에 직접 본 적은 없고, 사진으로만 본 '1884년'이라는 숫자가 주는 경외감과 멀고 먼 미국에서 건너온 사연이 놀랍고 아직도 맑고 고운 소리를 내는 그 모습에 감탄이 절로 나왔다. 그러나 이것은 거부감 정도는 아니지만 거리감이었다. 그러기에 이 종에 대한 친근감은 없었다. 웬지 높고 높은 자리에서 낮고 낮은 서술자를 바라보는 것만 같기도 하였다. 이 글을 작업하면서 마지못해 종을 보게 되었다. 멀리서도 보고 가까이 가서도 보고, 앞에서도 보고 뒤에서도 보았다. 그리고 새벽에도 보고, 낮에도 보고, 밤에도 보았다. 그러면서 이 종에 대한 자료를 하나둘 접하다보니 종이 새롭게 보이기 시작하였다. 종은 언제나 변함없이 그 자리에 있고 매일 출퇴근하면서 교회에 오가면서 보는데 정말 다르게 보이기 시작하였다. 그러면서 언젠가 본 이야기가 종과 오버랩overlap되어 느껴지곤 하였다.

온몸에 난 상처로 고민하고 아파하던 독수리 한 마리가 있었다. 도저히 안 되겠다는 생각에 낭떠러지 위에서 밑을 내려다보면서 깊은 생각에 잠겼다. 독수리는 여태껏 입은 자신의 상처 때문에 더 이상은 높이 날 수가 없다는 시름에 빠졌고 마지막으로 스스로 목숨을 끊겠다는 선택을 했다.

그 모습을 본 대장 독수리가 재빠르게 날아와 상처 난 독수리에게 물었다. "왜 갑자기 이렇게 어리석은 일을 하려고 하니?"

그러자 아파하던 독수리가 말했다.

"난 늘 상처만 입고 살아요. 이렇게 살 바에야 차라리 죽는 게 나을 것 같아요."

대장 독수리는 갑자기 자신의 날개를 펼치더니 이야기했다. 그 날개에는 오래돼 보이는 많은 상처가 흉터로 남아 있었다.

"나의 몸을 한 번 보렴. 지금은 내가 대장 독수리지만, 나 또한 수많은 상처를 입고 살아왔지. 여기는 사람들의 총에 맞은 상처, 여기는 다른 독수리에게 습격 받은 상처, 또 여기는 나뭇가지에 찢긴 상처란다."

그 외에도 수 없는 상처 자국이 있는 대장 독수리의 날개를 보자 아파하던 독수리는 고개를 숙였다. 대장 독수리는 단호한 말투로 다시 이야기했다.

"이것은 나의 몸에 새겨진 상처일 뿐이다. 나의 마음엔 더 수많은 상처 자국이 새겨져 있단다. 그런 상처에도 다시 일어서지 않으면 안 되었지. 상처 없는 독수리란 이 세상에 태어나지 않은 독수리일 뿐이다."

그렇다. 이 종은 한국근현대사의 아픔을 고스란히 감내한 황등교회를 상징한다. 그 오랜 세월 이리 찢기고, 저리 찢기면서도 자기 자리를 지켜온 그 우직愚直함이야말로 놀랍다. 이 종을 자세히 보면 이리저리 상처투성이 모습이다. 이를 애써 종탑으로 감췄을 뿐이다. 문득 이 종의 소리가 퍼져나감이 독수리가 날개 치는 것 같기도 하다. 독수리는 성경에 나오는 새로 의미심장하다.

독수리가 날아오르는 모습을 상상해 본다. 왜 하필이면 독수리로 표현을 했을까? 그 당시에는 비유할 것들이 마땅히 독수리 말고는 없어서일까? 우리의 삶과 신앙은 기복起伏[795]일수밖에 없다. 우리 삶의 곡선은 항상

위를 향하지 못한다. 이것이 우리의 인생이요, 역사이다. 성경에 나오는 그 어떤 인물도 그러했고, 역사도 그러했다. 높음이 있으면 이내 낮아지고 낮음이 있으면 이내 높아지는 롤러코스터와 같은 모습이었다. 그러니 높아졌다고 자만할 수 없고, 방심할 수 없다. 마찬가지로 낮아졌다고 좌절할 수 없고, 포기할 수도 없다. 이것을 깨닫는 것이 지혜이다. 또한 역사가 가르쳐주는 교훈이요, 위로이다.

독수리는 날개를 힘차게 뻗치기 위해서 잠시 날개를 오므린다. 당연히 그 순간만큼 주저앉을 수밖에 없다. 하지만 그보다 훨씬 많이 위로 솟아오른다. 가라앉는 순간은 이것을 위한 준비다. 한국근현대사의 아픔 속에서 이리저리 흔들리고 상처받고 좌절해왔지만 그래도 종소리를 들으면서 황등교회에 예배드리러 오던 그 발걸음들이야말로 진정한 역사이다. "오직 여호와를 앙망하는 자는 새 힘을 얻으리니 독수리의 날개 치며 올라감 같을 것이요 달음박질하여도 곤비치 아니하겠고 걸어가도 피곤치 아니하리로다."⁷⁹⁶[796]

이제 이 종은 너무도 오래되어서, 어쩌면 얼마 지나지 않아 특유의 맑고 고운 소리를 내지 못하게 될지도 모른다. 마치 은퇴를 앞둔 사람처럼 말이다. 웬지 쓸쓸해 보인다. 이 종은 1950년에도 미국에서 쓸모가 다해서 폐기처분될 뻔한 것이 새롭게 삶을 시작해서 오늘에 이르고 있다. 이제 그 새 삶도 얼마 남지 않았는지 모른다. 또한 우여곡절을 겪으면서 고향을 떠나 황등 땅에서 살면서 이런 저런 모습들을 보면서 견뎌온 세월이 그 얼마인가? 아무 말 없이 황등교회와 황등기독학교와 황등지역을 바라보면서 무엇을 느꼈을까? 역사 전문가들은 이 종이 한국교회 전체의 자랑이니 하루속히 종탑에서 끌어내서 유리관 등으로 잘 보관하게 해서 관람객들

---

795 여기서 말하는 기복(起伏)은 복 받기를 바라는 기복(祈福)신앙이 아니라, 지세가 높아졌다가 낮아졌다가 하는 것, 인생의 굴곡을 말한다.
796 이사야 40장 31절.

에게 보이고 종은 모조품을 만들어 종의 기능을 하게 하면 된다고 말한다. 역사 전문가들의 이 말이 정말 이 종을 위한 것일까? 또한 이 종과 희로애락을 같이 해온 황등교회와 황등 주민들에게 유익한 말일까?

서술자는 아직은 이 종을 보존하기보다는 종에게 주어진 사명을 감당하는 일을 진행하는 게 낫다고 생각한다. 이는 오늘날의 황등교회의 모습과도 같다. 농촌지역이다 보니 도시권에 비해서 노년층이 많은 편이다. 이들 노년층이 오랫동안 고생하였으니 은퇴하고 쉬도록 하는 것이 옳은가? 아니다. 그래도 쓰임이 있게 그 사명을 감당하게 하는 게 낫다고 본다. 이는 이 종도 마찬가지이다. 유리관에 갇혀 관람객들의 눈요깃감이 되기보다는 몸이 으스러지더라도 자신이 살아있음을 드러내고 싶어할 것이다. 황등교인들이나 지역민들이나 황등교회를 방문하는 이들은 모조품 종이 아니라 1884년에 만들어지고, 1951년에 이곳 황등에 와서 처음 소리를 낸 그대로의 소리를 듣고 싶어 할 것이다. 이 종소리를 들으며 자란 소년소녀들이 어른이 되었고, 노인이 되었다. 그리고 새로운 세대들이 이 종을 바라보면서 아름다운 꿈을 꾸면서 자라고 있다.

지금도 황등교회에서는 예배시간마다 종을 치고 있다. 종소리는 생명의 소리이다. 우리 마음속에는 늘 살아 있는 종소리가 들려온다. 아주 오래전부터 종소리는 우리 가슴속에서 사랑으로 함께해온 소중한 친구이다. 이 종소리를 들으면서 출퇴근하고 황등교회에서 온 가족이 함께 예배드리는 서술자와 같은 이들도 있으나 이런 저런 사정으로 황등교회와 황등지역을 떠나 낯선 곳에서 거친 숨을 몰아쉬면서 삶을 이어가고 있는 이들도 많다. 이들에게 종소리는 정다운 고향의 소리, 희망의 소리 그리고 생명의 소리로 늘 가슴 속에서 들려오는 어머니 품속 같은 따스한 사랑의 소리이다.

황동교회 그 뿌리와 기독교 역사 정립
사랑의 종, 그 언저리에서 길을 묻다

황등교회 주요 연혁

황둥교회 그 뿌리와 기독교 역사 정립
사랑의 종, 그 언저리에서 길을 묻다

황등교회 주요 연혁

날 짜	내 용
1921.10.13	동련교회 당회의 허락으로 황등리 기성의원에서 4일 (목요일) 기도처로 시작.
1924.11.1	황등리 630번지에 초가 1동을 매입, 기도처로 사용.
1926.5.1	20여 평의 교회당을 목조 건물로 완성하고 입당예배를 드림.
1928.6.2	군산 개복교회에서 모인 제22회 전북노회에서 황등교회 분립 승인
1928.6.13	전북노회에서 파송한 전권위원 윤식명 목사, 동련교회 담임목사 황재삼이 동련교회에서 황등교회 분립을 선언.
1928.6.14	오전 9시 제1회 당회 회집. 7월 첫 주일(7.1)을 분립예배 드리기로 결의.
1928.7.1	전북노회 전권 위원인 윤식명 목사의 사회로 노회승인 예배를 드림. 윤식명 목사 설교함. 임시당회장 김중수 목사(동련교회 당회장)로 계원식 장로, 김용출·이자희 집사, 무흠입교인 23명과 학습인 6명과 신입교인 등 약 57명이 설립 교인(동련교회 측 기록으로는 60여명), 서리집사로 양기철(관해) 집사로 선출.

날 짜	내 용
1935.12.2	군산동북지방 주최 대사경회가 황등교회당에서 거행 (강사 강병주 목사, 음악 계이승)
1936.6.21	제1회 교사 양성과 수료식 거행(졸업생 변영수)
1937.3.14	황등교회 목사관에서 문고 설치
1937.7.18	총회교육부 실시 통신과(신약부) 수료식 거행
1939.3.1	첫 주일부터 예배 시간 전에 국민의례 실시(황국신민서 사, 동방요배, 일본국가 제창, 일본국기 게양)
1941.8.29	국민총력 황국기독교연맹(이사장: 계원식)은 유기 104 점을 이리경찰서에 헌납
1941.11.10.	애국기(일본전투기) 성금 258원 헌납(257명 참가)
1941.12.20	당회장 미창덕신(이재봉 목사) 주재 하에 계원식, 김본 중광(김희갑), 길전무일(오일봉) 모여 교회당 내에 "대 동아성전필승기원"간판을 부착하기로 결의하고 매월 첫 주 수요일은 "필승기원기도회"로 바꿈.
1942.3.4	동련교회와 연합으로 "필승기원기도회" 실시
1942.4.29	황등신사 참배
1942.5.9	국어(일본어) 보급을 위한 야학당 개설
1942.5.10	수요일밤 기도회 폐지(가정예배로 대체)
1942.5.12	김본중광(김희갑) 장로가 토지 218평 교회에 헌납
1942.8.20	일본 육군대장 동조영기로부터 감사장 접수(군위문금 108원 성금 공로)
1942.9.11	교회의 종(聖鐘)과 종탑(鐘塔)을 헌납
1942.10.8	이리경찰서 고등계 형사가 방문하여 좌담회 실시
1942.12.12	관악대 조직해서 전도에 힘씀
1943.5.13	황등지역 일본인부인회가 황등교회당에서 창립총회

날 짜	내 용
1943.5.30	농번기로 주일밤 찬양예배 중지, 교회 각종 회의록을 일본어로 작성과 동시에 당회장 제도가 주관자로 바뀜
1943.6.11	이리제일교회에서 일제에 반대하는 국가에 대한 적개심 앙양 강연회에 참가
1943.6.13	교회일지 일본어로 기록
1943.7.3	태전소장의 시국강연회가 이리중앙교회에서 개최할 때 참가
1943.8.1	징병제 실시에 따른 감사 및 필승기원예배
1943.12.12	애국기 성금으로 30원 헌납
1944.1.9	임시주관자(당회장)에 동련교회 주관자인 浪本友三良(양윤묵) 목사 겸임
1944.4.3	일제 탄압으로 황등교회와 동련교회 통폐합. 예배는 황등교회에서 드림
1944.5.28	사이판 섬 일본군 지원 위한 국방헌금 108원 7전 보냄
1945.4.8	필승신념기독신자총궐기대회 참가
1945.6.3	구호봉사대 조직(대장:계승일, 대원:천전영실, 계승이, 평이원한, 풍천시혁, 대산병길, 김광낙중, 김본형기, 한창수, 김전의광, 백천귀선
1945.6.17	일제탄압으로 주일아침 예배를 폐지하고, 주일밤 예배만 드림.
1945.8.19	주일아침 예배 부활하고, 한글 설교와 한글 찬송이 불러짐
1945.8.22	수요일밤 예배 부활
1945.10.27	장로회가 당회로 명칭 환원
1950.7.19	북한군이 황등교회당을 인민위원회 사무처로 접수

날 짜	내 용
1950.7.23	이재규 목사 주일예배 인도하고 피난 떠남
1950.7.31	이재규 목사 피난중, 사위 노명갑과 논산 성동면에서 순교
1950.8.13	변영수 장로 피난 중, 논산 성동면에서 순교
1950.8.14	안인호 집사 인민위원회 치안대에 의해 순교
1950.9.25	백계순 집사 논산 혹은 금산에서 순교로 추정
1951.6.10	1884년 미국에서 제작된 종을 미국 리스퍽제일교회로부터 기증 받아, 미국에 유학중이던 계일승 목사의 주선으로 황등에 도착
1952.4.27	주일마다 새벽기도회를 실시하기로 당회에서 결의
1952.5.23	군산노회 제13회 정기노회가 두 곳으로 갈라져 소집됨으로 당회는 이리 신광교회에서 회집된 노회에 참석키로 결의(예장과 기장 분립)
1953.5.3	팔봉전도소 삼성교회 분립
1954.7.28	농원기도소(현, 황등신흥교회)에 매월 1회씩 예배인도자를 파송지도
1957.1.9	황등중학교 인가신청 제출시 설립자를 오일봉. 김판옥. 조길동 장로로 하기로 하다.
1958.3.10	청년회관을 백미 72가마니에 매도, 이동엽 씨 경작논 1,196평을 백미 32가마니로 매입
1958.4.21	중학교 운영을 학교장이 당회에 청원하여 인준을 얻어 시행키로 함
1959.4.5	박인석 집사의 헌금으로 목사관 일체를 수리 보수
1959.12.24	제44회 장로회 총회 분열, 황등교회는 연동측에 소속하기로 결정

날 짜	내 용
1960.1.12	황등중학교 재단인가를 위해 여전도회가 소유하고 있는 논과 성전건축 기성회가 소유하고 있던 논을 편입키로 결의
1960.10.26	재단법인 황등학원 설립허가. 초대 이사장 오일봉 장로
1961.3.5	계일승 목사 장로회신학대학 학장 취임.
1961.3.31	황등중학교 설립인가 및 개교. 초대 교장 서리에 정희열 (본명:정소근) 목사
1964.3.5	황등중학교 신축 착공
1964.6.7	황등중학교 교직원은 의무적으로 황등교회 출석하기로 당회에서 결의
1969.12.5	황등중학교 교사 신축(225평)
1972.4.21	새성전 헌당식
1977.3.5	교회 공원묘지 1,450평을 구입
1977.12.26	김승재 목사가 교회 대지 106평을 헌납
1978.12.21	황등상업고등학교 설립을 위하여 교회 결산액 3백만 원을 보조키로 결의
1979. 3.27	황등상업고등학교 예비인가, 맹소봉 집사가 헌납한 땅 724평을 등기 이전
1980. 4.14	황등상업고등학교 설립인가
1980.10. 6	황등상업고등학교 초대 교장 김재두 장로 취임
1983.10. 6	교육관 입당예배 및 개관
1984.10.28	제1회 계원식 장로 기념 선교대회(순교자 안인호 집사 일대기 연극 공연, 구봉서 장로 초청 간증집회, 심장병 어린이돕기 헌금)
1985.10.20	제2회 계원식 장로 기념선교대회(평양방문한 임용의 초청 대화)

날 짜	내 용
1988. 7. 3	창립 60주년 기념 예배 및 기념탑 제막식
1988.11.20	황등고등학교 증축에 5백만 원 지원, 율촌교회 분립을 가결하고 1989년도 예산에서 1천만 원 지원키로 함
1989.12.31	김수진, 『황등교회 60년사』 출간
1991.9.22	교회당 스태인글래스 시설(이상윤 장로/김윤애 권사 봉헌)
1996.9.	성일고등학교 기숙사 신축 3천만 원 지원
1998.7.5	창립 70주년 기념예배
1998.10.15	창립 70주년 행사(경로잔치 및 시민위안잔치, 바자회, 사진전시회 및 서예전, 마을대항 척사대회, 열린음악회 등)
2000.4.13	갈보리교회 황등교회에 통합. 이대호 장로 건축헌금 5,400만원, 대지 78평 기증
2008.7.6	창립 80주년 기념예배 및 행사(홈커밍데이, 불우이웃돕기 바자회, 시립합창단초청 음악회 등)
2012.10.14	비전센타 기공예배
2013.4.14	비전센타 준공예배
2013.11.17	에스라학당 및 모세쉼터 준공예배
2014.7.6	비전센타 앞 895번지 건물(224.41㎡), 토지(859㎡)구입
2015.6.21	제1회 순교신앙계승을 위한 전북기독교역사연구회 주관 예배(설교:정복량 목사)
2016.6.12	제1회 계원식 기념 화해문예제전 시상식
2016.8.14	제2회 순교신앙계승을 위한 순교영성계승예배(설교자:황기식 목사), 순교자기념가료집 발간(매년 8월 둘째주일을 순교자기념주일로 정함)

참고문헌

국내논문

김대성, "초기 한국 천주교와 개신교의 충돌에 대한 연구-1784년부터 1930년대까지"(장로
　　회신학대 대학원, 2016).
김승태, "1930년대 일제의 기독교계 학교에 대한 신사참배 강요와 폐교 전말", 《한국근현대
　　사연구》(제14집, 2000).
김수진, "평신도를 위한 한국교회 인물사 6-서상륜 형제"《신앙세계》(197권, 1984년 12월).
_____, "평신도 운동이 한국교회 성장에 미친 영향에 대한 연구-교회사적 측면에서", 《아
　　세아연합신학대와 미국 풀러신학교 공동목회학박사학위논문》(1987년 8월).
_____, "평신도 운동이 한국교회 성장에 미친 영향에 대한 연구" 상편, 《목회》(135권, 1987
　　년 11월).
_____, "평신도 운동이 한국교회 성장에 미친 영향에 대한 연구" 하편, 《목회》(136권, 1987
　　년 12월).
김중은, "장신대의 신앙과 신학노선"《장신논단》(제18집, 2010년).
계일승, "역사상 교황의 수위권", 《신학지남》(1955년 12월호).
문귀원, "한국장로교회 성장에 관한 역사적 고찰(1885년-1945년)", (한일장신대학교 한일
　　신학대학원 석사학위논문, 2005).
박태영, "구한말과 일제식민통치 시대의 선교사들의 정교분리 연구", (숭실대학교 대학원
　　박사학위논문, 2014).
변창욱, "한국교회 자립 선교전통과 비자립적 선교 형태", 《선교와 신학》(2011, 제27집).
이영헌, "한국교회역사를 결정한 1907년의 대부흥운동", 《새생명》(1973년 8·9월호).
이화정, "구한말·식민지시대 정치권력에 대한 개신교인들의 대응양태(1884년-1945년)",
　　(이화여자대학교 신학대학원 석사학위논문, 2009),
임　걸, "내한 선교사 번하이슬(C. F. Bernheisel 1874-1958)의 가톨릭교회 비판"《신학사
　　상》(169집, 2015년 여름호).

주재용, "한국교회 부흥운동의 사적비판" 《기독교사상》 (1978년 9월).
한승홍, "초기 선교사들의 신학과 사상", 《한국기독교와 역사 제1호》 (한국기독교역사연구
　　소, 1991).

국내도서

강만길, 『한국현대사』 (창작과비평사, 1984).
_____, 『일제시대 빈민생활사 연구』 (창비, 1987).
_____, 『고쳐 쓴 한국현대사』 (창비, 1994).
『고종실록-광무 1년』 (고종 34년) 10월 13일.
김광수, 『한국기독교성장사』 (기독교문사, 1976).
김경재, 『해석학과 종교신학』 (한국신학연구소, 1997).
김승남, 『신황등교회 60년사』 (교회사편찬위원회, 2008).
김승태, 『한국기독교의 역사적 반성』 (다산글방, 1994).
_____, "제7대 조선총독 미나미 지로", 『조선총독 10인』 (가람기획, 1996).
_____, "일제의 종교정책", 『한국사』 (51권, 국사편찬위원회, 2001).
김재두, 『지역사회 독지가 지원현황 자료집』 (1979).
_____, "성일고 교명 제정의 의미" 《인간적 만남의 성일》 (1996년 2호).
김수진, 『자랑스러운 순교자』 (기전여자대학, 1981).
_____, 『6·25 전란의 순교자들』 (대한기독교출판사, 1981).
_____, 『신앙의 거목들』 (한국방송선교센터, 1985).
_____, 『황등교회 60년사』 (황등교회 60년사 발간위원회, 1989).
_____, 『호남기독교100사-전북편』 (쿰란출판사, 1998).
_____, 『한국 교회를 섬겨 온 장로 열전1』 (쿰란출판사, 2014).
_____, 『한일교회의 역사』 (대한기독교서회, 1989).
김양선, 『한국기독교사연구』 (기독교문사, 1971).
김외곤 편, 『한설야 단편선집』1 (왜학사, 1989).
김항안, "황등교회, 농촌교회의 성공모델" 《목회》 (월간목회사, 2016년 4월호, 통권 475권).
김형수, 『문익환 평전: 역사인물찾기 15』 (실천문학사, 2004).
계원식, "조선야소교황등교회당회록 기", 『황등교회당회록 1』 (1928년).
곽안전, 『한국교회사』 (대한기독교출판사, 1982).
권기봉, 『서울을 거닐며 사라져가는 역사를 만나다』 (알마, 2008).
나일선, 『교회성장의 원리』 (크리스찬헤럴드, 1976).
류대영, 『초기 미국선교사 연구』 (한국기독교역사연구소, 2001).
민경배, 『한국기독교교회사』 (대한기독교출판사, 1983).
박경식, 『일본제국주의의 조선지배』 (청아, 1986).
박세길, 『다시 쓰는 한국현대사 1』 (돌베개, 1988).
박유하, 『제국의 위안부』 (뿌리와이파리, 2015).
백낙준, 『한국 개신교사』 (연세대학교 출판부, 1973).
신영복, "목수의 집 그림", 『고등학교 2학년 좋은책 신사고 문학』 (신사고, 2014).
신광철, 『천주교와 개신교-만남과 갈등의 역사』 (한국기독교역사연구소, 1998).
송우혜, 『윤동주평전』 (푸른역사, 2004).

이병곤,『전주전성교회 50년사』(2000년 4월 20일).

오승재,『지지 않는 태양 인돈』(바울, 2012).

오찬규,『익산시교회사』(무궁화기획, 1999).

양현혜,『근대 한·일 관계사 속의 기독교』(이화여대출판부, 2009).

연규홍,『예수꾼의 뚝심-동련교회 90년사』(동련교회역사편찬위원회, 1992).

이성필,『한국기독교유적지 137가이드북-신행여행』(세출 펴냄, 2008).

이영헌,『한국기독교사』(컨콜디아사, 1983).

임종국,『해방전후사의 인식』(도서출판 한길사, 1993).

임희국, "한국교회, 시대정신의 인도자로",『한국교회, 개혁의 산을 넘어서』(대한예수교장
　　　　로회 전국은퇴목사회, 2013).

《장로회보》(1941년 8월 15일자).

조동걸,『일제하한국농민운동사』(한길사, 1988).

조순승,『한국분단사』(형성사, 1983).

조승제,『목회예화』(향린사, 1965).

전북기독교역사연구회, "익산시 순교자기념예배 자료집"(미간행자료집, 2015년 6월 21일).

정동운, "황등교회 종 이야기",《전북교회이야기》(전북기독교역사연구회, 통권 제9호,
　　　　2013년 가을호).

＿＿＿＿, "순교자의 영성이 깃든 우리교회",《순교자를 넘어 계승자로》(황등교회역사정리
　　　　보존부, 2016년 8월 14일).

정복량, "익산시의 순교자들 이야기",《전북기독교역사연구회 주최 익산지역순교자기념
　　　　예배 미간행자료집》(2015년 6월 21일, 황등교회).

『조선예수교장로회 제27회 총회록』(1938년).

『조선예수교장로회 총회 제 30회 회의록』(1941).

정진석, "피살·납북된 목사·신부 등 358명 명단 발굴",《조선》(월간 조선, 2003년 10월호).

채만식,《반도지광》, "몸뻬 시시비비"(1943년 7월).

최민수, "계일승(桂一勝) 학장님을 그리며",《새가정》(2015년 2월호).

최윤배, "칼뱅의 장로교회 정치", 임성빈 외,『교회를 섬기는 청지기의 길 2』(성안당, 2008).

최창의, "토기장이학교에 대하여",《토기장이학교 입학설명회 미간행자료집》(2008년 10
　　　　월 18일).

차종순,『대장교회 100년사』(대장교회 100년사 발간위원회, 2004).

＿＿＿＿, "한국교회, 역사의 계시를 보라",『한국교회, 개혁의 산을 넘어서』(대한예수교장로
　　　　회 전국은퇴목사회, 2013).

한국교회사학회,『조선예수교장로회사기 上』(한국교회사학회, 1968).

한승진,『쉽게 읽는 기독교윤리』(한국학술정보, 2010).

＿＿＿＿,『고령화사회의 현실과 효윤리』(한국학술정보, 2011).

＿＿＿＿,『노동의 현실과 사회윤리』(한국학술정보, 2012).

＿＿＿＿,『현실사회윤리학의 토대 놓기』(도서출판 박문사, 2013).

＿＿＿＿,『어울누리를 꿈꾸며』(도서출판 박문사, 2014).

＿＿＿＿,『사람이 먼저랍니다』(도서출판 박문사, 2015).

＿＿＿＿,『제1회 기성 계원식 기념 화해 문예제전』,「기획안」(2016년 4월 24일).

＿＿＿＿,《순교자를 넘어 계승자로》(황등교회역사정리보존부, 2016년 8월 14일).

한인섭, "문익환-윤동주와 찬송가 582장" 새길교회 설교집(2010년 5월 30일).

『학교법인 황등기독학원 신정관』(2014년).
『황등교회창립 50주년 기념.연혁.화보』(1978년).
『황등교회 당회의 결의』(1988년 7월 22일).
『황등교회 당회록』(1998년 12월 2일).
『황등교회 창립 70주년 기념.연혁. 화보』(1998년).
『은혜의 80년, 희망찬 다음 세대』(2008년) CD 자료집.
『황등지역 교회 연혁』(2009년 2호).
『2016 황등교회 요람』.

국내번역서

도히 아키오, 『일본기독교사』, 김수진 옮김(기독교문사, 2012).
마르타 헌트리, 『한국 개신교 초기의 선교와 교회 성장』, 차종순 역(목양사, 1985).
브루스 커밍스, 『한국전쟁의 기원』, 김주환 옮김(청사, 1986).
조선사연구회, 『한국의 역사』, 조성을 옮김(한울, 1985).
키스 소여, 『그룹 지니어스』이호준 옮김(북섬 펴냄, 2008).
E. H. 카아, 『역사란 무엇인가』, 김택현 옮김(까치, 2007).
H. N.알렌, 『조선견문기』, 신복룡 역(집문당, 1999).
W. E. 그린피스, 『은자의 나라』, 신복룡 역(탐구당, 1976).

국외물

Chen, Carolyn, "From Filial Piety to Religious: The Immigrant Church Reconstructing Taiwanese Immigrant Families in the United States", *International Migration Review*(Volume 40, Issue 3, August 2006).
Clark, Charles A. *The Nevius Plan for Mission Work in Korea*(Christian Literature Society, Seoul, 1937),
Kay, il Seung, *Christianity in Korea*(Union Seminary, Th.D, 1950).
Lee, Graham, "How the Spirit came to Pyeung Yang Korea", 《*K.M.F*》(Vol.Ⅲ. No.3, 1907, March).
Mckenzie, F. A. The Tragedy of Korea(London: Hadder & Stoughton, 1908).
McCune, G. S. "Opening Day at the Theological Seminary", 《*K.M.F*》(Vol.Ⅲ.No.6, 1907, June).
Underwood. H. G., "Bible Translating", *Korean Mission Field*, Vol.7, No.10(2011, Oct.).

국내신문류

강경구, "美 선교사들 사이서 한국인 목회자 시대 연 '윤식명'-1909년 호남지역 최초 목사 안수 … 목포교회 담임 부임" 《전남도민일보》(2015년 6월 17일)
강경애, 〈인간문제〉 94, 《동아일보》(1934년 11월 23일).
김성진, "태평양 건너 온 가장 오래된 교회종 황등종" 《익산제일뉴스》(2014년 4월 16일).
_____, "현실 감안한 '목사 이중직', 이젠 논의할 때?" 《한국기독공보》(2015년 8월 23일).
김수진, "152. 열심히 트럼펫을 불렀던 봉기성 장로" 《한국장로신문》(제1342호, 2012년

　　　　　　　11월 3일).
_____, "걸어 다니는 성경책, 계원식 장로" 《한국장로신문》 (2009년 4월 18일)
_____, "6·25 전쟁시 시국대책위원장으로 활동하다가 순교한 변영수 장로" 《한국장로신문》 (2011년 6월 4일).
김인수, "⟨9⟩ 계일승 목사, 1. 출생과 교육" 《한국기독공보》 (2009년 7월 29일).
_____, "⟨9⟩ 계일승 목사, 2. 교수와 대외 활동" 《한국기독공보》 (2009년 8월 13일).
_____, "신학사상 ⟨9⟩ 계일승목사" 《한국기독공보》 (2009년 8월 18)
김일원, "늘 어머니 품과 같은 교회로" 《뉴스피플》 (2012년 12월 6일).
《그리스도신문》 (1901년 5월 23일).
"마포삼열목사 유해 장신대 이장" 《조선일보》 (2006년 5월 4일)
김정호, "코미디언 구봉서 장로의 간증: 인간이 변하지 않으면 아무 소용없다" 《매일종교신문》 (2013년 5월 16일).
《독립신문》 (1898년 12월 24일).
마스터 기자, "시 인구 도농통합후 진안 인구보다 더 줄어", 《익산신문》 (2016년 6월 6일).
박기헌, "익산시, 국내현존 가장 오래된 교회종 '황등종'" 《로컬투데이》 (2014년 4월 16일).
"술지거미도 폭동", 《조선일보》 (1939년 10월 25일).
안지은, "전장연 41회기 3차 실행위원회" 《한국장로신문》 (2013년 6월 8일).
이수진, "죽음도 감사한 손양원 목사의 순교정신 기린다" 《한국기독공보》 (2016년 5월 12일).
이용호, '공모사업'으로 지역 돌봄, 《한국기독공보》 (2016년 7월 6일).
익산시공보담당관실, "익산 유래-크고 웅장한 등성이에 보물 담겨 있는 황등" 《익산시민뉴스》 (2013년 11월 13일).
익산시청 보도자료, "태평양 건너 온 가장 오래된 교회종, 황등종" 《연합뉴스》 (2014년 4월 16일).
"일본 학자들 '제국의 위안부' 격론, '새로운 인식' vs '학문적 실격'" 《KBS TV》 (2016년 3월 28일).
임성국, "정동운 목사와 인터뷰기사-순교자의 피를 헛되게 하지 말라!, 순교자 정신 계승하는 황등교회" 《한국기독공보》 (2015년 7월 14일).
_____, "목회윤리연구소 '목회자 이중직 신학적 분석과 대안 모색'" 《한국기독공보》 (2015년 11월 30일).
오강남, "'과거를 묻지마세요' 대 역사의식 함양" 《논객닷컴》 (2016년 1월 22일).
오명관, "익산의 명물-태평양 건너 온 오래된 '황등종'" 《익산시민뉴스》 (2014년 4월 16일).
유영대, "언더우드 선교사보다 53년 먼저 한국 땅에 복음 전파" 《국민일보》 (2016년 8월 1일).
양민경, "루터회, 24일 '제1회 귀츨라프 기념주일' 제정", 《국민일보》 (2016년 7월 20일).
"'제국의 위안부' 책 내용, 일본서 책임 부정에 악용", 《연합뉴스》 (2016년 4월 7일).
전병선, "익산 황등교회 종 이야기…1884~2010 탄일종 126년 메아리" 《국민일보》 (2010년 12월 22일).
정동권, "광복절 전국 표정-1985년 첫 방북상봉 '일평회' 회원들의 남다른 감회" 《국민일보》 (2005년 8월 15일).
정재영, "익산시 복음화 어제와 오늘(1)익산시 복음화 어제와 오늘", 《기독신문》 (200년 12월 4일).
_____, "군산 구암교회-삼일(3·1절)애국신앙계승" 《기독신문》 (2013년 3월 23일).
조경환, "제1회 기성 계원식 기념 화해문예제전" 《전라매일신문》 (2016년 6월 12일).

차유진, "미국 유니온장로교신학교 블라운트총장", 《한국기독공보》(2010년 10월 13일).
최기영, "예술작품 감상하며 예배드리는 성북동 갤러리교회" 《국민일보》(2016년 1월 28일).
최영규, "익산 황등교회 종, 국내 현존하는 가장 오래된 교회종" 《전북도민일보》(2014년 4
　　월 16일).
최재원, "고려대 설립자는 김성수 아닌 이용익" 《오마이뉴스》(2005년 3월 20일).
표현모, "목회자 이중직업 및 여성·청년 대의원 할당 통과" 《한국기독공보》(2016년 1월 18일).

기타자료

석춘웅 초안 작성, "조사"(이대호 장로 약력), 『황등교회 장례식』(2009년 2월 28일).
이대호 작성, "조사"(김은기 장로 약력), 『교회 연합(황등신흥, 번영, 흰돌) 장례식』(1994년
　　3월 1일).

영화영상자료

『황등교회 카페』, 「황등교회역사」, "(영상자료) 황등교회 65주년 기념 영상3_계원식 장로님
　　기념사_김정선. 전기년 집사_이종용·최정은 대화".
영화 〈귀향〉(2016년 2월 24일 개봉; 조정래 감독).
영화 〈동주〉(2016년 2월 17일 개봉; 이준익 감독).
드라마 〈제중원〉(SBS 월, 화 오후 10:00~ -36부작, 2010.01.04~2010.05.04).

인터넷 검색

『고려대학교 홈페이지』, 「고대약사」.
『군산노회 홈페이지』, 「역대임원」.
『동련교회 홈페이지』(내 마음의 동련교회), 「교회연혁」.
『목포정명여자고등학교 홈페이지』, 「연혁」.
『산정현교회홈페이지』, 「평양산정현교회 역사」.
『서울대학교 의과대학』, 「역사」.
『서울신학대학교 홈페이지』, 「연혁」.
『세광중학교 홈페이지』, 「학교연혁」.
『세광고등학교 홈페이지』, 「학교연혁」.
『숭실대학교홈페이지』, 「숭실 연혁」.
『장로회신학대학교 홈페이지』, 「역사」.
『진경여자중학교 홈페이지』, 「학교연혁」.
『진경여자고등학교 홈페이지』, 「학교연혁」.
『전북대학교 농업생명과학 홈페이지』, 「연혁」.
『전주금암교회 홈페이지』, 「연혁」.
『연동교회홈페이지』, 「교회역사」.
『연세대학교 홈페이지』, 「연세대 발자취」.
『영락교회 홈페이지』, 「발자취」.
『이리중앙교회 홈페이지』, 「인터넷역사관」.
『한국교회순교자기념사업회 홈페이지』, 「노명갑」.
『한국교회순교자기념사업회 홈페이지』, 「이재규」.
『황등초등학교』, 「학교연혁」.

서술·감수자 약력

▌ 서술(敍述) 한승진

한승진은 1969년 서울 구로동에서 출생하여 33년을 살고는 2001년 3월 2일자로 황등중학교 교목 겸 교사가 되어 황등인이 되었다. 황등교회에서는 교육분야 목사로 교회를 섬기고 있다. 그는 성공회대 신학과를 거쳐, 한신대 신학대학원과 상명대 국어교육과와 고려대 교육대학원 도덕윤리교육과 중부대 원격대학원 상담심리교육학과와 중부대 인문산업대학원 교육학과에서 다양한 공부를 하였고, 공주대 대학원 윤리교육학에서 '기독교효문화연구'를 주제로 교육학박사학위를 취득하고는 특수교육에 뜻으로 공주대 특수교육대학원 중등특수교육학과를 졸업하였다. 한국방송대 문화교양학과와 학점은행제 상담학 과정 중으로 기독교세계관을 토대로 학술논문은 물론 칼럼과 수필을 넘나드는 글샘을 길어 올리고 있다. 공동저술로 고등학교『종교학』가 있다. 단독저술로『현실사회윤리학의 토대 놓기』,『여럿이 함께』,『종교, 그 언저리에서 길을 묻다』,『기독교, 그 언저리에서 길을 묻다』외 다수가 있고, 역서로는『예수님이라면 어떻게 하실까』가 있다.

▌ 감수(監修) 김재두

김재두는 1933년생으로 황등교회 초창기 시절 교인으로, 부친인 김창무(1949~1962) 장로의 뒤를 이어 2대에 걸쳐 황등교회 장로로서 교회를 섬긴 뼛속까지 황등인이라고 말할 수 있다. 1972년 4월 21일 안수집사가 되고, 1977년 3월 20일에 장로로 교회를 섬기고 2004년 1월 2일 원로장로로 추대되었다. 1956년 4월 5일 황등교회가 설립한 황등중학원 시절부터 교사로 봉직한 이래 1972년 8월 23에 황등중학교 교장에 취임하였다. 1980년 3월 1일 황등상업고등학교(성일고등학교의 전신) 교장을 겸하였고, 1998년 8월 31일 정년퇴임하였다. 그는 1995년 12월 2일 초대 황등교회 어린이집 이사장을 역임하였고, 2002년 3월 1일에는 6대 황등교회어린이집 원장을 역임하였다. 그러니 그의 일생은 평생을 중학교와 고등학교와 어린이집에 걸쳐 교육일념의 삶이었다. 황등기독학교인 황등중학교와 성일고등학교의 중요행사에는 그가 기독교정신으로 실력 있는 인재가 될 것을 내용으로 작사한 교가가 불리고 있다.